NORMAN DAVIES

EUROPA IM KRIEG

1939–1945

NORMAN DAVIES

EUROPA IM KRIEG

1939–1945

DIE GROSSE KATASTROPHE

Aus dem Englischen von
Thomas Bertram und Harald Stadler

NIKOL
VERLAG

Originaltitel: *Europe at War 1939–1945. No Simple Victory*
Originalverlag: Macmillan, London

Genehmigte Lizenzausgabe für
Nikol Verlagsgesellschaft mbH & Co. KG,
Hamburg, 2013

Titelabbildung: ullstein bild – LEONE
Covergestaltung: Timon Schlichenmaier, Hamburg
Printed in the Czech Republic
ISBN: 978-3-86820-181-9

www.nikol-verlag.de

Inhalt

Einleitung

Mehr als sechzig Jahre sind seit dem Ende des Zweiten Weltkriegs vergangen. Die meisten Menschen würden vermuten, dass dieser schreckliche Konflikt in seinen groben Zügen längst hinreichend erforscht ist. Zahllose Bücher sind zu dem Thema erschienen. Tausende von Filmen wurden gedreht, die jeden Aspekt des militärischen Geschehens ebenso erschöpfend behandeln wie das Leid der Zivilbevölkerung. Unzählige Erinnerungen bedeutender und weniger bedeutender Kriegsteilnehmer wurden zusammengetragen. Hunderte von großen Denkmälern und Dutzende von Museen wurden geschaffen, um die Erinnerung an den Krieg am Leben zu erhalten. Man könnte meinen, es gebe nichts Neues mehr hinzuzufügen – zumindest so lange, bis man sich daranmacht zu untersuchen, was tatsächlich gesagt *ist* und was *nicht* gesagt ist.

Der sechzigsten Wiederkehr des Kriegsendes im Jahr 2005 wurde auf die unterschiedlichste Weise gedacht. In den Vereinigten Staaten beispielsweise wurde im Vorfeld des Jahrestages im Mai 2004 in Washington D. C. das National World War II Memorial, ein großartiges neues Denkmal für den Zweiten Weltkrieg, eröffnet. Es hat die Form zweier miteinander verbundener, ovaler und freier Plätze, die mit Brunnen geschmückt sind. Einer von ihnen repräsentiert den Krieg auf dem pazifischen Schauplatz, während der andere den Krieg jenseits des Atlantiks symbolisiert. Das Mahnmal steht in der schönen Parklandschaft neben dem Obelisken des Washington Monument und gegenüber dem National Holocaust Museum. Es lädt die Besucher ein, um die Brunnen herumzuschlendern und über die zahlreichen Inschriften und moralisierenden Zitate auf den umliegenden Säulenplatten nachzusinnen. Über einem Torbogen an einem Ende steht das Wort »Pacific« und über dem Torbogen am anderen Ende das Wort »Atlantic«. Und die Hauptinschrift lautet: »World War two 1941–45«.

An dieser Stelle, wenn nicht schon früher, beginnt man zu ahnen, dass das Denkmal nicht dem Zweiten Weltkrieg als Ganzem gewidmet ist, sondern vielmehr der Beteiligung der USA an dem Krieg. Fast jeder Europäer könnte darauf hinweisen, dass der Krieg nicht 1941 anfing. Aber Millionen von Amerikanern wird beigebracht, anders zu denken. Die ungeschriebene Botschaft lautet, dass die USA den guten Kampf ausfochten und gewannen. An keiner Stelle findet sich eine Erwähnung der Verbündeten oder Waffenbrüder der USA. Es ist durchaus verständlich, wenn der arglose Besucher denkt, die USA hätten den Krieg ganz allein gewonnen.

Der sechzigste Jahrestag des Kriegsendes begann in Polen 2005 mit einer eindrucksvollen Feier zur Erinnerung an die Befreiung von Auschwitz am 27. Januar 1945. Weil das berüchtigte deutsche Konzentrationslager auf deutsch besetztem polnischem Territorium errichtet worden war, führte der Präsident Polens, Aleksander Kwasniewski, den Vorsitz. Und weil das Lager von der siegreichen Roten Armee befreit worden war, führte der Präsident der Russischen Föderation, Wladimir Putin, die Liste der ausländischen Gäste an. Zu den weiteren Anwesenden gehörten Israels Staatspräsident, der deutsche Bundespräsident, Frankreichs Staatspräsident Jacques Chirac und der Vorsitzende der Internationalen Vereinigung der Roma. Am wichtigsten war, dass eine große Anzahl ehemaliger Häftlinge an der Feier teilnahm. Sie repräsentierten zahlreiche Nationalitäten, und viele trugen zu diesem Anlass noch einmal ihre an Schlafanzüge erinnernde Häftlingskleidung. Die versammelten Gäste saßen im Freien und trotzten den eisigen Temperaturen eines mitteleuropäischen Winters. Die Redner kämpften gegen das Schneegestöber an und sprachen viele schöne Worte wie »Befreiung«, »Triumph über das Böse« und »niemals wieder«. Den mehr als einer Million in der Mehrzahl jüdischen Toten wurde in angemessener Weise gedacht.

Doch an keiner Stelle mochte jemand die Realitäten des Januar 1945 erwähnen. Kein Redner erwähnte die Tatsache, dass, während Auschwitz befreit wurde, andere ehemalige NS-Konzentrationslager von den sowjetischen Sicherheitskräften benutzt wurden, um neue Gefangene einzukerkern. Überwältigt von dem herzerwärmenden Gedanken an die »Befreiung«, mieden fast alle anwesenden Journalisten das peinliche Thema und schwiegen darüber, wie begrenzt die Befreiungen von 1945 in Wirklichkeit gewesen waren. Niemand störte den Frieden, indem er aussprach, dass die SS des Dritten Reiches nicht die einzige Organisation war, die während des Zweiten Weltkriegs Konzentrationslager betrieb. Und niemand mochte sich an einer Beantwortung der heiklen Frage versuchen, woraus das allgemein verurteilte »Böse« denn eigentlich bestehe.

Am 9. Mai 2005 fanden große Feiern in Moskau statt. Präsident Putin hatte fünfzig Staatsoberhäupter zu Gast, darunter US-Präsident George W. Bush, und nahm eine prachtvolle Militärparade ab. In seiner Rede war er der Erste, der den ungeheuren Leistungen der sowjetischen Armeen bei ihrem Triumph über den Faschismus huldigte. Putin verkündete, dass der Siegestag ein »heiliges Datum« sei, nämlich »der Tag, der die Welt gerettet« habe. Anschließend gab er von derselben Stelle aus, an der Josef Stalin sechzig Jahre zuvor auf dem Roten Platz die Siegesparade abgenommen hatte, das Zeichen zur Fortsetzung der Feierlichkeiten. Tausende von Soldaten, gekleidet in die historischen Uniformen der Roten Armee, marschierten oder ritten vorbei. Militärmusik der Kriegszeit schmetterte. Und Wagenladungen ordensgeschmückter Veteranen aus dem »Großen Vaterländischen

Krieg«, ältere Männer und Frauen, die blumengeschmückte Porträts des »Großen Stalin« trugen, grüßten die Tribünen. Alles sollte so aussehen, als sei die Zeit stehengeblieben.

Kein mitfühlender Mensch konnte gegen diesen Moment der Anerkennung für die Veteranen etwas einwenden. Schließlich hatten sie von allen kämpfenden Armeen die größten Opfer gebracht. Doch nur wenige Ausländer bemerkten den politischen Taschenspielertrick, der hier vorgeführt wurde. Präsident Bush hatte am Vorabend seiner Reise nach Moskau ein wirkungsvolles Zeichen gesetzt, als er kurz Lettland besuchte, einen der drei baltischen Staaten, die 1940 von Stalin angegriffen und annektiert worden waren und deren gegenwärtige Präsidenten sich nun außerstande sahen, an den Moskauer Feierlichkeiten teilzunehmen. Aber im Allgemeinen hinterfragten nur wenige Kommentatoren die zweifelhaften historischen Annahmen, welche das Ereignis einrahmten. Sie akzeptierten, obwohl dies vollständig falsch war, dass der »Große Vaterländische Krieg« einfach ein russisches Synonym für den Zweiten Weltkrieg sei, und folglich sahen sie sich nicht veranlasst zu fragen, was die Sowjetunion in den Jahren vor Ausbruch des Großen Vaterländischen Krieges getan hatte. Sie erkundigten sich auch nicht allzu genau nach Stalins Methoden oder Stalins Kriegszielen. Und vor allem erhoben sie keinen Einspruch gegen die stillschweigende Verschmelzung der fünfzehn Sowjetrepubliken von 1945 mit der Russischen Föderation von heute.

Der ukrainische Präsident Wiktor Juschtschenko, das Staatsoberhaupt der ehemaligen Sowjetrepublik, die Moskaus Kontrolle zuletzt entglitt, nahm an den Festivitäten des Herrn Putin teil. Aber die Menschen im Westen waren noch immer so sehr daran gewöhnt, die Ukraine für einen Teil »Russlands« zu halten, dass sie keinen Grund sahen, sich für das Schicksal der Ukraine in den Jahren 1939–45 zu interessieren – im Gegensatz zu dem Russlands oder der UdSSR als Ganzes. Und Präsident Juschtschenko, der bescheiden auftrat, machte kein Aufhebens von der Tatsache, dass sein eigener Vater, ein Dorfschullehrer, ein Auschwitz-Überlebender (Häftlingsnummer 11 369) gewesen war.

Die britischen Feierlichkeiten zum sechzigsten Jahrestag des Kriegsendes fanden am 8. und 9. Juli 2005 statt. Am 8. enthüllte Königin Elisabeth II. in Whitehall ein Denkmal für die »Frauen des Zweiten Weltkriegs«, und am 9. nahmen sie und Premierminister Tony Blair an einer »Gedenkvorführung« auf der Horse Guards Parade, dem großen Paradeplatz in der Nähe von Whitehall, teil. Dieses nostalgische Ereignis verriet viel über die Verengung des Blickfelds, die sich in London nicht weniger als anderswo langsam eingebürgert hat und die sich in einer Reihe musikalischer und komischer Nummern aus dem Repertoire der Kriegszeit äußerte, die durch eine historische Erzählung miteinander verknüpft wurden. Letztere wurde von dem Schauspieler Simon Callow vorgelesen, und in die Erzählung eingestreut war eine Auswahl der Reden Churchills. Diese gab Timothy West zum Besten, wobei er den Kriegspremier perfekt verkörperte. Folglich gab es abwechselnd etwas im Stil von »Bluebirds Over the White Cliffs of Dover« und etwas im Stil von »We shall fight on the beaches!« (»Wir werden an den Stränden kämpfen!«). Auf Flanagan- und Allen-Nummern folgte die Titelmelodie aus *Schindlers Liste*, »A Nightingale Sang in Berkeley Square«, und, im prachtvollen Finale, »We'll meet again, don't know where, don't know when«.

Als Unterhaltung wurde die »Gedenkvorführung« gut aufgenommen. Aber als Geschichtsstunde litt sie unter einigen augenfälligen Unzulänglichkeiten. Denn sie ignorierte die wesentlichen Unterschiede zwischen »damals« und »heute«. Abgesehen von den sehr kurzen Auftritten einiger Hornisten der indischen Armee und einer Tanztruppe, die amerikanische Uniformen trug, gab es keine Erinnerung an Großbritanniens

Verbündete während des Krieges oder an die »Große Allianz«, welche die alliierte Sache angeführt hatte. Ferner wurde die Tatsache unter den Tisch gekehrt, dass in den Jahren 1939–45 nicht Großbritannien allein die Kriegsanstrengungen unternommen hatte, sondern das gesamte Britische Empire. Leider fand sich während der ganzen Veranstaltung keine Spur von Kanadiern, Australiern, Neuseeländern, Südafrikanern und von den vielen anderen Völkern, deren Kriegsteilnahme von überragender Bedeutung gewesen war.

Das wichtigste Militärmuseum Großbritanniens, das Imperial War Museum (IWM) in Lambeth, organisierte unter dem Motto »Sixty Years On« (»Sechzig Jahre weiter«) ergänzende Veranstaltungen. Dazu gehörten eine »Veteran's Awareness Week«, um die Erinnerung an die Veteranen wachzuhalten, ein »Lebendiges Museum« im St. James's Park und eine Ausstellung mit dem Titel *Captive* über britische Kriegsgefangene im Fernen Osten. Diese Veranstaltungen fanden statt, während gleichzeitig die ausgezeichneten Sammlungen des Museums von Waffen, Artefakten, Bildern und Gemälden zu sehen waren, darüber hinaus die Holocaust-Dauerausstellung über *die Verfolgung der Juden und anderer Völker* und die Sonderausstellungen über den *Krieg der Kinder* und *Große Fluchten*. Nicht zu vergessen sind ferner die Nebenstellen des Museums wie die Cabinet War Rooms in Whitehall, das Duxford Air Museum in Cambridgeshire und das neue IWM North in Manchester. Vom Standpunkt des Historikers aus sind viele dieser Themen gleichermaßen zu loben und zu kritisieren. Am merkwürdigsten jedoch ist die Inschrift auf dem Denkmal vor dem IWM für »27 Millionen sowjetische Bürger und Militärangehörige«, die angeblich während des Krieges für die Sache des »alliierten Sieges« starben. Es wäre ein guter Test für das Wissen der Besucher zu fragen, was mit dieser Formulierung nicht stimmt.

Natürlich waren Großbritannien, die USA und Russland

nicht die einzigen Länder, die den sechzigsten Jahrestag des Kriegsendes begingen. Und es wäre falsch, die Wirksamkeit der Erinnerung ausschließlich nach Veranstaltungen in London, Washington und Moskau zu beurteilen. Doch die »Großen Drei« waren zweifellos die wichtigsten alliierten Mächte. Und wenn die Darstellung des Krieges in ihren Hauptstädten auf irrigen Auffassungen beruht, ist es unwahrscheinlich, dass sie anderswo zutreffender oder umfassender ist.

Ähnliche Einwände können gegen den gegenwärtigen Stand der Geschichtsschreibung erhoben werden. Soweit es um den Krieg in Europa geht, ist es bis heute keinem Historiker gelungen, die unvereinbaren Perspektiven miteinander zu versöhnen. Es gibt eine von der Westfront inspirierte »westliche Sichtweise«, und es gibt eine von der Ostfront inspirierte »sowjetische Sichtweise«. Wer im Westen im Gefolge von Churchills *Der Zweite Weltkrieg* schreibt, erkennt die Tapferkeit der Roten Armee an. Aber er kann sich nicht dazu durchringen, die Leistung der Roten Armee mit der Leistung der Streitkräfte seines eigenen Landes zu vergleichen. Ebenso vermeiden es die sowjetischen und postsowjetischen Apologeten, denen die überragenden militärischen Leistungen von Stalins Regime vollkommen bewusst sind, die verbrecherische Bilanz dieses Regimes an die große Glocke zu hängen. Die Folge ist, dass kein Autor aus der sowjetischen Schule es zu weitverbreiteter Anerkennung gebracht hat. Natürlich wurden viele hervorragende Bücher über den Krieg geschrieben, historische Abhandlungen ebenso wie literarische Werke. Aber bis auf wenige Ausnahmen tendieren sie alle dazu, sich mit Teilaspekten oder besonderen Großtaten zu befassen. Die Versuche, eine allgemeine Synthese vorzulegen, sind nicht allzu zahlreich, und sie unterscheiden sich nicht wesentlich voneinander. Das letzte bedeutende Unternehmen in dieser Richtung, eine von einem deutschstämmigen Amerikaner verfasste Studie, kann bestenfalls als ordentliche Zusammenfassung der westlichen Sichtweise gelten. Sie ist nach dem konventionellen Muster des Antifaschismus angelegt und vermeidet als solche die meisten der mit dem Gegenstand verbundenen politischen und moralischen Reizthemen.[1]

Deutschlands Hauptbeitrag zum Jahrestag bestand aus einem umstrittenen Denkmal für die ermordeten Juden Europas, das im Mai 2005 im Zentrum Berlins enthüllt wurde. Das von dem amerikanischen Architekten Peter Eisenman entworfene Monument wurde aus verschiedenen Gründen, die nicht alle ästhetischer Natur waren, kontrovers diskutiert. Sein ausgedehntes Labyrinth aus dunklen, grabähnlichen Granitblöcken ist sehr groß und, in den Augen der Kritiker, aufdringlich. Gleichzeitig musste es heftige Reaktionen hervorrufen, weil es nicht an die Millionen nichtjüdischer Opfer des Nationalsozialismus oder an die Kriegsopfer im Allgemeinen erinnert.

Denn viele Gruppen sehen heute immer ungeduldiger darauf, dass ihre eigenen Tragödien anerkannt werden. Eine dieser Gruppen ist der deutsche Bund der Vertriebenen (BdV), der seit langem für ein eigenes Dokumentationszentrum über die Vertreibungen des 20. Jahrhunderts mit Sitz in Berlin eintritt. Das entsprechende »Zentrum gegen Vertreibungen« wurde im Jahr 2000 vom BdV als Stiftung mit Sitz in Wiesbaden gegründet. Die Positionen des BdV passen zwar nicht in das herkömmliche Bild von Deutschland als Angreiferstaat. Aber seine Sicht ist nicht unbegründet. Große Nationen können sowohl Kriegstreiber als auch Kriegsopfer hervorbringen. Weit über zehn Millionen Zivilisten aus den Ostprovinzen des Deutschen Reiches flohen in den Jahren 1944–45 entweder vor der Bedrohung durch die anrückende Rote Armee, oder sie wurden danach gewaltsam vertrieben. Und etwa zwei Millionen kamen um. Ihre dauerhafte Vertreibung war ein Akt kollektiver Bestrafung, autorisiert durch die »Großen Drei« auf der Potsdamer Konferenz und von fragwürdiger

Legalität. Doch das Hauptargument gegen das »Zentrum für Vertreibungen« besteht in der Tatsache, dass die Organisatoren aus den Reihen des BdV nur der deutschen Vertriebenen und nicht der Kriegsvertriebenen generell gedenken wollen. Schließlich wurde die Potsdamer Entscheidung getroffen, um den Zustrom mehrerer Millionen polnischer Flüchtlinge zu erleichtern, die genau in diesem Zeitraum aus Gebieten vertrieben wurden, die von der Sowjetunion erobert worden waren.

Als Auftakt für Vorträge und Vorlesungen entschließe ich mich daher oft, einige der Probleme aufzuwerfen, die durch verschiedene Interpretationen der Geschichte entstehen, indem ich den Zuhörern vier oder fünf einfache Fragen stelle:

- ◇ Können Sie die fünf größten Schlachten des Krieges in Europa nennen? Oder besser noch die *zehn* größten Schlachten?
- ◇ Können Sie die wichtigsten politischen Ideologien nennen, die während des Krieges in Europa um die Vormachtstellung fochten?
- ◇ Können Sie das größte Konzentrationslager nennen, das in Europa in den Jahren 1939–45 in Betrieb war?
- ◇ Können Sie die europäische Nation (oder ethnische Gruppe) nennen, die während des Krieges die größte Zahl an Zivilisten verlor?
- ◇ Können Sie den Namen des Schiffes nennen, dessen Untergang bei der größten Seekatastrophe des Krieges die meisten Menschenleben gefordert hat?

In der Regel folgt auf diese Fragen Totenstille und dann ein Gewirr von Vermutungen und Rückfragen. Nachdem ich den Tumult beruhigt habe, biete ich den Zuhörern eine Meinung an. »Solange wir nicht die korrekte Antwort auf grundlegende Sachfragen ermittelt haben«, sage ich, »verfügen wir nicht über das nötige Rüstzeug, um ein Urteil über die umfassenderen Probleme zu fällen.«

All das verweist auf die zunehmende Fragmentierung der Erinnerung, auf die politische Instrumentalisierung der Kriegsgeschichte und darauf, dass diese Geschichte von nationalen oder Partikularinteressen beherrscht wird. Meiner Ansicht nach besteht deshalb die Notwendigkeit zur Überprüfung der Prinzipien, die eines Tages den Rahmen für eine endgültige und umfassende Geschichte des Zweiten Weltkriegs abgeben könnten. In diesem Buch möchte ich diese Prinzipien diskutieren und, zumindest in Umrissen, das sich daraus ergebende begriffliche Bezugssystem skizzieren.

Ein prägendes Erlebnis auf meinem eigenen intellektuellen Weg hatte ich während meiner Tätigkeit als Berater des *Oxford Companion to the Second World War,* das 1995 veröffentlicht wurde.[2] Die Hauptherausgeber des Bandes wollten unbedingt die Ostfront und die neuesten Forschungsergebnisse in diesem Bereich gebührend würdigen. Und prompt berief man mich als beratenden Herausgeber für Ost- und Mitteleuropa. Mir wurde indes schnell klar, dass die Sowjetforschung in den Köpfen der Herausgeber wie der Beiträger, die dieses Forschungsfeld dominierten, ein vollkommen abgeschottetes Wissensgebiet bildete. Zwar konnte ich mich der Dienste eines hervorragenden deutschen Spezialisten versichern, Professor Heinz-Dietrich Löwe, der den Haupteintrag über die UdSSR verfasste, aber es blieb sehr schwierig, die Themen, die die Sowjetunion betrafen, in die zentralen Kategorien zu integrieren. Beispielsweise akzeptierten die Herausgeber recht gern einen Eintrag zum Gulag während des Krieges, wollten ihn aber nicht unter dem übergeordneten Stichwort »Konzentrationslager« plazieren. Ebenso wurde ein Eintrag zum Massaker von Katyn zwar angenommen, aber nicht unter dem Stichwort »Kriegsverbrechen«. Artikel über sowjetische Marschälle oder die Schlachten an der Ostfront wurden stets von »Sowjetspezialisten« verfasst und nie von den Autoren, die auch über Eisenhower oder Montgomery schrieben. Überdies wurde schnell deutlich, dass die Dinge anders nicht zu bewältigen waren, denn die »westlichen Spezialisten« hatten nur eine höchst vage Vorstellung von den Ereignissen in Osteuropa. Die Ausbildung des Historikers erfolgt nicht weniger in Schubladen wie die Veröffentlichung seiner Arbeiten. Ein führender amerikanischer Experte für den Zweiten Weltkrieg beispielsweise hatte noch nie davon gehört, dass außer den »Russen« auch andere osteuropäische Völker während des Krieges Verluste erlitten hatten. Diese Scheuklappenmentalität ist bezeichnend für die Sichtweise, die ein britischer Historiker zu Recht die »starre Perspektive der Geschichte von Siegern«[3] genannt hat. Sie wird von westlichen Kommentatoren verewigt, die im Jahr 2000 noch immer das schrieben, was sie schon 1950 geschrieben hatten.

Ich verfolge deshalb mit dem vorliegenden Buch nicht in erster Linie das Ziel, spektakuläre neue Fakten zu präsentieren, sondern möchte vielmehr bekannte Fakten, die bislang streng getrennt voneinander betrachtet wurden, neu ordnen, gegeneinanderhalten und wieder in das historische Bild integrieren.

Dabei erscheint es mir nicht sinnvoll, jeden zweiten Satz zum Zweck des Nachweises mit einer Fußnote zu versehen. Fakten und Aussagen, die in den gängigen Nachschlagewerken, für englische Leser vor allem im *Oxford Companion to the Second World War*, auftauchen, werden nicht belegt. Die Schlussanmerkungen werde ich überwiegend für den Nachweis direkter Zitate, für weniger bekannte Quellen und für Hinweise auf weiterführende Lektüre benutzen.

Schließlich sollte ich noch darauf hinweisen, dass ich Kommentare zu untergeordneten Themen bewusst auf ein Minimum beschränkt habe, damit die Hauptargumentation klar und überzeugend bleibt. Mir ist durchaus bewusst, dass sehr viel mehr über die Rolle von Ländern wie Frankreich, Polen oder Jugoslawien, die alles andere als unbedeutend war, hätte geschrieben werden können. Andererseits wollte ich die Aufmerksamkeit auf den Charakter und die Handlungen der Hauptbeteiligten in Europa richten und mich folglich auf die Hauptakteure konzentrieren – das Dritte Reich, die Sowjetunion, die USA und das Britische Empire. In der Vergangenheit habe ich mich gegen die Art gewendet, wie europäische Geschichte oftmals unter ausschließlicher Berücksichtigung der Großmächte begriffen wird. Aber diesmal war ich der Ansicht, dass das Hauptgewicht darauf liegen sollte, die Struktur des Konflikts und die Proportionen seiner Hauptbestandteile neu zu definieren.

Wie üblich gebührt zahlreichen Mitarbeitern und Kollegen sowie dem familiären Hilfsteam ein Wort des Dankes. Die selbstlose Nachsichtigkeit meiner Frau gegenüber den Eigenarten ihres Autoren-Ehemanns ist wie durch ein Wunder bis heute ungebrochen. Und einmal mehr war Roger Moorhouse bereit, als wichtigster Assistent zu fungieren, obwohl er inzwischen ein selbständiger Forscher ist. Sehr dankbar bin ich meinem Agenten David Godwin für moralische wie professionelle Unterstützung, meiner Verlegerin Georgina Morley für ermutigende Worte, die ich sehr zu schätzen wusste, und Krzysztof Moscicki für seine Hilfe bei logistischen und Verwaltungsfragen.

Und bei dieser Gelegenheit möchte ich mein besonderes Gefühl der Verpflichtung gegenüber einer Gruppe von Historikern zum Ausdruck bringen, die das sowjetische Rätsel während der letzten gut zehn Jahre erfolgreich gelöst haben. Die westlichen Ansichten über die Ereignisse der Jahre 1939–45 bildeten sich in den frühen Nachkriegsjahren heraus, als die Informationen über die größte kämpfende Macht, die Sowjetunion, spärlich waren und häufig spekulativen Charakter hatten. Während der Jahrzehnte des Kalten Krieges, als die politischen Zankäpfel sich stark vermehrten, versank die bewundernswerte Arbeit von Pionieren wie Robert Conquest oft im Sumpf parteiischer Auseinandersetzungen und Kämpfe. Folglich blieb die öffentliche Meinung meist auf Distanz, und die Historiker des Krieges waren oft nicht bereit, ihre Interpretationen zu überdenken. Erst seit dem Zusammenbruch der Sowjetunion ist es möglich geworden, der Verwirrung ein Ende zu machen. Heute besteht kein Zweifel mehr daran, dass Stalins Regime ein massenmörderisches Monstrum war und dass weitreichende Berichtigungen am herkömmlichen Bild erforderlich sind, was die führende Rolle dieses Regimes beim Sieg über das Dritte Reich betrifft. Ein Großteil der neuen Erkenntnisse ist der Arbeit von Historikern zu verdanken, die in jüngster Zeit stichhaltige Beweise lieferten. Viele Passagen in dem vorliegenden Band entstanden aus dem Bedürfnis heraus, ihre Forschungsergebnisse mit dem besser fundierten Wissen zu anderen Themen zusammenzuschließen. Ich bin sogar der Ansicht, dass meine eigenen langjährigen Überzeugungen, die auf der Erforschung Osteuropas beruhen, außerordentlich bereichert und gefestigt wurden. Allerdings hätte ich ohne das Wissen, dass ich nicht ganz allein bin, niemals gewagt, mich an einem neuen Überblick über den Krieg zu versuchen. Deshalb gilt mein besonderer Dank den Kollegen, welche die Realität des Stalinismus der Kriegszeit und seinen Kontext klar herausgearbeitet haben. Erwähnen möchte ich in diesem Zusammenhang Anne Applebaum, Antony Beevor, Geoffrey Hosking, Simon Sebag Montefiore und Robert Service.

NORMAN DAVIES,
Kołobrzeg/Kolberg

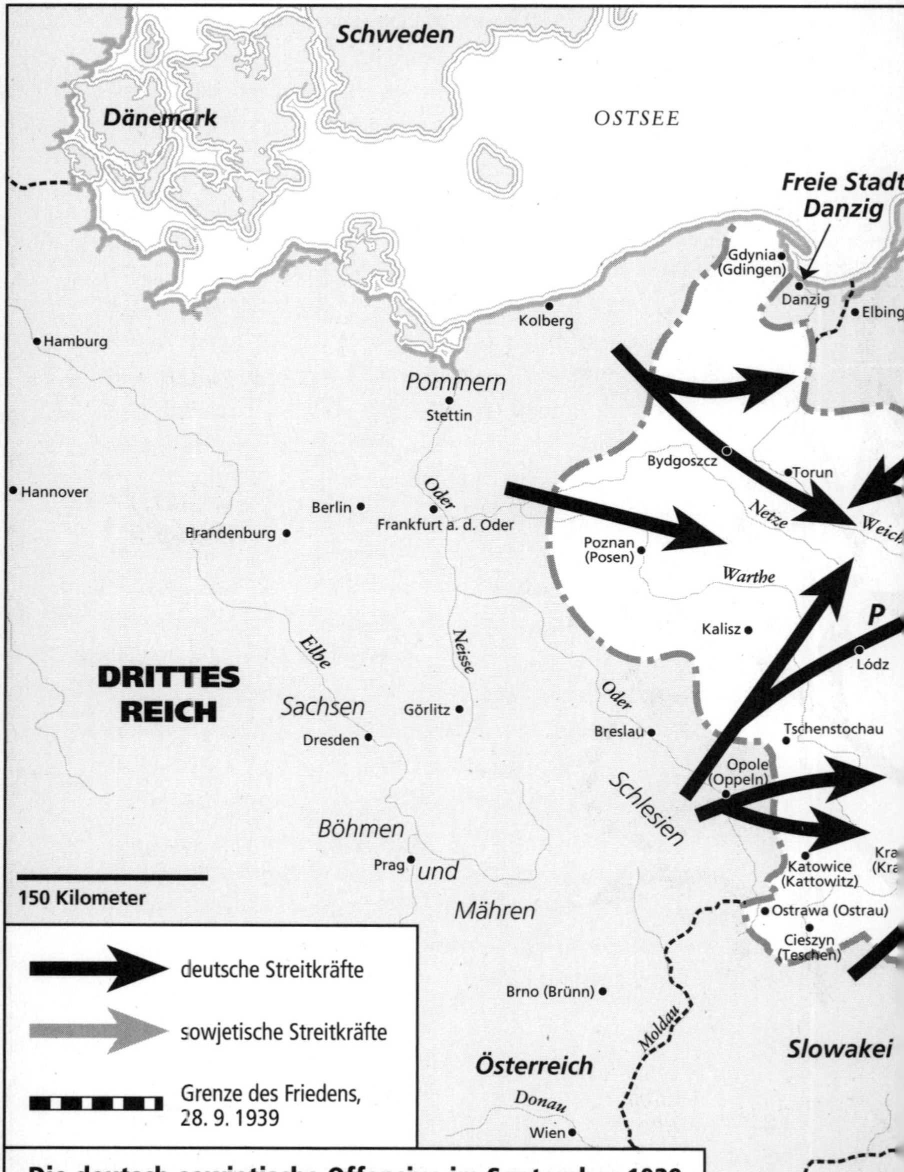

Die deutsch-sowjetische Offensive im September 1939

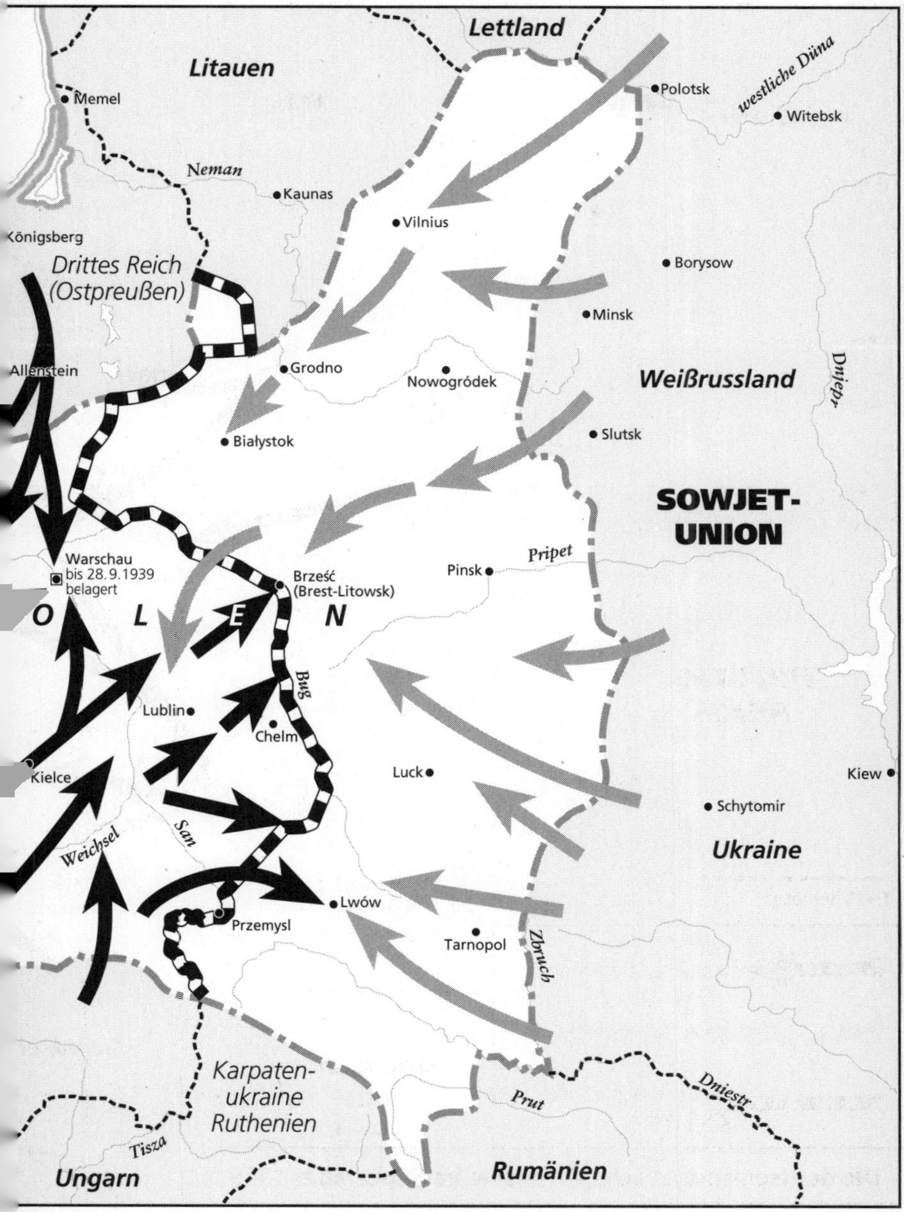
Lettland
Litauen
Memel
Polotsk
westliche Düna
Witebsk
Neman
Kaunas
Vilnius
Königsberg
Drittes Reich
(Ostpreußen)
Borysow
Minsk
Allenstein
Grodno
Nowogródek
Weißrussland
Dnjepr
Białystok
Slutsk
SOWJET-
UNION
Warschau
bis 28.9.1939
belagert
Brześć
(Brest-Litowsk)
Pinsk
Pripet
O L E N
Bug
Lublin
Chelm
Kielce
Luck
Kiew
Schytomir
San
Weichsel
Ukraine
Lwów
Przemysl
Tarnopol
Zbruch
Karpaten-
ukraine
Ruthenien
Prut
Dniestr
Tisza
Ungarn
Rumänien

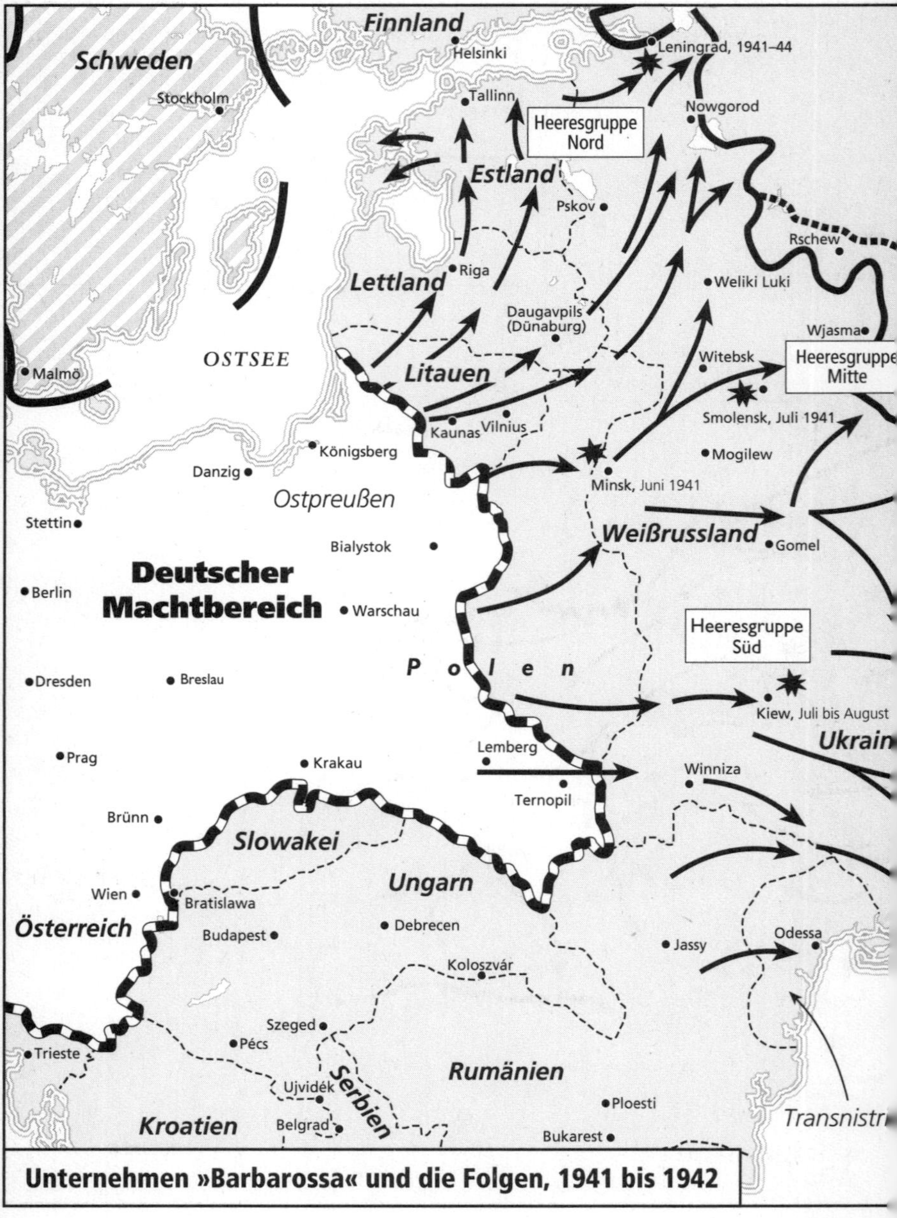

Unternehmen »Barbarossa« und die Folgen, 1941 bis 1942

300 Kilometer
maximale Ausdehnung des Machtbereichs der Achse, 1942
Front Dezember 1941
Vorstöße der Achse bis 1942
bedeutende Schlachten mit Datum
neutrale Staaten
Moskau, Dezember 1941
Tula
Front Dezember 1941
Russland
Sowjetunion
Orel
Woronesch, Juli 1942
Kursk
Stalingrad, November 1942 bis Februar 1943
Charkow, Mai 1942
Front August 1942
Rostow, Mai 1942
oi Rog
KASPISCHES MEER
Elbrus
Kertsch
Krim
Georgien
Sewastopol, Oktober 1941 bis Juli 1942
Tiflis
Baku
SCHWARZES MEER
Armenien
Türkei

Der Angriff auf das Reich von Ost und West, 1943 bis 1945

bedeutende Schlachten mit Datum
bedeutende alliierte Vorstöße
sonstige alliierte Vorstöße
Demarkationslinie zwischen Sowjets und Westalliierten nach dem 12. Mai 1945
wichtigste deutsche Festungen
neutrale Staaten
400 Kilometer
Stockholm
Tallinn
Riga
Kurland-Kessel
Ostsee
Kaunas
Vilnius
Königsberg Februar bis April 1945
Danzig
Witebsk, 1944
Minsk, Juni bis Juli 1944
Rote Armee vor Warschau gestoppt
Unternehmen »Bagration« Juni bis August 1944
oznan
Warschau 1944–45
Weichsel–Oder Januar 1945
Weißrussland
SOWJET-UNION
Kursk Juli bis August 1943
Charkow, Februar bis März 1943
Kiew November bis Dezember 1943
Kraków (Krakau)
Lemberg (L'vov)
Slowakei
Ukraine
atislava
Budapest 1944–45
ngarn
Odessa
Balkan-Offensive August 1944
Rumänien
Ploesti
Bukarest
Belgrad
Sewastopol
Serbien
arajevo
SCHWARZES MEER
Albanien
Sofia
Skopje
Bulgarien
Tirana
Istanbul

1

INTERPRETATION

Fünf Faktoren

Jede Nation, die am Zweiten Weltkrieg teilnahm, hat ihre eigene Version der Ereignisse. Briten und Amerikaner, Deutsche und Italiener, Franzosen und Holländer, Russen und Polen, Juden und viele andere: jede Nation betont die Erfahrungen des eigenen Volkes. Sie alle schränken wissentlich oder unwissentlich die Vielfalt der Erfahrungen ein und behindern so die Präsentation eines großangelegten Panoramas, sie verstellen den Blick auf das Ganze. Derartiges ist angesichts der menschlichen Natur unvermeidlich. Trotzdem bleibt die Tatsache, dass das Ganze wichtiger ist als das Detail. Jeder Versuch, einen Ausschnitt des Bildes zu erforschen, sollte von dem umfassenderen Bezugssystem, in das er eingefügt werden kann, begleitet werden. Und genau dieses Bezugssystem hoffe ich mit der vorliegenden Studie zu skizzieren.

Ebenso unvermeidlich ist, dass ein Komplex von Konflikten, die so verwickelt sind wie der unter dem Begriff »Zweiter Weltkrieg« zusammengefasste, Mythen und Legenden hervorbringen musste. Diese Mythen bilden einen notwendigen Strang der Geschichte. Aufgabe des Historikers ist es nicht, sie zu verbannen. Vielmehr ist es seine Pflicht, sie zu erforschen, ihre Ursprünge zu erklären und sodann den Unterschied zwischen den Ereignissen und der Wahrnehmung der Ereignisse aufzuzeigen. Beispielsweise ist jeder unvoreingenommene Beobachter verpflichtet, den Feldzug, der im Juni 1940 an den Stränden von Dünkirchen endete, als deutschen Erfolg und katastrophalen Rückschlag für die alliierte Sache darzustellen. Gleichzeitig muss derselbe Historiker aber auch zeigen, wie der »Geist von Dünkirchen« geboren wurde, wie aus der Niederlage das Überleben geboren und wie aus dem

Rückschlag eine Chance zur Stärkung und zum Wiederaufbau gemacht wurde. Die Katastrophe und die Reaktion auf die Katastrophe (aus britischer Sicht) ebenso wie der Sieg und das Versäumnis, den Sieg auszunutzen (aus deutscher Sicht), sind untrennbare Aspekte derselben Geschichte.

Historiker kommen zwangsläufig zu unterschiedlichen Interpretationen oder setzen zumindest unterschiedliche Akzente. Keine Darstellung, wie homogen auch immer sie sein mag, wird jemals auf universelle Zustimmung stoßen. Doch gegen gröbere Ungenauigkeiten können Vorkehrungen getroffen werden. Gleiches muss mit Gleichem verglichen werden. Proportionen müssen beachtet und Beurteilungsmaßstäbe, die auf eine Partei in dem Konflikt angewendet werden, müssen unterschiedslos auf alle Konfliktparteien angewendet werden. Beispielsweise stellten sowohl die Schlacht von El Alamein wie die von Stalingrad alliierte Siege dar, die in den finsteren Tagen von 1942–43 zum »Gezeitenwechsel« beitrugen. Doch die zwei Schlachten können nicht völlig gleichgesetzt werden. Die eine vernichtete sechs Divisionen der Achse auf einem peripheren Kriegsschauplatz; die andere zerstörte zwanzig Divisionen der Achse im zentralen Sektor der wichtigsten Front. Ebenso wenig dürfen moralische Urteile sich auf die Illusion gründen, dass der vom Feind begangene Massenmord Beweis dafür sei, dass er das verachtenswerte Böse verkörpere, während der von der eigenen Seite begangene Massenmord lediglich ein Schönheitsfehler sei.

Vielleicht sollte ich meinen eigenen Ausgangspunkt erläutern. Ich bin Brite. Ich wurde 1939 geboren. Ich bin Berufshistoriker. Und ich habe einen Großteil meiner Laufbahn der Erforschung Osteuropas gewidmet, vor allem der Geschichte Polens und Russlands. Daraus kann man richtigerweise schließen, dass ich im Großbritannien der Kriegszeit aufwuchs und dass meine Erziehung zu einer Zeit erfolgte, als der Krieg eine große Rolle spielte. Ich glaube, man kann durchaus sagen, dass der Zweite Weltkrieg für jeden Angehörigen meiner Generation, obwohl wir noch zu jung waren, um daran teilzunehmen, das größte Ereignis in seinem Leben war – so wie der Erste Weltkrieg von 1914–18 das größte Ereignis im Leben unserer Eltern gewesen war. Mein erster Schulausflug auf den Kontinent führte mich Ostern 1955 nach Wien, und das Foto, das von mir gemacht wurde, zeigt mich, wie ich neben einem sowjetischen Wachtposten in Pelzmütze stehe. Heute weiß ich, dass der Krieg in Europa weniger als ein Jahrzehnt früher zu Ende gegangen war. Wir sahen uns damals *Dam Busters*[*] und *The Cruel Sea*[**] oder *Passport to Pimlico*[***] und *Mrs. Miniver*[****] an. Folglich konnten wir gar nicht anders, als uns für die Kriegsjahre zu interessieren. Seit damals habe ich aus Büchern und Filmen und durch die Forschung laufend neue Informationen zu dem Thema gesammelt, während ich bemerkte, wie die Erinnerungen und das Gefühl, persönlich beteiligt gewesen zu sein, allmählich schwächer wurden.

Andererseits beobachtete ich als Historiker, wie die vertrauteren Aspekte des Krieges in Westeuropa zusehends von einer ständig wachsenden Flut von Informationen über die unermesslichen Greuel an der Ostfront eingeholt wurden. Als ich in Oxford studierte, hatte Alan Bullock kurz zuvor *Hitler: A Study in Tyranny* veröffentlicht, und mein Tutor, Alan J.P. Taylor, steckte noch mitten in den Arbeiten zu *The Origins*

---

*Spielfilm von Michael Anderson, Gb. 1954. Deutsche Fassung: *Mai 1943 – Die Zerstörung der Talsperren,* über die 617. Schwadron der Royal Air Force.

**Spielfilm von Charles Frend, Gb. 1952. Deutsche Fassung: *Der große Atlantik,* über die Geleitzüge im Atlantik.

***Spielfilm von Henry Cornelius, Gb. 1950. Deutsche Fassung: *Blockade in London,* über den urkundlich belegten Unabhängigkeitswunsch eines Londoner Vororts im Jahr 1950.

****Spielfilm Von William Wyler, Gb. 1942. Deutsche Fassung: *Mrs. Miniver,* über eine englische Mittelstandsfamilie zur Zeit der deutschen Luftangriffe gegen England.

of the Second World War.[1] Die Fakultät für Geschichte bot keine Seminare über die Jahre 1939–45 an, weil man glaubte, sie seien noch zu frisch, um ernsthaft erforscht zu werden. Und vom Holocaust hatte man noch kaum etwas gehört. In den sechziger Jahren des 20. Jahrhunderts sickerten nicht nur Nachrichten über die »zwanzig Millionen sowjetischen Kriegstoten« durch, sondern auch die – größtenteils von Chruschtschow und Solschenizyn angestoßene – Erkenntnis, dass der sowjetische Gulag ein Massenverbrechen von bislang unvorstellbaren Ausmaßen darstellte. In den Siebzigerjahren erfuhr man vom einzigartigen Charakter des Holocaust und begann sich zu fragen, wie sich dies in den größeren Kontext füge. In den Achtzigerjahren wagten Historiker wie Bullock, Hitler und Stalin parallel zu erforschen. Und in den Neunzigerjahren brachte der Zusammenbruch der Sowjetunion endlich die Gulag-Leugner zum Schweigen, weil nun offenbar wurde, dass Robert Conquest und andere Kritiker der UdSSR der Wahrheit sehr viel näher gekommen waren, als viele seinerzeit hatten einräumen wollen. Es verrät viel über langjährige Hemmungen, dass Antony Beevors glänzende Bücher *Stalingrad* (1998) und *Berlin: The Downfall 1945* (2002)[2], die westlichen Lesern endlich die ganze Brutalität der Ostfront enthüllten, nur wenige ältere Gegenstücke hatten.

Meine eigene Erforschung der Geschichte Polens während des Krieges vermittelte mir einen lebhaften Eindruck von der systemimmanenten Einseitigkeit. Man erfuhr schnell, dass die Sowjetunion im September 1939 die eine Hälfte Polens überfallen und besetzt hatte, so wie Deutschland die andere Hälfte überfallen und besetzt hatte. Doch westliche Historiker schrieben weiterhin ausschließlich über den »nationalsozialistischen Überfall auf Polen«. Die sowjetische Besatzungszone galt schlichtweg nicht als Besatzungszone. Die diesbezügliche NS-Propaganda wurde pauschal abgetan, während die sowjetische Propaganda nicht angezweifelt wurde. Man wusste, dass nicht nur die Deutschen Greueltaten begangen hatten, sondern dass daneben auch von den sowjetischen Besatzern Massendeportationen und -morde durchgeführt worden waren. Doch die westliche Wahrnehmung konzentrierte sich zunehmend einzig und allein auf den Holocaust. Man las von Tausenden von Dörfern, die dem Erdboden gleichgemacht wurden, und von ihren massakrierten Einwohnern. Doch das einzige Dorf, das westliche Kommentatoren jemals benennen konnten, war Lidice in Böhmen (siehe S. 517). Man erfuhr von gewaltigen Unternehmen wie »Barbarossa« und »Bagration« und von gewaltigen Tragödien wie der Belagerung Leningrads und dem Warschauer Aufstand. Und man erlebte, wie diese Ereignisse stets in einer gesonderten emotionalen Schublade abgelegt wurden. Irgendwie gehörten sie einfach nicht zu »unserem Krieg«.

Da war vor allem das Massaker von Katyn – keineswegs die schlimmste Greueltat, aber eine, die als Lackmustest für historische Aufrichtigkeit diente. Als ich mich in den Siebzigern ins Getümmel stürzte, waren die Indizien überwältigend. Etwa 25 000 alliierte Offiziere waren 1940 in Russland verschwunden. Aber abgesehen von 4363 von den Deutschen 1943 im Wald von Katyn entdeckten Leichen, zwanzig Kilometer westlich von Smolensk, waren die meisten der vermissten Männer nie gefunden worden. Es gab keinen absoluten Beweis, aber die Wahrscheinlichkeit war hoch, dass die übrigen 15 000 oder 20 000 in anderen Massengräbern lagen und dass ihr Tod von Stalin, nicht von Hitler befohlen worden war. Goebbels könnte ausnahmsweise einmal die Wahrheit gesagt haben.[3] Doch die britische Bürokratie wollte sich jahrzehntelang dazu nicht äußern und beschränkte sich darauf, mit dem Finger auf die Nazis zu zeigen. Britischen Offizieren war verboten, an Katyn-Gedenkfeiern teilzunehmen. Pläne für ein Denkmal in London wurden vom Tisch gewischt. Und die britische Öffentlichkeit ließ kein Interesse daran erkennen, ein großes Verbrechen oder eine verwerfliche Vertuschung zur Kenntnis zu nehmen. Die Haltung schien zu sein: Was hatte die Ostfront mit uns zu tun? Im Jahr 1990 schließlich, am Vorabend des fünfzigsten Jahrestages von Katyn, machte Präsident Gorbatschow reinen Tisch und gab zu, dass die Massaker in Katyn und an zwei weiteren Orten das Werk der sowjetischen Sicherheitskräfte gewesen seien. Präsident Jelzin legte später ein Dokument vor, das Stalins Unterschrift trug und den Hinrichtungsbefehl vom 5. März 1940 schriftlich belegte. Ein Sprecher des britischen Außenministeriums lobte die Offenheit der Russen. Aber der britische War Crimes Act (1991) wurde behutsam formuliert, um Ereignisse wie Katyn von seinem Geltungsbereich auszuschließen. Und das britische Außenministerium, dem in dieser Sache das Rückgrat fehlte, veröffentlichte erst 2002 eine Auswahl ministerieller Dokumente zu dem Thema.[4]

Erst 1984 oder 1985, ich erinnere mich, dass ich mit meiner Frau bei Alan J. P. Taylor zu Hause eingeladen war, wurde Katyn ein Gesprächsthema am Esstisch. Taylors Frau, eine ehemalige ungarische Kommunistin, beharrte darauf, dass die Sowjetunion zu solchen Untaten nicht fähig sei. Meine Frau und ich ließen uns nicht beirren und sagten, dass die Schuld mit größerer Wahrscheinlichkeit bei Stalin liege. Alan musste als Vermittler einspringen. Eine sowjetische Schuld sei nicht unvorstellbar, sagte er, aber aus Mangel an Beweisen müssten Historiker alles offenlassen und sich antisowjetischer Unterstellungen enthalten. Das war kurz und bündig. Alan war kein Vertreter der gemäßigten Mitte. Er war ein linker Unruhestifter, furchtlos und unabhängig, und besonders viel hielt er nicht von der Sowjetunion. Aber selbst er konnte sich in einer solchen Frage nicht zu völliger Unvoreingenommenheit durchringen.

Man kann sicher sein, dass niemand Zurückhaltung gefordert hätte, wenn jemand sich dafür ausgesprochen hätte, dass die Schuld höchstwahrscheinlich bei Hitler und Himmler liege. Von den Nazis wusste man, dass sie böse waren. Sie waren zu allem fähig. Sie waren unsere Feinde. Ihnen darf man jederzeit alles Mögliche unterstellen, nicht aber einer der alliierten Siegermächte. Nach meiner Erfahrung ist dies nicht nur das tiefsitzende Vorurteil der meisten Historiker, sondern auch das des größten Teils der britischen und amerikanischen Öffentlichkeit.

Ich war so sehr von dieser Voreingenommenheit überzeugt, dass ich damals begann, mir die besonderen Tendenzen genauer anzusehen, die in westlichen Büchern über den Zweiten Weltkrieg zutage treten. Man konnte auf Ausnahmen treffen, doch im Allgemeinen kreisten die westlichen Ansichten zunehmend um sich selbst, und dieselben bornierten Urteile wurden unablässig wiederholt. Wenn Historiker sich doch einmal zur Ostfront äußerten, folgten sie gewöhnlich dem Beispiel des verstorbenen John Erickson und wiederholten kritiklos sowjetische Interpretationen oder stritten bestenfalls über Einzelheiten. Mit der Zeit gelangte ich dann zu der Überzeugung, dass eine Art »alliiertes Gesamtgeschichtsbild« geschaffen worden war.

Dieses Geschichtsbild ist in seinen Ansichten über Europa stark durch die Empfindungen und Erfahrungen zweier Weltkriege und insbesondere durch den Sieg der »Großen Allianz« der Jahre 1941–45 beeinflusst worden. Dank ihrer Siege 1918, 1945 und am Ende des Kalten Krieges 1989 konnten die Westmächte ihre Interpretation der Ereignisse weltweit exportieren. Diese Prioritäten und Annahmen, die von den alliierten Einstellungen der Kriegsjahre herrühren, sind in historischen Darstellungen des 20. Jahrhunderts sehr verbreitet und werden manchmal auch in fernere Zeiträume zurückprojiziert. Sie lassen sich versuchsweise wie folgt zusammenfassen:

- Der Glaube an eine einzigartige westliche Zivilisation; ihm gilt die »atlantische Gemeinschaft« als Gipfel menschlichen Fortschritts …
- Die Ideologie des »Antifaschismus«; durch die Brille dieser Ideologie wird der Zweite Weltkrieg 1939–45 … als das entscheidende Ereignis beim Triumph des Guten über das Böse wahrgenommen …
- Eine dämonologische Begeisterung für Deutschland, den zweimal besiegten Feind und die Hauptquelle für [Europas Übel] … (Nebenbemerkung: Man sollte deutsche Kultur niemals mit deutscher Politik verwechseln.)
- Eine milde, verklärte Sicht des Zarenreichs und der Sowjetunion, des strategischen Verbündeten im Osten, oft auch »Russland« genannt. Russlands offenkundige Fehler sollten niemals so eingestuft werden wie die des Feindes …
- Die stillschweigende Billigung der Teilung Europas in eine westliche und eine östliche Sphäre …
- Die wohlüberlegte Vernachlässigung sämtlicher Fakten, die das Obige nicht glaubwürdig erscheinen lassen.[5]

Demselben Gedankengang folgend, begann ich darüber hinaus die mannigfachen Defizite zu kategorisieren, die durch das alliierte Gesamtbild gefördert wurden und die in Werken über den Zweiten Weltkrieg festzustellen waren. In einem Artikel mit dem Titel »Ten Forms of Selectivity« benannte ich seinerzeit die nachfolgenden Quellen für Missverständnisse:

- Politische Propaganda
- Persönliche Vorurteile
- Beschränkte Sichtweisen
- Stereotypen
- Statistiken
- Interessengruppen

- Die Verfahrensweisen professioneller Historiker
- Geschichte aus Sicht der Sieger
- Geschichte aus Sicht der Besiegten
- Moralische Selektivität

An dem letzten Punkt zeigte ich, wie Darstellungen des Krieges immer wieder in das grob vereinfachende Schema vom »Kampf Gut gegen Böse« verfielen.[6]

Das war alles gut und schön, und der Artikel erntete viel Lob, aber mir war nicht recht wohl danach. Nicht nur dass ich mich nicht im Einklang mit der überwiegenden Mehrheit meiner Berufskollegen befand, ich hatte auch keine schlüssige Alternative zu bieten. Fehler in den vorherrschenden Interpretationen zu finden, ohne selbst eine klare Vorstellung zu riskieren, ist nur allzu leicht. Die Betrachtungsweisen anderer zu kritisieren oder auseinanderzunehmen ist nicht schwierig. Viel mühsamer ist es, positiv an die Sache heranzugehen und einen neuen und durchdachten Überblick über die Bestimmungsfaktoren eines Themas vorzulegen. Aber man muss es versuchen. Bei der Erforschung des Zweiten Weltkriegs gilt es dabei meines Erachtens folgende Hauptfaktoren zu berücksichtigen: den militärischen, den ideologischen, den politischen und den moralischen.

Geographische Grenzen

Sobald die Sowjetunion am 15. September 1939 einen dauerhaften Waffenstillstand mit den Japanern geschlossen hatte, existierte keine Verbindung mehr zwischen dem europäischen und dem pazifischen Schauplatz des Zweiten Weltkriegs. Und genau diese Tatsache ermöglicht es Historikern, den Krieg in Europa als eine von den Auseinandersetzungen in Asien getrennte Abfolge von Ereignissen zu behandeln. Der sowjetisch-japanische Konflikt – der während der Schlacht am Chalchin Gol (siehe S. 248) eskalierte – erlebte erst im Sommer 1945 eine Neuauflage, als der Krieg in Europa bereits beendet war. Der Waffenstillstand von 1939 wurde durch den sowjetisch-japanischen Neutralitätspakt vom 13. April 1941 gefestigt.[7]

Mit Ausnahme Nordafrikas griffen die Kämpfe auf dem europäischen Kriegsschauplatz nicht über die geographischen Grenzen Europas hinaus. Aber Großbritannien, Frankreich und Italien hatten allesamt territoriale Besitzungen in der Levante oder im Afrika nördlich der Sahara – Großbritannien in Palästina und Ägypten, Frankreich in Syrien, im Libanon und in Algerien und Italien in Tripolis –, so dass sich der Konflikt zwischen den westlichen Alliierten und der Achse schließlich auf alle Gebiete von Marokko bis zum Nil ausdehnte.

Von 1941 an waren sowohl die USA als auch, in geringerem Umfang, Großbritannien und seine Dominions gleichzeitig in Europa und im Fernen Osten engagiert. Natürlich hatte ihre doppelte Präsens Folgen sowohl für die Logistik als auch für die strategische Planung. Aber sie führte nie zu einer engen Verzahnung der beiden Kriegsschauplätze. Während Millionen amerikanischer, kanadischer, australischer und neuseeländischer, indischer und südafrikanischer Soldaten in

Europa dienten, setzten europäischen Streitkräfte – mit einer möglichen, unbedeutenden Ausnahme – niemals in feindlicher Absicht ihren Fuß auf den amerikanischen Kontinent. Kein sowjetischer Soldat kämpfte während des europäischen Krieges außerhalb Europas.

Die äußersten Grenzen des europäischen Kriegsschauplatzes wurden durch Gibraltar, Grönland, Narvik, Leningrad, Stalingrad, den Berg Elbrus, Bulgarien, Kairo und Casablanca markiert. Doch man darf nicht davon ausgehen, dass alle Orte innerhalb dieses Rings Schauplatz von Kämpfen waren. Die Grundkonfiguration des Krieges in Europa bestand aus einem inneren Kern, der von den Achsenmächten behauptet, und einer Peripherie, die von den Gegnern der Achse beherrscht wurde. In der ersten Phase expandierte die Achse schnell und bezog mehrere benachbarte Länder – im Osten Polen, im Norden Dänemark und Norwegen, im Westen die Beneluxländer und Frankreich – mit ein. Das Gebiet im Osten Polens wurde von der achsenfreundlichen UdSSR kontrolliert. Die Westmächte wurden zu ihrem großen Nachteil vom kontinentalen Festland vertrieben. Danach konnten westliche Streitkräfte, obwohl sowjetische Truppen eine unmittelbar an deutsch besetztes Territorium angrenzende Front hielten, Achsentruppen immer erst angreifen, wenn sie zuvor komplizierte, kostspielige und gefährliche amphibische Landungen unternahmen – wie in Nordafrika, auf Sizilien und in der Normandie. Dies war vielleicht der Hauptgrund, warum es so lange dauerte, bis die vielfach angekündigte »Zweite Front« zustande kam.

Es wird oft etwas voreilig behauptet, dass »der Krieg ganz Europa verschlang«. Dies ist zweifellos eine Übertreibung. Einige neutrale Staaten wurden überhaupt nicht direkt in Kämpfe verwickelt (siehe S. 473). Einige Länder, wie Großbritannien oder Spanien, die Truppen für den Kampf im Ausland entsandten, machten selbst keine fremde Okkupation durch. Großbritannien, das 1940–41 für einen relativ kurzen Zeitraum massive Bombardierungen ertrug, schlug 1941–45 über einen sehr viel längeren Zeitraum hinweg gegen Deutschland zurück und kam mit nur sporadischer Vergeltung durch die V-1- und V-2-Angriffe 1944–45 davon. Bulgarien, Rumänien und Ungarn, die sich den Achsenmächten anschlossen, waren auf mannigfache Weise an den früheren Phasen des Krieges beteiligt und reihten sich erst in der Endphase in die Liste der besetzten Länder ein. Selbst in Ländern, die schwer unter den Kämpfen und fremder Besatzung litten, war es möglich, dass weite Teile des eigenen Staatsgebietes praktisch unberührt blieben. In Frankreich beispielsweise blieb die südliche »freie Zone« über drei der sechs Kriegsjahre hinweg im Großen und Ganzen unangetastet. Den Ostprovinzen des Deutschen Reiches, die außerhalb der Reichweite der alliierten Bombenangriffe lagen, war eine noch längere Zeit relativer Ruhe vergönnt. Am meisten überrascht, sofern man nicht darüber nachdenkt, dass mehr als 90 Prozent der UdSSR – jenes Staates, auf dessen Territorium die bei weitem größte und am heftigsten umkämpfte Kriegszone lag – den ganzen Krieg hindurch vollkommen unberührt blieben, womit sie zu einer riesigen Basis für die Mobilisierung von Ressourcen, die Organisation des Widerstands und die Ausbildung der Streitkräfte werden konnten.

Die wichtigsten europäischen Kriegszonen in den Jahren 1939–45 beschränkten sich deshalb in Wirklichkeit auf eine relativ kleine Anzahl von Ländern und Regionen. Dies waren:

◇ Albanien, 1939–45
◇ Polen, 1939–45
◇ Norwegen und Dänemark, 1940–45
◇ Die Beneluxstaaten, 1940–45
◇ Nordfrankreich, 1940–44
◇ Die baltischen Staaten, Weißrussland und die Ukraine, 1940/41–44
◇ Jugoslawien, 1941–45

◇ Griechenland, 1941–45
◇ Italien, 1943–45

Deutschland und Österreich waren ab 1942 der stärker werdenden alliierten Luftoffensive ausgesetzt, aber ihre Grenzen wurden erst im Oktober 1944 oder später verletzt. Darüber hinaus sind mehrere andere Gebiete zu nennen, welche die schlimmeren Seiten des Krieges nur für relativ kurze Zeiträume zu spüren bekamen:

◇ Finnland, 1939–40, 1941–42
◇ Südengland, 1940–41
◇ Leningrad, 1941–43
◇ Westrussland, 1941–42
◇ Südrussland, 1942–43
◇ Rumänien, Bulgarien, Ungarn, 1944–45

Wie aus dieser Aufzählung hervorgeht, ist Genauigkeit unerlässlich, wenn über die Geographie des Krieges in Europa gesprochen wird. Es ist wichtig, zwischen Vorkriegs- und Nachkriegsgrenzen zu unterscheiden. Und man muss sich unbedingt vor irreführenden Abkürzungen hüten. Während des Krieges geschah es recht häufig, dass anstelle der schwerfälligen Bezeichnung »Vereinigtes Königreich von Großbritannien und Nordirland« der kürzere Begriff »England« verwendet wurde. Doch die meisten Kommentatoren verstanden durchaus die komplizierteren Realitäten, die dem bequemen Kürzel zugrunde lagen. Ebenso war es ganz normal, statt von der »Union der Sozialistischen Sowjetrepubliken« von »Russland« oder »den Russen« zu sprechen. Im letzteren Fall muss man sich jedoch darüber im Klaren sein, dass die Abkürzung mehr als bloß ungenau ist. Sie verschleiert eines der zentralen Probleme, um die es auf dem größten Kriegsschauplatz ging. Denn Russen machten nur knapp die Hälfte der Bevölkerung der UdSSR aus. Und es waren die westlichen Sowjetrepubliken – nicht Russland –, die Schauplatz der schwersten Kämpfe waren und welche die deutsche Besatzung am stärksten zu spüren bekamen. Heutzutage, kann man, nachdem Estland, Lettland, Litauen, Weißrussland und die Ukraine als souveräne Staaten neu gegründet wurden, mit einem Blick auf die Karte sehen, wo die Grenzen Russlands verlaufen. Aber fünfzig Jahre lang verfassten die meisten westlichen Historiker ihre Werke, ohne etwas von diesen Ländern zu ahnen, oder gingen fälschlicherweise davon aus, dass die politische, nationale und ethnische Geographie der Ostfront unwichtig sei.

Der Seekrieg erstreckte sich über gewaltige Entfernungen. Im Maßstab nicht vergleichbar mit den Operationen im Pazifik, waren an der Schlacht um den Atlantik (1939–45) doch Tausende von Schiffen aller Typenklassen und Größen beteiligt, von Flugzeugträgern bis hin zu Unterseebooten und bescheidenen Handelsschiffen. An ihren Rändern schloss diese Schlacht Grönland und Murmansk, Montevideo und Kapstadt ein. Die Ursache für die Schlacht um das Mittelmeer (1939–43) war die Verbindungslinie Großbritanniens zum Sueskanal und weiter über Sues nach Indien. Weil die neutrale Türkei den Bosporus kontrollierte, weiteten sich die Kämpfe nicht bis ins Schwarze Meer aus.

Der Luftkrieg war begrenzter. Flugzeuge konnten in den vierziger Jahren nicht so weit fliegen, wie Schiffe fahren konnten. In Großbritannien stationierte Bomberflotten hatten eine Rückkehrreichweite von etwa 1600 Kilometern. Die ab 1943 in Italien stationierten Bomber konnten kaum Warschau erreichen. Ihre Jäger-Eskorten hatten einen noch eingeschränkteren Radius. Alle längeren Transportflüge mussten etappenweise erfolgen. Von den USA nach Großbritannien zu fliegen bedeutete Stopps zum Auftanken in Gander Bay (Neufundland), Reykjavik (Island) und oft noch Belfast, später waren Zwischenlandungen auf den Bermudas und den

Azoren notwendig. Flüge von London nach Moskau mussten über Gibraltar, Kairo, Teheran und Kuybischew (heute Samara) durchgeführt werden.

Abschließend ist zu fragen, ob der Krieg in Europa ein »Schwerkraftzentrum« hatte – einen Ort, der das relative Gewicht der Kampfhandlungen im Norden, Osten, Westen und Süden widerspiegelt. Genaue Einschätzungen sind unmöglich. Aber angesichts des überwältigenden Gewichts der Ostfront kann die Anziehungskraft in diese Richtung nur teilweise durch den Einfluss anderer Richtungen ausgeglichen werden. Der Brennpunkt dürfte *nicht* Mitteleuropa – auf halbem Wege zwischen Ost und West – gewesen sein; vielmehr dürfte er irgendwo weit im Osten oder Südosten gelegen haben. Die Antwort lautet deshalb mit ziemlicher Sicherheit Weißrussland (heute Belarus) und Westukraine. In den herkömmlichen Geschichten Europas fehlt diesen Ländern freilich eine individuelle Identität. Doch beide erlebten die erbittertsten Kämpfe und die schlimmsten zivilen Schrecken des Krieges: die Deportationen, die sowjetische und die deutsche Okkupation, die Heimsuchungen durch die Ideologie des »Lebensraums« und den Holocaust. Von den allerersten Anfängen im September 1939 an, als die Welt diese Gebiete noch überwiegend als Ostpolen kannte, bis zur Schlussphase 1944–45, als sie das wichtigste Sprungbrett für den Vorstoß der Roten Armee nach Mitteleuropa waren, steckten sie mitten im dicksten Kampfgetümmel. Sie stellten das Gelände, auf dem die beiden größten Feldzüge des Krieges – »Barbarossa« und »Bagration« – ausgetragen wurden. Es ist kein Zufall, dass Belarus im Zweiten Weltkrieg einen höheren Anteil seiner Zivilbevölkerung verlor als jedes andere Land in Europa und dass die Ukraine die höchste Gesamtopferzahl des Krieges zu verzeichnen hat. Die Geschichte dieser Länder hat ein breiteres öffentliches Interesse verdient.

Militärische Bestimmungsfaktoren

In Lehrbüchern wird zwischen militärischem Potenzial und militärischer Schlagkraft unterschieden. Das Erstere ist eine rein theoretische Schätzung, die versucht, die Quantität und Qualität der Streitkräfte zu ermitteln, die ein Land bei ausreichender Zeit und Vorbereitung aufzustellen in der Lage wäre. In ihrer schlichtesten Form bedeutet sie, dass die Gesamtzahl der für den Militärdienst zur Verfügung stehenden jungen Männer mit einer Zahl multipliziert wird, welche die maximalen ökonomischen Ressourcen symbolisiert, die bereitgestellt werden könnten, um diese Männer auszubilden, auszurüsten, zu transportieren, zu versorgen und zu unterhalten. Diese Schätzung ist ein wichtiger Indikator, nicht zuletzt weil das Land mit dem größten militärischen Potenzial im Jahr 1939 auch das Land mit der am meisten unterentwickelten Schlagkraft war. Eine bekannte Einschätzung wurde 1939 vom Royal Institute for International Affairs vorgenommen. Sie bediente sich eines primitiven ökonomischen Maßstabs, der den demographischen Faktor unberücksichtigt ließ – vermutlich mit der Begründung, dass eine große Bevölkerung in einem großen Bruttosozialprodukt (BSP) inbegriffen sei.[8]

Natürlich sind gegen diese Vergleiche viele Einwände denkbar. Beispielsweise könnte ein armes Land, das bereit ist, schlecht ausgebildete, unzureichend bewaffnete und unterernährte Soldaten aufmarschieren zu lassen, den Eindruck erwecken, über ein größeres Potenzial zu verfügen als ein Land derselben Größe, das darauf besteht, seine Soldaten nach den bestmöglichen Standards auszubilden, zu bewaffnen, zu ernähren und einzukleiden. Dann steht man vor dem Rätsel, was passiert, wenn Qualität auf Quantität trifft.

Militärisches Potenzial

	Produktion 1938	Relative Produktionsstärke		Militärausgaben 1933–38	Relatives Kriegspotenzial 1937
	(BSP 1932 = 100 %)	(weltweiter Ausstoß = 100 %)		(in Mio. £)	(Welt = 100 %)
		1929	1938		
Frankreich	108	6,6	4,5	1088	4,2
Deutschland	211	11,0	13,2	3540	14,4
Vereinigtes Königreich	143	9,4	9,2	1201	10,2
USA	153	48,3	28,7	1175	41,7
UdSSR	258	5,0	17,6	2808	14,0

Werden die besser ausgebildeten und besser bewaffneten einfachen Soldaten einer Elitetruppe mit ihren ordentlichen Rationen und warmen Mänteln die Horden eines angeblich unterlegenen Gegners in Schach halten können? Oder werden sie sich der schieren zahlenmäßigen Überlegenheit beugen müssen? Genau diese Berechnungen wurden regelmäßig an der Ostfront durchgeführt.

Im Gegensatz dazu misst die militärische Schlagkraft Streitkräfte, die bereits existieren. In ihrer schlichtesten Form geht es ausschließlich um Zahlen[9]:

Militärische Schlagkraft 1939

	Militär	Gesamtbevölkerung
Frankreich	900 000	41 600 000
Deutschland	3 180 000	76 800 000
Italien	1 899 600	44 200 000
Polen	1 200 000	35 000 000
Vereinigtes Königreich	681 000	47 900 000
USA	175 000	132 100 000
UdSSR	9 000 000	190 000 000

Doch die Beschaffenheit der Streitkräfte ist nicht weniger wichtig als die numerische Stärke, und auch das Gleichgewicht zwischen Marine, Luftwaffe und Landheer ist äußerst wichtig. Im Jahr 1939 beispielsweise war Großbritannien im Besitz der zweitstärksten Marine der Welt, einer rasch wachsenden Luftwaffe, aber nur eines vergleichsweise kleinen Heeres. Dies bedeutete, dass seine Schlagkraft, was die Verteidigung der Britischen Inseln betraf, groß war, während seine Schlagkraft in Bezug auf die erfolgreiche Abwehr einer feindlichen Landung oder der Durchführung eines Feldzugs auf dem Kontinent praktisch gleich null war. Die Vereinigten Staaten, welche die größte Marine der Welt besaßen, aber ein Landheer, das kleiner war als das Polens, befanden sich in einer ähnlichen Lage.

Eine Untersuchung der Schlagkraft unter Berücksichtigung aller Waffengattungen bei den Hauptkombattanten zu unterschiedlichen Zeiten während des Krieges würde darauf hindeuten, dass Deutschland über die ausgewogenste Gesamtstreitmacht und folglich über die größte Schlagkraft verfügte. Im Laufe der Zeit jedoch wurde die Kriegsmarine dezimiert und in Häfen eingeschlossen. Die Luftwaffe war hoffnungslos überfordert und nicht in der Lage, ihre Verluste zu ersetzen, und das überlastete Heer wurde, obschon es mit bewundernswerter Zähigkeit kämpfte, unaufhaltsam zermürbt.

Natürlich ergeben sich wieder zahllose Einwände. Grobe Statistiken über Menschen und Material verraten uns nichts über andere entscheidende Faktoren wie Feldherrnkunst, Beweglichkeit, Überraschung und Moral. Die Armee mit der am größten eingeschätzten Schlagkraft oder der besten Ausrüstung gewinnt nicht zwangsläufig die Schlacht. Dies wird auf klassische Weise durch den Frankreichfeldzug im Mai und Juni 1940 veranschaulicht. In absoluten Zahlen war das Panzerarsenal der französischen Armee etwa so groß wie das der deutschen Wehrmacht. Die Panzer, überwiegend Renault B1, waren technisch gut. Doch die französischen Planer verteilten ihre Tanks defensiv auf zahlreiche Infanterieeinheiten, während die Deutschen ihre Panzer zu Offensivverbänden zusammenzogen, die dezidierte Angriffsspitzen bildeten und damit die Führung des Blitzkrieges ermöglichten. Im Ergebnis war diese Strategie außerordentlich erfolgreich.

Das Hauptinteresse des Historikers gilt deshalb weder dem Potenzial noch der Schlagkraft, sondern dem tatsächlichen Aufmarsch. Man muss wissen, welche Streitkräfte wo, wann, für wie lange und in welcher Stärke eingesetzt wurden. Auf der Mikroebene hilft eine Aufmarschanalyse ein gutes Stück weiter, um das Ergebnis bestimmter Kampfhandlungen, Schlachten oder Feldzüge zu erklären. Und auf der Makroebene ermöglicht sie dem Historiker, sowohl Gesamtkonturen und -größe des Krieges als auch die relative Bedeutung seiner einzelnen Komponenten zu erkennen (siehe Tabelle »Militärischer Aufmarsch«).

Als Faustregel kann das Engagement in Mannmonaten gemessen werden, wobei davon auszugehen ist, dass ein Soldat, der sechs Monate kämpft, sechs Soldaten entspricht, die einen Monat kämpfen. Nimmt man beispielsweise den ersten Feldzug des Krieges in Polen (1. September bis 5. Oktober 1939), stößt man auf 800 000 polnische Soldaten, die fünf Wochen lang gegen 1,25 Millionen deutsche Soldaten kämpften. Das ergäbe 800 000 × 1,25 oder 1 Million Mannmonate für die Polen, 1,25 Millionen × 1,25 oder 1,56 Millionen Mannmonate für die Deutschen und insgesamt 2,56 Millionen Mannmonate für beide Seiten. Dies wird dann vergleichbar mit der viel höheren Zahl von neun Millionen Mannmonaten für den finnisch-sowjetischen »Winterkrieg« 1939–40, als 300 000 Finnen und 1,2 Millionen Sowjets zwischen November 1939 und März 1940 sechs Monate lang gegeneinander kämpften (siehe Tabelle »Tatsächlicher Aufmarsch«).

Die Einwände an dieser Stelle könnten sich auf die Tatsache beziehen, dass schlichte Berechnungen von Zeit und

Truppenstärken weder die Dynamik militärischer Operationen noch die markanten Schicksalsumschwünge verständlich machen. Jedenfalls geben Truppenstärken keinen Hinweis auf die tatsächliche Stärke einer Armee. In jeder normalen *ordre de bataille* (Truppengliederung) aus der Zeit des Zweiten Weltkriegs pflegte man Infanterie- von Kavallerie-, gepanzerten, motorisierten und Luftlandeeinheiten zu unterscheiden, während Truppenstärken stets von Zahlen für Panzer, Flugzeuge und Feldgeschütze begleitet wurden.

Militärischer Aufmarsch[10]

	Kriegsschiffe in Dienst	Kampfflugzeuge in Dienst	eingesetzte Soldaten
September 1939			
Großbritannien	251	1660	402 000
Frankreich	97	950	900 000
Polen	4	678	1 200 000
Deutschland	28	2916	2 730 000
April 1945			
Großbritannien (Westeuropa)	744	8000	2 000 000
USA (Westeuropa)	1172	21 572	3 467 000
UdSSR	–	17 000	12 000 000
Deutschland	–	2175	6 100 000

Trotzdem ermöglicht der Indikator für den tatsächlichen Aufmarsch, so provisorisch er auch ist, dem Historiker, die relative Bedeutung aufeinanderfolgender Feldzüge und daraus die Gesamtdimensionen von Operationen zu bestimmen. Hat man beispielsweise die Kämpfe des finnisch-sowjetischen »Winterkrieges« quantifiziert, ist es ein Leichtes, sowjetische Behauptungen zurückzuweisen, es habe sich dabei um irgendwelche Grenzgefechte gehandelt, oder die Sowjetunion sei vor Juni 1941 ein neutraler Beobachter des Krieges gewesen.

Aus der Tabelle mit dem tatsächlichen Aufmarsch kann mit einiger Sicherheit geschlossen werden, dass Versuche, die Kriegsanstrengungen im Westen mit denen im Osten gleichzusetzen, offenkundig falsch sind.[11]

Tatsächlicher Truppenaufmarsch in Europa

Feldzug	Mannmonate (in Mio.)
Polen, September 1939	2,56
Finnland, 1939–40	9,0
Deutsche Invasion Norwegens und Dänemarks, 1940	0,04
Deutsche Westoffensive, Mai bis Juni 1940	9,0
Deutsch-sowjetischer Krieg, 1941–45	406,0
Nordafrika, 1941–43	5,0
Italien, 1943–45	4,4
Westfront, Juni 1944 bis Mai 1945	**16,5**

Verluste – vor allem Angaben über Gefallene – sind ein weiterer wichtiger Indikator für das Ausmaß militärischer Aktivität. Diesbezügliche Statistiken sind bekanntlich unzuverlässig. Es gibt beinahe so viele Schätzungen wie Forscher, und die Ergebnisse können stark voneinander abweichen. Dennoch kann man der allgemeinen Größenordnung der wichtigsten Auflistungen einigermaßen vertrauen:

Militärische Kriegstote in Europa 1939–45 (geschätzt)[12]

UdSSR	11 000 000
Deutschland	3 500 000
Rumänien	519 000
Jugoslawien	300 000
Italien	226 000
Vereinigtes Königreich	144 000

USA	143000
Ungarn	136000
Polen	120000
Frankreich	92000
Finnland	90000

Doch sollten diese Schätzungen ehrlicherweise besser als »grobe Annahmen« bezeichnet werden. Das Gemetzel an der Ostfront war so gewaltig, dass die Unterscheidung zwischen »Gefallenen« und »Vermissten« oftmals bedeutungslos war. Ebenso wenig bestand eine realistische Möglichkeit, die Toten zu zählen und Buch zu führen. Doch die naheliegendste Schlussfolgerung fällt überdeutlich ins Auge: Der Krieg nahm im Osten weit gewaltigere Ausmaße an als an irgendeiner der Fronten, an denen die Westalliierten beteiligt waren.

Ähnliche Schlussfolgerungen lassen sich aus den Gefallenenstatistiken einzelner Feldzüge oder Schlachten ziehen. Es ist einfach gar kein Vergleich zwischen der Größenordnung der Kämpfe im Osten und derjenigen anderen Kampfplätzen (siehe Tabelle »Tote in einzelnen Schlachten und Feldzügen«).

Menschen in Großbritannien oder Amerika, die diese Dinge verfolgen, dürfte sehr wohl bewusst sein, dass Leningrad, Stalingrad und Kursk große Schlachten waren. Aber es ist weniger wahrscheinlich, dass sie das aus dem zahlenmäßigen Übergewicht des Ostens resultierende Ost-West-Gefälle registriert oder begriffen haben, dass relativ »unbedeutende« Operationen wie die Schlacht um Budapest oder der Warschauer Aufstand Kämpfe in ähnlichem Umfang mit sich brachten wie die Normandie oder die Ardennenschlacht.

Tote in einzelnen Schlachten und Feldzügen[13]

Unternehmen »Barbarossa«: Schlachten um Weißrussland I, Smolensk I und Moskau 1941	1 582 000
Stalingrad, September 1942 bis 31. Januar 1943	973 000
Belagerung von Leningrad, September 1941 bis 27. Januar 1944	900 000
Kiew, Juli bis September 1941	657 000
Unternehmen »Bagration« 1944	450 000
Kursk, 1943	325 000
Berlin, 1945	250 000
Frankreichfeldzug, Mai bis Juni 1940	185 000
Unternehmen »Overlord«, 6. Juni bis 21. Juli 1944	132 000
Budapest, Oktober 1944 bis Februar 1945	130 000
Polenfeldzug, September 1939	80 000
Ardennenoffensive, Dezember 1944	38 000
Warschauer Aufstand, 1. August bis 1. Oktober 1944, ohne Zivilisten	30 000
Unternehmen »Market Garden«, September 1944	16 000
Schlacht von El Alamein II, Oktober bis November 1942	4 650

Alles in allem wird der unvoreingenommene Beobachter nach diesen Zahlen versucht sein, die Kriegsanstrengungen der Westmächte irgendwie als Episode am Rande zu betrachten. Auf dem Gebiet der Kriegsführung zu Lande war sie gewiss nicht von überragender Bedeutung. Britische Streitkräfte waren für etwa 5 bis 10 Prozent der deutschen Verluste verantwortlich, amerikanische Streitkräfte für etwas mehr – vielleicht 15 Prozent. Doch es wäre falsch, ausschließlich die von den Heeren geschlagenen Schlachten und den daraus resultierenden »Blutzoll« in den Vordergrund zu stellen. Es gab andere Einsatzgebiete, auf denen die Westalliierten eine gewichtigere Rolle spielten und die unbedingt in die endgültige Rechnung einfließen müssen.

Die Kriegs- und Handelsflotten der Westmächte waren von großer Bedeutung. Im Jahr 1939 gab es fünf Seemächte, die wirklich zählten. Die sowjetische und die polnische Flotte waren relativ klein, und beide saßen in von Land umschlossenen Meeren fest.[14] Der Kriegseintritt der USA, die über die weltgrößte Flotte verfügten, veränderte die Kräfteverhältnisse entscheidend. Bis 1943 waren aus den ursprünglich fünf Seemächten drei geworden, und kurz danach waren es, weil die deutsche Kriegsmarine sich nicht aufs offene Meer wagen wollte, nur noch zwei. Briten und Amerikaner erlangten auf den Ozeanen eine ähnliche Vormachtstellung wie die Sowjets zu Lande:

Alliierter Tonnageverlust in der »Atlantikschlacht«[15]

Jahr	Tonnageverlust
1939	299 000
1940	1 861 000
1941	2 556 000
1942	5 934 000
1943	1 892 000
1944	226 000
1945	132 000

Die Kampfhandlungen fanden auf zwei Hauptkriegsschauplätzen statt – im Mittelmeer und im Nordatlantik. Auf Ersterem sahen Briten und Franzosen sich anfangs der italienischen Kriegsmarine und einer kleinen Anzahl deutscher Schiffe gegenüber, denen es gelang, sich an dem Wachtposten in Gibraltar vorbeizuschmuggeln. Binnen sechs Monaten war die Royal Navy auf sich allein gestellt und sah sich zu dem drastischen Schritt gezwungen, die Flotte ihres ehemaligen Verbündeten

Frankreich zu versenken, um zu verhindern, dass die Kriegsschiffe Vichy in die Hände fielen (siehe S. **145**). In den Jahren 1941–42 versorgte die Kombination aus italienischen Großkampfschiffen vor Neapel, einem deutschen Fliegerkorps auf Sizilien und einer großen Gruppe deutscher Unterseeboote nicht nur erfolgreich die Achsenstreitkräfte in Nordafrika, sondern brachte auch die britischen Verbindungslinien zwischen Gibraltar, Malta und Alexandria in tödliche Gefahr. Während einiger Monate, die im Zeichen der heldenhaften Verteidigung Maltas standen, hing das Schicksal Großbritanniens am seidenen Faden. Vollständig gesichert waren die Verbindungen erst, als Italien im September 1943 kapitulierte.

Die »Schlacht um den Atlantik« dauerte von 1939 bis Mitte 1943 und ging danach mit geringerer Intensität weiter. Grund für die Kämpfe war Großbritanniens lebenswichtige Seeverbindung nach Kanada und den USA. Solange diese Lebensader offengehalten wurde, hatte Großbritannien eine Überlebenschance. Würde sie unterbrochen, wäre Großbritannien gezwungen, zu kapitulieren oder Belagerung und Aushungerung ins Auge zu sehen. Wie im Mittelmeer stand das Ergebnis auch im Atlantik auf Messers Schneide. Angesichts der zweihundert U-Boote, die Großadmiral Karl Dönitz Anfang 1943 zur Verfügung standen, war der Oberbefehlshaber der deutschen Kriegsmarine sehr zuversichtlich. Besiegt wurde er letztendlich, weil Großbritannien mit deutlich verbesserter Technik gegen die U-Boote zurückschlug, und vor allem wegen der erstaunlichen Temposteigerung beim US-Schiffbau, der sich von 1,18 Millionen Bruttoregistertonnen im Jahr 1941 auf 13,7 Millionen Bruttoregistertonnen im Jahr 1943 steigerte. Fortan setzten die Westalliierten weit mehr Schiffe für ihre Hilfskonvois ein, als die Deutschen jemals hoffen konnten zu versenken. Am 18. Mai 1943 befahl Dönitz seinen Unterseebooten, sich »vorübergehend« aus dem Nordatlantik zurückzuziehen. Sie erlangten nie wieder die Oberhand.

Doch entgegen manchen falschen Annahmen hörte der Seekrieg nicht auf. Die U-Boote operierten weiter und schränkten die Freiheit der Geleitzüge ein. Noch im April 1945 versenkten sie, während das Dritte Reich längst in die Knie gezwungen war, 74 000 Tonnen alliierten Schiffsraum. Da die Ostsee geräumt wurde, begann überdies die sowjetische Kriegsmarine aktiv zu werden. Am 30. Januar 1945 kam es zur größten Schiffskatastrophe des Krieges, als ein sowjetisches Unterseeboot einen großen deutschen Truppentransporter, die *Wilhelm Gustloff*, mit knapp 10 000 Menschen an Bord versenkte.

Die strategische Bedeutung des alliierten Sieges zur See ist schwer einzuschätzen. Er war kein kriegsentscheidendes Ereignis. Doch ohne ihn hätte Deutschland seine Interessen überall auf der Welt geltend machen, die Blockade durchbrechen und seine Handelsrouten wiederbeleben können. Großbritannien wäre vollkommen isoliert oder besiegt gewesen, und von seinen Reserven hätte Deutschland profitiert. Die USA, die auf ihren »angebundenen britischen Flugzeugträger« hätten verzichten müssen, hätten nicht in nennenswerter Weise in Europa intervenieren können. Amphibische Kriegsführung wäre ausgeschlossen gewesen. Die alliierten Landungen auf Sizilien und in der Normandie wären unmöglich gewesen, und die Wehrmacht hätte ihre ungeteilte Aufmerksamkeit der Ostfront zuwenden können. Und die von Großbritannien aus operierende Strategische Bomberoffensive der Alliierten – das bevorzugte westliche Konzept, um den Krieg klar zu gewinnen – wäre niemals angelaufen.[16]

Der Luftkrieg

Ebenso überlegen wie auf dem Wasser waren die Westmächte am Ende bei den Luftstreitkräften, die sie mit immer höheren Wirkungsgraden einsetzten. In der Vorkriegszeit war die Luftmacht noch als eine neue Form der taktischen Unterstützung für traditionelle Land- oder Seestreitkräfte begriffen worden. Kampfflugzeuge wurden gebraucht, um den Feind zu beobachten, Verbindungslinien zu bombardieren, Truppenkonzentrationen zu stören, befestigte Stellungen anzugreifen, die Schifffahrt zu schützen – und natürlich, um die feindlichen Luftstreitkräfte außer Gefecht zu setzen. In den meisten Ländern blieben die Luftkommandos entweder dem Heer oder der Marine unterstellt. Die Luftstreitkräfte der UdSSR waren untergliedert in die Luftwaffe der Roten Armee und die Luftwaffe der Roten Kriegsmarine. Genauso war es in den USA. Die USAAF, die United States Army Air Forces, die sich zur mächtigsten Streitkraft ihrer Art auf der Welt entwickelte, war während des gesamten Krieges eine untergeordnete Waffengattung der US-Armee, und ihr Oberbefehlshaber durfte sich nur qua Genehmigung seiner Armeevorgesetzten zu den amerikanischen Joint Chiefs of Staff, dem aus den Befehlshabern der amerikanischen Teilstreitkräfte bestehenden Generalstab, setzen. In Großbritannien und im Dritten Reich genossen die Royal Air Force und die deutsche Luftwaffe ein größeres Maß an Autonomie, aber beide hatten ihren Status als »untergeordnete Waffengattung« zu akzeptieren.

Im Jahr 1939 gab es in Europa sechs Luftstreitkräfte von Bedeutung. Die weitaus größte war die sowjetische Luftwaffe:

Luftstreitkräfte 1939[17]

	Anzahl der Flugzeuge
UdSSR	8105
Deutschland	2916
Italien	1796
Großbritannien	1660
Frankreich	950
Polen	678

Alle diese Länder verfügten über Kapazitäten zur Flugzeugproduktion. Aber das Bild sollte sich wandeln. Die polnische Luftwaffe wurde im September 1939 ausgeschaltet, obwohl ein Teil ihrer Piloten entkommen konnte und später an der Luftschlacht um England teilnehmen sollte. Die französische Luftwaffe wurde 1940 vernichtet. Und die sowjetische Luftwaffe erlitt 1941, als sie in zehn Tagen dreitausend Flugzeuge verlor, so schwere Schäden, dass sie sich erst in der Schlussphase des Krieges Ziele setzen konnte, die über ihre ursprüngliche taktische Rolle hinausgingen. Die Überreste der italienischen Luftwaffe waren zu klein, um nach 1943 von mehr als lokaler Bedeutung zu sein. Somit wurde Schritt für Schritt ein Szenario geschaffen, in dem am Ende nur noch Deutschland, Großbritannien und die USA um die Luftherrschaft kämpften.

Allerdings mussten die strategischen Planer im Laufe der Zeit anerkennen, dass sich grundlegende Fortschritte im Charakter und in der Rolle der Luftstreitkräfte vollzogen. Erstens waren sie auf dem besten Wege, die Seemacht abzulösen. Ein gutgeführter Flugzeugträger, ausgerüstet mit Torpedoflugzeugen, war jetzt in der Lage, ein Schlachtschiff zu versenken oder kampfunfähig zu machen, lange bevor diese »Königin der Meere« ihre schweren Geschütze zur Geltung bringen konnte. Die Tage der Großkampfschiffe waren somit gezählt. Zweitens konnten dichtgestaffelte Formationen von Langstreckenbombern sich zum Ziel setzen, die städtischen und industriellen Zentren eines Gegners zu zerstören, und ihn damit seiner Fähigkeit berauben, Krieg zu führen. Drittens wurde das militärische Transportwesen revolutioniert. Mit der zunehmenden Größe, Reichweite und Tragkraft von Flugzeugen konnte eine Luftwaffe die Aufgabe übernehmen, große Mengen an Truppen über große Entfernungen zu befördern, selbst über den Atlantik. Man darf bei alldem nicht vergessen, dass der erste Nonstopflug über den Atlantik erst

1927 von Charles Lindbergh geschafft worden war. Viertens konnten Kampfflugzeuge als Instrumente des Massenterrors gegen die Zivilbevölkerung eingesetzt werden. Diese Einsatzmöglichkeit, die erstmals in den zwanziger Jahren von der RAF im Irak demonstriert worden war, bevor 1937 die deutsche Luftwaffe im spanischen Guernica davon Gebrauch machte, wurde während des deutschen Einmarschs in Polen 1939 offen angewendet. Wenngleich nicht öffentlich gebilligt, war sie auch Teil der strategischen Bomberoffensive der RAF, die indes eine ritterlichere Wortwahl bevorzugte und von »Flächenbombardement« sprach und davon, »die Moral der Zivilbevölkerung des Feindes zu brechen«.

Die eindrucksvolle Entwicklung der westlichen Luftstreitkräfte vollzog sich im Kontext einer seltsam unausgewogenen strategischen Landschaft, in der es von 1941–44 keine bedeutende »Zweite Front« zu unterstützen gab. Die britische und die amerikanische Marine waren voll mit der in Gang befindlichen Schlacht um den Atlantik beschäftigt. Die britischen und amerikanischen Armeen waren in Nordafrika und später in Süditalien in Kämpfe verwickelt, weit außerhalb der Reichweite der in Großbritannien stationierten Flugzeuge. Folglich war die einzige größere Aufgabe, welche die britischen und amerikanischen Luftstreitkräfte in Erwägung ziehen konnten, eine anhaltende Bomberoffensive gegen Deutschlands Kerngebiet. Dieser Aufgabe widmeten sie sich mit wachsender Brutalität. Der Haupturheber der Strategie, der Chef des RAF-Bomberkommandos, Sir Arthur Harris, schien zu glauben, dass seine Idee Pläne für eine »Zweite Front« überflüssig machen würde. Harris wollte sämtliche Städte Deutschlands in Schutt und Asche legen, eine nach der anderen, bis kein funktionierendes Gemeinwesen mehr übrig wäre (siehe S. 122, 175–177). Der erste »Tausend-Bomber-Angriff« fand am 30. und 31. Mai 1942 statt. Innerhalb von zwei Stunden wurde Köln nahezu vollständig verwüstet. Im August 1942 brachte die

USAAF ihre »Fliegenden Festungen« über den Atlantik und begann mit täglichen Angriffen mit Jägergeleitschutz am Tag, um die nächtlichen Aktivitäten der RAF zu ergänzen. Auf der Konferenz von Casablanca im Januar 1943 ordneten die alliierten Führer an, dass dem »Präzisionsbombardement« von Unterseebootwerften, Flugzeugfabriken, Eisenbahnlinien und Ölraffinerien Vorrang einzuräumen sei. Aber diese Anweisung wurde größtenteils ignoriert. Am 27. und 28. Juli 1943 wurde Hamburg, Deutschlands wichtigster Hafen, durch einen Feuersturm zerstört, in dem 43 000 Menschen umkamen und eine Million obdachlos wurde. Berlin wurde wiederholt angegriffen, so dass die Reichshauptstadt lange vor dem Eintreffen der Roten Armee einer Mondlandschaft aus Trümmern glich. Am 3. Februar 1945 tötete ein Angriff der USAAF auf Berlin auf einen Schlag 25 000 Menschen. Weniger als zwei Wochen später verursachte ein kombinierter britisch-amerikanischer Angriff auf Dresden einen zweiten Feuersturm wie in Hamburg, bei dem ohne ersichtlichen militärischen Nutzen etwa 60 000 Menschen starben. Es ist schlicht eine Tatsache, dass die Strategische Bomberoffensive die deutsche Wirtschaft *nicht* zum Erliegen brachte und die Moral der deutschen Öffentlichkeit *nicht* brach. Was ihr durchaus gelang, war der Nachweis, dass die westlichen Luftstreitkräfte im letzten Kriegsjahr praktisch die totale Lufthoheit am Himmel über Westeuropa besaßen.[18]

Weder die deutsche Luftwaffe noch die Rote Luftwaffe konnten Ähnliches leisten. Beide waren sie verpflichtet, den gigantischen Bodenkrieg an der Ostfront zu unterstützen. Die deutsche Luftwaffe war hin- und hergerissen zwischen den immer eindringlicheren Hilferufen der Wehrmacht im Osten und der ebenso verzweifelten Notwendigkeit der Luftverteidigung im Westen. Es gelang ihr jedoch nie wieder, jene mittelgroßen Bombergeschwader aus vier- bis fünfhundert Maschinen zusammenzuziehen, wie sie 1940–41 Großbritannien angegriffen hatten. Auch den technologischen Wettlauf verlor sie. Spätestens 1944 erwiesen sich die modernisierten Versionen von Vorkriegskonstruktionen als nicht mehr in der Lage, sich auf Augenhöhe mit den sowjetischen Jakowlew 3 oder den amerikanischen P-51-Mustangs zu messen.

Was die Rote Luftwaffe betrifft, so erholte sie sich kontinuierlich von der Beinahe-Katastrophe des Jahres 1941. Die sowjetische Flugzeugproduktion ließ die Deutschlands immer weiter hinter sich, so dass der Verlust von etwa 45 000 Maschinen im Kampf mit westlicher Hilfe mehr als wettgemacht wurde. Spätestens 1944 lag die sowjetische Überlegenheit an der Front bei 3:1 oder mehr. Um industrielle Ziele hinter der Front, vor allem in Rumänien, angreifen zu können, wurde ein Verband aus schweren Bombern aufgebaut. Und eine Flotte aus achthundert sowjetischen Bombern begleitete Marschall Schukow bei seinem entscheidenden Vormarsch auf Berlin.

Wie immer so machte auch hier Not erfinderisch. Die Tatsache, dass Deutschland der strategischen Bombardierung schutzlos ausgeliefert war, führte zur Entwicklung sogenannter Vergeltungswaffen. Bei der V 1, die ab 1942 entwickelt wurde, handelte es sich um einen führerlosen Eindecker, der einen 1 Tonne schweren, hochexplosiven Sprengkopf mit 560 Stundenkilometern beförderte. Über 15 000 solcher Flugkörper wurden zwischen Juni 1944 und Mai 1945 abgefeuert, und etwa 9000 erreichten ihre Ziele, vor allem in London und Antwerpen. Genauigkeit war nicht ihre Stärke. Die V 2 dagegen war eine echte, von Flüssigsauerstoff und einem Äthylalkohol-Wasser-Gemisch angetriebene Rakete, die mit Überschallgeschwindigkeit flog. Ihre Nutzlast war nicht größer als die der V 1, aber ihre Flugbahn in fast 80 Kilometer Höhe machte sie praktisch unangreifbar für die Flugabwehr. Die Forschungsarbeiten an der V 2 hatten schon 1938 begonnen und hätten ohne Hitlers Desinteresse schneller zu besseren Ergebnissen führen können. Ungefähr 5000 V-2-Raketen wurden Ende 1944 und Anfang 1945 abgefeuert. Weder Großbritannien noch die USA besaßen irgendetwas, was diesem bahnbrechenden Programm ebenbürtig gewesen wäre.[19]

Aufrüstung und Industrieproduktion

Kriege können nicht ohne Rücksicht auf die »Kampfmittel« geführt werden. Und damit kommen wir zu einem weiteren Bereich, in dem sich die Westmächte und eine westliche Macht ganz besonders hervortaten. Obwohl die USA der letzte der bedeutenden Staaten waren, die sich in die Auseinandersetzung einschalteten und ihr verspäteter Beitrag zu den Bodenkämpfen relativ begrenzt war, kann kein Zweifel daran bestehen, dass ihr Beitrag zur Logistik des Krieges von herausragender Bedeutung war.[20]

Militärische Planer versuchen stets, künftige Erfordernisse vorherzusehen. Deshalb ist es wichtig zu verstehen, dass der Zweite Weltkrieg keinen prognostizierten Verlauf nahm. Keiner der Kombattanten war im Jahr 1939 richtig auf den nachfolgenden Konflikt vorbereitet. Hitler ging nicht davon aus, dass die deutsche Wiederaufrüstung ihren Höhepunkt vor 1942–43 erreichte. Sein Angriff auf Polen sollte eigentlich eine schnelle, örtlich begrenzte Angelegenheit sein, welche die Westmächte nicht betreffen sollte, außer vielleicht in Form eines symbolischen Protests. Stalin hatte damals gerade den »Großen Terror«, die *Jeschowschina*, abgeblasen, der Millionen Menschenleben ausgelöscht hatte, und war mit einer gewaltigen Säuberung (das heißt kaltblütigen Ermordung) des Offizierskorps beschäftigt. Trotz des Erfolgs der Fünfjahrespläne dürfte ihm genau bewusst gewesen sein, dass die ökonomische und industrielle Basis der UdSSR noch immer hinter der Basis potenzieller Gegner hinterherhinkte. Das Frankreich des Jahres 1939 war sich, besessen von der »Maginot-Mentalität«, eines drastischen Rückgangs der Geburtenrate ebenso bewusst wie seiner unvollendeten Befestigungsanlagen. Großbritannien wurde von einer Regierung geführt, die bis vor kurzem ganz auf *Appeasement* (»Beschwichtigung«) gesetzt hatte und nicht bereit gewesen war, die Verteidigungsausgaben zu erhöhen. Auf Churchills Beharren hin war mit der Vergrößerung und Neuausrüstung der RAF ein Anfang gemacht worden. Aber die Hauptaufgabe der britischen Armee war die Verteidigung des Empire, und die vier mageren Divisionen, die für den Einsatz auf dem Kontinent bestimmt waren, stellten weniger als 10 Prozent des stehenden Heeres Polens und knapp 5 Prozent des französischen Heeres dar.

Und die Vorbereitungen liefen nicht einmal annähernd nach Plan. 1940 brach Frankreich, das mit einem Krieg von drei bis vier Jahren rechnete, wie 1914–18, in sage und schreibe sechs Wochen zusammen und kapitulierte. Und Großbritannien, obwohl durch den Zusammenbruch Frankreichs vollkommen isoliert und in der Luftschlacht um England gerade noch davongekommen, konnte seinen Fortbestand nur dank der improvisierten Vereinbarungen des US-Leih- und Pachtgesetzes (Lend-Lease Act) sichern. 1941 bereitete Hitler eine Invasion der UdSSR vor, die in vier bis fünf Monaten abgeschlossen sein sollte und die ausgedehnte Winterkämpfe nicht einkalkulierte. Der vorherrschenden Interpretation zufolge wurde Stalin vollkommen überrascht (siehe S. 164). Auf jeden Fall versäumte er es, die Rote Armee und die Rote Luftwaffe auf Verteidigung einstellen, was ungeheure Verluste an Menschen und Material zur Folge hatte. Im Dezember 1941 erklärten die Spitzen des Dritten Reiches angesichts deutscher Vorausabteilungen, die durch ihre Ferngläser auf den Kreml starrten, den USA den Krieg – in der festen Überzeugung, dass den Amerikanern keine Zeit mehr zum Eingreifen bliebe. 1942 überraschte die

UdSSR sämtliche Experten, indem sie durchhielt, während die Schlacht um den Atlantik zunächst unentschieden blieb. 1943 kam die hoch und heilig versprochene »Zweite Front« im Westen (im zweiten Jahr hintereinander) nicht zustande, während die wiedererstarkende Rote Armee im Osten unerwartet auf der ganzen Linie siegte. 1944 verblüffte die Rote Armee alle einschließlich ihrer angloamerikanischen Verbündeten, weil sie ihren triumphalen Vormarsch vor Warschau stoppte und nach links auf den Balkan abschwenkte. Nun bewies auch Deutschland Qualitäten im Ausharren und erwischte so die Experten auf dem falschen Fuß. Und nach dem Erfolg des Unternehmens »Overlord« – der Invasion in der Normandie – wurden die zu optimistischen Generäle, die Churchill und Roosevelt versichert hatten, der Krieg sei »bis Weihnachten vorüber«, einmal mehr widerlegt.

Es lohnt sich, all dies zu betonen, und sei es nur, um zu zeigen, dass logistische Planung im Zweiten Weltkrieg ein Alptraum war. Niemand hatte eine klare Vorstellung von den künftigen Erfordernissen. Und die einzig realistische Strategie für diejenigen, die kämpften, bestand darin, auf Höchstproduktion zu setzen und zu beten, dass die Leistung irgendwie die Nachfrage befriedigte. Doch am Ende arbeiteten alle maßgeblichen Parteien sehr viel effizienter, als man hätte vorhersehen können.

Angesichts der Tatsache, dass das Dritte Reich in eine Reihe langwieriger Konflikte verwickelt wurde, die seine Führer zu vermeiden gehofft hatten, reagierte die deutsche Wirtschaft hervorragend:

Deutsches Bruttoinlandsprodukt (BIP), 1939 bis 1945[21]

1938	1939	1940	1941	1942	1943	1944	1945
100	109	110	117	118	121	124	88

Natürlich wurde sie von den menschlichen und industriellen Reserven der unterworfenen Nationen außerordentlich unterstützt. In den ehemaligen Skoda-Werken in Pilsen gebaute Panzer beispielsweise spielten eine herausragende Rolle bei der Invasion Frankreichs. Zwei Millionen französische Kriegsgefangene schufteten in den Bergwerken und auf den Feldern, um deutsche Männer für den Wehrdienst freizusetzen. Insassen der nationalsozialistischen Lager und Ghettos im deutsch besetzten Polen wurden gezwungen, die Kriegsanstrengung zu unterstützen. Allen Seiten wurden Steuern und Abgaben abgerungen. Millionen von Sklavenarbeitern wurden aus dem Osten importiert, ebenso Zugladungen voll Schwarzerde aus der Ukraine und Öl aus Rumänien.

Dennoch ist bemerkenswert, dass Deutschlands Industrieproduktion erst in den letzten Monaten des Jahres 1944 nicht mehr weiter anstieg (siehe Tabelle »Deutsche Industrieproduktion«).

Auch die Lieferungen von Ausrüstung an die Streitkräfte stiegen bis zum letzten Kriegsjahr kontinuierlich an (siehe Tabelle »Deutsche Rüstungslieferungen«).

Deutsche Industrieproduktion, 1941 bis 1944[22]

	1941	**1942**	**1943**	**1944**
Stahl *(in Mio. t)*	31,8	32,1	34,6	28,5
Kohle *(in Mio. t)*	248,3	264,2	266,9	249,0
Synthetisches Öl *(in Mio. t)*	4,1	4,95	5,7	3,8
Synthetisches Gummi *(in Mio. t)*	69	98	117	104
Aluminium *(in 1000 t)*	233,6	263,9	250,0	245,3

Deutsche Rüstungsproduktion, 1939 bis 1945[23]			
	Panzer	**Flugzeuge**	**Schwere Geschütze**
1939	247	8295	1214
1940	1643	10826	6730
1941	3790	11776	11200
1942	6180	15556	23200
1943	12063	25527	46100
1944	19002	39807	70700
1945	3932	7544	12650

Deutschlands Achillesferse war das Öl. Da es der Wehrmacht nicht gelang, Baku, den sowjetischen Ölhafen am Kaspischen Meer, zu erreichen, da es der deutschen Kriegsmarine nicht gelang, die Blockade aufzuheben, da die schwerbeschädigten rumänischen Ölfelder Mitte 1944 verloren gingen und da das auf Kohle basierende Ersatz-Treibstoffsystem die Erwartungen nicht erfüllte, versiegten die Treibstofftanks der Panzerdivisionen, Fliegerstaffeln und Transportkolonnen allmählich. Die Episode in dem Film *The Battle of the Bulge**, wo ein deutscher Panzerkommandeur sich mit der Unausweichlichkeit der Niederlage abfindet, als er in einem eroberten US-Panzer einen aus Kansas eingeflogenen Schokoladenkuchen findet, mag erfunden gewesen sein. Aber sie klingt wahr.

Großbritanniens Kriegswirtschaft funktionierte ebenfalls überraschend gut. Von 1940 an war Großbritannien im Prinzip bankrott und auf Notkredite aus den USA angewiesen, um weiterkämpfen zu können. Trotzdem überstand die britische Industrieproduktion die deutschen Luftangriffe auf britische Städte ebenso wie die Unterbrechungen des Nachschubs und stieg sogar weiter an (siehe Tabelle »Britisches Bruttoinlandsprodukt«).

*Spielfilm von Ken Annakin, USA 1965. Deutsche Fassung: *Die letzte Schlacht.*

Die UdSSR war der einzige kämpfende Staat, der vor Kriegsbeginn über eine zentral geplante, militarisierte Wirtschaft verfügte. Die 1929 eingeführten Fünfjahrespläne waren ein unverhohlener Versuch, der Sowjetunion die Schwerindustrie und somit die nachhaltige militärische Schlagkraft zu verschaffen, die dem Zarenreich gefehlt hatten.

Britisches Bruttoinlandsprodukt, 1939 bis 1945[24]

1938	1939	1940	1941	1942	1943	1944	1945
100	101	111	121	124	127	122	116

Stalin hatte das Ziel ausgegeben, innerhalb von zehn Jahren eine rentable, moderne Wirtschaft aufzubauen, »falls nicht alles untergegangen ist«. Das Wunder besteht darin, dass die Planwirtschaft weiter funktionierte, auch als die am stärksten industrialisierten Regionen des Staates in der Ukraine von den Deutschen überrollt wurden. Heldenhafte Anstrengungen und drakonische Methoden waren erforderlich, um ganze Fabriken mitsamt Maschinen und Belegschaft in den Ural und nach Sibirien zu evakuieren. Gefeierte Errungenschaften aus den dreißiger Jahren, wie der Staudamm bei Dnjepropetrowsk, wurden gesprengt. Die Menschen litten Hunger. Millionen siechten in den Lagern des Gulag dahin. Frauen übernahmen die Verantwortung für die Kolchosen. Männer wurden ohne die geringste Rücksicht auf ihr Wohlergehen in den Kampf geworfen. Aber die Materialzufuhr für die Rote Armee hörte niemals auf zu steigen:

Sowjetische Rüstungsproduktion[25]

	Panzer	Flugzeuge	Schwere Geschütze
1940	2794	10565	15300
1941	6590	15735	42300
1942	24446	25436	127000
1943	24089	34845	130000
1944	28963	40246	122400
1945	15419	20052	62000

Doch das alles war nichts im Vergleich zu den Wundern, welche die Kriegswirtschaft der USA vollbrachte. 1939 leistete die amerikanische Kriegsmaschine nur einen Bruchteil dessen, was sie künftig leisten sollte. Noch regierte der Isolationismus. Niemand dachte an Krieg, an Pläne zur Wiederaufrüstung oder für erweiterte Schutzmaßnahmen. Zwei Jahre später schlummerte der Riese noch immer. Ein bescheidener Anstieg wurde eingeleitet, um die aus dem Leih- und Pachtgesetz erwachsenen Verpflichtungen zu erfüllen. Aber erst ganz am Ende des Jahres 1941 erhielt die Friedenswirtschaft Anweisung, sich kriegsbereit zu machen. Die Reaktion war spektakulär. Automobilfabriken stellten auf Panzerproduktion um. Schiffswerften bauten statt Handelsschiffen plötzlich Kriegsschiffe. Flugzeugfabriken stoppten den Bau von Verkehrsflugzeugen zugunsten von Jägern und Bombern. Alles schaltete um, als sei dies reine Routine. Stahlwerke, Kohlezechen und Eisenbahnen reagierten energisch auf die Herausforderung. Das Tempo beschleunigte sich, und die Zahlen vervielfachten sich. Und so kurz nach der Depression schwitzte die Arbeiterschaft mit Freuden. Die Ergebnisse waren wahrhaft atemberaubend: 1943 wurde angeblich alle fünf Minuten ein Panzer fertiggestellt, alle halbe Stunde ein Flugzeug und jede Woche ein Flugzeugträger. Es war eine industrielle Expansion, wie die Welt sie noch nicht erlebt hatte.

US-Rüstungsproduktion[26]

	Panzer	Flugzeuge	Kriegsschiffe
1940	331	12804	–
1941	4052	26277	5
1942	24997	47836	146
1943	29497	85898	559
1944	17565	96318	410
1945	11968	49761	127

Die wirtschaftliche und industrielle Explosion in den USA hatte vielfältige Folgen. Erstens sammelte sich, weil die Herstellung von Gütern schneller voranging als Truppenausbildung und -einsatz, ein gewaltiger Überschuss, der mit Amerikas Verbündeten geteilt werden konnte. Zweitens verschafften sich die USA, weil man für Großzügigkeit Zugeständnisse eintauschen konnte, schnell eine beherrschende politische Position, vor allem gegenüber Großbritannien. Drittens häufte das US-Finanzministerium, weil die hochschnellende Produktion sprunghaft steigende Steuereinnahmen nach sich zog, ein gewaltiges Guthaben an Steuerdollars an, die für den Wiederaufbau nach dem Krieg verwendet werden konnten. Und da schließlich ein vom Krieg verwüstetes Deutschland nicht hoffen konnte, sich mit einer durch amerikanische Lieferungen verwandelten Koalition lange messen zu können, begann die Aussicht auf eine totale, unwiederbringliche Niederlage für Hitler konkrete Formen anzunehmen.

Der Wert der US-Kriegslieferungen an das Vereinigte Königreich ist allgemein bekannt. Sie machten den Unterschied zwischen Untergehen und Überleben aus. Aber die Vorteile, die sie der UdSSR verschafften, wurden nicht so sehr verbreitet und von sowjetischen Historikern selten anerkannt. Tatsächlich waren sie beträchtlich. Allerdings kann man in diesem Fall nicht behaupten, sie hätten den Unterschied zwischen Niederlage und Sieg ausgemacht. Die Rote Armee hatte bereits zur Jahreswende 1942–43 die Oberhand an der Ostfront gewonnen, bevor das volle Gewicht der westlichen Hilfe spürbar werden konnte. Die arktischen Geleitzüge, die 1941 erstmals von Großbritannien aus nach Murmansk geschickt wurden, waren extrem riskant und, vergleicht man die gelieferte Tonnage mit dem Tonnageverlust, kaum vertretbar. Sie waren eine mutige Geste der Solidarität. Aber der Landweg von Iran – über den ab Ende 1943 ein ununterbrochener Strom von Militärlastwagen, Tanklastzügen, Jeeps, Flugzeugen, Munition, Marschrationen, Konserven, Stiefeln und Uniformen rollte – garantierte, dass es der Roten Armee während des entscheidenden Vorstoßes nach Osteuropa und ins Reich an nichts mangelte. Den sowjetischen Soldaten wurde eingeschärft, den Einheimischen zu erzählen, dass das Warenzeichen »Made in the USA« auf der Ausrüstung »Made in [the UdSSR for Export to] USA« bedeute. Aber nur wenige ließen sich täuschen.

Lieferungen gemäß Leih- und Pachtgesetz an die UdSSR 1943 bis 1945[27]

Flugzeuge	14795
Panzer	7056
Jeeps	51503
Lastwagen	375883
Motorräder	35170
Traktoren	8071
Geschütze	8218
Maschinengewehre	131633
Sprengstoffe	345735 Tonnen
Baumaschinen, geschätzt	$ 10910000
Eisenbahn-Güterwagen	11155
Lokomotiven	1981

Frachtschiffe	90
U-Boot-Jäger	105
Torpedoboote	197
Schiffsmotoren	7784
Nahrungsmittel	4478000 Tonnen
Maschinen und Ausrüstung	$ 1078965000
Metalle (kein Eisen)	802000 Tonnen
Erdölprodukte	2670000 Tonnen
Chemikalien	842000 Tonnen
Baumwolle	106893000 Tonnen
Leder	49860 Tonnen
Reifen	3786000
Armeestiefel	15417000 Paar

Aus irgendeinem Grund versuchte die US-Regierung nie, die sowjetische Abhängigkeit vom US-Nachschub als politisches Druckmittel einzusetzen.

Militärtechnologie

Wissenschaft, Technik, Industrie und Ingenieurwesen stellen eine entscheidende Seite des modernen »totalen Kriegs« dar. Alle bedeutenden Kombattanten des Zweiten Weltkriegs wetteiferten ständig miteinander, um die Konstruktion und Produktion bestehender Waffen zu verbessern. Und die vierziger Jahre erlebten mehrere bahnbrechende Projekte zur Entwicklung vollkommen neuer Technologien. Der erste elektronische Rechner, in Bletchley Park für das »Ultra«-Programm gebaut, war eines davon (siehe unten). Düsentriebwerke, Raketengeschosse und die Kernspaltung waren andere.

Die britische RAF und die deutsche Luftwaffe führten im Jahr 1944 Düsenjäger im Staffeldienst ein. Sowohl die Meteor als auch die Me 262 waren zweistrahlige Eindecker. Mit der Me 163 besaßen die Deutschen darüber hinaus einen schwanzlosen Abfangjäger mit Raketenantrieb, der beinahe Schallgeschwindigkeit erreichte und zwölf Minuten lang mit Flüssigbrennstoff flog, bevor er als Gleiter zum Stützpunkt zurückkehrte. Er wurde nur in winzigen Stückzahlen gebaut.

Alle Kombattanten entwickelten verschiedene Raketenwaffen für das Gefechtsfeld, zu denen der sowjetische Katjuscha-Mehrfachraketenwerfer, die deutsche Panzerfaust und die amerikanische Bazooka gehörten. Aber nur die Deutschen entwickelten Langstreckenraketen.[28]

Die ökonomische und industrielle Leistungskraft der USA zeitigte viele Nebeneffekte auf wissenschaftlich-technischem Gebiet. Entscheidend war dabei die Fähigkeit, die astronomischen Kosten und organisatorischen Lasten zum Bau der weltweit ersten Atombombe stemmen zu können. Im Jahr 1941 begann im Vereinigten Königreich die Arbeit an der Trennung von Uranisotopen in großem Stil. Aber aufgrund der gewaltigen Entwicklungskosten war das zwei Millionen Dollar teure »Manhattan Project«, das von der irrigen Annahme eines deutschen Vorsprungs auf diesem Gebiet angeregt worden war, auf angloamerikanische Zusammenarbeit angewiesen. Da das Atomprogramm der Deutschen durch die alliierte Bombardierung unterbrochen und dann von norwegischen Saboteuren vereitelt worden war, war es nur noch eine Frage der Zeit, bis Amerika einen einzigartigen militärischen Vorsprung besaß. Die Sowjets begnügten sich mit dem billigeren Weg der Spionage. Bis Mai 1945 jedoch war die Atombombe noch nicht getestet worden und kam so zu spät, um den Krieg in Europa zu beeinflussen. Zugeständnisse gegenüber der UdSSR in Jalta Anfang 1945 waren von dem Wunsch nach sowjetischer Unterstützung beim entscheidenden Angriff auf Japan motiviert. Dazu kam die Ungewissheit, ob die Bombe tatsächlich funktionieren würde. Ob die USA einen Nuklearangriff auf Deutschland in die Wege geleitet hätten oder nicht, falls der europäische Krieg bis zur Verfügbarkeit der Bombe angedauert hätte, ist natürlich eine unbeantwortbare und somit unhistorische Frage.[29]

Das »Ultra«-Geheimnis

Das Entschlüsseln von Codes gehört zu den wenigen Betätigungen, die es dem Schwachen ermöglichen, das Gleichgewicht zuungunsten des Starken zu verschieben. Deshalb war es für die Briten in ihren »dunklen Tagen« während der ersten Jahre des Krieges von besonderem Interesse. Mit Unterstützung eines treuen Verbündeten, der Genialität einiger Wissenschaftler und der harten Arbeit von etwa 15 000 zu absoluter Verschwiegenheit verpflichteten Männern und Frauen übertraf der Erfolg am Ende ihre kühnsten Träume.

In einem großen, modernen Krieg benutzen alle Seiten Codes, knacken und verändern sie. Die Deutschen entschlüsselten einige britische Marinecodes, die Sowjets wiederum einige deutsche Codes. Aber die Operation »Ultra« unterschied sich von diesen Aktionen aus zwei Gründen. Sie schaffte es, den »Enigma«-Code des deutschen Oberkommandos zu decodieren. Und Enigma blieb von 1940 bis zum Ende des Krieges entschlüsselt. Großbritanniens Fähigkeit, die Absichten des Feindes zu erkennen, war von unschätzbarem Wert.

Die Geschichte begann in Polen. Der polnische Vorkriegs-Geheimdienst erfuhr, dass das deutsche Militär sich damit beschäftigte, einen automatisierten, ständig wechselnden Code zu entwickeln, der auf einer im Handel erhältlichen Maschine namens »Enigma« beruhte. Polnische Agenten spionierten die Fabrik aus, in der die verbesserte Maschine gebaut wurde, und erlangten Kenntnis von den Einzelheiten ihrer Konstruktion. Drei junge Mathematiker von der Warschauer Universität unter Führung von Marian Rejewski arbeiteten anschließend eine Reihe von Formeln aus, mit deren Hilfe der Code gelesen werden konnte. Bei Ausbruch des Krieges im Jahr 1939 wurde Großbritannien wie Frankreich der Nachbau einer Enigma-Maschine überreicht, zusammen mit einer Betriebsanleitung. Nach einer Anekdote wurde dem polnischen Agenten, der mit einem Apparat, der wie eine Schreibmaschine aussah, vor der britischen Botschaft in Bukarest aufkreuzte, angeblich gesagt: »Bitte kommen Sie am Montagmorgen wieder.«

Die Deutschen hatten allen Grund zu glauben, dass Enigma unmöglich zu knacken sei. Jeden Tag um Mitternacht wurde eine neue Einstellung, der Tagesschlüssel, gewählt. Danach wechselte der Code jedes Mal, wenn eine Buchstabentaste gedrückt wurde. Die möglichen Vertauschungen für jeden Buchstaben eines übertragenen Textes gingen in die Milliarden. Außerdem wurde die Maschine regelmäßig nachgerüstet. Zusätzlich eingekerbte Walzen (mit mehr als der üblichen einen Übertragungskerbe) wurden hinzugefügt, und jede neue Walze steigerte die Zahl der Vertauschungen um den Faktor 100. Im Jahr 1944 wurde eine besonders ausgeklügelte Variante eingeführt, der sogenannte B-Schreiber. Kein Wunder, dass das Bedienungspersonal niemals argwöhnte, dass es durchschaut worden war.

Das »Ultra Project« wurde Ende 1939 in Bletchley Park in den englischen Midlands eingerichtet. Es lockte eine außerordentliche Gruppe von Exzentrikern, Wissenschaftlern, Linguisten und Mathematikern an – allen voran einen homosexuellen Einzelgänger aus Cambridge namens Alan Turing. Dank der Polen wussten alle genau, womit sie es zu tun hatten, ohne jedoch einen schnellen Zugang zu finden. Aber sie hatten etliche Male Glück. So stellten sie fest, dass einige deutsche Funker, insbesondere ein Mann namens Walter, die Anweisungen nicht beachteten und ihre Maschinen jeden Tag mit derselben Einstellung in Gang setzten. Zudem vermuteten die britischen Tüftler zu Recht, dass deutsche Einheiten überall in Europa an Hitlers Geburtstag im April 1940 mehr oder weniger identische Funksprüche absetzen würden. Und sie bekamen schließlich eine nachgerüstete Enigma-Maschine in die Hände, die sich die Royal Navy von einem vor Grönland aufgebrachten deutschen Wetterschiff beschafft hatte. Danach konnte die »Turing-Bombe«, eine elektromechanische Rechenmaschine, die Vertauschungen klären und die Antworten liefern. Im zweiten Kriegsjahr las Bletchley Park alle Enigma-Übertragungen täglich binnen drei Stunden nach Tagesbeginn. Man hielt mit allen deutschen Nachrüstungen Schritt. Und 1944 erfand man als Antwort auf den B-Schreiber den ersten Elektronenrechner der Welt, den »Colossus«.

Die britische Regierung durfte die Quelle oder das Ausmaß ihrer detaillierten Kenntnisse der deutschen Aktivitäten niemals eingestehen. Tatsächlich blieb das Geheimnis der Öffentlichkeit auch nach dem Krieg dreißig Jahre lang verborgen. Für Hitler jedoch blieben die britischen Aktionen und Haltungen ein Rätsel (und ein Ärgernis). Er meinte, die Briten wüssten nicht, wann sie geschlagen seien. Im Gegensatz dazu wussten die Briten genau, was Hitler tat. Churchill erhielt fast täglich wortgetreue Kopien sämtlicher Weisungen Hitlers an seine Generäle und der meisten Nachrichten, die seine Generäle an ihre Truppen sandten. Diesen einen unschätzbaren Vorteil hatten die britischen Stabschefs, die ansonsten mächtig in der Klemme steckten. Sie kannten Görings Absichten während der Luftschlacht um England. Da jedes U-Boot Anweisungen durch eine Enigma-Maschine erhielt, konnten sie die Positionen der deutschen U-Boot-Flotte ausmachen und Admiral Dönitz während der Schlacht um den Atlantik immer wieder verblüffen. Montgomery verrieten sie Rommels Aufstellungen vor El Alamein. Sie erfuhren von Maßnahmen zur Stärkung der deutschen Luftabwehr. Und sie wussten vor den Landungen in der Normandie, dass ihre Täuschungspläne funktioniert hatten. Über undichte Stellen, die der Verräter John Cairncross geschaffen hatte, half die »Ultra«-Gruppe sogar den Sowjets. Von Mitte 1940 bis Ende 1943 war Großbritanniens Lage verzweifelt. Ohne »Ultra« wäre sie aber noch viel schlimmer gewesen. Freilich darf nicht vergessen werden, dass der Zweite Weltkrieg nicht durch Deutschlands Auseinandersetzung mit Großbritannien entschieden wurde.

Deshalb ist die Schlussfolgerung unausweichlich, dass »Ultra« weniger eine kriegsentscheidende Operation als ein unerlässliches Element in Großbritanniens langem Überlebenskampf gewesen ist. Mit der möglichen Ausnahme der Schlacht von Kursk (siehe S. 187–190) spielte sie in den entscheidenden Konflikten an der Ostfront keine Rolle. Es gibt keine Belege dafür, dass sowjetische Entschlüsselungsexperten Enigma selbständig knackten. Die Rote Armee musste ohne »Ultra« zurechtkommen.[30]

Partisanen

Die NS-Herrschaft förderte Widerstandsbewegungen, wie Regen das Wachstum von Pilzen begünstigt. Einige dieser Bewegungen, vor allem die von kommunistischen Kräften geführten, liebten das Wort »Partisanen«. Andere, wie die polnische Heimatarmee, vermieden es wegen seiner kommunistischen Assoziationen.

Die erste und größte Untergrundarmee begann in Polen vor dem Ende des Septemberfeldzugs 1939 tätig zu werden. Rekrutiert aus grundverschiedenen Elementen, die gegenüber der Londoner Exilregierung loyal waren, wurde sie von der polnischen Abteilung der britischen Special Operations Executive (SOE) versorgt und teilweise ausgebildet. Sie fungierte als militärischer Arm eines ausgewachsenen Untergrundstaates. Ab 1942 führte sie den Namen »Armia Krajowa« (AK, deutsch: »Heimatarmee«) und warb 300 000 bis 400 000 Männer und Frauen an. Sie betrieb Sabotage auf breiter Front, verübte Anschläge auf SS- und Gestapo-Angehörige und leistete glänzende nachrichtendienstliche Arbeit. Die AK erbeutete unter anderem eine unversehrte V-2-Rakete, die sie nach London schickte. Aber eine großangelegte Militäraktion verschob sie bis zum Warschauer Aufstand (siehe S. 203–205).[31] Der kommunistische Untergrund in Polen war unerheblich, da Stalin (nicht Hitler!) 1938–39 praktisch die gesamte polnische kommunistische Bewegung beseitigt hatte.

Norwegens Milorg entstand 1940 und erfuhr ebenfalls Unterstützung durch die SOE. Kleine isolierte Gruppen führten Sabotageakte durch und übernahmen Informationsdienste, verstanden sich aber eher als »bestehende verborgene Macht« denn als Geheimarmee, die sich für den Einsatz rüstete. Zusammen mit der SOE spielten sie eine Rolle bei der Zerstörung der Schwerwasseranlage der Deutschen bei Rjukan im Februar 1943.

Serbien hatte wie Polen eine lange aufrührerische Tradition. Die nach dem Zusammenbruch Jugoslawiens 1941 gebildeten Četnici (Tschetniks) wurden von Major »Draza« Mihailovič geführt, der wie die Polen begann, eine »Heimatarmee« aufzustellen. Aber das komplexe innere Gefüge Jugoslawiens zur Kriegszeit mit vier Besatzungszonen und fünf rivalisierenden ethnischen Gruppen führte zu endlosen Auseinandersetzungen. Und in den Jahren 1942–43 ging die Initiative auf die kommunistische Gruppierung von Josip Broz alias »Tito« über. Ein schrecklicher Bruderkrieg zwischen Tito und den Četnici hatte Vorrang vor dem Kampf gegen die Okkupation. Im Jahr 1944, als die Alliierten sich entschlossen, Tito zu unterstützen, war der Rahmen für eine kommunistische Machtübernahme nach dem Krieg abgesteckt.[32]

In der Ukraine trat 1941 wie im Ersten Weltkrieg eine Unabhängigkeitsbewegung auf, doch schon bald wurden ihre

Führer in deutsche Konzentrationslager verschleppt. Von da an versuchte die *Ukrajinska Powstanska Armija* (UPA, »Ukrainische Aufstandsarmee«) das Unmögliche, indem sie unter dem Motto »Weder Hitler noch Stalin« kämpfte. Sie wurde schnell in Konflikte sowohl mit Polen und sowjetischen Partisanen als auch mit den Deutschen verwickelt.

In Weißrussland führten die sowjetischen Partisanen den Widerstand. Sie bildeten eine reguläre Truppengattung der Roten Armee, die hinter den feindlichen Linien operierte und Nachschub aus der Luft erhielt. Trotz der Präsenz kleinerer – polnischer und jüdischer – unabhängiger Gruppen waren die Hauptleidtragenden die Zivilisten, die auf Gnade oder Ungnade den mörderischen »Anti-Partisanen«-Aktionen der Wehrmacht ausgeliefert waren.

In Italien und Frankreich entwickelten sich bedeutende Widerstandsbewegungen erst 1943–44, als die Deutschen auf dem Rückzug waren. In beiden Fällen standen kommunistische Elemente im Vordergrund.

Gewalt, Zerstörung und die Unwägbarkeiten des Zweiten Weltkriegs waren so groß, dass die meisten kämpfenden Staaten jeden Sinn für Kriegsziele, die über das nackte Überleben hinausgingen, verloren. Zwar gaben die NS-Oberen ihre Pläne für eine »Neuordnung Europas« nicht auf, aber spätestens nach den Forderungen nach bedingungsloser Kapitulation (siehe S. 219) wussten sie, dass für sie nach einer Niederlage kein Platz am Konferenztisch wäre. Die Sowjets waren nach dem Verlust von 27 Millionen eigenen Bürgern hauptsächlich am Wiederaufbau interessiert und daran, Reparationen aus Deutschland herauszuholen. Die Franzosen fragten sich wie alle besetzten Nationen, wann und wie sie ihre Republik zurückbekommen würden. Den Briten, politisch abhängig und ökonomisch mittellos, war daran gelegen, ihr Weltreich, vor allem Indien, zu behalten und soziale Unruhen zu vermeiden.

Von allen kämpfenden Staaten hatten deshalb allein die USA den Spielraum und die Zeit, systematische Pläne für eine künftige Weltordnung zu entwickeln. Unberührt von den Kämpfen und mit beinahe täglich zunehmendem Selbstvertrauen, Macht, Wohlstand und Prestige, müssen die Amerikaner gespürt haben, dass die Ära ihrer Vormachtstellung rasch näher rückte. Ihre Armeen waren im Pazifik ebenso siegreich wie in Westeuropa. Ihre Marine und Luftwaffe konnten schwerlich herausgefordert werden. Ihr Nuklearprojekt würde sie bald zur einzigen Atommacht der Welt machen. Ihre ökonomische Schlagkraft hatte ein Format weit jenseits anderer Staaten. Vor allem aber kämpften ihre Rivalen mit unterschiedlichen Graden von Zerrüttung, Schwächung und Zerstörung. Es gab deshalb keinen Grund zu zögern. Noch bevor der Krieg gewonnen war und bevor Franklin D. Roosevelt für eine dritte Amtszeit als US-Präsident wiedergewählt wurde, wurde im Jahr 1944 der Grundstein für die Vereinten Nationen, für die Weltbank, für den Internationalen Währungsfonds und, im weiteren Sinne, auch für den Wiederaufbau Europas gelegt. Niemand sonst hätte solche Vorschläge ausarbeiten können, und niemand sonst hätte sie finanzieren können. Die USA machten sich bereit, die Führung der Welt zu übernehmen. Sie hatten nicht den größten militärischen Beitrag zum Krieg geleistet – zumindest nicht in Europa. Aber sie würden der Hauptnutznießer sein.

Von Bedeutung waren weiterhin auch einige immaterielle Komponenten. Krieg wird nicht allein mit Kanonen und Logistik geführt. Auch psychologische Faktoren müssen berücksichtigt werden. Hier hatte Großbritanniens grandioses Wagnis, sich dem Dritten Reich zu einer Zeit (1940–41) zu widersetzen, als Zurückhaltung eine Einigung hätte begünstigen können, weitreichende Folgen. Diese Haltung machte nicht nur allen Gegnern des Nazismus einschließlich der unterdrückten Bevölkerungen der deutsch besetzten Länder

Mut, sondern trug auch in erheblichem Maße dazu bei, den amerikanischen Isolationismus zu untergraben und dadurch den Weg für den Eintritt der USA in den Krieg zu ebnen. Zwar war sie in praktischer Hinsicht kein Beitrag zur Schwächung von Hitlers Macht über Europa, aber sie war äußerst wichtig, weil sie das erleichterte, was folgen sollte. Ohne das britische Wagnis hätten die USA über keinen Stützpunkt verfügt, von dem aus sie intervenieren konnten; die deutsche Industrie wäre nicht bombardiert worden; die UdSSR hätte in isolierter Lage angegriffen werden können; und das Endergebnis hätte ganz anders aussehen können.

Der ideologische Rahmen

Angeblich stellt die Ideologie die Theorie zur Verfügung, während die Politik die Praxis beschreibt. Die Ideologie verrät uns etwas über die Mentalität der Spieler in dem Spiel, während die Politik uns verrät, wie das Spiel tatsächlich gespielt wurde. Die Politik ist zuständig für Entscheidungen, Strategien, Initiativen, Fehler und Erfolge, die Ideologie für Ideen.

Es muss von vornherein festgehalten werden, dass während des Zweiten Weltkriegs drei ideologische Hauptlager miteinander wetteiferten. Faschismus, Kommunismus und liberale Demokratie hatten keine ernsthaften Konkurrenten. Das von Mussolini in Italien gegründete faschistische Lager wurde ab Mitte der dreißiger Jahre vom NS-Regime in Deutschland angeführt. Es hatte einen Bruder im Geiste in General Francos nicht kämpfendem Spanien, einige Nachahmer, wie die Eiserne Garde in Rumänien, und ein paar unwesentliche Bewunderer in demokratischen Ländern, die ihnen entsprechende politische Betätigung erlaubten. Das kommunistische Lager hatte seinen Sitz in der Sowjetunion, »dem ersten sozialistischen Staat der Welt«, wobei »sozialistisch« hier in der kommunistischen Version des Wortes zu lesen ist. Bislang hatte es noch kein Bruderregime an die Macht gebracht, aber es war der Motor einer weltweiten revolutionären Bewegung mit starkem Rückhalt in Frankreich und Italien und noch stärkerem Rückhalt in Deutschland – bis die Kommunisten dort von den Nazis unterdrückt wurden. Präsent waren kommunistische Bewegungen auch in den meisten osteuropäischen Ländern, und sie erfreuten sich einer modischen Gefolgschaft unter linken Intellektuellen im Westen. Das demokratische

Lager hatte sich um die siegreichen Westmächte des Ersten Weltkriegs – Frankreich, Italien, Großbritannien und die USA – geschart. Obwohl Italien ausgeschieden war und die USA wegen ihrer isolationistischen Haltung fehlten, war dieses Lager der Schirmherr des Versailler Vertrags, des Völkerbunds und der nach 1918 gegründeten Staaten des »Neuen Europa«. Sein Ansehen hatte in den dreißiger Jahren durch das Aufkommen zahlreicher Diktaturen, durch das Versäumnis des Völkerbunds, seine Autorität geltend zu machen, und wegen der *Appeasement*-Politik, die 1938 ein demokratisches Land, die Tschechoslowakei, den Wölfen vorgeworfen hatte, Schaden genommen. Die Verfechter der Demokratie verteidigten (nicht sehr erfolgreich) den Status quo. Die Faschisten und die Kommunisten forderten ihn heraus.

Die Tschechoslowakei nimmt in diesem Zusammenhang einen besonderen Platz ein. Sie war nicht nur das demokratische Land, das sich am beharrlichsten gegen den Aufstieg der Diktatoren behauptete, sie war auch ein Land, das sich am Ende des Ersten Weltkriegs von Österreich-Ungarn gelöst hatte und dessen nationales Ethos im Kampf gegen die deutsche Vorherrschaft verankert war. Aus historischen Gründen hatte die Tschechoslowakei stets auf Russland als Gegengewicht zu Deutschland geblickt. Diese Umstände hatten aus den Tschechen die Lieblinge des Westens (und westlicher Geschichtsbücher) und der Kriegskoalition gemacht. Ihr Schicksal lenkte die Aufmerksamkeit der Welt auf die Bedrohung durch den Faschismus im Allgemeinen und durch Deutschland im Besonderen.[33]

Faschismus war zunächst die Bezeichnung für Mussolinis Bewegung in Italien, doch bald wurde der Begriff zu einem allgemeinen Etikett für alle politischen Gruppen, die Mussolinis Beispiel inspirierte: die Nationalsozialisten in Deutschland, die Falange von General Franco in Spanien, das Nationalradikale Lager (ONR) in Polen, die Ustascha in Kroatien, die Eiserne Garde in Rumänien, die Pfeilkreuz-Partei in Ungarn, die Rexisten in Belgien, die Action Française in Frankreich und Sir Oswald Mosleys »Schwarzhemden« in Großbritannien. Aufgrund seiner Rivalität zum Kommunismus wird der Faschismus oft als »ultrarechter Flügel« oder »extreme Rechte« klassifiziert. In Wirklichkeit stützte er sich auf eine seltsame Mischung rechter und linker Versatzstücke und lockte häufig desillusionierte Sozialisten oder, wie im Falle Mussolinis selbst, ehemalige Marxisten an. Er war radikal-revolutionär und strebte die Ablösung der maßgeblichen Kreise bei Hofe, in Adel, Klerus und Geschäftswelt an; und er sprach davon, die Massen zu mobilisieren und zu befreien. Er war extrem nationalistisch und militaristisch und beabsichtigte, seine Ziele mit Zwang zu erreichen. Der Faschismus glaubte an die Diktatur eines Einparteienstaates, an repressive Polizeimethoden, an bombastische Propaganda und an den *Duce-*, *Führer-* oder *Caudillo*-Kult. Zusammen mit dem Kommunismus, dem er in vielerlei Hinsicht ähnelte, war er das Grundmuster des Totalitarismus.

Der Nazismus, der sich in den dreißiger Jahren schnell zum führenden Mitglied der faschistischen Familie entwickelte, bezeichnet jene Bewegung, an deren Spitze Hitlers NSDAP, die Nationalsozialistische Deutsche Arbeiterpartei, stand. Der sozialistische Teil seines Charakters war, wie bei Mussolini, revolutionär, populistisch und militant und ließ ihn frontal mit anderen sozialistischen und Arbeiter-Organisationen kollidieren, vor allem mit Kommunisten und Gewerkschaften. Mehr als ein Jahrzehnt lang störten gewalttätige Auseinandersetzungen den Frieden auf deutschen Straßen, bis die »Sturmabteilungen« der Nazis 1933 die Oberhand gewannen.

Der nationalistische Teil der nationalsozialistischen Ideologie war ungewöhnlich, selbst in faschistischen Kreisen. Die Nationalsozialisten glaubten allen Beweisen zum Trotz, dass die Deutschen nicht nur zu einem Volk gehörten, sondern zu einer exklusiven und überlegenen biologischen Gattung, einer »Herrenrasse«. Und sie folgten bedingungslos dieser rassistischen Lehre, sowohl in der Außen- als auch in der Innenpolitik. Sie hegten keine besondere Feindschaft mit anderen Indogermanen, wie den Engländern. Sie tolerierten die ein wenig unterlegenen Romanen, wie die Italiener und die Franzosen, denen auf dem Wege über Lombarden und »Franken« eine angemessene Beimischung »germanischen Blutes« unterstellt wurde. Aber sie verachteten die Slawen, wie die Polen, Ukrainer und Russen, die als »Untermenschen« eingestuft wurden. Vor allem aber hassten sie die Juden, deren (nicht existenten) Verschwörungen sie die Schuld an allen Übeln Deutschlands und der Welt gaben. Ohne nähere Einzelheiten zu enthüllen und noch bevor der Krieg begann, verkündete Hitler ganz unverhohlen seine Absicht, die Juden zu beseitigen. Sein besonderer Hass auf den Kommunismus speiste sich zum Teil aus den Straßenschlachten in Deutschland, entsprang aber hauptsächlich der Überzeugung, dass die kommunistischen Parteien von Juden geführt würden und dass er in seiner Person Europa vor dem »jüdischen Bolschewismus« schütze.

Vermengt mit altmodischer Deutschtümelei, erzeugte der Rassismus der Nazis ein starkes Gebräu, das sämtlichen langfristigen Visionen des Dritten Reiches Nahrung gab. Sobald sie an der Macht waren, wussten die Nazis, dass sie die beste Armee in Europa aufmarschieren lassen konnten. Sie wollten sie einsetzen, um die Ungerechtigkeiten des Versailler Vertrages zu korrigieren und sämtliche Demütigungen Deutschlands aus der jüngsten Vergangenheit zu tilgen. Anschließend wollten sie den deutschen Staat nach Osten erweitern, um ihren »Lebensraum« zu besetzen, sich das »dreckige Gemisch« aus Slawen und Juden vorknöpfen, das zu der Zeit dort lebte, und eine rassisch reine »Blutbasis« für das »Tausendjährige Reich« aufbauen. Für Ausländer klang dieses

Projekt – das ab 1925 in Hitlers *Mein Kampf* weithin publik gemacht wurde – auf unrealistische Weise phantastisch. Aber die NS-Führer meinten es todernst, und sie verfolgten ihren Plan mit wachsender Hingabe. Im September 1944, als das Dritte Reich kurz vor der Niederlage stand, erwog Himmler, Warschau, einst die größte der slawisch-jüdischen Städte, vollständig dem Erdboden gleichzumachen – was seinen SS-Verbänden freilich schon beinahe gelungen war: »Dann aber ist Warschau ..., die Hauptstadt, der Kopf, die Intelligenz dieses 16- bis 17-Millionen-Volkes der Polen ausgelöscht, dieses Volkes, das uns seit 700 Jahren den Osten blockiert und uns seit der ersten Schlacht bei Tannenberg immer wieder im Wege liegt. Dann wird das polnische Problem geschichtlich für unsere Kinder und für alle, die nach uns kommen, ja schon für uns kein großes Problem mehr sein.«[34] In der Denkweise der Nazis war die Niederlage im militärischen Krieg weniger bedeutsam als der Sieg im »Rassenkrieg«.

Dennoch schien es einige Jahre so, als würde nationalsozialistischen Maßnahmen gegen die Juden kein besonderer Vorrang eingeräumt. Die abscheulichen Nürnberger Gesetze wurden 1935 erlassen; sie verboten den Geschlechtsverkehr zwischen Juden und Ariern, zerstörten Familien und begünstigten alle Arten von Schikane. Aber sie leiteten keine Zeit der Pogrome ein, und viele deutsche Juden konnten auswandern. Der erste größere antisemitische Gewaltausbruch ereignete sich in der sogenannten »Reichskristallnacht«, der Nacht vom 9. auf den 10. November 1938, als etwa einhundert Juden ermordet wurden. Aber die Zahl der Todesopfer war nicht riesig. Die Euthanasiekampagne der Nazis von 1938–39 richtete sich zwar auch nicht ausdrücklich gegen Juden, kann aber als Hitlers Eröffnungsakt für den Genozid gelten. Selbst als Polen überfallen wurde und drei Millionen Juden unter NS-Herrschaft gerieten, hatte man es nicht eilig mit ihrer Ermordung. Die erste Massenmordkampagne der

Nazis in Polen zielte auf die polnische Intelligenz. Die Juden wurden in von den Nazis errichtete Ghettos getrieben und äußerst grausam behandelt, aber die SS-Entscheidungsträger schienen Bedenken zu haben. Dies verstärkte den Eindruck, dass das Ziel am Ende wirklich Umsiedlung heißen könnte. Selbst als 1941–42 die »Endlösung« begann, wurde sie erfolgreich verheimlicht (siehe S. 280–281).[35]

Wie der Faschismus brachte auch der Kommunismus eine weltweite Bewegung mit vielen Spielarten hervor, unter denen sich Leninismus, Stalinismus, Trotzkismus, Titoismus und Maoismus befinden. Aufgrund seiner Selbstdefinition als »einzig wahre Form des Sozialismus« betrachtete er sich als die Avantgarde der Linken. In vielen politikwissenschaftlichen Unterteilungen wird er als »extreme Linke« dargestellt, um als Gegenstück zu den Faschisten auf der »extremen Rechten« zu fungieren. In Wirklichkeit stützte er sich, wie der Faschismus, auf eine ganz eigene Mischung linker und rechter Versatzstücke. Er war revolutionär-radikal und nahm, nachdem er das revolutionäre Regime gestürzt hatte, das seinerseits den Zaren gestürzt hatte, den größten Staat auf dem Erdball in Besitz und verwandelte ihn in das größte politische Laboratorium des frühen 20. Jahrhunderts. Sein offizieller Name lautete Marxismus-Leninismus, was andeuten soll, dass Lenin den Marxismus verbessert hat. Doch sein leitendes Ethos blieb das einer politisch-religiösen Sekte, einer kleinen Schar kampfbereiter »Genossen«, fanatisch, selbstbezogen, unduldsam gegen Widerspruch und skrupellos. Und da Lenins Bolschewiki die Regierung des mächtigen Russland übernommen hatten, nahm die Welt sie auch ernst – und zwar nicht einfach als erfolgreiche politische Praktiker, sondern als kultivierte politische Denker. Mit der Macht kam die Verherrlichung. Ein gescheitertes Experiment folgte auf das nächste, aber nicht sehr scharfsinnige Professoren verfassten dicke, bewundernde Wälzer, und Sympathisanten in der westlichen

Intelligenz waren voll des Lobes. Gewaltige Missstände blieben unbemerkt. In der Praxis erwiesen sich die Kommunisten als unfähig zu fast allem außer Spionage, Betrug und Krieg. Vierundsiebzig Jahre und Millionen vergeudeter Leben sollten nötig sein, bis das System ohne Fremdeinwirkung zusammenbrach und bis die Welt erkannte, dass die Gesamtsumme des bolschewistischen Experiments »die Tragödie eines Volkes« war.[36]

Der marxistische Teil des Marxismus-Leninismus nahm den größten Teil der Theorie in Anspruch. Der dialektische Materialismus, das heißt der Zusammenprall gegensätzlicher, von sozioökonomischen Widersprüchen angetriebener Kräfte, lieferte ein flexibles philosophisches Instrument zur Interpretation aller Aspekte des menschlichen Lebens. Da er eingesetzt wurde, um die ganze Geschichte zu erklären, war er auch als historischer Materialismus bekannt. Politik wurde definiert als Konflikt zwischen den nun von den Bolschewiken angeführten Kräften des Fortschritts und den von den Feinden der Bolschewiken angeführten Kräften der »Reaktion«. Die Gesellschaft wurde als brodelnde Masse von Gruppenantagonismen gesehen, die erst zur Ruhe kommen würde, wenn die Arbeiterklasse »unter Führung der Bolschewiki« triumphiert hätte. Die Volkswirtschaft galt als eine Sphäre, in der öffentliche und private Interessen um die Kontrolle der »Produktionsmittel« konkurrierten: Energieressourcen, Beförderungsmittel, Industrie und Landwirtschaft. Die internationalen Beziehungen wurden auf einen Konflikt zwischen dem sozialistischen Lager der UdSSR und ihrer Bundesgenossen und dem kapitalistischen Lager, angeführt von »antisowjetischen« Imperialisten, Bankiers und Geschäftsleuten, reduziert. Der Motor der marxistischen Geschichte war der dialektische Materialismus. Er bot sowohl eine Anleitung für die Zukunft als auch eine Erklärung der Vergangenheit. Entsprechend der »Spirale des Fortschritts« durchlief die Menschheit zwangsläufig fünf aufeinanderfolgende Entwicklungsstadien. Die fortschrittlichsten Länder – gemeint waren Großbritannien und Deutschland – hatten bereits das vorletzte, vom Kapitalismus beherrschte Stadium erreicht, nach dem eine von Vertretern der Arbeiterklasse in die Wege geleitete Revolution das klassenlose Zeitalter des Sozialismus einläuten würde.

Karl Marx, der 1883 starb, hat die Revolution nicht mehr erlebt. Aber seine Jünger in Sowjetrussland beeilten sich zu behaupten, sie hätten im Oktober 1917 in seinem Sinn gehandelt. In Wirklichkeit war Marx als im Londoner Exil lebender Deutscher natürlich davon ausgegangen, dass die Revolution spontan in einem der Länder Westeuropas, wo bereits ein starkes Proletariat existierte, ausbrechen würde. Ein rückständiger Agrarstaat wie Russland mit einem winzigen Proletariat war nicht das Richtige. Denn Marx plante keine Veränderung durch massive Gewalt. Im Gegenteil: Während er, finanziert von seinem Freund Friedrich Engels, der Fabrikbesitzer in Manchester war, im Lesesaal des Britischen Museums vor sich hin arbeitete, dachte er an gesellschaftspolitische Prozesse, die ohne fremdes Zutun heranreifen und eines Tages die Revolution liefern würden wie einen reifen Apfel, der vom Baum fällt. In diesem Lichte betrachtet, ist es nicht abwegig zu mutmaßen, dass er sich im Grab herumgedreht hätte, wenn er hätte erleben können, was die Bolschewiken tatsächlich aus seinen Theorien gemacht hatten.[37]

Der leninistische Teil des Marxismus-Leninismus lieferte die Richtlinien für praktisches politisches Handeln. Er beschrieb, wie eine Gruppe äußerst disziplinierter Aktivisten ihre Gegner manipulieren und die Macht ergreifen könnte, wie sie ihre revolutionäre Oppositionsgruppe in die Exekutive eines diktatorischen Staates verwandeln könnte und wie die Organe eines Einparteienstaates alle Elemente der Gesellschaft und jede ihrer Aktivitäten ihrer Kontrolle unterwerfen könnten. Die Leninisten bedienten sich der Sprache von Marxismus und Demokratie, verzerrten aber deren Bedeutung für ihre eigenen Zwecke. Folglich sah die »Diktatur des Proletariats« die Diktatur der herrschenden Partei über das Proletariat vor; »Sozialismus« war Lenins persönliche Variante des Sozialismus, das heißt Kommunismus; »die Partei« war nicht bloß eine politische Partei, sondern eine allumfassende Organisation mit Monopolbefugnissen. Und »Demokratie« bedeutete in diesem Gedankengebäude die erzwungene Unterordnung des Volkes unter den Staat, das heißt Tyrannei. Die Sowjets oder Räte, welche die Grundbausteine des leninistischen Staates bildeten, waren bloße Marionetten in den Händen der herrschenden Partei. Für den Ahnungslosen klingt das leninistische Konzept des »demokratischen Zentralismus« gut. In Wirklichkeit war damit der Doppelmechanismus des Parteistaates gemeint, dem zufolge die Parteiorgane die Befehle gaben und die Funktionäre des zentralistischen Staates – die Präsidenten, Minister und Vorsitzenden der Sowjets – schlicht und einfach gehorchten. Der oberste Befehlshaber jedes derartigen Systems nach Sowjetart war nicht der Präsident (obwohl ein solcher existierte), sondern der Generalsekretär der Partei – es sei denn, der Generalsekretär beschloss, wie es gelegentlich vorkam, sich auch zum Präsidenten zu ernennen. Stalin war niemals sowjetischer Präsident.

Die gesamte Theorie erfuhr zu Lenins Zeiten ihre institutionelle Ausformung. Die Partei der Bolschewiken, die RSDAP(B), die Russische Sozialdemokratische Arbeiterpartei (Bolschewiki), übernahm die diktatorische Kontrolle Sowjetrusslands, der Russischen Sozialistischen Föderativen Sowjetrepublik (RSFSR). Die gefürchtete politische Geheimpolizei des Zarenreichs, die Ochrana, wurde durch eine noch mehr Furcht einflößende Truppe ersetzt, Felix Dzierzynskis Tscheka (»Außerordentliche Kommission«). Das Gulag-Netzwerk staatlicher Konzentrationslager wurde errichtet. Der »Rote Terror« wurde entfesselt, um den »Weißen Terror« zu übertreffen und alle aktiven »Volksfeinde« auszuschalten – Aristokraten, Geistliche, Kapitalisten, nichtmarxistische Sozialisten, nichtleninistische Marxisten (die Menschewiki), unabhängige Gewerkschaftler (die »Arbeiteropposition«) und freie Kleinbauern. Leo Trotzkis Rote Armee führte eine Reihe erfolgreicher Feldzüge durch, um den Bürgerkrieg in Russland zu gewinnen und anschließend die meisten nichtrussischen Provinzen des früheren russischen Reiches zurückzuerobern, die sich in der Zwischenzeit für die Unabhängigkeit entschieden hatten.

Doch zwei Dinge konnten die Bolschewiken nicht organisieren. Das eine war eine leistungsfähige Wirtschaft. Das andere war eine feste institutionelle Verbindung mit Westeuropa. Die Bolschewiken waren Internationalisten. Sie glaubten im Besitz eines Allheilmittels für alle Völker zu sein; und sie wussten, dass ihre Revolution im rückständigen Russland in erkennbarer Form erst Bestand haben konnte, wenn sie sich mit einem fortgeschrittenen Industriestaat wie Deutschland verbünden könnten. Deshalb versuchten sie wiederholt, eine Verbindung zu schaffen. Beim ernsthaftesten dieser Versuche schickten sie im Sommer 1920 die Rote Armee nach Westen. Leider mussten ihre Truppen, um von Russland nach Deutschland zu marschieren, Polen durchqueren; und die Polen waren nicht bereit zuzusehen, wie ihre eigene neue Republik mit Füßen getreten wurde. In der Schlacht von Warschau wurde die Rote Armee vernichtend geschlagen (»Wunder an der Weichsel«). Lenins großes Experiment der internationalen Expansionspolitik brach zusammen. Das Netzwerk kommunistischer Staaten, das sich von Moskau bis nach Berlin erstrecken sollte, kam nie zustande. Stattdessen musste aus gerade einmal drei Republiken – Russland, Weißrussland und Ukraine – eine bescheidenere Sowjetunion gebildet werden. Am 31. Januar 1924 erhielt sie eine Verfassung. Aber die langfristigen Ziele wurden niemals aufgegeben.

Die Region Europas, die zwischen Moskau und Berlin liegt und manchmal Ostmitteleuropa genannt wird, war Menschen aus dem Westen nie sonderlich vertraut.[38] Aber dem aufmerksamen Leser mag nicht entgangen sein, dass das Gebiet der gescheiterten internationalistischen Hoffnungen der Bolschewiken, in das sie eines Tages zurückkehren würden, ziemlich genau mit jenem Gebiet zusammenfiel, das Hitler zum »Lebensraum« erkoren hatte. Ein vorausschauender Analytiker hätte so schon in den zwanziger oder dreißiger Jahren durchaus erkennen können, wo der Schwerpunkt der nächsten großen bewaffneten Auseinandersetzung in Europa liegen könnte.

Nach Lenins Tod im Jahr 1924 fiel das Amt des Führers Josef Wissarionowitsch Dschugaschwili alias Stalin (der »Stählerne«) zu, dem ehemaligen Volkskommissar für Nationalitätenfragen. Und mit dem Übergang des Amtes veränderte sich die Ideologie. Stalin räumte Lenins Internationalismus keinen Vorrang ein. Er hatte sogar persönlich unter der Katastrophe in Polen gelitten, nachdem Trotzki ihn der Nichtbefolgung von Befehlen bezichtigt hatte. Und er würde nicht zulassen, dass das Desaster sich wiederholte. Er suchte nach einem ideologischen Schwerpunkt, der seine Vision eines neuen Russland unterstützte, das stärker und moderner wäre als das alte. Zuerst prägte er ein Motto (»Sozialismus in einem Land«), das zum Ausdruck brachte, dass alle Ressourcen jetzt für den Aufbau der UdSSR gebündelt werden sollten. Ausländische Abenteuer waren fürs Erste vorüber. Nachdem er die Opposition beseitigt hatte, nahm er sich dann 1929 das grandiose Projekt vor, die sowjetische Wirtschaft in der kürzestmöglichen Zeit in einen modernen industriellen und militärischen Riesen zu verwandeln. Die Arbeitsgruppe von Philosophen und Historikern, die dabei gewesen war, internationalistisch ausgerichtete Lehrbücher abzufassen, wurde kurzerhand erschossen, und Stalin tat kund, dass ein bisschen altmodischer russischer Chauvinismus nicht unzulässig sei. Die Russen sollten fortan offiziell als »älterer Bruder« aller anderen Sowjetvölker gefeiert werden. Und Russlands imperiale Traditionen sollten respektiert werden – es sollte keine Scherze mehr über Iwan den Schrecklichen oder Peter den Großen geben. Auf diese Weise fanden die Stalinisten das Rezept zur Vermischung ihres Nationalismus eigener Prägung mit ihrem Sozialismus eigener Prägung.

In den dreißiger Jahren wurde die UdSSR in ein groteskes Riesenlaboratorium angewandter Sozialwissenschaft und menschlichen Elends verwandelt. Zigmillionen schufteten unter unbeschreiblichen Entbehrungen, um die Staudämme, Kanäle, Fabriken und neuen Städte zu bauen, die von den Fünfjahresplänen verlangt wurden. Millionen starben an Erschöpfung und Misshandlung oder durch Hinrichtungen. Ganze Klassen, wie die Kulaken (kleine Grundbesitzer), waren im Zuge der Kollektivierung des Agrarlandes zur Eliminierung ausersehen. Ganze Generationen wurden entwurzelt und zur Sklavenarbeit abkommandiert. Und ganze Länder, wie die Ukraine, die sich widersetzt hatten, wurden verwüstet. Noch nie in der menschlichen Geschichte war ein so gigantisches Schauspiel angewandter Ideologie inszeniert worden. Doch nur wenige Außenstehende sahen es. Man bemühte sich nach Kräften, sicherzustellen, dass westliche Besucher nur die positivsten Eindrücke mit nach Hause nahmen. Die bedeutendsten Koryphäen der britischen Labour Party verfassten eine begeisterte Studie über die »neue Zivilisation«.[39] Der Chefreporter der *New York Times*, Walter Duranty, wahrscheinlich ein Erpressungsopfer, erhielt einen Pulitzer-Preis für seine enthusiastischen Darstellungen, die sich inzwischen als vollkommen falsch und wissentlich falsch wiedergegeben herausgestellt haben.[40]

Um das Elend noch größer zu machen, startete Stalin eine staatliche Terrorkampagne, neben der alle anderen Formen des Terrorismus bedeutungslos erscheinen. Das Ausmaß und die Unverfrorenheit der Morde waren beispiellos und atemberaubend. Bereits Lenin hatte die meisten aktiven Regimegegner und unerwünschten Elemente vernichtet. Die Kollektivierungskampagne hatte die Kleinbauern, die größte Klasse von Nichtsympathisanten, zur Strecke gebracht. Aber Stalin ersann darüber hinaus von 1934 bis 1939 ein Programm zur Ermordung auch eines Großteils der ergebensten Diener des Regimes. Sein Ziel war es, solche Furcht zu säen, ein solches Zittern und Beben und eine derartige geistige Lähmung zu verbreiten, dass niemand, am allerwenigsten seine engsten Weggefährten, an Widerspruch auch nur denken konnten. Er brachte jedes einzelne noch lebende Mitglied der ursprünglichen bolschewistischen Regierung Lenins um. Durch endlose falsche Anschuldigungen erzeugte er ein Klima kollektiver Paranoia, das allen und jedem die Rolle des mutmaßlichen Spions, Verräters oder »Feindes« zuwies. Durch organisierte Schauprozesse zwang er hervorragende Kommunisten, sich zu absurden Anklagepunkten zu bekennen. Durch die sogenannten Säuberungen pflegte er die Reihen der Kommunistischen Partei zunächst auszudünnen, um anschließend, nachdem er die Genossen in eine Stimmung roboterhafter Nachgiebigkeit versetzt hatte, eine unablässige Wiederholung dieses Vorgehens zu befehlen. Jeder Angeklagte wurde so lange beschwatzt oder gefoltert, bis er zehn oder zwanzig angebliche Komplizen seiner Verbrechen genannt hatte. 1938 erreichte Stalin den Punkt, wo er die Erschießung von Bürgern nach einer willkürlichen Quote befahl: 50 000 in diesem Monat aus dieser Provinz, 30 000 im nächsten Monat aus der nächsten Provinz. Die OGPU, die »Vereinigte staatliche politische Verwaltung« (die jüngste Verkörperung der Tscheka), machte schwitzend Überstunden. Aber auch ihre Angehörigen wurden regelmäßig liquidiert. Unzählige Gruben füllten sich mit Leichen. Der Gulag wurde zum größten Arbeitgeber im Lande. Staatsbeamte, Künstler und Autoren, Akademiker und Soldaten, alle wurden sie durch den Wolf gedreht. Dann, im März 1939, hörte der Terror auf oder flaute zumindest ab. Der Volkszählungsbehörde blieb gerade noch Zeit, eine Anzeige in die *Iswestija* zu setzen, in der stand, dass 17 Millionen Menschen vermisst würden, bevor die Volkszähler selbst erschossen wurden.[41]

Keine Gesellschaft in der Geschichte ist jemals einer derart traumatischen Erfahrung der rituellen Selbstopferung unterworfen worden. Und man fragt sich, welche Folgen Stalins Massenmorde wohl für die Fähigkeit der Sowjetunion hatten, den kommenden Krieg zu führen. Es lässt sich erahnen, dass ein auswärtiger Krieg gegen einen echten Feind als große psychologische Erleichterung empfunden worden wäre. Es kann kein Zufall sein, dass die Rote Armee sowohl die größte Zahl an Deserteuren als auch die größte Zahl an Männern, die sich mit Hurrarufen auf den Lippen in den sicheren Tod stürzten, hervorbringen sollte (siehe Kapitel 4).

Die Westmächte hatten lange geglaubt, dass der Sowjetkommunismus und die sowjetisch inspirierte Subversion die gefährlichste Bedrohung der internationalen Ordnung darstellten. Churchill selbst war ein unverhohlener Antikommunist und hatte vom »grauenhaften Neandertalertum« des Bolschewismus gesprochen. Die Bolschewiken hatten den Westen in einem entscheidenden Moment des Ersten Weltkriegs seines bedeutenden russischen Verbündeten beraubt und nichts als Verachtung für die »dekadenten«, »bürgerlichen« und »imperialistischen« Regierungen geäußert, die den Kampf gegen die Mittelmächte gewonnen hatten. Besonders besorgt waren die westlichen Führer um das Schicksal der frischgebackenen Staaten des »Neuen Europa«, die alle nach westlichen Vorbildern konzipiert worden waren. Eine Gruppe dieser Jungstaaten – Polen, die Tschechoslowakei, Finnland und die baltischen Staaten – hatte sich republikanische Verfassungen gegeben, die auf der Verfassung der französischen Dritten Republik beruhten. Eine andere Gruppe – Jugoslawien, Rumänien, Bulgarien und Griechenland – bestand aus konstitutionellen Monarchien, die dem britischen Typ ähnelten. Alle glaubten sie ohne Ausnahme fest an Präsident Woodrow Wilsons Theorie vom »Selbstbestimmungsrecht der Völker«. Alle hatten Angst vor dem Kommunismus. Und alle waren eingezwängt in jene extrem ungemütliche Zone mit Hitler auf der einen und Stalin auf der anderen Seite.

Dank des Sieges von 1918 war das Ansehen der westlichen Demokratie so groß wie nie zuvor. Doch das »Neue Europa« lag außerhalb der unmittelbaren westlichen Einflusssphäre, und die abhängigen Staaten des Westens gerieten einer nach dem anderen in Schwierigkeiten. Weil sie Länder mit wenig demokratischer Erfahrung regierten, weil sie mit Armut und Analphabetentum rangen, unter den Forderungen Linker und Rechter taumelten und von feindseligen Ansprüchen seitens aufsässiger Nachbarn umgeben waren, kapitulierten die demokratischen Herrscher Ostmitteleuropas allmählich. Sie gaben der Versuchung nach, Notstandsvollmachten zu fordern, und begaben sich auf die schiefe Bahn autoritärer Herrschaft. Es ist wichtig, hier ganz genau zu sein. Keiner dieser »kleinen Diktatoren« erlag der faschistischen oder kommunistischen Ideologie. Keiner von ihnen führte einen Einparteienstaat ein. Keiner von ihnen suchte sein Heil in massenhaftem Blutvergießen, wie es faschistische und kommunistische Regime taten. Stattdessen beschnitten sie die Rechte des Parlaments, bekämpften die Opposition mit politischen Winkelzügen oder stärkten die Rolle der Armee. Dabei schwächten sie das Ansehen der Demokratie und untergruben das Vertrauen ihrer ursprünglichen westlichen Förderer.

Allerdings wurde die westliche Demokratie der Zwischenkriegszeit noch von einem sehr viel gravierenderen Problem bedrängt. Alle führenden demokratischen Staaten Europas besaßen überseeische Reiche, die aufzugeben sie nicht die

Absicht hatten. Mit einem merkwürdigen Taschenspielertrick, der nicht immer auffiel, gelang es ihren Staatsmännern, je nach Erfordernis des Augenblicks im Gewand des Demokraten oder des Imperialisten aufzutreten. Sie gaben einfach vor, dass für ihre Untertanen im Ausland nicht dieselben politischen Spielregeln gelten könnten oder dürften wie zu Hause. Folglich reagierten sie auch allergisch auf die Idee des »Selbstbestimmungsrechts der Völker«. Sie sahen es recht gern, wenn es in fernen Gegenden, wie Ostmitteleuropa, angewendet wurde, wo sie nur wenige persönliche Interessen hatten, aber, Gott behüte, nicht auf den Britischen Inseln oder im französischen Reich. Einigen der führenden politischen Denker der Welt war dieser Widerspruch sehr wohl bewusst. Als Mahatma Gandhi 1925 zum ersten Mal Europa besuchte, ging er in Marseille von Bord und wurde sofort von einem amerikanischen Reporter gefragt: »Was halten Sie von der westlichen Zivilisation?« Die Antwort war: »Sie wäre eine gute Idee.«[42]

Als Beleg genügt ein Blick auf den Werdegang von Winston Churchill. Der berühmte Parlamentarier und Verfasser der schönsten Phrasen über die Freiheit in englischer Sprache war ein absolut überzeugter Imperialist. 1898 war er bei der Attacke der britischen Kavallerie in der Schlacht von Omdurman mitgeritten, und von 1906 bis 1908 hatte er mit Auszeichnung als Unterstaatssekretär für die Kolonien amtiert. Als der Zweite Weltkrieg ausbrach, er war da schon 65, hatte er nichts von der Leidenschaft seiner viktorianischen Kindheit eingebüßt. »Ich bin nicht des Königs Erster Minister geworden«, verkündete er im Mai 1940, »um den Vorsitz beim Niedergang des britischen Empire zu führen«.[43] Aber er tat es.

Heuchelei war bei diesem Thema weit verbreitet. Und die USA waren nicht besser als ihre europäischen Partner. Die amerikanische Ideologie, die Eingang fand in die eigene Verfassung, enthielt eine sehr hohe Dosis »Antiimperialismus«, die aus dem Unabhängigkeitskrieg stammte. Doch die Geschichte der amerikanischen Ausbreitung über Nordamerika und die Ansiedlung weißer Siedler auf indianischem Land sind kaum unterscheidbar von der Geschichte der Ausbreitung europäischer Mächte über Asien, Afrika, Südamerika und Australien. Überdies hatten die USA sich eine beachtliche Anzahl überseeischer Kolonien zugelegt, von den Philippinen und Hawaii bis zu Puerto Rico und Kuba, die aufzugeben sie keinerlei Neigung zeigten. Wie Winston Churchill sah auch Franklin D. Roosevelt keinen Widerspruch in diesem seltsamen Gemisch aus Demokratie und Imperialismus.

Auch die Sowjetunion passte in dieses Schema. Nachdem sie das Russische Reich zu Fall gebracht und den Zaren abgeschlachtet hatten, prangerten die Bolschewiken den Imperialismus aufs schärfste an. Doch sie hatten nicht gezögert, vierzehn unabhängige Länder zu überfallen und erneut zu annektieren – von der Ukraine bis Usbekistan. Sie alle wurden als Unionsrepubliken angegliedert. Wann immer die Sowjets sich ein neues Territorium einverleibten, wurde eine Delegation gebildet, um dem Obersten Sowjet mitzuteilen, dass die betroffene Nation aus eigenem freiem Willen um Aufnahme in die UdSSR bitte. Was nichts anderes bedeutete, als dass handverlesene Delegierte, die nicht unabhängig waren, mit vorgehaltener Waffe zusammengetrieben worden waren, um zu tun, was man ihnen sagte. Der Doppelparteienstaat, der auch die Angelegenheiten auswärtiger Bruderparteien kontrollierte, war ein ideales Vehikel, um das Sowjetreich zu erweitern und der Erweiterung einen Anschein von Spontaneität zu geben.

Die Faschisten waren, abgesehen von den Italienern, auf den ersten Blick nicht besonders an einer imperialistischen Politik interessiert. Deutschland hatte 1918 alle seine Kolonien verloren, und Hitler begeisterte sich wenig dafür, sie zurückzufordern. Die Prioritäten der Nazis lagen eindeutig in

Europa. Ihre Grundannahme scheint gewesen zu sein, dass die Westmächte ihre Weltreiche ruhig behalten könnten, solange die Achse freie Hand in Europa bekäme. Eine der hauseigenen Zeitschriften der SS hieß denn auch *Europa*.

Die westlichen Beschwichtigungspolitiker von 1938 erkannten die Interessenlage ganz klar. Sie wussten, dass es nahezu unmöglich wäre, gleichzeitig auf dem europäischen Kontinent und in entlegenen Gegenden des Empire zu kämpfen. Also trafen sie eine Wahl. Neville Chamberlain und Lord Halifax, beides alte Imperialisten, glaubten, dass sie mit der Abtretung des Sudetenlandes einen kleinen Preis für die Rettung des Empire zahlten.

Die meisten Historiker würden zustimmen, dass die Konferenz von München einige sehr kurzsichtige Überlegungen erkennen ließ (siehe S. 239–240). Hitler schluckte das Sudentenland, aber nach ein paar Monaten erhob er neue Ansprüche und verlangte nun Zugeständnisse von Polen. Aber inzwischen war schon ein anderer, globalerer Mechanismus am Werk. Das kaiserliche Japan befand sich im Krieg mit China und suchte nach einem europäischen Partner. Nach langwierigen Präliminarien brachte der Dreimächtepakt vom 27. September 1940 Deutschland und Italien mit Japan zusammen. Manche halten ihn für einen etwas nichtssagenden Vertrag, mehr um der Symbolik als um der Substanz willen unterzeichnet. Doch ein selten erörtertes Szenario lag in der Konsequenz des Vertrags. Wenn es der Achse gelänge, die Westmächte auszuschalten oder zu neutralisieren, würde sie automatisch die Verbindungen Europas mit seinen überseeischen Reichen durchtrennen. Vom Standpunkt Tokios aus war die Aussicht unwiderstehlich. Hongkong, Indochina, die Straits Settlements (die britischen Besitzungen an der Malakkastraße) und Niederländisch-Indien (Indonesien) würden allesamt die Liste der Vorspeisen schmücken. Als Hauptgang dürften dem Reich der Sonne Fidschi, Tahiti, die

Salomoninseln und Australien in der einen sowie Birma, Ceylon, Madagaskar und möglicherweise Indien in der anderen Richtung vorgeschwebt haben.

Doch Tokio musste noch ein paar weitere Überlegungen anstellen. Japanische Truppen standen seit 1931 in China und hatten den Scheinstaat Mandschukuo gegründet. 1937 waren sie in die Republik China einmarschiert, womit sie bei den USA auf Ablehnung gestoßen waren. Ihre Bewegungen hatten sie zudem in direkten Kontakt mit den östlichen Provinzen der UdSSR gebracht. Die strategischen Auswirkungen waren immens. Die Rote Armee konnte nicht gut in Europa kämpfen, wenn sie gleichzeitig versuchen musste, den Fernen Osten zu verteidigen. Und die japanische kaiserliche Armee konnte nicht in großer Zahl gegen die Russen im Norden marschieren, wenn ihre Hauptressourcen gegen britische, französische und niederländische Kolonien im Süden eingesetzt werden mussten. Vor allem deckten die USA ihre Karten nicht auf. Keiner der Hauptakteure im Pazifik wusste vor 1941, welche Alternativen sich ergeben würden.[44]

In der zweiten Hälfte der dreißiger Jahre veranlasste der rasche Aufstieg des Faschismus – und insbesondere des Nazismus – alle Akteure, dieses Szenario noch einmal zu überdenken. Jeder musste wissen, woher die Hauptgefahr drohte. Stalin tat den ersten Schritt. Mitten im zweiten Fünfjahresplan und am Vorabend der Säuberungen war er weit davon entfernt, die UdSSR in einen Krieg zu schicken. Also befahl er Maxim Litwinow, seinem Volkskommissar für auswärtige Angelegenheiten, sich einen schwarzen Zylinder aufzusetzen, dem Völkerbund beizutreten und die Politik der »kollektiven Sicherheit« zu verkünden. Alle kommunistischen Parteien Europas, die sich seit fast zwanzig Jahren bemüht hatten, ihre demokratischen Konkurrenten zu zersetzen, wurden angewiesen, die Richtung zu ändern und sich an linken

Koalitionen oder »Volksfronten« zu beteiligen. Gleichzeitig begannen sämtliche sowjetischen Propagandaorgane ein neues ideologisches Konstrukt zu verbreiten. Der »Antifaschismus« erwies sich als recht attraktiv. Das italienische und das deutsche Regime wurden als die Hauptgefahr erkannt. Alle vernünftigen Menschen, ganz gleich welche eigenen Ansichten sie vertraten, sollten sich Schulter an Schulter der wachsenden Bedrohung widersetzen. Westliche Intellektuelle fielen massenhaft auf den Trick herein. Sie fühlten sich Deutschland kaum verbunden, obwohl manche glaubten, dass die Deutschen in Versailles sehr streng behandelt worden waren. Aber sie bedauerten die Entfremdung Russlands und begrüßten die Wandlung der Sowjetunion in ein normales, »friedliebendes« Land. Sie wussten auch von seinen eigennützigen geopolitischen Absichten. Aber Russland war weit weg. Selbst wenn die Bolschewiken losschlagen würden, wäre es Osteuropa, das verwüstet würde. Die Deutschen und die Italiener jedoch waren in Reichweite. Sollten die Faschisten auf Raubzug gehen, würden sie versuchen, in Europa Rechnungen zu begleichen. Deshalb war es weit besser, die Abwehr gegen den Faschismus zu verstärken.

Natürlich stellte der »Antifaschismus« keine in sich geschlossene politische Ideologie dar. Als Idee betrachtet, war er ein leeres Gefäß, lediglich ein politischer Tanz. Er zeigte seinen Anhängern, wogegen sie kämpfen, nicht, woran sie glauben sollten. Er vermittelte den falschen Eindruck, dass prinzipientreue Demokraten, die an Rechtsstaatlichkeit und Redefreiheit glaubten, gut mit den Diktatoren des Proletariats auskommen könnten oder dass demokratische Sozialisten nur unbedeutende Meinungsverschiedenheiten mit Kommunisten hätten. Außerdem eröffnete er disziplinierten Aktivisten, die mit ihrer Schulung in den leninistischen Techniken, Gegner zu spalten und zu entzweien, verworrene Intellektuelle überrumpeln würden, eine wunderbare Bühne für ihre Aktivitäten. Dennoch: Wer französischer Gewerkschafter war und der Streitereien der Linken überdrüssig oder ein treuer Anhänger Großbritanniens, den die Komplexitäten der modernen Politik verwirrten, oder ein christlicher Friedensaktivist, der hoffte, einen weiteren Krieg zu verhüten, für den schien der Antifaschismus die richtige Lösung zu sein. Nur im Hintergrund lauerte die unausgesprochene Dialektik: Wenn der Faschismus das Böse sein sollte, müsste das Gute beim Erfinder des Antifaschismus liegen – bei Josef Stalins UdSSR.

In den Jahren 1936–39 waren viele denkende Menschen im Westen noch unschlüssig. Ihnen missfiel der Faschismus, aber sie waren auch beunruhigt über den Kommunismus. Doch sie spürten, dass es vielleicht Krieg geben würde und dass sie nicht auf unbestimmte Zeit unschlüssig sein konnten. Sie waren bestürzt, als ihre Regierungen trotz vieler schöner Reden Mussolini in Abessinien nicht in den Arm fielen. Sie waren empört über das Ende der Tschechoslowakei, und sie wurden völlig verängstigt durch die Entwicklungen in Spanien. Schließlich war es der spanische Bürgerkrieg, der sie dazu drängte, sich zu entscheiden. Es ist schwer zu sagen, was vielleicht passiert wäre, wenn Franco besiegt worden wäre. Die öffentliche Meinung im Westen wäre sich eventuell der Tatsache bewusst geworden, dass Stalinisten sich der republikanischen Sache bemächtigt hatten und dass in Barcelona die Stalinisten massenhaft ihre linken Brüder umbrachten. Aber Franco gewann im Frühjahr 1939, und mit Unterstützung italienischer Soldaten und deutscher Kampfflugzeuge trug der Faschismus den Sieg davon. Franco konnte für alles verantwortlich gemacht werden, und Spanien war ungemütlich nahe. Wenn Westeuropa überleben wollte, musste es also den Faschismus bekämpfen.

Sechs Monate nach Francos Sieg hatte Hitler Polen überfallen, und der Krieg begann. Die antifaschistische Bewegung wäre allgemein gefeiert worden, wäre da nicht die peinliche

Überraschung von Stalins Schulterschluss mit Hitler gewesen. Beinahe zwei Jahre lang waren die Antifaschisten ratlos. Im Jahr 1940, im Anschluss an Stalins Weigerung, sich aus Finnland zurückzuziehen, standen Großbritannien und Frankreich an der Schwelle eines Krieges sowohl mit der Sowjetunion als auch mit dem Dritten Reich. Dann kam die Welt wieder in Ordnung. Hitler überfiel die UdSSR und erklärte den USA den Krieg. Die »Große Allianz« wurde gebildet. Die »Großen Drei«, bestehend aus dem obersten Kapitalisten der Welt, dem eloquentesten Demokraten und Imperialisten der Welt und dem Führer des Weltkommunismus, taten sich zusammen. Und der Antifaschismus kam wieder gewaltig in Mode. Als besonders geeignet erwies er sich für die amerikanische Weltanschauung, die dringend eines moralischen Kreuzzugs gegen das Böse bedurfte, sich für sowjetische Verurteilungen des Imperialismus erwärmte und die positiv auf pragmatische Appelle reagierte, dass alle an einem Strang ziehen müssten. Roosevelts Gefolge war gespickt mit Sympathisanten, die unfähig waren, das Wesen des Stalinschen Regimes zu begreifen. Churchills Ministerien waren unterwandert von sowjetischen Agenten, die viele Versuche, die Dinge realistischer zu sehen, blockierten. Und Stalin spielte unbeeindruckt den gutmütigen »Uncle Joe«. Dies war das herrschende politische Klima der Kriegskoalition, und es war der Geist, in dem die bahnbrechenden Darstellungen des Krieges geschrieben wurden. Letztlich resultiert daraus auch die falsche Vorstellung von dieser Zeit, die seither jedes richtige Verständnis erschwert hat.

Der politische Kontext

Es ist eine Tautologie zu behaupten, der Zweite Weltkrieg sei in erster Linie ein Machtkampf gewesen. Natürlich war er das. Alle Kriege sind Kämpfe um Macht. Sowohl Hitler als auch Stalin waren gewillt, die Zwischenkriegsregelung zu Fall zu bringen, die ohne die aktive Beteiligung Deutschlands und Sowjetrusslands ersonnen worden war. Mussolini dachte ähnlich. Die Westmächte – womit bis 1939 Großbritannien, Frankreich und Polen gemeint waren – waren entschlossen, die etablierte europäische Ordnung nicht ohne Kampf aufzugeben. Sie hatten die Sympathie, wenn auch noch nicht die aktive Unterstützung der US-Regierung. Also war es offensichtlich zu einem Zusammenprall politischer Bestrebungen gekommen.

Doch auch wenn Politik mit einem Spiel vergleichbar sein mag, so ist sie doch keine Disziplin mit festen Spielregeln, mit zwei gleichgewichtigen Parteien oder mit einem Schiedsrichter. Eine der offenkundigen Komplikationen der internationalen Lage im Jahr 1939 war, dass der nach dem vorangegangenen Weltkrieg ernannte anerkannte Schiedsrichter – der Völkerbund – bereits zum Zuschauer degradiert worden war. Neville Chamberlain und Édouard Daladier, Großbritanniens Premierminister und Frankreichs Ministerpräsident, die eigentlich seine Beschützer hätten sein sollen, hatten sich in der tschechoslowakischen Krise 1938 nicht mit dem Völkerbund abgestimmt. Das Dritte Reich war ausgetreten, die Sowjetunion sollte 1940 ausgeschlossen werden.

Die Persönlichkeit ist ein wichtiger Faktor in der Politik. Sie bestimmt, wie der führende Spieler reagieren wird, wenn der Ball in seine Richtung kommt. Adolf Hitler war impulsiv, rücksichtslos, voller Ressentiments und nicht gewillt, Rat zu suchen. Josef Stalin war auf paranoide Weise misstrauisch, kalt, berechnend, geduldig und, wenn die Zeit zum Losschlagen kam, brutal und gewalttätig. Beide hatten die Charakterzüge von Gangstern: Sie waren ans Töten gewöhnt, demütigten gern andere und reagierten allergisch auf Opposition. Im Gegensatz dazu blickte Churchill auf fast vierzig Jahre Erfahrung in demokratischer Politik zurück. Er hatte die Konstitution eines Pferdes, war trinkfest und missachtete furchtlos die Launen des Schicksals. In psychologischer Hinsicht war er ein Kämpfer, ein Mann, der nicht einzuschüchtern war und der sich seinen zunehmend dominanteren Partner freiwillig aussuchte. Roosevelt war sehr viel verschlagener, ein Meister der politischen Vermarktung, ein gewiefter Schönredner, der zur Zeit seiner dritten Amtszeit von seiner historischen Mission, die USA von der Depression zur globalen Vormachtstellung zu führen, überzeugt war. Sie alle machten Fehler. Sie alle überlebten bis zum letzten Monat des europäischen Krieges, und keiner wurde erfolgreich herausgefordert.

Politik ist vor allem ein chaotisches, skrupelloses und dynamisches Spiel, bei dem die Spieler nicht gleich sind, die Torpfosten häufig versetzt werden und jede der Parteien die Führung übernehmen und das Spielgeschehen nach eigener Einschätzung vorantreiben kann. Was diesen letzten Punkt betrifft, so sind sich fast alle Beobachter darin einig, dass es in den späten dreißiger und frühen vierziger Jahren das Deutschland Adolf Hitlers war, welches das Geschehen vorantrieb. Dagegen waren die westlichen Führer im Grunde konservativ, darauf bedacht, zu behalten, was sie hatten, während Stalin ebenso vorsichtig wie gerissen war. Hitler war ein Spieler, der den Bluff liebte, und ein schamloser Angeber. Er war bereit, es darauf ankommen zu lassen und zu riskieren, die Welt brennend in den Abgrund zu stürzen. Und seine Hast war nicht völlig unbesonnen. Deutschlands gewaltige industrielle

Kapazität bedeutete, dass das Land wahrscheinlich schneller wiederaufrüsten konnte als irgendein Rivale. Die Westmächte wurden von wenig entschlussfreudigen Kleingeistern geführt. Die UdSSR war in den Wahn internen Blutvergießens verwickelt. Wie vor ihm der Kaiser dürfte auch Hitler von dem Argument nachdrücklich beeindruckt gewesen sein, dass Deutschland zuschlagen müsse, bevor seine Rivalen wieder vollständig auf den Beinen wären.

Also schlug Hitler zu – immer wieder. 1938 schlug er gegen Österreich zu – ungestraft. Später in jenem Jahr drohte er, gegen die Tschechoslowakei loszuschlagen, und die Beschwichtigungspolitiker kamen ihm prompt entgegen. 1939 schlug er im März trotzdem gegen die Tschechoslowakei zu, und im September überfiel er unter minimalen Opfern Polen, und die Sowjets taten es ihm gleich. 1940 griff er Frankreich und Großbritannien an und errang einen famosen Sieg. 1941 griff er im April Jugoslawien und im Juni die UdSSR an. Nach jedem Schlag wurden seine Streitkräfte stärker. Es war verständlich, dass er dachte, seine Vorgehensweise beruhe auf harter Erfahrung und der richtigen Einschätzung der Lage.

In der ersten Phase des Krieges bildete sich eine Gruppierung der Kombattanten heraus, die nur wenige vorhergesehen hatten. Das Dritte Reich und das faschistische Italien standen den Westmächten (Großbritannien, Frankreich und Polen) gegenüber, aber wegen des deutsch-sowjetischen Nichtangriffspaktes von 1939 erhielten Hitler und Mussolini Gesellschaft von Stalins UdSSR, die als politischer Partner, wenn auch nicht als formeller Verbündeter der Achse in Erscheinung trat. Ein Vorschlag, die UdSSR zum Dreimächtepakt hinzuzuziehen, wurde zwar unterbreitet, aber man wurde sich nie über die Bedingungen einig (vgl. das Schaubild).

Nachdem Stalin sich an der Invasion Polens beteiligt hatte, befand die UdSSR sich im Kriegszustand mit der polnischen Republik, aber nicht mit Frankreich oder Großbritannien.

Sowjetisches Öl floss nach Deutschland, um Hitlers Kriegsmaschinerie zu stärken, und die sowjetische Propaganda attackierte gehässig die »dekadenten«, »reaktionären« »Kapitalisten« des Westens. Vor diesem Hintergrund konnten die Diktatoren ihre Nachbarstaaten ungestraft angreifen. Da die Ostgrenze des Deutschen Reiches sicher war, hatte Hitler freie Hand, sich gegen den Westen zu wenden. Stalin wiederum bekam die Möglichkeit, Finnland zu überfallen und anschließend Estland, Lettland, Litauen und Rumänien zu bedrohen. Das internationale Gangstertum hatte Hochkonjunktur.

Die Politik der Achsenmächte war bestenfalls oberflächlich abgestimmt. Die Führer der acht Mitgliedsstaaten (neben Deutschland, Italien und Japan noch Ungarn, Rumänien, die Slowakei ab November 1940, Bulgarien ab März 1941 und Kroatien ab Juni 1941) trafen nie zusammen. Es wurde kein ernsthafter Versuch unternommen, dem im September 1940 unterzeichneten Abkommen mit Japan größeres Gewicht zu verleihen. Nach 1941 was das einzige große Thema die Unterstützung der Wehrmacht an der Ostfront. Die Nazis planten, die Befehlsempfänger führten aus. Zu Spannungen zwischen Berlin und Rom kam es, als die Italiener sich weigerten, ihre Juden auszuliefern. Aber Hitler verlor nie seine Zuneigung zu Mussolini, der seiner Ansicht nach bewies, dass alles möglich sei. Als Mussolini im Juli 1943 entlassen und verhaftet wurde, befreiten ihn deutsche Fallschirmjäger, und er wurde für den Rest des Krieges an die Spitze der Marionettenrepublik Repubblica Sociale Italiana (Republik von Salò) gesetzt (siehe S. 301).

Die Welt reagierte während dieser Jahre lediglich auf die Ereignisse, die Hitler in Gang gesetzt hatte – meistens, indem sie es vorzog, nichts zu tun. Insbesondere die USA mischten sich nicht ein. Sie rührten sich selbst dann nicht, als das nationalsozialistische Deutschland die UdSSR überfiel und die alliierte Sache an den Rand der Katastrophe brachte. Aber dann

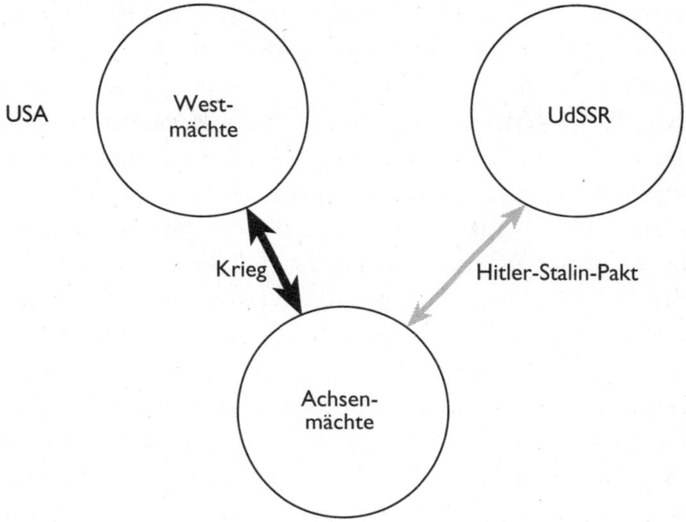

wurden die Amerikaner selbst angegriffen. Am 7. Dezember 1941, dem »Tag der Schande«, wurde die US-Pazifikflotte in Pearl Harbor auf Hawaii ohne Vorwarnung von japanischen Sturzkampfbombern angegriffen. Drei Tage später erklärte Hitler seinen japanischen Verbündeten zuliebe den USA den Krieg. Angesichts der Tatsache, dass deutsche Panzer vor Moskau standen, schätzte er, dass der Krieg vorüber wäre, bevor seine draufgängerische Tat bestraft werden konnte.

In der mittleren Phase des Krieges änderte sich deshalb die Mächtegruppierung völlig. Die Sowjetunion, der größte kämpfende Staat, hörte auf, Hitlers Partner zu sein, und wurde über Nacht zu seinem Todfeind. Die USA, die führende Wirtschaftsmacht der Welt, schloss sich Großbritannien an der Spitze der noch verbliebenen Westalliierten an. Das Dritte Reich befand sich auf einmal in der ungemütlichen Lage, einen Zweifrontenkrieg verkraften zu müssen – Deutschlands historischer Alptraum. Obwohl die »Zweite Front« sehr langsam entstand, sollte sie auf jeden Fall kommen, sollte es

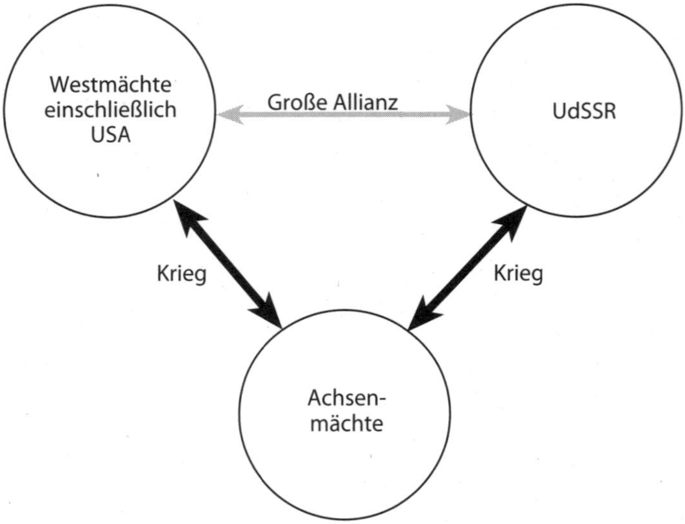

der Wehrmacht nicht gelingen, dem einen oder anderen ihrer Hauptgegner zuvor einen tödlichen Schlag zu versetzen (siehe Schaubild).

Nach einer langen Periode nahezu vollkommener Lähmung begannen die Westmächte, eigene Pläne auszuarbeiten. 1941–42 übernahm Churchill die Führung bei der Bildung dessen, was er die »Grand Coalition«, die »Große Allianz«, nannte. Das Wohlwollen von Präsident Roosevelt hatte er gewonnen, lange bevor die USA offiziell in den Krieg eintraten. Schon im Januar 1941 wurden Regelungen getroffen, damit britische und US-Stäbe die militärische Logistik erörtern konnten, und das Leih- und Pachtgesetz war ab März 1941 in Kraft. Die an Bord der USS *Augusta* unterzeichnete Atlantik-Charta vom August 1941 war eine Enttäuschung für Churchill, weil sie ein schlechter Ersatz für seinen Wunsch war, die USA sofort in den Krieg hineinzuziehen, und einige ihrer Bestimmungen wurden nie beachtet. Aber sie war eine öffentliche Absichtserklärung, die im Januar 1942 Früchte trug, als sie von den sechsundzwanzig Unterzeichnern der Gemeinsamen Erklärung der Vereinten Nationen gebilligt wurde. Es war Churchill, der außerdem beschloss, die gemeinsame Sache zwischen den Westmächten und der Sowjetunion formell zu bekräftigen, obwohl es, wie er freimütig einräumte, bedeute, sich »mit dem Teufel zu verbrüdern«. Der von den Außenministern Anthony Eden und Wjatscheslaw Molotow unterzeichnete britisch-sowjetische Bündnisvertrag vom 26. Mai 1942 schrieb den Grundsatz der Nichteinmischung in die Angelegenheiten fremder Staaten und den Verzicht auf territoriale Vergrößerung fest – die beide völlig ignoriert wurden. Aber der Vertrag enthielt auch eine entscheidende Klausel, die erfüllt wurde; sie untersagte beiden Parteien die Ausrufung eines einseitigen Waffenstillstands mit dem nationalsozialistischen Deutschland. Eine weitere Klausel, die den gegenseitigen militärischen Beistand betraf, führte zu Stalins wohlbegründeten Forderungen nach einer »Zweiten Front« im Westen.

Abgesehen vom Leih- und Pachtgesetz, das auf die UdSSR ausgedehnt wurde, bestand Roosevelts Hauptbeitrag zu diesen Vereinbarungen im Konzept der »bedingungslosen Kapitulation«, das erstmals auf einer Pressekonferenz im Anschluss an die Konferenz von Casablanca im Januar 1943 vorgestellt wurde. Roosevelt versuchte es seinerzeit als spontane Idee hinzustellen, aber Historiker wiesen später nach, dass es das Ergebnis einer gut durchdachten Strategie war. Das Konzept verärgerte all jene, die ein frühes Ende des Krieges wünschten und die flexibel sein wollten, wenn sie mit Italien und Deutschland verhandelten. Es kann jedoch kaum einen Zweifel daran geben, dass es auf eine Erkenntnis in Washingtoner Regierungskreisen zurückging, wonach die USA als Supermacht aus dem Weltkrieg hervorgehen würden. Während alle europäischen Kombattanten durch die Kriegshandlungen schwer in Mitleidenschaft gezogen wurden und zunehmende Anzeichen von Erschöpfung zeigten, spürte Amerika seine rasch wachsende Stärke und sorgte sich, dass der Krieg zu Ende sein könnte, bevor diese Stärke genutzt werden konnte, um den USA strategische Vorteile zu sichern. Also war Roosevelt unerbittlich. In einer etwas späteren Phase sollte er einem Vorschlag zustimmen, Deutschland auf die Stufe eines überwiegend von Landwirtschaft geprägten Landes zurückzuführen. Mit anderen Worten: Der europäische Kontinent würde aufhören, ein ernsthafter Konkurrent für US-Firmen zu sein.[45]

Die Politik der »Großen Allianz« hat in zahlreichen Büchern ebenso zahlreiche Interpretationen erfahren. Das Verhalten der Partner bietet ein vortreffliches Beispiel für die »lange Nacht der unverträglichen Bettgenossen«. Eine kurze Schilderung mag verdeutlichen, wie die westlichen Führer sich auf ihrer Seite des Bettes angeregt unterhielten, während sie ihren sowjetischen Bettgenossen größtenteils sich selbst überließen. Erstens lehnten die »Großen Drei« von Anfang an jede Form demokratischer Führung ab und behielten sich die persönliche Kontrolle über alle wichtigen Entscheidungen vor. Die Mitglieder der Allianz wurden in ihrer großen Mehrzahl kaum je konsultiert, nicht einmal in Angelegenheiten, die ihre ureigensten Interessen berührten. Zweitens verständigte man sich auf periodischen internationalen Konferenzen und zwischen den Konferenzen per Telegramm und weniger häufig per Funktelefon (damals stand noch kein transkontinentales Telefonkabel für abhörsichere Gespräche zur Verfügung). Nur zwei Mal schafften es die »Großen Drei«, sich zu treffen: auf der Eureka-Konferenz in Teheran (November–Dezember 1943) und auf der Argonaut-Konferenz in Jalta (Februar 1945). In Jalta sicherte Roosevelt sich das Versprechen Stalins, in den Krieg gegen Japan einzutreten, und akzeptierte als Gegenleistung eine gesichtswahrende Formel über die Zukunft Osteuropas. Die Probleme wurden klug heruntergespielt. Zur Zeit der Potsdamer Konferenz war Roosevelt tot und der europäische Krieg vorüber (siehe Kapitel 3, S. 221 bis 338).

Die »Große Allianz« drei folgenschwere Jahre hindurch am Leben zu erhalten war eindeutig ein Triumph der internationalen Diplomatie. Aber es wurden auch Fehler gemacht, und einige wurden ebenso wenig ausgebügelt, wie alle inneren Differenzen beigelegt wurden. Chiang Kai-shek, der chinesische Verbündete, wurde von Beratungen auf höherer Ebene ausgeschlossen, obwohl er ein wichtiger Kombattant war. Ebenso erging es den Polen. Im April 1943 brach die UdSSR die diplomatischen Beziehungen mit der Regierung Polens unter einem erfundenen Vorwand ab und erfüllte dadurch die Hoffnungen der Nazis, einen Bruch im alliierten Lager herbeizuführen. Die Polen wurden gewaltig unter Druck gesetzt, das Massaker von Katyn mit den Augen Stalins zu betrachten, obwohl sie wussten, dass dies nicht der Wahrheit entsprach. Auf die Sowjets hingegen wurde keinerlei Druck ausgeübt, die Fehde zu beenden, für die sie fast allein verantwortlich waren. Ebenso wurden die verbündete jugoslawische Exilregierung in London und ihr König, Peter II., 1944 ungerührt fallen gelassen, als die Westmächte beschlossen, fortan Titos Partisanen zu unterstützen. Alle diese Entscheidungen sollten in der Nachkriegszeit katastrophale Folgen haben.

In der letzten Phase des Krieges wuchs die politische Macht der USA sprunghaft. Churchill musste Roosevelt große Zugeständnisse machen. Der Ort, an dem die wichtigsten Pläne geschmiedet wurden, war Washington. Die USA waren die einzige Macht, die sowohl im Pazifik als auch in Europa voll engagiert war. Sie waren der Quartiermeister der Koalition und der Zahlmeister vieler um ihren Fortbestand kämpfender verbündeter Staaten, darunter auch Großbritannien. Und ihr Heimatterritorium blieb vollkommen unberührt vom Krieg. Außerdem folgten die Washingtoner Regierungskreise einer extrem naiven politischen Philosophie. Sie sorgten dafür, dass Roosevelts Ziel der bedingungslosen Kapitulation gegen Deutschland und Japan erreicht wurde und dass das britische Empire zerfiel. Aber indem diese Kreise sowjetische Ambitionen nährten, sorgten sie auch dafür, dass die Welt an den Rand der Zerstörung geführt wurde, nachdem die Sowjetunion nach dem Krieg die atomare Parität erreicht hatte.

Man muss sich deshalb in diesem Kontext einigen der Fragen zuwenden, die nicht entschieden wurden. Die wichtigste betraf das Problem der Einflusssphären. Die Westmächte, die keine nennenswerten Truppen auf dem Kontinent hatten, waren in den Jahren 1942–43 gezwungen gewesen, sich vorrangig darum zu kümmern, der Roten Armee ein Weiterkämpfen zu ermöglichen. Also gingen sie davon aus, dass der UdSSR eine Einflusssphäre an der Ostfront zustünde, so wie sie selbst ihre eigene Sphäre in den befreiten westeuropäischen Ländern hätten. Sie waren ziemlich beunruhigt, als Stalin sich für die Zukunft Italiens – wo es eine starke kommunistische Bewegung gab – interessierte, und sie waren sehr zurückhaltend ob der Aussicht, sich in Osteuropa »einzumischen«. Folglich unterließ man es, genau zu definieren, was eine Einflusssphäre eigentlich bedeutete. War sie beispielsweise nur ein Schauplatz von Militäreinsätzen, auf dem eine oder mehrere dominante Mächte Anspruch auf freie Hand in allen militärischen Entscheidungen hatten? Oder sollte es eine Sphäre totaler politischer Kontrolle sein, in der die beherrschende Macht nach Belieben Marionettenregierungen installieren, politische Gegner erschießen, Millionen von Zivilisten deportieren und Widerstandsgruppen gegen die Nazis unterdrücken durfte? Niemand hat sich je dazu geäußert. Keiner der westlichen Führer konnte sich dazu durchringen zu fragen, ob die Atlantik-Charta auf alle ihre Unterzeichnerstaaten angewendet werden sollte. Zwar wurden auf diese Weise kurzfristige Spannungen verhindert, aber die langfristigen

Folgen waren verhängnisvoll. Zunächst sollte der Preis von den baltischen Staaten und von Polen gezahlt werden, einem westlichen Verbündeten, dessen Territorium in der (nicht festgelegten) sowjetischen Einflusssphäre lag. Aber letztlich sollten die Westmächte selbst den Preis bezahlen. Denn durch ihr Versäumnis, dieses Schlüsselproblem der Kriegszeit anzugehen, wurde die Saat des Kalten Krieges ausgebracht. Die vom historischen Standpunkt aus interessante Frage betrifft die Gründe, warum die Alliierten ihr Schweigen zu dieser Frage bis zum letzten Tag des Krieges fortsetzten. Es mag taktisch klug gewesen sein, keine schlafenden Hunde zu wecken, als die Allianz zerbrechlich war. Aber in den Jahren 1944–45, als die Westmächte immer stärker wurden und Stalin kaum leichtfertig ihren Unmut erregt hätte, hätte es im Interesse aller gelegen, diese Dinge zu klären. Unmöglich zu sagen, wie Stalin reagiert hätte. Der Punkt ist: Die westlichen Führer probierten es nie aus.[46]

Als der europäische Krieg sich seinem Ende näherte, kam es zu keiner Änderung in der Konstellation der großen Mächte. Die »Große Allianz« stand unverrückbar. Aber da Deutschland sich als zunehmend unfähig erwies, seine von ihm abhängigen Verbündeten und die von ihm besetzten Staaten zu schützen, wechselten diese die Seiten. Italien wechselte 1943, Rumänien folgte im August 1944 dem Beispiel Italiens, Frankreich im selben Monat, Bulgarien im September 1944, Belgien im Oktober 1944 und Ungarn im Januar 1945. Anderswo kam die Befreiung zu spät, um Regime zu bilden, die der Allianz hätten beitreten können. Mehrere außereuropäische Staaten, insbesondere Mexiko und Brasilien, hatten der Achse schon früher den Krieg erklärt. Aber den ultimativen Akt politischen Wagemuts beging Chile, das am 11. April 1945 in den Krieg gegen Deutschland eintrat. Da das Dritte Reich zu diesem Zeitpunkt schon in Trümmern lag, waren nur noch zwei maßgebliche politische Gruppierungen übrig:

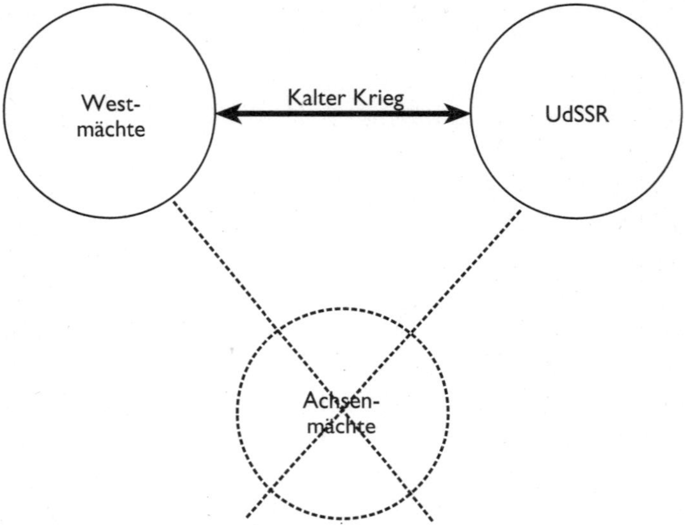

auf der einen Seite die Westmächte und ihre abhängigen Staaten und auf der anderen Seite die Sowjetunion mit ihren Satelliten.

Stalin argwöhnte bis ganz zum Schluss, dass die deutsche Führung abrupt ins westliche Lager überwechseln könnte und dass ein gewaltiger kapitalistischer Kreuzzug gegen die UdSSR gestartet würde. Daraus wurde nie etwas. Stattdessen standen sich die beiden Parteien der siegreichen »Großen Allianz«, nachdem sie die Achse vollkommen vernichtet hatten, am Ende Auge in Auge gegenüber und belauerten einander in einer Pattsituation, die bald darauf als »Kalter Krieg« bezeichnet werden sollte.[47]

Die moralische Landschaft

Alle vernünftigen moralischen Urteile gehen von der Grundannahme aus, dass die Maßstäbe, die auf eine Seite einer Beziehung angewendet werden, auf alle Seiten Anwendung finden müssen. Es ist nicht hinnehmbar, dass bestimmte Handlungen einer unbeliebten Partei als »schändlicher Mord« verurteilt werden, wenn ähnliche Handlungen einer beliebteren Partei entschuldigt oder übersehen werden. Mit zweierlei Maß zu messen ist moralisch verwerflich.

Zweitens ist, wie die Krankenschwester Edith Cavell vor ihrer Hinrichtung 1915 bemerkte, »Patriotismus nicht genug«. »Recht oder Unrecht – es ist mein Vaterland!« ist ein amoralischer Wahlspruch. Wir können nicht behaupten, dass schlechtes Verhalten auf unserer eigenen Seite automatisch über jeden Vorwurf erhaben sei oder dass es durch die Verbindung mit einer guten Sache zwangsläufig geadelt werde. Ebenso können wir nicht bestreiten, dass bestimmte Verhaltensweisen des Feindes als gut eingestuft werden können, auch wenn der Feind zu Recht mit einer schlechten Sache in Verbindung gebracht wird.

Schließlich müssen alle moralischen Urteile, alle Versuche, einzuschätzen, ob etwas »gut« oder »böse« ist, unbedingt unter Rekurs auf universelle Prinzipien erfolgen und dürfen sich nicht auf parteiische Gefühle von Hass und Geringschätzung stützen. In dieser Hinsicht ist es hilfreich, sich an die Verhaltenskategorien zu erinnern, die vom Internationalen Tribunal in Nürnberg festgelegt wurden, um Kriminalität in Kriegszeiten zu definieren. Die drei Kategorien waren: (1) das Führen von Krieg gegen den internationalen Frieden, also Angriffskrieg; (2) Kriegsverbrechen; (3) Verbrechen gegen die Menschlichkeit. Natürlich befasste sich das Tribunal mit Verhalten, das im Lichte internationalen Rechts für kriminell erachtet werden konnte, und nicht bloß mit Verhalten, das moralisch vielleicht verwerflich war. Trotzdem ist davon auszugehen, dass alles, was kriminell und ungesetzlich ist, wahrscheinlich immer auch moralisch verwerflich ist.

Krieg zu führen ist für sich genommen noch nicht ungesetzlich oder verwerflich. Alle moralischen Systeme räumen sowohl Individuen als auch Staaten das Recht auf Selbstverteidigung ein. Länder, die angegriffen werden und deren Soldaten die hohen Standards geringstmöglicher Gewaltanwendung beachten, dürfen deshalb ruhigen Gewissens Krieg führen. Aber Angriffskriege stehen auf einem anderen Blatt. Sie können als Konflikte definiert werden, die als bewusster politischer Akt, ohne Provokation begonnen werden und die das Recht des Geschädigten auf Sicherheit und Souveränität mit Füßen treten. Der Angriff des faschistischen Italien auf Abessinien 1936 und die Angriffe des Dritten Reiches auf Polen, Norwegen, Dänemark, Holland, Belgien, Jugoslawien und die UdSSR waren eindeutige Beispiele für Aggression. Beim Angriff Deutschlands auf Frankreich und Großbritannien 1940 haben wir es mit einem komplizierteren Fall zu tun, zumindest aus technischer Sicht, weil sowohl Frankreich als auch Großbritannien Deutschland den Krieg erklärt hatten – und nicht umgekehrt.

Kriegsverbrechen können als Verstöße gegen die Genfer und Haager Konventionen bezüglich verbotener Praktiken der Kriegsführung definiert werden. Sie erfassen eine Vielzahl von Kategorien, darunter die Misshandlung von Kriegsgefangenen, Flüchtlingen und Nichtkombattanten sowie den Einsatz übertriebener Gewalt und verbotener Waffen (wie Giftgas). Dazu gehört auch die Missachtung von Krankenhäusern und medizinischem Personal, Geiselnahmen, die Bombardierung oder der Granatbeschuss von zivilen Zielen, das Überhandnehmen von Plünderung, Vergewaltigung, Prügel und Mord seitens einer undisziplinierten Soldateska. Von den deutschen Streitkräften wird angenommen, dass sie sich im Allgemeinen im Westen viel größere Zurückhaltung auferlegten als an der Ostfront. Möglicherweise wurden sie von der Tatsache beeinflusst, dass ihre britischen und amerikanischen Gegner die entsprechenden Konventionen unterzeichnet hatten, während die UdSSR es nicht getan hatte. Dennoch gab es zahlreiche Fälle von Kriegsverbrechen im Westen. Erinnert sei hier an die Erschießung amerikanischer Kriegsgefangener in Malmédy, das Massaker an Zivilisten in Oradour-sur-Glane nahe Limoges im Juni 1944 oder den Beschuss Londons mit V-1- und V-2-Raketen.

Die Kategorie »Verbrechen gegen die Menschlichkeit« war 1945 noch vollkommen neu und unerprobt. Sie betraf Aktionen, die auf Massenterror, Massenrepression, Massendeportation und Genozid abzielten. Der Begriff »Genozid« verbreitete sich ab 1944 nur dank der Bemühungen eines polnischen Anwalts, Rafal Lemkin, der bei den Vereinten Nationen beschäftigt war. Der heutige gebräuchliche Ausdruck »ethnische Säuberung« war noch nicht erfunden. Aber die Art von Greueln, mit denen er heute assoziiert wird, war in den Jahren 1939–45 recht verbreitet, insbesondere in Jugoslawien, in den baltischen Staaten und in Ostpolen. Der nationalsozialistische Mord an den europäischen Juden, die später als Holocaust bekannte »Endlösung der Judenfrage«, wird beinahe universell als das Paradebeispiel eines Verbrechens gegen die Menschlichkeit anerkannt.

Nur wenige Experten würden gegen diese Kategorisierung etwas einwenden. Die Auseinandersetzungen beginnen erst, wenn versucht wird, diese Kategorien unterschiedslos auf alle kämpfenden Staaten anzuwenden. Denn von vielen Kriegsverbrechen, die erst zwanzig oder dreißig Jahre nach dem Krieg enthüllt oder dokumentiert wurden, wusste man in der unmittelbaren Nachkriegszeit schlicht nichts. Und die Bürger der siegreichen Mächte gewöhnten sich an die Vorstellung, dass die Kriegsvergangenheit ihrer eigenen Nation einwandfrei war. Die Zensur des Sowjetblocks garantierte, dass sämtliche Kriegsverbrechen ausschließlich dem besiegten faschistischen Feind in die Schuhe geschoben wurden. Wegen der unbestreitbar scheußlichen Verbrechen der Achsenmächte im Allgemeinen und der Nazis im Besonderen, wie sie in Nürnberg ans Licht kamen, hat dieser Konflikt wie kein anderer die starke Überzeugung in Großbritannien und Amerika geweckt, dass es ein gerechter Krieg war, der von den Alliierten fair geführt wurde, und dass aus diesem die Verfechter von Freiheit und Demokratie zu Recht als Sieger hervorgegangen sind.

Doch ein flüchtiger Blick auf die vollständige Liste der Schrecken, auch derer, die später erst nachgewiesen wurden, genügt, um zu zeigen, dass die Bilanz so einfach nicht ist. In vielen Punkten war die antifaschistische Koalition in nicht geringerem Umfang für widernatürliche Todesfälle verantwortlich wie der faschistische Gegner. Aus dem, was heute über die Zwangskollektivierung, den Terror der ukrainischen Hungersnot, die Säuberungen und den Gulags bekannt ist, geht zweifelsfrei hervor, dass der vor Ausbruch des Krieges in der UdSSR existierende stalinistische Parteistaat als verbrecherisches Regime eingestuft werden muss, und das Regime beging sowohl während des Krieges als auch danach weitere Massenverbrechen. Ihm können Angriffskriege – gegen Polen, Finnland und die baltischen Staaten –, Kriegsverbrechen jeder Art – von der Ermordung und Misshandlung von Kriegsgefangenen (darunter auch der eigenen) bis zur Versenkung von Flüchtlingsschiffen und Massenvergewaltigungen deutscher Frauen – sowie Verbrechen gegen die Menschlichkeit vorgeworfen werden. In diesem letzten Punkt vertritt das *Schwarzbuch des Kommunismus*, das nach dem Untergang der UdSSR von einer Gruppe ehemaliger Kommunisten angeregt wurde, mit einiger Überzeugungskraft den Standpunkt, dass das Verbrechen des »Klassozids«, also das Töten von Menschen einfach aufgrund ihrer sozialen Klassenzugehörigkeit, nicht weniger bösartig sei als das Verbrechen des Genozids.[48] Weitere ungeheuerliche Vorkommnisse dürften die Massendeportationen von Millionen unschuldiger Zivilisten aus den sowjetisch besetzten Ländern nach Sibirien und in die Arktis sowie die Massenvertreibung ganzer Völker wie der Tschetschenen, der Krimtataren und der Wolgadeutschen nach Zentralasien darstellen, die unter erfundenen Kollaborationsvorwürfen durchgeführt wurden.

Das schreckliche Ausmaß der sowjetischen Verfehlungen wurde jahrzehntelang verheimlicht. Die Welt hatte die Schauprozesse der dreißiger Jahre verfolgt und hatte vage vom Gulag gehört, aber eine ergebene Gruppe von »Spezialisten« behauptete auf Veranlassung Moskaus über Jahre beharrlich, dass die Opfer nur zu Hunderten oder Tausenden gezählt werden dürften. Selbst nach Chruschtschows Rede im Jahr 1956, die sich in ihrer Kritik auf Verbrechen gegen die Kommunistische Partei beschränkte, wurden interessierte Menschen aus dem Westen damit abgespeist, dass es sich bei den Schriften von Alexander Solschenizyn oder der Forschungsarbeit von Robert Conquest um gehässige »antikommunistische Hirngespinste« handele. Eine andere Taktik bestand darin zuzugeben, dass im Zuge der sozialen und ökonomischen Umwälzungen unter Stalin in den dreißiger Jahren möglicherweise schlimme Dinge passiert seien – nach dem Motto: »Wo gehobelt wird, da fallen Späne« –, dass die sowjetische Kriegsvergangenheit jedoch makellos sei. Am Ende, als die UdSSR schließlich zusammenbrach, stellte sich heraus, dass sich während des Krieges nicht viel gebessert hatte, dass Conquest der Wahrheit ziemlich nahe gekommen war und dass die Opfer der Herrschaft Stalins nicht zu Hunderten oder Tausenden oder auch nur zu Millionen gezählt werden mussten, sondern in zweistelligen Millionenzahlen.

Die häufigste Reaktion des Westens bestand darin zu behaupten, dass die Verbrechen des Stalinismus noch untersucht werden müssten, während die Verbrechen des NS-Regimes bewiesen und offiziell verurteilt worden seien. Manche scheuen davor zurück, den Bolschewismus zu verurteilen, weil sie wissen, dass die Nazis im Bolschewismus ihren Hauptfeind sahen, und weil sie fürchten, mit Hitler auf eine Stufe gestellt zu werden. Sie sollten etwas mehr Zutrauen in ihre eigenen Prinzipien haben. Jeder, der aufrichtig überzeugt ist von Freiheit, Gerechtigkeit und Demokratie, ist verpflichtet, die beiden großen totalitären Systeme völlig unparteiisch zu verurteilen.

Wenn man auf zwei Gangster trifft, die einander bekämpfen, ist es eine absolut unzulässige Haltung, über den einen herzufallen und den anderen in Ruhe zu lassen. Erlaubt ist einzig die Frage, ob sie das Etikett Gangster verdienen oder nicht. Wenn ja, mag die Konsequenz daraus politisch unbequem sein, aber die einzige anständige Reaktion ist, zu verkünden: »Zum Teufel beider Sippschaft!« (William Shakespeare, *Romeo und Julia*, III, 1).

Historiker des Zweiten Weltkriegs können deshalb den katastrophalen Zusammenbruch von Stalins Ruf, der seit den guten alten Zeiten von »Uncle Joe« stattgefunden hat, nicht unendlich ignorieren. Heute existieren stichhaltige Beweise, dass er während seiner gesamten Karriere ein notorischer Massenmörder war. Der Gedanke, dass seine Verbrechen irgendwie weniger schlimm waren, weil er auf der richtigen Seite kämpfte, ist schlimmer als fragwürdig. Doch nach Jahrzehnten des Zögerns beginnen Kommentatoren endlich das Undenkbare auszusprechen, nämlich dass »der Ausgang des Wettstreits der bösen Diktatoren wirklich völlig offen war«.[49] In Reaktion auf die jüngste belastende Studie über den »Hof des roten Zaren« fällte ein britischer Sozialist und Historiker ein Urteil, welches inzwischen mehrheitsfähig geworden ist:

> *»Weil ich mein Vertrauen in die menschliche Natur behalten will, möchte ich gern glauben, dass Stalin und seine Spießgesellen alle geistesgestört waren. Gewiss dürften Leute, die sich in Blut wälzen – metaphorisch, wenn sie befehlen, sieben Millionen Kulaken abzuschlachten, und buchstäblich, wenn sie alte Freunde totschlagen –, die Fähigkeit verloren haben, zwischen Recht und Unrecht zu unterscheiden … Stalin und jene, die ihm dienten, setzten die Politik des Massenmordes fast dreißig Jahre lang fort und liquidierten alle, von denen angenommen wurde, sie stünden ihnen im Weg. Und sicherheitshalber liquidierten sie auch die Ehefrauen und Kinder ihrer Feinde. Das Blut floss so dick und tief, dass es Historiker vor ein Problem stellt … Verachtung gemischt mit Fassungslosigkeit ist die einzige angemessene Reaktion auf die Entdeckung dessen, was Stalin tat. Seine Taten entzogen sich jeder denkbaren Rechtfertigung …*
>
> *Doch Stalin behielt bis an sein Lebensende die Bewunderung einiger westlicher Demokraten. Natürlich wussten sie nicht, wie niederträchtig er war, aber sie hätten es zumindest ahnen müssen. Heutzutage gibt es nicht mehr die leiseste Rechtfertigung für die Annahme, dass Josef Stalin irgendetwas anderes war als ein Ungeheuer.«*[50]

Und auch die Westmächte sollten, was die zahlreichen Anschuldigungen gegen sie selbst betrifft, nicht zu selbstgefällig sein. Die strategische Bomberoffensive, die vielleicht eine halbe Million Zivilisten tötete, ist seit langem Gegenstand für Vorwürfe »übertriebener Gewalt«. Wenn der deutsche Luftangriff auf Coventry, der 380 Menschen tötete, als Verbrechen eingestuft wird, ist schwer einzusehen, warum die britischen Luftangriffe auf Köln, Hamburg, Kassel, Berlin und Dresden nicht in die gleiche Kategorie eingestuft werden sollen. In der Ethik ergibt zweimal Unrecht nicht Recht, und Ausreden, es habe sich um eine gerechtfertigte Reaktion gehandelt, verfangen nicht. Wenn ein Verbrecher den Bruder eines anderen Mannes tötet, ist der Geschädigte nicht, auch inmitten eines gerechten Krieges nicht, berechtigt, loszugehen und alle Nachbarn und Verwandten des Verbrechers zu töten. Und es gibt weitere Fälle, die untersucht werden müssen. Einer wäre die gewaltsame und großangelegte Rückführung sowjetischer Bürger in den beinahe sicheren Tod durch Stalins Sicherheitsorgane im Jahr 1945. Ein anderer betrifft die in Potsdam getroffene alliierte Entscheidung, mehrere Millionen deutsche Zivilisten mit Gewalt von Grund und Boden zu vertreiben, von dem Land, das kurz zuvor Polen, der Tschechoslowakei und Ungarn zugewiesen worden war. Nach heutigem Verständnis setzte die Potsdamer Entscheidung eine Kampagne in Gang, die verdächtig nach »ethnischer Säuberung« aussieht.

Tatsache ist: Die britische und die amerikanische Bürokratie stehen nicht gerade im Ruf der Objektivität. Ebenso wie die sowjetische Bürokratie halten auch die britischen und amerikanischen Beamten bis heute die Fiktion aufrecht, dass sämtliche Kriegsverbrechen vom Feind begangen wurden. So beschränkt sich der Geltungsbereich des britischen War Crimes Act (1991) auf Handlungen, die »von den Deutschen oder auf deutsch besetztem Territorium begangen wurden« – mehr Voreingenommenheit dürfte schwer zu finden sein. Doch es ist kein isoliertes Beispiel. Das US-Einwanderungsrecht, das früher (zu Unrecht) Kommunisten diskriminierte, schließt heute nur Personen aus, die in irgendeiner Weise mit den Unterdrückungsorganen des Dritten Reiches verbunden waren. Mit anderen Worten: ehemalige Henker aus dem NKWD (Narodny Komissariat Wnutrennich Del), dem »Volkskommissariat für innere Angelegenheiten« und sowjetischen Sicherheitsdienst während des Krieges, sind nach wie vor willkommen. Das Office of Special Investigations (OSI), die US-Fahndungsbehörde zur Strafverfolgung von NS-Kriegsverbrechern, verfolgt nur jämmerliche Figuren wie John Demjanjuk, die wegen echter oder eingebildeter NS-Verbindungen angeklagt und bestraft werden, wobei die Anklage oft genug auf tönernen Füßen steht.[51] Auf den Gedanken, alle Kriegsverbrecher für gleich abscheulich zu halten, kommt niemand. Offizielle Voreingenommenheit dieser Art verstärkt unweigerlich den Eindruck, dass die »Große Allianz« der Jahre 1941–45 nicht über jeden Zweifel erhaben war.

Dennoch ist eine moralische Rechnung nicht unmöglich. In dieser Hinsicht lohnt es sich, die Bilanz zwischen dem Dritten Reich Hitlers und der Sowjetunion Stalins zu ziehen. Beispiele gibt es in allen Kategorien zuhauf. Moralisch war der deutsche Überfall auf die UdSSR 1941 nicht unverfrorener als der sowjetische Überfall auf Finnland 1939. Ein Kriegsverbrechen wie die Ermordung von sechsundachtzig amerikanischen Kriegsgefangenen in Malmédy erscheint klein neben dem Massaker von Katyn, wo bis zu 25 000 Kriegsgefangene ermordet wurden. Die »Endlösung« der Nazis war freilich ohne Parallele. Aber es gab jede Menge sowjetischer Greueltaten, darunter Massendeportationen, Repressionen und künstlich herbeigeführte Hungersnöte, welche die Kriterien für Verbrechen gegen die Menschlichkeit erfüllen.

Als Nachtrag ist anzufügen, dass damit keine »Äquivalenz des Bösen« unterstellt wird. Eine moralische Rechnung ist keine Mathematikaufgabe. Obwohl das Gesamtausmaß der sowjetischen Kriminalität die des Dritten Reiches ganz klar übertraf – teils weil die UdSSR viel länger bestand –, ist nicht ersichtlich, dass der sowjetische Unterdrückungsapparat die allerschlimmsten Kategorien der Unmenschlichkeit erfüllte.

So übertrafen die Dimensionen der gewaltigsten Anlagen des Gulag an der Kolyma oder in Workuta zwar die größten Konzentrationslager der SS in Auschwitz oder Majdanek[52], doch scheint das sowjetische System keine Entsprechung zu den Todesfabriken der Nazis wie Treblinka, Sobibór oder Belzec gekannt zu haben (siehe S. 281). An dieser Stelle sei angemerkt, dass statt Auschwitz ebenso gut Treblinka als symbolische Erinnerungsstätte für den jüdischen Holocaust hätte ausgewählt werden können. Paradox ist, dass die Befreier von Auschwitz Diener eines Regimes waren, das noch größere Konzentrationslager betrieb als das, welches sie befreiten. Wenn man dieses Paradox nicht begreift, kann man sich nie wirklich den Problemen zuwenden, um die es geht.

Viel Tinte ist in das Thema Strategische Bomberoffensive geflossen, und es wäre verfrüht, ein endgültiges Urteil zu fällen. Doch zwei Fragen müssen beantwortet werden. Eine lautet: War die Strategie des »Flächenbombardements« von Anfang an bewusst als »Terrorbombardement« konzipiert? Als zweite Frage wäre zu stellen, warum die RAF diese Strategie unbeirrt fortsetzte, auch als offensichtlich wurde, dass unschuldige Männer, Frauen und Kinder in riesiger Zahl sinnlos getötet wurden. Jeder, der die Wahrheit in diesem Rätsel sucht, muss sich selbst mit dem Zitat von »Bomber-Harris« auseinandersetzen: »Wir werden eine deutsche Stadt nach der anderen angreifen«, prahlte er, »als würden wir Zähne ziehen.«[53]

Das Thema der gewaltsamen Repatriierung von Menschen in die Sowjetunion im Jahr 1945 hat weniger Aufmerksamkeit gefunden, obwohl es um große Zahlen Betroffener ging. Es handelte sich um ein buntes Sammelsurium von Menschen, die von den sowjetischen Behörden als ihre eigenen beansprucht wurden, obwohl viele von ihnen nie einen Fuß in die UdSSR gesetzt hatten und die meisten der übrigen die stärkste Abneigung gegen eine Rückkehr zum Ausdruck brachten. Häufig kam es zu Massenselbstmorden. Und britische Beobachter, welche die Repatriierungsschiffe nach Odessa oder Murmansk eskortierten, berichteten von Massenerschießungen am Kai. Das erste Kontingent wurde 1944 von britischen Streitkräften aus den von den Nazis für den Bau des Atlantikwalls in der Normandie eingesetzten Sklavenarbeitern zusammengestellt. Das größte Einzelkontingent entstammte den zwei Kosaken-Divisionen und deren Angehörigen, die sich im Mai 1945 in Kärnten bereitwillig in den Gewahrsam der britischen Armee begeben hatten.[54]

Die Vertreibung sämtlicher Volksdeutscher aus den ehemaligen deutschen Provinzen östlich der Oder sorgte in den Jahren zwischen 1945 und 1948, als sie vollzogen wurde, für wenig Gerede. Die öffentliche Meinung in Großbritannien und den USA hielt die Bevölkerungsverschiebungen für das natürliche Schicksal der Angehörigen einer besiegten und schuldigen Nation. Natürlich war die Regierung der Tschechoslowakei, welche die äußerst harten »Beneš-Dekrete« formulierte, noch nicht von Kommunisten beherrscht. Sie gab sich keine Mühe, ihren Glauben an die Gerechtigkeit kollektiver Bestrafung zu verhehlen. In Polen, von wo das größte Kontingent an Deutschen fortgeschafft wurde, galten die Verschiebungen als unbedingt erforderlich, um Platz für die Millionen von Polen zu schaffen, die damals von den Sowjets aus den verlorenen Ostprovinzen Polens vertrieben wurden. In alliierten Kreisen zweifelten damals nur wenige das Recht der siegreichen Sowjets an, so zu handeln, wie sie es für richtig hielten.[55] In der Slowakei widerfuhr vielen Ungarn das gleiche Schicksal. Den deutschen Vertriebenen wurde in Westdeutschland Aufnahme und Zuflucht gewährt, sie galten jedoch weithin als lautstarke Gemeinschaft rechter Unruhestifter. Erst nach der deutschen Vereinigung 1990 tauchte das Thema wieder auf. Die Gesamtzahl der Vertriebenen liegt nach Schätzungen bei acht Millionen. Viele waren Kinder, die auch unter Aufbietung aller Phantasie nicht für die Sünden des NS-Regimes verantwortlich gemacht werden konnten. Unschuldige und Schuldige wurden unterschiedslos bestraft. Obwohl der ursprüngliche Vorschlag aus Moskau kam (das einen ähnlichen Plan aus dem Jahr 1914 wieder aufwärmte), war die endgültige Entscheidung das Werk von Harry Truman und Clement Attlee ebenso wie von Stalin. Jeder, der nicht sehen kann, dass große moralische Probleme mit ihr einhergingen, unterliegt einer verzerrten moralischen Sicht der Geschehnisse.

Insgesamt ist die Landschaft der Kriegsverbrechen daher um einiges komplizierter, als viele Menschen aus dem Westen vielleicht zugeben möchten. Doch keine Diskussion über Moral in Kriegszeiten endet bei Kriegsverbrechen. Die meisten Verbrechen mögen unmoralisch sein, aber nicht alle Formen von Unmoral sind zwangsläufig kriminell. Dass jemand sich nicht wegen eines Verbrechens verantworten muss, bedeutet nicht, dass er eine moralisch saubere Weste hat. Diese schwierige Frage sollte 1945 beim Nürnberger Tribunal, das der Historiker Alan J. P. Taylor eine »makabre Farce« nannte (siehe S. 329–330), in aller Deutlichkeit zum Vorschein treten.

Zwei Schlussfolgerungen sind zu ziehen. Erstens besitzt im Zweiten Weltkrieg keine Seite ein Monopol auf Tugendhaftigkeit oder Unmoral. Selbst wenn er uneingeschränkt gerechtfertigt ist, bleibt der Krieg ein dreckiges Geschäft, das auch diejenigen beschmutzen kann, die mit reinem Herzen und edlen Absichten antreten. Es handelt sich um ein von strenger Disziplin beherrschtes kollektives Unternehmen, bei dem Individuen in Aktivitäten verwickelt werden können, die sie persönlich vielleicht verabscheuen. Und da der Krieg ein Zweig der Politik ist, der für die Dauer der Kämpfe jeglichen Kompromiss scheut, macht er den Sieg zu einem absoluten Erfordernis und treibt die Kombattanten in verzweifelte Allianzen mit manchmal zweifelhaften Partnern. Stalin trieb er dazu, sich zuerst mit den verhassten Nazis und dann mit den verachteten westlichen Demokratien zu verbünden. Jeder dieser Schritte stand im Gegensatz zu den Grundsätzen kommunistischer Moral. Für die Westmächte brachten die Erfordernisse des Krieges es mit sich, dass sie sich mit einem totalitären Staat zusammenzutun mussten, dessen Engagement für Freiheit, Gerechtigkeit und Demokratie nicht größer war als das Hitlers. Der Sieg wurde errungen. Moral und politische Prinzipien wurden über Bord geworfen.

Zweitens ist das übliche Modell vom Kampf von »gut« gegen »böse« ungeeignet, um einen Krieg zu charakterisieren. Sowohl die sowjetischen Kommunisten als auch einige Angelsachsen teilten jedoch ein dialektisches oder »bipolares« Weltbild. Ein zielstrebiger Kreuzzug gegen den Faschismus passte aus Gründen der politischen Philosophie zu den Neigungen der sowjetischen Elite und aus Gründen, die mit ihren puritanischen Traditionen zu tun hatten, auch vielen Angloamerikanern. Beide hatten einen faschistischen Teufel vor Augen, und beide waren zu sehr mit anderen Dingen beschäftigt, um sich allzu viele Gedanken über die Auswirkungen ihres Handelns zu machen.

Doch sechzig Jahre später ist es höchste Zeit, die moralischen Auswirkungen sorgfältiger abzuwägen. Keine korrekte Definition des »Bösen« darf auf der simplen Annahme beruhen, dass der »Feind« das »Böse« sei. Bevor er zu der Überzeugung gelangt, dass ein bestimmter politischer Führer oder ein bestimmtes Regime zu Recht als »böse« eingestuft werden kann, muss der Moralist eine auf den erklärten Absichten und erwiesenen Praktiken des Kandidaten beruhende kühle Berechnung anstellen. Hier steht der Historiker heute auf festerem Grund, als es vor einem halben Jahrhundert möglich war. Wenn der Betrachter sich heute zurücklehnt und die eigenen tiefsitzenden Reflexe vergisst, müsste er in der Lage sein zu sehen, dass der Krieg in Europa von zwei Ungeheuern beherrscht wurde – nicht von einem. Jedes dieser Ungeheuer verschlang die besten Menschen auf seinem Territorium, bevor es sich in einen Kampf auf Leben und Tod um die Vormachtstellung stürzte. Die dritte Kraft in der Auseinandersetzung – die Westmächte – wurde in der Eröffnungsphase beinahe beseitigt, und es brauchte einen Großteil des Krieges, um ihren Einfluss erneut geltend zu machen. Ihre im Großen und Ganzen konservative Haltung, ihre Wertschätzung von Demokratie und Rechtsstaatlichkeit, ihr Respekt vor den Rechten Einzelner und ihre (in den vierziger Jahren noch ersichtliche) Sympathie für die traditionellen christlichen Lehren waren sowohl den Kommunisten als auch den Faschisten fremd. Jeder, der die Vorstellung von Freiheit, wie sie sich in Europa und Amerika entwickelt hat, schätzt, muss dankbar dafür sein, dass die »dritte Kraft« half, sowohl Hitler als auch Stalin an der Erlangung der Hegemonie zu hindern. Gleichzeitig muss aber auch eingeräumt werden, dass das Ergebnis bestenfalls zwiespältig war. Der Sieg des Westens war nur ein partieller und der moralische Ruf der alliierten Koalition stark befleckt. Wer sich nach Abwägung all dessen noch immer dazu durchringen kann, den Westen mit dem »Guten« zu identifizieren, kann sicher gute Gründe dafür anführen. Aber er kann es zweifellos nur unter außerordentlichen Vorbehalten tun. Immerhin kann er sicher sein, dass es unter den Kombattanten keinen anderen Kandidaten gab, der Anspruch auf moralische Bewunderung erhob.

Alles in allem zeigt sich die moralische Landschaft als unebenes Gelände, mit vielen tiefen Schluchten und wenigen beherrschenden Höhen. Doch nachdem ihre Konturen skizziert sind, kann die Auswahl der Prioritäten für eine Überblicksdarstellung des Krieges in Europa erfolgen. Geographisch muss der Schwerpunkt fraglos auf Osteuropa liegen – dem Ziel nationalsozialistischer Ambitionen, der Grundlage sowjetischer

Macht, dem Schauplatz des Holocaust und anderer Greueltaten, sowie der Region, in der etwa drei Viertel der Kämpfe stattfanden. Er kann unmöglich in Westeuropa liegen. Militärisch muss sich das Hauptaugenmerk auf die deutsch-sowjetischen Feindseligkeiten richten, wenngleich auch für die Schlacht um den Atlantik, für den Luftkrieg und, was die letzten Kriegsmonate betrifft, für die Westfront ausreichend Platz gefunden werden muss. Ideologisch gilt es gleichsam eine Arena zu beschreiben, in der sich Faschismus, Kommunismus und liberale Demokratie gegenüberstanden. Das verbrauchte und ungeeignete Konzept des Antifaschismus verdient keine Vorrangstellung. Und die Darstellung kann nicht die Realität ausblenden, dass das demokratische Lager unentwirrbar mit dem Imperialismus verbunden war. Politisch gilt es zu betonen, dass der Krieg nacheinander mehrere Phasen durchlief: Die erste umfasste die Zeit, in der das Dritte Reich und die UdSSR zusammenarbeiteten; die zweite betrifft den Zeitraum, als die »Große Allianz« entstand; die letzte Phase beschreibt die militärische Dominanz der Roten Armee, zu der sich die rasch wachsende politische und wirtschaftliche Dominanz der USA gesellte. Alle anderen Ereignisse müssen irgendwie zu diesem zentralen Szenario in Beziehung gesetzt werden. Um Sinn zu ergeben, muss der Schilderung der Kriegszeit eine zusammenfassende Darstellung jener Prozesse vorausgehen, durch welche die Vorkriegsordnung untergraben wurde, vor allem in Osteuropa. Und sie muss von einem kurzen Nachwort abgerundet werden, das zeigt, wie die offenen Fragen der Jahre 1939–45 die Agenda für den Kalten Krieg festlegten. In der moralischen Sphäre schließlich muss das wesentliche Ziel darin bestehen, zu zeigen, dass es bei dem Konflikt der Jahre 1939–45 in erster Linie um den Zusammenstoß zweier großer Übel ging und dass die dritte Kraft – von Menschen aus dem Westen manchmal mit dem »Guten« gleichgesetzt – sich nur mit Glück behaupten und zu den Siegern zählen konnte.

2

KRIEGFÜHRUNG

Kampfhandlungen in Europa 1939 bis 1945

Phase 1, September 1939 bis Juni 1941: Umsturz der Vorkriegsordnung

Der Zweite Weltkrieg begann *nicht* 1941, 1940 und auch nicht am 3. September 1939. Er begann am 1. September 1939 um 4.45 Uhr. Genau in dieser Minute machte das deutsche Linienschiff *Schleswig-Holstein* zu einem Freundschaftsbesuch im Hafen von Danzig (Gdansk) fest und eröffnete aus nächster Nähe das Feuer auf die polnischen Befestigungen auf der Westerplatte. Gleichzeitig strömte bei Anbruch der Dämmerung die deutsche Wehrmacht an Dutzenden von Stellen über die Grenze Polens – von Westen, Norden und Süden. Es war eine Kriegshandlung ohne Kriegserklärung, aber unbestritten eine Kriegshandlung.

In ihrer Überraschung dachten viele, dass Hitler einen begrenzten, lokalen Konflikt begonnen haben könnte. In Wirklichkeit stand sehr viel mehr auf dem Spiel. Zum einen würden die Westmächte, da die *Appeasement*-Politik eindeutig gescheitert war, diese jüngste Provokation nicht einfach hinnehmen. Zum anderen war die Sowjetunion bereits aktiv beteiligt. Hitler hatte Polen nur unter der geheim gehaltenen Voraussetzung überfallen, dass Stalin nachziehen würde. Ohne dass die Welt etwas davon ahnte, sahen das Geheime Zusatzprotokoll zum deutsch-sowjetischen Nichtangriffspakt und die in seinem Umfeld stattfindenden Geheimgespräche in Moskau die gemeinsame Aufteilung Osteuropas vor.

Die Kriegserklärung durch Großbritannien und Frankreich am 3. September hatte schwerwiegende militärische Auswirkungen. Obwohl sie ihrem polnischen Verbündeten nicht zu Hilfe kamen, wollten die Planer in London und Paris nicht in die Falle von 1914 gehen, als ein angeblich kurzer Krieg sich als ein langer herausstellte. Diesmal waren sie entschlossen, sich von Anfang an systematisch auf einen langen Waffengang vorzubereiten. Ihre Entscheidung hatte Konsequenzen. Sie bedeutete nicht nur, dass Polen geopfert werden könnte, sondern auch, dass der Kriegszustand in Europa fortbestünde, selbst wenn Polen fiel.

Die Westmächte waren unentschlossen, und vieles von der Verwirrung des September 1939 wird in den Geschichtsbüchern bis heute nicht kritisch hinterfragt. Während der München-Krise vom Herbst 1938 war den Westmächten bedeutet worden, dass die Abtretung des Sudetenlandes »die letzte territoriale Forderung« von »Herrn Hitler« gewesen sei. Man hatte sie ausmanövriert, damit sie eine offensichtliche Lüge akzeptierten. Nun wurde ihnen von sowjetischen Diplomaten beschieden, dass die UdSSR »neutral« sei. Sie akzeptierten es, zumindest in der Öffentlichkeit, nicht weil sie es unbedingt glaubten, sondern weil die Aussicht, gleichzeitig gegen Deutschland und gegen die Sowjetunion zu kämpfen, alles andere als günstig war. Allerdings sollte bald der Zeitpunkt kommen, wo die Vorbereitungen für einen solchen Doppelkrieg getroffen werden müssten.

Viele Historiker – die hinterher leicht alles besser wissen können – behaupten weiterhin, dass der Hitler-Stalin-Pakt lediglich eine »vorübergehende Vereinbarung« gewesen sei, ein bequemes Hinhaltemanöver unter Partnern wider Willen, die schlicht »Zeit gewannen«, bevor der unausweichliche Konflikt zwischen ihnen ausbrach. Aber das heißt, die Geschichte rückwärts zu lesen. Natürlich sollte der Pakt nicht für einen dauerhaften Frieden sorgen, denn Hitler und Stalin waren politische Rivalen und ideologische Feinde, eine große Auseinandersetzung zwischen ihnen lag immer im Bereich des Möglichen. Doch im Jahr 1939 war sie nicht die einzige Möglichkeit. Keiner der Diktatoren war wirklich kampfbereit. Sowohl die deutschen als auch die sowjetischen Planer gingen davon aus, frühestens 1942–43 die maximale militärische Schlagkraft zu erreichen. Und Berlin und Moskau stimmten darin überein, dass die erste Aufgabe darin bestünde, die von den Westmächten geschaffene und überwachte politische Ordnung zu Fall zu bringen. Alles hing deshalb vom Ergebnis dieses ersten Schritts ab. Danach waren mehrere Entwicklungen möglich. Sollten die Westmächte beispielsweise den Sieg von 1918 über Deutschland wiederholen, wäre Hitler nicht mehr in der Lage, den Frieden zu stören, und ein Krieg zwischen Nazis und Sowjets würde vermieden. Die Westalliierten würden nach ihrem Sieg entweder auf Distanz zur UdSSR bleiben oder aber, wie es die leninistische Ideologie unterstellte, einen vereinten Angriff der kapitalistischen Welt gegen die »Heimat des Sozialismus« starten. Wahrscheinlicher war jedoch, dass die Kapitalisten sich untereinander bekämpfen würden, bis die Kämpfe zum Erliegen kamen und bis sie am Ende viel zu erschöpft wären, um die wachsende Stärke des sowjetischen Mutterlandes herauszufordern. Einmal mehr könnte die UdSSR einen großen Krieg in absehbarer Zukunft vermeiden. Oder aber sie konnte selber die militärische oder politische Initiative ergreifen. Dies war anscheinend das Szenario, mit dem Stalin rechnete (siehe S. 246).

Der »Septemberfeldzug«: Polen 1939

Die Deutsche Wehrmacht war der polnischen Armee deutlich überlegen, vor allem an Panzern und modernen Flugzeugen: 55 deutsche Divisionen und 1500 Kampfflugzeuge traten gegen 39 polnische Divisionen und 400 Flugzeuge an. Beide Seiten setzten zudem große Kontingente Kavallerie, berittener Artillerie und von Pferden gezogener Beförderungsmittel ein. Das Ergebnis war nicht der spielend leichte Sieg der Deutschen, der oft geschildert wird. Die Polen schlugen sich sogar bedeutend besser als Briten und Franzosen im Jahr darauf, als Hitler sich nach Westen wandte.[1]

Beide Seiten erlebten unliebsame Überraschungen. Das polnische Oberkommando hatte vorgehabt, die Grenzen massiv zu verteidigen. Aber die Polen wurden durch ein alliiertes Ersuchen überrumpelt, die Mobilisierung hinauszuzögern, um Hitler nicht zu provozieren. Folglich erreichten viele polnische Einheiten ihre Stellungen nicht rechtzeitig vor Beginn der Invasion, und eine gepanzerte deutsche Angriffsspitze, die sich aus der Umgebung Breslaus in Marsch gesetzt hatte, näherte sich gegen Ende der ersten Woche Warschau. Doch viel schlimmer war für das polnische Hauptquartier die schockierende Erkenntnis, dass die westlichen Verbündeten ihre Verpflichtungen nicht erfüllen würden. Polens Führer waren unter der Voraussetzung in den Krieg gezogen, dass es ihre Aufgabe sei, die Wehrmacht fünfzehn Tage in Schach zu halten, bevor die Franzosen einen großangelegten Angriff auf Westdeutschland unternehmen würden. General Maurice-Gustave Gamelin, der Oberbefehlshaber der alliierten Streitkräfte in Frankreich, hatte in Warschau davon gesprochen, *le gros de nos forces*, den »Großteil unserer Streitkräfte«, einzusetzen. Am Ende wurde jedoch keine ernsthafte Operation in die Wege geleitet.

Viele Historiker glauben sogar, dass Gamelin »nicht die Absicht hatte, sein Versprechen zu halten«.[2] Die Briten, deren Armee 1939 viel kleiner war als die Polens, hatten wenig beizusteuern und warfen ein paar Flugblätter über Berlin ab. Die Franzosen, deren Armee größer war als die Deutschlands, waren wie gelähmt. Ihre Schwierigkeiten schienen in einer komplizierten Umstrukturierung zu liegen, die sämtliche französischen Eliteformationen vorübergehend ihrer Angriffsfähigkeit beraubte. Also wurden die guten Absichten, so sie denn jemals existiert hatten, fallengelassen. Auf einem gemeinsamen Treffen am 12. September beschlossen die britischen und französischen Stäbe, dass Polen keine Unterstützung erhalten würde.

Doch auch die Deutschen hatten Schwierigkeiten. Sie waren sowohl von der Heftigkeit der polnischen Nachhutgefechte, welche die deutschen Angriffsspitzen von der Infanterie abschnitten, als auch vom Widerstand Warschaus überrascht. Am 15. September gab das deutsche Oberkommando voreilig bekannt, dass Warschau gefallen sei, doch musste es später zur Kenntnis nehmen, dass die polnische Hauptstadt insgesamt vier Wochen durchhielt.

Ein Ereignis des Feldzugs erregte weltweit Aufsehen. Ein polnisches Kavallerieregiment, das sich in einem Wald verschanzt hatte, wurde von deutschen Panzern eingekreist. Statt sich zu ergeben, befahl der Kommandeur seinen Soldaten, sich durch die letzte, immer enger werdende Lücke in Sicherheit zu bringen. Die polnischen Soldaten wurden durch Panzerfeuer in Stücke gerissen. Goebbels verkündete anschließend, die polnische Armee sei gezwungen worden, mit Säbeln Panzer anzugreifen – und schuf damit einen Mythos, der bis in unsere Tage erzählt wird. Den Polen gefiel die Geschichte, weil sie ihren uralten Ruf bestätigte, sich durch Verwegenheit und Tapferkeit auszuzeichnen.

Wie viele Aspekte des sowjetischen Verhaltens in dieser Phase war auch Stalins Untätigkeit Anfang September 1939, um eine Bemerkung Churchills zu zitieren, »ein Rätsel in einem Mysterium in Dunkel gehüllt«. Es kann der Aufmerksamkeit Stalins nicht entgangen sein, dass es ihm auf internationaler Bühne sehr zum Vorteil gereicht hätte, wenn er sich als säumiger und somit widerstrebender Aggressor ausgab. Doch der eigentliche Grund für die Verspätung lag anscheinend weit im Osten. Stalin wartete auf die Nachricht, dass die Japaner an der mandschurischen Grenze definitiv einen Waffenstillstand unterzeichnet hatten (siehe S. 258). Zwei Kriege zur gleichen Zeit konnte er sich nicht leisten. Die Nachricht von dem Waffenstillstand erreichte Moskau am 15. Am 16. gab Stalin sowjetischen Streitkräften den Befehl, in Polen einzumarschieren. Und im Morgengrauen des 17. feuerte die Rote Armee ohne Vorwarnung aus dem Frühnebel. Sowjetische Offiziere erzählten den erstaunten polnischen Grenzposten, dass die UdSSR komme, um sie vor den Faschisten zu retten, dann eröffneten sie das Feuer. Sowjetische Diplomaten erzählten der Welt, dass sie, da der polnische Staat zusammengebrochen sei, gezwungen gewesen seien, ihre weißrussischen und ukrainischen »Brüder« zu retten.[3] Viele westliche Historiker zweifeln diese fadenscheinigen Erklärungen nicht an.

Doch mit dem Eingreifen der Sowjets war die Entscheidung gefallen. Die letzte polnische Gegenoffensive an der Bzura wurde zurückgeschlagen. Die Belagerung Warschaus wurde am 28. September beendet. Die Rote Armee übertraf die deutschen Erwartungen, als sie über die Weichsel nach Zentralpolen vorstieß. In Lemberg (Lwów) traf sie auf die Wehrmacht, die ihr großzügig Platz machte. Nazis und Sowjets hielten an mehreren Orten gemeinsame Siegesparaden ab. Ein deutsch-sowjetischer Grenz- und Freundschaftsvertrag wurde unterzeichnet. Die Presse in Moskau und Berlin pries die Tugenden der großen Führer, des »Führers« und des *Woschd*. Die letzte polnische Einheit im Felde wurde am 5. Oktober zur Kapitulation gezwungen.

Der Krieg zur See begann parallel zum Krieg zu Lande. Deutschland wies seine Handelsschiffe an, nach Hause zurückzukehren, und Polen befahl sowohl seinen Kriegs- als auch seinen Handelsschiffen, britische oder französische Häfen anzulaufen. Das Geschehen wurde von Verfolgungen und kühnen Fluchten bestimmt. So gelang es dem deutschen Passagierschiff *SS Bremen*, das am 30. August von New York aus in See gestochen war, der Royal Navy quer über den Atlantik davonzufahren und in dem russischen Hafen Murmansk Zuflucht zu suchen (ein nützlicher Vorteil des Hitler-Stalin-

Paktes). Noch unglaublicher war die Flucht des polnischen Unterseebootes *Orzel,* das in dem estnischen Hafen Tallinn festgesetzt und entwaffnet worden war, dem es aber dennoch gelang, ohne Kartenmaterial eine monatelange gefährliche Reise durch die Ostsee, das Skagerrak und die Nordsee bis nach Rosyth in Schottland zu bewältigen.

Die Folgen des Septemberfeldzugs waren weitreichend. Am Ende bewachten zwei der größten Armeen Europas zwei aneinandergrenzende Territorien entlang einer langen, neuen Grenze, der »Grenze des Friedens«, die mitten durch das besetzte Polen verlief. Aufgrund der Passivität der Westmächte wurde beiden Diktatoren der Eindruck vermittelt, dass sie ungestraft ihre expansiven Absichten verfolgen konnten. Vor allem Hitler freute sich. Seine Panzer und Sturzkampfbomber hatten ihm eine erste, sehr erfolgreiche Kostprobe des Blitzkriegs geliefert. Trotz der sechzigtausend Opfer der Wehrmacht hatte er gegen zweifelnde Generäle bewiesen, dass es sich lohnte, Risiken einzugehen. Er war bereit für das nächste Abenteuer.

Die Polen zahlten den Preis. Hitler hatte sie als »Tiere« bezeichnet, »gänzlich stumpf und amorph«, welche die »größte Härte« verdienten.[4] Sie waren die ersten Opfer des »totalen Krieges«. Flüchtlinge auf den Straßen wurden von Tieffliegern unter Beschuss genommen, Städte wahllos bombardiert. Fünfzigtausend starben allein in Warschau, zwanzigtausend bei deutschen Vergeltungsmaßnahmen an anderen Orten. Etwas Derartiges hatte Europa noch nicht erlebt. »Es gab kaum einen Unterschied zwischen der wilden Grausamkeit der deutschen und der sowjetischen Okkupation.«[5]

Am 9. Oktober, dem Tag vor seiner Siegesparade in Warschau, wies Hitler seine Generäle an, Pläne für eine Invasion Westeuropas auszuarbeiten.[6] Stalin muss etwas Ähnliches getan haben, denn seine Planungen für den Überfall auf Finnland wurden im Laufe des folgenden Monats immer konkreter.

Der »Winterkrieg«: Finnland, November 1939 bis März 1940

Der Überfall der Sowjetunion auf Finnland kann mit der berühmten Geschichte vom ungleichen Kampf Davids gegen Goliath verglichen werden. Stalin nahm sich ein Beispiel an Hitlers Umgang mit Polen und hatte eine Reihe unannehmbarer Zugeständnisse verlangt, ein paar Wochen lang mit fruchtlosen Verhandlungen verbracht und dann seiner Armee den Marschbefehl erteilt.

Sowjetische Apologeten rechtfertigten die Aggression mit der Behauptung, dass die UdSSR lediglich die »Verteidigungsanlagen Leningrads verstärke«. In Wirklichkeit sollte ein Problem beseitigt werden, das existiert hatte, seit Peter I., der Große, vor über zwei Jahrhunderten seine Hauptstadt auf erobertem fremdem Land erbaut hatte. Historische finnische Siedlungen reichten noch immer bis an den Stadtrand Leningrads, und Stalin hatte vor, die gesamte finnische Bevölkerung des Gebiets zu deportieren. Das auf seine Unabhängigkeit stolze Finnland sollte gezähmt werden.

Doch das Missverhältnis bei den militärischen Kräften war nicht so groß, wie es oft beschrieben wird. Durch Einberufung sämtlicher Reservisten konnte Finnland 140 000 gut ausgebildete Männer ins Feld schicken, womit der sowjetischen 7. Armee nur noch eine zahlenmäßige Überlegenheit von 3:2 verblieb. Die tatsächliche Diskrepanz lag bei den Panzertruppen. Die Sowjets boten dreitausend Panzer auf. Die Finnen hatten keinen einzigen. Doch was ihnen an Schwermetall fehlte, machten sie mit Geschick und Wagemut wett. Als die sowjetischen Kolonnen am 30. November schwerfällig vorrückten, wurden sie von schnellen finnischen Skitruppen und Scharfschützen, die in den verschneiten Wäldern und zugefrorenen Sümpfen vor der defensiven Mannerheim-Linie operierten, einzeln abgeschossen. Die sowjetischen

Verluste waren zehnmal höher als die der Verteidiger. Zehntausende sowjetischer Soldaten ergaben sich. Und Hunderte von Panzern wurden aus dem Hinterhalt überfallen, bevor sie auch nur einen Schuss abfeuern konnten. Trotz der Bombardierung Helsinkis waren die Finnen nicht bereit aufzugeben. Vom sowjetischen Standpunkt aus stellte dieses »Dezember-Wunder« eine demütigende Katastrophe dar.[7]

Finnlands wackerer Widerstand rief eine Kette von Reaktionen hervor. Die UdSSR wurde als offenkundiger Aggressor verurteilt und aus dem Völkerbund ausgeschlossen (siehe S. 259). Mehr Bedeutung hatte die Tatsache, dass den Westmächten nun bewusst wurde, dass sie es mit einem konzertierten Versuch Moskaus und Berlins zu tun hatten, die Karte Europas neu zu zeichnen. Da die Rote Armee auch in Nordfinnland einmarschiert war – 2400 Kilometer von Leningrad entfernt, nahe den Grenzen Norwegens und Schwedens –, bekamen auch Skandinaviens wertvolle Eisen- und Nickelerzvorkommen einen neuen Wert in der Gesamtbetrachtung der Lage. Unter diesen Umständen beschlossen Briten und Franzosen, ein Expeditionskorps aufzustellen, um über Nordnorwegen einzugreifen. Eine Streitmacht von 100 000 Mann wurde zusammengezogen. Ein Rennen gegen die Uhr begann. Würde die finnische Armee lange genug durchhalten, damit die westliche Intervention stattfinden konnte? Die französische Regierung dachte sich sogar einen etwas abseitigen Plan aus, um Moskau durch eine Bombardierung Bakus zur Vernunft zu bringen, freilich fand die Idee nicht die britische Zustimmung.

Bei den Kämpfen im Januar und Februar 1940 kam es zwar zu keinen spektakulären Erfolgen der Sowjets, aber die finnischen Ressourcen wurden allmählich bis zum Äußersten beansprucht. Die Rote Armee verfügte über ein schier unbegrenztes Reservoir an Menschen und stieß auf dem Landweg an einem Dutzend Fronten auf finnisches Territorium vor.

Überdies argwöhnten die Finnen, dass der Westen hauptsächlich an den Eisenerzminen interessiert war. Deshalb baten sie um Frieden, solange sie noch in der Lage waren, eine totale Niederlage zu vermeiden. Der Feldzug endete am 16. März. Das britisch-französische Expeditionskorps stach nie in See. Der Krieg zwischen den Westalliierten und der Sowjetunion wurde um »eine Minute vor Mitternacht« abgewendet.

Von Hitlers Standpunkt aus waren die Lehren aus dem finnischen Feldzug offensichtlich. Erstens war die Rote Armee, ungeachtet ihrer enormen Größe, *nicht* in bester Verfassung. Hitler schloss daraus, man brauche bloß die Tür einzutreten, und der ganze verrottete Bau breche zusammen. Zweitens wurde Skandinavien zur absoluten Priorität. Die Versorgung des Deutschen Reiches mit Eisen- und Nickelerz, insbesondere aus Schweden, war gefährdet. Wenn die Wehrmacht nicht angriff, kamen Briten und Franzosen ihr vielleicht zuvor. Die deutschen Vorbereitungen dauerten weniger als drei Wochen. Zum Glück für Hitler hatte die Royal Navy bereits die norwegischen Hoheitsgewässer verletzt. Hitler hatte einen plausiblen Vorwand.

Dänemark und Norwegen, April bis Mai 1940

Als Dänen und Norweger am 9. April 1940 aufwachten, stellten sie fest, dass die Deutschen bereits die Herrschaft über ihre Länder übernommen hatten. Neun Divisionen, unterstützt von der Präsenz einer starken Luftwaffe, genügten, um Dänemark an einem einzigen Tag zu besiegen und gleichzeitig sämtliche Häfen und Flugplätze Südnorwegens einzunehmen. Die britische Marine war unfähig, es zu verhindern. Laut einer Meldung des Berliner Rundfunks bot das Reich Dänemark und Norwegen »Schutz« an.

Diese Blitzoperation wurde abgeschlossen, ohne die Hauptvorbereitungen der Wehrmacht für eine größere Offensive an der Westfront zu unterbrechen. Großbritannien und Frankreich wurden völlig überrumpelt, und die Reaktion beider Länder war halbherzig. Auf zwei kurze Landungen in Andalsnes und Namsos folgte ein ernsthafteres Unternehmen in Narvik, wo am 28. Mai von See her eine Brigade aus britischen, französischen und polnischen Soldaten an Land gesetzt wurde. Zu diesem Zeitpunkt, sieben Wochen nach dem ersten Angriff, waren die deutschen Verteidigungsstellungen jedoch bereits viel zu stark. Narvik sollte gleichzeitig mit Dünkirchen evakuiert werden müssen.[8]

Das Versagen in Norwegen brachte die britische Regierung zu Fall. Neville Chamberlain machte Platz, doch Lord Halifax lehnte das höchste Amt ab. Aber Winston Churchill nahm bereitwillig an. Sein Grundsatz lautete: »Sieg – Sieg um jeden Preis.« Es war der Abend des 10. Mai. Am Morgen desselben Tages waren militärische Operationen weit größeren Ausmaßes in Gang gesetzt worden.

Die Westfront, Mai bis Juni 1940

Großbritannien und Frankreich hatten den ganzen Winter 1939–40 hindurch eine unheimlich wirkende kampflose Phase erlebt, die *drôle de guerre* oder, auf Deutsch, »Sitzkrieg« genannt wurde. Dahinter steckte die Annahme, dass nicht ernsthaft gekämpft werde, wenn Großbritannien und Frankreich nicht beteiligt waren. Nichts könnte stärker an die zeitgenössische Borniertheit erinnern. »Die Pause passt uns gut«, meinte Lord Halifax. Doch das unsanfte Erwachen aus diesem Tagtraum war schon programmiert.

In Wirklichkeit war der »Sitzkrieg« katastrophal für die

alliierte Sache. Deutsche und Sowjets hatten auf allen Feldern die Initiative ergriffen. Die Franzosen warteten phlegmatisch hinter der Maginotlinie. Ungefähr 800 000 Tonnen britischer Schiffsraum wurden versenkt, was kaum eine Reaktion hervorrief. Ein deutsches U-Boot drang in den Hauptstützpunkt der Royal Navy in Scapa Flow ein und versenkte ein Schlachtschiff, die *Royal Oak*. Bei den ersten Tagesangriffen der RAF auf Deutschland im Dezember 1939 erlitten die Briten über 50 Prozent Verluste.

Die alliierte Selbstgefälligkeit rührte von der Tatsache her, dass Großbritannien und Frankreich 1918 die Sieger gewesen und, zumindest auf dem Papier, zahlenmäßig überlegen waren. Zum Beispiel besaßen sie 3500 Panzer, Deutschland hingegen nur 2500. In der Theorie ergänzten die britische und die französische Stärke einander. Das französische Heer war riesig. Die britische Kriegsmarine war unübertroffen. Und die alliierte Luftmacht wurde stärker. Doch in der Praxis waren die Alliierten schlecht aufeinander abgestimmt und wurden von Männern ohne Phantasie geführt. Im April 1940 leistete sich Chamberlain die überhebliche Bemerkung, Hitler habe »den Bus verpasst«.[9]

Deutschlands Pläne hatten sich im Verlauf des Winters geändert. Der ursprüngliche »Fall Gelb«, der einen massiven »Vorstoß« im Stil von 1914 über die Tiefebene der Niederlande vorsah, wurde fallengelassen, nachdem Geheimpapiere durch Zufall in alliierte Hände geraten waren. Er wurde ersetzt durch General von Mansteins »Sichelschnitt«-Plan, der einen Überraschungsangriff mit Panzerverbänden durch die schlecht verteidigten Ardennen vorsah. Die Heeresgruppe B sollte mit 28 Divisionen im Norden vorrücken, die Heeresgruppe C mit nur 17 Divisionen sollte den südlichen Abschnitt übernehmen; und die Heeresgruppe A sollte mit 44 Divisionen (darunter nicht weniger als zehn starke Panzerdivisionen) in der Mitte den vernichtenden Schlag landen.

Für den Fall, dass Probleme auftraten, wurden nicht weniger als 47 Divisionen in Reserve gehalten.

Es gab keine Probleme. Operation »Sichelschnitt« funktionierte perfekt. Die Heeresgruppe B marschierte am 10. Mai in die Niederlande ein. Rotterdam wurde bombardiert – und das Ausmaß der Bombardierung wurde extrem übertrieben. Der holländische Widerstand brach am fünften Tag zusammen. 35 alliierte Divisionen, darunter Frankreichs mobile Reserve und das winzige britische Expeditionskorps, wurden nach Belgien verlegt, wo sie damit rechneten, den deutschen Hauptstoß abzubekommen. Stattdessen rückte die Heeresgruppe A heimlich in das hügelige und angeblich unpassierbare Gelände vor, das die belgische Festung Namur vom westlichen Endpunkt der Maginotlinie trennte. Drei oder vier Tage lang blieb der »größte Stau in der Geschichte« von der alliierten Aufklärung unbemerkt, bis General Guderians Panzer aus den Hügeln herabkamen, die Maas überquerten, Sedan eroberten und in dem offenen Land zügig vorrückten. Alan J. P. Taylor hat diesen Vormarsch mit britischem Humor beschrieben: »Wenn ihnen der Sprit ausging, tankten sie an der Dorfpumpe, ohne zu bezahlen. Hin und wieder hielten sie an, um eine französische Kuh zu melken.«[10] Am 16. Mai legten sie 95 Kilometer zurück und erreichten bei Abbeville die Kanalküste. Die Verbindungslinien zwischen den alliierten Fronten in Belgien und ihren rückwärtigen Räumen waren vollkommen durchtrennt worden.

Die Endphase des Feldzugs dauerte knapp einen Monat. Im Norden wurden die alliierten Armeen in einen großen Kessel im Hinterland von Dünkirchen und Calais getrieben. Ihr Schicksal schien besiegelt, bis Hitler den Panzern zum Erstaunen seiner Generäle befahl, anzuhalten. Es war eine größtenteils politisch motivierte Entscheidung, veranlasst wahrscheinlich von der irrtümlichen Annahme, dass Großbritannien den Wunsch hätte, um Frieden zu ersuchen. Den

Überlebenden des britischen Expeditionskorps bot sie die Chance, ohne ihre Ausrüstung von den Stränden Dünkirchens aus zu entkommen. Ungeachtet späterer Legendenbildung war dies kein britischer Sieg. Im Osten stattete die Wehrmacht den rückwärtigen Räumen der Maginotlinie einen Besuch ab und eroberte dabei »durch die Hintertür« die hilflosen Festungen. In der Mitte traten die Franzosen den ungeordneten Rückzug an. Paris wurde zur offenen Stadt erklärt, um sie vor einem Bombardement aus der Luft zu schützen, die französische Regierung zog sich nach Bordeaux zurück. Die Qual endete am 22. Juni in Compiègne. Frankreichs Kapitulation wurde in demselben Eisenbahnwaggon unterzeichnet, der für die Unterzeichnung des Waffenstillstands vom November 1918 verwendet worden war.[11]

Unmittelbar vor der Kapitulation musste Großbritannien die schlimmste Schiffskatastrophe seiner Geschichte hinnehmen. Am 17. Juni wurde der Cunard-Passagierdampfer SS *Lancastria* vor Saint-Nazaire von einem deutschen Flugzeug versenkt. Er hatte 6000 bis 9000 Evakuierte an Bord, Soldaten und Zivilisten. Nur 2500 wurden gerettet. Die Verluste an Menschenleben waren mindestens doppelt und möglicherweise viermal so hoch wie die unter den Passagieren der *Titanic*. Aber Churchill verhängte eine Nachrichtensperre, und das Ereignis blieb bis heute so gut wie unbeachtet.[12]

Auftritt Italien, Juni 1940

Mussolini trat in den Krieg ein wie ein Geier. Am 10. Juni, dem Tag, als Paris aufgegeben wurde, stand er auf der Piazza Venezia in Rom und erklärte den Alliierten den Krieg. Italienische Truppen besetzten Menton und mehrere Alpentäler, machten aber wenig Anstalten, weiter vorzurücken.

Doch Italiens Demarche hatte umfassendere Auswirkungen. Denn Mussolini hegte weitreichende Ambitionen. Italien kontrollierte bereits Albanien (siehe S. 257) und warf begehrliche Blicke auf einige griechische Inseln. Es besaß Tripolis in Nordafrika, das an Britisch-Ägypten grenzte, und hatte eine große Armee in Abessinien. Vor allem aber war es nun, nach dem Niedergang Frankreichs, die bedeutendste Seemacht im Mittelmeer, das bald zum Kampfplatz werden sollte. Insbesondere Großbritannien konnte sich keine Unterbrechung der lebenswichtigen Seeverbindung seines Weltreichs von Gibraltar nach Malta und Sues leisten.

Dies war der Hintergrund für eine der grausamsten Aktionen des Krieges. Nach dem Fall Frankreichs war das Schicksal der französischen Kriegsflotte offen. General Charles de Gaulle (siehe S. 289) befahl ihr, sich nach Französisch-Westafrika in Sicherheit zu bringen. Die Briten erwarteten, dass sie britischem Oberbefehl unterstellt würde. Jedenfalls waren sie fest entschlossen zu verhindern, dass die Kriegsschiffe in deutsche oder italienische Hände fielen. Als ein französischer Admiral in dem algerischen Flottenstützpunkt Mers-el-Kébir sich weigerte zu kooperieren, wurde seine Flotte am 3. Juli 1940 an ihren Liegeplätzen erbarmungslos unter Beschuss genommen und mit Mann und Maus versenkt. Sowohl die Zahl der Todesopfer als auch die moralische Entrüstung waren gewaltig. »Großbritannien meinte es ernst.«[13]

Ebenso bedeutend war etwas, das nicht passierte. General Franco, der dem Antikominternpakt beigetreten war und einen Freundschaftsvertrag mit dem Deutschen Reich unterzeichnet hatte, folgte Mussolinis Beispiel *nicht*. Am 23. Oktober 1940 reiste Hitler mit dem Zug zur spanischen Grenze bei Hendaye und sprach mit dem Caudillo persönlich. Er verstand zwar, dass Spanien durch den gerade beendeten Bürgerkrieg erschöpft war. Aber er hatte Grund zu hoffen, dass Deutschland militärische Stützpunkte bewilligt würden, von denen aus der Golf von Biscaya und das Mittelmeer beherrscht werden konnten. Er enthüllte sogar einen Plan namens »Isabella-Felix«, der die Einnahme Gibraltars durch deutsche Truppen vorsah, die durch Spanien marschieren sollten. Zu Hitlers großer Verärgerung lehnte Franco ab. Man muss es ihm anrechnen, dass er »nein« sagte.[14]

Die baltischen Staaten, Juni 1940

Am anderen Ende Europas schlief Stalin nicht. Angesichts der auf Frankreich gerichteten Aufmerksamkeit der Welt bot sich ihm eine goldene Gelegenheit, einen der ärgerlichsten Aspekte des Versailler Vertrages zu beseitigen. Wie ihre zaristischen Vorläufer waren auch die Stalinisten unverhohlene Imperialisten. Ihr Motto vom »Sozialismus in einem Land«, das 1924 parallel zur Gründung der UdSSR aufgekommen war, vertrug sich prinzipiell nicht mit der Wilsonschen Doktrin vom »Selbstbestimmungsrecht der Völker«, die nach 1918 eine so starke Anziehungskraft auf die Mittel- und Osteuropäer ausgeübt hatte. Während Stalins Amtszeit als Lenins Volkskommissar für Nationalitätenfragen war die Rote Armee, nachdem sie den Bürgerkrieg in Russland gewonnen hatte, zu einem systematischen Rückeroberungsfeldzug in alle ehemaligen zaristischen Provinzen in Marsch gesetzt worden, die es gewagt hatten, die russische Herrschaft abzulehnen. Angefangen bei der Ukraine und Weißrussland, tilgte die Sowjetmacht sämtliche Spuren von Unabhängigkeit im Kaukasus, in Zentralasien, in Sibirien und sogar in der Äußeren Mongolei. Doch fünf ehemalige Provinzen waren davongekommen, und Stalin hatte ihnen nie verziehen. Wie alle seine Anhänger hielt er sie nicht für fremde Länder, sondern betrachtete sie als »nahes Ausland«, als Teil von Russlands heiligem und unteilbarem Erbe. Polen und Finnland waren bis Frühjahr 1940 eingereiht worden. Estland, Lettland und Litauen – allesamt souveräne Mitglieder des Völkerbunds – blieben jedoch unabhängig.

Keiner der drei baltischen Staaten war durch Geschichte, Kultur, Religion oder Sprache russisch geprägt. Sie waren als Folge der Kriege Russlands gegen Polen und Schweden sowie längst vergessener Verträge, die auf die Wünsche der Bevölkerung keine Rücksicht nahmen, vom Zarenreich geschluckt worden. Während des Ersten Weltkriegs zählten sie zu den ersten, die Unabhängigkeit forderten. Estland war eng mit Finnland verbunden. Zusammen mit Lettland war es jahrhundertelang Bestandteil des schwedischen Reiches gewesen und überwiegend protestantisch. Litauen war im Gegensatz dazu traditionell mit Polen verbunden, und die Litauer waren vorwiegend katholisch. Alle drei Länder, die zusammen eine Fläche bedeckten, die beträchtlich größer war als England und Wales, verfügten über bedeutende deutsche und jüdische Minderheiten. Die »Baltendeutschen« hatten eine führende Rolle in der zaristischen Geschichte gespielt, verspürten aber wie ihre Nachbarn nicht das geringste Verlangen, sich der Sowjetunion anzuschließen.[15]

Besonders interessant war die Situation in Litauen. Während des Septemberfeldzugs hatte die Rote Armee die Stadt Wilna (Vilnius) von Polen erobert, und Stalin hatte sie der Republik Litauen zum Geschenk gemacht – sehr zur Begeisterung litauischer Nationalisten. Es war das perfekte Mittel, um ihre Wachsamkeit zu schwächen.

Doch angesichts des »Winterkrieg«-Fiaskos handelte Stalin eher arglistig als aggressiv. Zuerst zog die Sowjetregierung rings um die Grenzen der drei baltischen Staaten immense Streitkräfte zusammen. Dann verlangte sie, wie bei Finnland, »Zugeständnisse«, einschließlich militärischer Stützpunkte und territorialer Korrekturen. Schließlich befahl sie unterwürfigen Elementen in den kommunistischen Parteien dieser

Länder, Moskau um »Schutz gegen ausländische Aggression« zu ersuchen. Die herrschenden baltischen Staatsgewalten brachen zusammen, und die Rote Armee marschierte ein, um die Ordnung wiederherzustellen. Das NKWD machte sich unverzüglich an die Arbeit. Der sowjetische »Schutz« sollte die baltischen Staaten bis zu einem Viertel ihrer Bevölkerung kosten. Die meisten westlichen Geschichtsbücher erwähnen dies nicht einmal.[16]

Die Luftschlacht um England, 1940 bis 1941

Im Westen hielt nur Großbritannien durch. Der Trotz ging von einem Mann aus, der an dem Tag Premierminister wurde, an dem Hitler seine Westoffensive startete: Winston Churchill. Bei einem Besuch des britischen Expeditionskorps in Frankreich soll er ausgerufen haben: »Noch nie im Leben habe ich solch schlechte Führung gesehen.«[17] Churchills Größe bestand auch darin, dass er zu einem Zeitpunkt trotzig seinen Widerstand herausbrüllte, als jeder vernünftige Mensch die missliche Lage als hoffnungslos eingeschätzt hätte.

Churchill war nicht nur Kriegsführer des Vereinigten Königreichs, sondern auch des Britischen Empire. Trotz späterer Legendenbildung war dies kein Krieg »England« gegen Deutschland. Und vom militärischen Standpunkt aus war Großbritanniens einziges Ziel das Überleben. Das größere, in Churchills Kopf bereits präsente Problem war die Unversehrtheit des Empire. Deshalb mussten sowohl das Mittelmeer wie auch der Atlantik von den Achsenstreitkräften geräumt werden, bevor Großbritanniens Vorkriegsposition wiederhergestellt werden konnte.

Binnen drei Wochen nach Churchills Berufung zum Premierminister verlor Großbritannien den größeren Teil seiner

Armee und seine Fähigkeit, sich am Krieg auf dem Kontinent zu beteiligen. Die Royal Navy hatte die *Hood* und die *Glorious* gegen die *Graf Spee* und die *Bismarck* eingetauscht, aber keine Antwort auf die Magnetminen und U-Boote gefunden. Die Handelsmarine lieferte weniger Nahrungsmittel, als verbraucht wurden. Die RAF erwartete noch immer ihre schweren Bomber, und ihren Jagdgeschwadern wurden gerade erst Hurricanes und Spitfires geliefert. Die Aussichten waren trostlos. Sollte Großbritannien einer deutschen Invasion entgehen, dann würde es aller Wahrscheinlichkeit nach rasch ausgehungert werden.

Aus deutscher Sicht war Großbritannien ein Thema von untergeordneter Bedeutung. Das Land war eine Plage, aber kein wirklicher Herausforderer. Außerdem hegte Hitler immer noch Hoffnungen auf ein Arrangement. Für ihn waren die »Engländer« vom Rassenstandpunkt her eine Bruderrasse, der man in angemessener Weise gefällig sein konnte, indem man ihnen als Gegenleistung für Deutschlands Herrschaft über Eurasien ihr Weltreich zugestand. Er hatte die Auseinandersetzung nicht gesucht und war tief gekränkt durch Großbritanniens feindselige Kriegserklärung. Von der Royal Navy und der RAF abgesehen, waren die Britischen Inseln praktisch wehrlos. Die Luftmacht war dabei, die Seemacht abzulösen, und das Thema Landkrieg hatte sich mit der Niederlage Frankreichs vorerst erledigt. Sobald die Wehrmacht auf britischem Boden landete, würde sie auf weniger Widerstand stoßen als in Holland oder Belgien – eine Situation, die an die einst vom Perserkönig an die Spartaner ergangene Drohung erinnert: »Wenn ich euer Land betrete«, meinte er, »werde ich euch vernichten.« Die Spartaner antworteten mit einem einzigen Wort: »Wenn.«

Der Haken war die Luftherrschaft. Die deutsche Luftwaffe besaß zwar einen deutlichen numerischen Vorteil. Aber sie war hauptsächlich für die taktische Bodenunterstützung konzipiert, und sie war bislang noch auf keinen Gegner gestoßen, der mit modernen Kampfflugzeugen bewaffnet war. Also musste sie ihre Stärke testen. Der deutsche Generalstab war nicht bereit, eine Kanalüberquerung ohne volle Deckung aus der Luft zu riskieren. Daraus entstand der zweigleisige Offensivplan der Luftwaffe: bei Tage die »Luftschlacht um England« und bei Nacht Luftangriffe auf britische Städte (»Blitz«).

Die Luftschlacht um England bestand aus einer langen Serie täglicher massierter Bombenangriffe auf Südengland. Als Auftakt zum Unternehmen »Seelöwe«, der Invasion Großbritanniens, versuchte die Luftwaffe die RAF vom Himmel zu vertreiben. Sie hatte keinen Erfolg. Es gab keinen eindeutigen Anfang oder Schluss der Kämpfe, obwohl die herkömmlichen Daten der 10. Juli und der 31. Oktober 1940 sind. Anfangs konzentrierten sich die von Frankreich aus operierenden Luftflotten von Reichsmarschall Göring darauf, RAF-Flugplätze anzugreifen. Später kamen Städte und Verkehrswege als Ziele hinzu. Aber mit steigenden Verlusten sank ihre Entschlossenheit. Das RAF-Jägerkommando triumphierte aufgrund der hervorragenden Qualität seiner Hurricanes und Spitfires, aufgrund seiner meisterhaften Beherrschung des Radars, aufgrund eines höheren Tempos bei der Flugzeugproduktion – und weil ihm ausländische Piloten, vor allem aus dem Commonwealth, zur Verfügung standen.[18] Das Ass mit den meisten Abschüssen war ein Tscheche, der mit der polnischen 303. (Kościuszko-) Staffel flog.[19]

Der nächtliche »Blitz« begann am 7. September 1940 und flaute im Juni 1941 ab. Angeflogen wurden wirtschaftliche Ziele: Hafenanlagen, Eisenbahnlinien, Fabriken und Schiffe. Es wurde keinerlei Vorsorge getroffen, um Zivilisten zu schützen. 2000 Londoner starben in der ersten Nacht während des Angriffs auf Docklands. Großbritannien sollte »in die Knie gezwungen« werden, wirtschaftlich und psychologisch. Am

14. November wurden Coventry und seine Kathedrale verwüstet. Beim letzten Massenangriff, am 10. Mai 1941, wurden 5000 Häuser in Londons East End zerstört. Es war eine wirkungsvolle Art der Slumsanierung, aber nicht der Kriegsführung.[20] Doch das RAF-Bomberkommando sollte den gleichen Fehler in weit größerem Umfang machen. Und Görings Bomber sollten bald nach Osten verlegt werden.

Großbritanniens Überleben erwies sich als ebenso wichtig, wie es unwahrscheinlich war. Aus deutscher Sicht war es bloß ein Detail, das bei passender Gelegenheit korrigiert werden konnte. Aber der Punkt ist: Es passte nie mehr, und nach ein paar Jahren wurde es unmöglich.

Der entscheidende Faktor waren hier die USA. Präsident Roosevelt hatte Großbritanniens Tortur mit Sympathie beobachtet und beschloss, jeden erdenklichen Beistand zu leisten – außer einer Kriegserklärung. Es lag nicht in Amerikas langfristigem Interesse, dass Großbritannien unterging. Aber die Unterstützung musste heimlich erfolgen. Die USA verfügten über kein nennenswertes stehendes Heer. Und der Kongress war noch ganz im Isolationismus befangen. In einer Ansprache zu seiner Wiederwahl im Herbst 1940 versicherte Roosevelt den Wählern: »Eure Jungs werden nicht in irgendwelche fremden Kriege geschickt werden.«[21] Trotzdem begann die US Navy, teilweise Deckung für die Atlantik-Geleitzüge bereitzustellen. Und im März 1941 richtete der Präsident das Lend-Lease-Programm ein. Großbritannien wurde durch die USA vor der Zahlungsunfähigkeit bewahrt und war fortan keine unabhängige Großmacht mehr. Nur wenige Menschen erkannten diese historische Veränderung, als sie geschah. Aber sie erwies sich als unumkehrbar. Danach diente Großbritannien als schwimmende Plattform für Amerikas unsichtbare Interessen, als »Insel-Flugzeugträger«, wohin bei Bedarf militärisches Eigentum der USA verlegt werden konnte. Ohne das so unwahrscheinliche Überleben Großbritanniens ist schwer zu erkennen, wie die USA jemals direkt in den europäischen Krieg hätten verwickelt werden können.

Rumänien, August 1940

Rumänien war einer jener »Kleinstaaten« in Europa, deren Bedeutung in Wirklichkeit nicht ganz so klein war. Seine Armee war dreimal so groß wie die Großbritanniens. Seine Ölfelder waren von großem Interesse, vor allem für Deutschland. Und eingeschlossen zwischen der deutschen und der russischen Einflusssphäre war die strategische Lage des Landes außerordentlich heikel.

Im August 1940 entschloss sich Stalin zum Handeln. Einmal mehr suchte er Territorium erneut in Besitz zu nehmen, dessen Bevölkerung dafür optiert hatte, die russische Herrschaft abzulehnen. Bessarabien (heute Moldawien) war größtenteils von Rumänen bewohnt, die zwanzig Jahre früher aus freien Stücken beschlossen hatten, sich Rumänien anzuschließen. Für Stalins Art zu denken war das eine Beleidigung. Also bestellte er den rumänischen Botschafter ein und verlangte die angemessenen »Zugeständnisse«. Bukarest kontaktierte hilfesuchend Berlin. Berlin verweigerte sich jedoch, und die Rumänen fügten sich widerstrebend. Sie waren wütend, nicht weil sie »antisowjetisch« oder »nationalistisch« waren, sondern weil man sie beraubt hatte. Stalin bekam Bessarabien und obendrein die Bukowina. Auch Ungarn und Bulgarien machten mit bei dem Raub. Nicht ein Mensch aus dem Westen protestierte.[22]

Etwa um diese Zeit brachte Hitler erstmals die Idee zur Sprache, die Sowjetunion anzugreifen. Mit der Attacke auf Rumänien rückte Stalin bedrohlich nahe: Die Bukowina hatte vor 1918 zu Österreich gehört, und Stalin hatte ohne vorherige Konsultation gehandelt. Die Westmächte waren praktisch kraftlos. Und der »große Spieler« musste nicht daran erinnert werden, dass man das Eisen besser schmiedet, solange es heiß ist. Wegen politischer Verhandlungen, die im November stattfanden, legte er die Idee jedoch vorläufig ad acta.

Doch als die Verhandlungen gescheitert waren, war die Idee wieder da. Am 12. Dezember 1940 befahl Hitler dem deutschen Generalstab, unter großer Geheimhaltung einen Plan auszuarbeiten. Sein Deckname war »Barbarossa«, nach dem deutschen Kaiser des Mittelalters. Die Wehrmacht sollte bis Mai 1941 einsatzbereit sein, was natürlich *nicht* bedeutete, dass Hitler sich unwiderruflich auf einen entscheidenden Feldzug im Osten festgelegt hatte.[23] Es bedeutete jedoch, dass er Deutschland in die Lage versetzen wollte, rasch zu handeln, sollten die Umstände im kommenden Jahr es erfordern. Deutschlands gewaltige Siege in den Jahren 1939–40 hatten seinen Führern den großen Vorteil beschert, sich Zeit und Ort für ihren nächsten Schritt aussuchen zu können. Deutschlands Gegner verfügten nicht über solchen Luxus.

Die systematische deutsche Planung hatte kein Gegenstück in der UdSSR. Es ist schwer, die militärische Konzeptionslosigkeit, die in dieser Phase in Moskau und auf höchster Ebene herrschte, angemessen zu beschreiben. Die Politik war in höchster Unordnung. Als am 13. Januar 1941 Merezkow als Stabschef entlassen und durch Schukow ersetzt wurde, debattierte Stalins innerster Kreis über die Mechanisierung der Armee. Marschall Grigori Kulik (1890–1950), der die Operationen sowohl in Polen als auch in Finnland befehligt hatte, behauptete, dass Panzer überbewertet würden. Er bevorzugte von Pferden gezogene Geschütze. »Es ist, als würde er dem hölzernen Pflug den Vorzug geben vor dem Traktor«, witzelte Stalin. Ein paar Monate später verfocht Kulik erfolgreich die Produktion von 107-mm-Haubitzen, wie sie im Ersten Weltkrieg gebaut worden waren, wodurch sich sowohl die Einführung des T-34-Panzers als auch die des Katjuscha-Raketenwerfers verzögerte. Zudem war er tief verstrickt in die Intrigen, die mit der Eliminierung ranghoher sowjetischer Flieger einhergingen. Die Rote Luftwaffe hatte bei ungeklärten Abstürzen zahlreiche Flugzeuge verloren, und jemand musste dafür verantwortlich gemacht werden.[24]

All diese Debakel vollzogen sich in einem paralytischen Klima von Misstrauen und Blutvergießen. Kuliks Beförderung zum Marschall war im Mai 1940 erfolgt, in derselben Woche, in der Lawrenti Beria Kuliks Frau Kira, die von adliger Herkunft war, entführen und ermorden ließ. Kuliks Hauptwidersacher, Boris Wannikow, der Volkskommissar für die Verteidigungsindustrie, wurde verhaftet und denunzierte unter der Folter den Volkskommissar für die Flugzeugproduktion, Michail Kaganowitsch – Bruder eines der engsten Freunde Stalins. Pawel Rytschagow, Chef des Luftwaffendirektorats, wagte es, Stalin zu sagen: »Sie lassen uns in Särgen fliegen.« Er wurde zwar erschossen, aber nicht bevor er Kaganowitsch mit weiteren Vorwürfen überhäuft hatte. Stalin und Beria dachten sich die Anschuldigung aus, dass die Flugzeugproduktion nahe der Westgrenze angesiedelt worden sei, um Berlin zu helfen, und dass der Volkskommissar der heimliche Kopf einer deutschfreundlichen Regierung im Wartestand sei.[25] Unter solchen Bedingungen waren vernünftige militärische Vorbereitungen unmöglich.

Kriegsschauplatz Mittelmeer, 1940 bis 1941

Die Kämpfe in Nordafrika, die im September 1940 begannen, eröffneten einen Kriegsschauplatz, der von größter Wichtigkeit für Italien und von überragendem Interesse für das britische Empire, für Deutschland aber eher nebensächlich und von minimaler Bedeutung für das Endergebnis des Krieges in Europa war. Doch er ist zu sehr ein Teil der Geschichte, als dass man ihn auslassen könnte.

Der italienische General Rodolfo Graziani, der eine Streitmacht von vierzehn Divisionen befehligte, tastete sich in die westlichen Randgebiete des britisch besetzten Ägypten vor. Damals war Ägypten zwar offiziell neutral, aber niemand hielt diese Neutralität ein. Zahlenmäßig 1:5 unterlegen, erwogen die Briten, Ägypten aufzugeben. Aber sie blieben, und ihr Verbleib führte zu einer Reihe romantischer, temporeicher Feldzüge von Wadi zu Wadi, die drei Jahre dauern sollten.

Der Seekrieg verschärfte sich am 11. November, als Flugzeuge der Royal Navy in Tarent drei Großkampfschiffe versenkten. Damit sollte den Italienern die Kontrolle der engen Straße von Sizilien verwehrt werden, durch welche die wichtigsten Nord-Süd- und West-Ost-Seewege führten. Mitten in der Straße von Sizilien lag Malta. Für die Briten war die Insel eine äußerst wichtige Zwischenstation auf dem Weg von Gibraltar nach Sues. Für die Achse war sie eine Behinderung des Nachschubwegs nach Tripolis. Schnell wurde die Insel zum Schauplatz erbitterter Kämpfe mit pausenlosen Bombardierungen und zahllosen Heldentaten.

Die Reaktion der britischen Armee auf Graziani erfolgte am 7. Dezember. General O'Connor kam mit seiner Gegenoffensive über 800 Kilometer nach Westen bis nach Bengasi. In Beda Fromm errang er einen Sieg, den ein britischer Historiker »einen der wichtigsten des ganzen Krieges« genannt hat.[26]

Die Reaktion der Achse bestand darin, einen erfahrenen deutschen Panzergeneral, Erwin Rommel, den »Wüstenfuchs«, zu entsenden. Sein Afrika-Korps zählte nur zwei Divisionen. Bald schon hatte er zurückgeschlagen, General O'Connor gefangen genommen und sich auf die lange Jagd zurück nach Ägypten gemacht. Er eroberte alles, was vor ihm lag, mit Ausnahme der winzigen Enklave Tobruk, die von einer hartnäckigen Garnison aus Polen und Australiern gehalten wurde.

Die britische Reaktion auf Rommels Taten erfolgte in Gestalt zweier aufeinanderfolgender Operationen an der ägyptischen Grenze – »Brevity« und »Battleaxe«. Beide schlugen fehl. Der Oberbefehlshaber sämtlicher britischen Landstreitkräfte im Nahen Osten, General Archibald Wavell, wurde abgelöst. Man schrieb den 21. Juni 1941.

Der Balkan, 1940 bis 1941

Rumänien war nicht der einzige Balkanstaat, der angegriffen wurde. Im Oktober 1940 attackierte Mussolini von seinem Stützpunkt in Albanien aus Griechenland und stach damit in ein weiteres äußerst widerspenstiges Wespennest. Die Griechen kämpften beherzt und trieben die Italiener über die Grenze zurück. Binnen kurzem bat der Duce den »Führer« um Hilfe.

In ebendiesen Monaten griff Deutschland zu den bekannten »Schutzmaßnahmen«, um seinen Einfluss in mehreren Balkanländern zu festigen. Die Wehrmacht wurde nach Rumänien eingeladen, dann nach Ungarn und im März 1940 nach Bulgarien. Doch Jugoslawien lehnte einen solchen »Schutz« ebenso ab wie Griechenland, das eine britische Garantie erhalten hatte. Also beschloss Hitler, die festgefahrene Situation gewaltsam zu bereinigen.

Bevor diese Unruheregion nicht befriedet wäre, war er nicht gewillt, irgendein anderes Unternehmen anzufangen. Zwei zeitgleiche Operationen wurden vorbereitet, eine unter dem Decknamen »Bestrafung« gegen Jugoslawien, die andere unter dem Decknamen »Marita« gegen Griechenland. Wie in Polen (nicht aber in Westeuropa) wurde der Wehrmacht befohlen, »größte Härte« anzuwenden. Die Entscheidung wurde durch einen Staatsstreich in Belgrad am 27. März 1941 erzwungen, als der Regent, Prinz Paul, von einer Gruppe antideutscher serbischer Offiziere gestürzt wurde. In Jugoslawien wurde dadurch ein grausamer Bürgerkrieg ausgelöst, noch bevor die Deutschen einmarschierten.

Der Wehrmacht genügten drei Wochen, um die zwei Länder zu unterwerfen. Belgrad wurde bombardiert, wobei binnen einer Woche 17 000 Zivilisten den Tod fanden. Die Operation »Bestrafung« setzte gepanzerte Angriffsspitzen in Bewegung, die aus vier Richtungen – Österreich, Ungarn, Rumänien und Bulgarien – auf Jugoslawien prallten. Eine zusammenhängende Verteidigung war unmöglich. Griechenland wurde durch die Operation »Marita« unter einer unaufhaltsamen Woge aus Panzern, Stukas und schnellen Marschkolonnen begraben. Ende April drängten sich deutsche Soldaten für Erinnerungsfotos um den Poseidon-Tempel auf dem Kap Sounion an der Spitze der Peloponnes.[27]

Einen Anhang zu diesem Kapitel stellte im Mai die Schlacht um die Insel Kreta dar – ein Lehrstück in moderner Kriegsführung. Die britische Garnison, hauptsächlich Australier und Neuseeländer, die über gewaltige Seeunterstützung verfügte, fühlte sich sicher. Sie wurde von deutschen Luftlandetruppen jedoch schnell überwältigt. Anschließend erlitt die Royal Navy schwere Verluste, weil sie eine Evakuierung ohne Luftsicherung organisierte. Die Deutschen hielten das Ausmaß der Verluste unter ihren Fallschirmjägern für inakzeptabel und ließen die Idee größerer Luftlande-Angriffsoperationen fallen. Die Briten zogen die entgegengesetzte Schlussfolgerung, weil sie Fallschirmtruppen für die perfekte Antwort auf das schwindende Gewicht der Seemacht hielten.[28]

In einundzwanzig Monaten Krieg hatten die Streitkräfte des Dritten Reiches mehr als ihr Soll erfüllt. Man könnte sogar sagen, sie waren zu erfolgreich gewesen, so dass sich nicht alles zu ihrem Besten entwickeln konnte. Mit Ausnahme Großbritanniens hatten sie alle ihre Feinde klar geschlagen. Schweden ausgenommen, das sich offen für deutsche Wünsche zeigte, beherrschten sie Europa fast vollständig: Außer Portugal und Spanien, den neutralen faschistischen Ländern, herrschten sie über ganz Südeuropa. Abgesehen von der neutralen Schweiz behaupteten sie ganz West- und Mitteleuropa sowie sämtliche östlichen Zugänge nach Mitteleuropa, von der Ostsee bis zum Schwarzen Meer. Sie besaßen die beste Militärmaschinerie, die jemals ersonnen worden war. Es bedarf keines strategischen Genies, um zu erkennen, dass nur noch drei Richtungen übrig waren, in die ihre Macht ausgeweitet werden konnte.

Außerdem war all dies erreicht worden, ohne jene beiden Großmächte zu provozieren, die hätten versuchen können, Deutschland zu stoppen. Die USA hatten nicht die Absicht, sich in Europas blutige Auseinandersetzungen verwickeln zu lassen, abgesehen von der Abstützung Großbritanniens. Das Äußerste, was Präsident Roosevelt zu einem amerikanischen Eingreifen bemerkte, und dies auch nur im privaten Gespräch, war: »Wenn wir angegriffen werden, haben wir keine Wahl.« Die Sowjetunion war ebenso wenig geneigt, sich voll zu engagieren. Wie wir heute wissen, hatte Stalins Politik in den dreißiger Jahren Millionen Menschenleben gekostet. In den frühen vierziger Jahren ging es ihm vorrangig darum, die Stabilität im Innern zurückzuerlangen, den dritten Fünfjahresplan fortzusetzen, die Rote Armee wieder vollständig aufzupäppeln, wieder aufzurüsten und jene Länder zu integrieren, die er kürzlich annektiert hatte. Zumindest schien es so.

Eine der drei möglichen Richtungen für eine weitere Expansion der Wehrmacht war der Nahe Osten. Großbritanniens Einfluss auf Palästina, Ägypten und die unschätzbaren Ölquellen des Irak war schwach. Sobald sie Kreta besetzt hatten, richteten die Deutschen eine Luftbrücke in das von Vichy kontrollierte französische Mandatsgebiet Syrien und von Syrien in den Irak ein. Bei einem wenig bekannten Zwischenfall am 18. Mai 1941 tötete ein deutscher Bomber den Oberkommandierenden der zionistischen Terrororganisation Irgun, den die Briten in Tel Aviv aus dem Gefängnis entlassen hatten, um der Organisation gegen Aufständische in Bagdad zu helfen. Die Schlagkraft der Luftstreitkräfte war in immer stärkerem Maße ausschlaggebend für den Erfolg auf dem Schlachtfeld. Und für die deutsche Luftwaffe wäre es sehr viel leichter, die Briten aus Sues zu verdrängen, als für die Briten, es zu verteidigen. Die Türkei wäre ein Problem, doch war sie Deutschland im Großen und Ganzen wohlgesinnt. Und das Afrika-Korps, das nun freie Bahn in der Libyschen Wüste hatte, konnte massiv verstärkt werden. Manche Historiker behaupten, Hitler habe »kein Interesse« gehabt. Zutreffender könnte man wahrscheinlich sagen, dass er dachte, der Nahe Osten könne warten.[29]

Eine weitere Möglichkeit war, dass das ganze Gewicht der bewaffneten Macht Deutschlands nun gegen die Sowjetunion eingesetzt wurde. Tatsächlich wurde aus dieser Möglichkeit spätestens im Frühjahr 1941 Wahrscheinlichkeit. Die Planungen näherten sich dem Abschluss. Und es war eher unwahrscheinlich, dass London und Moskau sich zusammentaten, wie 1914–17. So standen die NS-Führer aus mehreren Gründen vor einer einmaligen Verheißung. Der »jüdische Bolschewismus« war ihr ideologisches Schreckgespenst. Und die fruchtbaren Länder des Baltikums, Weißrussland und die Ukraine verkörperten einen großen Teil des seit langem geforderten »Lebensraums«. Außerdem waren es genau jene Länder, die

die unbesiegte Armee des Kaisers erst zweiundzwanzig Jahre zuvor aufgeben musste. So betrachtet und angesichts der Tatsache, dass deutsche Streitkräfte an der sowjetischen Grenze zusammengezogen worden waren, hielten viele Beobachter die Wahrscheinlichkeit für eine Beinahe-Gewissheit.

Die dritte Möglichkeit der Ausbreitung war natürlich, dass Hitler den Angriff gegen Großbritannien wiederaufnähme. Die deutsche Desinformationsmaschine zog alle Register, um Moskau davon zu überzeugen, dass Großbritannien das nächste Ziel sei. Über Monate ließ die Abwehr, der deutsche militärische Nachrichten- und Erkundungsdienst, verlauten, das Unternehmen »Seelöwe II« habe höchste Priorität. Und sowjetische Agenten berichteten aus ganz Europa Entsprechendes nach Hause. Die hohen Verluste der deutschen Luftlandeeinheiten auf Kreta im Mai 1941 wurden als Argument angeführt, um die Wahrscheinlichkeit einer gegen Großbritannien gerichteten Luftlandeoperation auszuschließen. Es war alles ein Bluff. Die Desinformation funktionierte.

Die Aufstellung der Streitmacht für »Barbarossa« bereitete einiges Kopfzerbrechen. Ungefähr 10 Prozent der besten deutschen Divisionen wurden sechs Wochen lang für den Balkanfeldzug abgestellt, und etwa 40 Prozent mussten mit erbeutetem französischem Kriegsgerät ausgerüstet werden. Die Qualität der rumänischen und ungarischen Kontingente war nicht erprobt. Und die italienischen Truppen, auf deren Entsendung Mussolini bestand, waren nicht einmal angefordert worden. Die deutschen Transportfahrzeuge besaßen keine Raupenketten, Pferdefuhrwerke und -gespanne waren in der Überzahl. Drei Millionen Mann sollten vom Lebensmittelnachschub vor Ort leben. Und die meisten Quartiermeister trafen keinerlei Vorkehrungen für das Leben im Winter. Aber warum sollten sie auch? Der britische Geheimdienst gab der Roten Armee zehn Tage. Roosevelts Militärexperten sagten einen Feldzug von einem Monat »und ein mögliches Maximum von dreien« voraus. Kein Mitglied des deutschen Generalstabs äußerte diesmal offen Zweifel.

Trotzdem war die Wahl des richtigen Zeitpunkts von größter Wichtigkeit. Im Jahr 1941 konnte das Reich den geplanten kurzen Krieg an der Ostfront bequem verkraften. Und falls die Briten bei der Niederlage der UdSSR erwartungsgemäß kapitulierten, wäre der ganze Kampf um die Vormachtstellung vorüber. Bis 1942 oder 1943 könnte das Reich zwar unter Rückgriff auf die Reserven ganz Europas eine Kriegskasse, ein Waffenarsenal und einen Mannschaftsbestand aufbauen, um einen längeren Krieg durchzuhalten. Auf der anderen Seite wäre aber auch die Sowjetunion besser bewaffnet, besser organisiert und besser vorbereitet, wenn man ihr einen Aufschub gewährte. Hitler war kein Mensch, der vor einer solchen Herausforderung kniff. Seit der Besetzung des Rheinlands 1936 hatte er wiederholt bewiesen, dass Kühnheit und beschleunigte Zeitpläne sich bezahlt machten. Am 20. Juni erteilte er den Befehl, dass das Unternehmen »Barbarossa« zwei Tage später vor Morgengrauen beginnen sollte.

Phase 2, Juni 1941 bis Juni 1944: Das Reich greift weit aus und wird aufgehalten

Ginge es gerecht zu, würden alle Bücher über den Zweiten Weltkrieg vielleicht drei Viertel ihres Inhalts der Ostfront widmen. Tatsächlich entschuldigen einige Historiker sich dafür, dass sie es nicht tun.[30] Diese Akzentuierung erfolgt aus verschiedenen Gründen *nicht*. Historiker sind erstens oft versucht, die Aktionen ihrer eigenen Länder übertrieben darzustellen, zweitens müssen sie sich mit zahlreichen anderen Aspekten befassen. Schließlich kommt auch zum Tragen, dass drittens nur wenige das schiere Ausmaß oder die vollen Auswirkungen des deutsch-sowjetischen Konflikts begreifen. Eine genaue Vorstellung von den Proportionen ist jedoch unerlässlich für ein richtiges Verständnis des Geschehens.

Die Schätzungen gehen auseinander, aber rund gerechnet waren am Anfang 410 Divisionen an »Barbarossa« beteiligt, und der Feldzug dauerte ohne Unterbrechung 46 Monate – insgesamt 226 Millionen Mannmonate. Im Vergleich dazu hatte der Westfeldzug von 1940 285 Divisionen über einen Zeitraum von sechs Wochen beschäftigt. Der Feldzug in Italien sollte 40 Divisionen über 21 Monate notwendig machen. Und die Kämpfe an der Westfront 1944–45, vom D-Day bis zur Lüneburger Heide, wurden von 120 Divisionen über fast zehn Monate ausgetragen. Die Messmethode ist ungenau. Aber das ungeheure zahlenmäßige Übergewicht der Kämpfe an der Ostfront kann sie wiedergeben.

Unternehmen »Barbarossa«, Juni bis Dezember 1941

Am 22. Juni 1941, um 3.15 Uhr morgens, in der kürzesten Nacht des Jahres, eilten deutsche Truppen über die Brücke am Bug, mitten im besetzten Polen, und stürmten die Festung Brest Litowsk (Brześć). Die sowjetische Garnison kämpfte bis zum letzten Mann. Auf diese Weise begann der gewaltige Ansturm des Unternehmens »Barbarossa«. Mit den Worten von Alan J. P. Taylor war es das »größte Ereignis des Zweiten Weltkriegs«.[31] Kurz danach setzten sich riesige Kolonnen von Männern und Maschinen nach Norden und Süden in Bewegung. Ihre Hoffnungen waren groß. Man hatte ihnen gesagt, sie würden gegen einen unterlegenen Feind kämpfen.

Die »Grenzschlacht«, die fast sechs Wochen dauerte, schloss zwei getrennte Operationen von großer Bedeutung ein – die unter verschiedenen Namen geführt werden, aber vielleicht am besten als »Kessel von Minsk« und »Kessel von Smolensk« bezeichnet werden. Die Deutschen erstickten jede Gegenwehr. Trotz gewaltigen Durcheinanders und verzweifelten Widerstands preschten die gepanzerten Angriffsspitzen weiter vor nach Litauen, Weißrussland und in die Ukraine. Etwa 1500 sowjetische Flugzeuge wurden in den Anfangstagen am Boden zerstört. Tausende sowjetischer Panzer wurden ausgeschaltet, und fast zwei Millionen sowjetische Soldaten gefangen genommen. Die Heeresgruppe Nord rückte auf Leningrad vor. Die Heeresgruppe Süd näherte sich Kiew, der Hauptstadt der Ukraine. Generaloberst Fedor von Bocks Heeresgruppe Mitte stand, nachdem sie 650 Kilometer tief in Russland eingedrungen war, vor Smolensk – der westlichsten Stadt Russlands.

Doch auch die Deutschen merkten rasch, dass mit den sowjetischen Truppenaufstellungen etwas nicht stimmte. Aus Gründen, die niemals geklärt wurden, hatte das sowjetische

Oberkommando keinen Gebrauch von den Verteidigungsstellungen gemacht, die verfügbar waren. Im Gegenteil: Es hatte die in den dreißiger Jahren errichtete defensive »Stalin-Linie« aufgegeben und einen Großteil seiner Streitkräfte an ungeschützte vorgeschobene Standorte verlegt, die unmittelbar auf dem Weg der deutschen Angriffe lagen. Obwohl ihm das größte Land der Welt zur Verfügung stand, hatte es seine Luftstreitmacht nicht in den Tiefen Russlands in Sicherheit gebracht. Die deutsche Luftwaffe konnte nur deshalb so viel Schaden anrichten, weil ihre Gegner praktischerweise auf den westlichsten Flugplätzen stationiert waren. Deutsche Panzer rollten mit voller Geschwindigkeit über neu erbaute Straßen und Brücken. Und die gewaltigen Massen sowjetischer Soldaten, die im Grenzgebiet eingekesselt und gefangen genommen wurden, befanden sich in der denkbar schlechtesten Dislozierung, um sich zu verteidigen.

Ein ehemaliger sowjetischer Offizier sollte viele Jahre später behaupten, dass Stalin unmittelbar davor gestanden habe, Deutschland anzugreifen, und dass die Rote Armee in allerletzter Minute von dem erstaunlichen Tempo überrumpelt worden sei, mit dem die Wehrmacht ihre abschließenden Vorbereitungen traf. Die These wurde ebenso vehement bestritten wie unterstützt, aber bis heute wurden so oder so keine schlüssigen Beweise für die tatsächlichen Absichten Stalins vorgelegt.[32] Eine Möglichkeit ist, dass die sowjetische Militärdoktrin im Angriff die beste Verteidigung sah und dass folglich der unkonventionelle Truppenaufmarsch auf falschen militärischen Einschätzungen, nicht auf Angriffsplänen beruhte. Auf jeden Fall wurde das Ersuchen von Frontoffizieren in letzter Minute, eine konventionellere Verteidigungsstellung beziehen zu dürfen, abgelehnt. Stalins erste Reaktion am 22. Juni war der Befehl, dass die Truppen vorrücken sollten.[33] Letztlich kam Hitlers Wagnis des Angriffs gleich zu Anfang einem Erfolg gefährlich nahe.

Der Kessel von Minsk, der Ende Juni 320 Kilometer östlich der Ausgangslinie entstand, war die Folge der kraftvollen Eröffnungsoffensive durch die mittleren Panzergruppen, mit der die vier Armeen von General Dimitri G. Pawlows Westfront eingeschlossen werden sollten. Um einer Zangenbewegung um Białystok herum zu entkommen, ignorierte Pawlow seine Befehle und zog sich zurück, musste aber zur Kenntnis nehmen, dass er auf beiden Flanken überholt wurde – von Hermann Hoths 3. und von Heinz Guderians 2. Panzergruppe. Bis zum 29. Juni hatte er die Verbindung mit seinen Armeebefehlshabern verloren, und am 30. wurden er und sein Stab nach Moskau zurückbeordert, wo man alle ohne viel Federlesens erschoss. Die deutschen Panzer stürmten weiter, um den Kessel bei Minsk zu schließen, während die deutsche Infanterie sämtliche eingeschlossenen Sowjetarmeen völlig aufrieb. Insgesamt wurden 338 000 Gefangene gemacht und 3300 Panzer zerstört. Am 3. Juli verkündete Stalin mit seinem starken georgischen Akzent über Radio Moskau den »Großen Vaterländischen Krieg« und rief zur Verteidigung des »Heiligen Russland« auf. Derweil diskutierte das deutsche Oberkommando bereits die Aussicht auf eine Siegesparade auf dem Roten Platz vor Ende August.

Der Kessel von Smolensk entwickelte sich knapp eine Woche später und mehr als 400 Kilometer weiter östlich. Hoth und Guderian hatten die strategische Lücke zwischen der Düna und dem oberen Dnjepr erreicht, die das historische Tor nach Moskau bildet. Sie sahen sich Stalins altem Genossen, Marschall Semjon K. Timoschenko, gegenüber, der aus fünf Armeen, die bislang für einen Vormarsch auf Deutschland bestimmt gewesen waren, eine neue Westfront improvisiert hatte. Diesmal betrug die Ausbeute an Kriegsgefangenen 348 000 Mann. Aber Timoschenkos Front schaffte es, mehr als einen Monat weiterzukämpfen, und die Lücke wurde erst am 5. August richtig geschlossen. Der Widerstand wuchs.

Weitere entscheidende Wochen gingen Mitte August verloren, als Hitler über den nächsten Schritt nachdachte. Sein anfänglicher Plan war gewesen, in maximaler Stärke auf dem nördlichen und dem südlichen Flügel vorzurücken, bevor beide Angriffskeile sich zum endgültigen Schlag gegen Moskau vereinten. Generalfeldmarschall Wilhelm Ritter von Leebs 28 Divisionen im Norden und Generalfeldmarschall Gerd von Rundstedts 33 Divisionen im Süden setzten sich Ende August wieder in Bewegung. Aber zu großer Optimismus verursachte eine unnötige Verzögerung. Die Panzerkampftruppe wurde unerklärlicherweise nach Süden verlegt. Und Bock in der Mitte rückte erst am 2. Oktober mit dem Unternehmen »Taifun« wieder richtig vor. Dennoch gelangen spektakuläre Erfolge. Leningrad wurde belagert. In Wjasma, Brjansk und Kiew wurden sowjetische Truppen in gewaltigen Kesseln eingeschlossen. Wieder gerieten Hunderttausende in Gefangenschaft. Die sowjetischen Verluste an Panzern, Flugzeugen und schweren Geschützen waren unvorstellbar. Im fernen Süden eroberten die Rumänen Odessa und fügten ihrem Land »Transnistrien« hinzu.

Ende Oktober, Anfang November jedoch geriet die deutsche Offensive für drei Wochen ins Stocken. Heftiger Regen verwandelte die ungepflasterten Landstraßen in unpassierbare Morastfallen, und das Oberkommando war gezwungen zu entscheiden, ob der Einnahme Moskaus oder anderen Zielen, beispielsweise der Sicherung von Industriegebieten oder der fortgesetzten Vernichtung sowjetischer Truppen, Vorrang einzuräumen sei. Diese zweite Verzögerung war entscheidend. Stalin, der kurz mit dem Gedanken an Kapitulation gespielt zu haben schien, stürzte sich wieder in den Kampf. General Georgi Schukow erhielt den Auftrag, die Disziplin an der Front wiederherzustellen und die »Schlacht um Moskau« zu planen. Nicht weniger als neun sowjetische Armeen wurden an die Front geworfen, auch wenn sie aus zwangsrekrutierten, überalterten Veteranen, den Insassen Moskauer Gefängnisse und eingezogenen *Seks* aus dem Gulag bestanden. Erstaunlicherweise kämpfte die Rote Armee weiter.

Die »Taifun«-Offensive wurde am 15. November wiederaufgenommen, nachdem das Wetter aufgeklart war. Die Panzer rollten über knirschenden Schnee und gefrorene Wege. Sie erreichten den Wolgakanal im Norden und die Oka im Süden. In der ersten Dezemberwoche eroberten Bocks Späher eine Endstation des Moskauer Straßenbahnnetzes. Deutsche Soldaten blickten durch Feldstecher auf die glitzernden Türme des Kremls. Aber auf heftigen Schneefall folgte ein Temperatursturz auf minus 30 Grad Celsius. Der Vormarsch hatte sich zu einem Kriechen verlangsamt. Die Deutschen hatten nun selbst hohe Verluste. Bock meldete Hitler seine Zweifel am Sinn einer fortgesetzten Offensive.

Dann folgte der Gegenschlag. Schukow hatte eine starke Streitmacht aus 25 Divisionen zurückgehalten, die frisch aus Sibirien verlegt worden waren. Sie waren schwer bewaffnet, warm gekleidet und, wie die Finnen 1939, mit Skiern ausgerüstet. Am 5. Dezember, als die Temperatur auf minus 40 Grad Celsius fiel, glitten sie über den Schnee und warfen die deutsche Streitmacht zurück, die nicht mehr in der Lage war, einen Blitzkrieg zu führen. Der Entsatz der russischen Hauptstadt fiel genau mit der Nachricht vom japanischen Angriff auf Pearl Harbor zusammen.

Schukows Sieg vor Moskau wird gewöhnlich dem Winter, Hitlers Unentschlossenheit und den aufeinanderfolgenden Verzögerungen in den späteren Phasen von »Barbarossa« zugeschrieben. Doch es spielten noch andere Faktoren eine Rolle. Einer war die Logistik. Die Rote Armee konnte auf unsichtbare menschliche Reserven zurückgreifen und hatte sechs Eisenbahnlinien, entlang deren sie sie aufmarschieren lassen konnte. Die Deutschen hatten nur wenige Reserven, und ihnen stand nur eine Bahnlinie zur Verfügung, um den entscheidenden Mittelabschnitt zu versorgen. Ein weiterer Grund lag beim Nachrichtendienst. Stalin hatte sich früher in diesem Jahr geweigert, den Berichten seines Meisterspions Richard Sorge aus Tokio über deutsche Vorbereitungen für »Barbarossa« Glauben zu schenken. Doch jetzt hörte er gut zu, als Sorge berichtete, das japanische Oberkommando habe Vorschläge für einen Angriff auf die UdSSR endgültig abgelehnt.[34] Die sowjetischen Streitkräfte in Sibirien und im Fernen Osten wurden nicht mehr benötigt, um Japan gegenüberzutreten. Ihre von den Deutschen unentdeckte Verlegung ins europäische Russland gab während der Verteidigung Moskaus den Ausschlag. Bis Januar 1942 war die Wehrmacht auf die Linie zurückgedrängt worden, von der aus »Taifun« zwei Monate zuvor gestartet war. Die Hoffnungen auf einen kurzen Feldzug waren zunichte.

Die Schlacht um den Atlantik, 1941 bis 1943

Während des Unternehmens »Barbarossa« wurde im Westen kein wirklicher Land- oder Luftkrieg geführt. Großadmiral Erich Raeder, der Oberbefehlshaber, hoffte auf einen Sieg der deutschen Kriegsmarine im Atlantik. Er schätzte, dass Großbritannien ausgehungert werden könne, wenn es mit den vereinten Anstrengungen deutscher Flugzeuge und U-Boote gelänge, ein Jahr lang pro Monat durchschnittlich 700 000 Tonnen Schiffsraum zu versenken. Der Zermürbungskrieg, der sich entwickelte, sollte ebenso sehr durch die Konkurrenz im Schiffsbau wie durch gegenseitige Angriffe mit Torpedos und Wasserbomben auf See entschieden werden.

Die alliierten Seestreitkräfte hatten 1941 ein schlechtes Jahr. In der Bretagne stationierte deutsche U-Boote konzentrierten ihre Angriffe auf die »Lücke« im Mittelatlantik, wo die langsamen Geleitzüge nicht zusätzlich von Flugzeugen geschützt werden konnten, die von Kanada, Grönland oder Oban in Schottland aus operierten. Eine Zeitlang sah es so aus, als könnten die Deutschen die gewünschte Versenkungsziffer erreichen.

Das Jahr 1942 war nicht besser. In den Monaten nach dem Kriegseintritt der USA gingen die deutschen U-Boote vor der amerikanischen Ostküste auf Raubzug. Nur langsam begannen verbesserte Technik, wie ASDIC (Anti Submarine Detection Investigation Committee, Ortungssystem zum Aufspüren getauchter U-Boote durch Schallwellen), »Hedgehog«-(»Igel«-)Granatwerfer und Oberflächenradar, sowie zahlenmäßig stärkere Geleitgruppen Wirkung zu zeigen. Trotzdem gingen 1667 Handelsschiffe verloren, verglichen mit 87 deutschen U-Booten.

Der Wendepunkt kam 1943. Obwohl der März dieses Jahres einer der schwärzesten Monate war, brachte der April erhebliche Erleichterung, und im Mai gingen mehr deutsche U-Boote verloren als alliierte Schiffe. Raeder vertraute seinem Tagebuch an, dass er die Schlacht um den Atlantik für verloren halte. Der Punkt war erreicht, an dem die Westalliierten allmählich vertrauensvoll daran denken konnten, eine größere amerikanische Armee nach Großbritannien zu verlegen.

Natürlich hörte der Seekrieg nie auf. Er ging weiter bis 1945. Aber die deutschen Angriffe wurden zu Nadelstichen, die immer weniger ausrichteten. Die massive Luftraumüberwachung der westlichen Seewege sorgte dafür, dass die U-Boote in ihren Bunkern blieben, während US-Werften tagtäglich drei bis vier »Liberty-Schiffe« bauten. Insgesamt kamen weit über 100 000 britische und deutsche Seeleute um. Aber das Verhältnis von versenkten Handelsschiffen zu Handelsschiffen, welche die Überfahrt sicher schafften, betrug nur 1:131.[35]

Erst nach »Barbarossa« begannen die Deutschen das ungeheuerliche Ausmaß ihrer Aufgabe zu begreifen. Ihre Siege in Westeuropa hatten sie über die Realität der Kriegsführung im Osten hinweggetäuscht. Die Bedingungen waren weit rauher und die Entfernungen weit größer als im Westen. Und es war auch nicht der einzige Mangel in ihrer Ausrüstung, dass die Soldaten der Wehrmacht ungeeignete Kleidung trugen. Ihre Geschütze waren nicht bei niedrigen Temperaturen getestet worden, ihre Motoren hatten die falsche Sorte Frostschutzmittel, und die Panzer mussten Öl mit dem falschen Viskosegrad benutzen. Motorisierte Transportmittel waren Mangelware und blieben im Schlamm und Schnee nahezu wegeloser Einöden stecken. Am schlimmsten war, dass es nicht gelang, der Roten Armee den entscheidenden Schlag zu versetzen. Zwar geriet sie unter den riesigen Verlusten, die keine andere Armee auf der Welt wegstecken konnte, ins Wanken, doch sie kämpfte weiter. Sie verfügte über scheinbar unerschöpfliche Reserven an Männern (und Frauen).

Sie wurde durch eine unvorstellbar grausame Disziplin zusammengehalten (allein in den Jahren 1941–42 wurden 198 000 Mann vom NKWD erschossen – *pour encourager les autres*, um den anderen Mut zu machen). Aus den 1500 Fabriken, die man in den Ural und dahinter hatte verschwinden lassen, erhielt sie einen wachsenden Nachschub an Panzern, Flugzeugen und Geschützen. Und ihr standen endlose offene Rückzugs- und Operationsräume zur Verfügung. Hitler hatte den größten territorialen Eroberungsfeldzug in der europäischen Geschichte angefangen und dennoch gerade nur die äußeren Ränder Russlands gestreift: 97 Prozent der Sowjetunion blieben unbesetzt. Am schlimmsten für die Wehrmacht aber war: Der »untermenschliche« Feind, der lange Zeit vom stalinistischen Regime und von der Wehrmacht brutal misshandelt worden war, hatte gelernt, die grässliche Aussicht zu sterben und zu töten zu verachten.

Im März 1942 blickte General Franz Halder, der Generalstabschef des deutschen Heeres, beinahe wehmütig auf die logistische Situation. Ein Drittel der für »Barbarossa« aufgestellten Invasionsstreitmacht war entweder vernichtet oder zurückgezogen worden. Zwar wurde Ersatz für die Millionenverluste bereitgestellt, da keine anderen Anforderungen absehbar waren, aber nur 873 von 3500 Panzern konnten ersetzt werden. Im Jahr 1941 hatte Hitler die militärisch-industrielle Produktion sogar gedrosselt, weil er glaubte, der Überschuss würde nicht benötigt. Zudem herrschte eine verzweifelte Ölknappheit.

Es gab eine weitere bedeutsame Veränderung. Im Dezember hatte Hitler Generalfeldmarschall Walther von Brauchitsch, den Oberbefehlshaber des Heeres, als Sündenbock für »Barbarossa« entlassen und persönlich den Oberbefehl über das Heer übernommen. Doch er sah sich nun einem Aufgebot bis dato unbekannter sowjetischer Generäle gegenüber – Schukow, Rokossowski, Watutin, Tschuikow –, die sich als äußerst fähig erwiesen. Im Gegensatz zu dem dilettierenden Ex-Gefreiten wussten sie alles über kluge räumliche Taktik, die Ausnutzung natürlicher Bedingungen, den Einsatz gewaltiger Mengen von Menschen und Material und die Tugend der Geduld. Die meisten der untüchtigen sowjetischen Befehlshaber waren inzwischen ausgeschaltet worden.

Die Sommeroffensive der Wehrmacht im Jahr 1942 hatte das Ziel, die Getreidefelder der südlichen Steppen und die Ölfelder des Kaukasus bei gleichzeitiger Behauptung der Stellungen im Norden und in der Mitte zu erobern. Eine neue gewaltige Streitmacht, bestehend aus 68 Divisionen, war aufgestellt worden. Sie wurde in zwei Heeresgruppen aufgeteilt: Gruppe A, darunter die 6. Armee, sollte direkt nach Osten zu den Flüssen Don und Wolga vorstoßen; Gruppe B, angeführt von der 1. Panzerarmee, sollte südöstlich zum Kaukasus marschieren.

Doch bevor die Offensive in Gang kommen konnte, musste zuerst die Rote Armee von der Halbinsel Krim verdrängt werden. Die Operationen und Gegenoperationen zur Kontrolle der Krim verdienten einen eigenen Band. Auf der einen Seite stand Generaloberst Erich von Manstein, Erfinder des »Sichelschnitts« und Oberbefehlshaber der 11. Armee, und auf der anderen General Iwan Petrows Küstenarmee, die in Verbindung mit der sowjetischen Schwarzmeerflotte operierte. Petrow war im September 1941 eine kühne Landung im Rücken der rumänischen Verbände, die Odessa belagerten, gelungen. Aber dann musste er, wie die Briten bei Dünkirchen, durch die Flotte evakuiert werden. Im Dezember 1941 sollte mit 25 getrennten Landungen auf der Halbinsel Kertsch die Kontrolle der Seefestung Sewastopol durch die Deutschen verhindert werden, und den Sowjets gelang die Errichtung eines Brückenkopfs auf der Landzunge von Kertsch. Aber im Frühjahr kam Manstein und warf die Russen zurück. Zwar errang Manstein bei diesen Kämpfen seinen Marschallstab, aber Sewastopol hielt bis Juli 1942 durch, als die deutsche Hauptoffensive im Südabschnitt schon längst im Gange war.

Wie schon 1941 führte auch der deutsche Vorstoß 1942 zu enormen Geländegewinnen, die denen des Frankreich- und Polenfeldzugs zusammengenommen entsprachen. Ein Panzerkorps unter Hyazinth Graf von Strachwitz von der Heeresgruppe B erreichte die Ufer der Wolga und blickte in die flimmernde Steppe auf dem anderen Ufer. Eine deutsche Armee der Heeresgruppe A eroberte bei Maikop auf dem Kuban-Brückenkopf das erste Ölfeld, und eine weitere erreichte die Randbezirke von Grosny in Tschetschenien. Eine Gruppe deutscher und österreichischer Alpinisten hisste die Hakenkreuzflagge auf dem Gipfel des Elbrus.

Doch die Geländegewinne waren wenig gefestigt. Die Angriffsspitzen lösten sich immer weiter voneinander und waren nicht in der Lage, sich gegenseitig zu unterstützen. Das Tempo ihres Vormarschs nahm mit jedem eroberten Kilometer ab, und sie waren Gegenangriffen schutzlos ausgeliefert. Im Gegensatz zu Mittel- oder Westeuropa bestand keine Hoffnung, ein systematisches Besatzungsregime zur Ausbeutung des Territoriums zu installieren. Das Endziel Baku, Hauptstadt der kaspischen Ölindustrie, blieb unerreichbar.

Die kritischste Situation entwickelte sich jedoch im Herbst 1942 bei Stalingrad. Ursprünglich hatte die Deutschen einen Puffer schaffen wollen, um den Hauptvorstoß weiter südlich in den Kaukasus abzusichern. Und dieses Ziel wurde zufriedenstellend erreicht. Fünf Armeen – die 6. unter General Paulus, die 4. Panzerarmee unter General Hoth, zwei rumänische Armeen und eine italienische – schoben sich vorwärts, bis die »Stadt Stalins« in Bombardierungsreichweite kam. Anschließend legte die deutsche Luftwaffe die Vororte auf dem rechten Wolgaufer in Schutt und Asche. Die Kapitulation Stalingrads schien unmittelbar bevorzustehen.

Doch das sowjetische Oberkommando dachte nicht an Aufgabe. Während Schukows Infanteristen verbissen in den Ruinen kämpften, zog Rokossowski, der Oberbefehlshaber der Donfront, sorgfältig einen Ring um die überdehnten deutschen Stellungen. Am 19. November griff er an, und vier Tage später war der Ring geschlossen. Paulus und seine 6. Armee sowie Teile der 4. Panzerarmee waren eingekesselt.

An dieser Stelle muss im Gegensatz zu vielen anderen Darstellungen darauf verwiesen werden, dass die Lage der Deutschen zwar prekär, aber nicht hoffnungslos war. Es ist richtig, dass Hitler den Rückzug untersagt hatte. Aber Rückzug wäre nicht zwangsläufig die beste Vorgehensweise gewesen, denn er hätte Rokossowski die Möglichkeit für einen entschlossenen Vorstoß nach Süden eröffnet, um die über die Kaukasusfront verstreute deutsche Heeresgruppe abzuschneiden. Also zog Paulus es vor, sich nicht zu rühren. Diese Haltung kam auch am Ende seines Tagesbefehls vom 27. November zum Ausdruck: »Drum haltet aus, der Führer haut uns raus!« Der strategische Schlüssel war der Nachschub. Reichsmarschall Hermann Göring hatte Hitler versichert, dass der Kessel von Stalingrad zufriedenstellend aus der Luft versorgt werden könne. Und Manstein glaubte fest an einen Plan namens »Wintergewitter«, der vorsah, dass Paulus und Hoth den Einkreisungsring von beiden Seiten durchbrachen und einen regelmäßigen Nachschubkorridor einrichteten. Ihr Kamerad, Generalfeldmarschall Günther von Kluge, hatte seinen exponierten Außenposten vor Moskau den ganzen vorangegangenen Winter über gehalten. Sie erwarteten, dies auch zu schaffen. Und ihre Erwartungen waren nicht unvernünftig.

Man darf nicht vergessen, dass das sowjetische Oberkommando seinen Generälen befohlen hatte, bei jeder sich bietenden Gelegenheit »Präventivschläge« zu starten, und dass viele dieser unüberlegten Unternehmen fehlgeschlagen waren. Im Mai 1942 beispielsweise führte Marschall Timoschenko in einem Versuch, die Stadt Charkow einzuschließen und zurückzuerobern, fünf sowjetische Armeen über den Donez. Bei den darauffolgenden Kämpfen mit der 6. und 1. Panzerarmee wurde er am Ende selbst vollkommen eingeschlossen. Er verlor über eine Viertelmillion Mann und 1200 Panzer. Er konnte von Glück sagen, dass Stalin ihn nur seines Kommandos enthob.

Zu der Zeit, als Paulus auf Stalingrad vorstieß, starteten die Westalliierten ihre einzige Militäroperation auf dem Kontinent in jenem Jahr. Am 19. August 1942 landete eine kleine Streitmacht aus sechstausend kanadischen, britischen und US-Soldaten bei Dieppe in der Normandie, um die deutschen Verteidigungsanlagen zu testen. Ihre Tapferkeit stand in krassem Gegensatz zu der unerhört schlechten Planung des Unternehmens durch ihre Vorgesetzten. Die Luftsicherung war unzureichend. Die Marine kündigte ihr Herannahen versehentlich im Voraus an, und der Nachrichtendienst hatte die deutschen Geschützstellungen nicht ausfindig gemacht. Das Ergebnis war ein Gemetzel, die Kanadier erlitten über 60 Prozent Verluste – und doch war dies ein Ereignis, wie es an der Ostfront alle Tage vorkam.[36]

Die westliche Luftoffensive, 1942 bis 1945

Vizluftmarschall Sir Arthur Harris wurde im Februar 1942 zum Oberbefehlshaber des Bomberkommandos der RAF ernannt. Er war der Hauptbefürworter des »Flächenbombardements«, einer Strategie, die vorsah, dass riesige massierte Bomberflotten ihre Nachtangriffe auf die städtischen Ballungsräume des Feindes konzentrierten. Seine Position verdankte Harris dem Umstand, dass das vorangegangene RAF-Programm der Präzisionsbombardements gescheitert war. Ein im August 1941 durchgeführtes Experiment hatte ergeben, dass nur einer von drei Bombern bis auf acht Kilometer an sein festgelegtes Ziel herankam. Bei einem Luftangriff auf das Ruhrgebiet hatte sogar nur einer von zehn geltend gemachten Treffern sein Ziel wirklich getroffen. Faktisch war die RAF gezwungen, entweder zum wahllosen Flächenbombardement überzugehen oder die Bomberoffensive ganz einzustellen. Denn Deutschland konnte nicht mit der Royal Navy angegriffen werden, und die britische Armee war achtzehn Monate nach Dünkirchen auch erst auf dem Wege der Besserung. Flächenbombardements waren also die einzige Möglichkeit, die Großbritannien hatte, um »zurückzuschlagen«. Deshalb bekam Harris mit Churchills Unterstützung seinen Willen.

Harris war eine unbarmherzige Persönlichkeit. Seine Theorien hatte er vor dem Krieg bei der Bekämpfung Aufständischer im Irak entwickelt, wo ganze Dörfer dem Erdboden gleichgemacht wurden und wo er den Tod und die Verstümmelung, die seine Kampfflugzeuge unschuldigen Zivilisten brachten, mit eigenen Augen gesehen hatte. »Das Einzige, was der Araber versteht«, sagte er, »ist die harte Hand.«[37] Jetzt waren die Deutschen die Araber. Diese Philosophie sagte auch der USAAF zu.

George Bell, der Bischof von Chichester (1883 bis 1958), brachte von Anfang an seine moralische Entrüstung zum Ausdruck. Es sei kein schlagendes Argument, behauptete er, dass die Nazis sich während des »Blitz« ähnlicher Methoden bedient hätten. Und Angriffe, bei denen Zivilisten nicht von gerechtfertigten militärischen oder industriellen Zielen unterschieden werden könnten, verstießen gegen die Genfer Konvention. In einer Rede vor dem House of Lords bezeichnete er die Bombardierung von Nichtkombattanten als »geistige Erniedrigung all derer, die sich daran beteiligen«.[38] In Deutschland spricht man im Zusammenhang mit den Flächenbombardements häufig auch vom »Terrorbombardement«.

Im Laufe des Jahres 1942 gewann die Bomberoffensive an Intensität. Sie verschlang ein Drittel der Militärausgaben Großbritanniens. Die Fertigungsstraßen für die Lancaster- und Halifax-Bomber nahmen den Betrieb auf. Das »Pfadfinder-Korps«, welches das elektronische Zielfindungssystem »Oboe« (*Observer bombing over enemy;* »Beobachter-Bombardierung über Feindgebiet«) benutzte und Leuchtmarkierungen und -bomben zur Zielmarkierung abwarf, flog seine ersten Einsätze.

Danach steigerte sich das Flächenbombardement unerbittlich in einem unaufhörlichen Crescendo. Die RAF konzentrierte sich auf Nachtangriffe. Die Amerikaner, deren 8. Luftflotte nach Großbritannien entsandt worden war, übernahmen die

Angriffe bei Tage. Ihr P-51-Mustang-Begleitschutz war in der Lage, mit den B-17-Bombern die ganze Strecke nach Berlin und zurück zu fliegen. Tag für Tag wurde der Himmel über Deutschland durchkämmt. Die deutsche Luftwaffe, die bei ihrer Hauptaufgabe, der Bodenunterstützung an der Ostfront, längst überfordert war, wurde vor allem durch die drückende zahlenmäßige Überlegenheit bezwungen.

Die offizielle Maßgabe lautete, berechtigte Ziele zu zerstören. In der Praxis machte man keinen Hehl aus der Absicht, unkontrollierbare Feuersbrünste zu entfachen und dadurch die »Moral der Zivilbevölkerung zu brechen«. Eines der ersten Ziele, Lübeck, wurde wegen seiner Holzhäuser ausgesucht und weil man hoffte, dass die von der ersten Bomberwelle entfesselten Brände die zweite Angriffswelle zu ihrem Bestimmungsort führen würden. Am 22. August 1943 löste ein massierter Angriff auf Hamburg einen Feuersturm aus. In einer einzigen Nacht verbrannten 43 000 Menschen. Dies galt als »Erfolg«.

Trotzdem kann man nicht behaupten, das Flächenbombardement sei nichts weiter als ein verbrecherisches Ablenkungsmanöver gewesen. Eine Million deutscher Soldaten waren bei der Luftverteidigung gebunden, und die ohnehin unzureichende Flugzeugproduktion Deutschlands musste immer mehr auf Nachtjäger umgestellt werden. Außerdem bewiesen die Leistungen von Wing Commander Guy Gibsons 617. Geschwader (den »Dambusters«), die am 16. und 17. Mai die Staumauern von Möhne-, Eder- und Sorpetalsperre angriffen, dass die Tradition des Präzisionsbombardements nicht in Vergessenheit geraten war. Es war dieses 617. Geschwader, das schließlich das letzte noch verbliebene Schlachtschiff Deutschlands, die *Tirpitz*, im norwegischen Altafjord versenken sollte.

Im Oktober 1941 schrieb Churchill an General Claude Auchinleck: »Es ist unmöglich, dem Parlament zu erklären ... dass unsere Streitkräfte monatelang ausharren müssen, ohne den Feind anzugreifen, während ... Russland in Stücke geschlagen wird.« Auchinleck formierte gerade mühsam die sechs Divisionen seiner 8. Armee für das Unternehmen »Crusader« neu, das im November und Dezember 1941 die Italiener und das Afrika-Korps durch die Cyrenaika zurückdrängte und am »Tag von Pearl Harbor« Tobruk entsetzte. Rommel startete unverzüglich einen Gegenangriff und im Mai des darauffolgenden Jahres einen zweiten, der ihn bis zurück an die ägyptische Grenze führte. In der dritten Schlacht um Tobruk gerieten im Juni 1942 etwa 38 000 britische Soldaten in deutsche Gefangenschaft. Was die Deutschen in Russland herausfanden, lernten die Briten in Nordafrika, nämlich dass die bloße Eroberung weiter, leerer Räume ohne Bedeutung war. Rommel stand kurz vor der Einnahme der Kanalzone. Er war nur zu besiegen, wenn er in eine größere Kampfhandlung verwickelt würde, in deren Verlauf der Kern seiner Armee zerschlagen werden konnte. Zu diesem Zweck löste Churchill im August 1942 Auchinleck ab und unterstellte die 8. Armee dem Oberbefehl von General Bernard Law Montgomery.

»Monty« war großspurig in seinem Betragen, aber ein umsichtiger Taktiker und rücksichtsvoll gegen seine Männer. Weil er wusste, dass das Afrika-Korps zwangsläufig nach Osten drängen musste, beschloss er, seine zahlenmäßige Überlegenheit, die Überlegenheit an Geschützen, die Vorteile kurzer Nachschublinien und der Informationen, die aus der Operation »Ultra« resultierten (vgl. Kapitel 1), maximal auszunutzen. Er befehligte jetzt 195 000 Soldaten, überwiegend aus dem Commonwealth, verfügte über mehr als 1000 Panzer, einen eindrucksvollen Artilleriepark und, was entscheidend war, über reichliche Reserven an Treibstoff und Munition. Er war Rommel in allen Belangen überlegen. Am 23. Oktober griff er bei Al Alamein an, als Rommel auf Heimaturlaub war. Das Eröffnungstrommelfeuer zerschlug die Frontlinien der Achsentruppen. Beim anschließenden Luftkampf gab die zahlenmäßige Überlegenheit der Briten den Ausschlag. Und der Ausbruch verlieh Montys Panzertruppe unaufhaltsamen Schwung. Das deutsche Afrika-Korps führte einen glänzenden Rückzug durch, der 1943 zum endgültigen Abzug Rommels aus Nordafrika führen sollte.

In britischen Geschichtsbüchern markiert der Sieg von El Alamein den »Gezeitenwechsel« oder mit den Worten Churchills den »Markstein der ›Schicksalswende‹«.[39] Er meinte die Schicksalswende für das Überleben Großbritanniens. In umfassenderer Perspektive gehört die Schlacht von El Alamein kaum auf die Liste bedeutsamer Ereignisse. Sie ließ sich nicht mit der kurz zuvor stattgefundenen Schlacht von Midway vergleichen, bei der die Amerikaner die Seeherrschaft der Japaner beendeten, und noch weniger mit der bevorstehenden Schlacht von Stalingrad. Die erdrückende Vormachtstellung des Dritten Reiches in Europa war auch nach El Alamein noch immer ungebrochen.[40]

Stalingrad, November 1942 bis Februar 1943

Es wird oft behauptet, dass das Schicksal der deutschen Truppen bei Stalingrad durch Hitlers hartnäckige Verweigerung des Rückzugs entschieden wurde. Dies stimmt nur zum Teil, denn Stalin war ebenso besessen. Er weigerte sich kategorisch, einen Rückzug aus der Stadt zu befehlen, die seinen Namen trug. Es wäre klug gewesen, Tschuikows belagerte 62. Armee aus den Ruinen abzuziehen und sich auf die Verteidigung des Ostufers der Wolga zu konzentrieren. Stattdessen wurden riesige Verstärkungen über den Fluss befördert, um die Verteidiger in Schwung zu halten und Rokossowkis Ring zu verstärken. Wie Hitler verstand auch Stalin die Kraft eines Symbols.

Was folgte, ist als der »größte Fleischwolf auf Erden« bezeichnet worden. Man könnte es auch mit einem gewaltigen Wettkampf im Armdrücken vergleichen, bei dem keine Seite bereit ist, auch nur einen Zentimeter nachzugeben. Es war nicht die herkömmliche städtische Kriegsführung. Es war ein ungemein heftiger Schlagabtausch zwischen zwei Berufsarmeen, die beide schwere Artillerie, Panzer, Sturzkampfbomber und – im Falle der Roten Armee – frontale Infanterieangriffe Mann gegen Mann einsetzten. Er dauerte elf Wochen.

Mitte Dezember 1942 versuchte Hoths 4. Panzerarmee, von Westen eine Bresche in Rokossowskis Ring zu schlagen. Die Offensive kam sehr gut voran, und die Spitze von Hoths Stoßkeil näherte sich bis auf 32 Kilometer Paulus' äußeren Linien. Doch die langsamen Panzer, die sich in dem Matsch und Schnee des Frühwinters abmühten, waren ein leichtes Ziel für die dicht stehenden sowjetischen Geschütze – und Paulus hatte nicht mehr die Kraft auszubrechen und sich mit Hoth zu vereinen. Der Gegenangriff kam allmählich zum Erliegen. Der Nachschubkorridor wurde niemals eröffnet.

Dann geriet die deutsche Luftwaffe in Bedrängnis. Innerhalb des Rings waren improvisierte Flugzeugpisten angelegt worden; jeden Tag landeten und starteten Dutzende von Maschinen. Aber die zur Beförderung großer Mengen an Nahrungsmitteln, Munition, Benzin und Ersatzteilen benötigten schweren Transportmaschinen waren nicht vorhanden. Und als der Ring sich schloss, schrumpfte die Zahl brauchbarer Start- und Landebahnen. Die Rote Armee erhöhte den Druck. Die Deutschen, Italiener, Ungarn und Rumänen froren, hungerten und verzweifelten. Ihre Waffen hatten Ladehemmung.

Ihre Fahrzeuge blieben stehen. Ihre Verwundeten wurden nicht ausgeflogen. Wer nicht durch Granaten und Kugeln starb, verlor allmählich den Mut.

Der ganze Schrecken des Lebens auf der sowjetischen Seite des Rings um Stalingrad wurde einem westlichen Publikum lange verheimlicht. Aber es war nicht nur der Schrecken massenhaften Sterbens in der Schlacht. Antony Beevor hat die Situation auf sowjetischer Seite eindrücklich beschrieben:

Die Sowjetbehörden waren unbarmherzig. »In der brennenden Stadt«, schrieb Tschuikow, »konnten wir keine Feiglinge gebrauchen. Für sie hatten wir keinen Platz.« Soldaten und Zivilisten gleichermaßen wurden mit dem folgenden Lenin-Zitat gewarnt: »Jene, die der Roten Armee nicht auf jede erdenkliche Weise helfen ... sind Verräter und müssen ohne Gnade getötet werden.« Jeglicher Anflug von »Sentimentalität« wurde abgelehnt ...

Die Durchsetzung einer gnadenlosen Disziplin erwies sich zunächst als schwierige Aufgabe. Erst am 8. Oktober konnte die politische Abteilung der Stalingradfront berichten, daß »die defätistische Stimmung fast ausgerottet ist und die Zahl verräterischer Zwischenfälle abnimmt«. Dass sich das Sowjetregime beinahe ebenso rücksichtslos gegenüber den eigenen Soldaten wie gegenüber dem Feind verhielt, zeigt sich an der Gesamtzahl von 13 500 Exekutionen teils standrechtlicher Art, teils infolge von Kriegsgerichtsurteilen während der Schlacht von Stalingrad ...

Tschuikows schwächste Einheiten waren die Sonderbrigaden der Miliz, die hauptsächlich aus Arbeitern der Fabriken im Norden Stalingrads gebildet wurden. Sperrgruppen von gut bewaffneten Komsomol-Freiwilligen oder NKWD-Spezialabteilungen wurden direkt hinter ihnen plaziert, um jeden Rückzug zu verhindern ... Im Fall der 124. Sonderbrigade, die bei Rynok der 16. Panzerdivision gegenüberlag, zwangen die Blockiergruppen hinter den Linien jene, die unter dem Stress zusammenbrachen, zum Feind zu fliehen …

Manchmal wurden Deserteure vor einem Publikum von einigen hundert Soldatenkameraden ihrer Division erschossen. Eher üblich war es jedoch, den Delinquenten von einem Peloton der NKWD-Sonderabteilung an einen geeigneten Platz hinter den Linien führen zu lassen. Dort befahl man ihm, sich auszuziehen, damit man seine Uniform und Stiefel wieder benutzen konnte …

Die Sonderabteilung der 45. Schützendivision muss über einige besonders schlechte Scharfschützen verfügt haben; tatsächlich fragt man sich, ob diese Einheit bei ihrer Tätigkeit durch eine Sonderration Wodka »gestärkt« wurde. So erhielt sie einmal den Befehl, einen Soldaten hinzurichten, der sich selbst verstümmelt hatte. Wie üblich zog man ihm die Uniform aus, erschoss ihn, warf ihn in einen Granattrichter … Drei Stunden später stolperte der vermeintlich hingerichtete Soldat in Unterwäsche, voller Blut und Dreck zu seinem Bataillon zurück. Nun musste dasselbe Hinrichtungskommando ihn nochmals erschießen … Selbstverstümmelungen wurden als Form von Fahnenflucht betrachtet …

Der Selbstmord stellte die extremste Form von Selbstverstümmelung dar. Wie die Wehrmacht definierte auch das sowjetische Oberkommando ihn als »ein Zeichen von Feigheit« oder als das Ergebnis »ungesunder Stimmungen« …

Das NKWD und die politische Abteilung der Stalingradfront arbeiteten außerordentlich eng zusammen, wenn es darum ging, Hinweisen auf »antisowjetische Aktivitäten« zu folgen … In den meisten Fällen, über die Berichte vorliegen, fanden die antisowjetischen Aktivitäten hinter den Linien statt. Neu eingetroffene Rekruten, die meckerten, liefen ein größeres Risiko, von ihren Kameraden denunziert zu werden. Ein Zivilist aus Stalingrad im Übungsbataillon 178, der zu sagen wagte, die Front werde, wenn der Winter hereinbreche, »festfrieren«

und verhungern, wurde »dank des politischen Bewusstseins der Rekruten K. und I.« umgehend verhaftet …

Selbst der Verwaltungsalltag bestätigte den Eindruck, dass Soldaten Gegenstände darstellten, die man leicht fallenlassen konnte … Der Frontsoldat in Stalingrad erhielt seine Ersatzstücke nicht aus dem Lager des Quartiermeisters, sondern er nahm sie den Körpern seiner toten Kameraden ab. Nichts blieb ungenutzt, bevor es zu einem Begräbnis kam. Oftmals wurden sogar Soldaten bei Nacht nach vorn ins Niemandsland geschickt, um den Gefallenen ihre Unterwäsche auszuziehen. Der Anblick toter Kameraden, die halbnackt dalagen, empörte viele …

Die vielen Tausende Frauen und Kinder, die in der Stadt ausharren mussten, suchten Schutz in den Kellern von Ruinen, in Abwasserkanälen und in Höhlen … [Die] Zivilisten [sahen sich] … der praktischen Unmöglichkeit gegenüber, Nahrung und Wasser zu finden. Jedes Mal wenn eine Pause zwischen den Bombenangriffen und Beschießungen eintrat, tauchten aus den Bodenlöchern Frauen und Kinder auf, um Stücke vom Fleisch toter Pferde abzuschneiden … Die besten Nahrungssucher waren Kinder … Die deutschen Soldaten benutzten Waisen aus Stalingrad für ihre eigenen Zwecke. So alltägliche Dinge wie das Füllen von Wasserflaschen waren höchst gefährlich, wenn sowjetische Scharfschützen auf jede Bewegung lauerten. Den einheimischen Jungen und Mädchen musste man nur eine Scheibe Brot versprechen, und sie waren bereit, die Wasserflaschen der Deutschen mit ans Wolgaufer hinunterzunehmen und dort zu füllen. Als man auf sowjetischer Seite merkte, was dort geschah, erschossen Rotarmisten Kinder, die derartige Aufträge durchführten …[41]

Der Ring schrumpfte unaufhaltsam. Anfänglich hatte sein Durchmesser etwa 65 Kilometer betragen. Im Januar 1943 wurde er durch eine Folge plötzlicher Zusammenbrüche der

Front verkleinert. Am 8. forderte Rokossowski die Kapitulation. Am 10. startete er eine umfassende Offensive. Am 14. erhielten deutsche Soldaten im Einsatz nur zweihundert Gramm Brot. Am 22. ging der letzte bedeutende deutsche Flugplatz verloren. Die Temperatur war auf minus 20 Grad Celsius gefallen. »Der grausame russische Winter hat gerade erst begonnen«, höhnte der Sender der Roten Armee. Auch Paulus hatte seine Funkverbindung. Ebenfalls am 22. erhielt die 6. Armee einen Funkspruch Hitlers: »Kapitulation ausgeschlossen. Truppe verteidigt sich bis zuletzt ... Tapferkeit und Ausharren der Festung haben die Möglichkeit gegeben, eine neue Front aufzubauen und Gegenoperation einzuleiten. Die 6. Armee hat damit einen historischen Beitrag in dem gewaltigsten Ringen der deutschen Geschichte geleistet.«[42] Historisch war ihr Beitrag ganz gewiss.

Am Ende des Monats begannen deutsche Soldaten in der Frontlinie aus ihren Schützenlöchern heraus weiße Fahnen zu schwenken, ohne die Erlaubnis dazu zu haben. Andere schrieben ein paar Zeilen über ihre unsterbliche Liebe zum »Führer«, bevor sie sich erschossen. Am 31. Januar fügte Paulus selbst sich in das Unvermeidliche. Von der Viertelmillion, mit der er drei Monate zuvor aufgebrochen war, folgten ihm 90 000 Überlebende in die Gefangenschaft. Die Hälfte von ihnen kam in nur ein oder zwei Wochen nach der Gefangennahme um. Nur 5 Prozent sollten die sowjetischen Lager überleben und nach Deutschland und Österreich heimkehren, um zu berichten.

Die letzte Szene wurde von einem sowjetischen Fotografen für die am nächsten Tag erscheinende Ausgabe der *Iswestija* verewigt. Der gutaussehende Rokossowski, Befehlshaber der Donfront, sitzt in seinem schmucklosen Befehlsstand am Schreibtisch. Paulus, mit schütterem Haar und niedergeschlagen, unterzeichnet die Kapitulationsurkunde. Neben Rokossowski sitzt der NKWD-Oberst Konstantin Telegin, der Wachhund der Partei, politischer Kommissar und in der Praxis Rokossowskis Vorgesetzter. Aus Gründen, welche die sowjetische Zensur am besten kennt, wurde Telegins Gesicht wegretuschiert.[43]

Entgegen späteren Darstellungen war Stalingrad nicht das entscheidende Ereignis des Zweiten Weltkriegs und bei weitem nicht die größte Schlacht an der Ostfront. Die Briten haben am Ende der nordafrikanischen Feldzüge mehr als doppelt so viele Soldaten gefangen genommen, wie in Stalingrad in Gefangenschaft gerieten. Und im Rahmen der militärischen Katastrophen war Stalingrad nicht bedeutender als Timoschenkos Desaster vor Charkow. Doch in psychologischer Hinsicht war die Schlacht von Stalingrad von ungeheurer Tragweite. Sie zeigte zum ersten Mal, dass Hitlers Wehrmacht fehlbar war, und machte deutlich, dass Stalins Rote Armee nicht ein chaotischer Riese auf tönernen Füßen war, wie viele Experten angenommen hatten. Sie lehrte Berlin das Fürchten und stimmte die Herzen aller Feinde Hitlers froh. Ihre Wirkung auf die Gemüter der Briten und Amerikaner, von deren Soldaten zu diesem Zeitpunkt kein einziger auf europäischem Boden kämpfte, ist gar nicht zu überschätzen.

Nach der Vernichtung der 6. Armee waren die Deutschen gezwungen, sich auf der gesamten Länge ihrer südlichen Linien zurückzuziehen. Die Heeresgruppe B eilte aus dem Kaukasus zurück, um nicht abgeschnitten zu werden. Der kurze Einfall der Wehrmacht in die Weiten des eigentlichen Russland ging zu Ende, als sie sich wieder in die Ukraine zurückzog. Deutschlands zweite großangelegte Offensive an der Ostfront war schmachvoll gescheitert. Und es war kein Ende in Sicht.

Unternehmen »Torch«, November 1942 bis Mai 1943

Als die Schlacht von Stalingrad tobte, im November 1942, fuhr ein alliiertes Expeditionskorps über den westlichen Horizont und landete Truppen sowohl in Marokko als auch in Algerien. Es waren überwiegend britische Schiffe und überwiegend amerikanische Soldaten. Aber ihre Landungsgebiete unterstanden der Kontrolle von Vichy. Auf die Nachricht von General de Gaulle hin hofften die Anführer des Feldzugs, dass sich den 25 000 Mann, die in der Nähe von Casablanca an Land gingen, und den 35 000 in der Nähe von Oran und Algier in Kürze der Großteil der 150 000 Mann starken französischen Garnison in Nordafrika anschließen würde. Dies war das Unternehmen »Torch« – die erste ernsthafte Initiative der Westmächte seit mehr als zwei Jahren.

Die Überlegungen hinsichtlich der französischen Kooperation waren unklug. An den Stränden bei Casablanca starben mehr als 1000 US-amerikanische Soldaten unter französischem Beschuss. Und es sollte viele Wochen dauern, bis der französische General überredet werden konnte, sich auf die andere Seite zu schlagen, so dass die Alliierten gegen die deutschen und italienischen Stützpunkte in Tunesien vorrücken konnten.

Zunächst wirkten die Stellungen der Achse in Tunis, als seien sie für eine lange Verteidigung gerüstet. Massiv verstärkt und mit zusätzlicher Luftunterstützung aus Sizilien, waren die Achsentruppen zuversichtlich, sich gegen die amerikanische 1. Armee, die von Westen anrückte, und die britische 8. Armee, die von Osten vorstieß, behaupten zu können. Und tatsächlich schlug Rommel ein paar Mal heftig zu. Am Kasserine-Pass erteilte er der 1. US-Panzerdivision eine sehr schmerzhafte Lektion. Aber dann wurde er nach Hause beordert. Ausnahmsweise zog die Achse es vor, Schadensbegrenzung zu betreiben. Am Ende hielten die Alliierten die afrikanische Küste auf voller Länge.

Bei den Strategen der Achse sorgte das Unternehmen »Torch« für Überraschung und Verwirrung. Es nahm um einer recht entlegenen Ausgangsbasis willen einen Großteil der verfügbaren Ressourcen der Alliierten in Anspruch. Genau genommen war die Operation das Ergebnis eines ungünstigen Kompromisses zwischen dem Beharren der Amerikaner auf sofortigem Handeln und Churchills Entschlossenheit, eine riskante Landung in Europa zu vermeiden. Ein zweites Dünkirchen konnten die Alliierten sich nicht leisten. Doch »Torch« erbrachte ein paar klare Vorteile. Die Ausbeute an Kriegsgefangenen – hauptsächlich Italiener, die nicht hatten kämpfen wollen – war ziemlich groß. Hitler wurde gezwungen, die Besetzung Südfrankreichs zu befehlen und dadurch die Reserven der Wehrmacht anzugreifen. Den alliierten Armeen vermittelte »Torch« dringend benötigte Erfahrungen mit einer von See her vorgetragenen Offensive. Und am Ende verfügten sie über ein Sprungbrett für den nächsten Schritt.[44]

Kursk, Juli 1943

Die Rote Armee stieß im Gefolge von Stalingrad stetig vor. Sie hatte eine Methode entdeckt, die ideal zu ihrer Überlegenheit an Menschen und Waffen passte: Die deutschen Linien wurden ununterbrochen mit Hunderten lokaler Angriffe sondiert, die gefundenen Schwachstellen aufgebrochen, und dem Gegner wurde die Zeit für eine wirksame Erholung verwehrt. In vier Monaten drängte sie den Südabschnitt der Front um fast 500 Kilometer zurück, bis sich eine riesige Frontausbuchtung entwickelt hatte, welche die deutsche Heeresgruppe Mitte von der Heeresgruppe Süd abzuspalten drohte. Im Zentrum der Frontausbuchtung lag, genau südlich von Moskau und nahe der ukrainischen Grenze, die kleine russische Stadt Kursk. Es ist dieser Name, an den alle Historiker des Zweiten Weltkriegs sich erinnern sollten, auch wenn sie die anderen vergessen.

Beide Seiten wussten, dass die Schlacht von Kursk unvermeidlich sein würde. Folglich zogen sie große Truppenkontingente und unerhörte Mengen an Material zusammen, in der Hoffnung, einen entscheidenden Vorteil zu erringen. Das deutsche Oberkommando plante seit geraumer Zeit die dritte Sommeroffensive. Und weil man wusste, dass der Kursker Frontbogen aufgebrochen werden musste, wurde entschieden, einen Großangriff auf die Ausbuchtung zum Ausgangspunkt zu nehmen. Das sowjetische Oberkommando seinerseits erkannte sehr zeitig, dass die Ausbuchtung nicht unbehelligt bleiben würde. Allerdings wurden die Sowjets sowohl durch das Programm »Ultra« als auch durch eigene Spione in Deutschland gewarnt, dass Kursk das Ziel wäre.

Der deutsche Plan für das Unternehmen »Zitadelle« sah eine klassische Zangenbewegung vor, die den Hals der Frontausbuchtung durchtrennen, die Masse der sowjetischen Streitkräfte von ihren Nachschublinien abschneiden und eine gewaltige Umfassung erleichtern würde. Die Operation sollte die Revanche für Stalingrad werden, aber durchgeführt in der glühenden Sommerhitze. Im Norden hatte Kluge, der im Zentrum Rokossowski entgegentrat, siebzehn Panzerdivisionen zur Verfügung. Im Süden erhielt Manstein, der es mit Nicolai Watutin zu tun hatte, ein ebenso üppiges Aufgebot. Das Schicksal der Panzerkommandeure hing an ihren neuen Panzerkampfwagen vom Typ Tiger I – den stärksten Panzern des Krieges. Der Beginn der Offensive wurde für den 3. Juli 1943 festgesetzt.

Der sowjetische Plan, den Schukow und Stalin sich ausgedacht hatten, sah ein Szenario vor, in dem ein massierter Panzerangriff – tatsächlich ein doppelter Angriff gewaltiger

Panzerverbände – zum allerersten Mal in diesem Krieg abrupt zum Stillstand gebracht werden sollte. Schukow hatte bereits im April ausgerechnet, dass die Rote Armee über mehr als ausreichende Reserven, vor allem an Panzern, verfügte, um mit eigenen Panzerverbänden zu einem verheerenden Gegenschlag auszuholen. Voraussetzung: Es mussten genügend Verteidigungsstellungen aufgebaut werden können, um die ersten Angriffe abzufangen. Für die erste Phase vertraute er auf gestaffelte Abwehrstellungen – konzentrische Ringe aus Minenfeldern und Batterien, gerammelt voll mit Pferdewagen, Panzerabwehrkanonen, Haubitzen von hoher Reichweite und Katjuscha-Raketenwerfern. Für jeden einzelnen deutschen Panzer bot er drei Panzerabwehrwaffen, neun Sturmgeschütze, fünfzig Raketen pro Stunde und 150 Minen auf. Für die zweite Phase vertraute er auf 3500 T-34-Panzer, ein sehr viel kleineres und schwächeres Modell als der deutsche Tiger, dafür aber erstaunlich schnell und wendig und für die Jagd in Gruppen konzipiert. Von entscheidender Bedeutung war, dass die Rote Armee genügend Luft hatte, um ihre Aufstellungen abzuschließen, bevor Unternehmen »Zitadelle« begann.

Phase 1 der Schlacht dauerte eine Woche. Immer wieder, Tag für Tag, dröhnten die deutschen Panzer mit quietschenden Raupenketten und feuernden Geschützen vorwärts und beeilten sich, die Hindernisse zu überwinden und die Wolken aus Metall zu durchdringen, die nach ihnen geschleudert wurden. Angeführt von den Tigern, schossen sie ihre frontalen Gegner mühelos ab. Einige durchbrachen die ersten Verteidigungslinien. Doch immer wieder stießen sie auf Sperren, fielen Flankenfeuer zum Opfer oder wurden von weitem durch Flächenbeschuss mit Raketen zerstört. Nach einer Woche waren sie im Norden höchstens 6,5 Kilometer und im Süden höchstens 15 Kilometer weit vorgestoßen. Kein einziger deutscher Panzer stand auch nur in der Nähe von Kursk.

Phase 2 begann am 12. Juli. Drei deutsche Panzerdivisionen, deren Ziel das Dorf Prochorowka am südlichen Rand des Frontbogens war, sahen ihren Vormarsch plötzlich vom 5. Garde-Panzerkorps blockiert, das über dreimal so viele Panzer verfügte. Insgesamt waren schätzungsweise 1200 Panzerkampfwagen an der größten und heftigsten Panzerschlacht aller Zeiten beteiligt. Gruppen stählerner Monster nahmen einander aus nächster Nähe unter Beschuss. Hunderte getroffener Flugzeuge fielen vom Himmel. Die Steppe war übersät von brennenden Wracks und verkohlten Leichen. Aber es waren die deutschen Panzer, die schließlich nachgaben. Am dritten Tag brachen die T-34-Schwärme in die schwach verteidigten deutschen Linien ein und richteten verheerende Schäden an. Die Deutschen verloren 70 000 Mann und 3000 Panzer. Rein zahlenmäßig verloren die Sowjets wahrscheinlich mehr. Aber sie gewannen die Schlacht, ohne ihre Reserven zu erschöpfen. Wie Schukow nur zu gut wusste, konnte die Rote Armee die größeren Verluste erleiden und trotzdem weiterkämpfen.

Wie Waterloo war auch Kursk eine gut vorbereitete Schlacht, die beide Kombattanten in Erwartung eines Sieges hatten austragen wollen. Die verteidigenden Verbände der Roten Armee an den Rändern waren eine moderne Entsprechung der »dünnen roten Linie«, die allen Attacken der Kaiserlichen Garde standhielt. Die T-34 spielten die Rolle der preußischen Reiterei, die genau zum richtigen Zeitpunkt eintraf, um Napoleon vom Schlachtfeld zu fegen. Der Unterschied zwischen Schukow und Wellington ist, dass Schukow immer wusste, wann die Kavallerie eintreffen würde.[45]

Die Bedeutung von Kursk ist nicht zu überschätzen. Dies war die Entscheidungsschlacht. Die vortrefflichste Kampftruppe der Wehrmacht wurde so vollständig vernichtet, dass nie wieder eine größere Offensive gestartet werden konnte. In den Jahren 1939, 1940, 1941, 1942 und 1943 hatte Hitler jährlich wiederholt zum rechten Zeitpunkt Blitzkriege geführt.

Und jedes Mal hatte der Erfolg von der Fähigkeit abgehangen, gewaltige Konzentrationen von Panzerverbänden mitsamt den sie unterstützenden Waffengattungen zusammenzuziehen. Nach 1943 sollte dies nie mehr gelingen. Im Gegensatz dazu war die Rote Armee, obschon von hohen Verlusten getroffen, psychologisch gestärkt und logistisch gerüstet aus der Panzerschlacht hervorgegangen und konnte sich fortan mit großer Energie allen Sparten der Kriegsführung widmen. An dem Tag, als Schukow in Kursk seinen Gegenangriff startete, hatten die Westmächte noch keinen einzigen Soldaten auf dem europäischen Festland abgesetzt. Und Schukow rückte von Kursk aus unermüdlich auf den Führerbunker in Berlin vor.

Der Italienfeldzug, 1943 bis 1944

Noch bevor die Schlacht von Kursk beendet war, setzte eine bescheidene alliierte amphibische Streitmacht von Nordafrika nach Sizilien über. Wieder einmal hatten sich die Westmächte entschieden, übervorsichtig zu sein. Wieder einmal würden es sowjetische Soldaten sein, die in großer Zahl sterben müssten, wenn die Dynamik des Krieges gegen Hitler aufrechterhalten werden sollte. Südsizilien ist weiter von Berlin entfernt als Kursk.

Das Unternehmen »Husky«, die Eroberung Siziliens, dauerte sieben Wochen. General George Pattons 7. Armee eilte an der Westküste entlang und eroberte Palermo, während Bernard Montgomerys 8. Armee sich im Schatten des Ätna entlang der Ostküste bewegte. Die italienischen Divisionen, die ihnen entgegentraten, knickten ein. Dann griff Generalfeldmarschall Albert Kesselring ein, der Oberbefehlshaber Südwest. Er verstärkte die Zufahrtswege zur Straße von Messina und konnte einen geordneten Rückzug organisieren. Die

Deutschen sollten sich bei allen Kämpfen in Italien im Wesentlichen auf Verzögerungstaktiken verlassen.

Die Eroberung Süditaliens, von Kalabrien bis Rom, dauerte nicht weniger als neun Monate. Das Gelände war sehr gebirgig. Starke Regenfälle behinderten das Vorwärtskommen ebenso wie unzählige natürliche Verteidigungsstellungen. Überdies wurde die Anzahl der deutschen Divisionen als Folge der politischen Krise in Italien von vier auf achtzehn erhöht. Wäre da nicht die Schlagkraft der alliierten Luftwaffe gewesen, hätte der Vormarsch womöglich gar nicht fortgesetzt werden können. Jede der amphibischen Landungen der Alliierten – im September 1943 in Salerno und im Januar 1944 in Anzio – gelang nur unter größten Schwierigkeiten. Und die deutschen Befestigungen der Goten-Stellung (am 15. Juni 1944 in »Grüne Linie« umbenannt) hielten vier Monate stand. Nachdem sowohl Inder als auch Neuseeländer zurückgeschlagen worden waren, schafften es zwei polnische Divisionen erst im dritten Anlauf, den Monte Cassino zu erstürmen. Dies und die Eroberung der Gustav-Linie durch das französische Expeditionskorps machten im Mai schließlich den Weg frei nach Rom. Die Ewige Stadt wurde am 4. Juni erobert, wobei durch die Eitelkeit von Mark Wayne Clark, dem Oberbefehlshaber der 5. US-Armee, eine goldene Gelegenheit verpasst wurde, den deutschen Rückzug zu blockieren.

Faktisch war der deutsche Feldzugsplan – mit einem möglichst geringen Truppeneinsatz die maximale Verzögerung zu verursachen – äußerst erfolgreich. Bei unverändertem Tempo des Vormarschs konnten die Alliierten nicht vor Frühjahr 1945 an den Ausläufern der Alpen ankommen. Und bevor sie nicht die Alpen erreichten, hatten die Deutschen nicht das Gefühl, dass die Sicherheit ihrer Heimat aus dem Süden besonders bedroht war. Zudem bildete das Gebirge die beste Verteidigungslinie in Europa.

Dennoch darf der Italienfeldzug ebenso wenig wie »Torch«

als symbolische Angelegenheit abgetan werden. Er beendete Mussolinis Herrschaft und damit das älteste faschistische Experiment, und er beraubte damit das Reich seines wichtigsten Verbündeten. Darüber hinaus band er eine deutsche Armee, die anderswo dringend gebraucht worden wäre. Vor allem aber verschaffte er den Westmächten die Befriedigung einer aktiven Teilnahme am europäischen Krieg und entkräftete den Vorwurf, sie würden ihren Beitrag nicht leisten.[46]

Unternehmen »Bagration«, Juni bis August 1944

Nach Kursk erfuhr der Krieg an der Ostfront einen deutlichen Wandel, der aber nicht ausschließlich Schukows großem Sieg zugeschrieben werden kann. Denn die Rote Armee hatte nicht nur den Elan und das Selbstvertrauen, um zu einer allgemeinen Offensive überzugehen, sie besaß nun auch die Mittel, in großem Stil anzugreifen. Ihr logistischer Vorteil hatte zwei einander ergänzende Ursachen. Die eine lag in der amerikanische Hilfe aus dem Leih- und Pachtgesetz, dank deren jetzt gewaltige Mengen an Lastwagen, Benzin, Lebensmittelrationen, Stiefeln und Munition über Iran wie auch über Murmansk an die Rote Armee geliefert wurden. Die andere bestand aus der unerwartet dynamischen Entwicklung der nach Osten verlegten sowjetischen Industrien, deren Panzer, Geschütze und Kampfflugzeuge jetzt in enorm gesteigerten Stückzahlen die Fabriken verließen. Die amerikanische Hilfe hielt die Rote Armee in Bewegung. Die sowjetische Industrie bewaffnete sie mit erstklassigen Waffen moderner Kriegsführung. Besonders wichtig war die Lieferung von Fahrzeugen und Flugzeugen. Nun konnte die Rote Luftwaffe den vorrückenden Panzerarmeen Deckung aus der Luft geben, so wie die deutsche Luftwaffe in früheren Phasen die deutschen

Panzer geschützt hatte. Bis auf die fanatischsten Nazis konnten alle die Zeichen der Zeit erkennen.

In der zweiten Jahreshälfte 1943 waren die deutschen Streitkräfte in der UdSSR noch immer, wie 1941, in drei große Verbände eingeteilt: die Heeresgruppen Nord, Mitte und Süd. Und die Kommunikation zwischen ihnen funktionierte noch. Fortan gab es diese Dreiteilung auch für die Sowjets: Sie mussten im Norden die Belagerung Leningrads aufheben, im Süden die durch den Sieg von Kursk hervorgerufene Verwirrung ausnutzen und in der Mitte eine überwältigende Streitmacht zur Vorbereitung der Frühjahrsoffensive 1944 aufbauen. Die sowjetischen Planer zielten in diesem Stadium bereits auf die Vertreibung sämtlicher deutscher Einheiten vom gesamten sowjetischen Territorium (wie sie es definierten).

Die seit Dezember 1941 belagerte »Heldenstadt« Leningrad wurde etappenweise nach und nach entsetzt. Während des ersten Jahres war sie die meiste Zeit nur über das winterliche Eis und die sommerlichen Fluten des Ladoga-Sees versorgt worden. Aber im Februar 1943 wurde ein zehn Kilometer breiter Korridor nach Osten freigekämpft, durch den anschließend Züge dampften. Im Oktober 1943 baute die Heeresgruppe Nord den oberen Abschnitt ihres »Ostwalls« aus, als die Sowjets in großer Zahl angriffen. Die Deutschen, nun selbst belagert, hielten drei Monate durch. Hitler befahl keinen Rückzug. Die neunhunderttägige Tortur der Stadt, die vielleicht eine Million Menschenleben gekostet hatte, endete am 27. Januar 1944.[47]

Der südliche Kriegsschauplatz, wo der Winter später einsetzte und der Frühling früher begann, bot zahlreiche Gelegenheiten. Das Donez-Steinkohlebecken wurde im August 1943 zurückerobert. Charkow fiel im September, Kiew Anfang November. Alle größeren deutschen Frontausbuchtungen waren beseitigt worden, und nicht weniger als achtzehn sowjetische Fronten (oder Heeresgruppen) rollten entlang einer dem Dnjepr folgenden, 1000 Kilometer langen Frontlinie vorwärts.

Hitler war gewiss erschüttert über den Sturz Mussolinis. Und er wurde zunehmend unruhig angesichts der Aussicht, dass die Alliierten in Frankreich landeten. Zum ersten Mal gab er offen zu, dass Territorium im Osten aufgegeben werden müsse, damit die Wehrmacht ihre Verpflichtungen im Westen erfüllen könne. Zum ersten Mal wurden Panzerdivisionen abgezogen, um sie nach Westen zu verlegen. Nach dem Vorbild von General Walter Model, dem »Meister der Defensive«, verfolgten die Deutschen danach eine Strategie des schrittweisen Rückzugs, kombiniert mit dem barbarischen Prinzip der »verbrannten Erde«, das die Rote Armee 1941–42 freilich selbst, ohne zu zögern, angewendet hatte. Sämtliche Gebäude wurden in Brand gesetzt, sämtliche Brücken in die Luft gesprengt. Sämtliche Nahrungsmittel wurden mitgenommen, während man das Vieh tötete. Doch die schiere Wucht der sowjetischen Angreifer setzte sich durch, vor allem im Süden. Der Rückzug auf die Linie des Dnjepr wurde zu einem Wettrennen. Sowjetische Brückenköpfe westlich von Kiew verwandelten sich in eine weitere wachsende Frontausbuchtung. Generalfeldmarschall Ewald von Kleists Heeresgruppe A, die ein Jahr zuvor in Richtung Kaukasus vorgestoßen war, schaffte es mit Mühe und Not über die Straße von Kertsch auf die Krim, wo sie einer weiteren Evakuierung entgegensah. Als im Januar 1944 in Wolhynien die polnische Vorkriegsgrenze erreicht wurde, war ein Territorium, das größer war als Frankreich (oder Texas), geräumt worden.

Im Frühjahr 1944 wurden die sowjetischen Geländegewinne gefestigt. Bei Korsun, wo Watutin seinen Marschallstern errang, wurden die letzten noch am Dnjepr verbliebenen deutschen Verbände im Kessel von Korsun-Schwetschenkowskij (auch Kessel von Tscherkassy, nach einer anderen Stadt in der Nähe) eingeschlossen. Zudem wurden die Deutschen von der

Halbinsel Krim vertrieben. An den Stränden von Sewastopol wurden im Mai die Überreste einer 150 000 Mann starken deutschen Streitmacht in Sicherheit gebracht – eine Szene, die an Dünkirchen erinnerte.

Das entscheidende Unternehmen braute sich jedoch im Mittelabschnitt der Ostfront zusammen, aus dem das sowjetische Oberkommando die Hauptstreitmacht der Wehrmacht ein für alle Mal vertreiben wollte. Geplant von Schukow und Stalin, wurde die Operation Rokossowski anvertraut, der – halb Pole, halb Russe – sowohl in Stalingrad als auch in Kursk geglänzt hatte – nachdem er aus dem Gulag entlassen worden war. Ihm wurden 2,4 Millionen Soldaten, 5200 Panzer und 5300 Flugzeuge zur Verfügung gestellt, was ihm eine zahlenmäßige Überlegenheit von fast 4:1 verschaffte. Bei seinem Gegner, Generalfeldmarschall Ernst von Busch, einem glühenden Nazi, konnte man davon ausgehen, dass er Hitlers Befehle bedingungslos erfüllte. Obwohl es ihnen an Panzerabwehrgeschützen und Artillerie fehlte und ungeachtet der Verlegungen an den nachgebenden Südabschnitt, wählten die deutschen Verteidiger eine Strategie der starren »Festungen« – in Witebsk, Orscha, Brobuisk und Mogilew. In Witebsk allein wurden fünf Divisionen aufgestellt. Die Garnisonen erhielten Befehl, bis zum letzten Mann zu kämpfen.

Rokossowski konnte es sich zu diesem Zeitpunkt erlauben, den Aufmarsch abzuschließen, ohne Gefahr zu laufen, gestört zu werden. Am 30. Mai billigte Stalin seine Truppenaufstellungen, obwohl er den Startschuss für das Unternehmen »Bagration« erst am 23. Juni gab. Die Wirkung war vernichtend. Binnen vier Tagen waren sämtliche deutschen Festungen eingeschlossen. Zwei dezimierte deutsche Armeen kämpften um den Rückzug. Und die 9. Armee war zerfallen. Am 28. Juni entließ Hitler Busch und machte Model zum Chef der Heeresgruppe Mitte.

Die zweite Phase von »Bagration« begann im weißrussischen Minsk. Model zog geschickt die Überreste der Heeresgruppe Mitte heraus und entsandte die letzten Reserven. Seine Hoffnung bestand darin, 400 Kilometer weiter westlich an der Weichsel eine neue Verteidigungslinie aufzubauen. Doch Rokossowskis Einheiten gönnten dem Gegner nicht die kleinste Atempause. Als er am 19. Juli an der sogenannten Curzon-Linie den Bug überquerte, wurde er mit seinem Marschallstern belohnt. Er stand jetzt in Zentralpolen und rückte auf Warschau vor. Gleichzeitig wurden auf seinem rechten Flügel zwei Fronten frei, um nordwärts in Richtung Ostpreußen auszuscheren und dadurch die Heeresgruppe Nord von ihren rückwärtigen Verbindungen abzuschneiden. Zwei der ukrainischen Fronten rückten parallel zu seinem linken Flügel vor und verdoppelten so die Streitmacht, die auf die Weichsel vorstieß.

Rokossowskis Befehle lauteten zu diesem Zeitpunkt, am 2. August Warschau einzunehmen. Tatsächlich suchte er an diesem Tag von einem Beobachtungsposten jenseits des Flusses aus die Stadt ab. Die polnische Hauptstadt stand in Flammen. Der sowjetische Rundfunk hatte die Bürger aufgefordert, sich gegen die deutschen Unterdrücker zu erheben. Doch genau an diesem schicksalhaften Tag hatte auch Model mit vier Panzerdivisionen, darunter die von Italien herangeführte Elitedivision »Hermann Göring«, einen kraftvollen Gegenangriff gestartet. Die Befreiung Warschaus würde warten müssen.[48]

Trotzdem handelte es sich nach Ansicht der sowjetischen Befehlshaber lediglich um einen vorübergehenden und zudem örtlich begrenzten Rückschlag. Zwei Angriffsspitzen der Roten Armee hatten die Weichsel bereits überquert und behaupteten auf dem Westufer ihre Stellung. Möglich, dass dem Unternehmen »Bagration« die Luft ausging. Aber es bestand nach wie vor ein überwältigendes Kräfteungleichgewicht zugunsten der Roten Armee. Und im sowjetischen Plan war nicht vorgesehen, dem Feind Muße zur Erholung zu gewähren. In diesem Geist arbeiteten Schukow und Rokossowski einen Plan für eine neue Offensive aus. Sie beabsichtigten, binnen vierzehn Tagen, nachdem sie Models Gegenangriff gestoppt hatten, einen Angriff zur Befreiung Warschaus zu starten. Die Stadt sollte durch Vorstöße eingekreist werden, die von Norden und Süden vorgetragen werden sollten. Danach wäre alles bereit für einen allgemeinen Sturm nach Westen über die große europäische Tiefebene. Deutsche Abwehrmaßnahmen waren nicht organisiert worden. Berlin winkte. Der Plan wurde Stalin vorgelegt, und seine Antwort wurde erwartet.[49]

Das Tempo des sowjetischen Vormarschs verdient Beachtung. Seit Stalingrad im Februar 1943 war die Zentralfront sprunghaft vorgerückt. Durchschnittlich 5,3 Kilometer wurden pro Tag zurückgelegt. Angesichts von 592 noch verbleibenden Kilometern und unter der Voraussetzung, dass es keine Rückschläge an der Front geben würde, musste Rokossowski bei diesem Tempo am 11. Dezember Berlin erreichen.

Phase 3, Juni 1944 bis Mai 1945: Der Untergang des Dritten Reiches

In der kurzen Pause, die dem Start von »Bagration« im Juni 1944 vorausging, landeten die Westalliierten erfolgreich eine große Streitmacht in der Normandie. Unternehmen »Overlord« war kleiner als »Bagration«, aber es veränderte die strategischen Koordinaten des Krieges grundlegend. Fortan würde das Reich von zwei Seiten in die Zange genommen werden.

Vom westlichen Standpunkt aus war die Aufgabe, vor der die britischen und amerikanischen Armeen standen, schwierig, aber überschaubar. Die Strategie lautete: bedingungslose Kapitulation (siehe S. 107). Nachdem sie ihren Brückenkopf in Nordfrankreich gesichert hatten, wollten Briten und Amerikaner so schnell wie möglich in das Reich vordringen, sich an irgendeinem Punkt mit den aus dem Osten kommenden sowjetischen Streitkräften vereinen und anschließend gemeinsam die Hydra in ihrem Nest erdrosseln.

Von Stalins Standpunkt aus verlangte die Asymmetrie der Situation jedoch einige knifflige Entscheidungen. Die westlichen Armeen waren dreimal weiter von Berlin entfernt als Rokossowski, und es war unwahrscheinlich, dass sie jemals eine Streitmacht aufmarschieren lassen würden, die mehr als einen Bruchteil der Größe der Roten Armee ausmachte. Deshalb setzte die Wehrmacht im Westen auch nur ein Viertel ihrer Gesamtressourcen ein – ungefähr sechzig Divisionen. So zeichnete sich eine bedrohliche Entwicklung ab: Die Sowjets würden nicht nur Berlin im Alleingang erobern, sondern auch vor der erwarteten Vereinigung den größten Teil Deutschlands überrennen. In dieser Situation würde das NS-Regime zweifellos gestürzt werden, und es würde sich, wie die kommunistische Ideologie unterstellte, die Gefahr ergeben, dass ein nachnationalsozialistisches Deutschland sich in einem antisowjetischen Kreuzzug dem »kapitalistischen Lager« anschloss. Es hatte schon seltsamere Wendungen des Schicksals gegeben.

Leider haben Historiker niemals Zugang zu den Archiven bekommen, die vielleicht Einzelheiten dessen hätten enthüllen können, was in Stalin vorging, als er beobachtete, wie sich parallel zu »Bagration« das Unternehmen »Overlord« entwickelte.

Allerdings sind seine Sorgen nicht allzu schwer zu erraten. Eine war fraglos Polen, wo der Warschauer Aufstand unerklärlicherweise weiterging (siehe S. 203–205). Gerade Stalin, dessen eigene politische Karriere während des polnisch-sowjetischen Krieges von 1920 beinahe in einer Katastrophe geendet hätte, würde Lenins Fehler, die Polen als selbstverständlichen Besitz hinzunehmen, nicht wiederholen. Das Letzte, was er wollte, war, in Deutschland einzurücken und dann festzustellen, dass Linien der Roten Armee im Rücken bedroht werden.

Eine weitere Sorge ging vom Balkan aus, wo Hitlers Verbündete in Rumänien, Bulgarien und Ungarn von Tag zu Tag unruhiger wurden. Wohin würden sie sich orientieren, falls die Westalliierten eine Streitmacht in ihrer Region landeten? Vielleicht war »Overlord« ein Täuschungsmanöver, das Frankreich absichern sollte, während es die Möglichkeit für Churchills lebenslange Obsession offenließ: eine zweite Landung im »weichen Unterleib Europas«.

Die dritte Sorge betraf Deutschland. Zweifellos genoss Stalin den Gedanken, dass die Rote Armee Berlin eroberte. Gleichzeitig dürfte er kaum den Wunsch verspürt haben, alle Kosten und Risiken einer Besetzung und Verwaltung Deutschlands allein zu tragen, während die Westalliierten sich mit anderen Dingen beschäftigten. Somit hing eine wegweisende strategische Entscheidung von militärischen wie nicht militärischen Überlegungen ab.

Stalins Vorgehensweise wurde durch den beträchtlichen Zeitvorsprung der Roten Armee erleichtert. Die Sowjets hatten mindestens drei oder vier Monate zur Verfügung, bevor die westlichen Armeen Westdeutschland auch nur bedrohten. Die Hauptfrage lautete: Wie sollten diese Monate am besten genutzt werden? Stalins Antwort wurde im Laufe des August 1944 klar, als die Rote Armee Befehl erhielt, im zentralen Weichsel-Sektor auf Defensive umzuschalten, während sie gleichzeitig einen vernichtenden Angriff auf Rumänien startete. Der von Schukow und Rokossowski vorgelegte Plan wurde abgelehnt, der Hauptvorstoß ins Innere Deutschlands verschoben. Stattdessen beabsichtigten die Sowjets, sich so viel wie möglich von Südost- und Mitteleuropa zu sichern, bevor die Endabrechnung kam. Damit würden sie jede Möglichkeit einer alliierten Balkan-Operation vereiteln und sie selbst hätten die Alternative, entweder über Wien oder über Berlin ins Reich einzudringen; sie würden die Ressourcen mehrerer eroberter Länder ausbeuten, um den Wiederaufbau und den Aufschwung der UdSSR nach dem Krieg zu unterstützen, und sie würden sich eine überaus starke Verhandlungsposition mit den Westalliierten verschaffen. Zudem konnten sie so in Ruhe abwarten, was in Polen passierte. Stalin saß am längeren Hebel.

Unternehmen »Overlord«, Juni bis Juli 1944

Den meisten britischen und amerikanischen Historikern gilt der D-Day als das entscheidende militärische Ereignis des Zweiten Weltkriegs. Die Landung war auf jeden Fall ein sehr riskantes Unternehmen, bewundernswert in der Ausführung und von größter Bedeutung für die Interessen des Westens. Wäre sie gescheitert, die Chancen auf einen zweiten Versuch in absehbarer Zukunft wären gering gewesen. Und das Schicksal Europas wäre ausschließlich durch die abschließende Kraftprobe zwischen der Wehrmacht und der Roten Armee entschieden worden.

Der Debarkation Day (D-Day), der Tag der Invasion, wurde auf den 5. Juni 1944 festgesetzt, aber wegen stürmischen Wetters um 24 Stunden verschoben. Der bei dieser Gelegenheit von General Dwight D. Eisenhower, dem alliierten Oberbefehlshaber, gezeigte unerschütterliche Mut kann fast schon als »wahrer britischer Schneid« bezeichnet werden. Alles hätte leicht auf dem Grund des Ärmelkanals enden können, wie seinerzeit die spanische Armada, aber es kam anders. Die 1200 Schiffe der alliierten Armada setzten sicher über. Über ihren Bestimmungsort waren die Deutschen erfolgreich getäuscht worden. Rommel weilte im Urlaub. Die alliierte Luftsicherung war mit 260 Flugzeugen pro Infanteriedivision zehnmal stärker als die der deutschen Luftwaffe am Anfang von »Barbarossa«. Die erste Landung von Segelflugzeugen an der Pegasusbrücke in der Nähe von Ouistreham wurde mit großer Präzision durchgeführt, aber die Landung von Fallschirmjägern in Sainte-Mère-Église war weniger brillant. Trotzdem wurden an einem einzigen Tag an den fünf Stränden mit den Codenamen »Sword«, »Juno«, »Gold«, »Omaha« und »Utah« 156 000 alliierte Soldaten an Land gesetzt. Die Verluste – darunter 2500 Tote oder 1,6 Prozent – waren, historisch gesehen, gering. Die technische Unterstützung wie die künstlichen »Mulberry«-Häfen und PLUTO – die »Pipe-Line [for Petrol] Under the Ocean«, eine unterseeische Treibstoff-Pipeline – waren ein triumphaler Erfolg. Zwei Jahre zu spät, dann aber mit großem Elan, war die »Zweite Front« endlich eröffnet worden.

Doch nach wenigen Tagen tauchte ein großes Problem auf. Die britischen und amerikanischen Truppen verfügten nicht über die Waffen, Ausbildung und Führung, um gleich starke, aber besser kämpfende Deutsche zu überwinden. Nachdem sie sich erst einmal festgesetzt hatten, besaßen die Alliierten »eine effektive Überlegenheit von 20:1 bei Panzern und 25:1 bei Flugzeugen. Doch sie konnten ihre Überlegenheit nicht zur Geltung bringen. Immer wieder mussten sie Luftunterstützung anfordern: Raketen abfeuernde Typhoon-Jagdeinsitzer, um deutsche Panzer zu verdrängen, und schwere Bomber, um deutsche Verteidigungsstellungen aufzubrechen. Die Folge war, dass man am Boden sehr langsam vorwärtskam. Montgomery sollte eigentlich am ersten Abend Caen einnehmen. Er erreichte die total zerstörte Stadt am dreißigsten Tag der Invasion. Die Amerikaner sollten binnen vierzehn Tagen ›ausbrechen‹. Es gelang ihnen nach sieben Wochen.«[50]

Der Feldzug in der Normandie endete mit der blutigen Schlacht im Kessel von Falaise, die vom 19. bis 21. August dauerte. Die deutsche Heeresgruppe B versuchte sich nach Osten abzusetzen, wurde aber zu einem Spießrutenlauf zwischen dem II. kanadischen Korps im Norden und amerikanischen Kolonnen, die in einem Bogen von Süden heranzogen, gezwungen. Die gemeinsam mit den Kanadiern kämpfende polnische 1. Panzerdivision sorgte mit heldenhaftem Einsatz dafür, dass der »Korken im Flaschenhals« blieb. Ein paar Deutsche entkamen, aber die meisten wurden eingekesselt. Sie wurden aus der Luft mit Raketen beschossen oder durch schwere Artillerie aufgerieben. Etwa 10000 starben und 50000 kapitulierten. Es war ein Stalingrad im Kleinen.

Der Warschauer Aufstand, 1. August bis 5. Oktober 1944

Der Warschauer Aufstand, nicht zu verwechseln mit dem Aufstand im Warschauer Ghetto 1943, war die größte Militäraktion, die von einer Widerstandsbewegung der Kriegszeit unternommen wurde. 50 000 leichtbewaffnete Kämpfer der polnischen Heimatarmee standen einer ähnlichen Anzahl SS- und Hilfstruppen gegenüber, darunter die abtrünnige russische RONA-Brigade, die mit Panzern, schwerer Artillerie und Kampfflugzeugen bewaffnet war. Der Aufstand sollte fünf bis sechs Tage dauern und ging fast zehn Wochen weiter. Kein erfahrener Beobachter, einschließlich Stalin, konnte die Vorgänge begreifen. Die Erklärung lautete ganz einfach: purer Mut.

Die Heimatarmee rechnete damit, dass sie nach der Einnahme von großen Teilen der Stadt Beistand von den Westalliierten und der Roten Armee erhalten würde, wurde tatsächlich aber nur wenig unterstützt. Der RAF wurden die Landerechte auf sowjetisch besetztem Territorium verweigert. Und die Rote Armee, obwohl in Sichtweite Warschaus, reagierte nicht. Eine Division polnischer Soldaten aus einer der kommunistisch geführten Armeen überquerte zwar den Fluss, wurde aber niedergemacht. Insgesamt wurden auf beiden Seiten etwa 20 000 Soldaten getötet.

Die Zivilbevölkerung trug die Hauptlast der Tragödie. Etwa 50 000 Einwohner Warschaus wurden von der SS massakriert, mindestens 100 000 kamen im deutschen Bombenhagel um, und etwa 500 000 wurden in die Lager oder in die Sklavenarbeit verschleppt. Nach der Zwangsevakuierung wurde die zerstörte und leere Stadt auf persönlichen Befehl Hitlers dem Erdboden gleichgemacht. Die Verluste – menschliche und materielle – waren sechzigmal so hoch wie jene in New York am 11. September 2001. Es war, als hätte sich die Katastrophe des World Trade Center zweieinhalb Monate lang tagtäglich ereignet.

Militärisch betrachtet, lieferte Warschau ein Paradebeispiel städtischer Guerilla-Kriegsführung. Eine Amateurstreitmacht mit gewaltiger Motivation hielt wochenlang eine rücksichtslose Berufsarmee in Schach, trotzte Panzern, schweren Geschützen und Sturzkampfbombern. Politisch betrachtet, wird der Aufstand oft als zynischer Verrat seitens der politischen Führer des Westens gesehen, die es kläglich versäumten, gemeinsam mit Stalin zugunsten ihrer polnischen Verbündeten zu intervenieren. Verwirrung, schlechte Vorbereitungen und falsche Informationen können aber eine andere denkbare Erklärung darstellen.[51]

Der Balkanfeldzug der Roten Armee, 1944 bis 1945

Westliche Historiker widmen den Unternehmungen der Roten Armee im Herbst 1944 selten große Aufmerksamkeit. Dieser Zeitraum wird als Ruhepause vor den abschließenden Operationen des Jahres 1945 abgetan. Doch in diesen wenigen Monaten besetzten Marschall Fjodor Tolbuchins Armeen fünf Länder, eroberten ein Gebiet, zweimal so groß wie Frankreich, und schwächten die Fähigkeit der Wehrmacht, das Reich zu verteidigen, beträchtlich.

Rumänien, das sich an der deutschen Invasion der UdSSR beteiligt hatte, wurde in vierzehn Tagen bezwungen. Die Regierung des Generals Ion Antonescu wurde gestürzt, und dem Land wurden harte Kapitulationsbedingungen auferlegt. Dann wurden die rumänischen Teilstreitkräfte gezwungen, gegen ihre ehemaligen deutschen Bundesgenossen zu kämpfen.

Am 9. September rückte Tolbuchin in Bulgarien ein. Die dortigen Kommunisten stürzten die bestehende politische Ordnung, und eine 350 000 Mann starke bulgarische Armee wurde ebenfalls den sowjetischen Reserven hinzugefügt.

Rumänien und Bulgarien grenzen beide an Jugoslawien, von wo aus Josip Broz Tito um sowjetischen Beistand ersucht hatte. Belgrad wurde am 20. Oktober befreit. Ein gemeinsames Unternehmen der Sowjets mit Titos Einheiten besiegte darüber hinaus auch die ursprüngliche Widerstandsbewegung der Četnici.

Wie andere Länder zuvor stand auch Ungarn mitten in den Verhandlungen über eine Verständigung, als die Katastrophe ihren Lauf nahm. Die Wehrmacht rückte vor, um Budapest zu besetzen, den Reichsverweser Admiral Miklós Horthy abzusetzen und ein faschistisches Regime zu installieren, an dessen Spitze die Pfeilkreuzler standen – das ungarische Gegenstück zur rumänischen Eisernen Garde. Der Staatsstreich der Deutschen kam dem sowjetischen Vormarsch zuvor und löste einen apokalyptischen Kampf um Ungarns Hauptstadt aus.

Die Belagerung von Budapest dauerte von November 1944 bis zum 13. Februar 1945. Abgesehen von Leningrad, Stalingrad und Warschau wurde auf keinem städtischen Schlachtfeld so heftig gerungen. Die deutsche Garnison besaß ein besonders starkes Panzerkontingent, ausgezeichnete Befestigungen auf dem Budaberg und hatte Befehl, auf Leben und Tod zu kämpfen. Über 150 000 Mann stark, wehrte sie eine zweifache Übermacht ab. Einmal erreichten Panzer des 4. Panzerkorps die Peripherie und hätten ausbrechen können. Aber Hitler beorderte sie zurück. Nach der formellen Kapitulation wurde eine 16 000 Mann starke deutsche Truppe umgebracht. Über 100 000 Deutsche gerieten in sowjetische Kriegsgefangenschaft. Die Zahl der zivilen Todesopfer bewegte sich in der gleichen Größenordnung.[52]

Während die sowjetische Dampfwalze durch den Balkan rollte und der Weichsel-Sektor ruhig blieb, wurden Moskaus Absichten im Ostseeraum deutlich. Finnland handelte im September erfolgreich einen Waffenstillstand aus. Die drei baltischen Staaten, deren Unabhängigkeit im Westen nach wie vor anerkannt wurde, wurden ein zweites Mal in die UdSSR eingegliedert. Die deutsche Besatzungsarmee wurde quasi eingesperrt. Sobald die sowjetischen Streitkräfte einen

Korridor von Weißrussland bis zur Ostseeküste in Litauen geschaffen hatten, war die deutsche Heeresgruppe Nord abgeschnitten. Von da an wurde sie allmählich von allen Seiten in den Kurland-Kessel gedrängt, aus dem für den Abzug nur der Seeweg blieb. Weiter südlich konnten die Sowjets mit der Schleifung Ostpreußens beginnen, das sie annektieren wollten. Nach einem kurzfristigen Einfall im September in den Ort Nemmersdorf wurden Bilder von deutschen Frauen bekannt, die ausgezogen und an Scheunentoren gekreuzigt worden waren. Goebbels hoffte, diese Bilder nutzen zu können, um den Widerstand zu verstärken. Doch sie lösten Panik aus, und die große Flucht aus dem Osten begann. Der Kurland-Kessel erschien dagegen wie ein Nebenschauplatz. Es kam kaum zu aufsehenerregenden Kämpfen, und manche der Einheiten waren in schlechter Verfassung. Doch die Dimensionen des Kessels verdienen eine Anmerkung. Immerhin wurden auf der Halbinsel Kurland in Westlettland nicht weniger als 31 unbesiegte deutsche Divisionen eingeschlossen, denen damit eine maßgebliche Rolle in den letzten Kriegsmonaten verwehrt blieb. Ihre Mannschaftsstärke machte ungefähr 10 Prozent des Personalbestands der Wehrmacht Anfang 1945 aus und war damit höher als die der gesamten britischen Armee. Tatsächlich entsprach sie der Hälfte des gesamten deutschen Truppenaufmarschs an der Westfront. Der Verlust dieser Divisionen führte zu gar nicht abzuschätzenden Konsequenzen. Denn wenn sie verfügbar gewesen wären, um die Lücken in den deutschen Verteidigungsstellungen zu stopfen, als die Wehrmacht sich ins Reich zurückzog, wäre die Aufgabe der alliierten Armeen unweigerlich um vieles schwerer gewesen.

Die Befreiung Frankreichs, Juli bis Dezember 1944

Der Ausbruch aus der Normandie wurde mit einer zweiten Serie von Landungen in Südfrankreich verknüpft, wo am 15. August 1944 das Unternehmen »Dragoon« anlief. Die britischen Armeen drängten durch Nordfrankreich ostwärts; Pattons 3. US-Armee stürmte mit doppeltem Tempo in einem weiten Bogen durch Mittelfrankreich, und Einheiten des Unternehmens »Dragoon« zogen das Rhônetal aufwärts nach Norden. Die Wehrmacht führte ihren Rückzug verbissen durch, bis entlang der Zugänge zu Deutschlands Grenze eine zusammenhängende Verteidigungslinie aufgebaut werden konnte.

Eisenhower hatte gar nicht vor, Paris einzunehmen, aber ein spontaner Aufstand der französischen Résistance erzwang seine Hilfe. Einwöchige Gefechte mit einer demoralisierten deutschen Garnison genügten. Der deutsche Militärbefehlshaber von Groß-Paris, General Dietrich von Choltitz, verweigerte Befehle zur Sprengung der Denkmäler der Stadt, und die französische 2. Panzerdivision von General Philippe Leclerc, der unter amerikanischem Oberbefehl diente, wurde von der 3. US-Armee abkommandiert, um die Befreiung zu vollenden. Dies war genau das Szenario, das sich eigentlich in Warschau hatte entwickeln sollen. Die Warschauer, die noch immer ihren einsamen Kampf ausfochten, übermittelten per Funk Glückwünsche nach Paris.[53]

Im Herbst 1944 verlor der alliierte Vormarsch an Schwung, was der Wehrmacht Gelegenheit gab, sich neu zu formieren. Zwar konnte Brüssel am 3. September befreit werden, was in der Bevölkerung Begeisterungsstürme auslöste. Aber die Kanalhäfen, darunter Antwerpen, wurden nicht zügig gesichert, wodurch es zu Engpässen beim Nachschub kam. Generalfeldmarschall Model – jetzt »Feuerwehrmann des Führers« genannt – war eingetroffen, um den Widerstand zu verstärken.

Montgomery, der wegen seines Vorrückens im Schneckentempo zunehmend kritisiert wurde, reagierte mit einem übereilten Angriffsplan von Luftlandetruppen auf die Brücken in Eindhoven, Nijmegen und Arnheim, 160 Kilometer weiter voraus. Unternehmen »Market Garden«, ausgeführt Ende September, erwies sich als totaler Fehlschlag. Die britische 1. Luftlandedivision erlitt schreckliche Verluste. Und die polnische Fallschirmjägerbrigade, die zwei Jahre trainiert hatte, um Warschau zu befreien, wurde geopfert. Dennoch war das Desaster nicht auf Versagen der militärischen Führung zurückzuführen.[54]

Die Amerikaner stießen anschließend im Mittelabschnitt auf noch größere Schwierigkeiten. Sie wurden in die gebirgigen Ardennen gelockt, die 1940 Schauplatz des Triumphs deutscher Panzer gewesen waren, und liefen direkt in die letzte große Gegenoffensive der Wehrmacht im Westen. Im Schutz des schlechten Dezemberwetters griffen zwei deutsche Armeen, zu denen neun Panzerdivisionen gehörten, ohne Vorwarnung an und schufen schnell eine tiefe und gefährliche Ausbuchtung in den alliierten Linien. Ihr Ziel war eine Wiederholung des Erfolgs von 1940, die Eroberung der alliierten Nachschubbasis Antwerpen und die Freisetzung der Wehrmacht für die Verteidigung des Ostens. Zwei Wochen lang blieb die militärische Lage in der Schwebe. Da sie ohne Luftsicherung auskommen mussten, waren die alliierten Armeen überfordert. Die 101. US-Luftlandedivision wurde in Bastogne eingekesselt. Aufgefordert, sich zu ergeben, übermittelte ihr Kommandeur, Brigadegeneral Anthony McAuliffe die unübersetzbare Antwort: »Nuts!«, sinngemäß etwa: »Schert euch zum Teufel!« Dann klarte das Wetter auf. Die deutschen Panzer konnten aus der Luft unter Beschuss genommen werden. Dem deutschen Vorstoß gingen zudem rasch Treibstoff und Willenskraft aus. Die Amerikaner hatten 19 000 Gefallene. Die Deutschen verloren bis zu 100 000 Mann, die getötet oder verwundet wurden oder in Gefangenschaft gerieten, dazu 800 Panzer und 1000 Flugzeuge. Nach Einschätzung von General Hasso von Manteuffel war dies das Ende, weil die Wehrmacht sich solche Verluste nicht leisten konnte.[55]

Dennoch lief der Feldzug vom westlichen Standpunkt aus nicht gut. Wie ihre Ahnen 1914 hatten die Combined Chiefs of Staff zum Zeitpunkt des D-Day geschätzt, dass der Krieg spätestens Weihnachten aus wäre. Nun verstrich der Neujahrstag, und die alliierten Armeen waren noch immer nicht auf deutsches Territorium vorgedrungen. Sie hatten nicht einmal die Niederlande befreit. Nach wie vor standen sie weiter von Berlin entfernt als die Rote Armee.

Von der Weichsel zur Oder, Januar 1945

Während die westlichen Armeen sich Deutschland behutsam näherten, plante das sowjetische Oberkommando eine Offensive, die alle früheren Offensiven in den Schatten stellen sollte. Insgesamt 3,8 Millionen Soldaten wurden Schukow zur Verfügung gestellt, um in fünfzehn Tagen von der Weichsel bis an die Oder und in weiteren dreißig Tagen von der Oder bis an die Elbe jenseits von Berlin vorzustoßen. In den entscheidenden Sektoren der Front sollte die Rote Armee eine Überlegenheit von 10:1 besitzen. Etwas Vergleichbares hatte man noch nie gesehen. Keine andere Macht konnte es mit militärischer Stärke in diesem Maßstab aufnehmen.

Es ist deshalb nicht verwunderlich, dass die deutschen Gegenmaßnahmen trotz vieler Vorwarnungen völlig unzulänglich waren. Zwar war die deutsche Industrie bei der Waffenproduktion, Flugzeuge ausgenommen, nicht allzu weit ins Hintertreffen geraten, aber das Reich litt nun unter einem akuten Mangel an Rekruten und Treibstoff. Verzweifelte Versuche waren unternommen worden, die Hitler-Jugend, unausgebildete Jugendliche und überalterte Veteranen einzuziehen, aber auch dieses Reservoir versiegte allmählich. Sämtliche Ressourcen des einst besetzten oder verbündeten Auslands – Arbeitskräfte, Industrieproduktion, Nahrungsmittel, Soldaten und, in Rumänien, Öl – flossen nun in die sowjetische Kriegskasse. Dies ist zweifellos einer der Gründe, warum Stalin keine Eile hatte, die letzte Konfrontation herbeizuführen. Die Zeit arbeitete für ihn.

Der Schlag wurde mit explosiver Wucht am 13. Januar 1945 geführt. Auf Churchills Bitte hin war er eine Woche vorverlegt worden, um die Amerikaner nach der Ardennenoffensive zu entlasten. Mit zwölf parallelen Vorstößen, die meisten von den Weichsel-Brückenköpfen aus, wurden die feindlichen Linien durchbrochen. Und schon bald rasten lange Kolonnen sowjetischer Panzer über die eingeschneite polnische Ebene. Die Ruinen von Warschau wurden am 17. 1. eingenommen. Krakau fiel am 18. Das berüchtigte Lager bei Auschwitz, inzwischen größtenteils evakuiert, wurde am 27. entdeckt. Die deutsche Heeresgruppe A in Zentralpolen löste sich auf. Und eine neue »Heeresgruppe Weichsel« musste unter dem Oberbefehl von Heinrich Himmler improvisiert werden. Bis zum Monatsende waren sowjetische Streitkräfte auf einer Linie von 100 Kilometern entlang der Oder in Reichweite Berlins in Stellung gegangen. Die bedeutende Stadt Breslau wurde eingeschlossen und sah sich einer grausamen, vier Monate andauernden Belagerung ausgesetzt. Langsamer voran ging es in Ostpreußen, vor dem Pommerschen Wall an der Ostseeküste und in Ungarn – wohin Hitler, zum letzten Mal pokernd, die 6. Panzerarmee entsandt hatte.

Das Schicksal Breslaus veranschaulicht die von allen Seiten angewandte beispiellose Grausamkeit. Am 19. Januar 1945, als die Stadt zur Festung erklärt wurde, befahlen die NS-Behörden ohne viel Federlesens allen Frauen, Kindern und Nichtkombattanten, Breslau zu verlassen. In wenigen Tagen wurden etwa 600 000 Zivilisten gewaltsam vertrieben, und Tausende kamen um, als sie durch den Schnee zu fernen Sammelzentren stapften. Viele der überlebenden Flüchtlinge schafften es nach Dresden, wo sie prompt vom Bomberkommando der RAF verbrannt wurden. Anschließend zermalmte die Rote Armee die Stadt in einem wochenlangen pausenlosen Bombardement, bis die Oder-Metropole allmählich so aussah wie Dresden. Die Verteidiger Breslaus, eine verzweifelte Mischung aus SS, Reservisten und Sklavenarbeitern, wurden vernichtend geschlagen. Sie ergaben sich erst am 6. Mai – eine Woche nach Berlin. Kurz vor der Kapitulation sagte der NS-Gauleiter Karl Hanke seinen Parteigenossen Lebewohl, stieg in ein leichtes Flugzeug, das auf einer improvisierten Start-und-Lande-Bahn inmitten der Ruinen stand, startete und verschwand auf Nimmerwiedersehen.[56]

Nach der Konferenz von Jalta im Februar scheint Stalin die zweite Phase seiner Winteroffensive verschoben zu haben. Die Rote Armee rückte nicht, wie ursprünglich geplant, von der Oder weiter zur Elbe vor. Nur Marschall Iwan Konjew marschierte weiter in Richtung Dresden, doch dann stoppte auch er. Ein weiterer Vormarsch erfolgte im Süden, nachdem Budapest gefallen war und sowjetische Truppen das Donautal aufwärts gegen Wien und die »Hintertür des Reiches« vorrückten. Stalin schien abwarten zu wollen, was die westlichen Alliierten vorhatten.

Dresden, Februar 1945

Angesichts der Tatsache, dass die strategische Bomberoffensive sich ostwärts ausbreitete und die Rote Armee sich in Richtung Westen wälzte, war klar, dass beide einander begegnen würden. Allerdings hatte Stalin die westlichen Führer in Jalta ausdrücklich darum gebeten, die Städte Ostdeutschlands zu bombardieren, um den Vormarsch der Roten Armee zu unterstützen. Das Ergebnis war das Unternehmen »Thunderclap«. Die Ziele hießen Magdeburg, Berlin, Chemnitz und Dresden.

In der Nacht vom 13. auf den 14. Februar 1945 schickte das RAF-Bomberkommando 796 Lancaster-Bomber in zwei Wellen nach Dresden; sie warfen 1500 Tonnen Sprengbomben und 1200 Tonnen Brandbomben über der Stadt ab. Es folgte ein Feuersturm von noch furchtbareren Ausmaßen als dem in Hamburg. Um den Schaden zu vergrößern, griff anschließend am helllichten Tag eine Flotte amerikanischer B-17-Bomber an. Die Schätzungen über die zivilen Opfer reichen von 30000 bis 120000.

Dresden war praktisch unverteidigt. Es war eine historische Stadt voller architektonischer Schätze und verängstigter Flüchtlinge. Im Stadtzentrum, wo durch Leuchtzeichen Ziele markiert worden waren, befanden sich keine kriegswichtigen Industrien. Eine nachhaltige Störung von Verkehr und Transport wurde nicht erreicht. Binnen weniger Tage begannen wieder Züge zu fahren. Wie um die sinnlose Brutalität des Ereignisses zu unterstreichen, machte die Rote Armee sich nicht die Mühe anzugreifen.[57]

Das Finale beginnt

Im Frühjahr 1945 war die Lage für das NS-Regime ausweglos. Hitler hatte sich in seinen Bunker geflüchtet, aus dem er nie mehr auftauchen würde. Im Osten wütete der »rote Terror«. Die Sowjets machten im Kampf keine Gefangenen. Männliche deutsche Zivilisten wurden ermordet. Deutsche Frauen wurden von ganzen Gruppen auf Befehl vergewaltigt. Jeder deutsche Soldat, der die Chance hatte, sich Briten oder Amerikanern zu ergeben, tat dies.

Die Niederlande hatten infolge der Arnheim-Katastrophe einen »Hungerwinter« durchlitten, in dem es schon ein Luxus war, Tulpenzwiebeln zu essen. Jetzt warfen alliierte Flugzeuge Kartoffeln statt Bomben ab. Doch Amsterdam wurde erst Anfang Mai befreit, ganze acht Monate nach Brüssel. Als die Kanadier und Polen der 1. Armee in Städte wie Breda oder Utrecht einmarschierten, war der Empfang begeisterter als irgendwo sonst in Europa.

Die britische 2. Armee zog weiter nach Osten in Richtung Hamburg und schließlich nach Schleswig-Holstein (wo Himmler gestellt wurde) und Lübeck. Dänemark fiel in die Hände der Widerstandsbewegung – mit Ausnahme Bornholms, das im Mai von einer sowjetischen Truppe gestürmt wurde, die angeblich überwiegend aus Frauen bestand.

Model hatte seine Abwehrkräfte im Ruhrgebiet konzentriert. Aber er wurde von der Flanke angegriffen, als die 1. US-Armee feststellte, dass die Rheinbrücke bei Remagen noch unbeschädigt war. Montgomery überquerte am 24. März den Rhein stromabwärts bei Wesel und ebnete so den Weg für die Isolierung des Ruhrkessels, den Hitler zur unüberwindlichen Festung erklärt hatte. Außerstande, die Befehle des »Führers« auszuführen, erschoss Model sich am 17. April.

Die Vereinigung der aus dem Rhônetal und aus Lothringen vorstoßenden US-Armeen schuf eine mächtige Heeresgruppe, die das Saarland und das Elsass überspannte. Zu dieser Gruppe stieß General Jean de Lattre de Tassigny mit der 1. französischen Armee, in der nach der Befreiung Frankreichs auch Mitglieder der Résistance kämpften. Irrtümlich davon überzeugt, dass die Nazis im Begriff standen, ein letztes Gefecht in der sogenannten Alpenfestung zu inszenieren, marschierte eine frankoamerikanische Heeresgruppe durch Bayern zur schweizerischen und österreichischen Grenze.

Auf der italienischen Halbinsel stießen die alliierten Armeen 1944–45 von der Gustav-Linie bei Rom nordwärts bis zur Goten-Stellung bei Florenz und schließlich bis zur venezianischen Linie bei Padua vor. Trotz Churchills Besessenheit von der sogenannten Laibacher Senke, die den alliierten Truppen Zugang zum Reich verschaffen sollte, kamen sie nie nahe genug heran, um zu sehen, ob die Senke tatsächlich existierte. Einen Angriff auf die Alpenpässe zogen sie nicht einmal in Erwägung. Am 2. Mai betraten sie endlich Italiens östlichsten Hafen, Triest, und mussten feststellen, dass er voll mit Titos Partisanen war. Es folgte ein langes Patt.

Angesichts einer spürbaren logistischen Überlegenheit und der deutlich größeren Schlagkraft ihrer Luftstreitkräfte war der alliierte Vormarsch alles in allem weit weniger kraftvoll als erwartet. Die Befehlshaber waren vorsichtig, das Tempo war langsam. Die Männer waren nicht gewillt, kurz vor dem Sieg sinnlos ihr Leben zu verlieren.

Die Ausnahme waren der extravagante General George Smith Patton (Spitzname: »Old Blood 'n' Guts«) und seine 3. US-Armee. Wie Rommel und Rokossowski wusste auch Patton alles über Geschwindigkeit und Überraschung. Auf Sizilien hatten die Briten neben ihm schwerfällig gewirkt, und in der Ardennenschlacht hatte er seine Soldaten mit einer bemerkenswerten Hetzjagd durch den Schnee gerettet. Nachdem er am 22. März den Rhein bei Mainz überquert hatte, rückte er nun in rasantem Tempo nach Mitteldeutschland vor. Seine Panzer brausten den Kriegsberichterstattern davon, die in erbeuteten Mercedes-Limousinen saßen und herauszufinden versuchten, wohin er entschwunden war. Tag und Nacht drängten seine Einheiten durch den dichten Thüringerwald – die Ardennen ließen nochmals grüßen –, bis sie in Sachsen herauskamen und sich Leipzig näherten. Dann durchquerten sie den Böhmerwald und gelangten bis nach Pilsen in der Tschechoslowakei, danach wendeten sie sich in Richtung Prag.

Fast alle, vor allem Churchill und Montgomery, waren

davon ausgegangen, dass ein gemeinsamer westlicher und sowjetischer Angriff auf Berlin in Aussicht stand. Doch in der letzten Märzwoche ließ Eisenhower seine Truppen anhalten und informierte Churchill und Stalin von seiner Entscheidung. Churchill protestierte in Washington und knurrte etwas von Soldaten, die über ihre Befehlsgewalt hinausschießen würden – vergeblich. Inzwischen hatten die Amerikaner nämlich die westlichen Zügel in der Hand, und sie mussten ihre eigenen Interessen schützen. Ihnen ging es in erster Linie darum sicherzustellen, dass die US-Armeen in Deutschland nicht durch den bevorstehenden Entscheidungskampf in Berlin dezimiert würden und dass die meisten ihrer Soldaten in Kürze für die Verlegung auf den japanischen Kriegsschauplatz verfügbar wären. Entsprechend informierte Eisenhower die Sowjets, dass ihre Armeen sich auf der Achse Erfurt–Leipzig–Dresden treffen könnten und dass die westliche Offensive nicht weiter fortgeführt werde. Stalins Reaktion war typisch für ihn. Eisenhower ließ er wissen, dass Berlin »seine strategische Bedeutung verloren« habe. Roosevelt erzählte er, dass der Westen ein schmutziges Geschäft mit den Deutschen gemacht habe, um die Rote Armee unter Druck zu setzen. Und Schukow wies er an, unverzüglich den Angriff auf Berlin vorzubereiten.

Götterdämmerung: Berlin, April 1945

Schukow, der seine Befehle am 31. März erhielt, setzte den Beginn der Schlacht um Berlin, die den Höhepunkt der Offensive darstellte, auf die Morgendämmerung des 16. April fest. Etwa 2,5 Millionen Soldaten standen zur Verfügung – das entsprach sämtlichen damals in Deutschland stehenden westlichen Armeen. Sie wurden von 6250 Panzern und 7500 Flugzeugen unterstützt. Es begann ein Flächenangriff ohne Rücksicht auf Menschenleben oder materielle Zerstörung. Drei sowjetische Fronten wurden aufgestellt. Schukow sollte mit der 1. Weißrussischen Front den Angriff in der Mitte führen. Sein Hauptquartier befand sich in Küstrin an der Oder, dem Ort, an dem der junge Friedrich der Große einst von seinem Vater eingekerkert worden war. Marschall Konjews 1. Ukrainische Front bezog auf dem linken Flügel im Süden Stellung, und Marschall Rokossowskis 2. Weißrussische Front sollte auf dem rechten Flügel im Norden von Stettin aus vorrücken. 75 Kilometer trennten Küstrin vom Führerbunker. Die drei sowjetischen Marschälle waren von Stalin in einen Wettbewerb um die Einnahme Berlins getrieben worden.[58]

Als Folge der Verzögerungen in den zwei vorangegangenen Monaten waren Berlins Verteidigungsstellungen sehr viel stärker, als sie ansonsten gewesen wären. Vier konzentrische Befestigungsringe waren errichtet worden, der erste in einem Radius von 32 Kilometern, der zweite bei 16 Kilometern. Der dritte Ring folgte den vorstädtischen S-Bahn-Gleisen, und der vierte umschloss die »Zone Z« (»Zitadelle«) in der Nähe von Reichstag und Brandenburger Tor. Das alles erinnerte stark an die erfolgreichen sowjetischen Abwehrmaßnahmen im Innern des Kursker Frontbogens. Jeder taugliche Mann wurde mobilisiert, um die gelichteten Reihen der 3. Panzergruppe, der 9. Armee und der Heeresgruppe »Weichsel« aufzufüllen. Schwerbewaffnete Trupps deutscher Militärpolizei, die »Kettenhunde«, zogen durch die Stadt und erschossen jeden Berliner, der den Eindruck machte, »seine Pflicht gegenüber dem Vaterland zu vernachlässigen«. Am 12. April wurde die Nachricht bekannt, dass Präsident Roosevelt tot war.

Als Schukows dichtgedrängte Soldatenreihen am 16. April unter dem Einsatz von Suchscheinwerfern, um die Verteidiger zu blenden, über die Oder setzten, hielt die äußere Befestigungslinie erstaunlicherweise stand. Am 17. waren ganze sechs Armeen, darunter zwei Panzerarmeen – wohlgemerkt: nicht Divisionen – nicht in der Lage, die nahe gelegenen Seelower Höhen zu erobern. Am 18. gelangen in einem dritten frontalen Angriff ein paar tiefe Einbrüche, aber die Verteidiger wurden nicht überwunden. Das Szenario würde nicht das gleiche sein wie drei Monate zuvor an der Weichsel. Schukow versuchte es deshalb anders und begann im Norden eine langsame Einkreisungsbewegung, für die er Rokossowski um Unterstützung bat. Hitler tat ihm einen Gefallen, indem er der 9. Armee, die sich so gut geschlagen hatte, befahl, gegenüber der Oder zu verharren, statt einen Schwenk zu vollführen und sich der neuen Bedrohung zu stellen. Den bedeutendsten Vorstoß unternahm indessen Konjew an der südlichen Flanke; er eroberte das größte Arsenal der Wehrmacht in Jüterbog und legte ihr zentrales Kommunikationszentrum in Zossen lahm. Am 20. April empfing Hitler die Führung des Regimes und die obersten Spitzen der Wehrmacht, die den Führerbunker aufsuchten, um ihm zum Geburtstag zu gratulieren; sie wurden mit der Genehmigung belohnt, sich über die wenigen noch offenen Straßen aus der Reichshauptstadt abzusetzen. Außerhalb des Bunkers ging im Durchschnitt alle fünf Sekunden ein Menschenleben verloren.

Am 25. April schloss Schukow schließlich westlich von Berlin den Ring. Am selben Tag stürmten Konjews Männer und Frauen in einem weiten Bogen heran und trafen auf amerikanische Truppen, die bei Torgau in Sachsen warteten. Das Reich war sauber in zwei Teile zerschnitten worden. Die deutsche 12. Armee von Generalleutnant Walther Wenck stand in der Nähe und versuchte diesen Ring zu durchbrechen – ohne Erfolg. Ihm wurde auch das nominelle Kommando über die nationalsozialistischen »Werwölfe« übertragen, die einen Guerillakrieg gegen die Eindringlinge führen sollten. Von diesem Zeitpunkt an erreichten nur noch Hiobsbotschaften den Führerbunker. Am 29. meldete der Befehlshaber von Berlin, dass die Munition ausgehe. Hitler heiratete seine Geliebte, Eva

Braun. Am 30. meldete Generalfeldmarschall Wilhelm Keitel von außerhalb Berlins, dass kein weiterer Entsatz möglich sei. Sowjetische Soldaten kletterten auf das Reichstagsgebäude, und polnische Soldaten waren auf das Brandenburger Tor gekraxelt. Adolf Hitler schrieb sein Testament, in welchem er dem »jüdischen Bolschewismus« die Schuld an allem gab und behauptete, am Krieg mit Großbritannien und den USA unschuldig zu sein. Nachdem er Admiral Dönitz zu seinem Nachfolger ernannt hatte, zog er sich mit Eva Braun ins Schlafzimmer zurück, wo Giftkapseln und ein Revolver warteten. Die Ehefrau schluckte das Gift. Der Ehemann erschoss sich. Der oberirdischen Welt blieb ihr Schicksal verborgen, bis der Stadtkommandant drei Tage später kapitulierte. Einheiten der Grenadier-Division »Charlemagne« der Waffen-SS waren die letzte Formation, die ihre Waffen streckte. Berlin war gefallen. Der Führer war tot. Und das Dritte Reich war untergegangen.

In ganz Deutschland gingen die Kämpfe während der nächsten Woche weiter. Die strategische Bomberoffensive war zwei Wochen zuvor ausgesetzt worden. Wo immer möglich, ergaben deutsche Soldaten sich umgehend den westlichen Armeen. Am 4. Mai empfing Montgomery in der Lüneburger Heide eine offizielle Delegation, woraufhin alle deutschen Truppen in Norddeutschland die Waffen niederlegten. Am 5. Mai gelangte eine Gruppe von Emissären von Dönitz, der sich den Amerikanern ergeben wollte, zu Eisenhower in Reims. Man beschied sie, es gehe ausschließlich um die allgemeine und bedingungslose Kapitulation. Also unterzeichneten sie am 7. Mai um 2.41 Uhr die erforderliche Urkunde, die von allen deutschen Streitkräften verlangte, die Kämpfe bis spätestens 23 Uhr am folgenden Tag einzustellen. Churchill und Truman, Roosevelts Nachfolger, erklärten daraufhin den 8. Mai zum VE Day (Victory in Europe-Day), zum »Tag des Sieges in Europa«.

Doch Stalin wollte davon nichts wissen. Er hielt die Urkunde von Reims für wertlos oder zumindest für »vorläufig«. Er bestand darauf, dass der Akt der bedingungslosen Kapitulation gegenüber seinen eigenen Bevollmächtigten vollzogen wurde. Also war eine weitere deutsche Abordnung gezwungen, die Vorstellung am 8. Mai um 23.30 Uhr in Karlshorst in Berlin zu wiederholen. Wegen der unterschiedlichen Zeitzonen hatte in Moskau bereits der 9. Mai begonnen. Und der Tag des Sieges wird in Russland bis heute am 9. Mai gefeiert.

Aber selbst dann war der Krieg noch nicht vollständig vorüber. Es hatte drei Kapitulationen gegeben, aber keinen offiziellen Waffenstillstand und keinen rechtskräftigen Frieden. Der Waffenstillstand hielt nicht überall. In Prag setzten Deutsche und Sowjets die Kämpfe fort. Und in allen sowjetisch besetzten Ländern brachte das NKWD eine Vielzahl politischer Gegner und Freiheitskämpfer zur Strecke. Großadmiral Dönitz, der genau genommen ein Kriegsgefangener auf freiem Fuß war, regierte das nicht mehr bestehende Reich weiter, bis er am 22. Mai in Flensburg verhaftet wurde. Unter diesen Umständen ist schwer zu sagen, wo und wann genau der Zweite Weltkrieg in Europa endete.

3

POLITIK

Vor, im und nach dem Krieg

Wenn, wie Clausewitz bemerkte, der Krieg »eine bloße Fortsetzung der Politik unter Einbeziehung anderer Mittel« (*Vom Kriege* I, 1, 24) ist, dann ist es wichtig zu betonen, dass die politischen Aktivitäten mit Ausbruch eines Krieges nicht aufhören. Im Gegenteil, sie verstärken sich. In dieser Hinsicht ist das politische Handeln der Jahre 1939–45 Teil eines Kontinuums, das sich von der Vorkriegszeit über den Krieg bis in die Nachkriegszeit erstreckte.

Ebenso ist es ganz richtig, den Zweiten Weltkrieg als die Schlussphase in einer umfassenderen Reihe von Konflikten zu verstehen, die im Jahr 1914 ihren Ausgang nahmen. Die Vorstellung eines zweiten »Dreißigjährigen Krieges« in Europa – eine Oper in zwei Akten mit einer langen Pause – ist dafür ein absolut brauchbares Konzept. Denn in großem Maßstab (obschon nicht ausschließlich) erwuchs der Zweite Weltkrieg aus den offenen Fragen des Ersten.[1]

Auf der Ebene der Geopolitik beispielsweise waren zwei der Großmächte Europas durch die Nachkriegsregelung in untergeordnete Positionen gedrängt worden, die für reichlich Verbitterung sorgten. Sowohl das zaristische Russland als auch das kaiserliche Deutschland waren in der Schlussphase des Ersten Weltkriegs zerstört worden, und die Repräsentanten ihrer Nachfolgestaaten wurden von den Beratungen der Sieger ausgeschlossen. Die Bolschewiken, die in der zweiten russischen Revolution vom Oktober 1917 die Macht ergriffen hatten, wurden zur Pariser Friedenskonferenz nicht einmal eingeladen. Die republikanische Regierung Deutschlands wurde nur empfangen, um den Vertrag von Versailles kommentarlos zu unterzeichnen, die Alleinschuld für den soeben zu Ende gegangenen Krieg zu übernehmen und astronomische Reparationen zu akzeptieren. Daher hätte eigentlich niemand überrascht sein dürfen, als das Wiedererstarken der beiden ausgeschlossenen Mächte zu akuten Spannungen führte.

Auf der ideologischen Ebene brachte der Erste Weltkrieg zwei radikale Bewegungen hervor, Kommunismus und Faschismus, die sich beide auf Gewalt beriefen und eine demokratische Ordnung ablehnten. Es war kein Zufall, dass sich beide ausgeschlossenen Mächte statt zur liberalen Demokratie zu einer dieser »totalitären« Alternativen hingezogen fühlte. In Deutschland konnte die Nationalsozialistische Deutsche Arbeiterpartei (NSDAP) Einfluss auf das Land gewinnen, indem sie als Gegengewicht zur deutschen kommunistischen Bewegung fungierte, die in den ersten Zwischenkriegsjahren als größere Bedrohung eingestuft wurde als in späteren Jahren. Die deutschen Kommunisten drohten, sich mit den sowjetischen Kommunisten zusammenzutun, um eine europaweite Revolution anzuzetteln, und im Jahr 1920 wäre es um Haaresbreite dazu gekommen. Leider haben die meisten Experten die unvereinbaren Elemente von Faschisten und Kommunisten betont. Nur wenige erkannten, welche totalitären Ähnlichkeiten zwischen beiden Bewegungen bestanden. Und nur wenige hatten die Phantasie, ein Szenario vorherzusehen, in welchem die beiden totalitären Bewegungen ihre Differenzen vertagen, um sich gemeinsam an die Beseitigung des verhassten »Versailler Systems« zu machen. Doch es sollte die unerwartete Verbindung der deutschen Faschisten (der Nazis) mit den sowjetischen Kommunisten sein, die den Zweiten Weltkrieg herbeiführte.

Wer über Kontinuitäten redet, liefert das Stichwort zu einer Diskussion über die Nachkriegsereignisse. Wenn das Jahr 1918 als Beginn einer Unterbrechung in einem längeren Konflikt betrachtet werden kann, dann gilt dies nicht minder für das Jahr 1945. Es gibt sehr gute Gründe dafür, im

Kalten Krieg eine Fortsetzung der offenen Fragen des Zweiten Weltkriegs zu sehen. In diesem Fall muss man sich einen »Fünfundsiebzigjährigen Krieg« Europas vorstellen und in den Kategorien einer Oper in drei Akten mit zwei Pausen denken, einer von 1918–39 und einer zweiten von 1945–48. Dies könnte durchaus der Bezugsrahmen sein, den künftige Historiker übernehmen werden.

Die Zwischenkriegsjahre, 1918 bis 1939

Es ist eine sehr auf den Westen Europas konzentrierte Sicht, nach der die Kämpfe im November 1918 aufhörten, denn die Idee hat für einige Gebiete Europas Gültigkeit, für andere hingegen nicht. Im Westen mag es im November nicht Neues gegeben haben. An der Ostfront war es zwar schon im Mai ruhig geworden, doch in vielen Gegenden Osteuropas wüteten nach dem Waffenstillstand lokale Konflikte. Zu größeren Waffengängen kam es in Ungarn und Rumänien (1919), zwischen Polen und seinen sowjetisierten Nachbarstaaten (1919–20), zwischen Griechenland und der Türkei (1920–21) und vor allem in den meisten Gebieten des ehemaligen Zarenreichs (1918–21).

Insbesondere die Vorstellung von einem »russischen Bürgerkrieg« ist höchst irreführend. Sie vermittelt den Eindruck einer Auseinandersetzung unter Russen, die andere Völker nicht berührte. In Wirklichkeit löste die bolschewistische Revolution von 1917 sowohl einen Bürgerkrieg in Russland als auch eine Serie internationaler Kriege zwischen Sowjetrussland und den anderen Nachfolgestaaten des Zarenreiches aus. Denn die Revolution splitterte das Reich in beinahe zwanzig unabhängige Staaten auf. Folglich waren die Bolschewiken gezwungen, zunächst intern gegen die »Weißen« und dann extern gegen sämtliche Nachbarstaaten Krieg zu führen, die es gewagt hatten, sich für unabhängig zu erklären. Erst danach konnten sie daran denken, eine »Sowjetunion« zu gründen. So wurde die UdSSR erst am 1. Januar 1924 ins Leben gerufen.

In Anbetracht dieser Tatsachen setzen sich Historiker ernsthafter Kritik aus, wenn sie versuchen, eine klare Linie zwischen einem Kriegszustand vor November 1918 und einem Friedenszustand danach zu ziehen. Sie müssen vielmehr eine Übergangsperiode von drei bis vier Jahren einkalkulieren, in der durch Diplomatie auf der Friedenskonferenz oder durch bewaffnete Konflikte neue Tatsachen geschaffen wurden. Ebenso wenig können sie so tun, als sei es 1939 aus heiterem Himmel zum Krieg gekommen. Jeder würde beipflichten, dass sich bereits im Vorfeld über mehrere Jahre dunkle Wolken zusammenballten und dass in den Gebieten Europas, die sich dem Einfluss der Westmächte entzogen, viele Spannungen schwelten. Unterm Strich lassen sich die Zwischenkriegsjahre in drei Perioden gliedern: a) die Zeit der umstrittenen Regelungen, 1918–21; b) der unruhige Frieden, 1921–34; c) der aufkommende Sturm, 1936–39.

Die Zeit der umstrittenen Regelungen, 1918 bis 1921

Die Friedenskonferenz, die im Januar 1919 in Paris zusammentrat, wurde von den Siegern konzipiert, von den Siegern organisiert und von den Siegern durchgeführt. Obwohl das Gerede von der »westlichen Demokratie« und vom »Selbstbestimmungsrecht der Völker« die Theorie beherrschte, stand die Praxis ganz im Zeichen des nahezu unumstößlichen Willens der Großmächte: Frankreichs, Großbritanniens, Italiens und der USA. Die Vertreter von Staaten und Nationen, über deren Zukunft entschieden wurde, erschienen als Bittsteller und Abhängige auf der Konferenz, und ihre Einwände wurden zum großen Teil entsprechend ihrem Status als Freund oder Feind akzeptiert oder zurückgewiesen. Die Tschechen beispielsweise, die als entschieden antideutsch galten, wurden für sehr vernünftig gehalten. Die Polen, die sowohl als antirussisch wie auch als antideutsch galten, hielt man für schwierig.

Und die Ukrainer, deren Unabhängigkeit nur von Deutschland anerkannt worden war, galten als unvernünftig. Die Iren, die damals von einer der Großmächte Unabhängigkeit einforderten, fanden überhaupt keinen Platz auf der Konferenz.

Das Ergebnis der Friedenskonferenz war eine Reihe von Verträgen, die zwischen den alliierten Mächten und jedem der besiegten Staaten unterzeichnet wurden. Es wurde kein formeller Mechanismus festgelegt, um Angelegenheiten zu regeln, die keinen unmittelbaren Bezug zu einem dieser sogenannten Pariser Vorortverträge hatten. Im Einzelnen wurden die folgenden Verträge abgeschlossen:

- der Vertrag von Versailles (28. Juni 1919) mit Deutschland,
- der Vertrag von Saint-Germain (10. September 1919) mit Österreich,
- der Vertrag von Trianon (4. Juni 1920) mit Ungarn,
- der Vertrag von Neuilly (27. November 1919) mit Bulgarien,
- der Vertrag von Sèvres (10. August 1920) mit der Türkei.

Der Vertrag von Versailles beispielsweise skizzierte Polens Grenze mit Deutschland, und der Vertrag von Saint-Germain skizzierte die Grenze der Tschechoslowakei mit Österreich. Aber kein Vertrag skizzierte Polens Grenze mit der Tschechoslowakei. Die Tschechoslowakei griff dann zu Gewalt, um ein lokales Abkommen zu Fall zu bringen und sich ein Stück Territorium im ehemaligen Österreichisch-Schlesien zu sichern. Der daraus resultierende Streit über Teschen (Cieszyn) war während der nächsten zwanzig Jahre ein schwelendes Ärgernis.

Die politischen Führer des Westens wurden häufig durch unbekannte Orte und unaussprechliche Namen verwirrt, durch Auseinandersetzungen unter Experten und unüberbrückbare Differenzen. Als Schlesien, engl. Silesia, zur Diskussion stand, dachte David Lloyd George, man spräche über Cilicia, Kilikien. Wie zu erwarten, reisten die Staatschefs heim, sobald der Hauptvertrag mit Deutschland unter Dach und Fach war, und überließen den Rest einer sehr langen Agenda ihren Beamten.

Die Gründung des Völkerbunds darf allerdings als vielversprechende Errungenschaft gelten. Sie war eine Erfindung des US-Präsidenten Woodrow Wilson, der gesittete Umgangsformen in die zwischenstaatlichen Angelegenheiten Europas einzuführen versuchte. Der Ausbruch des »Großen Krieges« im Jahr 1914 hatte die meisten Menschen davon überzeugt, dass das Zeitalter ungezügelter nationaler Souveränität zu Ende ging und dass eine internationale Organisation, die innerhalb eines Bezugssystems aus Recht, Schiedsgerichtsbarkeit und Verständigungsbereitschaft agierte, dringend gebraucht wurde. Die Satzung des Völkerbunds (Völkerbund-Akte) wurde von den meisten europäischen Ländern unterzeichnet – wenngleich nicht von Deutschland oder der Sowjetunion –, und das Hauptquartier in Genf nahm am Tag des Inkrafttretens des Versailler Vertrages, am 10. Januar 1920, seine Arbeit auf. Erste Aufgabe des Völkerbunds war die Verwaltung der Freien Stadt Danzig, die weder Deutschland noch Polen für sich hatten beanspruchen können.

Trotz der Hoffnungen, die sich an die Neugründung knüpften, litt der Völkerbund unter mehreren Konstruktionsfehlern. Erstens war er in Ermangelung eigener unabhängiger Vollstreckungsinstrumente größtenteils auf die Streitkräfte der westlichen Schirmherren angewiesen. Zweitens hatte er aufgrund des sehr begrenzten Aktionsradius dieser Streitkräfte – kein französisches oder britisches Flugzeug konnte 1920 nonstop nach Danzig und zurück fliegen – in weiten Teilen Europas keinerlei Möglichkeit, Druck auszuüben. Und drittens erhielt er wegen der unerwarteten Feindseligkeit des US-Kongresses nie die Unterstützung seiner amerikanischen Schirmherren.

Dennoch lag der bei weitem offenkundigste Fehler des sogenannten Versailler Systems in der Tatsache, dass die unruhigsten Gegenden Europas im Osten lagen, weit außerhalb der Reichweite des Völkerbunds. Während der gesamten Dauer der Friedenskonferenz starteten die Bolschewiken viele militärische Aktionen gegen die Nachbarstaaten Sowjetrusslands. Die Rote Armee musste aus Finnland vertrieben werden. Sie mischte sich erfolglos in die komplizierte Politik der im Entstehen begriffenen Balkanstaaten ein. Sie unterdrückte die kurze Unabhängigkeit Weißrusslands und der Ukraine, bevor sie sich mit diesen Ländern zu einem vereinten Angriff auf Polen zusammentat. Anschießend wendete sie sich gegen die Föderation unabhängiger Kaukasusrepubliken – Aserbaidschan, Georgien und Armenien – und schützte gleichzeitig die Sowjetmacht bis in die tiefsten Winkel Zentralasiens, von Usbekistan bis zur Äußeren Mongolei. Da für die damaligen Zeitgenossen im Westen das Zarenreich als dauerhafter und natürlicher Bestandteil der Karte Europas betrachtet wurde und da »Russland« bis in die jüngste Zeit eine alliierte Macht gewesen war, schien sich niemand dafür zu interessieren, was dort passierte, ja vielen fiel überhaupt nicht auf, dass überhaupt etwas passierte. Zwar wurden die Machtergreifung der Bolschewiken in St. Petersburg und ihr Hang zu Grausamkeiten während des Bürgerkriegs weithin verurteilt, aber die brutale Wiedereinverleibung von einem Dutzend Staaten, die ihren Willen zur Loslösung eindeutig zum Ausdruck gebracht hatten, war *kein* Anlass zum Protest. Auf der Friedenskonferenz bejammerten die westlichen Führer ihre Unfähigkeit, die Bolschewiken zu beeinflussen, erklärten sich aber gleichwohl zu »Treuhändern Russlands«. Mit anderen Worten: Sie wollten, dass das bolschewistische Regime verschwand. Aber sie wollten auch, dass das Russische Reich wiederhergestellt wurde. Hierbei zeigte sich, dass sie überzeugte Imperialisten und höchstens halbherzige Demokraten waren.

Von all diesen Konflikten im unmittelbaren Anschluss an den Ersten Weltkrieg besaß vor allem einer mehr als regionale Bedeutung. Für ihn ist die Bezeichnung »polnisch-sowjetischer Krieg« unzureichend. Denn die Ereignisse von Februar 1919 bis März 1921 waren im Wesentlichen kein Konflikt, der durch einen territorialen oder politischen Streit zwischen der Republik Polen und den drei benachbarten Sowjetrepubliken verursacht worden war, obwohl es einen solchen Streit gab. Im Wesentlichen wurde er durch den Wunsch der Bolschewiken ausgelöst, die Revolution von Lenins Heimat in Russland auf Marx' Heimat in Deutschland auszudehnen. Nach der marxistischen Theorie hätte die Revolution nämlich nicht im rückständigen Russland eingefädelt werden dürfen, sondern spontan vom klassenbewussten Proletariat des industrialisierten Westeuropa in Gang gesetzt werden sollen. Daher der Eifer der Bolschewiken, diesen Fehler so schnell wie möglich zu korrigieren und die Rote Armee unverzüglich nach Westen zu entsenden. Polen war für sie relativ unbedeutend. Es war ein lästiges Land, geführt von arroganten Adligen und katholischen Priestern. Sie nannten es ihre »Rote Brücke«, über welche die siegreichen Revolutionäre marschieren würden.

Lenin versuchte dreimal, die Rote Armee über die Rote Brücke zu schicken – im Dezember 1918, im Frühjahr 1919 und noch einmal im Frühjahr 1920. Jedes Mal scheiterte er, obwohl er beim dritten Versuch einem Erfolg ganz nahe kam. Zum Glück für das Versailler System vernichteten die polnischen Streitkräfte des Marschalls Josef Piłsudski im August 1920 in der Schlacht von Warschau, dem »Wunder an der Weichsel«, die einmarschierenden Kolonnen. Und im März 1921 legten Polen und Sowjets im Frieden von Riga die Differenzen bei, welche anzusprechen die Friedenskonferenz in Paris nicht imstande gewesen war.[2]

Der unruhige Frieden, 1921 bis 1924

Sobald die Kämpfe in den frühen zwanziger Jahren abklangen, erlebte Europa etwa ein Dutzend Jahre, in denen die Aussichten auf einen dauerhaften Frieden sich zu verbessern schienen. Die drängendsten Probleme waren sozialer und ökonomischer Natur. Eine gewaltige Pandemie, die Spanischen Grippe, hatte mehr Menschen ausgelöscht als der Weltkrieg. Auf den russischen Bürgerkrieg folgte die verheerende Wolga-Hungersnot, und in vielen Teilen Europas waren Hilfsorganisationen tätig. Noch immer schufteten Millionen Menschen von frühester Kindheit an bis ins Grab für einen Hungerlohn. Die Erwerbslosigkeit der Nachkriegszeit führte zu bitterer Not, und die Hyperinflation vernichtete die Ersparnisse der Mittelschichten in weiten Teilen Mitteleuropas. Der Boden für den Aufstieg der politischen Extreme wurde bereitet. Den Anfang machte der Kommunismus mit seinem Sieg in Russland. Aber der Faschismus ließ nicht lange auf sich warten, denn mit Mussolinis »Marsch auf Rom« 1922 trat auch diese Bewegung ins Rampenlicht der Geschichte.

Doch im Allgemeinen weckte die Politik keine Ängste vor massiver Instabilität. Zwar zeigte sich eine Tendenz zur Diktatur, aber es gab Diktatoren der unterschiedlichsten Couleur, die keine Anzeichen erkennen ließen, sich zusammenzutun. In Deutschland schwand nach 1923 die Gefahr eines kommunistischen Aufstands, und die Weimarer Republik überstand ihre Kinderkrankheiten. In der Sowjetunion legte der neue Generalsekretär der Kommunistischen Partei, Josef Stalin, die internationale Revolution auf Eis und gab gleichzeitig das Motto vom »Sozialismus in einem Land« aus. Die Neue Ökonomische Politik, die 1921 den Kriegskommunismus abgelöst hatte, nahm von radikalen Lösungen Abstand und bescherte den kleinbäuerlichen Massen Russlands ein Minimum an Wohlstand. Die Welt atmete erleichtert auf, wenngleich im Nachhinein zu erkennen ist, wie das Vertrauen in die bestehende Ordnung sukzessive untergraben wurde:

- 1922 verließen deutsche und sowjetische Delegierte eine Reparationskonferenz in Genua und unterzeichneten in Rapallo eine deutsch-sowjetische Wirtschaftsvereinbarung. Es war ein Akt der Auflehnung, der zeigte, dass die beiden Ausgestoßenen Europas sich gegen die Westmächte verbünden konnten.
- 1923–25 besetzten französische Truppen das Ruhrgebiet in einem vergeblichen Versuch, Reparationszahlungen zu erzwingen. Es war eine Zuflucht zur Gewalt, die ihr Ziel verfehlte, aber eine internationale Finanzkrise auslöste. Und sie minimierte Frankreichs Bereitschaft, noch einmal Präventivmaßnahmen zu ergreifen.
- 1925 führte Deutschlands Außenminister Gustav Stresemann sein Land auf der Konferenz von Locarno durch die Garantie der Unverletzlichkeit von Deutschlands Westgrenzen zurück in den Schoß der Diplomatie. Stresemann verpflichtete sich bewusst *nicht*, von Veränderungen der östlichen Grenzen Deutschlands Abstand zu nehmen. Dennoch genoss er hohes Ansehen in der westlichen Öffentlichkeit.
- 1926 stand Marschall Piłsudski in Polen an der Spitze eines Militärputschs, um einer rechten Machtübernahme vorzubeugen. Das daraus resultierende Sanacja-Regime schaffte das parlamentarische System zwar nicht ab, begab sich aber in die zweifelhafte Sphäre der »gelenkten Demokratie«.
- 1929 gab Stalin die Neue Ökonomische Politik auf und leitete eine im Zeichen von »Fünfjahresplänen« stehende Kommandowirtschaft und die Zwangskollektivierung der Landwirtschaft ein. Zu diesem Zeitpunkt

legte die UdSSR das Fundament für einen modernen Industriestaat und eine gewaltige Militarisierung. »Wenn wir nicht in zehn Jahren erfolgreich sind, wird man uns vernichten«, lautete Stalins Kommentar. Westeuropa kümmerte es nicht.

◇ Ebenfalls 1929 ruinierte der New Yorker Börsenkrach die US-Wirtschaft und führte zum Ausbruch einer schweren und weltweiten Rezession. Sämtliche industriellen Volkswirtschaften Europas wurden hart getroffen: In Ländern ohne soziales Netz standen Erwerbslosigkeit, öffentliche Suppenküchen und Protestmärsche auf der Tagesordnung. Die von den westlichen Demokratien favorisierten freien Marktwirtschaften verloren viel von ihrer Anziehungskraft.

◇ 1931 marschierten japanische Streitkräfte in die Mandschurei ein, trennten sie von China ab und gründeten den Marionettenstaat »Mandschukuo«. Dies war der eklatanteste Fall internationaler Aggression seit dem Weltkrieg. Doch weder der Völkerbund noch einzelne Mächte konnten ihn verhindern.

◇ 1933 erlangte Adolf Hitlers rechtsradikale Nationalsozialistische Deutsche Arbeiterpartei nach drei Jahren Auf und Ab bei Wahlen und Straßenschlachten mit den Kommunisten die führende Stellung im Deutschen Reichstag. Sein Aufstieg zur Macht erfolgte vollkommen legal. Aber seine Gangstermethoden, als er das hohe Amt erreicht hatte, vor allem die Erklärung des Ausnahmezustands nach dem Reichstagsbrand und die Ausschaltung des Parlaments durch das sogenannte Ermächtigungsgesetz, entlarvten ihn als offenen Feind der demokratischen Republik, an deren Spitze er stand.

◇ 1934 fiel der König von Jugoslawien während eines Besuchs in Marseille einem Attentat zum Opfer. Die Menschen erinnerten sich an Sarajevo, und Ängste vor

Osteuropa als einem Hort aufrührerischer Politik wurden verstärkt.

◇ 1934 begann Stalin, nachdem er sämtliche überlebenden Führer der bolschewistischen Revolution beseitigt hatte, die erste von mehreren Säuberungen seiner unterwürfigen Kommunistischen Partei. Es kursierten Gerüchte, dass seinem »Krieg gegen die Kulaken« und der staatlich geförderten Hungersnot in der Ukraine möglicherweise Millionen Menschen zum Opfer gefallen waren. Doch die westliche Meinung war gespalten, was die Wahrheit solcher Berichte betraf, und die Menschen im Westen fühlten sich einmal mehr nicht unmittelbar bedroht.

In den zwanziger Jahren machte man sich viele Gedanken darüber, wie sich Europas Sicherheit durch multilaterale militärische Bündnisse erhöhen ließe. Großbritannien und Frankreich waren nach wie vor durch die Entente cordiale verbunden; und Deutschland war offiziell abgerüstet. So rückte nach Locarno unweigerlich Ostmitteleuropa in den Brennpunkt des Interesses. Polen, das größte Land in der Region, war zwar mit Frankreich verbündet, aber noch nicht mit Großbritannien. Die »Kleine Entente« wurde von Frankreich organisiert, um Ungarn zu neutralisieren, das man nach wie vor mit Argwohn betrachtete. Allerdings war in diesem System die UdSSR als Störenfried nicht vorgesehen, auch nicht die Aussicht, dass Deutschland einen Streit mit seinen östlichen Nachbarn vom Zaun brach.

Neue Perspektiven eröffneten sich, als 1925 Aristide Briand französischer Außenminister wurde. Frankreich war noch immer Europas wichtigste Militärmacht, und Briand war ein Visionär: Paneuropäer und Antimilitarist. Der gemeinsam mit US-Außenminister Frank Kellogg unterzeichnete Briand-Kellogg-Pakt von 1928 führte ein neues Konzept in die Politik ein: das Verbot des Angriffskrieges. Überall in Europa wurden »Nichtangriffspakte« – fünfundfünfzig insgesamt – unterzeichnet. Polen, das einer sehr realistischen »Doktrin der zwei Feinde« anhing, signierte vorsichtshalber einen Nichtangriffspakt mit der UdSSR (1932) und einen weiteren mit Deutschland (1934). Vor Unterzeichnung des polnisch-deutschen Paktes war Marschall Piłsudski der einzige europäische Staatsmann gewesen, der bei seinen westlichen Partnern das Thema eines Präventivkrieges gegen Deutschland erörtert hatte. Doch im Zeitalter der Nichtaggression hatten seine Sondierungen zu nichts geführt.

Der Unterschied zwischen Wahrnehmung und Realität ist ein faszinierendes Thema. Mitte der dreißiger Jahre wurde das »Versailler System« durch zwei potenzielle »Schurkenstaaten« zunehmend in Frage gestellt – die UdSSR und Deutschland. Erstere besaß einen Vorsprung vor Deutschland bei der Schaffung von Instrumenten zur Repression im Innern und zur äußeren Kriegsführung. Lange bevor Hitler an die Macht kam, besaß der Sowjetstaat bereits eine Geheimpolizei, eine gutgeölte staatliche Terrormaschinerie, Konzentrationslager, ein System der Sklavenarbeit, eine militarisierte Wirtschaft und ein gewaltiges Programm zur militärisch-industriellen Expansion. Darüber hinaus organisierte er geheime militärische Manöver mit deutschen Streitkräften auf sowjetischem Territorium. Doch abgesehen von wenigen Ausnahmen fühlten sich westliche Bebachter von Stalin nicht bedroht. Russland war weit weg von Westeuropa. Hitler hingegen jagte ihnen von Anfang an kalte Schauer über den Rücken. Von der deutschen Bedrohung hatte man den Eindruck, dass sie sprunghaft wuchs:

◇ 1934 brachten die Nazis, nachdem sie in der »Nacht der langen Messer« eine Säuberung in den eigenen Reihen durchgeführt hatten (die Röhm-Affäre), die Institutionen der Weimarer Republik zu Fall und errichteten eine Parteidiktatur mit Hitler als »Führer«.

- ◇ 1935 unterwarfen die Nazis die deutsche Gesellschaft den rassistischen Nürnberger Gesetzen, die sich hauptsächlich gegen die Juden richteten, aber zugleich als Warnung vor dem weitreichenden Radikalismus der neuen Machthaber dienten.
- ◇ 1936 befahl Hitler den Einmarsch in das entmilitarisierte Rheinland und verstieß damit gegen eine Bestimmung des Versailler Vertrags. Die westliche Meinung war geteilt. Manche Beobachter fanden es absolut verständlich, dass Deutschland die volle Kontrolle über sein Staatsgebiet übernahm. Andere fürchteten, dass dieser Verstoß, bliebe er unbestraft, Hitlers Ambitionen zusätzlich Nahrung gäbe.

In ebendiesen Jahren begann das NS-Regime, die Unzufriedenheit unter den Deutschen in benachbarten Ländern zu schüren und dadurch den Frieden zu stören. In Österreich, dem Heimatland Hitlers, gewannen sie bei einer Aktion zur Schwächung der demokratischen Republik viele neue Mitglieder. In der Tschechoslowakei stachelten sie die deutschen Separatisten des sogenannten Sudetenlands an. Und in der Freien Stadt Danzig, die früher eine Hochburg der Sozialdemokratie gewesen war, förderten sie eine Kampagne zur Wiedervereinigung mit dem Reich.

Der aufkommende Sturm, 1936 bis 1939

Man sollte jedoch nicht glauben, dass die Eskapaden des NS-Regimes dazu führten, bei erstbester Gelegenheit einen Krieg zu beginnen. Im Gegenteil, Hitler war unter anderem ein Meister des Bluffs, und es war unmöglich, von außen zu erkennen, wie viel Substanz seine gruseligen Prahlereien enthielten. Historiker wissen heute ganz genau, was manche Politiker damals vermuteten: dass seine Statistiken zur Wiederaufrüstung übertrieben waren. Sie können auch in der vieldiskutierten »Hoßbach-Niederschrift« von 1937, die eine von Hitlers motivierenden Ansprachen an seine Generäle dokumentiert, nachlesen, dass er erst für 1942–43 Krieg voraussah, nicht für 1939. Seine Absichten waren alles andere als klar.

Außerdem initiierten die Westmächte 1935 die Politik der »kollektiven Sicherheit«. Als das Deutsche Reich aus dem Völkerbund austrat, wurde die UdSSR hereingebeten; und die kommunistischen Parteien im Westen wurden angewiesen, eine Strategie der »Volksfronten« oder Koalitionen zu verfolgen. Noch war Deutschland nicht stark genug, um den Westen direkt herauszufordern. Und es war unwahrscheinlich, dass das Land im Osten auf Raubzug gehen würde, solange die UdSSR sich in westlicher Gesellschaft befand.

In den ausgehenden dreißiger Jahren bemühten sich Großbritannien und Frankreich daher mit wachsender Sorge darum, den Status quo im grundlegenden Gefüge der zwischenstaatlichen Angelegenheiten in Europa zu erhalten, der durch ihren Sieg zwanzig Jahre zuvor geschaffen worden war. Aufgrund der Ohnmacht des Völkerbunds, der Gefahr einseitigen Handelns durch unzufriedene Länder und der wachsenden Erkenntnis berechtigter Beschwerden begann ihre Vorherrschaft allerdings zu schwinden. Und dass sie nicht in der Lage waren, den spanischen Bürgerkrieg (1936–39) einzudämmen, in dem Hitler und Mussolini offen den Faschisten beistanden und Stalin den Sturz der Republik unterstützte, verhieß nichts Gutes für die Zukunft.

Nach der russischen Revolution von 1917 galt der Sowjetkommunismus viele Jahre lang weithin als die Kraft, welche die internationale Stabilität am stärksten untergrub. Aber mit dem Aufstieg des Dritten Reiches veränderten sich die Wahrnehmungen. Obwohl die militärische Schlagkraft der Sowjets zunahm, glaubte man, die UdSSR sei vollauf mit ihren gewaltigen inneren Umwälzungen beschäftigt. Und da die Realitäten des Stalinismus lange nicht wahrgenommen wurden, ging man davon aus, dass die Sowjets bestrebt seien, einen großen internationalen Krieg zu vermeiden. Das Dritte Reich dagegen rasselte mit dem Säbel, und seine öffentlichen Verlautbarungen waren unverschämt aggressiv. Nach dem endgültigen Sieg von General Franco in Spanien (März 1939) zweifelten nur wenige Menschen in Europa daran, dass der zügellose Faschismus die glaubhaftere Gefahr darstellte.

Gegen Ende der dreißiger Jahre gebärdeten die Nazis sich derart aggressiv, dass die europäische Ordnung sich auch ohne offenen Krieg aufzulösen begann. Österreich fiel Hitler 1938 als Folge der von den Nazis gesteuerten Subversion im Innern in den Schoß. Der »Anschluss« wurde verkündet. Ohne einen einzigen Schuss abzugeben, marschierten Hitler und seine Wehrmacht triumphierend in Wien ein. Und Österreich gesellte sich zu Deutschland.

Nach Österreich wendete sich die Aufmerksamkeit der Tschechoslowakei zu. Hitler schürte die Ängste, indem er verkündete, dass das Los der Sudetendeutschen unerträglich sei, und eine militärische Lösung andeutete. Es ist fraglich, ob die gutausgerüstete tschechoslowakische Armee damals mühelos von ihren befestigten Gebirgsgrenzen verdrängt worden wäre. Aber man gab ihr keine Chance. Auf Initiative des britischen Premierministers Neville Chamberlain wurden zwei Konferenzen in München abgehalten, um Hitlers Forderungen in diplomatischem Einvernehmen zu erfüllen. Der tschechoslowakischen Regierung wurde mitgeteilt, sie solle die Vereinbarung akzeptieren. Und die Sowjetunion wurde bewusst ausgeschlossen. Chamberlain flog zurück nach London, protzte mit einem Stück Papier und nahm den »Frieden in unserer Zeit« für sich in Anspruch.

Natürlich war der Prozess mit der Annexion des Sudetenlandes nicht beendet. Im Winter 1938–39 verlangten die Slowaken die Trennung von den Tschechen; und die deutsche Bevölkerung Danzigs verstärkte zusammen mit der deutschen Minderheit in Westpolen die Klagen über ihre unerträgliche Notlage. Im März 1939 brach die Tschechoslowakei zusammen: Hitler marschierte in Prag ein, so wie er in Wien einmarschiert war. Böhmen und Mähren stießen als deutsches »Protektorat« zum Reich. Die Slowakei hatte am Vorabend des deutschen Einmarschs ihre Autonomie erklärt und wurde zu einem Satellitenstaat unter deutschem Schutz. Die nichtmilitärische Aggression veränderte die Karte Europas.

Der Abstieg in den Krieg

Hitler hatte mithin im Frühjahr 1939 zum dritten Mal hintereinander mit tollkühnen Aktionen den Frieden gefährdet, und niemand hatte es geschafft, ihn aufzuhalten. Angesichts seines Erfolgs und seiner Spielernatur war so gut wie sicher, dass er ein weiteres Mal sein Glück versuchen würde. Ein flüchtiger Blick auf die Karte zeigt, dass er sich nach dem Rheinland, Österreich und der Tschechoslowakei als Nächstes Polen aussuchen würde. Doch er hatte keine eindeutige Strategie, ganz zu schweigen von einem detaillierten Plan. Die jüngste Erfahrung hatte ihn freilich gelehrt, dass er irgendwie seinen Willen durchsetzen könne, wenn er eine Krise auslöste und drohte, den Frieden zu stören.

In der Rückschau kann man sehen, dass der Spieler bei Polen einen Schritt zu weit ging, und dafür gab es mehrere gute Gründe. Erstens würde jede deutsche Maßnahme gegen Polen direkt Russland betreffen und dadurch die Großmächte ins Spiel bringen. Zweitens waren die Polen im Gegensatz zu den Tschechen oder den Österreichern nicht geneigt, sich einschüchtern zu lassen. Wenn man sie angriffe, würden sie kämpfen, und zwar tapfer kämpfen, und dadurch die Chancen auf einen »kurzen, sauberen Feldzug« schmälern. Drittens verloren die Westmächte allmählich die Geduld. Das Münchner Abkommen hatte gezeigt, was die *Appeasement*-Politik wert war. Sollte Hitler ein weiteres Abenteuer beginnen, würden London und Paris ihm nicht noch einmal Glauben schenken. Selbst Chamberlain konnte nicht unendlich getäuscht werden.

Hitlers erste Maßnahme war Ende 1938 gewesen, den polnischen Botschafter in Berlin einzubestellen und einen gemeinsamen deutsch-polnischen Feldzug gegen die Sowjetunion vorzuschlagen. Er mag diesen Vorschlag ernst gemeint haben oder auch nicht, aber es ist sehr fraglich, ob er Wort gehalten hätte, was die vielen versprochenen Vorteile betraf. Im Grunde testete er die Stimmung, um herauszufinden, welche Einstellungen die polnische Regierung wirklich hatte. Es muss ihn wütend gemacht haben festzustellen, dass sie fast durchweg negativ waren. Trotz mehrerer Versuche entlockte er den Polen keine Antwort. Die polnischen Obristen, die in Warschau die Zügel in der Hand hielten, fanden den aufgeblasenen österreichischen Gefreiten ziemlich ordinär. Obwohl sie der Sowjetunion ablehnend gegenüberstanden, empfanden sie keine Sympathien für das Dritte Reich.

Hitlers nächster Vorstoß führte ihn in die entgegengesetzte Richtung. Wenn die undankbaren Polen nicht bereit waren, nach seiner Pfeife zu tanzen, würde er sie ins Schwitzen bringen. Anfang 1939 produzierte die NS-Propagandamaschine eine Flut von Forderungen und Schuldzuweisungen: Die Polen würden die Deutschen in Danzig verfolgen. Es sei nicht hinnehmbar, dass sie den sogenannten Polnischen Korridor besäßen und anständige Deutsche in Oberschlesien und Pommern unterdrückten.

Wieder einmal gelang es, beträchtliche Teile der öffentlichen Meinung in Frankreich und Großbritannien dazu zu bringen, diese Wehklagen ernst zu nehmen. Weil die Kenntnis polnischer Angelegenheiten gegen null tendierte, wurde Polen teilweise sogar als Unruhestifter beschuldigt. Nur wenige Menschen in Paris oder London waren bereit, die Verteidigung Polens als eine Sache zu betrachten, für die zu kämpfen sich lohne. »Mourir pour Danzig?«, hat ein französischer Deputierter rhetorisch in der französischen Nationalversammlung gefragt. »Sollen wir für Danzig sterben?«

Trotz allem hatten die März-Ereignisse Konsequenzen. Das Ende der Tschechoslowakei hinterließ ein Vakuum, das Hitler bereitwillig füllte. Böhmen und Mähren waren binnen weniger Tage vom Reich geschluckt worden. Nicht ein Schuss war abgefeuert worden. Hitlers Methode, zu drohen und zu toben, führte einmal mehr zum Erfolg, ohne ersichtliche Kosten. Doch sein scheinbar leichtester Triumph ließ die internationalen Alarmglocken ertönen. In München hatte Hitler Chamberlain und Édouard Daladier feierlich versichert, dass das Sudetenland »die letzte territoriale Forderung, die ich Europa zu stellen habe«, sei. Jetzt zeigte sich zweifelsfrei, dass er ein unverhohlener Expansionspolitiker und ein unverschämter Lügner war. Am 31. März 1939 gab Großbritannien eine offizielle Garantie für die Unabhängigkeit Polens ab.

Die britische Garantie war als Absichtserklärung gedacht, als Schuss vor den deutschen Bug. Sie war aber auch ein Bluff, da Großbritannien 1939 nicht die Mittel besaß, Deutschland zurückzuhalten oder Polen zu verteidigen. Dennoch wurde die polnische Krise, als die Franzosen nachzogen, zum Gegenstand großer internationaler Besorgnis. Außerdem wurde für jedermann ersichtlich, dass der Schlüssel zu den weiteren Entwicklungen bei Polens östlichem Nachbarn, der UdSSR, lag. Sollte Moskau offen zu den Westmächten halten, wäre es zu riskant, einen einseitigen deutschen Angriff auf Polen in Erwägung zu ziehen. Sollte Moskau eine zweideutige Haltung einnehmen, würde die Welt weiter auf die Folter gespannt. Und sollte Moskau sich für Berlin starkmachen, erhielte Hitler grünes Licht. 1938 war Stalin von den Verhandlungen ausgeschlossen worden. Er war noch immer gekränkt. Beim nächsten Mal würde er sich nicht so schäbig behandeln lassen. Deshalb würden die Sowjets im Sommer 1939 sowohl von den Westmächten als auch von Deutschland umworben werden.

Die Umrisse der bevorstehenden Auseinandersetzung nahmen nun Gestalt an. Der Historiker Sebag Montefiore beschreibt die Situation so:

> *Anfang 1939 glichen die Verhältnisse in Europa in Stalins eigenen Worten einem »Poker« mit drei Beteiligten, die alle nur hofften, nach gegenseitiger Vernichtung der beiden anderen als lachender Dritter den ganzen Gewinn einstecken zu können. Am »Tisch« saßen das NS-Deutschland Adolf Hitlers, das Kapitalistenbündnis zwischen Neville Chamberlains Großbritannien und Daladiers Frankreich und die Bolschewiken selbst. Obwohl der Georgier die Brutalität des Österreichers bewunderte, erkannte er auch die Gefahr eines militärisch wiedererstarkten Deutschland … [Und] die westlichen Demokratien [hielt er] für mindestens ebenso bedrohlich wie Deutschland selbst …*[3]

Doch Hitler war nicht abzuschrecken, vor allem nicht, da er die Nichtkooperation Polens und Großbritanniens als persönliche Beleidigung empfand. Am 3. April erließ er eine formelle Weisung an die Wehrmacht, wonach mit Kriegsvorbereitungen zu beginnen sei. In einem Begleitschreiben an Generaloberst Wilhelm Keitel, den Chef des Oberkommandos der Wehrmacht, erklärte Hitler, dass er nach wie vor friedliche Beziehungen zu Polen wünsche. Sollten die Dinge sich allerdings zum Schlechteren wenden, so heißt es in der Weisung, könne »eine endgültige Abrechnung erforderlich werden. Das Ziel ist es dann, die polnische Wehrkraft zu zerschlagen und eine den Bedürfnissen der Landesverteidigung entsprechende Lage im Osten zu schaffen.« Beigefügt war ein ausführliches Dokument, das die Erfordernisse für den »Fall Weiß«, den geplanten Angriff auf Polen, skizzierte.[4]

Manche Historiker haben fälschlicherweise diese Alternativpläne als Beweis dafür bewertet, dass Hitler bereits zum Krieg entschlossen war. In Wirklichkeit hing die empfindliche Balance zwischen Krieg und Frieden von mehreren unvorhersehbaren Faktoren ab – insbesondere von der Frage, ob die Nazis eine Vereinbarung mit den Sowjets zustande brächten. Seit den zwanziger Jahren hatte die NS-Propaganda aus dem wichtigsten Ziel keinen Hehl gemacht: sich Deutschlands sogenannten Lebensraum im Osten einzuverleiben – was zunächst die Eroberung Polens bedeutete. Doch Hitler wusste sehr gut, dass er nicht gefahrlos eine frühe Invasion Osteuropas in die Wege leiten konnte, ohne vorher eine Übereinkunft mit der größten Militärmacht der Region getroffen zu haben, die ihre eigenen Vorstellungen von »Lebensraum« hatte.

Auch in der UdSSR wurde klar Schiff gemacht für einen Wandel. Die Politik der kollektiven Sicherheit verlor ihre Reize. Die Befürworter eines harten Kurses verloren die Geduld, wie Sebag Montefiore beschreibt:

> *Als Stalin sich der Diplomatie zuwandte, wandte er sich erst einmal gegen die eigenen Diplomaten. Am Abend des 3. Mai 1939 umstellten Truppen des NKWD das Volkskommissariat für Äußeres und unterstrichen damit sowohl die Dringlichkeit der Kriegsvorbereitungen als auch die bevorstehende gründliche Umwälzung der Bündnisse. Molotow, Beria und Malenkow trafen ein, um Maxim »Papascha« Litwinow, den Fürsprecher des Friedens in*

Europa durch »kollektive Sicherheit«, von seiner Entlassung zu unterrichten ... Fast nebeneinander gelegen, führten das Außenkommissariat und die Lubianka den Beinamen »die Nachbarministerien«. Die Säuberung unter den Diplomaten überwachte Molotows Stellvertreter ... Wladimir Dekanosow ... Dekanosow nahm den Presseoffizier des Außenkommissariats ... fest ... Er brachte ihn in Berias Büro, wo er seine Spionagetätigkeit gestehen sollte. Als er das rundweg ablehnte, wies Beria ihn an, sich auf den Boden zu legen, und befahl dem georgischen »Riesen« Kobulow, ihn mit einem Totschläger zu malträtieren ... Stalins Terror gegen das Diplomatische Korps sollte als ein Appell an Hitler dienen: »Befreien Sie das Ministerium von Juden«, befahl [Stalin]. »Säubern Sie die ›Synagoge‹.«[5]

Der neue Volkskommissar des Äußeren hieß Molotow.

Derweil unterschätzten Großbritannien und Frankreich das Tempo der Entwicklungen außerordentlich. Nachdem sie die Polen gedrängt hatten, eine feste Haltung einzunehmen, ohne freilich ein System praktischer Zusammenarbeit zu organisieren, schickten sie auf dem Seeweg eine gemeinsame Militärmission nach Russland. Der Fortschritt der Verhandlungen war so langsam wie die Art zu reisen. Admiral Sir Reginald Aylmer Ranfurly Plunkett-Ernle-Erle-Drax brachte nicht die richtige Legitimation mit. Stalin und Molotow waren beleidigt.

Während dieser Wochen im Sommer 1939 eröffneten die Sowjets die sogenannten Handelsgespräche mit Deutschland. Dabei schufen sie eine Atmosphäre, in der die Gespräche weit über den Handel hinausgehen konnten. Aber ihre Forderungen waren unverschämt. Sollte Berlin grünes Licht für einen Angriff auf Polen erhalten, müsste es der Schaffung einer sowjetischen Einflusszone in Osteuropa und auch der

Einbeziehung Ostpolens und der baltischen Staaten in diese Zone zustimmen. Den Nazis dürfte es vorgekommen sein, als forderte man sie auf, das Kämpfen zu übernehmen, während Stalin die Hälfte der Beute einstrich. Es war kaum fair, aber die deutschen Diplomaten wussten, dass die Sowjets ein Angebot machten, mit dem der Westen nicht mithalten konnte.

Im Laufe des Sommers neigten die Sowjets immer stärker einem Abkommen mit Deutschland zu. Als geübter Paranoiker wird Stalin sich wohl gedacht haben, dass Hitlers angebotene Freundschaft leicht wieder in die alte Feindschaft umschlagen konnte. Als lebenslanger Kommunist war er gleichzeitig weniger durch die von Deutschland allein ausgehende Gefahr beunruhigt als durch die Möglichkeit, dass Faschisten und Kapitalisten sich für einen gemeinsamen Angriff auf die UdSSR zusammentaten. So betrachtet, wäre es von Vorteil, wenn die polnische Krise so gesteuert werden könnte, dass die Westmächte und Deutschland gegeneinander ausgespielt werden konnten. Wie viele Militärexperten noch immer vom Ergebnis des Ersten Weltkriegs beeindruckt, nahm Stalin an, dass der Sieger erschöpft wäre, wer auch immer am Ende Sieger wäre. Vom Standpunkt des Jahres 1939 aus lag es ohne Frage in sowjetischem Interesse zuzusehen, wie der Gegner sich verausgabte, während die sowjetischen Ressourcen wuchsen und die Rote Armee sich erholte.

Doch Moskau hatte ein weiteres Problem, das den meisten westlichen Kommentatoren nicht bewusst war. Japanische Streitkräfte festigten schon seit acht Jahren als Besatzer ihre Position in der Mandschurei, und sie breiteten sich fächerförmig in die Grenzgebiete der Äußeren Mongolei (die ein sowjetisches Protektorat war) und des sowjetischen Fernen Ostens aus. Mit anderen Worten, die UdSSR spürte den Druck an zwei Fronten: sowohl in Europa als auch in Asien. Um sich vor Entwicklungen an der Front mit Japan zu schützen, musste der Kreml seine Beziehungen zu Deutschland stabilisieren. Schließlich marschierten die Japaner bereits, während die Nazis vorläufig nur drohten. Aus demselben Grund war unwahrscheinlich, dass Stalin definitiv auf die deutschen Vorschläge reagierte, solange der Alarmzustand im Fernen Osten andauerte.

Und man sollte auch nicht davon ausgehen, dass Krieg zwischen Deutschland und der UdSSR, so er denn kurzfristig vermieden wurde, zwangsläufig später folgen würde. Als Historiker ist man hinterher allzu leicht schlauer. Im Jahr 1939 war noch nicht bekannt, was die Zukunft bereithielt. Wie oben bereits erwähnt, hatte Hitler sich vorgestellt, Deutschlands maximales Kriegspotenzial 1942–43 zu erreichen. Stalin mag durchaus einen ähnlichen Fahrplan im Kopf gehabt haben. Doch beide Führer lieferten hinreichende Beweise für Opportunismus und atemberaubende Richtungswechsel. Im Sommer 1939 konnte um alles in Osteuropa noch gepokert werden. Stalin kann die Möglichkeit eines künftigen Krieges mit Deutschland nicht ausgeschlossen haben. Aber ebenso wird er die Möglichkeit einer deutschen Niederlage im Westen oder einer Pattsituation erwogen haben, die eine erstarkte UdSSR zu ihrem Vorteil ausnutzen könnte.

Alles klärte sich in der dritten Augustwoche, und auch die japanische Gefahr konnte ausgeräumt werden. Stalin hatte bereits Maßnahmen ergriffen, um die militärische Bedrohung im Fernen Osten auszuschalten. Er beschloss grundsätzlich, die Gespräche mit Briten und Franzosen zu beenden und auch auf die deutschen Sondierungen einzugehen. Am 19. August sprach er auf einer Versammlung zum Politbüro, und seine Bemerkungen wurden von ausländischen Mitgliedern der Komintern protokolliert. »Wir müssen die Vorschläge Deutschlands annehmen«, sagte er, »und die britische und französische Delegation diplomatisch fallenlassen. Die Zerstörung Polens und die Annexion des ukrainischen Galizien werden unser erster Gewinn sein.« – »Trotzdem«, fuhr er fort, »müssen wir die Folgen einer deutschen Niederlage wie auch eines deutschen Sieges voraussehen. Im Falle einer Niederlage wird die Bildung einer kommunistischen Regierung in Deutschland von größter Wichtigkeit sein …« – »Vor allem«, schloss er, »ist es unsere Aufgabe, dafür zu sorgen, dass Deutschland so lange wie möglich in Krieg verwickelt ist und dass Großbritannien und Frankreich so erschöpft sind, dass sie eine deutsche kommunistische Regierung nicht beseitigen könnten.«[6] Obwohl er sich zurückhielt, bereitete Stalin sich auf eine revolutionäre Veränderung vor. Er war nicht der unschuldige oder passive Beobachter, als den die spätere Legende ihn hinzustellen versuchte.

Bislang hatten die beiden Diktatoren einander aus der Ferne belauert. Aber im Kern ging es bei dem Spiel darum, dass der deutsche »Führer«, der stärker auf ein rasches Ergebnis erpicht war, seinen aalglatten sowjetischen Partner in den Griff bekam. Am 20. August schickte Hitler ein persönliches Telegramm, adressiert an »Herrn J. W. Stalin, Moskau«. Man schickte ihm eine Antwort, adressiert »An den deutschen Reichskanzler, A. Hitler«; die sowjetische Regierung, hieß es da, »hat mich beauftragt, Sie davon zu unterrichten, dass sie einem Besuch des Herrn Ribbentrop in Moskau am 23. August zustimmt«.[7] Das Telegramm erreichte Berlin am Abend des 21. August um 21.35 Uhr. Hitler war aus dem Häuschen. »Ich habe die Welt in der Tasche«, rief er aus.

Bereits am 20. hatte Schukow mit einer zuvor zusammengezogenen gewaltigen Streitmacht aus Panzern und Kampfflugzeugen die japanischen Eindringlinge am Chalchin Gol in der Mongolei angegriffen und sie zurück nach Mandschukuo getrieben. Sein Sieg war so überwältigend, dass die Schlacht – mal als Chalchin Gol und mal als »Nomonhan-Zwischenfall« bezeichnet – das japanische Oberkommando davon überzeugte, die »nördliche Option«, das heißt Krieg gegen die UdSSR, zugunsten der »südlichen Option«, also der Expansion nach

Indochina, auf die Philippinen und nach Indonesien, fallenzulassen.[8] Am 22. um 16 Uhr brach Joachim von Ribbentrop von Salzburg aus über Berlin nach Moskau auf.

Die Verhandlungen des Hitler-Stalin-Paktes, die in Stalins »Kleinem Eck« im Kreml stattfanden, wurden schnell zum Abschluss gebracht. Ribbentrop, in Ledermantel und gestreifte Hose, traf am 23. um 13 Uhr in Hitlers Privatmaschine vom Typ FW 200 Condor in Moskau ein und bemühte sich nach Kräften, einen guten Eindruck zu machen. Er fand den Flughafen geschmückt mit Hakenkreuzfahnen vor, und die Kapelle spielte »Deutschland, Deutschland über alles«.

Er sagte Stalin und Molotow, dass Deutschland nichts von Russland verlange – »nur Frieden und Handel« –, bevor er sich prompt selbst widersprach, als man die Teilung Polens erörterte. Als er dann zu einem übertriebenen Lob der deutsch-sowjetischen Freundschaft ansetzte, erntete er einen Rüffel. »Denken Sie nicht«, bemerkte Stalin bissig, »dass wir ein bisschen mehr auf die öffentliche Meinung in unseren beiden Ländern achten müssen? Jetzt haben wir einander seit vielen Jahren kübelweise mit Jauche übergossen ... Doch nun sollen unsere Völker plötzlich glauben, dass alles längst vergessen und vergeben ist?« Aber der Moment ging vorüber. Das Geheime Zusatzprotokoll wurde am 23. ausgehandelt. Hitler akzeptierte telegraphisch die Bedingungen. Um 22 Uhr begann die Feier. Stalin brachte einen Trinkspruch aus. »Ich weiß, wie sehr das deutsche Volk seinen Führer liebt«, sagte er, »ich möchte deshalb auf seine Gesundheit trinken.« Um drei Uhr morgens, als die Feier sich auflöste, wandte Stalin sich noch einmal an Ribbentrop. »... ich kann Ihnen mein Ehrenwort darauf geben, dass die Sowjetunion ihren Partner nicht betrügen wird.«[9]

Oberflächlich betrachtet, schien der Hitler-Stalin-Pakt nicht mehr als ein Abkommen über engere freundschaftliche Beziehungen, Handel und politische Zusammenarbeit zu sein.

Doch wegen des Geheimen Zusatzprotokolls lief er auf sehr viel mehr hinaus. Er sah die Aufteilung Nordosteuropas in eine deutsche und eine sowjetische Einflusssphäre voraus; und er ließ den beiden Unterzeichnerstaaten freie Hand, ihre lästigen Nachbarn (im Interesse der Selbstverteidigung) zu vernichten.

Geheimes Zusatzprotokoll

Aus Anlass der Unterzeichnung des Nichtangriffsvertrages zwischen dem Deutschen Reich und der Union der Sozialistischen Sowjetrepubliken haben die unterzeichneten Bevollmächtigten ... die Frage der Abgrenzung der beiderseitigen Interessensphären in Osteuropa erörtert. Diese Aussprache hat zu folgendem Ergebnis geführt:

1. *Für den Fall einer territorial-politischen Umgestaltung in den zu den baltischen Staaten (Finnland, Estland, Lettland, Litauen) gehörenden Gebieten bildet die nördliche Grenze Litauens zugleich die Grenze der Interessensphäre Deutschlands und der UdSSR. Hierbei wird das Interesse Litauens am Wilnaer Gebiet beiderseits anerkannt.*
2. *Für den Fall einer territorial-politischen Umgestaltung der zum polnischen Staat gehörenden Gebiete werden die Interessensphären Deutschlands und der UdSSR ungefähr durch die Linie der Flüsse Narew, Weichsel und San abgegrenzt.*

Die Frage, ob die beiderseitigen Interessen die Erhaltung eines unabhängigen polnischen Staates erwünscht erscheinen lassen ... kann endgültig erst im Laufe der weiteren politischen Entwicklung geklärt werden.
In jedem Falle werden beide Regierungen diese Frage im Wege einer freundschaftlichen Verständigung lösen.

3. *Hinsichtlich des Südostens Europas wird von sowjetischer Seite das Interesse an Bessarabien betont. Von deutscher Seite wird das völlige politische Desinteressement an diesen Gebieten erklärt.*
4. *Dieses Protokoll wird von beiden Seiten streng geheim behandelt werden.*

Moskau, den 23. August 1939

Für die	*In Vollmacht der*
Deutsche Reichsregierung:	*Regierung der UdSSR:*
v. Ribbentrop	*W. Molotow*[10]

Hitler und Stalin waren im Geschäft – Polens Schicksal war besiegelt.

Obwohl das Geheime Zusatzprotokoll geheim blieb, erregte die Nachricht von dem Pakt erwartungsgemäß den schlimmsten Argwohn. Die britische und die polnische Regierung fassten prompt den Schaden ins Auge, den der harmlos klingende deutsch-sowjetische Nichtangriffspakt verursachen könnte. Am 25. August schlossen sie einen britisch-polnischen Beistandspakt, der Großbritanniens Garantie der Unabhängigkeit Polens formell bekräftigte und für den Kriegsfall Vorsorge für die beiderseitige Zusammenarbeit gegen eine ungenannte »europäische Macht« traf. Ein geheimes Protokoll nannte als diese Macht Deutschland. Auch Franco war mit Polen verbündet. Und Großbritannien war durch die Entente cordiale immer noch mit Frankreich verbunden. Eine antideutsche Koalition war unter Dach und Fach.

Nichts deutet darauf hin, dass Hitler mehr plante als einen schnellen, lokal begrenzten Krieg. Vielleicht hoffte er sogar noch auf eine Wiederholung des Auftritts der *Appeasement*-Vertreter in letzter Minute. Auf jeden Fall war er recht zuversichtlich, dass er Deutschland nicht in ein allgemeines Debakel führte. Polen würde schnell unschädlich gemacht werden. Die Sowjetunion würde nicht im Wege stehen. Großbritannien und Frankreich könnten den Krieg erklären, aber viel *unternehmen* würden sie kaum. Großbritannien besaß keine nennenswerten Streitkräfte, mit denen es intervenieren könnte. Frankreichs Streitkräfte blieben bei ihrer defensiven Haltung. Also würde Polen untergehen, bevor Beistand geleistet werden konnte. Die gedemütigten Westmächte könnten danach in irgendeiner Form beruhigt oder gekauft werden.

Etwas von dieser Logik kommt in den Truppenaufstellungen Deutschlands klar zum Ausdruck. Praktisch jede gefechtsbereite deutsche Division war in ihre Bereitstellungsräume an den Grenzen zu Polen – in Ostpreußen, in Pommern, in Schlesien – oder im Süden zur Slowakei verlegt worden. Zur Bewachung der deutschen Grenzen mit Frankreich wurde keine nennenswerte Reserve zurückgelassen. Selbst eine bescheidene französische Offensive hätte ins Herz Deutschlands vorstoßen können, ohne auf Widerstand zu stoßen. Aber wie Hitler zutreffend vermutete, dachten die Franzosen nicht daran, den Rhein zu überqueren. Stattdessen hockten sie bequem hinter der Maginotlinie und beurteilten die Entwicklungen aus völliger Bewegungslosigkeit heraus.

Die sowjetischen Absichten waren von außen betrachtet wie gewöhnlich extrem undurchsichtig. Im Gegensatz zu Berlin stieß Moskau keine Drohungen aus. Es ließ keine gefechtsbereiten Divisionen aufmarschieren. Und es ließ keine äußeren Zeichen von Kriegsvorbereitungen erkennen. Es gab gute Gründe für diese Vorsicht. Stalin hatte erst kürzlich den großen Terror abgeblasen, der Millionen sowjetischer Bürger ausgelöscht und seinen Höhepunkt in einer durchgreifenden Säuberung des Offizierskorps erreicht hatte. In den Jahren 1938–39 war fast die Hälfte aller höheren Ränge entweder ermordet oder in den Gulag geworfen worden. Die Rote Armee war nicht in der Verfassung für größere Operationen.

Außerdem erwartete man trotz Chalchin Gol noch einen endgültigen und offiziellen Waffenstillstand mit den Japanern.

Sorgen in Bezug auf die sowjetischen Absichten mögen durchaus zu Hitlers rätselhafter Entscheidung vom 25. August beigetragen haben, den Aufmarsch für den Polenfeldzug, der nach der ursprünglichen Weisung um 4.30 Uhr am nächsten Tag beginnen sollte, zu stoppen. Zweifellos wird es Skeptiker gegeben haben, die meinten, dass Stalin eine Falle aufgestellt habe. Einige Historiker behaupten, Hitler sei in Panik geraten; andere vermuten, dass er nur innegehalten habe, um sicherzustellen, dass die Sowjets ihn nicht hintergangen hätten. Die Spannungen erreichten während der letzten Woche des Wartens ihren Höhepunkt.

Die Westmächte und der von ihnen abhängige polnische Staat waren während dieser kritischen Tage ohnmächtige Beobachter von Ereignissen, die durch die Ambitionen Hitlers und Stalins vorangetrieben wurden. Die Amerikaner waren abwesend, die Franzosen lethargisch. Die Briten konnten, nachdem sie die *Appeasement*-Politik aufgegeben hatten, nicht den Anstoß zum Krieg geben. Den Polen, die entschlossen waren, sich zu verteidigen, wurde von ihren Verbündeten geraten, die Mobilmachung zu verschieben, um Deutschland nicht zu provozieren. Damit verringerten sie ihre Überlebenschancen beträchtlich.

Nach einer einwöchigen Verzögerung näherte Hitler sich dem Punkt, an dem er gezwungen war, den Angriff auf Polen entweder zu befehlen oder die ganze Sache abzublasen. Seine Generäle zerrten an der Leine und wiesen warnend darauf hin, dass die prächtige spätsommerliche Hitzewelle nicht ewig dauern werde. Natürlich kamen von Chamberlain keine Signale. Hitler hatte also nun die Wahl zwischen Krieg und einem kläglichen Rückzieher. Er wählte Krieg, ohne sich sicher zu sein, dass er den Konflikt eindämmen könne. Am 31. August um 12.40 Uhr unterschrieb er die »Weisung Nr. 1

für die Kriegsführung«. Alle Teilstreitkräfte der deutschen Wehrmacht, Heer, Luftwaffe und Kriegsmarine, würden im Morgengrauen gegen Polen losschlagen.

Eine letzte Kleinigkeit wurde arrangiert. Ein SS-Offizier, Alfred Naujocks, erhielt die Aufgabe, einen Zwischenfall zu inszenieren, den man wie einen polnischen Angriff auf Deutschland aussehen lassen konnte. Er führte eine Gruppe von Sträflingen aus einem Konzentrationslager zum deutschen Reichssender in Gleiwitz (Gliwice) in Oberschlesien und steckte sie in polnische Uniformen. Zu gegebener Zeit wurden die Häftlinge von ihren SS-Bewachern niedergemäht, welche die Leichname danach gegenüber der Polizei als die Leichen polnischer Angreifer identifizierten. Ein paar Stunden später, während deutsche Streitkräfte Polen überfielen, erfuhr die Welt beim Erwachen die überraschende Neuigkeit aus Berlin, dass Deutschland soeben auf einen grundlosen polnischen Angriff reagiere.

Adolf Hitler hatte die Nachricht vom deutsch-sowjetischen Nichtangriffspakt während des Abendessens auf dem Berghof in Berchtesgaden erhalten. Er führte seine Gäste auf den Balkon, um die letzten Momente eines blutroten Sonnenuntergangs in den Bergen zu betrachten. »Das sieht nach viel Blut aus«, bemerkte er. »Dieses Mal wird es nicht ohne Gewalt abgehen.«[11]

Die Kriegsjahre, 1939 bis 1945

Sobald die Kämpfe begannen, verwischten sich die Unterschiede zwischen Innenpolitik, Diplomatie, militärischen Belangen und Gesamtstrategie. Die Regierungen aller am Krieg beteiligten Länder kontrollierten die Aktivitäten ihrer Streitkräfte, und sämtliche politischen Führer wurden auf diese Weise selbst in mehr oder weniger starkem Maße zu »Kriegsführern«. Einige von ihnen, wie Hitler und Stalin, übernahmen nach und nach die alltägliche Kontrolle des militärischen Oberkommandos ihres Landes und handhabten militärische und politische Angelegenheiten als ein unteilbares Ganzes. Andere, wie Churchill und Roosevelt, blieben auf größerer Distanz zur militärischen Hierarchie, aber in allen wichtigen Fragen waren sie es, die die letzten Entscheidungen trafen.

Aus naheliegenden Gründen unterschied sich die Agenda während des Krieges deutlich von der zu Friedenszeiten. Die Planung von Feldzügen, die Beziehungen zwischen den Alliierten, Industrieproduktion und Nachschub, die Zivilverteidigung und, zumindest bei den Ländern, die fremde Länder besetzten, die Verwaltung der besetzten Territorien genossen oberste Priorität. Selbst in demokratischen Staaten wuchs das Aufgabengebiet von Regierungsstellen erheblich.

Ein Thema jedoch spielte keine Rolle. Im Gegensatz zum Ersten Weltkrieg wurden keine bedeutenden Kontakte zwischen den gegnerischen Parteien hergestellt, und es wurden keine diplomatischen Annäherungsversuche in Richtung auf einen Separatfrieden unternommen. Hitler mag erwartet haben, dass Großbritannien sich 1940–41 mit ihm einigen würde, aber diese Erwartungen wurden dort niemals auch nur diskutiert, wie die aussichtslose Mission von Rudolf Hess zeigte. Die Italiener hofften 1943 natürlich, mit den Westalliierten verhandeln zu können, waren aber gezwungen, ohne Verhandlungen zu kapitulieren. Stalin fürchtete ständig, seine westlichen Partner in der »Großen Allianz« (1941–45) könnten eine Vereinbarung mit den Deutschen treffen und sich gegen ihn wenden. Aber die Ängste waren unbegründet. Sobald die Alliierten sich die Strategie der bedingungslosen Kapitulation (siehe S. 107) zu eigen gemacht hatten, hielt man sich daran. Der Zweite Weltkrieg war ein Konflikt *à l'outrance*, »bis zum Letzten«.

Phase 1, 1939 bis 1941: Die Ära des Hitler-Stalin-Paktes

Der Hitler-Stalin-Pakt funktionierte auf der Basis klar definierter Einflusssphären und begrenzter Zusammenarbeit in Angelegenheiten von gemeinsamem Interesse. Im Herbst 1939 beispielsweise übernahm jede der vertragschließenden Parteien die ihr zugewiesenen Anteile am eroberten Polen und ging damit um, wie sie es für richtig hielt. In der nationalsozialistischen Zone begann die Gestapo die Bevölkerung nach rassischen Kriterien zu selektieren und zu trennen, während in der sowjetischen Zone das NKWD die Menschen nach sozialen und politischen Kriterien zu selektieren und zu deportieren begann. Doch in Fragen der Sicherheit arbeiteten Gestapo und SS sowie das NKWD eng zusammen. Für die Auslieferung deutscher Kommunisten durch das NKWD revanchierte sich die SS mit der Auslieferung ukrainischer Nationalisten. Und gegen den polnischen Widerstand gingen beide Partner einvernehmlich vor.

Im Zuge der Neuzeichnung der Karte Europas verleibten die Sowjets sämtliche eroberten Gebiete direkt der UdSSR ein.

Das finnische Karelien wurde Russland angegliedert. Aus den drei baltischen Staaten wurden die drei baltischen Sowjetrepubliken. Ostpolen und die Bukowina wurden der Weißrussischen und Ukrainischen Sowjetrepublik angegliedert. Und Ostrumänien wurde zur Moldawischen bzw. Moldauischen Sozialistischen Sowjetrepublik.

Die Deutschen trafen etwas überlegtere Entscheidungen. Westpolen, Elsass-Lothringen und Slowenien wurden direkt ins Reich eingegliedert, während das aus den zentralpolnischen Gebieten geschaffene Generalgouvernement mit den vier Distrikten Krakau, Radom, Warschau und Lublin, zu dem 1941 als fünfter Distrikt Galizien hinzukam, ein Trabant des Großdeutschen Reiches wurde. Den meisten der anderen besetzten Länder – Belgien, Holland, Dänemark, Norwegen, Frankreich und Griechenland – wurde gestattet, ihre eigene Identität zu behalten, obwohl sie deutschfreundlichen Regimes wie dem von Vidkun Quisling in Norwegen übereignet wurden. Das von Vichy regierte Frankreich war gezwungen, einen schmählichen Unterwerfungsvertrag zu unterzeichnen, aufgrund dessen die südliche Hälfte des Landes für einige Zeit frei von militärischer Okkupation blieb. Jugoslawien wurde aufgelöst. Kroatien wurde (wie die Slowakei) ein von der faschistischen Ustascha regierter Satellitenstaat. Mazedonien wurde Bulgarien zugeschlagen, und das Kosovo fiel an das von Italien besetzte Albanien. Serbien, Bosnien und Montenegro wurden zu deutschen militärischen Besatzungszonen.

Als Diktaturen waren die Achsenmächte an eine Kultur der Zusammenarbeit nicht gewöhnt. Mussolini beispielsweise liebte Überraschungen, womit er sich für die vollendeten Tatsachen revanchierte, vor die Hitler ihn gestellt hatte. Im Herbst 1940 jedoch wurde ein Versuch unternommen, ihre Aktivitäten mit denen Japans zu koordinieren. Ein hochrangiger japanischer Beamter besuchte Rom und Berlin, und am 27. September wurde der Dreimächtepakt unterzeichnet.

Sogar ein Angebot zur Einbeziehung der UdSSR in den Pakt wurde gemacht, ein Schritt, über den Stalin offenbar zu verhandeln bereit war. Dennoch gelang es Moskau in gesonderten Verhandlungen, seine Feuerpause mit Japan im Fernen Osten zu einem formellen Waffenstillstand auszubauen. Die Japaner hielten sich so den Rücken frei, während sie endgültig die südliche Option in Angriff nahmen, die im folgenden Jahr in den Angriff auf Pearl Harbor münden würde. Die Sowjets machten klar Schiff in Asien, um sich freie Hand in Europa zu verschaffen.

In diesem ersten Jahr des Krieges waren Großbritannien und Frankreich sich sehr genau bewusst, dass sie Deutschland den Krieg erklärt hatten, ohne sich der Teilnahme aller Mitglieder der siegreichen Koalition des Ersten Weltkriegs zu versichern. Das zaristische Russland hatte, obschon 1917–18 besiegt, gewaltigen Druck von der Westfront genommen. Doch jetzt, nur einundzwanzig Jahre später, verkehrte Stalin mit Hitler, und die sowjetischen Medien verurteilten rundweg die Ungerechtigkeiten der »kapitalistisch-imperialistischen Unterdrücker«. Da war es nicht von Belang, ob London und Paris das Geheime Zusatzprotokoll des deutsch-sowjetischen Nichtangriffspaktes bereits kannten: Die Sowjets machten keinen Hehl aus Moskaus klarem Wechsel von einem antinazistischen zu einem pronazistischen Standpunkt. Was die USA betrifft, denen unterstellt wurde, dass sie 1917–18 den Krieg zugunsten des Westens entschieden hätten, sah es so aus, als hätten sie den Streitereien Europas für immer den Rücken gekehrt. Unter Roosevelts New Deal erholten sie sich von der großen Depression. Abgesehen von der US-Marine rüstete das Land in allen Bereichen ab. Und der Kongress war in allen Bereichen isolationistisch.

Die Beziehungen des Westens zur UdSSR verschlechterten sich in den Jahren 1939–40 zusehends. Anfänglich machten London und Paris sich gewisse Hoffnungen, dass die Sowjets irgendwie zur Vernunft kommen und zu den gemeinsamen Zielen der »kollektiven Sicherheit« zurückkehren könnten. Mit diesem Gedanken im Hinterkopf legten sie ihrem polnischen Verbündeten gegenüber ein klägliches Verhalten an den Tag. Sie taten so, als habe die sowjetische Invasion Ostpolens gar nicht stattgefunden, oder versuchten gar, sie zu rechtfertigen. Zu den Akteuren, die besonders spitzfindig argumentierten, gehörte der frühere britische Premier David Lloyd George. Als das Foreign Office vom polnischen Botschafter gebeten wurde, sich die britische Garantie für Polen in Erinnerung zu rufen, zog sich dieses auf eine sehr gewundene Argumentation zurück, indem man darauf verwies, dass die Garantie der Unabhängigkeit eines Verbündeten nicht als Garantie der Grenzen des Verbündeten interpretiert werden dürfe. Später, als etwa 25 000 polnische Offiziere in sowjetischer Gefangenschaft verschwanden, unternahmen Briten und Franzosen keinerlei Anstrengung, auf Nachforschungen zu drängen.

Doch nach der Invasion Finnlands konnten die Westmächte schwerlich fortfahren, im Zweifelsfall Verständnis für Stalin zu zeigen. Vor allem die Franzosen waren empört. Die UdSSR wurde aus dem Völkerbund ausgeschlossen, ein gemeinsames alliiertes Expeditionskorps wurde aufgestellt, um zugunsten Finnlands in Skandinavien zu intervenieren (siehe S. 140). Im Nachhinein kann man die Täuschungen, in denen die westlichen Regierungen zu diesem kritischen Zeitpunkt befangen waren, nur als *folie des grandeurs*, als »Größenwahn«, bezeichnen. Während sie sich für einen bedeutenden Feldzug gegen NS-Deutschland rüsteten, meinten sie zugleich, einen zweitrangigen Feldzug gegen die Rote Armee führen zu können. Sie hatten nichts gelernt aus dem Blitzkrieg vom September 1939. Vermutlich dachten sie, dass Polens Niederlage Polens drittklassiger Armee zuzuschreiben sei, und nahmen an, dass Frankreich hinter der Maginotlinie sicher sei. Hinter dieser Annahme stand die irrtümliche Vermutung, dass die Wehrmacht nicht über die zahlenmäßige Stärke verfüge, einen energischen Angriff über die Niederlande durchzuführen, und dass folglich die gutausgerüsteten westlichen Armeen einen Vorsprung hätten. Sie rannten in ihr Verderben.

Die politischen Folgen des Untergangs Frankreichs waren dramatisch. Hitler bestand auf der rituellen Unterwerfung in Compiègne, der er persönlich beiwohnte, und auf dem triumphalen Marsch der Wehrmacht durch Napoleons Arc de Triomphe. Die Berufung Marschall Philippe Pétains, des Siegers von 1918, zum kollaborierenden Chef des »État français« von 1940 war äußerst bitter. Winston Churchill, Großbritanniens neuer Premier, unterbreitete das nicht minder dramatische, aber zwangsläufig nutzlose Gegenangebot einer formellen Union zwischen Großbritannien und Frankreich.

Die Aufgabe, die USA wieder ins Boot zu holen, oblag Churchill, und sie bedeutete achtzehn Monate mühevoller Diplomatie. US-Präsident Franklin D. Roosevelt war der Sache Großbritanniens zwar gewogen. Und aufgrund der Berichte von Ed Murrow und anderen über die Luftschlacht um England und den Londoner »Blitz« erwärmte sich die amerikanische Öffentlichkeit für den Widerstand des britischen Underdog. Aber der US-Kongress hielt sich hartnäckig zurück. Präsident und Premierminister konnten im Rahmen der bis Dezember 1941 fortbestehenen Umstände nur versuchen, das maximal Mögliche zu erreichen.

Die angloamerikanische Lend-Lease-Vereinbarung vom März 1941 hielt Großbritannien finanziell und logistisch über Wasser, während die Briten im Gegenzug erhebliche Einbußen bei ihrer Unabhängigkeit hinnahmen. Großbritannien erhielt zinslose Kredite und Lieferungen mit Zahlungsaufschub – zunächst fünfzig veraltete Zerstörer –, während den USA als Sicherheit eine Anzahl britischer Kolonien in der Karibik zugesprochen wurden, die sie als Marinestützpunkte pachteten. Im Grunde erkaufte Großbritannien sich kurzfristige Vorteile, um sein Überleben zu sichern, gegen eine langfristige Abhängigkeit von den USA. Der Präsident beschrieb es so, als »leihe man einem Nachbarn seinen Schlauch, damit er das Feuer löschen kann«.[12]

Die ganze Zeit über unterhielten die USA diplomatische Beziehungen sowohl zum Dritten Reich als auch zur UdSSR. In den ersten beiden Kriegsjahren stand es amerikanischen Korrespondenten frei, aus Berlin und aus Moskau zu berichten.

Das Reich errang unterdessen einen Erfolg nach dem anderen. Hitler hatte seine kühnsten Träume übertroffen – so sehr, dass die Gelegenheit für einen Feldzug in der UdSSR sich weit früher abzeichnete, als irgendjemand für möglich gehalten hätte. Der Krieg war noch keine zwei Jahre alt, und das Dritte Reich hatte bereits fast alle Nachbarstaaten überrollt. Europas stärkste Armee war vernichtet worden, und den halsstarrigen Briten war ein tödlicher Schlag versetzt worden (zumindest dachte Hitler das). Es ist kaum zu glauben, aber dem »Führer« gingen die Optionen aus. Die zentrale Wahl bestand darin, entweder das östliche Wagnis zu unterlassen, um 1941 Großbritannien zu bezwingen, oder Unternehmen »Seelöwe II« zu verschieben, um die UdSSR zu besetzen. Die erste Alternative war einfach; die zweite war schwierig, aber unendlich viel spannender. Auf alle Fälle würden die Briten, wie Hitler mehr als einmal sagte, auf den Knien bettelnd kommen, sobald »Russland« ausgeschaltet wäre.

Doch zunächst einmal musste der Diktator prüfen, was mit einer Verlängerung des deutsch-sowjetischen Nichtangriffspaktes möglicherweise zu gewinnen war. Schließlich konnte den Sowjets die außerordentlich verbesserte Lage Deutschlands nicht entgangen sein, und vielleicht konnte Stalin zu einigen interessanten Zugeständnissen oder zur Beteiligung an irgendeinem grandiosen Plan zur Aufteilung der Welt überredet werden. Zu diesem Zweck wurde Wjatscheslaw

Molotow im November 1940 nach Berlin eingeladen. Er war seltsam einsilbig und sagte entweder »nein« oder gar nichts. Als man ihm ein verlockendes Projekt in Aussicht stellte, wonach die UdSSR die Macht im Mittleren Osten übernehmen sollte, beginnend mit Iran, reagierte er auch nicht. Molotow unterbreitete keine eigenen Vorschläge, und als man ihm sagte, dass die Briten besiegt seien, fragte er spitz, warum das Treffen dann in einem Luftschutzbunker stattfinde. Die Deutschen werden vermutlich nicht gewusst haben, dass Molotows Frau als Geisel im Gulag eingesperrt worden war. Aber sie dürften erraten haben, dass er nicht gekommen war, um seinen Charme spielen zu lassen.

Zwei Probleme führten die Verhandlungen in eine Sackgasse. Eines war Rumänien, das sowohl Deutschland als auch die UdSSR beherrschen wollten. Das andere betraf die Bedingungen, unter denen Stalin einem Beitritt zum Dreimächtepakt zustimmen könnte. Im Gegensatz zu der Auffassung vieler Historiker gab es im Herbst 1940 tatsächlich einen Augenblick, als die Sowjetunion sich der aus Deutschland, Italien und Japan bestehenden eurasischen Gruppierung hätte anschließen können. Ribbentrop schickte über Molotow einen Vorschlag in diesem Sinne nach Moskau, und in einer Note vom 25. November stimmte Stalin vorläufig zu. Der Teufel steckte jedoch im Detail. Die Nazis wollten den Dreimächtepakt als Instrument benutzen, um Stalin von Europa fernzuhalten und ihm im Persischen Golf eine neue Interessensphäre zu verschaffen. Stalin hingegen wollte den Pakt als Mittel benutzen, um historische russische Ansprüche auf dem Balkan zu erneuern. Abgesehen davon, dass er den Rückzug aller deutschen Truppen aus Finnland verlangte, fasste seine Note nicht nur einen russisch-bulgarischen Vertrag ins Auge, sondern auch einen sowjetischen Marinestützpunkt am Bosporus. Diese letzte Forderung ging zu weit. Sie hätte das Schreckgespenst eines Konflikts wegen der »Meerengen«, das

Bismarck so beschäftigt hatte, und auf längere Sicht das einer russischen Ausbreitung ins Mittelmeer wiederbelebt. Weder Deutschland noch Italien konnten daran interessiert sein. Berlin und Rom dürfte sogar die Tatsache bewusst geworden sein – die dem Westen erst zehn Jahre später klarwurde –, dass die Sowjetunion sich, sobald sie im Innern stabilisiert war, als nicht weniger imperialistisch und aggressiv erweisen würde als ihr zaristischer Vorgänger. Stalin erhielt nie eine Antwort auf seine Note vom 25. November. Stattdessen setzte Hitler am 18. Dezember 1940 die Weisung Nr. 21, »Fall Barbarossa«, auf:

> ... *Die deutsche Wehrmacht muss darauf vorbereitet sein, auch vor Beendigung des Krieges gegen England Sowjetrussland in einem schnellen Feldzug niederzuwerfen ... Vorbereitungen ... sind ... schon jetzt in Angriff zu nehmen und bis zum 15.5.41 abzuschließen. Entscheidender Wert ist jedoch darauf zulegen, dass die Absicht eines Angriffs nicht erkennbar wird.*[13]

Die Schlussfolgerung daraus liegt auf der Hand. Hitler verfolgte *nicht* einen seit langem bestehenden Plan oder ein langfristiges Programm. Obwohl seine Träume von der Gewinnung des »Lebensraums« im Osten immer präsent waren, war er bereit, sie aufzuschieben und ein alternatives Szenario in Erwägung zu ziehen. Der Kurswechsel zum deutsch-sowjetischen Konflikt wurde ebenso von den Einstellungen Stalins wie von denen Hitlers bestimmt. Vorangetrieben wurde der Entschluss, Pläne für den »Fall Barbarossa« auszuarbeiten, durch die »Kombination aus der Weigerung Großbritanniens, Frieden zu schließen, und den expansionistischen Zielen der Sowjetunion«.[14]

Stalin seinerseits müssen starke Zweifel gequält haben, ob es klug sei, den Pakt zu verlängern. Er scheint die Auswirkungen eines Konflikts mit den USA abgewogen zu haben, der Wirklichkeit werden konnte, wenn sein deutscher Partner seinen antiwestlichen Kurs fortsetzte. Andererseits würde Stalin, wie allen russischen Imperialisten, das Herz bluten, wenn die Deutschen anfangen würden, ihren Einfluss auf den Balkan – ein traditionelles russisches Jagdrevier – auszudehnen. Im Januar 1941 jedoch strengte er sich ganz besonders an, die ökonomischen Bande mit dem Reich zu stärken und die Nazis mit regelmäßigen Lieferungen bei Laune zu halten.

Nichtsdestoweniger umgibt Stalins Handlungen und Nichthandlungen in jenen Monaten noch immer eines der größten Rätsel des Krieges. In Ermangelung adäquater Quellen kennen Historiker die volle Wahrheit einfach nicht, obwohl der eine oder andere diesbezüglich dogmatische Ansichten äußert. So weiß man beispielsweise mit Bestimmtheit, dass Stalin viele Warnungen über die wachsende Gefahr von »Barbarossa« erhielt. Ebenso ist aus deutschen Quellen mit aller Klarheit ersichtlich, dass die Rote Armee und die Rote Luftwaffe sich nicht entsprechend auf Verteidigung einstellten. Die Schlussfolgerung liegt nahe, dass Stalins Diplomaten nicht angewiesen wurden, Schritte zur Entschärfung des drohenden Konflikts zu unternehmen. Zahlreiche Gerüchte kursierten über den Nervenzusammenbruch, den Stalin angeblich erlitt, als er von dem deutschen Angriff erfuhr. Da eine Spekulation nicht schlimmer ist als die andere, ist allerdings wahrscheinlicher, dass Stalins Nerven irgendwann kurz vor dem Angriff am stärksten angespannt waren, als ihm das Ausmaß seiner Fehleinschätzungen höchstwahrscheinlich bewusst wurde.

Die Komplexität der Situation wird nicht immer richtig eingeschätzt. Mit Sicherheit wurde Stalin durch Meldungen von der Grenze und von Eisenbahnern, durch den Vertreter des militärischen Geheimdienstes in Berlin, durch den NKWD-Agenten in Warschau, durch Churchill, dessen Operation »Ultra« es ermöglichte, die deutschen Weisungen zu lesen, und vor allem durch seinen eigenen Meisterspion in Tokio, Richard Sorge, gebührend gewarnt. Aber er erhielt auch sehr viele gegenteilige Mitteilungen. Der neue Direktor des sowjetischen militärischen Geheimdienstes GRU* von 1940 bis 1941, General Filip Golikow, war ein unerfahrener Dilettant, der Stalin nur mit dem versorgte, was er für harmlos erachtete. Golikow war entschlossen, dem Schicksal seines Vorgängers, Generalleutnant Iwan Proskurow, zu entgehen, der lange vor Deutschlands feindlichen Absichten gewarnt hatte, dann aber entlassen worden war, weil er mit seiner Meinung über das Fiasko des Winterkriegs in Finnland nicht hinter dem Berg gehalten hatte. Golikow war ein ausgemachter Einfaltspinsel: Er schluckte die deutschen Fehlinformationen über das Unternehmen »Seelöwe«, und am 21. März 1941 versicherte er Stalin, dass die Deutschen ihren Angriff auf Großbritannien erneuern würden, bevor sie sich gegen die UdSSR wendeten. Er begründete seine Einschätzung damit, dass die zunehmende Konzentration deutscher Streitkräfte im Osten ein Täuschungsmanöver sei, das die Briten in Sicherheit wiegen solle.[15]

Noch ein Faktor spielte eine Rolle. Im April 1941 startete Stalin eine weitere Säuberungsaktion, die sich gegen höhere Ränge im Offizierskorps richtete. Die Gruppe, die Verdacht erregt hatte, bestand aus Männern, die im spanischen Bürgerkrieg gedient und die abwegige Angewohnheit beibehalten hatten, einander mit »Salud, compañero!« zuzuprosten. Die Hauptverdächtigen waren Generalleutnant Jakow Smuschkewitsch, der stellvertretende Chef des Luftstabes der Roten Armee, sowie seine ihm zur Seite gestellten Offiziere im Generalsrang: Sztem, Proskurow und Wolodin. Das ganze Frühjahr 1941 hindurch folterte das NKWD diese Männer und in mehreren Fällen ihre Ehefrauen, quetschte falsche Ge-

---

* *Glawnoje Raswedywatelnoje Uprawlenije,* Hauptverwaltung für Aufklärung beim Generalstab der Streitkräfte.

ständnisse aus ihnen heraus und zwang sie durch grausame »Gegenüberstellungen«, einander zu denunzieren. Die Opfer wurden schließlich beim sogenannten Oktobermassaker in Kuibyschew erschossen. Stalin war nicht in der Stimmung, seinen engsten militärischen Beratern zu trauen. Und sein Gefolge war vor Angst wie gelähmt.[16] Vernünftige Diskussionen waren nicht möglich.

Doch die Kernfrage ist, warum Stalin dem einen Szenario mehr Glauben schenkte als dem anderen. Es sieht so aus, als liege die Antwort in einer Reihe persönlicher Versicherungen, die Hitler 1940–41 nach Moskau schickte und deren Existenz erst 1997 entdeckt wurde. Nur zwei von möglichen sechs Schreiben wurden bislang identifiziert. Eines, datiert auf den 3. Dezember 1940 – zwei Wochen vor Unterzeichnung der Weisung Nr. 21 –, informierte Stalin, dass deutsche Truppen im Osten stationiert würden, damit man sie außerhalb der Reichweite britischer Bomber reorganisieren könne. Das andere, auf den 14. Mai 1941 datierte Schreiben wurde einen Tag vor dem anvisierten Abschluss der Planungen für »Barbarossa« verfasst.

Es wurde mit einem höchst ungewöhnlichen Kurierflug durch eine Junkers Ju 52 zugestellt, die ohne reguläre Genehmigung in den sowjetischen Luftraum eindrang und ihn wieder verließ. In diesem Schreiben gab Hitler sein »Ehrenwort als Staatsoberhaupt«, dass das ganze Gerede über »Differenzen zwischen uns« nichts als Geschwätz sei. Darüber hinaus informierte er Stalin, dass die deutschen Truppen in naher Zukunft aus ihren gegenwärtigen Stellungen abrücken würden.[17] Stalin glaubte das entweder oder gab vor, es zu glauben, um ein eigenes Manöver zu verfolgen. In den letzten paar Stunden des Hitler-Stalin-Paktes gab es keinerlei äußere Anzeichen der bevorstehenden Explosion:

Am Samstag, dem 21., herrschte in Moskau warmes, drückendes Wetter. Die Schulferien hatten gerade begonnen, Dynamo Moskau hatte sein Heimspiel verloren, und die Theater gaben Rigoletto, La Traviata und Tschechows Drei Schwestern. Stalin und das Politbüro tagten ununterbrochen, registrierten ein ständiges Kommen und Gehen. Am frühen Abend sah man Stalin zutiefst beunruhigt über die anhaltend unheilvollen Berichte, die nicht einmal sein Terror zerstreuen konnte.[18]

In Berlin verbrachte Hitler, der wusste, was sich zusammenbraute, den Abend mit Goebbels in seinem Arbeitszimmer, wo er den Aufruf für den nächsten Tag diktierte. »Dieses Krebsgeschwür muß ausgebrannt werden«, meinten sie. Und »Stalin wird fallen«.[19]

Doch Stalin nahm keinen Rat an, von niemandem. Das Verteidigungskommissariat setzte einen Befehl über die »höchste Alarmbereitschaft« auf, aber es war bereits nach Mitternacht, bevor Stalin einwilligte, eine modifizierte Fassung auszugeben. Um 0.30 Uhr rief Schukow an, um mitzuteilen, dass ein dritter deutscher Deserteur durch den Pruth an der Grenze Rumäniens und der Ukraine geschwommen sei. Der Mann, ein kommunistischer Arbeiter aus Berlin namens Alfred Liskow, informierte die sowjetischen Grenzposten, dass seine Einheit soeben den Marschbefehl erhalten habe. Stalin befahl, ihn »wegen der Desinformation« zu erschießen.[20]

Später irgendwann fuhr Stalins Kolonne durch die Tore des Kremls und durch die verdunkelten Straßen hinaus zur Datscha in Kunzewo. Als er gegen vier Uhr morgens zu Bett ging, schlief Hitler, der ihm wegen der deutschen Sommerzeit um eine Stunde voraus war, vermutlich schon. Der Tag brach an. Es war nicht einmal Zeit, Liskow erschießen zu lassen.

Eine Tatsache ist unstrittig. Der Beginn von »Barbarossa« veränderte die Konfiguration des Krieges vollkommen, weitete den Konflikt aus und leitete eine neue Runde politischer Aktivität ein.

Phase 2, 1941 bis 1944:
Der Aufstieg der »Großen Allianz«

In der zentralen Phase des Krieges gruppierten sich alle führenden Kombattanten nach einem Muster, das für den Rest des Konflikts Bestand haben würde. Überschattet wurde diese Phase jedoch von der Tatsache, dass fast alle Kämpfe an der Ostfront stattfinden sollten. Die Politik musste sich an diese Asymmetrie anpassen, die den Versuchen der Westmächte, einen gleichberechtigten Einfluss innerhalb der alliierten Koalition auszuüben, außerordentlich hinderlich war. Sämtliche Feldzüge und Kämpfe an der Peripherie, an denen Briten oder Amerikaner beteiligt waren – in der Libyschen Wüste, im Atlantik, in Marokko und Algerien sowie von Juli 1943 an in Italien –, hatten im Wesentlichen zunächst defensiven Charakter. Sie sollten in erster Linie die bestehenden alliierten Positionen sichern und schützen: nämlich den Seeweg nach Indien, die Konvoirouten zwischen Großbritannien und den USA und das vom faschistischen Italien bedrohte Operationsgebiet im Mittelmeer. Die strategische Bomberoffensive (vgl. Kapitel 1, 2) war die einzige bedeutende westliche Operation, von der man sagen könnte, dass sie »den Krieg zum Feind brachte«. Im Gegensatz dazu waren die Streitkräfte der UdSSR an der Ostfront während dieser ganzen Zeitspanne in Kampfhandlungen mit der Hauptkriegsmaschine der Achsenmächte verwickelt. Und die Sowjets gingen viel früher und in viel größerem Umfang von der Defensive zur Offensive über. Dieses Ungleichgewicht zwischen Ost und West wurde am Anfang als nicht besonders gravierend empfunden, sollte aber auf lange Sicht ernsthafte Konsequenzen haben.

Seit dem Fall Frankreichs waren aus den drei Alliierten von 1939 zwei geworden. Frankreich schied aus. Großbritannien und die Exilregierung Polens blieben über. Und verschiedene andere Kombattanten mit sehr begrenzter militärischer Schlagkraft – darunter die Freifranzosen, die Holländer, die Belgier, die Norweger, die Tschechen und die Jugoslawen – eröffneten Niederlassungen in London. Dies war die Situation, von der es in britischen Lehrbüchern beharrlich heißt, Großbritannien habe »allein gestanden«.

Doch mit dem Ausbruch des deutsch-sowjetischen Krieges ergaben sich Möglichkeiten, die auszunutzen vor allem Churchill rasch bei der Hand war. Er war während des Ersten Weltkriegs ein führender Politiker und Stratege gewesen. Für ihn lag es nahe, die siegreiche Kombination jener Jahre wiederaufleben zu lassen. Frankreich war bis auf weiteres am Boden. Aber »Russland« und »Amerika« waren da und konnten angeworben werden. Die Aufgabe nahm sechs Monate in Anspruch. Das Ergebnis nannte Churchill die »Große Allianz«, nach der diplomatischen Formation aus der Zeit Marlboroughs, über die er in den dreißiger Jahren geschrieben hatte.

Im Sommer 1941 drängte Churchill Roosevelt zu einer sehr viel engeren Partnerschaft. Die Deutschen stießen schnell und tief in die UdSSR vor, und auf lange Sicht schien Rettung nur durch die USA möglich zu sein. Doch Churchill wurde enttäuscht. Als sich die beiden Staatsführer in der Placentia Bay vor der Südostküste Neufundlands auf einem Schiff trafen, konnte er den Amerikanern nur die Atlantik-Charta und ein Versprechen, Stalin zu einer Dreimächtekonferenz einzuladen, entlocken.

Die am 14. August 1941 unterzeichnete Atlantik-Charta war ein nichtssagendes Dokument voller klangvoller Prinzipien, die sehr theoretisch klangen:

1. *Beide Länder streben keine Vergrößerung an, weder territorial noch sonst wie.*
2. *Sie mißbilligen territoriale Veränderungen, die nicht mit den frei geäußerten Wünschen der beteiligten Völker übereinstimmen.*
3. *Sie respektieren das Recht jedes Volkes, sich die Regierungsform, unter der es leben will, selbst zu wählen …*
4. *Sie werden bestrebt sein …, allen Staaten, groß oder klein, Siegern oder Besiegten, zu ermöglichen, sich den für ihr wirtschaftliches Gedeihen nötigen Anteil am Welthandel und an den Weltrohstoffen unter gleichen Bedingungen zu sichern.*
5. *Sie haben den Wunsch, die Zusammenarbeit aller Nationen auf wirtschaftlichem Gebiet herbeizuführen, um verbesserte Arbeitsbedingungen, wirtschaftlichen Fortschritt und soziale Sicherheit zu gewährleisten.*
6. *Sie hoffen …, einen Frieden aufgerichtet zu sehen, der allen Nationen die Möglichkeit bietet, innerhalb ihrer Grenzen in Sicherheit zu leben, und allen Menschen in allen Ländern ein Leben frei von Furcht und Not sichert.*
7. *Ein solcher Friede muß allen Menschen die Möglichkeit geben, die Meere und Ozeane unbehindert zu befahren.*
8. *Sie sind der Überzeugung, daß alle Nationen der Welt aus materiellen wie aus ethischen Gründen zum Verzicht auf Anwendung von Gewalt kommen müssen.*

Von Bedeutung ist die Atlantik-Charta nur deshalb, weil sie später zur Grundlage der Mitgliedschaft in den Vereinten Nationen wurde.[21]

Die Dreimächtekonferenz wurde im September 1941 in Moskau abgehalten, und an ihr nahmen Lord Beaverbrook, Averell Harriman und sowjetische Vertreter teil. Es war kein harmonisches Ereignis, da die Konferenz mit überwältigenden Siegen der Wehrmacht zusammenfiel und Stalin sich darüber beklagte, dass man ihn schlecht behandle. Dennoch blieb sie nicht ergebnislos: Das Lend-Lease-System wurde auf die UdSSR ausgedehnt, die sowjetisch-amerikanische Zusammenarbeit stärker ins allgemeine Bewusstsein gerückt und die Durchführung der arktischen Geleitzüge von Großbritannien aus geregelt.

Als alter Antibolschewist machte Churchill sich keine Illusionen darüber, dass es einem Verrat demokratischer Prinzipien gleichkam, mit Stalin Geschäfte zu machen. Er sei gezwungen gewesen, wie er dem House of Commons mitteilte, sich »mit dem Teufel zu verbrüdern«. Doch getrieben von der Notwendigkeit, ließ er sich keineswegs abschrecken. Stalin, der in den vorausgegangenen zwei Jahren Hitlers engster Partner gewesen war, musste eine noch dramatischere Kehrtwende vollziehen. Beide waren sich bewusst, dass eine britisch-sowjetische Annäherung durch das Fehlen einer sowjetisch-polnischen Annäherung behindert würde. Dies war die Agenda des Winters 1941–42.

Während der Gültigkeit des Hitler-Stalin-Paktes hatten die britischen Beziehungen zur UdSSR die Schwelle des Krieges erreicht. Das Verhältnis war derart angespannt gewesen, dass die Entspannung wie ein frischer Lufthauch wirkte und das Gefühl einer Rückkehr zur Normalität erzeugte. Ideologische Differenzen wurden in den Wind geschlagen, jüngste Streitigkeiten vergessen. Alle Aufmerksamkeit richtete sich auf den gemeinsamen Feind. Und der »Antifaschismus« lieferte die Slogans. Sowohl die extreme Linke als auch die extreme Rechte im britischen Meinungsspektrum waren begeistert. Die Kommunistische Partei Großbritanniens wurde aus dem Fegefeuer der Nazipartnerschaft entlassen. Und die Empire-Loyalisten von Lord Beaverbrook, der als Minister für Luftwaffenproduktion großartige Arbeit leistete, freuten sich mächtig. Bedenken beschränkten sich auf die gemäßigten Sozialisten. Niemand protestierte offen. Doch auf Regierungsebene waren die Beziehungen äußerst schwierig. Sowjetische Offizielle waren bekanntlich misstrauisch und stellten sich quer.

Es dauerte deshalb lange, bis ein förmlicher britisch-sowjetischer Vertrag zustande kam. Die Hauptstreitfrage betraf die sowjetische Forderung nach britischer Anerkennung der Westgrenze der UdSSR, die 1939 mit den Nazis vereinbart worden war und mitten durch Polen verlief. Die sowjetische Unnachgiebigkeit in diesem Punkt – wegen des deutschen Vormarschs ein reines Abstraktum zu diesem Zeitpunkt – war bemerkenswert. Sie bedeutete, dass der Vertrag sich größtenteils auf allgemeine Aussagen beschränken würde, darunter die Anerkennung des Prinzips der Nichteinmischung in die inneren Angelegenheiten des Vertragspartners und der Verzicht auf jede territoriale Vergrößerung. Von größerer praktischer Bedeutung waren die beiderseitigen Verpflichtungen, vor einem separaten Waffenstillstand oder Vertrag mit Deutschland die Zustimmung des anderen einzuholen und einander militärischen Beistand zu leisten. In diesem letzten Punkt beschloss Churchill, guten Willen zu zeigen, ohne förmlich zu sein. Der erste arktische Geleitzug dampfte am 21. August 1941 von Scapa Flow nach Murmansk. Der Vertrag wurde erst am 26. Mai 1942 unterzeichnet.

Die Diktion der Vereinbarung klingt recht harmlos. Aber sie verbirgt eine hässliche Realität. Nichteinmischung bedeutete, dass ein angeblich demokratischer Staat sein Recht aufgegeben hatte, gegen die unmenschlichen Praktiken von Sklavenarbeit, Konzentrationslagern und Massenmord bei seinem Partner zu protestieren. Stalin seinerseits beendete die bis dahin übliche Praxis, ausländische kommunistische Parteien als Instrumente der Subversion zu benutzen. Der Verzicht auf territoriale Vergrößerung, der bereits in der Atlantik-Charta festgeschrieben worden war, bedeutete hier, dass die UdSSR ihr Territorium nicht über die schon vor 1941 erreichte Vergrößerung hinaus ausdehnen würde. Aber niemand erwähnte die nicht territoriale Vergrößerung.

Das sowjetisch-polnische Abkommen vom 30. Juli 1941 war mit noch zäheren Verhandlungen verbunden. Es war noch keine zwei Jahre her, dass Stalin Hitler geholfen hatte, Polen zu zerstückeln. Seine gefürchteten Sicherheitskräfte hatten polnische Bürger in großer Zahl verschleppt. Und seine Erklärung für die etwa 25 000 verschwundenen Offiziere – dass sie »in die Mandschurei entkommen« sein könnten – war absurd. Doch General Władisław Sikorski, Ministerpräsident der polnischen Exilregierung, war gezwungen, all das mit innerer Stärke zu ertragen, weil er wusste, dass seine Regierung von Churchill abhängig war und dass Churchill ein Ergebnis wollte. Er musste verärgert feststellten, dass alle Versuche, die Grenzfrage zu erörtern, auf eisige Ablehnung stießen. Unter der Bedingung, dass Stalin die überlebenden Deportierten freiließ, erklärte er sich im Prinzip einverstanden, in dem Krieg gegen Deutschland mit der UdSSR zusammenzuarbeiten, wobei aus den freigelassenen Deportierten, soweit sie wehrfähig waren, in Russland eine polnische Armee aufgestellt werden sollte. Die Vereinbarung wurde verabschiedet. Stalin billigte dann auch eine sogenannte »Amnestie« für Hunderttausende unschuldiger Menschen. Und General Władysław Anders wurde aus dem Lubjanka-Gefängnis entlassen, um den Oberbefehl über die Armee zu übernehmen. Es war der Beginn einer berühmten Odyssee.[22]

Der Weg der USA in den Krieg war extrem beschwerlich. Roosevelt war im November 1940 aufgrund eines Versprechens wiedergewählt worden, dass die USA *nicht* in den Krieg eintreten würden. Er beugte sich der isolationistischen öffentlichen Meinung, die ihn beinahe daran gehindert hätte, den Neutrality Act zu ändern, und der im Kongress nur zwei Stimmen fehlten, um eine Erweiterung des Selective Service Act abzulehnen, wonach der US-Präsident das Recht habe, auch in Friedenszeiten Rekruten für den Militärdienst einzuberufen. Es konnte ihm nicht entgehen, dass die US-Armee mit ihren 265 000 Mann, obwohl sie wuchs, kleiner war als Polens Armee im Jahr 1939 und dass die Aussichten einer frühen Beteiligung am Krieg gleich null waren. Die US-Militärausgaben waren Ende der dreißiger Jahre halb so hoch wie die Deutschlands oder der UdSSR und nur unwesentlich höher als die Italiens.[23] Roosevelts Strategie zu Beginn seiner dritten Amtszeit bestand deshalb darin, die USA wieder aufzurüsten, sie in das große »Arsenal der Demokratie« zu verwandeln und die Verbündeten zu unterstützen, aber »kurz vor dem Krieg« haltzumachen.

Diese Strategie wurde das ganze Jahr 1941 über energisch vorangetrieben und verfeinert. Der Bestand an ausgebildeten Mannschaften der US-Armee wuchs in zwölf Monaten um fast das Dreifache, der Schiffsbestand der US-Marine um mehr als das Doppelte; der Präsident versprach, 50 000 Flugzeuge zu bauen, und die US-Industrie rüstete sich für eine Kriegswirtschaft, die zu den Wundern des 20. Jahrhunderts zählen sollte. Amerikanische Strategen stimmten »Plan Dog« zu (auch als »Rainbow 5« bekannt), wonach im Kriegsfall dem europäischen Kriegsschauplatz Vorrang einzuräumen wäre und der im Frühjahr 1941 das Thema geheimer Gespräche mit Briten und Kanadiern war. Der Lend-and-Lease-Act wurde im März verabschiedet und bei der Moskauer Dreimächtekonferenz auf die UdSSR ausgeweitet. Die Versenkung des US-Zerstörers *Kearny* durch deutsche U-Boote im selben Monat führte zu weiteren Modifizierungen des Neutrality Act. Aber der Anschein der Nichtbeteiligung wurde aufrechterhalten.

Das Dilemma der USA im letzten Quartal des Jahres 1941 war groß. Die Marine war an feindlichen Handlungen gegen deutsche Kriegsschiffe beteiligt. Drei kämpfende Staaten wurden offen unterstützt: das Vereinigte Königreich, die

UdSSR und China. Alle japanischen Guthaben in den USA wurden eingefroren; und dank »Magic« – den Informationen aus entschlüsselten japanischen Codes – wusste Washington sehr genau, dass die japanische Regierung auf Kriegskurs war. Doch sie weigerte sich kategorisch, den ersten Schritt zu tun. Selbst der heimtückische Überfall auf die Pazifikflotte in Pearl Harbor am 7. Dezember 1941 provozierte keine allgemeine Kriegserklärung. Er führte dazu, dass der Kongress am folgenden Tag für Krieg gegen Japan stimmte – und zu einem drückenden Schweigen in Bezug auf die amerikanischen Absichten gegenüber Japans Achsenpartnern. Es war Adolf Hitler, der das Schweigen brach. Am 11. Dezember erklärte er im Deutschen Reichstag den USA den Krieg. Mussolini zog nach. Beide Diktatoren zählten darauf, dass ihre dramatische Geste sie wenig kosten würde.

Doch selbst dann noch reagierten die USA nicht auf die herkömmliche Art. Da sie sich allen Bemühungen zum Trotz nun im Kriegszustand mit Japan, Deutschland und Italien befanden, waren sie natürlich bereit, ihren Freunden und den Feinden ihrer Feinde vorbehaltlos Beistand zu leisten, aber sie gingen nur wenige offizielle Verpflichtungen ein. Es sollte keinen Vertrag mit dem britischen Empire geben, keinen Vertrag mit der UdSSR, keinen Vertrag mit den britischen oder sowjetischen Verbündeten. Die einzigen europäischen Länder, denen den Krieg zu erklären die USA sich überwanden, waren – am 5. Juni 1942 – Bulgarien, Ungarn und Rumänien.[24]

Die Achse auf dem Höhepunkt ihrer Macht

Man ist stets versucht, sich den Zweiten Weltkrieg ausschließlich unter dem Aspekt von Schlachten, Bombardierungen und Blutvergießen vorzustellen. Dabei wird oft vergessen, dass die Kämpfe auf den Kriegsschauplätzen gewöhnlich von kurzer Dauer waren und dass die dazwischenliegenden relativ ruhigen, wenn auch nicht friedlichen Phasen lang waren. So erlebte Polen 1939 fünf Wochen lang Kämpfe, gefolgt von fünf Jahren der Okkupation. Frankreich wurde 1940 in sechs Wochen besiegt, dann folgten vier »ruhige« Jahre. Selbst im Osten, in Litauen oder in der Westukraine, rollte die Front im Sommer 1941 durch und kehrte erst im Frühjahr 1944 zurück. Für die Besatzer war dies eine Zeit intensiver Verwaltungsarbeit sowie diplomatischer und politischer Tätigkeit.

Durch den Überfall auf die UdSSR entstanden mehrere neue Besatzungsgebiete der Achse. Der sogenannte Distrikt Galizien mit der Stadt Lemberg (Lwów) als Zentrum wurde als 5. Distrikt dem Generalgouvernement und damit dem Großdeutschen Reich angegliedert. Weiter östlich waren das Reichskommissariat Ostland im Norden und das Reichskommissariat Ukraine im Süden militärische Besatzungszonen. An der Schwarzmeerküste wurde die Stadt Odessa zum Zentrum der Provinz Transnistrien, die Rumänien zugeschlagen wurde.

Im Gegensatz zu ihren Vorgängern während des Ersten Weltkriegs hatten die Nazis nicht die Absicht, in irgendeinem Teil des der UdSSR abgenommenen Territoriums nationale Unabhängigkeitsbewegungen zu fördern. Überraschenderweise stellten sie die baltischen Staaten nicht wieder her, wo man sie anfangs als Befreier willkommen geheißen hatte, und sie verhafteten die Führer der ukrainischen Nationalbewegung, von denen viele in den zwanziger und dreißiger Jahren im Exil in Berlin gelebt hatten. Durch solche Maßnahmen zeigten sie, dass sie nicht im mindesten daran interessiert waren, die Herzen und Köpfe der Bevölkerung zu gewinnen, sie ignorierten bewusst die Chancen einer gedeihlichen Zusammenarbeit. Insbesondere in der Ukraine, wo Stalin im vorangegangenen Jahrzehnt im Zuge der Kollektivierungskampagne und durch die »Terror-Hungersnot« Millionen von Menschen umgebracht hatte, war die Stimmung antirussisch und antisowjetisch aufgeheizt, aber Vorteile wurden daraus nicht gezogen. Viele Historiker haben darin später einen der kostspieligsten Fehler der Nazis gesehen.

Die NS-Politik im Osten bestand in reiner Ausbeutung. Durch die Einführung rassischer Auslese, die Ermordung unerwünschter Bevölkerungsteile und die Unterjochung von Millionen durch verschiedene Formen von Zwangsarbeit beutete diese Politik die Menschen aus und missbrauchte sie. Und sie beutete das Land aus, und zwar nicht einfach, indem sie gewaltige Mengen an Getreide, Vieh und Nutzholz ohne Bezahlung beschlagnahmte, sondern auch durch den Versuch, die fruchtbare »Schwarzerde« selbst nach Deutschland abzutransportieren. Wie nicht anders zu erwarten, erzeugten all diese Maßnahmen erbitterten Widerstand und sorgten dafür, dass eine prosowjetische Stimmung wieder Auftrieb gewann.

Die Diplomatie unter den Achsenmächten folgte festgelegten Prioritäten und Anstandsregeln. Es gab jene, die für gewöhnlich befahlen, und jene, die für gewöhnlich gehorchten. Trotzdem musste Berlin sich eine Spur Zurückhaltung auferlegen, vor allem gegenüber Ländern, die nicht zur Gänze von der deutschen Wehrmacht besetzt worden waren. Jeder der Hauptverbündeten des Reiches – Ungarn, Rumänien und Italien – verfolgte interne Strategien, die auf eigenen Überlegungen beruhten. In Rumänien beispielsweise schlug General Ion Antonescu im Januar 1941 einen Putsch der faschistischen Eisernen Garde nieder und errichtete mit Billigung Hitlers eine reine Militärdiktatur ohne die sogenannten Legionäre. In Ungarn machte die unverhohlen prodeutsche Regierung von Ladislaus [László] von Bárdossy im März 1942 Platz für Nikolaus [Miklós] von Kállay, der neuer Ministerpräsident wurde und sich mit seiner zweigleisigen Strategie bemühte, ungarische Interessen gegen deutsche Forderungen abzuwägen. In Italien hatten Königshof wie Armee schon vor den alliierten Landungen allmählich das Vertrauen in Mussolini verloren; und selbst in Vichy-Frankreich drängte Ministerpräsident Pierre Laval bei den Deutschen ständig auf Zugeständnisse. Die Vichy-Regierung, die von französischen Politikern gebildet wurde und die auf französischen Entscheidungen beruhte, war kein Marionettenregime, und sie betrachtete sich als die Hüterin des Kompromisses zwischen den offenen Kollaborateuren wie Jacques Doriots Parti Populaire Français (PPF) und den Pro-Résistance-Kreisen, zu denen die Parti Communiste Français (PCF) und de Gaulles Freifranzosen gehörten. Das einzige Land der Achse jedoch, das hartnäckige deutsche Forderungen nach der Deportation seiner Juden ablehnte, war Bulgarien.

Die Nachrichten von Stalingrad und von Kursk lösten tiefe Bestürzung im Lager der Achse aus. Von 1943 an dachten alle Satelliten des Reiches darüber nach, eigene Friedensfühler zu den alliierten Mächten auszustrecken. Sie wollten sich unbedingt Unabhängigkeit sowohl von Deutschland als auch von der UdSSR bewahren. Keiner von ihnen hatte Erfolg.

In den Augen von Deutschlands NS-Elite bot die militärische Expansion des Reiches nach Osteuropa eine historische Chance, die keinesfalls verpasst werden durfte. Sie ebnete nicht nur der (später als Holocaust bezeichneten) »Endlösung der Judenfrage« den Weg, sondern auch der umfassenden »rassischen Neuordnung« sämtlicher Einwohner von Deutschlands östlichem »Lebensraum«. Aus Sicht der Nazis war dies die wichtigste Aufgabe, für die kein Opfer zu scheuen war und bei der Mitleid unangebracht wäre.

Die NS-Ideologie gliederte die Europäer in eine Hierarchie aus Erwünschten, Unerwünschten, Menschen, die zu vernichten waren. Ihre Verfechter behaupteten, dass praktische Maßnahmen ergriffen werden müssten, um die »Rassereinheit« der »Blutsgemeinschaft« zu gewährleisten. Es sollte betont werden, dass diese pseudowissenschaftlichen Ideen vor dem Aufkommen der modernen Genetik propagiert wurden.

Ganz oben stand die sogenannte arische Herrenrasse, die mit den Deutschen und anderen germanischen Völkern, zu denen die Holländer, die Skandinavier und die Engländer gehörten, gleichgesetzt wurde. Ganz unten rangierten Juden, Roma – »Zigeuner« –, geistig Behinderte und von Geburt an Fehlgebildete. Dazwischen gab es eine Vielzahl weiterer Kategorien. Menschen, die einer der höheren Kategorien angehörten, wurden der Eindeutschung für fähig erachtet, während jene in den unteren Kategorien, darunter die Slawen, als »Untermenschen« klassifiziert wurden. In Wirklichkeit sind die Slawen nichts weiter als eine Sprachgruppe. Aber die Tatsache, dass die verschiedenen slawischen Völker – wie die Russen, Polen, Ukrainer, Tschechen und Serben – die Bevölkerungsmehrheit in Osteuropa stellten, kündigte eine Umwälzung in der ethnischen und nationalen Struktur der Region an. Laut Generalplan Ost, den die SS 1940 entwarf, sollte das Projekt der »rassischen Neuordnung« sich bis zum Ural erstrecken. Es sah die Vertreibung von Millionen Unerwünschter nach Asien und Sibirien vor. Aber im Endeffekt lautete die entscheidende Frage: Wie viel Zeit würde der Umsetzung des Plans eingeräumt?

Als Versuchslabor für das Projekt wurde das »Generalgouvernement für die besetzten polnischen Gebiete« ausgewählt. Es war verwaltungsmäßig vom Reich getrennt und unterlag nicht dem deutschen Recht; es war jener Teil des neuen »Lebensraums«, der in nächster Nachbarschaft zu Deutschland lag; und es war das Gebiet, in dem SS und Gestapo ihre Herrschaft am längsten festigen konnten. Vor allem aber war es der größte jüdische Ballungsraum in Europa. In den Jahren 1939–40 wurden dort in kleinem Maßstab ein paar Maßnahmen ergriffen. Sie betrafen Verfahren der Filtration, Trennung, Deportation, Konzentration und Vernichtung.

Die Nazis schreckten von Anfang an nicht vor Massenmord zurück. Nachdem das Euthanasie-Programm in Deutschland abgeschlossen worden war, bereisten NS-Funktionäre im Herbst 1939 die Krankenhäuser, psychiatrischen Einrichtungen und Altenheime des Generalgouvernements, um Selektionen für die Ermordung vorzunehmen. In der sogenannten Intelligenzaktion wurden im Oktober 1939 rund 60 000 Angehörige der polnischen Intelligenz (Hochschullehrer, Priester, Angehörige freier Berufe und Politiker) erschossen. Am ersten Tag des akademischen Jahres beispielsweise wurde die gesamte Fakultät der Jagiellonen-Universität in Krakau (Kraków) zusammengetrieben. Man fand, dass die Polen als minderwertiges Volk keine Universitäten, höheren Schulen und gebildeten Führer brauchten. Rasseprüfstellen wurden eingerichtet, um die Eignung, besonders von Kindern, für die Eindeutschung festzustellen. Konzentrationslager, darunter Auschwitz I, wurden errichtet, um unzuverlässige Elemente zu unterdrücken. Aus mehreren westlichen Distrikten, die dem Reich einverleibt wurden, vertrieb man in Massen Polen und Juden, und mehrere tausend katholische Priester wurden nach Dachau verschleppt. Etwa 100 000 Menschen wurden von der in Gotenhafen umbenannten Hafenstadt Gdingen (Gdynia) aus abtransportiert. Für sie trafen deutsche Siedler ein, die, wie mit Stalin vereinbart, aus den baltischen Staaten herbeigeschafft worden waren. Die gesamte Bevölkerung wurde von der Gestapo bearbeitet, rassisch kategorisiert und bekam eine Kennkarte und Lebensmittelkarten. Nahrungsmittel wurden nach rassischen Kategorien rationalisiert.

In dieser Phase begnügten die Nazis sich damit, die Juden abzusondern und in Ghettos zu pferchen, deren größte in Warschau, Lublin und Łódź entstanden. Nach nationalsozialistischer Definition bestimmte das »Blut«, wer Jude war, nicht Religion oder Selbstidentifikation. Tausenden von Menschen, die sich nicht für jüdisch hielten, sondern die zufällig einen oder mehrere jüdische Vorfahren hatten, wurden arische Papiere verweigert. Viele von ihnen sollten umkommen.

Hitlers Entscheidung, die »Endlösung« in die Wege zu leiten, konnte bis heute nicht durch alle Quellenbelege zurückverfolgt werden, aber offensichtlich wurde sie irgendwann vor Januar 1942 getroffen, als in Berlin die Wannsee-Konferenz zusammentrat, um über die konkrete Durchführung zu beraten. Da Einsatzgruppen mit den entsprechenden Untergliederungen (Einsatz- und Sonderkommandos) aufgestellt worden waren, um in den rückwärtigen Räumen des Unternehmens »Barbarossa« Juden zu ermorden, sieht es in der Tat so aus, als sei die militärische Entscheidung, die UdSSR anzugreifen, von anderen Entscheidungen begleitet gewesen, welche die »rassische Neuordnung« im Osten vorantreiben sollten. So ist auch die gnadenlose Linie gegenüber sowjetischen Kriegsgefangenen ohne Beispiel in früheren Feldzügen. Allein im Winter 1941–42 wurde die schier unglaubliche Zahl von schätzungsweise 2,8 Millionen sowjetischen Kriegsgefangenen umgebracht.[25]

Im Hinblick auf die »Endlösung« wurde mit einem neuen Plan zum Bau fester Vernichtungseinrichtungen im Generalgouvernement ein entscheidender Schritt getan. Fortan sollte die Mehrzahl der Opfer ermordet werden, statt darauf zu warten, dass der Tod sie erreichte. Am 15. Oktober 1941 setzte sich ein großer Transport deutscher Juden in Bewegung, und am 27. März 1942 rollte der erste aus Frankreich. Von da an ging die grausige Routine fast drei Jahre lang weiter.

Es ist in diesem Zusammenhang wichtig, das bereits bestehende Netz der SS-Konzentrationslager (KZ), zu denen auch Auschwitz, Majdanek und Mauthausen gehörten, von der neuen Generation der »Todesfabriken« in Treblinka, Sobibór und Belzec zu unterscheiden. Die Ersteren sollten, wie die sowjetischen Gulags, als Sklavenarbeitszentren dienen, in denen ein recht großer Teil der Insassen zwangsläufig an institutionalisierter Misshandlung sterben würde. Die Letzteren jedoch verfolgten den einzigen Zweck, Menschen so schnell und so effizient wie möglich zu töten. Auf das KZ Auschwitz II (Birkenau; siehe S. 327, 362) trafen beide Kategorien zu.[26]

Ebenso wichtig ist es, die Mittäterschaft zahlreicher Organe des deutschen Staates zu betonen. Zweifellos ging die treibende Kraft von der NSDAP im Allgemeinen und der SS im Besonderen aus. Aber viele andere Institutionen, von der Wehrmacht bis zum Außenministerium, wussten, was geschah, und machten mit. Der US-Historiker Daniel Goldhagen hat versucht, die deutsche Gesellschaft überhaupt und nicht nur den deutschen Parteistaat in die Verantwortung zu nehmen.[27]

Es ist keine müßige Spekulation zu überlegen, was die Nazis für die auf die beabsichtigte Eroberung der UdSSR folgende Periode im Sinn hatten. Die SS dachte mit Sicherheit darüber nach, und ihre Sterilisationsexperimente verrieten eindeutig einen Teil ihrer Pläne. Ein anderer bestand aus ihrer Strategie des massenhaften Hungertodes, die dafür sorgen sollte, dass die slawische Bevölkerung drastisch dezimiert wurde. Danach hätte den Programmen zur deutschen Umsiedlung nichts mehr im Wege gestanden. Begrenzte Umsiedlungsaktionen wurden im besetzten Polen zum Abschluss gebracht, zuerst im sogenannten Warthegau und später im Distrikt Zamość. Es kann kaum ein Zweifel daran bestehen, dass ähnliche Programme an anderen Orten in sehr viel größerem Maßstab umgesetzt werden sollten. Treue deutsche Soldaten wären mit großen Gütern belohnt worden. Siegreiche Generäle hätten sich auf riesige Lehensgüter zurückgezogen. Und der »Lebensraum« wäre in neue deutsche Provinzen umgewandelt worden.

Doch mit dem Fortgang des Krieges wurden die Pläne für die Zukunft aufgegeben, und die nationalsozialistischen Prinzipien der »rassischen Neuordnung« wurden irreparabel beschädigt. Eine der schwerwiegendsten Belastungen erwuchs aus der militärischen Rekrutierung. Trotz des Zustroms von Sklavenarbeitern, durch den deutsche Männer für den Wehrdienst freigesetzt wurden, versiegte das Menschenpotenzial des Reiches allmählich, und außerordentliche Maßnahmen mussten getroffen werden. Im Jahr 1941 verbot Hitler die Anwerbung ehemaliger sowjetischer Hilfswilliger (»Hiwis«). Aber das Verbot wurde schon bald wieder aufgehoben. Und der Überläufer General Andrej Wlassow überwand den Widerstand gegen die Aufstellung einer nahezu eine Million Mann starken Hilfstruppe, der sogenannten Wlassow-Armee, unter deutschem Oberbefehl. Selbst die SS lockerte ihre Regeln. Ursprünglich hatte die Waffen-SS sich als die Prätorianergarde der arischen Rasse verstanden. Die Rekruten für ihre allerersten Divisionen, wie die Leibstandarte-SS »Adolf Hitler« oder die Totenkopfverbände (SS-Totenkopf), mussten den untadeligen Nachweis ihrer arischen Abstammung erbringen. Aber diese Praxis überdauerte den Ausbruch des Krieges nicht lange.[28] Am erstaunlichsten ist, dass die SS nicht protestierte, als das Reichssippenamt auf Veranlassung der Reichskanzlei und mit Genehmigung Hitlers »Deutschblütigkeitsnachweis[e]« an Juden ausgab.[29]

Die Führung der »Großen Allianz«

Angesichts der Tatsache, dass die Allianz der drei führenden alliierten Mächte in einem Zeitraum von sechs Monaten nur langsam Gestalt annahm, mag es überraschen, dass keine Pläne hinsichtlich ihrer Organisation oder Arbeitsweise ausgearbeitet worden waren. Noch im Dezember 1941 war nichts fertig. Noch immer gab es keinen britisch-sowjetischen Vertrag und keine Vereinbarung zwischen Briten und Amerikanern über die inhaltliche Ausgestaltung der gemeinsamen Kriegsanstrengung. Churchill reiste eine Woche nach Pearl Harbor in die USA. Er verbrachte Weihnachten und Neujahr in Washington, und auf einer Reihe von Konferenzen unter dem gemeinsamen Decknamen »Arcadia« schufen er und Roosevelt zusammen mit ihren Beamten die Grundstrukturen der künftigen Zusammenarbeit. Ihre wichtigste Leistung war zweifellos die Einrichtung des Combined Chiefs of Staff Committee (CCS, »Komitee der Vereinigten Stabschefs«), des gemeinsamen Ausschusses der britischen und amerikanischen Generalstäbe, der ein ständiges Büro und Sekretariat in Washington erhielt und unter dem Vorsitz eines persönlichen Bevollmächtigten des Präsidenten wöchentlich tagen sollte. Das CCS fungierte als unerlässliches Bindeglied zwischen den Generalstäben beider Länder, den amerikanischen Joint Chiefs of Staff und der britischen Joint Staff Mission. Unterstützt wurde es von mehreren gemeinsamen Ausschüssen für Planung, Information, Transport, Munition, Verbindungswege, Meteorologie und zivile Angelegenheiten. Die führenden Persönlichkeiten im CCS waren Admiral William D. Leahy (1875–1959), von April 1942 an Vorsitzender, und Churchills Bevollmächtigter, Feldmarschall Sir John Dill (1881–1944). Auf seinen zweihundert Sitzungen zwischen Januar 1942 und dem Ende des Krieges kam es zu vielen hitzigen Auseinandersetzungen, aber auf den Zusammenkünften wurden auch alle bedeutenden strategischen, logistischen und politischen Entscheidungen des westlichen Bündnisses gefällt. Als Dill im November 1944 starb, wurde er auf dem amerikanischen Nationalfriedhof in Arlington beigesetzt – der einzige Ausländer, der jemals auf diese Weise geehrt wurde.

Es ist jedoch wichtig festzuhalten, dass das CCS ein etwas unausgewogenes Gebilde war, und der Ausschuss war nicht dafür vorgesehen, die Angelegenheiten der Allianz als Ganzes zu regeln. Weil er seinen Sitz in Washington hatte, waren die Briten von Anfang an im Nachteil – der anfänglich nur leicht größere amerikanische Einfluss wurde allmählich absolut. Darüber hinaus fehlte ein Mechanismus zur Einbeziehung der UdSSR. Nachdem Stalin eine Teilnahme an den »Arcadia«-Besprechungen abgelehnt hatte, die auf dem Höhepunkt der Schlacht um Moskau stattfanden, trafen sich

Briten und Amerikaner allein und schufen jene Strukturen, von denen die Sowjets ausgeschlossen waren. Diese Entwicklung war teilweise unvermeidlich, weil die Westmächte Anfang 1942 um das Überleben der UdSSR fürchteten, eine andere Ursache war aber, dass Stalin nie einen Wunsch nach einer integrierten interalliierten Organisation erkennen ließ. Und das hatte Folgen: Der Krieg gegen das Deutsche Reich musste von zwei getrennten Zentren aus geführt werden, und zwischen diesen beiden Polen kam es beinahe zwangsläufig zu Spannungen. Die »Große Allianz« sollte niemals mit einer einheitlichen Koordination und Befehlsgewalt gesegnet sein.

Überdies wurden zu keiner Zeit Schritte unternommen, sowjetische Vertreter in das CCS zu integrieren. Die Sowjetunion war sowohl in Washington als auch in London durch sehr aktive Botschaften und durch große Militärmissionen vertreten. Umgekehrt hatten auch Amerikaner und Briten ihre Vertretungen in Moskau. Aber weiter gingen die Vereinbarungen nicht. Die Westmächte und die Sowjetunion haben Deutschland parallel bekämpft, aber nicht als einheitliche Streitmacht. Churchill und Roosevelt setzten ihre Praxis unregelmäßiger persönlicher Besprechungen fort.

- ◇ Placentia Bay (Neufundland), 9.–12. August 1941
- ◇ Arcadia (Washington), 22. Dezember 1941 bis 14. Januar 1942
- ◇ Symbol (Casablanca), 14.–23. Januar 1943
- ◇ Trident (Washington), 11.–25. Mai 1943
- ◇ Quadrant (Quebec), 17.–24. August 1943
- ◇ Sextant (Kairo), 23.–26. November und 3.–7. Dezember 1943
- ◇ Eureka (Teheran), 28. November bis 1. Dezember 1943
- ◇ Octagon (Quebec), 12.–16. September 1944
- ◇ Argonaut (Jalta), 4.–11. Februar 1945

Stalin nahm an zwei der neun »Gipfel« teil, in Teheran und in Jalta. Die zehnte interalliierte Konferenz, »Terminal«, die 1945 in Potsdam abgehalten wurde, fand nach Roosevelts Tod und nach dem Ende des Krieges in Europa statt.

Abgesehen vom Startschuss für das CCS, leisteten die »Arcadia«-Konferenzen in mehreren anderen Bereichen die Vorarbeit. Auf ihnen wurde die Strategie »Europa zuerst« bekräftigt. Das heißt, der Krieg in Europa erhielt den Vorzug gegenüber dem Krieg gegen Japan, aber es wurde kein Führungsstab für den europäischen Kriegsschauplatz ernannt. Es gab dort keine Kampfhandlungen und folglich auch nichts zu führen. Der Versuch, einen internationalen amerikanisch-britisch-holländisch-australischen Führungsstab (ABDA) für den Pazifik zu bilden, erwies sich als Fehlschlag. Als überaus erfolgreich kann hingegen die auf Drängen Lord Beaverbrooks getroffene Entscheidung gewertet werden, die Produktionsziele der US-Industrie zu erhöhen und auf Initiative Roosevelts eine gemeinsame Erklärung der Vereinten Nationen über die alliierten Kriegsziele herauszugeben. Die Gemeinschaft der »Vereinten Nationen«, die durch die sechsundzwanzig Unterzeichner der Erklärung ins Leben gerufen wurde, sollte den Rahmen nicht nur der alliierten Kriegsanstrengung, sondern auch der Nachkriegsordnung abstecken.

Das ganze Jahr 1942 hindurch kam es zu scharfen Meinungsverschiedenheiten zwischen Briten und Amerikanern über strategische Fragen. Die Amerikaner verlangten eindringlich Aktionen auf dem europäischen Festland. Die Briten mahnten zur Vorsicht. Churchill wollte sich auf das Mittelmeer konzentrieren. Der beabsichtigte Truppenaufmarsch im Vereinigten Königreich – Deckname »Bolero« – wurde durch die Schlacht um den Atlantik verzögert. Das Ausbleiben von Ergebnissen war peinlich – in der UdSSR wirkte es wie Verrat.

Die »Symbol«-Konferenz in Casablanca steckte die Prioritäten für den Rest des Jahres 1943 ab. Roosevelt zauberte ohne Diskussion die Strategie der »bedingungslosen Kapitulation« aus dem Hut. Sie war umso paradoxer, als die ins Auge gefasste Landung in Frankreich – Deckname »Round-Up« – einmal mehr für undurchführbar gehalten wurde. Der Beschluss, die alliierte Bombardierung Deutschlands zu einer systematischen, Tag und Nacht stattfindenden Bomberoffensive auszuweiten, war der einzige Ersatz, der zu haben war. Das Fehlen einer »Zweiten Front« war doppelt peinlich geworden.

Die »Trident«-Konferenz im Mai 1943, auf der »Round-Up« endgültig auf das folgende Jahr verschoben wurde, gab grünes Licht für den Italienfeldzug. Churchill sprach sich nachdrücklich dafür aus, die Achsenmächte an ihrer schwächsten Stelle anzugreifen, weil auf diese Weise deutsche Reserven von der Ostfront abgezogen würden.

Die »Quadrant«-Konferenz im August bestimmte schließlich, dass »Round-Up«, jetzt in »Overlord« umbenannt, im Mai 1944 stattfinden sollte. Churchill und Roosevelt unterzeichneten eine geheime Vereinbarung, die die gemeinsame Versantwortung für das Manhattan Project betraf, das inzwischen praktische Ergebnisse versprach.

Eine große Konferenz wurde für November 1943 geplant, musste aber zweigeteilt werden, weil Stalin, der sich nicht im Krieg mit Japan befand, sowjetischen Delegierten die Teilnahme an der Seite Chiang Kai-sheks nicht gestatten wollte. Die Lösung bestand darin, zwei Treffen abzuhalten – eines in Kairo, um über den pazifischen Kriegsschauplatz zu sprechen, und ein weiteres in Teheran, um über Europa zu sprechen.

Währenddessen rückten bereits die Umrisse des Finales in Europa ins Blickfeld. Ohne größere Rückschläge würde die Rote Armee Osteuropa überrennen. Die westlichen Armeen würden durch Frankreich und die Niederlande und möglicherweise von Italien aus über die Alpen vorstoßen. Und sie würden sich alle in Deutschland treffen, wo es zum finalen Entscheidungskampf käme und die führenden Mitglieder der Allianz am Ende für ein geschundenes und besiegtes Land verantwortlich wären. Dieses Szenario brachte bestimmte Folgen mit sich, die auf der Hand lagen. Wenn es eine grundsätzliche Kritik an der politischen Strategie der Alliierten gibt, dann die, dass viele vorhersehbare Probleme nicht angegangen wurden, bevor aus den Problemen Krisen wurden.

Das wichtigste dieser Probleme betraf die Einflusszonen. Seit 1941 hatte die Allianz unter der ungeschriebenen, aber häufig wiederholten Voraussetzung operiert, dass die Westmächte und die Sowjetunion jeweils eine Einflusszone hätten, innerhalb deren sie ohne Einschränkung agieren konnten. Diese Voraussetzung spielte so lange kaum eine Rolle, wie die Westfront nicht existierte und die Ostfront tief im Innern des sowjetischen Territoriums lag. Aber die Lage musste sehr viel genauer betrachtet werden, sobald die alliierten Armeen begannen in fremde Länder einzurücken. Eine wichtige Frage für die politischen Planer war beispielsweise, ob eine »Einflusszone« einem Schauplatz von Kampfhandlungen entspreche oder ob die jeweils führende alliierte Macht über rein militärische Entscheidungen hinaus befugt sei, bei der Bildung von Regierungen im Anschluss an die Befreiung oder bei der Leitung der ausländischen Industrie einseitig politische, soziale und wirtschaftliche Fakten zu schaffen. Wurde von Mitgliedern der Vereinten Nationen erwartet, dass sie ihr Verhalten an den Genfer Konventionen und anderen Mindeststandards ausrichteten, oder hatten sie als Sieger vollkommen freie Hand? Und, krass formuliert, besaßen die alliierten Mächte das Recht, bei der Behandlung ausländischer Bevölkerungen dieselben Methoden anzuwenden, deren sich der faschistische Feind bedient hatte?

Alles deutet darauf hin, dass die sowjetischen Behörden

sich mehr Gedanken über diese Fragen gemacht hatten als die westlichen Regierungen. Als Beispiel kann Frankreich genommen werden, in das einzumarschieren die Westmächte seit mindestens zwei Jahren Anstalten machten. Seit 1940 hatten Briten und Amerikaner einen französischen Verbündeten in Gestalt des Brigadegenerals Charles de Gaulle und seiner Forces Françaises Libres (FFL) unterstützt, die in einigen der überseeischen Kolonien Frankreichs und in Teilen der Résistance schwachen Einfluss hatten. Doch es war ein eklatantes Versäumnis, ihn nicht bei der alliierten Invasion der französischen Levante 1941 oder beim Unternehmen »Torch« 1942 zu Rate zu ziehen. Ohne de Gaulle zu informieren, trafen sie in Vorbereitung auf die Besetzung Französisch-Nordafrikas eine Vereinbarung mit Admiral François Darlan, einem Vichy-Minister. In Casablanca versuchten sie zu erreichen, dass de Gaulle sich einer Organisation unterstellte, an deren Spitze der aus deutscher Kriegsgefangenschaft geflohene General Henri-Honoré Giraud stand, und bei den Kämpfen in Algerien und Tunesien setzten sie den ehemaligen Oberbefehlshaber der Vichy-Truppen in Nordafrika, General Alphonse Juin, ein. Die Westmächte wollten in jeder Phase unbedingt französische Soldaten beteiligen, vor allem die 110 000 Mann des französischen Expeditionskorps CEF (Corps Expéditionnaire Français), die in Italien ausgezeichnet kämpften. Natürlich hielten sämtliche alliierten Führer de Gaulle für eine Nervensäge oder für Schlimmeres. Roosevelt versuchte erfolglos, ihn absetzen zu lassen; und noch lange, nachdem Giraud in Vergessenheit geraten war, weigerte er sich beharrlich, de Gaulles Komitee der nationalen Befreiung (CFLN, Comité français de la Libération Nationale) anzuerkennen. Während »Overlord« näher rückte, hatte man noch immer keine wie auch immer geartete Einigung über die Verwaltung befreiten französischen Territoriums erzielt. Eisenhower nahm an, dass er einer Art Militärregierung und -verwaltung vorstehen würde.

De Gaulle wollte die Vichy-Präfekten durch Beauftragte eigener Wahl ersetzen. Aber dann wurde de Gaulle nicht einmal über den D-Day informiert.

Die Ursachen für dieses Debakel liegen teilweise in der weitverbreiteten Überzeugung, dass die Politik bis zu einer Nachkriegs-Friedenskonferenz vertagt werden könnte, auf der dann wie 1919 alle Streitfragen beigelegt werden könnten. Zu einem beträchtlichen Teil sind sie aber auch einer altmodischen und höchst undemokratischen politischen Kultur zuzuschreiben, die in Hierarchien dachte. Nach dieser Denkweise trafen die »Großmächte« die Entscheidungen, während die unbedeutenderen Vertreter zu spuren hatten.

Diese Denkweise lässt sich auch in der halbzerrütteten Beziehung zwischen den Westalliierten und der Sowjetunion beobachten. »Russland« war zweifellos eine Großmacht, und viele Menschen im Westen, die in einer imperialistischen Welt erzogen worden waren, hätten es als unpassend empfunden, Moskau wegen der Zukunft Finnlands oder Polens auszuquetschen oder sich in London nach Indien oder in Washington nach den Philippinen zu erkundigen. Aber es spielten auch noch andere Faktoren eine Rolle. Einer hatte mit der weitverbreiteten Euphorie zu tun, welche die phantastischen Siege der Roten Armee hervorriefen. Ein anderer dürfte mit äußerst erfolgreichen Fehlinformations- und Manipulationskampagnen zusammenhängen.

Bei der Verheimlichung der wahren Schrecken der sowjetischen Geschichte und der aktuellen Zustände in der Sowjetunion hatte die sowjetische Propaganda wahre Wunder vollbracht. Weite Teile der britischen und amerikanischen öffentlichen Meinung waren davon überzeugt worden, dass der Sowjetkommunismus für immer und ewig eine Macht sei. Während faschistische Sympathisanten eingesperrt wurden, wirkten Mitglieder der Kommunistischen Partei ungehindert im Staatsdienst und sogar in den Streitkräften. In der akademischen Welt und in der Presse gab es zahlreiche Mitläufer. Eine große Anzahl professioneller sowjetischer Spione hatte alle Ebenen des politischen, wirtschaftlichen und wissenschaftlichen Establishments infiltriert: das Manhattan Project ebenso wie das US-State Department, das britische Foreign Office, das OSS (Office of Strategic Service, der politische und militärische Auslandsgeheimdienst der USA) und der britische MI6 sowie das persönliche Gefolge Roosevelts. Die Arbeit des NKWD-Spionagerings »Cambridge Five« – Blunt, Burgess, Cairncross, Maclean und Philby – wurde erst nach dem Krieg aufgedeckt, und die bis heute andauernde Sperrung britischer Geheimdienstakten erschwert jede genaue Einschätzung des Schadens, den sie anrichteten. Sowjetische Spione erzielten größere Erfolge gegen ihre Verbündeten als gegen ihre Feinde. Aber ermöglicht wurden sie nur durch das außerordentlich tolerante Klima, in dem sie zu Werke gingen. In London spielte der Informationsoffizier an der sowjetischen Botschaft auch eine Rolle als Dozent für russische Geschichte an der London University.[30]

Sowjetische Realitäten während des Krieges

Auf zwei wesentliche Punkte muss aufmerksam gemacht werden. Erstens waren nur knapp 5 Prozent des sowjetischen Territoriums von der deutschen Invasion betroffen, weit über 90 Prozent blieben folglich unbesetzt. Zweitens blieb die stalinistische Parteidiktatur, die vor dem Krieg Millionen sowjetischer Bürger ermordet hatte, im Wesentlichen unverändert. Sie modifizierte einige ihrer Praktiken, um den Anforderungen des Krieges gerecht zu werden, änderte aber ansonsten nichts Grundlegendes. Die sowjetischen Realitäten während des Krieges waren ganz anders und im Allgemeinen viel schlimmer, als die meisten Menschen in der Welt draußen es sich vorstellen konnten.

Außerdem werden die westlichen Einstellungen gegenüber der Sowjetunion in Ermangelung solider Informationen bis heute oftmals durch Erinnerungen an die Allianz aus Kriegszeiten verzerrt. Wir bekämpften die Nazis, sagen die Leute – und die UdSSR bekämpfte ihn heftiger als irgendjemand sonst. Also, wenn Hitler ein Ungeheuer war, kann Stalin so schlecht nicht gewesen sein – oder? Dies ist aber eine unlogische Schlussfolgerung. Jedes Regime muss für sich beurteilt werden. Die Menschen aus dem Westen müssen von der Parteilichkeit der Kriegsjahre Abstand nehmen und sich fragen, ob an der Ostfront nicht *zwei* Ungeheuer kämpften.

Dreh- und Angelpunkte des Stalinismus waren die persönliche Diktatur und der Personenkult des Großen Führers, des *Woschd*. In der letzten Juniwoche 1941, also zu Beginn des Krieges in der Sowjetunion, war das Vertrauen in Stalins Führungsqualitäten auf dem Tiefpunkt angelangt. Am 26. wurde General Woroschilow an die Front geschickt, um die Kommandeure ausfindig zu machen. Er fand die Marschälle Grigori Kulik und Boris Schaposchnikow sowie General Dmitri Pawlow in einer Art »Zigeunerlager« im Regen sitzend vor, völlig untätig. Am 28. statteten Stalin und sein Gefolge dem Verteidigungskommissariat höchstpersönlich einen Besuch ab und verlangten eine Erklärung. Ein leidenschaftlicher Streit folgte. Schukow fragte spitz: »Genosse Stalin, erlauben Sie, dass wir weiterarbeiten?« Beria schrie zurück: »Auch wir können Befehle geben.« Schukow brach angeblich in Tränen aus. Molotow tröstete ihn. Auf dem Rückweg sagte Stalin: »Alles ist hin. Ich gebe auf. Lenin hat unseren Staat gegründet, und wir haben alles versaut.« Stalin zog sich in seine Datscha zurück und schottete sich ab. Möglich, dass er einen Zusammenbruch erlitt. Aber er testete auch die Nerven seiner Genossen, so wie Iwan der Schreckliche es früher getan hatte. Als das Politbüro schließlich den Mut aufbrachte, zu Stalin nach Kunzewo zu fahren und ihn zu bitten, die Arbeit wiederaufzunehmen, dachte er, sie seien gekommen, um ihn zu verhaften. Stattdessen sagten sie ihm: »Es gibt keinen Würdigeren.«[31] Und das stalinistische Regime wurde fortgesetzt, aber es fasste erst wieder richtig Tritt, als Stalin augenscheinlich Schritte unternahm, um Verbindung mit den Deutschen aufzunehmen und die Möglichkeit eines Waffenstillstands zu sondieren. Zu diesem Zweck versuchte er sich eines bulgarischen Vermittlers zu bedienen, der es versäumte, die Nachricht zu überbringen. Und die Episode, wenn sie denn jemals stattfand, geriet in Vergessenheit.[32]

Der stalinistische Terror durchdrang jeden sowjetischen Lebensbereich. Und heute, wo die Tatsachen besser bekannt sind, kann man nicht leugnen, dass er an Niedertracht den Praktiken des Dritten Reiches in nichts nachstand. Er dauerte länger; er tötete mit Sicherheit mehr Menschen; und in der zerstörerischen Irrationalität, die wir »das Böse« nennen, erreichte er einen Tiefststand. Denn nachdem er sämtliche Rivalen aus dem ursprünglichen Kreis der Bolschewiken ermordet hatte, ging Stalin von der Ermordung der »Volksfeinde« und politischen Gegner zur Ermordung seiner eigenen Anhänger über. Während des großen Terrors von 1936 bis 1939 betrieb er den Massenmord um des Massenmords willen. Am Vorabend des Zweiten Weltkriegs befahl er der OGPU, nach willkürlichen Quoten zu morden. Abertausende vollkommen unschuldiger Bürger wurden erschossen, nachdem man sie gezwungen hatte, andere zu denunzieren, die dann ihrerseits erschossen wurden. Der Kreis falscher Denunziationen und Morde weitete sich lawinenartig aus, bis der Terror das ganze Land zu lähmen drohte. Schließlich denunzierte Stalin seinen »Chefmörder«, den Befehlshaber der OGPU, Nikolai Jeschow (1895–1940), der seinen Vorgänger Genrich Jagoda (1891–1938) ermordet hatte und nun prompt von Lawrenti Beria ermordet wurde, einem skrupellosen Mann, der während der Kriegszeit die sowjetischen Sicherheitsdienste befehligte und die nächste Welle Stalinscher Mörder dirigierte. All dies erzeugte ein Klima der Angst, in dem sich buchstäblich niemand, auch nicht Beria, sicher fühlen konnte.[33]

Hinter allen Strategien, mit deren Hilfe der stalinistische Staat für die Kriegsführung mobilisiert wurde, standen Angst und brutaler Zwang. Für alle Sowjetbürger, die nicht in den frontnahen Gebieten lebten, war der Unterschied zwischen Friedens- und Kriegszeit eigentlich kaum spürbar. Die Zahl der Todesopfer war in den dreißiger Jahren nicht viel niedriger als in den vierziger Jahren. Seit 1929 hing die Kommandowirtschaft von der Arbeitskraft von Häftlingen und der eisernen Disziplin staatlicher Planung ab. Die Lebensmittelversorgung war auf die kollektivierte Landwirtschaft angewiesen, deren Arbeiter, ihres Grund und Bodens beraubt, als Staatssklaven lebten. Der Gulag (*Glawnoje Uprawlenije Lagerei*, die Hauptverwaltung des stalinistischen Straflagersystems) war der größte Arbeitgeber im Lande. Und in der Armee wurde es als große Erleichterung empfunden, gegen einen äußeren Feind zu kämpfen, statt sich aus Angst vor den Säuberungen zu Hause zu ducken. Sämtliche staatlichen Institutionen einschließlich der Roten Armee waren der absoluten Kontrolle entsprechender Organe der Kommunistischen Partei unterworfen. Sämtliche Parteikader schuldeten den höheren Parteirängen, die vom Zentralkomitee und, ganz an der Spitze, vom Politbüro gelenkt wurden, absoluten Gehorsam. Das Politbüro, das Zentralkomitee, alle Parteiorgane und staatlichen Institutionen waren auf Gedeih und Verderb dem Sicherheitsdienst (der OGPU, ab 1944 dem NKWD) ausgeliefert. Und der Sicherheitsdienst war das Geschöpf Josef Stalins. Wäre Stalin nicht ein Sklave seiner eigenen Paranoia gewesen, er wäre der einzige freie Mensch in dem ganzen System gewesen.

Die sowjetische Industrie war bereits 1938 mit der Schaffung einer Militär-Industrie-Kommission vollständig militarisiert worden. Von diesem Datum an wurden strategische Rohstoffe gehortet. Doch die Planungen waren lange nicht abgeschlossen, als »Barbarossa« losbrach und die Wehrmacht sich rasch Regionen, vor allem im Nordwesten und in der Ukraine, näherte, in denen damals 60 Prozent der sowjetischen Rüstungsfabriken lagen. Man befahl deshalb die Verlegung im großen Stil. Am 29. Juni 1941 wurde ein Dekret für den Umzug von elf Flugzeugfabriken unterzeichnet. Danach begann eine wahre Flut von Verlegungen. Ganze Fabriken wurden demontiert und samt Inventar und Arbeitskräften auf Flachwagen geladen und nach Osten verfrachtet. Insgesamt 450 Eisenbahnzüge transportierten allein aus Kiew 197 Fabriken und 350 000 Arbeiter ab. Die häufigsten Bestimmungsorte waren die Zentren der Hüttenindustrie im Ural, wie Magnitogorsk, oder das Kusnezker Kohlebecken in Westsibirien. Das Ganze war eine großartige Leistung in echt sowjetischem Stil. Riesige Mengen an demontierter Ausrüstung fielen den Deutschen in die Hände. Ebenso große Mengen gingen unterwegs verloren. Aber es wurde genug gerettet, um das Unternehmen insgesamt zu rechtfertigen. Eine im August aus Charkow verlegte Traktorenfabrik wurde 2414 Kilometer entfernt in Tscheljabinsk im Ural auf Panzerproduktion umgestellt und schickte im Dezember ihre erste Lieferung T-34-Panzer an die Front. Das Ergebnis war, dass die sowjetische Industrie beinahe wie durch ein Wunder mit der Nachfrage Schritt hielt:

Sowjetische Rüstungsproduktion, 1941 bis 1945[34]

	1941	1942	1943	1944	1945
Flugzeuge	15 735	25 436	34 845	40 246	20 102
Panzer	6590	24 446	24 089	28 963	15 419
Artillerie	67 800	356 900	199 500	129 500	64 600

Zu diesen Zahlen sind Waffen hinzuzuzählen, die durch das Lend-Lease-Abkommen in die Sowjetunion eingeführt wurden, während die an der Front erlittenen Verluste abgezogen werden müssen. Wie die eindrucksvollen Ergebnisse erzielt wurden, ist an dem entscheidenden Zeitraum von November 1942 bis Juli 1943 abzulesen:

Der militärische Aufmarsch der Sowjetunion, 1942 bis 1943[35]

	Kampf-flugzeuge	Panzer und Selbstfahr-geschütze	Artillerie und Mörser
Anfängliche Streitmacht	3088	6014	72500
Einheimischer Nachschub	18537	15708	175067
Nachschub aus dem Ausland	4355	2413	–
Geschätzte Verluste	17690	12142	148777
Überschuss	8290	11993	98790

Natürlich vollbrachten auch die deutsche, die britische und vor allem die amerikanische Rüstungsindustrie wahre Wunder. Die Zahlen der Sowjetunion sind jedoch so außergewöhnlich, weil der Ausgangspunkt sehr niedrig lag und weil niemand eine derartige Leistung erwartet hatte. Die Sowjetmenschen lebten in bitterer Armut. Aber den extremen Belastungstest der Kriegsjahre bestanden sie. Die Fünfjahrespläne hatten ihren Zweck erfüllt.

Doch die sowjetischen Behörden begnügten sich nicht damit, nur die Kriegswirtschaft zu verlegen. Sie siedelten ganze Volksgruppen um und entwurzelten dabei Millionen von Menschen. In der unmittelbaren Vorkriegszeit hatten sie etwa 500000 Polen aus den westlichen Grenzgebieten verschleppt und in geschlossenen Bezirken an der chinesischen Grenze in Kasachstan angesiedelt. In den Jahren 1939–41 fanden gewaltige Deportationen aus allen von der UdSSR annektierten

Gebieten statt (siehe, S. 146–148). Sobald der Große Vaterländische Krieg begann, wurden mit dem Befehl, alle Finnen aus der Umgebung Leningrads fortzuschaffen, die strategischen Deportationen gestartet. Im weiteren Verlauf des Jahres 1941 wurde ein seit langem bestehender (1915 zum ersten Mal zur Diskussion gestellter) Plan aktiviert, die gesamte Bevölkerung der Autonomen Sozialistischen Sowjetrepublik der Wolgadeutschen zu deportieren. Etwa 2,5 Millionen Deutsche wurden entweder zu den Einheiten der Arbeitsarmee (Trudarmee) eingezogen oder nach Kasachstan geschickt, wo sie sich den im Exil lebenden Polen anschlossen. Zehn Jahre später war über die Hälfte von ihnen tot. Besonders brutal verlief die erzwungene Deportation und Umsiedlung von sieben muslimischen Völkern in den Jahren 1943–44 (siehe S. 349).

Es ist logisch, dass die nicht abreißende Serie von Repressionen das Leben für die sowjetische Bevölkerung über Jahrzehnte hinaus weiter erschweren würde, obwohl die »allzu vielen nichtmilitärischen Todesfälle« im Vergleich zu den dreißiger Jahren abnahmen. Robert Conquest nennt für das Jahrzehnt vor 1939 die Zahl von 18 Millionen (oder 1,8 Millionen pro Jahr) und für 1939–45 geschätzte sechs Millionen (oder eine Million pro Jahr). Trotzdem verdoppelte sich die Sterblichkeit unter den Gefangenen des Gulags während des Krieges aufgrund unregelmäßiger Lebensmittellieferungen. Und die gewaltige Inanspruchnahme von Zügen und rollendem Material durch das NKWD kann die Transportkrise 1943–44 nur noch verschärft haben.

Doch es muss auch die andere Seite der Medaille betrachtet werden. Die Frage stellt sich, wie die sowjetische Kriegsmaschine es schaffte, angesichts derart gewaltiger militärischer wie ziviler Verluste weiterzulaufen. Eine Antwort darauf dürfte sicherlich in den besonderen Rhythmen der sowjetischen Demographie liegen. In den ersten Jahren der Sowjetherrschaft hatte das Land Millionen Menschen durch

Krieg, Revolution und Hungersnot verloren. Aber in der Zeit nach dem Bürgerkrieg wurden die Bevölkerungsstände durch eine astronomische Geburtenrate, die der Indiens Konkurrenz machte, wiederhergestellt, und 1928 entsprach die Einwohnerzahl der UdSSR wieder der des Zarenreichs im Jahr 1913. Auf den natürlichen Boom der zwanziger Jahre folgte dann die unnatürliche Talsohle der dreißiger Jahre. So kam es zu einem außergewöhnlich großen Überschuss an jungen Erwachsenen in den vierziger Jahren. Man könnte behaupten, dass dieser ungeplante menschliche »Bonus« es der UdSSR ermöglichte, die unmenschlichen Maßnahmen ihrer Herrscher zu überleben. Auf jeden Fall müssen die Rekrutierungsbüros der Roten Armee bemerkt haben, dass die Zahlen in den Geburtsjahrgängen 1922–27 rapide stiegen und dass der Nachschub an achtzehnjährigen Wehrpflichtigen in den Jahren 1940–45 ungewöhnlich reichlich war. Die Kommandeure der Roten Armee richteten ihre Strategie und Taktik entsprechend aus.

Von 1943 an kehrte die sowjetische Politik zu einem Thema zurück, das seit 1939 vernachlässigt worden war, nämlich die Ausbreitung des Kommunismus in der Welt außerhalb der Sowjetunion. Die Organisation, die sich diesem Ziel widmete, die Komintern, war sowohl durch die Säuberungen, die ihre Reihen dezimierten, als auch durch den Hitler-Stalin-Pakt, der ihre ideologischen Grundsätze Lügen strafte, schwer getroffen worden, und ihre Aktivitäten kamen praktisch zum Erliegen. Im Mai 1943 löste Stalin die Komintern deshalb auf, während er viele ihrer Aufgaben unter den Auspizien der Internationalen Abteilung der Kommunistischen Partei der Sowjetunion wiederbelebte. Die Kontakte mit den kommunistischen Untergrundbewegungen in Westeuropa sollten wieder gestärkt werden, und im Vorgriff auf die Nachkriegspolitik sollte die Vorkriegstaktik der Volksfronten reaktiviert werden. Gleichzeitig wurden in Moskau neue Organisationen gegründet, neue politische Manifeste entworfen und zukünftige Führer aufgebaut, um die kommunistische Präsenz in allen Ländern Osteuropas spürbar zu machen, in denen sie erfolgreich unterdrückt worden war. Walter Ulbricht (1893 bis 1973) war Moskaus Kandidat für Deutschland, Bołesław Bierut (1892 bis 1956) der für Polen und Klement Gottwald (1896 bis 1953) der für die Tschechoslowakei (siehe S. 380).

Trotzdem darf nicht davon ausgegangen werden, dass Moskau eine Blaupause für sowjetisch unterstützte Machtübernahmen in ganz Osteuropa ausarbeitete. Zum einen wussten die Sowjets bis zur Endphase des Krieges nicht, wie weit ihre direkte Einflusssphäre reichen würde. Zum anderen waren sie sich der großen Unterschiede in den einzelnen Ländern sehr wohl bewusst. In der Tschechoslowakei beispielsweise erkannten sie die Exilregierung von Präsident Beneš an, mit dem sie im Dezember 1943 einen Vertrag über Freundschaft, gegenseitigen Beistand und Zusammenarbeit nach dem Kriege unterzeichneten. In Bulgarien agierte im Untergrund eine parteiübergreifende »Vaterländische Front«. Und in Polen bestand angesichts der Tatsache, dass Stalin selbst in den Jahren 1938–39 die gesamte Führung der Kommunistischen Partei Polens (KPP) liquidiert und dadurch die dringend benötigten Kader beseitigt hatte, ein besonders unangenehmes Problem.

In vielerlei Hinsicht jedoch stand Moskau in Jugoslawien vor der verzwicktesten Situation. Josip »Broz« Tito (1892 bis 1980), ein Komintern-Agent, gewann die Oberhand im jugoslawischen Untergrund. Aber um dies zu erreichen, hatte seine Partisanenbewegung die revolutionäre mit der patriotischen Fahne vertauscht und führte eifrig einen brutalen Krieg gegen die in Serbien beheimateten Tschetniks. Außerdem war Tito für Moskaus Geschmack viel zu eigensinnig. Er hatte Geheimgespräche mit den Deutschen geführt, war nach Italien geflogen, um Churchill zu treffen, erhielt Militärhilfe aus Großbritannien, unterhielt eine britische Militärmission und gab sich als Präsident eines antifaschistischen Rates aus, der mit der Exilregierung Geschäfte machte. Niemand konnte vorhersagen, was bei seinen vielen Aktivitäten herauskommen würde.

Problemländer: Italien und Polen

Italien galt weithin als das schwächste Glied in der Kette der Achse. Und dies war der Grund, warum – auf Drängen Churchills – Sizilien das Ziel der alliierten Landungen vom Juli 1943 wurde. Die Vermutungen erwiesen sich als richtig. Die Unzufriedenheit mit Mussolinis Regime erreichte binnen vierzehn Tagen ihren Höhepunkt. Und nach einer Sitzung des Großen Faschistischen Rates am 24. Juli wurde Mussolini einen Tag später entlassen. Im Einvernehmen mit König Viktor Emanuel III. verhaftete man ihn, als er eine königliche Audienz verließ, und ließ ihn im Gran-Sasso-Gebirgsmassiv verschwinden, wo er in einem Hotel interniert wurde. Als Regierungschef ersetzte ihn Marschall Pietro Badoglio (1871 bis 1956).

Badoglios Kreis erhoffte sich eine Zeitlang einen gewissen Handlungsspielraum. Schließlich hatte Italien im Ersten Weltkrieg die Seiten gewechselt und könnte es wieder tun. Doch wie sich zeigte, war es diesmal anders. Die Westalliierten bestanden auf dem Casablanca-Prinzip der bedingungslosen Kapitulation ohne Wenn und Aber. Und die Deutschen trieben ihre eigenen Pläne voran und ignorierten Badoglios Leute fast vollständig. Im Sommer 1943 erhöhten sie die Anzahl der Wehrmachtsdivisionen in Italien von sieben auf achtzehn, und sie behandelten ihre Hälfte des Landes als besetztes Territorium. Im September besetzten sie Rom, was Badoglio veranlasste, sich hastig ins südliche Brindisi zurückzuziehen, wo seine Regierung Zuflucht unter alliiertem Schutz suchte. Politisch hatte er das Ende des Weges erreicht. Nachdem er am 3. September die Bedingungen eines »kurzen Waffenstillstands« unterzeichnet hatte, flog er nach Malta, um am 29. September den »langen Waffenstillstand« zu unterzeichnen. Italien war jetzt in zwei militärische Besatzungszonen geteilt: die alliierte Zone im Süden und die deutsche Zone im Norden.

Allerdings stand noch eine große Überraschung bevor. In einem waghalsigen Kommandounternehmen befreiten deutsche Fallschirmjäger, die mit Lastenseglern auf dem Gran Sasso einschwebten, am 8. September Mussolini aus der Internierung und installierten ihn in Norditalien als Galionsfigur eines Marionettenregimes für ihre Besatzungszone. Die zuvor in Salò gegründete sogenannte Repubblica Sociale Italiana (RSI) war von Anfang an eine Belastung. Vollkommen abhängig vom deutschen Militär, provozierte sie Streikwellen und die Gründung einer entschlossenen Widerstandsbewegung. Tröstlich war nur die Tatsache, dass Badoglios Regierung im Süden genauso machtlos war.

Das italienische Volk zahlte einen enormen Preis für den chaotischen Zusammenbruch der faschistischen Ordnung. Als Badoglio nach Süden floh, lieferte er mehr als eine Million Soldaten auf Gedeih und Verderb den Deutschen aus. Einige, wie die »Granatieri«-Division in Rom und die »Acqui«-Division auf der griechischen Insel Kefalonia, wehrten sich und wurden massakriert. Andere legten die Waffen nieder, schlossen sich den Partisanen an oder gingen einfach nach Hause. Nicht weniger als 650 000 italienische Soldaten wurden zur Zwangsarbeit ins Reich verschleppt, während an der Ostfront noch einmal etwa 325 000 zusammengetrieben und wie rechtlose Kriegsgefangene behandelt wurden.

Im Winter 1943/44 nahm die italienische Widerstandsbewegung Gestalt an. Erinnerungen an das Risorgimento wurden wach; und in den Städten des Nordens entstanden plötzlich Geheimorganisationen, die alle sozialen Schranken überwanden. In den Bergen traten stärker politisierte Partisanengruppen in Aktion, während in weiten Landstrichen Liguriens, der Emilia Romagna und des Piemont lokale »Republiken« die Macht übernahmen. Im Juni 1944 wurde ein einheitlicher Führungsstab unter General Raffaele Cadorna eingerichtet, dem somit eine Verbindung zwischen dem Norden und dem Süden gelang.

Die alliierten Mächte müssen ihr Teil der Verantwortung für das vorherrschende Chaos übernehmen. Einige Entwicklungen hatten jedoch nicht vorhergesehen werden können. Aber das Beharren auf bedingungsloser Kapitulation hatte weitreichende Konsequenzen. Ebenso die Scheu alliierter Kommandeure vor politischen Fragen. Als der britische Oberbefehlshaber General Harold Alexander öffentlich im Rundfunk verkündete, dass er für den Winter 1944–45 keine Offensive plane, öffnete er einer zweiten Welle deutscher Vergeltung im Norden Tür und Tor.[36]

Innerhalb des alliierten Lagers galt Polen als das schutzloseste Mitglied, nicht weil die Polen der Mut verlassen hätte wie die Italiener oder weil sie untereinander uneins gewesen wären wie die Jugoslawen. Im Gegenteil: Sie kämpften mit großer Entschlossenheit, sowohl unter britischem Kommando als auch im Untergrund. Tatsächlich waren sie für das Problem gar nicht verantwortlich. Es erwuchs vielmehr aus dem steigenden Prestige der Sowjetunion innerhalb der »Großen Allianz« und aus den ungelösten Fragen, die durch das sowjetische Fehlverhalten während der Geltungsdauer des Hitler-Stalin-Paktes aufgeworfen worden waren. Beispielsweise war nichts unternommen worden, um das Schicksal der seit 1940 in sowjetischer Gefangenschaft vermissten 25 000 polnischen Offiziere aufzuklären. Die der UdSSR immer stärker verpflichteten Westmächte neigten dazu, die Lösung solcher Fragen auf die lange Bank zu schieben – oder durch Duldung der wachsenden Flut sowjetischer Propaganda zuzulassen, dass ihr treuer polnischer Verbündeter verleumdet wurde.[37]

Doch im April 1943 schlug Goebbels zu. Am Vorabend der endgültigen Räumung des Warschauer Ghettos durch die SS – die erfolgreich verschleiert wurde –, enthüllte er vor der Welt, dass man in einem Wald bei der Ortschaft Katyn in der Nähe von Smolensk in Massengräbern die Leichen von 4500 ermordeten polnischen Offizieren entdeckt habe und dass die Greueltat das Werk des NKWD sei. Die Enthüllung wurde gut dokumentiert, grässliche Fotos wurden in Umlauf gebracht. Bei der Exhumierung waren internationale Beobachter zugegen, und sie bestätigten die deutsche Version der Ereignisse. Daraus konnte abgeleitet werden, dass weitere 20 000 polnische Offiziere auf diese Weise ermordet wurden und in Russland darauf warteten, gefunden zu werden. Die westliche Öffentlichkeit ging freilich davon aus, dass die Geschichte ein Stück bewusster feindlicher Desinformation war. Britische und amerikanische Kommentatoren folgten mit wenigen Ausnahmen der sowjetischen Erwiderung, wonach Katyn eindeutig ein NS-Verbrechen sei und dass jeder, der die Lügenmärchen von Goebbels' Ministerium wiederhole, sich des »Antisowjetismus« schuldig mache. Als die polnische Exilregierung die Angelegenheit zur Vermittlung an das Internationale Komitee vom Roten Kreuz weiterleitete, reagierte der Kreml wütend. Die polnischen Führer wurden öffentlich angeprangert, und die diplomatischen Beziehungen zwischen der polnischen und der sowjetischen Regierung abgebrochen. Goebbels frohlockte. In das Herz der Großen Allianz war erfolgreich ein Keil getrieben worden.[38]

Es muss betont werden, dass im Jahr 1943 in der Hitze der Kriegszeit niemand außerhalb des Kreml und des NKWD die Wahrheit über Katyn ganz genau kennen konnte. Aus diesem Grund konnte Stalin damit rechnen, die Sache durchzustehen und dabei die polnische Position zu schwächen. Britische Experten, insbesondere im Foreign Office, waren hin- und hergerissen, obwohl ein von Sir Owen O'Malley ausgearbeiteter offizieller Bericht die sowjetische Schuld für wahrscheinlicher hielt. Trotzdem war die öffentliche Meinung größtenteils prosowjetisch eingestellt, und die britischen Behörden unterstützten offen die Ansicht, dass Katyn ein NS-Verbrechen sei. Britischen Soldaten wurde damit gedroht, sie wegen der Verbreitung von Gerüchten vor das Kriegsgericht zu stellen, sollten sie etwas anderes behaupten. Britische Kommunisten und Sowjetsympathisanten schrieben haufenweise Briefe an die Presse, in denen sie die Polen als »verantwortungslose« »Faschisten« und »Antisemiten« verurteilten: undankbare Verbündete, die ihren Beitrag nicht leisteten. Der glänzende Karikaturist David Low stellte die Polen als verantwortungslose »Unruhestifter« und »Friedensstörer« dar. George Orwell, ein Sozialist, gehörte zu den ganz wenigen, die den Hintergrund der Verwirrung durchschauten.

Im Juli 1943 erlitt Polen eine weitere Katastrophe, als der polnische Ministerpräsident und Oberbefehlshaber, General Władisław Sikorski, bei einem Flugzeugabsturz in Gibraltar ums Leben kam. Sikorski hatte Churchill nahegestanden und die Linie der Annäherung an die UdSSR verfolgt. Sein Abgang hinterließ ein großes Loch. Die polnische Regierung zerfiel nach seinem Tod in zerstrittene Interessengruppen, und dem neuen Ministerpräsidenten Stanisław Mikołajczyk fehlte das Format, um Sikorskis Politik erfolgreich fortzusetzen. Eine Kluft tat sich auf zwischen der polnischen Regierung und der polnischen militärischen Führung. Noch schlimmer war, dass überall Gerüchte die Runde machten, die andeuteten, dass der Absturz von Gibraltar ein wohlüberlegtes Attentat gewesen sei. Man gab den Sowjets die Schuld. Man gab den Deutschen die Schuld. Man gab abtrünnigen polnischen Offizieren die Schuld. Man gab sogar Churchill die Schuld. Die Zukunft Polens erschien in trüberem Licht.

Ebenfalls im Jahr 1943 verstärkte ein anderes Ereignis die schlechte Stimmung. Die polnische Armee in Russland beschloss, die UdSSR zu verlassen und sich lieber den Briten im Nahen Osten anzuschließen, als unter sowjetischem Oberbefehl zu kämpfen. General Anders behauptete, dass seine Männer von den Sowjets nicht ausreichend verpflegt und bewaffnet worden seien und dass sie zunehmend vom NKWD schikaniert würden. Er befahl ihnen, sich in den Iran abzusetzen und sich vom Iran in den Irak, nach Palästina und zur britischen 8. Armee in Ägypten zu begeben. Mehr als 100 000 polnische Frauen und Kinder, unter ihnen 40 000 Waisen, wurden nach Britisch-Indien evakuiert. Diese Flüchtlinge waren die einzige größere Gruppe, die jemals aus der Sowjetunion herauskam. Ihre Geschichten von Tod, Deportation, Hunger und Elend bekümmerten alle, die sie vernahmen.[39]

Trotzdem erfuhr die polnische Frage noch eine weitere Zuspitzung. Im Sommer 1943 stand die Rote Armee noch weit von Polen entfernt. Der Allianz blieben mehrere Monate, wenn nicht ein Jahr, um das polnisch-sowjetische Problem anzugehen und zu versuchen, den Zwist in den eigenen Reihen beizulegen. Die polnische Regierung allein konnte wenig ausrichten. Aber die Westmächte verfügten sehr wohl über Druckmittel, um Einfluss auf Moskau zu nehmen. Wenn sie sich entschieden zu vermitteln, wäre es vielleicht nicht unmöglich, eine Lösung zu finden. Ausschlaggebend war die Zeit. Die Sowjets hatten kurz vorher in Moskau einen Verband Polnischer Patrioten (ZPP) gegründet, der im Zentrum prosowjetischer Aktivitäten stehen sollte. Und eine neue, winzige polnische kommunistische Bewegung operierte bereits im Untergrund neben den Kräften, die loyal zu London standen. Die Bedeutung dieser Organe würde mit jedem Schritt, den die Rote Armee nach Westen tat, wachsen. Jede Verzögerung würde die Chancen auf eine brauchbare Übereinkunft schmälern.

Vom strategischen und politischen Standpunkt aus war die Konferenz von Teheran, Deckname »Eureka«, die Ende November 1943 stattfand, die wichtigste von allen Kriegskonferenzen. Es war nicht nur das erste Mal, dass die »Großen Drei« zusammentrafen, es war auch das erste und letzte Mal, dass Churchill, Roosevelt und Stalin Gelegenheit hatten, die Hauptzielsetzungen der Allianz auszudiskutieren, bevor die entscheidenden militärischen Aktionen auf den Weg gebracht wurden. Historiker müssen daher sowohl die Leistungen als auch die Sünden der Unterlassung sorgsam abwägen.

Die jeweiligen Positionen der »Großen Drei« ergaben kein scharf konturiertes Bild. Die Sowjets hatten an der Ostfront die Oberhand gewonnen und spielten schlau ihr diplomatisches Blatt. Auf der anderen Seite waren sie reichlich mit Lend-Lease-Hilfe versorgt worden; und sie bezweifelten nicht, dass Roosevelt der Zahlmeister war. Die beiden westlichen Führer hingegen waren ebenso verlegen wie unschlüssig. Für das Fehlen einer »Zweiten Front« konnten sie sich nur immer wieder entschuldigen. Und sie erschienen auf der Konferenz, ohne sich zuvor in Bezug auf Schlüsselthemen wie Osteuropa abgesprochen zu haben. Im Gegensatz zu Churchill wollte Roosevelt Stalin seinen Willen lassen, um sich die Unterstützung des Sowjetführers für die letzte Phase des Pazifikkriegs zu sichern. Schnell einig wurde man sich über die wichtigste strategische Entscheidung, nämlich die Frühjahrsoffensive der Roten Armee im Osten und den Beginn von »Overlord« im Westen aufeinander abzustimmen.

Dennoch blieb vieles in dem Krieg noch Verhandlungssache. Die Rote Armee hatte, obwohl sie auf einer Welle des Erfolgs schwamm, sowjetisches Territorium noch nicht verlassen: Noch war sie nicht in die osteuropäischen Länder eingerückt, die sie schließlich überrollen würde. Und das

Ergebnis von »Overlord« war eine große Unbekannte. Das faschistische Italien war ausgeschaltet worden. Die strategischen Bombenangriffe legten deutsche Städte in Schutt und Asche; riesige Mengen an Lend-Lease-Material wurden in die UdSSR verschifft. Trotzdem gaben Churchill und Roosevelt kein gutes Bild ab und verzichteten darauf, Dinge anzusprechen, die sie am Ende verfolgen würden. Zwei weitere unausgesprochene Faktoren spielten ebenfalls eine Rolle: China und die sich verschiebende Balance zwischen den »Großen Drei«.

Die USA waren vor 1943 stets davon ausgegangen, dass Chiang Kai-shek der wichtigste Verbündete im Pazifikkrieg war und dass chinesische Truppen für einen Großteil der militärischen Stärke beim abschließenden Angriff auf Japan sorgen würden. Spätestens in Teheran jedoch war Roosevelt ernsthaft beunruhigt wegen der Grenzen Chiangs und setzte zunehmend auf die Rote Armee als einzig geeigneten Ersatz. Weil er dies ständig im Hinterkopf behalten musste, sorgte er sich ganz besonders um Stalins gute Laune.[40]

Churchill hatte den Zenit seines Einflusses überschritten. In früheren Zeiten hatte er die große Vision vorgegeben und war die treibende Kraft der Allianz gewesen. Aber nun geriet er gegenüber den beiden Partnern ins Hintertreffen, die über die größten Bataillone und den dicksten Geldbeutel verfügten. Den Punkten, in denen Roosevelt und Stalin übereinstimmten – beispielsweise bei den geplanten »Anvil«-Landungen in Südfrankreich –, konnte er nicht widersprechen, und innerhalb des westlichen Lagers waren es US-Interessen, die immer stärker den Ausschlag gaben.

Die Ergebnisse von »Eureka« waren deshalb ziemlich gemischt. Beim wichtigsten Thema, den Landungen in der Normandie, herrschte allgemeines Einvernehmen, und was Jugoslawien betraf, beschloss man einstimmig, Tito zu unterstützen. Briten und Amerikaner ließen sich hier weniger von dem

Wunsch leiten, Stalin seinen Willen zu lassen, als von dem Interesse, beim Italienfeldzug ihre Flanken zu decken. Aber in mehreren Punkten beließ man es bei dem herrschenden Wirrwarr. Im schwierigen Fall Polens beispielsweise wurden echte Meinungsverschiedenheiten heruntergespielt, und niemand schien es mit einer Lösung besonders eilig zu haben. Churchill, der um die Empfindlichkeiten wusste, ergriff die Initiative und äußerte in einem vertraulichen Gespräch gegenüber Stalin, dass sowjetische Forderungen nach der sogenannten Curzon-Linie die »Grundlage für weitere Gespräche« über die sowjetisch-polnische Nachkriegsgrenze bilden könnten. Er stellte keinen Zeitplan für diese Gespräche auf, und er hatte seine Initiative nicht im Vorfeld mit Roosevelt abgestimmt. Als Roosevelt zu einer eigenen privaten Unterhaltung mit Stalin zusammentraf und beiläufig fallenließ, dass die polnische Grenze »keine Probleme« verursachen dürfte, kann man verstehen, dass Stalin den nachhaltigen Eindruck gewinnen musste, dass er sich in diesem Punkt keine Sorgen mehr zu machen bräuchte.[41] Wer über die Ursprünge des Kalten Krieges nachdenken möchte, könnte also hier anfangen.

Vorläufig jedoch war Lächeln angesagt. Man war dem »Großen Diktator« gegenübergetreten, und er hatte keine Schwierigkeiten gemacht. Über das wichtigste Thema – den gemeinsamen Angriff auf das Dritte Reich – war Einvernehmen erzielt worden. Stalin hatte angeboten, den westlichen Angriff mit einer großangelegten eigenen Offensive zu unterstützen, obwohl niemand ihn zu den Zielen dieser Offensive befragte. Die Alliierten hatten angefangen, über die künftige Verwaltung eines besiegten Deutschland zu reden, und es hatte keinen heftigen Streit gegeben.

Auch Stalin dürfte zufrieden gewesen sein. Er hatte sich zum ersten Mal in seiner Karriere ins Ausland gewagt, war den Kapitänen des Weltkapitalismus gegenübergetreten und ungeschoren davongekommen. Es sah tatsächlich so aus, als hätten die Kapitalisten schließlich doch vor, das Reich anzugreifen. Und als es um die Ostfront ging, hatte niemand komplizierte Fragen zu Einflusszonen, politischen Verhaltensstandards oder zur Aufteilung der Beute gestellt. Was Deutschland betraf, sah es so aus, als würde die UdSSR ihren Anteil bekommen und könnte Reparationen herausholen. In den Augen eines kompromisslosen, paranoiden Leninisten hätte alles viel schlimmer sein können. Also, was war auszusetzen an diesen Kapitalisten?

In den auf Teheran folgenden sechs Monaten war das gesamte Augenmerk des westlichen Lagers auf die bevorstehende Landung in der Normandie gerichtet. Die Zusammenstellung der kombinierten Streitmacht für das Unternehmen war eine Aufgabe, die in der Geschichte ihresgleichen suchte. Menschen und Waffen in großer Anzahl auf dem Luft- und Seeweg aus den USA herüberzuschaffen war logistisch eine ungeheure Herausforderung. Die Politik rückte in den Hintergrund.

Aber nicht vollständig. In den USA standen 1944 Präsidentschaftswahlen an. Präsident Roosevelt kandidierte für eine vierte Amtszeit, was es noch nie gegeben hatte – weshalb er und seine Berater zunehmend auf Themen setzten, die bei der großen amerikanischen Öffentlichkeit gut ankamen. Gute Nachrichten von der Front erlangten höchste Bedeutung, ebenso gute Beziehungen zur Sowjetunion, deren Popularität durch die Siege der Roten Armee noch weiter gestiegen war.

Großbritannien rutschte unterdessen zusammen mit den politischen Fragen, auf welche die Briten Einfluss hatten, auf der Prioritätenliste nach hinten. In Bezug auf Westeuropa wurde viel Zeit und Energie auf den andauernden Streit darüber verwendet, welches relative Gewicht »Overlord« im Gegensatz zum Kriegsschauplatz Mittelmeer erhalten sollte, der Churchills Passion war. Obwohl alle es für selbstverständlich hielten, dass ein befreites Frankreich seinen rechtmäßigen

Platz unter den Alliierten wieder einnähme, wurde kein klares Programm für die Errichtung eines Nachfolgeregimes von Vichy ausgearbeitet. In Bezug auf Osteuropa lautete die Parole »Freundschaft mit Russland«, und der von Beneš im Dezember 1943 unterzeichnete sowjetisch-tschechoslowakische Vertrag wurde als das Muster hingestellt, nach dem andere sich richten sollten. Nach Jugoslawien wurde eine Militärmission entsandt, um die Unterstützung für Tito zu erleichtern. Aber als der polnische Premier im Februar 1944 Churchill persönlich bat, eine ähnliche Mission für die Heimatarmee im polnischen Untergrund zu genehmigen, kam es zu wiederholten Verzögerungen. In Übereinstimmung mit Churchills Teheraner Vorschlag verbrachte das britische Foreign Office Monate mit der Ausarbeitung von mindestens vier Entwurfsfassungen für eine polnisch-sowjetische Grenze, und jedes Mal waren die Experten sich einig darin, dass als absolutes Minimum die Stadt Lemberg (Lwów) auf polnischer Seite verbleiben müsse. Die sowjetischen Behörden ignorierten jedoch die polnische Exilregierung, und unter den westlichen Führern dämmerte langsam die Erkenntnis, dass Einmischung auf höchster Ebene vonnöten sei. Zu diesem Zweck lud man eine polnische militärische und politische Delegation nach Washington ein, die dort sowohl die Vereinigten Stabschefs als auch Präsident Roosevelt treffen sollte. Die Delegation fuhr zum gleichen Zeitpunkt über den Atlantik, als die D-Day-Streitmacht den Ärmelkanal überquerte.[42]

Phase 3, Juni 1944 bis Mai 1945: Der alliierte Triumph

Sobald die Truppen sicher in der Normandie gelandet waren, wendeten sich vor allem die Amerikaner wieder in großem Stil der Politik zu. Die Perspektiven für ein schnelles Ende des europäischen Krieges waren nun sehr gut, und die Planungen für die Nachkriegsordnung mussten abgeschlossen werden, bevor der Frieden da war. Drei Themen waren vordringlich: die geplante United Nations Organization (UNO) und deren Organisation; die Schaffung globaler Finanzinstitutionen und die Erweiterung der Koalition, um Japan zu bezwingen. Zusätzlich zu diesen Aufgaben rückte die Präsidentschaftswahl in den USA immer näher.

Genau genommen war Mitte 1944 der Zeitpunkt gekommen, an dem die USA als führende Macht der Welt zeigten, was in ihnen steckte. In den ersten Jahren hatten sie die Briten als Partner, wenn auch nicht ganz als Ebenbürtige behandelt, doch nun handelten sie zunehmend selbständig, so dass Briten und allen anderen nichts anderes übrigblieb, als in ihrem Kielwasser hinterherzuhinken. Vom Krieg praktisch unberührt, getragen von einem beispiellosen Wirtschaftsboom und inzwischen voll aufgerüstet, hatten die Amerikaner nun das Kommando über die geschundenen Europäer. Die Folge war, dass Washington sich immer mehr mit seiner langfristigen globalen Vision beschäftigte und es den sich abstrampelnden europäischen Mächten überließ, ihre provinziellen Angelegenheiten zu ordnen, so gut sie konnten.

Im November 1943 beispielsweise fand zeitgleich mit »Eureka« in Atlantic City, New Jersey, eine Konferenz zur Gründung der United Nations Relief and Rehabilitation Administration (UNRRA), der Nothilfe- und Wiederaufbauverwaltung der Vereinten Nationen, statt. Dieses Gremium engagierte sich für das Wohlergehen von Flüchtlingen und der notleidenden Bevölkerung befreiter Länder. Ihre Arbeit begann in Nordafrika im Gefolge des Unternehmens »Torch«. In den darauffolgenden vier Jahren, von 1943 bis 1947, sollte die Organisation insgesamt 44 Milliarden US-Dollar als großzügige Gabe an siebzehn Länder verteilen.

Die UNO, die als verbesserte Nachfolgerin des überholten

Völkerbunds gedacht war, brauchte länger, um Gestalt anzunehmen. Ihre Geschichte begann am 1. Januar 1942 mit der Präsentation der UN-Deklaration, die kaum mehr als eine Verpflichtung der alliierten Länder war, die Atlantik-Charta einzuhalten und keinen Separatfrieden mit der Achse zu schließen. Doch im August 1944 war auf dem Landsitz Dumbarton Oaks bei Washington eine Konferenz zusammengetreten, um Vorschläge zu diskutieren, die Ziele, Satzung und Organe der Organisation betrafen. Endgültige Vereinbarungen kamen erst im April 1945 zustande, als Delegierte der inzwischen auf fünfzig Staaten angewachsenen Vereinten Nationen in San Francisco zusammenkamen. Die Eröffnungsfeier der Organisation sollte am 24. Oktober 1945 im Anschluss an die Ratifizierung der Satzung (Charta) durch die fünf ständigen Mitglieder des Sicherheitsrates – China, Frankreich, die UdSSR, das Vereinigte Königreich und die USA – stattfinden.[43]

Vor dem Treffen in Dumbarton Oaks hatte im Mount Washington Hotel in dem Urlaubsort Bretton Woods in New Hampshire eine große UN-Währungs- und Finanzkonferenz die Arbeit aufgenommen, auf der 730 Delegierte aus 44 alliierten Ländern die Probleme des Finanzwesens der Nachkriegszeit diskutierten und sich für die Gründung der Weltbank und des Internationalen Währungsfonds entschieden. Das System fester Wechselkurse, das in Bretton Woods eingerichtet wurde, sollte bis in die siebziger Jahre Bestand haben.

Roosevelt hatte sich stets aus den Einzelheiten der europäischen Verpflichtungen herausgehalten. Auch mit diesen jüngsten Initiativen entschwebte er in höhere Sphären, hielt London auf Distanz und ignorierte wiederholt britischen Rat. Die Voreingenommenheit der Amerikaner war merkwürdig: Sie waren gegenüber dem gerissenen alten Imperialisten Churchill auf der Hut, ließen sich aber von einem gerissenen neuen Imperialisten – Stalin – vollkommen entwaffnen. Obwohl

Stalin über ein riesiges und beständig anwachsendes Reich gebot, betrachteten nur wenige Beobachter in Washington die UdSSR von dieser Warte aus.

Der europäische Krieg ging nicht so schnell voran wie erwartet, der Pazifikkrieg jedoch verlief noch schleppender. Zwar hatten die US-Streitkräfte eindeutig die Initiative übernommen, aber noch immer trennten sie Tausende von Kilometern Meer vom japanischen Festland. Zum Zeitpunkt der Landungen in der Normandie war Japan nach der Eroberung der Marianen gerade erst in die Reichweite der US-Bomber gerückt; die Hauptkämpfe spielten sich auf Papua-Neuguinea ab. Die Rückeroberung der Philippinen begann erst im Oktober 1944 und war bis zum Ende des Krieges in Europa noch nicht abgeschlossen. Die ersten Angriffe auf die kleineren japanischen Inseln – Iwo Jima im Februar 1945 und Okinawa im April 1945 – führten zu fanatischem Widerstand, langwierigen Schlachten und schweren Opfern auf amerikanischer Seite. Die US-Planer richteten ihre Gedanken zwangsläufig auf den Pazifik, während sie den letzten Akt auf dem europäischen Kriegsschauplatz der Roten Armee überließen.

Die Koalition stieß unterdessen aufgrund schlechter politischer Koordination in Europa auf Schwierigkeiten. In Frankreich, dem ersten Land, das befreit wurde, näherten sich die Armeen Eisenhowers Paris, ohne die geringste Vorstellung davon zu haben, wie der politische Wechsel über die Bühne gehen sollte. Eisenhower hatte eigentlich gar nicht die Absicht, Paris zu befreien, bis ein spontaner Aufstand in der Hauptstadt ihn zum Handeln zwang. Die Panzerdivision des Generals Philippe Leclerc traf gerade noch rechtzeitig ein, bevor eine kommunistisch beherrschte Widerstandsgruppe das Kommando übernehmen konnte. Es war allerdings nicht den Alliierten zu verdanken, dass die Ereignisse in Paris keine Wendung zum Schlechten nahmen. Es war der Wehrmachtsbefehlshaber von Groß-Paris, General Dietrich von Choltitz, der die Stadt vor der Zerstörung bewahrte, indem er sich entsprechenden Befehlen Hitlers widersetzte. Dagegen gab die dramatische und vollkommen überraschende Ankunft von General de Gaulle die Gelegenheit zu Kompromiss und Einigkeit unter den Gruppen, die nach Vichy um die Macht rivalisierten. De Gaulle benahm sich großartig. Am 26. August spazierte er, den Kugeln von Scharfschützen die Stirn bietend, gelassen die Champs-Élysées hinunter. Und als man ihn drängte, die Wiedererrichtung der Republik zu verkünden, sagte er einfach: »Die Republik hat nie aufgehört zu existieren.« Er bekleidete damals keine offizielle Position. Seine Bewegung, die FFL, wurde von den Westalliierten erst im Oktober 1944 als provisorische Regierung Frankreichs anerkannt.[44]

In Polen präsentierte sich die »Große Allianz« dagegen im denkbar schlechtesten Licht. Ein Verbündeter der Westmächte stand im Begriff, von einem anderen Verbündeten, der Sowjetunion, befreit zu werden, und in Polens Hauptstadt Warschau wurde der Aufstand gegen die Deutschen vorbereitet, als sich Ende Juli die Rote Armee näherte. Radio Moskau hatte die Warschauer gedrängt, sich zu erheben. Und die Westmächte waren informiert worden.

Die Entscheidung zur Entfesselung des Aufstands wurde von der polnischen Exilregierung in London getroffen, obwohl sie die Wahl des Zeitpunkts den Untergrund-Befehlshabern überlassen hatte. Polens Exilpremier Mikołajczyk trat Kritikern energisch entgegen, die seine Doppelstrategie, den Kampf gegen die Deutschen aufzunehmen und ein Abkommen mit Moskau anzustreben, ablehnten. Im Juni hatte er dreimal mit Roosevelt gesprochen, der einen riesigen Zuschuss für die Heimatarmee bewilligte und gleichzeitig auf direkte Gespräche mit seinem »Freund« Stalin drang. Mikołajczyk reiste an dem Tag nach Moskau ab, als er den Befehl zur Vorbereitung des Aufstands erteilte.

Von da an folgten Verwirrung, Verrat und Tragödie. Der

polnische Premier erhielt in Moskau keinerlei Unterstützung von britischen oder amerikanischen Diplomaten. Von Churchill und Roosevelt zum Verhandeln gedrängt, stieß er auf einen unnachgiebigen Stalin. Die Aufständischen in Warschau besetzten die Stadt am 1. August und rechneten damit, dass binnen Tagen die Rote Armee einträfe. Stattdessen zogen die Deutschen eine Kampfgruppe aus brutalen SS-Verbänden hinzu und fingen an, die Hauptstadt in Schutt und Asche zu legen und ihre Bewohner abzuschlachten. Von der Roten Armee keine Spur. Eine Zeitlang war sie durch einen deutschen Gegenangriff aufgehalten, doch sie hätte ab Mitte August jederzeit vorrücken können. Aber diesbezügliche Pläne wurden von Moskau abgelehnt. Noch schlimmer war, dass Moskau, als Churchill der RAF befahl, Hilfsflüge nach Warschau zu organisieren, den britischen Flugzeugen die Landerechte auf sowjetisch besetztem Territorium verweigerte. Und am schlimmsten war, dass Roosevelt sich weigerte, Stalin in einem gemeinsamen Appell mit Churchill zur Rede zu stellen.

Also kämpfte die Heimatarmee weiter – von den Sowjets missachtet und von ihren westlichen Verbündeten verlassen. Die Koalition erwies sich als unfähig, an einem Strang zu ziehen und eines ihrer in Not geratenen Mitglieder zu retten. Der Aufstand dauerte neun Wochen. Etwa 18 000 Soldaten wurden auf beiden Seiten getötet, und 200 000 Zivilisten kamen um, viele von ihnen kaltblütig massakriert von der SS. Auf die Kapitulation folgte die Zwangsevakuierung. Und auf Hitlers Befehle hin wurden die Trümmer der aufständischen Stadt verbrannt und eingeebnet: *Varsovia delenda est*. Die Ursachen der Katastrophe waren eher politischer als militärischer Natur.[45]

In Italien folgte eine andere Art von Katastrophe. Nach der Proklamation von Mussolinis »Republik von Salò« traten Zehntausende von Partisanen zum Kampf an, und im Winter 1944/45 wurden die deutschen Besatzer aus über fünfzig Bezirken vertrieben. Kommunalbeamte richteten eigene freie Zonen ein. Die größte dieser Partisanenrepubliken lag in der bergigen Langhe, im Cunese und in den Ossolatälern im Nordwesten, in Olreppò und Bobbio im nördlichen Appenin, in Bozen (Bolzano) und Belluno im Norden und rund um Triest im Nordosten. Da die alliierte Front seit August 1944 auf einer Linie gestanden hatte, die von Florenz nach Ancona verlief, ging man davon aus, dass eine große alliierte Offensive nach Norditalien hinein gestartet würde, um den alliierten Vorstoß durch Nordfrankreich zu ergänzen. Stattdessen kam der Italienfeldzug zum Erliegen. Die Goten-Stellung nördlich von Florenz hielt den ganzen Winter über stand. Eine ernsthafte Meinungsverschiedenheit entzweite britische und amerikanische Strategen, und General Alexander erhielt Befehl, sich darauf zu konzentrieren, die deutschen Streitkräfte in ihrer gegenwärtigen Position festzunageln. Churchills Traum, durch die Laibacher Senke nach Wien vorzustoßen, wurde nie verwirklicht. Als Folge davon erhielten deutsche Befehlshaber freie Hand, rücksichtslos gegen die Partisanen vorzugehen. Von jedem der deutschen Stützpunkte aus wurden Dutzende von Aktionen organisiert. Dörfer wurden niedergebrannt. Zivilisten wurden abgeschlachtet. Vergeltungsmaßnahmen und Gegenvergeltungsmaßnahmen bekamen einen blutrünstigen Anstrich. Norditalien sah allmählich aus wie Weißrussland.[46]

Churchills improvisierter Moskaubesuch im Oktober 1944 war ein Symptom für die Unordnung in der Koalition. Er war gezwungen hinzufliegen, weil die Rote Armee ohne Rücksicht auf westliche Interessen dabei war, sich die östliche Hälfte Europas einzuverleiben, und über die Beute waren noch keine Vereinbarungen getroffen worden. Sein Hauptanliegen war die Sicherung der britischen Kontrolle über Griechenland – und dafür war er bereit, auf eine Beteiligung in den meisten anderen betroffenen Ländern zu verzichten. Das berüchtigte »Prozentabkommen«, das auf der Rückseite eines alten braunen Umschlags skizziert wurde, den Churchill aus der Innentasche seines Jacketts zog, war ein Beispiel für Dilettantismus ebenso wie für das spontane Ausnutzen einer Situation. Das von Churchill vorgeschlagene und von Stalin anscheinend akzeptierte Verhältnis von westlichem und sowjetischem Einfluss betrug für die einzelnen Länder: Griechenland 90:10, Bulgarien 25:75, Jugoslawien 50:50, Ungarn 50:50 und Rumänien 10:90.[47]

Das »Prozentabkommen« betraf Polen allerdings nicht, und Churchill telegraphierte Ministerpräsident Mikołajczyk, er solle nach Moskau kommen, um an den Verhandlungen teilzunehmen. Aber es gab keine Verhandlungen. Molotow holte wütend eine Karte hervor, auf der die sogenannte Curzon-Linie als Grenze eingezeichnet war, und forderte Churchill auf zuzugeben, dass die Angelegenheit in Teheran geregelt worden sei. »Churchill sah geradeaus. ›Ich bestätige das‹, sagte er ruhig«. Offenbar legte er keinen Wert darauf, zu klären, was genau sich vor einem Jahr ereignet hatte. Anschließend bekam er einen Wutanfall und machte die Polen für ihre unvernünftige, hinderliche Weigerung verantwortlich, nicht auf die Hälfte ihres Landes verzichten zu wollen. Stalin hielt nach dem Warschauer Aufstand alle Trümpfe in der Hand. Die polnische Exilregierung konnte erfolgreich kaltgestellt werden.[48]

Bis Februar 1945, als die »Großen Drei« in Jalta erneut zusammentrafen, war Stalins Position weiter gestärkt worden. Nachdem die Rote Armee ein halbes Dutzend Länder überrannt hatte, stand sie nun an der Oder – Berlin war jetzt zu Fuß erreichbar. Die westlichen Armeen hatten die Niederlande noch nicht erobert und steckten in Italien fest. Sie hatten nicht erreicht, was ihre Führer sich im Sommer 1944 vorgenommen hatten, und sie waren von keinem großen Verhandlungswillen erfüllt. Roosevelt war müde, dem Tode nahe und wollte unbedingt den Deal mit Stalin wegen des Krieges gegen Japan perfekt machen. Er war nicht in der Stimmung, sich über Osteuropa zu streiten. Alle drei Führer wollten die Richtlinien für die Verwaltung Nachkriegsdeutschlands festlegen. Churchills verspäteter Versuch, etwas aus dem polnischen Fiasko zu retten, endete mit der gesichtswahrenden Formel von einer sogenannten Provisorischen Regierung der Nationalen Einheit.[49]

Stalin stand in Jalta auf dem Gipfel seiner Macht in Europa und kurz vor dem Sieg. Seine Position gegenüber den Amerikanern würde niemals besser sein, und entsprechend empfing er seine westlichen Gäste, wie der Zar früher Bittsteller empfangen hatte. Seine Stimmung schwankte, und er spielte abwechselnd den Aufsässigen, den Gütigen und den verbissen Humorvollen. Er war beleidigt, als Roosevelt ihm verriet, dass er bei den Amerikanern den Spitznamen »Uncle Joe« hatte. Der US-Präsident musste sich entschuldigen. Als das Gespräch dann auf den Vatikan kam, stellte Stalin seine berühmte Frage: »Wie viele Divisionen hat der Papst?« Beria wurde nicht offiziell vorgestellt. Als Roosevelt sich dann erkundigte: »Wer ist das mit dem Kneifer, gegenüber von Andrei Gromyko?«, war Stalin so freundlich: »Ach der. Das ist Beria«, sagte er, »unser Himmler.«[50]

Die westlichen Gäste hatten sich weder die Symbolkraft des Ereignisses noch die getroffenen Vorkehrungen vorstellen können. Stalin wurde im Palais Jussoupow untergebracht, dem ehemaligen Wohnsitz von Rasputins Mörder. Roosevelt steckte man in das Palais Liwadia, die Sommerresidenz des letzten Zaren, und Churchill wohnte in der halb gotischen, halb maurischen Woronzow-Villa. Fünf Bezirke, bewohnt von 74 000 Menschen, waren vom NKWD auf »verdächtige Elemente« hin durchkämmt worden. Drei Bewachungsringe umgaben die Konferenz bei Nacht und zwei bei Tage. Hundeführer durchstreiften das Gelände. Churchill sprach von einer »Riviera des Hades«. Stalin traf mit einem 650 Mann starken Sicherheitskordon ein, dazu seine persönliche Leibwache, bestehend aus zwölf bewaffneten Georgiern. Jeder wurde abgehört, wobei Berias Sohn Sergo als oberster Lauscher fungierte. Roosevelts Gartenspaziergänge wurden von Richtmikrofonen verfolgt. Falls er es wusste, interessierte es ihn nicht.

Allerdings interessierten sich Roosevelt und seine Delegation auch nicht sehr für die Fragen, um die Churchill sich Gedanken machte. Nur wenige Wochen nach der Konferenz hat sich Churchill bei Roosevelt beklagt, dass sie sich hinsichtlich Polens zu einer »Scheinperspektive verpflichtet« hätten.[51] Die Amerikaner teilten solche Bedenken nicht. Roosevelts engster Berater, Harry Hopkins, sprach von einer »neuen Morgenröte«:

> *Wir waren wirklich im Innersten überzeugt davon, dass dies die Morgenröte des neuen Tages war, auf den wir alle stark gehofft hatten ... Die Russen hatten bewiesen, dass sie verständig und weitsichtig sein konnten, und weder den Präsidenten noch irgendjemanden von uns beschäftigte irgendein Zweifel, dass wir ... auch in Zukunft, soweit wir sie uns vorstellen konnten, friedlich mit ihnen auskommen könnten.*[52]

Das Abkommen von Jalta besaß keine internationale Rechtsverbindlichkeit. Es war lediglich als vorübergehende Vereinbarung zwischen den Alliierten gedacht, und es enthielt keine bindenden Verträge. Zumindest auf westlicher Seite gingen seine Verfasser davon aus, dass es bald durch die Beratungen einer Friedenskonferenz ersetzt werden würde. Es war typisch für diese Phase, in der Stalin echte Geländegewinne verzeichnete und die Westalliierten improvisierte Lösungen auf dem Papier entwarfen. Die Friedenskonferenz trat nie zusammen.

In den letzten Monaten des Krieges waren die Sowjets überall erfolgreich. Sie kontrollierten sämtliche Territorien, die sie umgestalten wollten, einschließlich Ostpreußens, von wo der überwiegende Teil der deutschen Bevölkerung bereits geflohen war. In allen Ländern, die nicht früher schon im Einvernehmen mit Moskau alternative Regelungen getroffen hatten, wie der Tschechoslowakei, installierten sie eifrig Marionettenverwaltungen. Die Rote Armee, die seit Ende Januar an der Oder stand, konnte es sich erlauben zuzusehen, wie Briten und Amerikaner sich abmühten, den Rhein zu überqueren und sich eine Ausgangsbasis in Westdeutschland zu verschaffen. Das NKWD riskierte zwar den Zorn des Westens, als es die demokratische Führung des polnischen Untergrunds zu Gesprächen verleitete, ihre Mitglieder anschließend verhaftete und heimlich nach Moskau flog. Aber es kam zu keiner Reaktion. Anthony Eden fand erst heraus, dass seine Verbündeten in einem russischen Gefängnis saßen, als er sich auf der Konferenz von San Francisco bei Molotow nach ihnen erkundigte. Die Briten waren nicht im Bilde, Churchill wurden Informationen über die wahren Bedingungen, unter denen die UdSSR Japan den Krieg erklären würde, verweigert. Roosevelt geriet über innenpolitische Fragen in Konflikt mit dem Kongress. Stalin hatte den Angriff auf Berlin gestoppt und wartete offensichtlich auf Zusicherungen der Alliierten, aufgeschobene Absichten in Europa zu realisieren. Er hatte immer noch keine Antwort, als Roosevelt am 12. April 1945 starb. Aber kurz darauf wurde er von Eisenhower darüber informiert, dass die westliche Offensive angehalten und niemand den Sowjets ihren Triumph in Berlin streitig machen werde. Die Stimmung unter den westlichen Politikern fasste US-Stabschef George Marshall zusammen: »Persönlich«, sagte er, »würde ich ungern amerikanische Leben für rein politische Zwecke aufs Spiel setzen.«[53]

Die Nachricht von Hitlers Selbstmord erreichte Moskau

am Morgen des 1. Mai, des kommunistischen Feiertags. Schukow meldete ein Privatgespräch mit Stalins Datscha an und befahl den Sicherheitsbeamten, ihn zu wecken. Nach einiger Verzögerung nahm der Diktator den Hörer ab. »Der Schuft hat also ausgespielt«, lautete sein Kommentar.[54]

Die Nachkriegsphase, 1945 bis 1948: Vom Frieden zum Kalten Krieg

Als die Waffen Anfang Mai 1945 schwiegen, herrschte offiziell Friede. Es war der Augenblick, den die Deutschen die »Stunde null« nannten. Es entstand eine kurze Pause, nachdem die Ordnung der Kriegszeit untergegangen war und die Nachkriegsprobleme noch nicht in ihrem ganzen Ausmaß spürbar waren. Aber sie waren beängstigend. Schätzungsweise dreißig Millionen Menschen in Europa waren auf der Flucht, und all diese Flüchtlinge würden nun versuchen heimzukehren. Eisenbahn- und Straßenverbindungen waren unterbrochen. Zahlreiche Städte, von Leningrad und Kiew bis Warschau und Budapest und die meisten bedeutenden städtischen Zentren Deutschlands, lagen in Trümmern. Es herrschte Lebensmittelknappheit. Millionen Verschleppter und Heimatloser, sogenannte Displaced Persons (DP), und ebenso viele Kriegsgefangene hausten in provisorischen Lagern. In vielen Gebieten des sowjetisch besetzten Europa gingen die Kämpfe zwischen kommunistischen Sicherheitskräften und einheimischen Widerständlern weiter. In Griechenland sollte zum zweiten Mal ein Bürgerkrieg ausbrechen, nachdem Churchill im Dezember 1944 versucht hatte, persönlich zu vermitteln. Triest wurde zum Schauplatz einer bedrohlichen Pattsituation zwischen Briten und Jugoslawen. Und vielerorts wurde an Kollaborateuren spontan Vergeltung geübt. In allen Armeen sehnten die Soldaten sich danach, endlich nach Hause zu kommen.

Abgesehen von der Erschöpfung, gab es mehrere Gründe, warum die siegreichen Alliierten nicht sofort mit Streitereien begannen. Beispielsweise war allen bewusst, dass sie bei der Verwaltung Deutschlands, dessen Regierung und Wirtschaft zusammengebrochen waren, kooperieren mussten. Die Sowjetunion nutzte die Pause jedoch zu sogenannten Demontagekommandos, die noch existierende Produktionsanlagen abbauten und fortschafften. Außerdem wollten die Alliierten der Organisation der Vereinten Nationen, die auf der Konferenz von San Francisco von April bis Juni 1945 offiziell ins Leben gerufen wurde und im Oktober ihre Tätigkeit aufnehmen sollte, unbedingt Leben einhauchen. Aber entscheidend war vielleicht ein anderer Faktor. Amerikanische Offizielle machten keinen Hehl aus ihrer Absicht, sämtliche US-Streitkräfte bei der frühesten sich bietenden Gelegenheit aus Europa abzuziehen. Damit kündigten sie eine Situation an, die die Rote Armee binnen kurzem zum unangefochtenen Gebieter über Europa machen würde. Roosevelt hatte Stalin in Jalta sogar persönlich versichert, dass die US-Armee zwei Jahre nach dem Krieg abgezogen wäre. Von Stalins Standpunkt aus war es daher unsinnig, die Amerikaner zu provozieren.

Ein Thema jedoch, das Argwohn erregte, waren die sowjetischen Repatriierten. Seit Herbst 1944 stießen Briten und Amerikaner auf große Gruppen sowjetischer Bürger, die von den Nazis zur Sklavenarbeit nach Westeuropa verschleppt worden waren und die nun, so nahm man an, die Gelegenheit zur Repatriierung begrüßen würden. Doch zum Erstaunen der Westalliierten widersetzten sich die potenziellen Repatriierten offen, bis hin zu Flucht und sogar Selbstmord. Im Liverpooler Hafen war es zu Unruhen gekommen, als die ersten Repatriierungsschiffe auf dem Weg von der Normandie nach Murmansk anlegten. Und in den DP-Lagern gab es ständig Ärger, sobald sowjetische Vertreter auftauchten. Ein britischer Offizier, der mit dem ersten Repatriierungsschiff von Italien aus nach Odessa fuhr, meldete bei der Rückkehr seinen Verdacht, dass die Passagiere nach der Ankunft erschossen worden seien. Doch die politische Linie galt unverändert: erstens sowjetische Forderungen zu unterstützen und zweitens Stillschweigen darüber zu bewahren. Die Briten argumentierten, dass die Sowjets andernfalls ehemalige britische Kriegsgefangene, die in Osteuropa festgehalten wurden, in Haft nehmen könnten. Zu ihrer Ehrenrettung sei gesagt, dass sie sich weigerten, Gefangene der 15. Waffen-Grenadier-Division der SS, die keiner Kriegsverbrechen verdächtig waren und bei denen es sich nicht um Sowjetbürger handelte, auszuliefern. Aber im April 1945 wendete die britische Armee in Österreich Gewalt an, um Soldaten und Angehörige der beiden aus weißrussischen Exilierten aufgestellten Kosaken-Divisionen, die unter deutschem Oberbefehl gekämpft hatten, abzutransportieren. An der Grenzbrücke im österreichischen Lienz kam es daraufhin zu Massenselbstmordszenen.[55]

Erfreulicher war, dass die UNRRA in den meisten Gegenden Europas aktiv wurde und den Menschen dringend benötigte Nahrungsmittel, medizinische Versorgungsartikel und Trost brachte. Es war dies eines der wenigen Vorhaben, das für die Nachkriegszeit erfolgreich vorbereitet worden war. Siegern und Besiegten wurde gleichermaßen geholfen.

Abgesehen vom Vereinigten Königreich, war die UdSSR das einzige kämpfende Land in Europa, in dem die politische Ordnung der Vorkriegszeit überdauert hatte. Stalin und der Stalinismus waren immer noch da – hartnäckig, blutrünstig wie eh und je und siegreich. Doch hinter der selbstsicheren Fassade galt es tiefe Wunden zu pflegen. Die Verluste an Menschenleben gingen in die zehn Millionen. Die westlichen Sowjetrepubliken lagen in Trümmern. Und die Aufgabe, die »brüderlichen« Satelliten nach sowjetischer Vorstellung wiederaufzubauen, würde auf Jahre hinaus alle überschüssigen Ressourcen in Anspruch nehmen. Die UdSSR brauchte eine Verschnaufpause.

Der zu dieser Zeit in rechten amerikanischen Kreisen allmählich aufkommende Verdacht, dass Stalin Westeuropa an sich reißen wolle, entbehrte noch jeder Beweisgrundlage.

Ohnehin war der Krieg gegen Japan im Sommer 1945 noch nicht zu Ende, und Stalin wollte sich beteiligen.

Dennoch war die Kluft des Missverständnisses zwischen den Westmächten und ihren sowjetischen Partnern schier unüberbrückbar. »Die Armeen der Alliierten und ihre Gefühlslagen operierten in getrennten Sphären«, schrieb ein scharfsinniger Beobachter, »und bei Kriegsende begegneten sie einander über einen geteilten Kontinent hinweg und mit größtenteils mythischen Vorstellungen über die Fähigkeiten, Absichten und Ziele des jeweils anderen.«[56] Wie sehr beide Seiten einander missverstanden, veranschaulichte beispielhaft der Moskauer Prozess vom Juni 1945, bei dem sechzehn Führer der Widerstandsbewegung aus Kriegszeiten verschiedener Formen »illegaler Betätigung« bezichtigt wurden. Die Angeklagten waren Polen – britische Verbündete und Untertanen der Exilregierung, die damals noch sowohl von Großbritannien als auch von den USA anerkannt wurde. Alle waren Überlebende des Warschauer Aufstands, und unter ihnen befanden sich die Führer der demokratischen Parteien, die eigentlich die regierende Elite ihres Landes hätten bilden sollen. Die Soldaten, darunter der letzte befehlshabende Offizier der Heimatarmee, General Okulicky, waren ursprünglich von der RAF nach Moskau geflogen worden. Nach westlichen Maßstäben war ihr Prozess grotesk. Doch er rief keine offiziellen Proteste hervor. Die westliche Presse beschäftigte am meisten die Milde der Urteilssprüche, die, im Gegensatz zu den sowjetischen Schauprozessen der Vorkriegszeit, keine Todesurteile enthalten hatten.[57]

Die vom 17. Juli bis 2. August 1945 in Potsdam abgehaltene interalliierte Konferenz erhielt den treffenden Decknamen »Terminal«. Es war das letzte Treffen der »Großen Drei«, obwohl Truman Roosevelt nachgefolgt war und Clement Attlee nach der Hälfte der Konferenz Churchill ersetzte. Der Haupttagesordnungspunkt waren die künftigen Kapitulationsbedingungen für Japan. Aber sehr viel Zeit wurde auch auf andere Themen verwendet, darunter die künftige Regierung und die Westgrenzen Polens. In diesem Punkt verkamen die Diskussionen beinahe zur Farce. Dem zweifellos genau instruierten Vertreter der polnischen Kommunisten, Bołesław Bierut, gelang es, ernst zu bleiben, als er Churchill sagte, dass er und seine Genossen beabsichtigten, dem »Westminster-Modell« zu folgen. Die Diktatur des Proletariats vergaß er freilich zu erwähnen. Und beim Studium der Karte mit der Oder-Neiße-Linie, die Polens Westgrenze markierte, erfuhr die britische Delegation, dass es zwei Flüsse mit Namen Neiße gab und dass Stalin auf den westlicheren drängte. Churchill hatte gesagt, dass Polen Breslau – wo er 1906 Manövern des kaiserlichen Heeres beigewohnt hatte – »nur über meine Leiche« bekäme. Aber nachdem er abgereist war, regelten Amerikaner und Sowjets die Angelegenheit unter sich. Schließlich wurde entschieden, dass die deutschen Minderheiten in Polen, Ungarn und der Tschechoslowakei unterschiedslos deportiert werden sollten.

Am 16. Juli, einen Tag vor Eröffnung der Potsdamer Konferenz, wurde in der Nähe von Alamogordo in New Mexico der erste Atombombentest erfolgreich abgeschlossen. Die USA wurden zur ersten Atommacht der Welt. Truman erzählte Stalin beiläufig, dass er im Besitz einer Waffe von »ungewöhnlicher Stärke« sei. Stalin, von seinen Spionen vorgewarnt, zuckte nicht einmal mit der Wimper. Trotzdem hatte sich die Welt verändert. Das Atomzeitalter hatte begonnen. In der »Potsdamer Erklärung« vom 26. Juli 1945 wurde Japan zur Kapitulation aufgefordert.

Stalin bezeichnete sich in den Tagen der Potsdamer Konferenz als »Generalissimus« und legte in seinem Benehmen eine gewisse unnahbare Überlegenheit an den Tag. Als Churchill sich, sozusagen im Vorgriff auf seine Rede über den »Eisernen Vorhang« ein Jahr später, über den »eisernen Zaun« zu beschweren versuchte, der Osteuropa abschneide, erwiderte Stalin: »Märchen.« Als Truman ihm von dem Atombombentest erzählte und auf diese »neue Bombe mit ungeheurer Sprengkraft« hinwies, war Stalins zurückhaltende Antwort vorher mit Beria abgestimmt worden: »Eine neue Bombe! Von unerhörter Sprengkraft! Vermutlich kriegsentscheidend gegen Japan! Welcher Glücksfall!« Aber als er zwei Wochen später auf seiner Datscha in Kunzewo von Hiroshima erfuhr, habe er, so berichtete seine Tochter Swetlana, heftiger reagiert. »Krieg ist etwas Barbarisches«, sagte Stalin, »doch der Einsatz einer A-Bombe ist eine Superbarbarei.« Offensichtlich spürte er, dass die amerikanische Macht sich auch gegen ihn zu wenden begann. »Erpressung durch die Atombombe. Das ist amerikanische Politik.«[58]

Das Ende des Krieges war endlich in Sicht. Am 6. August 1945 musste Hiroshima den verheerenden Atomangriff über sich ergehen lassen. Am 8. erklärte die UdSSR Japan den Krieg, und am 9. marschierte die Rote Armee aus drei Richtungen vorstoßend in die Mandschurei und in Korea ein. Zugleich erfolgte die Besetzung der Kurilen und Südsachalins. Ebenfalls am 9. wurde die zweite Atombombe abgeworfen, über Nagasaki. Die Reaktion erfolgte am 15., als Kaiser Hirohito seine Untertanen in einer Rundfunkansprache anwies, »das Unerträgliche zu ertragen« und sich auf die Kapitulation gefasst zu machen. Ob diese Entscheidung mehr durch die Atombombenabwürfe oder die bevorstehende sowjetische Invasion hervorgerufen wurde, ist strittig. Auf jeden Fall war die Rote Armee bereits auf Japans nördlichster Insel Hokkaido gelandet, bevor am 2. September in der Bucht von Tokio an Bord der USS *Missouri* die Kapitulationserklärung des japanischen Kaiserreichs unterzeichnet wurde. Sechs Jahre und ein Tag waren vergangen, seit im Hafen von Danzig die ersten Schüsse des Krieges abgefeuert worden waren. Nun herrschte offiziell sowohl in Asien als auch in Europa Frieden.

Mit dem Anbruch des Friedens beeilten Europas imperialistische Mächte sich, ihre verlorenen Kolonialreiche wiederzuerlangen, doch sie mussten feststellen, dass sie unwiederbringlich verloren waren. Japaner und Amerikaner hatten sich bei der Anprangerung des Imperialismus gegenseitig überboten, und beide hatten nationale Befreiungsbewegungen ermutigt. Die Folge war, dass es bei Kriegsende zu zahlreichen Unabhängigkeitserklärungen kam. In Indonesien beispielsweise verkündete am 2. September 1945, dem Tag der Kapitulation Japans, Achmed Sukarno das Ende von Niederländisch-Indien. In Französisch-Indochina gab Ho Chi Minh die Gründung der Republik Vietnam bekannt. Und im algerischen Séfir hatte im Mai eine Demonstration gegen die französische Herrschaft damit geendet, dass achttausend Menschen von übernervösen französischen Soldaten niedergemetzelt wurden. All diesen Entwicklungen gingen langwierige Konflikte voraus, welche die Imperialisten kaum gewinnen konnten. Außerordentlich gestärkt wurde die Sache des Antiimperialismus durch Artikel III der Atlantik-Charta, der auf Drängen Roosevelts »das Recht jedes Volkes, sich die Regierungsform, unter der es leben will, selbst zu wählen«, bekräftigte. Churchill erklärte lahm, dass der Artikel nur für Europa gelte.

Am meisten zu verlieren hatten die Briten, deren Weltreich alle anderen übertroffen hatte. Ein paar kleinere Besitzungen, wie Singapur und Hongkong, erlangten sie zurück; sie klammerten sich, woran sie nur konnten; und in einigen Fällen, wie Ceylon, traten sie unverzüglich in Unabhängigkeitsverhandlungen ein. Aber der Testfall war Indien, und Großbritanniens Einfluss auf Indien schwand. Im Jahr 1939 hatte der Vizekönig Britisch-Indien in den Krieg geschickt, ohne einen einzigen Inder zu Rate zu ziehen; die nationalistische Kongresspartei stellte die Zusammenarbeit ein, und zahlreiche indische Politiker, darunter Mahatma Gandhi, verbrachten den größten Teil des Krieges in britischen Gefängnissen.

Die »Quit-India«-Kampagnen vervielfachten sich. Mit ungeschickten Maßnahmen, wie der Beschlagnahme von Lebensmittelvorräten im Punjab, brachten die Briten große Gruppen und Regionen gegen sich auf, die unverzichtbar für die britische Herrschaft waren. Im Jahr 1945 gab der Erzimperialist Churchill widerstrebend zu, dass das Spiel verloren war. Es bleibe nur, erzählte er einem Kollegen, Armee und Verwaltung unversehrt abzuziehen und die Einheimischen »einem schönen Bürgerkrieg« zu überlassen. Und im Grunde passierte genau das. Indien und Pakistan erlangten 1947 ihre Unabhängigkeit inmitten eines entsetzlichen Mordens zwischen Hindus und Moslems.

Die Levante erlebte ähnliche Wirren. Die französische Herrschaft in Syrien wurde 1944–45 durch Repressionen gefährdet, während das britische Mandat in Palästina 1947 nach zionistischen Terrorakten und aufgrund anhaltender arabisch-jüdischer Feindseligkeit aufgegeben wurde. In Ägypten schwächte der wachsende arabische Nationalismus die Marionettenmonarchie König Faruks, der schließlich 1952 abdankte. Europas Vorherrschaft in der Welt schwand dahin.

In Europa selbst waren die Alliierten währenddessen fest entschlossen, deutsche Kriegsverbrecher vor Gericht zu stellen. Die Briten hatten sich diesem Schritt anfangs widersetzt, aber am 8. August 1945 kam auf amerikanischen Druck ein »Abkommen über die Bestrafung der Hauptkriegsverbrecher der europäischen Achse« und über die Einrichtung eines Internationalen Militärgerichtshofs zustande, der aus symbolischen Gründen in Nürnberg zusammentreten sollte. Es gab zweiundzwanzig Angeklagte und vier Anklagepunkte: »Gemeinsamer Plan oder Verschwörung«, »Verbrechen gegen den Frieden« (Angriffskrieg), »Kriegsverbrechen« und »Verbrechen gegen die Menschlichkeit«. Der vierte Anklagepunkt erschloss rechtliches Neuland. Aber weil es jede Menge

Beweise für den Völkermord und die Greueltaten der Nazis gab, erwies er sich dann schließlich als weniger kontrovers denn erwartet.

Die Initiatoren des Tribunals waren sich seiner Unzulänglichkeiten von Anfang an durchaus bewusst. Es war stets dem Vorwurf ausgesetzt, »Siegerjustiz« durchzusetzen, was Göring auch ganz schnell aussprach. Und die Beteiligung sowjetischer Ankläger, die ein Land vertraten, das Schwierigkeiten gehabt hätte, sich gegen alle vier Anklagepunkte zu verteidigen, war eine offenkundige Peinlichkeit. Andererseits wurde allgemein anerkannt, dass die Gelegenheit nicht verpasst werden dürfe, den Grundstein für ein internationales Strafrechtssystem zu legen; und der gesunde Menschenverstand des Chefanklägers, Lord-Richter Geoffrey Lawrence, schuf ein Klima, in dem die Verteidigung nicht behaupten konnte, ihr sei eine faire Anhörung verweigert worden. In den am 1. Oktober 1946 verkündeten Urteilen wurde zwölfmal die Todesstrafe durch Erhängen verhängt, dreimal lebenslänglich und vier lange Haftstrafen. Es gab auch drei Freisprüche. Gegen Martin Bormann, den »Stellvertreter des Führers«, war *in absentia* verhandelt worden. Und Göring sprang dem Henker von der Schippe, indem er Zyanid schluckte.[59]

Die Entschlossenheit, Krieg zwischen souveränen Staaten unmöglich zu machen, lag der Europa-Bewegung zugrunde, deren Gründungskongress am 19. September in Zürich stattfand. Ihr wichtigster Schirmherr war Winston Churchill, jetzt nicht mehr im Amt, der Europa, das britische Empire und die USA als drei miteinander verflochtene soziale Sphären betrachtete. Die Briten hätten sogar durchaus die Führung übernehmen können, wäre da nicht das Desinteresse von Attlees Labour-Regierung gewesen, und so geriet die Initiative größtenteils in kontinentale Hände. Ebenso bestand in jenen ersten Nachkriegstagen die Absicht, alle Teile Europas einzubeziehen, nicht nur den Westen. Auf dem Haager

Kongress vom Mai 1948 erklärte der spanische Delegierte Salvador de Madariaga:

> *Dieses Europa muss geboren werden. Und das wird es, sobald Spanier »unser Chartres«, Engländer »unser Krakau«, Italiener »unser Kopenhagen« und Deutsche »unser Brügge« sagen … Dann wird Europa leben. Denn dann wird es so sein, dass der Geist, der Europa führt, die schöpferischen Worte gesprochen haben wird: FIAT EUROPA.*[60]

Doch solche hehren Ideale waren inzwischen bereits unbrauchbar. Europa begann in zwei unterschiedliche Einflusssphären zu zerbrechen. Stalin hatte vorausgesagt, dass die politischen Systeme Nachkriegseuropas sich mit den letzten Positionen der jeweiligen Armeen decken würden, und da jede alternative Absprache fehlte, wurde diese Kluft Wirklichkeit. Am 5. März 1946 hielt Churchill in Fulton, Missouri, eine prophetische Rede, welche die folgenden berühmten Worte enthielt:

> *Von Stettin an der Ostsee bis hinunter nach Triest an der Adria hat sich ein eiserner Vorhang über den Kontinent gesenkt. Dahinter liegen die Hauptstädte der vormaligen Staaten Zentral- und Osteuropas: Warschau, Berlin, Prag, Wien, Budapest, Belgrad, Bukarest und Sofia. Alle diese berühmten Städte und die umwohnende Bevölkerung befinden sich in der Sowjetsphäre, wie ich sie nennen muss, und sind in der einen oder anderen Form nicht nur dem sowjetischen Einfluss ausgesetzt, sondern unterstehen in hohem und in vielen Fällen in steigendem Maße der Kontrolle Moskaus … Nach dem zu schließen, was ich während des Krieges bei unseren russischen Freunden und Verbündeten gesehen habe, bewundern sie nichts so sehr*

wie Kraft und Macht, und nichts verachten sie so sehr wie militärische Schwäche.[61]

Der Ausdruck »eiserner Vorhang« war zuvor schon verwendet worden, aber nun wurde er allgemein üblich, um das beherrschende Charakteristikum der Karte Europas zu beschreiben. In allen Ländern des Ostens, die von den Sowjets besetzt wurden, wurden die Grundrechte der Bewegungs-, Rede-, Versammlungs- und Gewissensfreiheit unterdrückt; und der Gegensatz zwischen Ost und West wuchs mit jedem Tag, der verging.

In den Jahren 1945–48 war außerdem ein Prozess zu beobachten, durch den im Zuge der überall erfolgenden Durchsetzung stalinistischer Normen die Unterschiede zwischen den Regierungen der verschiedenen osteuropäischen Länder allmählich eingeebnet wurden. Anfänglich hatte die UdSSR sich damit begnügt, die Gesamtkontrolle auszuüben, und hatte Besonderheiten toleriert. Aber der »Sowjetblock« erstarrte sichtlich. Moskau drängte die kommunistische Partei in jedem Land, ihre Herrschaft zu behaupten und ihre Rivalen auszuschalten. In Rumänien beispielsweise übernahmen die Kommunisten 1946 die beherrschende Rolle im Parlament und provozierten eine Krise, die mit der Abdankung des Königs und der Abschaffung der Monarchie endete. Polen erlebte 1947 manipulierte Wahlen, die den Hoffnungen auf einen echten Kompromiss zwischen der sowjetisch kontrollierten Regierung und der demokratischen Opposition ein Ende machten. Die Tschechoslowakei verlor ihre demokratische Regierung im Februar 1948, als Präsident Beneš durch einen kommunistischen Staatsstreich gestürzt wurde. Wo Manipulation versagt hatte, wurde ungestraft zum Mittel der Gewalt gegriffen. Die Kommunisten setzten ihren Willen durch, so oder so.

Die Ausnahme war Jugoslawien – das einzige Land, in

dem seit dem Ende des Krieges ein kommunistischer Diktator die Macht innehatte. Tito widersetzte sich Moskaus Bemühungen, einen normierten Stalinismus zu erzwingen, und beschritt, der Gefahr einer sowjetischen Intervention zum Trotz, seinen eigenen »jugoslawischen Weg zum Sozialismus«. Das benachbarte Albanien schlug unter jugoslawischem Einfluss einen ähnlichen Weg ein.

Doch die dringlichsten Probleme Europas waren wirtschaftlicher Natur. In Gestalt des Marshall-Plans unternahmen die USA 1947 erste Schritte, sie zu bewältigen. Kein Amerikaner konnte die große Depression der dreißiger Jahre vergessen, die durch die Auswirkungen der finanziellen und ökonomischen Funktionsstörungen Europas nach dem Ersten Weltkrieg verursacht worden war. Und die Regierung von Präsident Truman wollte nicht zulassen, dass sich eine ähnliche Entwicklung wiederholte. Der von seinem Außenminister, General George Marshall, entwickelte Plan war deshalb ein Paradebeispiel für einen gewissen Eigennutz zum allseitigen Vorteil. Ganz einfach ausgedrückt, zielte er darauf ab, Kapital in die stotternden Volkswirtschaften Europas zu pumpen und dadurch die industrielle Produktion und Wertschöpfung wiederherzustellen, wovon letzthin alle Beteiligten einschließlich der USA profitieren würden. Die offizielle Bezeichnung des Plans lautete European Recovery Program (ERP, »Europäisches Wiederaufbauprogramm«), und es sollte die Haushaltsjahre 1947 bis 1951 abdecken. Er stellte den Ländern, die der Organisation für europäische wirtschaftliche Zusammenarbeit OEEC (*Organization of European Economic Cooperation*) beitraten, insgesamt 13 Milliarden US-Dollar zur Verfügung (2005 wären das ungefähr 100 Milliarden US-Dollar gewesen).

General Marshall stellte den Plan am 5. Juni 1947 in Harvard während einer Rede vor, die anschließend in voller Länge von der BBC gesendet wurde. Er und seine Anhänger, zu denen sowohl Dean Acheson als auch George Kennan gehörten, kämpften damals gegen Alternativvorschläge an, welche die Fehler der vorherigen Generation wiederholt hätten. So hätte der vom US-Finanzministerium unterstützte Morgenthau-Plan Deutschland wie 1919 Reparationszahlungen auferlegt. Er enthielt ferner den neuartigen Vorschlag einer Reagrarisierung der deutschen Wirtschaft. Der von Frankreich favorisierte Monnet-Plan hätte den größten Teil der Schwerindustrie Deutschlands französischer Kontrolle unterstellt. Kennans Interesse entsprang strategischen Erwägungen. Überzeugt von den Expansionsabsichten der UdSSR, sah er im Marshall-Plan einen wesentlichen Baustein seiner Politik der Eindämmung.

Marshalls ursprüngliche Rede enthielt eine spezielle Aufforderung an die UdSSR, sich zu beteiligen. Doch wie Kennan vorausgesagt hatte, lehnte Stalin ab – aber nicht, ohne zuvor Molotow loszuschicken, um detaillierte Erkundigungen einzuholen. Außerdem hinderte er Polen und die Tschechoslowakei daran, an der Pariser Konferenz teilzunehmen, auf der vereinbart wurde, wie der Plan funktionieren sollte. Die UdSSR würde sich schadlos halten, indem sie von allen Satellitenstaaten Zwangslieferungen zu minimalen Preisen forderte. Trotzdem muss hinzugefügt werden, dass der britische Außenminister Ernest Bevin seine Hand im Spiel hatte, um sicherzustellen, dass die Sowjets fernblieben. Er ließ Molotow wissen, dass die Wirtschaftsleistung aller teilnehmenden Länder genau geprüft werden müsse. Er wusste sehr gut, dass Moskau eine solche Bedingung niemals akzeptieren würde. Auf diese Weise nahm die europäische Kluft bis Anfang 1948 neben der politischen und militärischen auch eine ökonomische Dimension an. Die Länder, die am meisten von der Marshall-Hilfe profitierten, waren Großbritannien, Frankreich und die Niederlande. Deutschlands Anteil, weniger als die Hälfte des britischen, war relativ bescheiden. Francos

Spanien war das einzige westliche Land, das ausgeschlossen wurde.[62]

Während all dieser Jahre wurde keine Entscheidung über die Zukunft Deutschlands getroffen. Aus unterschiedlichen Gründen wollten sowohl die Westalliierten als auch die UdSSR das Land als Einheit erhalten. Doch die Entwicklung drängte in die entgegengesetzte Richtung. In jeder der sowjetischen Besatzungszonen – in Ostdeutschland, in Ostberlin und in Ostösterreich – wurden Beschränkungen wie in der Sowjetunion eingeführt. In der britischen, der französischen und der amerikanischen Besatzungszone wurden im Gegensatz dazu Anstrengungen unternommen, an westlichen Freiheiten festzuhalten, vor allem in der Kommunalverwaltung, der Unternehmensführung und Konjunktursteuerung. Konrad Adenauer beispielsweise, der frühere Oberbürgermeister von Köln, hatte seine Christlich-Demokratische Partei (CDP) in der britischen Zone organisiert, lange bevor es ein zentrales Parlament gab, in dem sie agieren konnte. Am 21. Juni 1948 wurde durch alliierte Gesetze in den drei Westzonen die Reichsmark durch die Deutsche Mark (DM) ersetzt. Die Sowjets reagierten mit der Blockade Berlins. Aber die umfassenderen Entwicklungen konnten sie nicht aufhalten. Eine verfassunggebende Versammlung, der Parlamentarische Rat, nahm die Arbeit am Entwurf des Grundgesetzes auf, und im Mai 1949 wurde die Bundesrepublik Deutschland gegründet. Ihre Hauptstadt war Bonn. Adenauer wurde ihr erster Kanzler. Praktisch zumindest war Deutschland nun geteilt.

Der Ausdruck »Kalter Krieg« ist von dem britischen Schriftsteller George Orwell im Oktober 1945 in einem Artikel für die sozialistische Zeitschrift *Tribune* geprägt worden. Es kann mit Fug und Recht behauptet werden, dass ein beginnender »Kalter Krieg« zwischen dem Westen und der Sowjetunion bereits im Gange war, lange bevor die begleitenden Institutionen und die Terminologie zur Stelle waren.

Wichtige Schritte in Richtung des Konflikts wurden sicherlich 1946 unternommen, als die UdSSR sich weigerte, dem Baruch-Plan zur friedlichen Nutzung der Atomenergie unter UN-Kontrolle beizutreten, und 1947, als die Truman-Doktrin der sowjetischen und kommunistischen Expansion nach Griechenland und in die Türkei einen Riegel vorschob. George Kennans anonymer »X-Artikel« über die »Ursprünge sowjetischen Verhaltens« (»The Sources of Soviet Conduct«), der die Begründung für die *Containment*-Politik, die Politik der »Eindämmung« lieferte, erschien im Oktober 1947 in der Zeitschrift *Foreign Affairs.* »Um der Vernichtung zu entgehen«, schloss er, »müssen die Vereinigten Staaten nur ihren besten Traditionen genügen und sich der Präsentation als großartiger Staatenbund für würdig erweisen.«[63]

Im Allgemeinen hat sich jedoch die Auffassung durchgesetzt, dass der Kalte Krieg mit der Blockade Berlins begann, als alle vorangegangenen Unstimmigkeiten in der offenen Konfrontation gipfelten. Das US-Militär in Deutschland stand in der Tat vor einer sehr komplizierten Herausforderung. Die Sowjets hatten sämtliche Straßen- und Eisenbahnverbindungen zwischen Berlin und Westdeutschland geschlossen, und sie wären bei jedem kriegerischen Zwischenfall, der sich hätte ergeben können, deutlich im Vorteil gewesen. Ein amerikanischer Vorschlag sah vor, eine Panzerkolonne über die Autobahn in Richtung Berlin zu entsenden und die Sowjets für die Konsequenzen verantwortlich zu machen, sollte die Kolonne beschossen werden. Der Vorschlag wurde jedoch zugunsten einer Alternative zurückgezogen, die ein US-Offizier unterbreitete, der fünf Jahre zuvor nach der japanischen Eroberung der Burmastraße die Luftbrücke von Nordindien nach China über die Gipfel des Himalaja organisiert hatte (Unternehmen »The Hump«, »Höcker«). Dieser riet nun, die Blockade durch das Einfliegen von Vorräten zu brechen. Das Ergebnis war bemerkenswert. Während der folgenden neun

Monate wurden 278 228 Einsätze geflogen. Berlin wurde auf dem Luftweg ernährt und versorgt. Und die Berliner wurden unerschütterliche Freunde des Westens.[64]

Leider ging der Kalte Krieg auch weiter, als die Blockade abgebrochen wurde. Inzwischen war die NATO gegründet worden. Westeuropa wurde zum bewaffneten Lager, das mit dem bewaffneten Lager gleichzog, das in Osteuropa bereits geschaffen worden war. Der »Krieg ohne Kugeln« sollte vier lange Jahrzehnte dauern. Und die US-Armee kehrte niemals heim.

Die Geschichte ist voller Beispiele von Staaten und Kriegern, welche »die Schlacht gewannen, aber den Krieg verloren«. Dieses Diktum könnte auch auf die Ereignisse der Jahre 1945–48 angewendet werden. Die Alliierten hatten das Dritte Reich besiegt; aber sie stritten um die Beute, und es gelang ihnen nicht, den dauerhaften Frieden zu schaffen, der ihres Sieges würdig gewesen wäre.

Diese Ansicht ist verlockend, aber wenig überzeugend. Sie nimmt weder die Art und Weise zur Kenntnis, wie der Krieg in Europa gewonnen wurde, noch die ungleichen Beiträge der Sieger oder ihre unterschiedlichen Ziele. Die Westmächte besaßen 1945 keine beherrschende Position, die sie anschließend hätten verspielen können. Der Hauptsieger war unzweifelhaft die Sowjetunion, die 1939 unter anderem in der Hoffnung in den Krieg eingetreten war, zu erleben, wie die Westmächte ausgeschaltet werden. Aus sowjetischer Sicht war der Konflikt mit dem deutschen Faschismus in den Jahren 1941–45 in der Tat ein heftiger, aber sehr kurzer Abschnitt in dem viel längeren Kampf gegen den Kapitalismus als Ganzes.

Was die Westalliierten betrifft, so darf der Umfang ihres Beitrags oder das Tempo ihrer Erholung nicht übertrieben werden. Die Chancen, dass Stalin eine dauerhafte Nachkriegspartnerschaft mit den USA einging, waren immer hauchdünn.

In der ersten Phase des Krieges, als die USA kein Kombattant gewesen waren, war Frankreich ausgeschaltet und Großbritannien beinahe niedergestreckt worden. Der europäische Krieg war fast zur Hälfte vorüber, bevor die USA auch nur anfingen mitzukämpfen. Und erst in der letzten Phase des Krieges machten sich amerikanischer Reichtum und amerikanische Macht bemerkbar. Man könnte sogar behaupten, dass die USA, erst nachdem der europäische Krieg beendet war, ihre Macht und ihren Einfluss vollständig in die Waagschale warfen. Das entscheidende Datum war offensichtlich der 16. Juli 1945. Die politische und territoriale Spitzenposition, welche die UdSSR in den Kriegsjahren erlangt hatte, war so groß, dass der Westen sich in den unmittelbaren Nachkriegsjahren verzweifelt abstrampelte, um eine gewisse Parität zu erreichen.

Die Periode zwischen Jalta und der Berlin-Blockade war die Zeit, in der der Westen klüger wurde. Roosevelts Amtszeit war durch Idealismus wie durch schwere Täuschungen, insbesondere über das Wesen der UdSSR, gekennzeichnet gewesen. Trumans Amtszeit wurde im Gegensatz dazu auf den Boden der Tatsachen zurückgeholt. Obwohl viel erreicht worden war, war spätestens 1948 klar, dass die Niederlage des Dritten Reiches nur eine Episode in einer viel längeren Auseinandersetzung gewesen war. Das Kontinuum der Politik hörte niemals auf.

4

SOLDATEN

Vom Eintritt in den Wehrdienst bis zum Kriegsgrab

Identität

Alle Armeen verwenden Kurzformen oder Spitznamen, wenn sie vom Feind sprechen. Als die deutsche Wehrmacht gegen die britische Armee kämpfte, bezeichnete sie ihre Gegner ständig als »die Engländer« oder allgemeiner als »die Tommies«. Als sie der Roten Armee gegenüberstand, bezeichnete sie ihre Widersacher als »die Russen« oder sprach vom »Iwan«. Die Briten ihrerseits waren überzeugt davon, dass sie gegen »die Deutschen« kämpften, die sie oft »die Krauts« oder, wie im Ersten Weltkrieg, »die Hunnen« nannten. Rotarmisten sprachen von *Germantsy*, den »Deutschen«, obwohl ihr Lieblingsspitzname für sie *Frits*, »Fritz«, war. Selbstverständlich verbarg sich hinter all diesen Etiketten eine viel komplexere Wirklichkeit.

»Die Engländer« beispielsweise waren nicht immer oder nicht einmal überwiegend Engländer. Zur britischen Armee von 1939–45 gehörte eine große Anzahl schottischer, walisischer und irischer Regimenter, deren Angehörige gekränkt gewesen wären, hätte man sie mit den Engländern verwechselt. Und das britische Empire stellte eine Vielzahl unterschiedlicher Truppen von jedem Kontinent der Erde bereit. Eine besonders herausragende Position nahmen die Dominions ein: Kanadier, Australier, Südafrikaner und Neuseeländer kämpften in allen großen Feldzügen und in allen Waffengattungen. Die gefürchteten Gurkhas kamen aus Indien, obschon nicht aus der indischen Armee, in der die unterschiedlichsten Männer verschiedener Rassen, Regionen und Religionen dienten. Alle hörten auf Englisch als Befehlssprache, aber alle schworen ihren Fahneneid einem britischen, nicht einem englischen Monarchen.

Darüber hinaus kämpfte eine Reihe ausländischer Kontingente unter britischem Kommando. Das größte kam aus Polen, obwohl die Soldaten der polnischen Armee keineswegs ausschließlich Volkspolen waren. Unter ihnen waren Juden, Ukrainer und Deutsche. Letztere stammten größtenteils aus den westlichen Regionen Polens, aus Pommern, Posen oder Oberschlesien, wo vor 1939 die Wehrpflicht für die polnische Armee galt, so wie nach 1939 die Wehrpflicht für die deutsche Wehrmacht galt. Unter diesen Umständen war es nicht ungewöhnlich, dass ein älterer Bruder »bei den Polen« diente und ein jüngerer Bruder »bei den Deutschen«. Ebenso konnten Wehrpflichtige aus den östlichen Grenzgebieten in den dreißiger Jahren in die polnische Armee und nach der sowjetischen Besetzung 1939 in die Rote Armee eingezogen werden.

Die Freifranzosen, die nach der Einnahme Nordafrikas fast eine Viertelmillion zählten, bildeten das zweitgrößte Kontingent. Sie unterteilten sich in *hadjis,* welche die »Pilgerfahrt« durch die eine oder andere französische Kolonie unternommen hatten, und *moustachis,* Verbände aus Berufssoldaten, die in einem der von Vichy kontrollierten Gebiete aufgestellt wurden. Doch die sichtbarste Unterscheidung war die zwischen den Franzosen aus Frankreich und den Bewohnern der Kolonien aus Nord- oder Westafrika.

Der rassische Faktor war indes in Streitkräften unter britischem Kommando weniger auffällig als in der US-Armee, wo in den vierziger Jahren in vielen der Südstaaten schwarze Einheiten aufgestellt wurden. Doch im Allgemeinen waren alle Rekruten der US-Armee, gleich welcher Herkunft, weitestgehend amerikanisiert. Das Offizierskorps enthielt einen hohen Anteil sogenannter WASPs, »weißer angelsächsischer Protestanten«, während der typische »GI Joe« oft italienisch-amerikanischer oder polnisch-amerikanischer Abstammung war. Die Deutschamerikaner waren ebenfalls zahlreich vertreten, obwohl viele dieser Familien während des Ersten Weltkriegs ihre Nachnamen geändert hatten. Die Eisenhowers aus Pennsylvania waren eine der Familien, die sich dem Trend widersetzt hatten.

»Die Deutschen« waren in weit stärkerem Maße ein gemischter Haufen, als ihre nationalsozialistischen Führer oder die Westalliierten wahrhaben wollten. Die offizielle Politik in den ersten Kriegsjahren bestand darin, durch den Einsatz ausländischer Arbeitskräfte auf Bauernhöfen und in Fabriken junge deutsche Männer für den Militärdienst freizusetzen und dadurch das »Deutschtum« der Streitkräfte des Dritten Reiches zu maximieren. Der Zustrom von zwei bis drei Millionen Polen, Franzosen und Sowjets in den Jahren 1939–42 erfüllte diesen Zweck sehr gut. Doch wurden zu keinem Zeitpunkt die angestrebten Ergebnisse erreicht, und im Laufe der Zeit versagte diese Politik auf der ganzen Linie. Das Reich breitete sich von seiner ursprünglichen Basis kontinuierlich nach Österreich, Böhmen und Westpolen, ins Elsass und nach Slowenien aus. Wehrpflichtige aus diesen Gebieten verringerten den Anteil der Deutschen zwangsläufig. In den mittleren Jahren des Krieges nahm die Wehrmacht fast jeden, der verfügbar war.

Ohnehin waren die Nazis besessen vom »Blut«, nicht von der Nationalität. Von ihrem Standpunkt aus war ein Holländer oder ein Däne so gut wie ein Deutscher, während die Slawen verschmäht wurden. Das interessanteste Phänomen war indes die Bereitschaft des Reichssippenamts, auf Veranlassung der Reichskanzlei männlichen deutschen Juden, die dienen wollten, »Deutschblütigkeitsnachweis[e]« auszuhändigen. Die Praxis war vor dem Krieg angefangen worden und kam Männern zugute, die im Ersten Weltkrieg mit Auszeichnung gedient hatten. Sie wurde nach 1939 erweitert. Am häufigsten wurde sie auf sogenannte Mischlinge angewendet, das heißt auf Männer, deren Familie nur teilweise jüdisch war. Bis zu 150000 Juden wurde ungeachtet des Holocaust ein solcher Status gewährt.[1]

Die Zusammensetzung der Waffen-SS – der bewaffneten Teile der Schutzstaffel – liefert in dieser Hinsicht ein Paradebeispiel. Konzipiert als die militärische Eliteeinheit des Schutzschilds der NSDAP, wurden die ersten Divisionen in den dreißiger Jahren aus Rekruten gebildet, deren deutsche und arische Referenzen sorgfältig überprüft worden waren. Nach 1940 jedoch begannen frische Divisionen wie »Wiking« und »Nordland« auf »germanische« Ausländer, vor allem auf skandinavische Freiwillige, zurückzugreifen. Und von 1942 an, als der Rekrutenmangel deutlich zutage trat, wurden systematische Versuche unternommen, Freiwillige aus jedem besetzten Land mit Ausnahme Polens und Griechenlands heranzuziehen. Franzosen, Wallonen, Italiener und Ungarn, alle wurden freundlich aufgenommen. In den letzten Jahren des Krieges wurde auf jede Vorspiegelung rassischer Exklusivität verzichtet. Nicht weniger als sechs der achtunddreißig Divisionen der Waffen-SS bestanden aus Slawen – Russen, Ukrainer, Tschechen, Serben, Bosnier und Kroaten –, obwohl die NS-Wissenschaft Slawen als »Untermenschen« klassifiziert hatte. Die NS-Oberen brachte diese Entwicklung in große Verlegenheit. Während einer aufmunternden Rede vor Offizieren der Waffen-SS im September 1944 beschrieb Himmler die Aufgabe der Organisation als einen Kampf gegen die »gelbe Gefahr«, jene ostasiatischen Truppen, die einen immer höheren Anteil der Roten Armee ausmachten (siehe unten).[2]

Einen ähnlichen Kurswechsel vollzog die NS-Politik gegenüber den militärischen Hilfstruppen, den sogenannten »Hilfswilligen« oder »Hiwis«. Anfänglich sträubten die Nazis sich dagegen, Nichtdeutsche zu bewaffnen, und wiesen sie meistens Arbeitsbataillonen zu. Im Winter 1941–42 ließen sie sogar über zwei Millionen sowjetische Kriegsgefangene in ihrem Gewahrsam sterben, ohne den Versuch zu unternehmen, sie als Zwangsarbeiter oder als militärische Hilfstruppen einzusetzen. Doch danach erkannten sie ihren Fehler und genehmigten die Aufstellung einer Vielzahl von Formationen. Es gab militarisierte Polizeibataillone aus der Ukraine und den baltischen Staaten. Es gab zahlreiche aus verschiedenen Nationalitäten der UdSSR gebildete Infanterieregimenter. Und es gab ziemlich große Einheiten, wie die »Sturm-Brigade-SS-RONA« (*Russkaja Osvoboditelnaja Narodnaja Armia*, »Russische Volksbefreiungsarmee«) oder die Wlassow-Armee, die eigene politische Programme hatten. General Andrej Wlassow war ein erfolgreicher russischer Offizier, der sich in der Schlacht um Moskau ausgezeichnet hatte, aber nach seiner Gefangennahme von den Deutschen überredet wurde, eine antistalinistische Bewegung unter sowjetischen Kriegsgefangenen anzuführen. Seine Armee, für die der Krieg mit der Verteidigung Prags endete, hatte nicht die Zeit, ihr Potenzial voll auszuschöpfen, aber sie konnte auf ein Reservoir von einer Million Mann zurückgreifen.[3]

Klar zutage traten diese Paradoxien während des Warschauer Aufstands 1944. Die polnische Heimatarmee war davon ausgegangen, dass sie gegen »die Deutschen« kämpfte, und die entsetzlichen Massaker an Zivilisten, zu denen es kam, werden allgemein als »deutsche Greueltaten« angeprangert. Bei detaillierter Untersuchung ergibt sich jedoch ein ganz anderes Bild. Die Wehrmacht stellte nur ungern Einheiten von der Front ab, und die SS war gezwungen, aus kunterbunten Elementen eine improvisierte Kampfgruppe zusammenzustellen (»Korpsgruppe von dem Bach«). Die Sturmbrigade »Dirlewanger« bestand denn auch hauptsächlich aus auf Bewährung entlassenen Sträflingen und ehemaligen Sowjetbürgern; die RONA-Brigade rekrutierte sich größtenteils aus Russen und Weißrussen (nicht Ukrainern, wie viele Polen glaubten), und die größte Infanteriegruppe bestand aus

Aserbaidschanern. Zwei Divisionen Ungarn mussten wegen ihrer kaum verhüllten Sympathie für die Aufständischen zurückgezogen werden.

»Die Russen«, wie die Rote Armee beinahe überall außerhalb der UdSSR genannt wurde, bestanden aus Menschen siebzig offizieller Nationalitäten. Nach sowjetischen Statistiken machten Russen zwischen 55 und 60 Prozent der sowjetischen Bevölkerung aus. Das bedeutete, dass 40 bis 45 Prozent Nichtrussen waren. Doch im Offizierskorps der Roten Armee erhielten für gewöhnlich Russen den Vorzug, und nach russischer Gepflogenheit wurden Weißrussen und Ukrainer als Russen gezählt. Korrekter wäre also zu sagen, dass die Rote Armee (1946 änderte sie ihren Namen in »Sowjetarmee«) eine von Russen geführte Armee war und dass Russisch die Befehlssprache war.

Ein terminologischer Exkurs kann nicht schaden. Der vollständige Name des Volkes, dessen Muttersprache Russisch ist und das sowohl im Zarenreich als auch in der UdSSR das beherrschende Element bildete, lautet »Großrussen«. Er unterscheidet sie von den Einwohnern »Kleinrusslands« (wie die Ukraine zur Zarenzeit hieß). Im allgemeinen Sprachgebrauch fast all ihrer Nachbarn sind die Großrussen als »Moskauer« bekannt, da Moskau das historische Zentrum ihres zur Expansion neigenden Staates war. Von der Frühzeit an hegten sie Ambitionen, alle Ostslawen in ihre Reihen aufzunehmen und die Herrschaft des Moskauer Zaren und Patriarchen ohne Ausnahme auf alle auszudehnen. Ihr Reich erstreckte sich weit über die ostslawischen Länder hinaus und nahm Finnen, Balten, Polen, Georgier, Armenier und eine große Anzahl asiatischer Völker auf. Und die Bevölkerung wuchs in einem Tempo, das die imperialistische Integrationspolitik weit hinter sich ließ.[4]

Westliche Kommentatoren brauchten besonders lange,

um den Unterschied zwischen sowjetischer Theorie und Praxis zu begreifen. Es stimmt, dass die bolschewistischen Führer davon träumten, eine neue Nation des *Homo sovieticus* zu erschaffen – in seiner Loyalität kommunistisch und in seiner Kultur russisch. Doch der Traum wurde auch nicht im Entferntesten realisiert. Die sowjetische Bevölkerung nahm nie die Eigenschaften des amerikanischen Schmelztiegels an, in dem alle früheren Kulturen und ethnischen Unterschiede überwunden werden konnten. Stattdessen behaupteten sich überall in der UdSSR in sich geschlossene Blöcke nichtrussischer und häufig antirussisch gesinnter nationaler Gruppen in ihren Heimatländern und Republiken. Unter Stalin wurden sie gezwungen, an allen Unternehmungen des Regimes teilzunehmen, einschließlich des Zweiten Weltkriegs. Aber wann immer sich die Gelegenheit ergab, in den Jahren 1918–21 oder später unter Gorbatschow, sagten sie sich los und gründeten ein Dutzend souveräner Nationalstaaten. Sie alle »Russen« zu nennen statt Sowjets heißt einfach, nicht zu begreifen, worum es geht. Diese Tatsache, die seit dem Zusammenbruch der Sowjetunion allgemein bekannt geworden ist, wurde in den Jahren 1939–45 nicht überall klar erkannt.

Innerhalb dieses Kaleidoskops war die Stellung der Ukrainer besonders kompliziert. Sie waren mit einem Bevölkerungsanteil von etwa 18 Prozent die größte sowjetische Minderheit, und sie sprachen eine Sprache, die dem Russischen so nahe ist wie das Holländische dem Deutschen. Von den zaristischen und sowjetischen Behörden waren sie in der Tat stets als die »jüngeren Brüder« behandelt worden, die auf dem Weg zur Russifizierung und Sowjetisierung vorangehen sollten. Der ukrainische Nationalismus war deshalb notgedrungen antirussisch. Und die Tatsache, dass in den Jahren 1918–21 mit deutscher Unterstützung ein eigener ukrainischer Staat errichtet worden war, machte ihn besonders verdächtig. Demzufolge waren Stalins Verfolgungen in der Ukraine erbarmungslos.

Weit über zehn Millionen Ukrainer wurden in den dreißiger Jahren getötet, wenn nicht durch die Politik der Zwangskollektivierung, dann durch die »Terror-Hungersnot« von 1932 bis 1933 und den großen Terror. Hätten die Nazis sich nur vorstellen können, nach den vor fünfundzwanzig Jahren aufgestellten deutschen Grundsätzen zu handeln, die Geschichte hätte einen ganz anderen Verlauf genommen. Unter den gegebenen Umständen, von den Deutschen verraten und von den Russen gedemütigt, blieb den Ukrainern kaum etwas anderes übrig, als mit Gleichmut auch diese Welle von Krieg und Okkupation zu ertragen. Das Erstaunliche ist nicht, wie viele Ukrainer sich freiwillig zur Wehrmacht meldeten, sondern wie wenige.[5]

Auch die Zentralasiaten sollten als Sonderfall betrachtet werden. Ihre Heimat in Kasachstan, Usbekistan oder Tadschikistan war weit entfernt von dem Konflikt in Europa, und sie hatten kaum ein unmittelbares Interesse daran, ihre jungen Männer zu entsenden, damit sie in dem deutschen Krieg abgeschlachtet wurden. Obwohl rassisch ähnlich, waren sie untereinander durch Sprachen und Traditionen zutiefst gespalten, und es gelang ihnen nicht, eine gemeinsame Front gegen den von Moskau angeführten sowjetischen Moloch aufzubauen. Überdies hatte die sowjetische Herrschaft die Bande der traditionellen Gesellschaften und der islamischen Solidarität zerrissen, und ein gewaltiger demographischer Aufschwung stellte der Roten Armee die ersten Söhne der sich modernisierenden zentralasiatischen Republiken zur Verfügung. Als sie gegen die Sowjets kämpften, stellten sich gewöhnliche Deutsche vor, sie würden gegen »Russland« kämpfen, während die NS-Rassisten prahlerisch verkündeten, dass sie die »Horden Asiens« oder die »Nachfolger Dschingis Khans« aufhielten. Ironischerweise kam der Alptraum der Nazis mit zunehmender Dauer des Krieges der Realität immer näher. Kolonnen olivenhäutiger, schlitzäugiger ostasiatischer Jugendlicher füllten zunehmend die gelichteten sowjetischen Reihen auf, und die Zusammensetzung der Roten Armee veränderte sich merklich. Wo Feinde und Verbündete gleichermaßen weiterhin von »den Russen« sprachen, marschierte, um die Wahrheit zu sagen, bereits Eurasien.

Schließlich gab es Gruppen, die über die Grenzen von Freund und Feind hinweg in allen kämpfenden Armeen zu finden waren. In den Jahren 1939–45 gab es keinen Staat Israel. Aber in späteren Zeiten sollten israelische Führer stolz auf die große Anzahl jüdischer Soldaten verweisen, die sich angeblich am Kampf gegen den Nazismus beteiligt hatten. In seiner allerletzten Rede zum Unabhängigkeitstag im Jahr 2005 erwies Israels Ministerpräsident Ariel Sharon geschätzten 1,5 Millionen jüdischen Soldaten des Zweiten Weltkriegs seine Ehrerbietung, von denen, wie er behauptete, 250 000 gefallen seien. Namentlich erwähnte er Captain Paulina Gelman, eine sowjetische Pilotin, Lieutenant Tommy Gould, einen britischen U-Boot-Kommandanten in der Royal Navy, und Lieutenant Raymond Zussman, einen US-Panzerkommandeur. Er sprach von 200 000 Juden in den Reihen der Roten Armee – aber nicht von jenen, die in der deutschen Wehrmacht gedient hatten.[6]

Die Anwerbung

Die Verfahren, mit denen Männer und Frauen aus dem Zivilleben herausgenommen wurden, um in den Streitkräften zu dienen, waren keine einfache Angelegenheit. In allen kämpfenden Staaten umfassten sie die freiwillige Meldung, die Anwerbung von Berufssoldaten und, vor allem, die Einberufung. Zusammen bildeten diese Verfahren das erste Stadium auf dem Weg zu Ausbildung, Einstufung, Mobilmachung und zum aktiven Dienst, den jeder Rekrut beschreiten würde.

Die Einberufung – das heißt die Zwangsrekrutierung von Bürgern für den Militärdienst – war im Zeitalter des totalen Krieges der Normalfall. In den USA kannte man sie als *draft*, als »Einziehung«. Jedes Land unternahm Schritte, um die maximale Zahl junger tauglicher Menschen in Uniform zu stecken. Aber jedes folgte seinen eigenen Regeln und Praktiken und beeinflusste dadurch den Charakter und die Leistung der Armeen, die aufgestellt wurden.

Es wird oft behauptet, dass demokratische Länder auf den Krieg schlechter vorbereitet seien als ihre totalitären Rivalen. Von 1939–45 war das im Großen und Ganzen richtig. Aber das heißt *nicht*, dass alle Demokratien gleich unvorbereitet waren oder dass alle Diktaturen ihre Streitkräfte gleich wirkungsvoll mobilisiert hatten.

Zwei der drei kämpfenden Demokratien besaßen 1939 große stehende Armeen. Sowohl Frankreich als auch Polen hatten die dreißiger Jahre im unmittelbaren Schatten des Dritten Reiches durchlebt, und beide hatten die Wehrpflicht in Friedenszeiten eingeführt. Wenn die gängige Ansicht zugrunde gelegt wird, dass ein Aggressor eine zahlenmäßige Überlegenheit von 3:1 brauche, waren beide einigermaßen gerüstet, um kurzfristig einen Verteidigungskrieg führen zu können. Großbritannien verfügte im Gegensatz dazu über kein stehendes Militär. Auch eine eingeschränkte Wehrpflicht wurde erst 1939 eingeführt. Folglich war das Land bei Kriegsausbruch nicht so weit, mehr als eine marginale Rolle spielen zu können. Trotz der acht Monate, die es dauerte, bevor die Kämpfe die Westfront erreichten, konnte die britische Armee zum Frankreichfeldzug 1940 nur zehn Divisionen beisteuern. Das war ungefähr ein Zehntel des Beitrags der französischen Armee.

Geleitet von ihren ganz anderen Traditionen und Prioritäten, verfolgten Großbritannien und die USA eine Politik, die sich stark von der französischen unterschied. Weil sie sich vertrauensvoll auf ihre Seeverteidigung verließen, brauchten sie kein großes Landheer, um die grundlegende Sicherheit ihrer Grenzen zu gewährleisten. Ferner waren sie bislang von der Annahme ausgegangen, dass die »Einziehung« keine gesellschaftlich akzeptable Maßnahme in Friedenszeiten sei. Folglich waren beide Länder nicht vor dem zweiten oder dritten Jahr der Feindseligkeiten in der Lage, sich an einem größeren Feldzug auf dem europäischen Kontinent zu beteiligen. Und beide waren auf einen Krieg, der weniger als zwei oder drei Jahre dauern könnte, nicht vorbereitet.

Dem deutschen Generalstab dürfte diese Situation durchaus bewusst gewesen sein. Man kann sich unschwer vorstellen, welche Überlegungen wohl angestellt wurden. Wenn Deutschland binnen zwei Jahren nach Kriegsausbruch Polen, Frankreich und die UdSSR ausschalten könnte, wären keine nennenswerten Rivalen mehr übrig. Deutschland hätte den gesamten Kontinent allein in seiner Gewalt. Und den Angloamerikanern bliebe, welche Absichten sie auch immer ursprünglich gehabt haben mochten, nichts anderes übrig, als Abstand von jeglicher Einmischung zu nehmen. Die Katastrophe von Dünkirchen ließ der Wehrmacht wahrscheinlich ein zusätzliches Jahr Spielraum. In Anbetracht dessen war Hitlers Entscheidung, 1941 der schnellen Eroberung der UdSSR Vorrang einzuräumen und Großbritannien sich selbst zu überlassen, absolut vernünftig.

Bekanntlich kam es anders: Die Sowjetunion wurde dann doch nicht erobert; Großbritannien wurde nicht zur Rechenschaft gezogen; und den USA wurde ungeachtet ihres sehr späten Kriegseintritts unerwartet Zeit gegeben, Wirkung in Europa zu entfalten. Doch verantwortlich dafür war einzig und allein die Rote Armee.

Dennoch kann man gar nicht genug betonen, wie quälend langsam der britische und amerikanische Truppenaufmarsch vonstattengingen. In Großbritannien gehörten zu den Gründen der verspätete Start, die Verteilung der Berufskader auf Garnisonen im gesamten Empire, die überragende Bedeutung von Royal Navy und Royal Air Force sowie das sehr schlechte Verhältnis von 1:9 zwischen Kampftruppen und Versorgungseinheiten. Die einzige Einberufungsmaßnahme der Vorkriegszeit verfolgte den begrenzten Zweck, für den Dienst bei der Flugabwehr fünf Divisionen der Territorialarmee aufzustellen. Eine umfassende Einberufung wurde erst im Winter 1939–40 durchgeführt, aber die britische Armee überwand niemals die eklatante Diskrepanz zwischen dem großen Reservoir potenzieller Soldaten, das verfügbar war, und der sehr kleinen Anzahl militärischer Einheiten, die in den Kampf geschickt wurden. Bis Mai 1940 beispielsweise, als das britische Expeditionskorps in Frankreich zum Einsatz kam, waren mehr als 1,5 Millionen Mann für die britische Armee mobilisiert worden. Aber es wurden nur dreizehn Divisionen aufgestellt – darunter nur eine Panzerdivision, und es fehlte die erforderliche Ergänzung an Panzern –, und nur zehn von diesen dreizehn Divisionen kamen in Frankreich tatsächlich zum Einsatz. Insgesamt meldeten sich zwischen 1939–45 etwa drei bis fünf Millionen Männer und Frauen. Die Stärke der britischen Armee stieg kontinuierlich von 1,88 Millionen im

September 1940 auf 2,69 Millionen im September 1943 und erreichte im Juni 1945 mit 2,92 Millionen ihren Höhepunkt. Doch von dieser beträchtlichen Mannschaftsreserve wurden nur neun Panzerdivisionen, 25 Infanteriedivisionen und zwei Luftlandedivisionen tatsächlich ins Feld geschickt.[7]

Aus den genannten Gründen sollte es nicht schwerfallen, die extreme Vorsicht, um nicht zu sagen Zaghaftigkeit des britischen Oberkommandos während des gesamten Kriegsverlaufs zu erklären. In allen anderen bedeutenden kämpfenden Staaten bewegte sich die Zahl der verfügbaren Divisionen nicht im Zehner-, sondern im Hunderterbereich.

Die Probleme der Amerikaner drehten sich mehr um Zeit und Prioritäten als um Zahlen. Die USA besaßen unvergleichliche ökonomische Ressourcen, hervorragende Transporteinrichtungen und eine Bevölkerung, die an Zahl nur von der sowjetischen übertroffen wurde. Aber in den Krieg traten sie als Nachzügler ein, und im Pazifikkrieg – der größtenteils ein Seekrieg war – sahen sie sich Anforderungen gegenüber, die sich grundlegend von denen in Europa unterschieden. Zum Glück wurden wesentliche Schritte im Voraus unternommen. Die Einberufung der Nationalgarde und die Einführung der allgemeinen Wehrpflicht 1940 erhöhten die Truppenstärke von mickrigen 175 000 Mann bis Mitte 1941 auf 1,4 Millionen. Und die Schaffung der US Army Air Force im Juni 1941, die unter der Kontrolle des Heeres bleiben sollte, legte den Grundstein für eine moderne kombinierte Streitmacht. Von da an lautete das Ziel, ein stehendes Heer zusammenzuziehen, das aus 105 Divisionen (8,25 Millionen Mann) plus fast dreihundert Luftkampfgruppen (12,3 Millionen Mann) bestehen sollte. Am Ende wurden nur einhundert Divisionen aufgestellt: 76 Infanterie-, 16 Panzer-, fünf Luftlande- und zwei Kavalleriedivisionen sowie eine Gebirgsdivision. Insgesamt 10,42 Millionen Männer und Frauen dienten im Zeitraum von 1941 bis 1945 in der US-Armee. In dieser relativ niedrigen Zahl kommt die hohe Priorität zum Ausdruck, die der Schlagkraft der Luftwaffe und den technischen Waffengattungen, insbesondere einer erstklassig ausgerüsteten Artillerie, eingeräumt wurde. Im Winter 1944–45, als großangelegte Operationen gegen die japanische Hauptinsel geplant waren, klagten Kritiker des US-Stabschefs, General George Marshall, bitter über die geringe Mannschaftsstärke. Und Eisenhowers Stellung in Europa geriet zwangsläufig stark unter Druck.

Nach dem Versailler Vertrag war die deutsche Armee auf eine Sollstärke von 100000 Mann begrenzt. Der Vertrag wurde von Hitler ignoriert, der 1939 gegen Polen 58 Divisionen, davon neun Panzerdivisionen, einsetzen konnte. Weitere vierzig Reserve-Divisionen waren, wenngleich schlecht ausgerüstet und unvollständig, noch im Aufbau begriffen. Bis zur Westoffensive, nur sieben Monate später, konnte die Wehrmacht 128 Divisionen aufmarschieren lassen, und im Juni 1941, während des Unternehmens »Barbarossa«, standen ihr nicht weniger als 142 Divisionen, darunter 17 Panzerdivisionen, zur Verfügung. Danach kletterte die deutsche Truppenstärke auf einen Gipfel von 304 Divisionen, darunter 176 normale Infanterie- und 32 Panzerdivisionen. Von diesen wurden 58 Divisionen – dieselbe Anzahl, die 1939 nach Polen geschickt wurde – der Westfront zugewiesen (vgl. das Schaubild »Kampfkraft des Dritten Reiches im Krieg«).

Daher gehörte Deutschland zu den Staaten mit der größten Truppenstärke. Dem Dritten Reich gelang es, viel mehr Truppen zu mobilisieren als Briten und Amerikaner zusammengenommen – und das auf der Basis einer kleineren Bevölkerung. Die Wehrpflicht ließ sich aufrechterhalten und konnte auf die besetzten Länder ausgedehnt werden. Verluste wurden größtenteils durch ausländische Freiwillige (wie die Wlassow-Armee) ausgeglichen. Und ein spürbarer Rekrutenmangel machte sich erst im letzten Kriegsjahr bemerkbar.

Doch die Zahlen verbergen schwere Defizite. Die Pläne der Nazis basierten auf einem kurzen Krieg. Jede große Offensive der Jahre 1939, 1940 und 1941 erreichte die erforderliche Mannschaftsstärke nur durch Einziehung von Ausbildungs-, Versorgungs- und Reserveeinheiten an die Front und untergrub dadurch nachhaltig die langfristige Schlagkraft. Das Rekrutierungsalter wurde nach und nach von einundzwanzig auf achtzehn und 1945 auf sechzehn Jahre gesenkt. Veteranen mussten einberufen werden. Als das Reich kurz vor dem Untergang stand, mussten Schuljungen – blutige Anfänger ohne Ausbildung – neben Männern mittleren Alters dienen, die bereits im Ersten Weltkrieg gekämpft hatten. Die nationalsozialistischen Planer hatten auf schnellen Sieg spekuliert, aber sie führten ihr Land in den totalen Zusammenbruch.

Kampfkraft des Dritten Reiches im Krieg (in Tausend)[8]

	Heer	Marine	Luftwaffe	Waffen-SS	Insgesamt
1939	3740	122	677	23	4562
1941	5200	404	1545	160	7309
1943	6550	780	1700	450	9480
1945	5300	700	1000	830	7830

Es gibt ein altes russisches Sprichwort, das lautet: »U nas mnogo«, »wir sind viele«. Dieses Wissen hatte stets die fatalistische Überzeugung bestärkt, dass das einzelne Menschenleben entbehrlich sei. Im Verein mit dem beispiellosen Zwangscharakter des stalinistischen Regimes und der umfassenden Militarisierung der sowjetischen Gesellschaft seit 1929 führte dies zu Einstellungen und Verordnungen, die weltweit einmalig waren.

Beispielsweise wussten sowjetische Kommandeure, dass sie es sich auch bei siegreichen Kämpfen leisten konnten, die zwei- oder dreifache Menge an Verlusten zu erleiden wie der

Feind. Sie wurden nicht dazu angehalten, sich um ihre Männer zu kümmern oder Wert auf die Ausbildung zu legen, und ihnen wurde ständig befohlen, Widerstand durch zahlenmäßige Überlegenheit zu brechen. Im Juni 1941 hielt die Rote Armee angeblich 5,37 Millionen Mann unter Waffen. Doch in nur zehn Tagen nach dem Beginn von »Barbarossa« wurden weitere fünf Millionen mobilisiert. Diese Massen an Rekruten konnten unmöglich richtig ausgebildet und ausgerüstet werden. Eines der Hauptmerkmale der Roten Armee war folglich eine relativ kleine Zahl erstklassiger Einheiten, die von einem riesigen Aufgebot an unzureichend ernährten, unzureichend bekleideten und unzureichend ausgebildeten Formationen in der zweiten und dritten Linie begleitet wurden.

Die Einberufung galt in der UdSSR nicht nur für den Militärdienst, sondern für alle Industriezweige und für alle erwachsenen Bürger, darüber hinaus waren im Land des Gulag bis zu 10 Prozent der Bevölkerung Sklavenarbeiter. Jeder wurde entsprechend seinen Qualifikationen und dem Willen des Staates einem Arbeitsplatz zugewiesen. In der Regel wurden gesunde junge Männer und Frauen von ihrem örtlichen Sowjet einem der vierzehn Militärbezirke zur Verfügung gestellt, wo Ausbildung und politische Schulung erfolgten.

In frontnahen Bezirken erinnerte die Einberufung an Zwangsrekrutierung. Bewaffnete Einberufungskommandos trieben einfach alle Jugendlichen zusammen, die sie finden konnten, und führten sie ab. »Ein hochrangiger Funktionär klagte in einem Bericht an Stalin, dass im Orel-*Okrug* (Bezirk) nur 45 000 von 110 000 Männern mobilisiert werden konnten und dass auf dem Weg zur Front oft Männer in großer Zahl ›verloren‹gingen. Er verlangte eine verbesserte politische Schulung und meinte, es gebe zu wenige Exekutionen.«[9]

Die sowjetische Besessenheit von Quantität statt Qualität könnte auch eine Erklärung für die ungewöhnliche Größe der sowjetischen Militärformationen und die Menge ihrer

Ausrüstung sein. So sollte eine sowjetische Panzerdivision über 375 Panzer verfügen, wohingegen eine deutsche Panzerdivision maximal 209 hatte. Eine sowjetische Schützendivision hatte 1204 Maschinengewehre, eine Infanteriedivision der Wehrmacht nur 486.[10] Als sowjetische Offiziere darüber klagten, dass ihre Einheiten unter Sollstärke lägen, waren sie in Wirklichkeit gleich stark wie ihre Gegner.

In der frühen Phase des Krieges war das Hauptproblem der Roten Armee der Nachschub an ausgebildeten Offizieren. Stalins Säuberung zu Friedenszeiten (siehe S. 252) waren mehr höhere Offiziere zum Opfer gefallen, als in den Kämpfen während des Krieges umkamen. Und dieser Mangel wurde erst 1943–44 zufriedenstellend wettgemacht (siehe »Offiziere«, S. 372).

Sowjetische Statistiken waren bekanntlich unberechenbar – vielleicht mit Absicht. Und deutsche Schätzungen gegnerischer Kräfte übertrieben ausnahmslos sowjetische Aussagen. Historiker sind deshalb zu komplizierten Balanceakten gezwungen:

Das militärische Kräfteverhältnis an der deutsch-sowjetischen Front, 1941 bis 1945 (in Tausend)[11]

	Juni 1941	Juli 1943	Januar 1945
Sowjetische Streitkräfte	2900	6442	6000
Diesbezügliche deutsche Schätzungen	4700	13200	12400
Deutsche Streitkräfte	5500	5325	3100
Deutsche Quellen	3200	3100	1800

Weder die Wehrmacht noch die Rote Armee kannte das Recht auf Verweigerung des Wehrdienstes aus Gewissensgründen – die französische Armee übrigens auch nicht. Aber sowohl Großbritannien als auch die USA hatten während des Ersten

Weltkriegs Verweigerer aus Gewissensgründen anerkannt, und in den Jahren 1939–45 verlängerten sie diesbezügliche Bestimmungen. In Großbritannien, wo zivile Arbeitsgerichte die Angelegenheit entschieden, wurde etwa 6 Prozent der Antragsteller die Befreiung gewährt; 10 Prozent wurden wegen Totalverweigerung inhaftiert, der Rest durfte in Bergwerken und Krankenhäusern, in der Landwirtschaft oder als Sanitätshelfer arbeiten. In den USA wurde die Befreiung im Allgemeinen religiösen, nicht aber politischen Verweigerern oder überzeugten Pazifisten gewährt. Der Rest wurde zu einem zivilen Ersatzdienst, dem »Civilian Public Service«, eingezogen, was eine höfliche Umschreibung für strenge Arbeitslager war, die Strafkolonien ähnlich sahen. Großbritannien brachte es auf etwa 60 000 Verweigerer, das waren 1,2 Prozent der Wehrpflichtigen, und die USA auf etwa 100 000. Berühmte Verweigerer aus Gewissensgründen waren unter anderem Michael Tippett, damals ein aufstrebender britischer Komponist, und in den USA Lew Ayres, Star des Films *Im Westen nichts Neues* aus dem Jahr 1930.

Doch auch nicht jeder, der sich melden *wollte*, konnte dies ohne Hürden tun. Beispielsweise bat im Jahr 1941 ein gewisser William Patrick H. (1911 bis 1987) Präsident Roosevelt persönlich in einem Brief um die Erlaubnis, in den US-Streitkräften dienen zu dürfen. Er war britischer Staatsbürger, geboren in Liverpool, tauglich und im wehrfähigen Alter. Aber er hatte in Deutschland gelebt, und man ließ ihn fast drei Jahre lang warten. Schließlich wurde er zur US Navy zugelassen, in deren Dienst er im Kampf verwundet wurde. Das Problem war, dass dieser Freiwillige Hitlers Neffe war, der Sohn von Hitlers Halbbruder Alois. Seine Familie lebt noch heute in einer Kleinstadt auf Long Island, New York, wo er sich nach dem Krieg niederließ.[12]

Frauen

Wenn Frauen durch den Ersten Weltkrieg zur »Kriegsarbeit« kamen – hauptsächlich als Arbeiterinnen in Munitionsfabriken und auf Werften –, so verschaffte der Zweite Weltkrieg ihnen Zugang zu militärischen Einheiten und, in den sowjetischen Streitkräften, auch zu Kampftruppen.[13]

In Großbritannien waren sämtliche unverheirateten Frauen im Alter zwischen zwanzig und dreißig Jahren ab 1941 zum Militärdienst verpflichtet. Die Anzahl derer, die einer bezahlten Beschäftigung nachgingen, stieg gegenüber dem Vorkriegsstand um drei Millionen. Alle drei Waffengattungen bauten Hilfsdienste auf, und junge Frauen in der Uniform der Helferinnen beim Women's Royal Navy Service (WRNS/Wrens), im Women's Royal Army Corps (WRAC), in der Women's Auxiliary Air Force (WAAF) oder in der Women's Land Army (WLA) bei der Feld- und Stallarbeit wurden zu einem alltäglichen Anblick. Die Bewegung wurde von Prinzessin Elisabeth propagiert, die selbst im Heimathilfsdienst ATS (Auxiliary Territorial Service) diente. In dieser Organisation der Soldatinnen der britischen Armee absolvierte sie eine Ausbildung zur Militärkraftfahrerin und Automechanikerin. Fast eine halbe Million Frauen dienten im traditionellen Beruf der Militärkrankenschwester.

In der Theorie waren Frauen nicht dazu berechtigt, eine Waffe abzufeuern oder sich am Kampf zu beteiligen. In der Praxis wurde gegen diese Regel verstoßen, als zahlreiche Frauen im ATS Flak-Batterien besetzten. Etwa 56 000 Frauen dienten allein im Großraum London, von denen 389 getötet wurden. Mary Churchill, die Tochter des Premierministers, ging mit gutem Beispiel voran. Flakscheinwerferbatterien wurden ebenfalls häufig mit weiblichen Freiwilligen besetzt. Die RAF nahm Frauen zur Pilotenausbildung an, und viele wurden eingesetzt, um neue Flugzeuge von den USA herüberzufliegen.

In den USA, wo der Arbeitskräftemangel weniger gravierend war, wurden die Frauen länger auf Distanz gehalten. Aber 1943 wurde das Women's Auxiliary Corps (WAC), das weibliche Hilfskorps der US-Streitkräfte, gegründet, und das Plakat von »Rosie the Riveter« (»Rosie die Nieterin«) mit dem Titel »We Can Do It!« wurde zu einem der größten Rekrutierungserfolge während des Krieges.

In Deutschland suchte die NS-Ideologie die Frauen an Heim und Herd zu verbannen. Aber die äußeren Zwänge nahmen zu, und fast eine halbe Million »Blitzmädchen« wurden zu weiblichen Luftabwehreinheiten eingezogen. Die Regeln ähnelten denen in Großbritannien: Frauen durften ins Militär eintreten, aber keine Waffe abfeuern.

Der Sowjetunion waren derartige Hemmungen fremd. Frauen unterlagen ebenso der Wehrpflicht wie Männer, und etwa acht Millionen oder 8 Prozent mussten eine militärische Ausbildung absolvieren, in deren Verlauf man sie auf eine Reihe von Spezialaufgaben, unter anderem als Lkw-Fahrerinnen, Scharfschützinnen und Maschinengewehr-Bedienungen, vorbereitete. Im sowjetischen Verkehrswesen wurden Frauen zum normalen Anblick, und weibliche Verkehrskontrolleure waren allgegenwärtig. Auch rein weibliche Kampfeinheiten wurden aufgestellt, vor allem bei der Luftwaffe. Das 585. Kampfgeschwader, das 587. Sturzkampfbombergeschwader und das 588. Nachtbombergeschwader waren ausschließlich mit weiblichen Fliegern besetzt.

Eine Frau symbolisierte am Ende die Rolle der sowjetischen Amazone. Ludmilla Pawlitschenko war 1941 Geschichtsstudentin an der Universität von Kiew gewesen, als sie sich freiwillig zur 25. Infanteriedivision als Scharfschützin meldete. Sie kämpfte bei der Verteidigung von Odessa und hatte 309 »Abschüsse« auf dem Konto, bevor sie für dienstunfähig erklärt wurde. Im August 1942 besuchte sie auf Einladung von Eleanor Roosevelt als erste Sowjetbürgerin das Weiße Haus.

Ausbildung

Alle Soldaten müssen ausgebildet werden, wobei einige Waffengattungen der Streitkräfte eine intensivere Ausbildung verlangen als andere. So konnten die Verantwortlichen damit rechnen, in drei bis vier Monaten einen Infanteristen einzuweisen, während ein Kampfpilot vielleicht erst nach achtzehn Monaten bei seiner Schwadron eintraf. Alle Länder standen unter großem Zeitdruck. Briten und Amerikaner mussten fast ganz von vorne anfangen. Den Deutschen waren durch die Abrüstungsbeschränkungen lange Zeit die Hände gebunden gewesen. Und die Rote Armee steckte mitten in den Säuberungen und der Reorganisation.

Außerdem hatten alle kämpfenden Armeen ihre eigenen Ausbildungsmethoden. Die britische Armee war mit dem »Gefechtsdrill« verheiratet, das heißt, den Rekruten wurden normierte Reaktionen auf eine Reihe gegebener Herausforderungen eingebleut. Die US-Armee stand wie die französische Armee ganz im Geiste des »Taylorismus«, jener Methoden, die von dem amerikanischen Ingenieur Frederick Winslow Taylor, dem Pionier der Zeit- und Bewegungsstudien, befürwortet wurden. In seinem Lehrbuch von 1911 über die *Grundsätze der wissenschaftlichen Betriebsführung* hatte Taylor für Techniken zur Reduzierung komplexer Aufgaben auf eine Reihe einfacher Handlungen geworben. Die deutsche Wehrmacht machte im Gegensatz dazu umfassenden Gebrauch von Kriegsspielen, mit deren Hilfe Risikofreude und Flexibilität eingeübt werden sollten. Die Handbücher der Roten Armee waren durchdrungen von Theorien darüber, wie sich die Klassenbegeisterung der Massen mobilisieren ließe.

Das britische Expeditionskorps von 1940 war gut ausgebildet und – im Gegensatz zum überwiegenden Teil der deutschen Infanterie – voll motorisiert. Doch das von den Verantwortlichen vorgegebene gemächliche Tempo sorgte dafür, dass vor Dünkirchen ausgebildete Männer nur in verschwindend geringer Anzahl an die Front kamen. Danach lag das größte Problem für die britischen und amerikanischen Ausbildungsprogramme in der Herausforderung der amphibischen Kriegsführung, in der niemand große Erfahrung hatte. Blutige Anfänger mussten hinsichtlich ihrer Einsatzbereitschaft auf einen hohen Stand gebracht werden, während Offiziers- und Stabsausbildungsprogramme die Absolventen mit den sehr komplexen Erfordernissen kombinierter Operationen – im Gleichklang operierende Land-, See- und Luftstreitkräfte – vertraut machen mussten. Die westlichen Armeen mussten gleichsam ohne viele Zwischenstationen den Schritt vom Kindergarten zum Universitätsstudium tun. Und es war nur eine Handvoll Probeläufe möglich. Die Landeoperation bei Dieppe 1942 (»Jubilee«) zeigte, wie viel noch zu lernen war, und Unternehmen »Torch«, das den Amerikanern als einzige größere praktische Übung diente, enthüllte eklatante Mängel. Der Erfolg von »Husky« und später von Anzio, Salerno und »Overlord« hing davon ab, dass die Schwierigkeiten im Vorfeld aus dem Weg geräumt wurden, wofür Zeit und Geduld erforderlich waren. Keine der anderen großen Armeen stand vor ähnlichen Problemen. In diesem Kontext erscheint es verständlich, warum die ursprüngliche Idee, die »Zweite Front« 1942 oder 1943 zu eröffnen, für unrealistisch gehalten wurde. Armeen, die amphibische Operationen in Angriff nehmen, bekommen nur eine einzige Chance.

Dies war auch der Hintergrund für die kaum bekannte Tragödie von Slapton Sands an der Küste von Devon, wo im April 1944 fast eintausend amerikanische Soldaten getötet wurden oder ertranken, als eine deutsche Schnellbootpatrouille in eine Ausbildungsübung vor der Küste hineinplatzte und zahlreiche Schiffe versenkte. Die Katastrophe wurde vertuscht. Den Familien der Opfer schickte man irreführende Totenscheine. Aber einmal mehr waren, wie in Dieppe, die Gefahren eines amphibischen Unternehmens auf brutale Weise vor Augen geführt worden.[14]

Nach allgemeiner Auffassung war die deutsche Wehrmacht in den Jahren 1939–45 die am besten ausgebildete Armee. Ihr überragendes Können war teilweise auf langjährige deutsche Traditionen und teilweise auf den durch Hitlers Vorkriegsweisungen ermöglichten Vorsprung zurückzuführen. Dennoch gab es ernsthafte Probleme, die durch einen beschleunigten Zeitplan ausgelöst wurden. Das deutsche Militär war wiederholt gezwungen, »während des Einsatzes« zu lernen. Wie durch die »Hoßbach-Niederschrift« enthüllt wurde, wurde den hohen Offizieren 1937 mitgeteilt, dass fünf bis sechs Jahre zur Verfügung stünden, um die Wehrmacht auf einen großen Konflikt vorzubereiten. Der Krieg brach schließlich nur zwei Jahre später aus; der Feldzug in Frankreich, von dem alle erwarteten, dass er den härtesten Test darstellen würde, wurde nur acht Monate nach dem Polenfeldzug geführt; und der Angriff auf die Sowjetunion wurde binnen Jahresfrist nach dem Fall Frankreichs befohlen. Hitlers Generäle waren entsetzt über die Eile des »Führers«, der keine Rücksicht auf systematische Ausbildungsprogramme nahm. Aber die Kriegsmaschine reagierte mit außerordentlicher professioneller Kompetenz, und die Strategie, den Feind vollkommen zu überraschen, erwies sich als überaus erfolgreich.

Der Standardablauf bei der Wehrmacht sah eine achtwöchige Grundausbildung vor, in der die Rekruten eine grundlegende Unterweisung in Waffengebrauch und -pflege, in Taktik, Disziplin auf dem Exerzierplatz und Leibesübungen erhielten. Zusätzlich erhielten zum Heer Einberufene stets eine weitere Ausbildung in anderen Bereichen wie Aufklärung, Nahkampf oder Panzerkrieg. Zu guter Letzt erfolgte eine Zusatzausbildung in einem Fachgebiet, beispielsweise im motorisierten Transport, in der Artillerie oder als Funker.

Für Offiziersanwärter war ein weiterführendes Ausbildungsprogramm erforderlich. Zunächst besuchten sie auf einer Kriegsschule einen achtwöchigen Kurs, der ihnen das Grundwissen in Befehlsführung vermitteln sollte. Danach wechselten die Anwärter gewöhnlich auf eine Truppenschule, wo die spezifischen Anforderungen ihres gewählten Sachgebiets unterrichtet wurden. Ein Beispiel für eine solche Schule ist die Panzertruppenschule in Münster, wo ein sechzehnwöchiger Kurs in Taktik und Führung gegeben wurde. Beim Abschluss wurde der Rekrut zum Oberfähnrich befördert und zur Feldbewährung abkommandiert.[15] Aber in den späten dreißiger Jahren wurde das Verfahren beschleunigt, indem ausgebildete Männer abermals zu den Fahnen gerufen wurden. Die deutschen Divisionen, die in Polen einmarschierten, verfügten deshalb über mehr als den üblichen Anteil an Soldaten mittleren Alters. Doch Erfahrung hat noch keiner Armee geschadet. Und von 1939 an besaß die Wehrmacht den unschätzbaren Vorteil eines wachsenden Kerns kampferprobter Formationen. Viele Einheiten, die in Frankreich kämpften, waren schon in Polen gewesen und hatten ihre Lektionen auf die harte Tour gelernt. Viele Einheiten, die in die Sowjetunion vorstießen, wurden durch die Fähigkeiten und das Selbstvertrauen gestärkt, die sie in Frankreich gewonnen hatten. Als Briten und Amerikaner auf dem Kontinent erschienen, erkannten sie schnell den gewaltigen Unterschied zwischen den feindlichen Divisionen der zweiten Linie und den Eliteformationen, die ihr Handwerk in der harten Schule an der Ostfront gelernt hatten.

So verschieden die Leistungen der Roten Armee in vielen Bereichen waren, so extrem unterschiedlich war das Ausbildungsniveau ihrer Einheiten. Einige Waffengattungen des sowjetischen Militärs, wie die Artillerie, waren erstklassig. In anderen, etwa der Infanterie der zweiten Linie, wurden häufig Männer in den Kampf geschickt, die praktisch überhaupt keine Ausbildung besaßen. Die Rote Luftwaffe war der deutschen Luftwaffe 1941, sowohl was die taktischen Fähigkeiten betraf als auch hinsichtlich der Ausrüstung, deutlich unterlegen. Aber binnen weniger Jahre erfreute sie sich des ungefähr gleichen Ausbildungsstandes und zahlenmäßiger Überlegenheit. Vieles von der anfänglichen Unordnung war dem durch »Barbarossa« verursachten Chaos geschuldet, das extreme Improvisation und alle möglichen Notmaßnahmen erforderlich machte. Doch es stimmt auch, dass die Rote Armee lange Zeit durch die Zwangsjacke der »proletarischen Militärdoktrin« benachteiligt war, die auf den Erfahrungen des russischen Bürgerkriegs beruhte und die der Feuerprobe von 1941 in vielerlei Hinsicht nicht standhielt. Beispielsweise war die moderne Theorie des Blitzkriegs als »bürgerliche Abweichung« verurteilt worden, und wie in der französischen Armee war die gewaltige Größe des vorhandenen Panzerparks nicht zwangsläufig ein Ansporn, in der Ausbildung die eigene Panzerkriegsführung oder die Verteidigung gegen Panzer zu berücksichtigen. Weil das Schwergewicht der Ausbildung auf der politischen Schulung lag – die nach Aussagen aller Zeugen aus endlosen, langweiligen und mit Fachchinesisch überladenen Gesprächen bestand –, blieb kaum ausreichend Zeit für den Feinschliff praktischer Fertigkeiten. Sowjetische Soldaten verwandten pro Tag drei Stunden weniger auf die militärische Ausbildung als ihre zaristischen Vorgänger. Hinzu kam, dass Stalins Säuberungen einen Großteil des Kommandeurskorps der Vorkriegszeit beseitigten. Und das Unternehmen »Barbarossa« vernichtete darüber hinaus einen beträchtlichen Anteil der gutausgebildeten und professionellen Elemente in der Armee von 1941. All diese Kräfte mussten ersetzt werden, und die neuen Kommandeure mussten natürlich erst wieder trainiert werden. Ausbildung beruht immer in hohem Maße auf der Fähigkeit, die Fertigkeiten früher geschulter Kader weiterzugeben. Wenn also die ausgebildeten Kader selbst vernichtet werden, wird die Regenerations- und Entwicklungsfähigkeit einer Armee unweigerlich geschwächt. Es ist deshalb wirklich außerordentlich, dass die Rote Armee nicht nur die gewaltigen Verluste von 1941 verkraftete, sondern es auch schaffte, immer wieder neu aufgestellte Truppen auszubilden, die den Krieg an der Ostfront dann auch gewannen. Dabei sollte es nicht überraschen, dass »Experimentieren über weite Strecken des Krieges zu den Merkmalen des sowjetischen Militärsystems gehörte«.[16]

Waffen

Es heißt, dass auch der tapferste Soldat nur gut kämpfen kann, wenn man ihm eine gute Waffe in die Hand gibt. Sowohl vor dem Zweiten Weltkrieg als auch während des Krieges wurde viel Mühe darauf verwandt, die Soldaten mit modernen, wirkungsvollen Waffen auszurüsten.

Im Zeitalter des totalen Krieges, wo Soldaten nach Millionen und zehn Millionen gezählt wurden, musste die Definition einer guten Waffe auf die Erfordernisse der Massenproduktion abgestimmt werden. Ein Geschütz oder ein Flugzeug, das hervorragend funktionierte, aber schwierig herzustellen war, genügte nicht den Anforderungen. Das beste Beispiel für diese Wahrheit ist der deutsche Panzer »Königstiger« (PZKpfw VI Ausf B), der bei guten Bedingungen alle seine Konkurrenten auf dem Schlachtfeld ausstach, dessen Produktion und Wartung aber so zeit- und kostenintensiv waren, dass insgesamt nur 459 Stück hergestellt wurden.

Bei den Waffen für die Infanterie ging der erste Preis entweder an die allgemein als »Schmeisser« bekannte Maschinenpistole MP 38/40 oder an das fortschrittlichere Sturmgewehr MP 43/44 – das Vorbild für die sowjetische Kalaschnikow AK 47 der Nachkriegsproduktion. Trotz ihrer beunruhigenden Neigung zu Ladehemmungen war die britische Sten-Maschinenpistole ebenfalls sehr beliebt. Deutschland produzierte Sten-Kopien. Rein zahlenmäßig jedoch kam nichts an den M-1-Karabiner der Amerikaner heran oder an die sowjetische PPSh-41, ausgesprochen »peh-peh-scha«, (*Pistolet pulumjet Schpagin*, »Maschinenpistole Modell Schpagin«), die sogenannte »Völkersturm-Balalaika«. Von ihr wurden knapp sechs Millionen Stück hergestellt.

Bei den Transportfahrzeugen gebühren die Lorbeeren wohl dem Willys-Jeep (1942), dem kleinen robusten Stabswagen und Pionier des Vierradantriebs, der die Stufen des Capitols hinauf-, gemächlich ein Eisenbahngleis entlangfahren oder ein Feldgeschütz aus einem Morast ziehen konnte.

Die Artillerie hatte sich hinsichtlich Genauigkeit, Reichweite und Mobilität stark verbessert, vor allem mit der Einführung von Selbstfahrgeschützen und der Zielbeobachtung durch Aufklärer, welche die Kanoniere über Funk leiten konnten. Eines der besten Geschütze war das deutsche 88-mm-Flugabwehrgeschütz, das auch als Panzerbrecher dienen konnte. Der sowjetische Katjuscha-Mehrfachraketenwerfer, auch als »Stalinorgel« bekannt, war ein weiteres außergewöhnliches Ausrüstungsstück.

Panzer waren in den Jahren 1939–45 die wichtigste Angriffswaffe. Britische Churchills und amerikanische Shermans waren jedoch, verglichen mit den deutschen Panzern, absolut nicht konkurrenzfähig. An Vielseitigkeit jedoch konnte es keiner mit dem sowjetischen T-34 aufnehmen. Schnell, robust, schlagkräftig, zuverlässig, gut gepanzert und relativ leicht herzustellen, spielte er eine wichtige Rolle beim sowjetischen Sieg an der Ostfront.

Kampfflugzeuge, die 1914–18 noch in den Kinderschuhen gesteckt hatten, kamen zwanzig Jahre später voll zur Geltung. Die vor dem Krieg konstruierten Hurricanes und Spitfires der RAF bewiesen während der Luftschlacht um England ihre Qualität, während die massigen Halifax-, Lancaster- und Wellington-Bomber sich als Großbritanniens einzige Angriffswaffe entpuppten. Die deutsche Luftwaffe, die hauptsächlich auf die Funktion der Bodenunterstützung ausgerichtet war, präsentierte zahlreiche hervorragende Flugzeuge, die sich lange Zeit unangefochtener Überlegenheit erfreuten. Erwähnung verdienen hier die Focke-Wulf Fw 190, die Messerschmitt Me (Bf) 109 und die Heinkel He 111, doch es gab noch viele andere. Die wirklich bedeutsamen Entwicklungen waren mit dem erstaunlichen Wiederaufblühen der Roten Luftwaffe verbunden, die ab Mitte 1943 allmählich die Lufthoheit über der Ostfront erlangte, und mit der phantastischen Entwicklung der amerikanischen Luftfahrt. Die sowjetischen MiG-3, Iljuschin Il-2, Schturmowik und Jak-3 waren allesamt sehr erfolgreiche Flugzeuge, während die lange Liste guter amerikanischer Maschinen von der P-38 Lightning, der P-47 Thunderbolt, der P-51 Mustang, der B-17 Flying Fortress und der B-24 Liberator angeführt wird. Die Schlagkraft der westlichen Luftstreitkräfte machte die Unzulänglichkeiten der Bodentruppen wett und setzte Maßstäbe für die Verteidigungsaktivitäten der Nachkriegszeit.

Spätestens 1941, als die *Hood* und die *Bismarck* verlorengingen, neigte sich das Zeitalter des Schlachtschiffs offenkundig dem Ende zu. Flugzeugträger kamen außerhalb des pazifischen Kriegsschauplatzes kaum zum Einsatz. Die Schlacht um den Atlantik wurde in erster Linie zwischen U-Booten und kleinen Konvoi-Eskorten ausgefochten. Bei der Nominierung der entscheidenden Wasserfahrzeuge des Krieges ist man deshalb geneigt, entweder das LCT-Landungsboot zu nennen, das die amphibische Kriegsführung der Alliierten ermöglichte, oder die in Massenproduktion hergestellten Liberty-Schiffe, die auf den Kaiser Shipyards in Los Angeles »meilenweise produziert« und »meterweise abgehackt« wurden, um die atlantischen Seewege offen zu halten. Weder Deutschland noch die Sowjetunion räumten als Landmächte der Marine einen vergleichbaren Vorrang ein.

Nichts symbolisiert Deutschlands Nöte im Seekrieg besser als das Schicksal des Flugzeugträgers *Graf Zeppelin*. Im Dezember 1938 in Kiel vom Stapel gelaufen, hatte er eine Wasserverdrängung von 33 550 Tonnen und sollte das erste von insgesamt vier Wasserfahrzeugen dieses Typs sein. Doch er wurde nie fertiggestellt oder in Dienst genommen. Eine heftige

Fehde innerhalb der Waffengattungen zwischen dem Oberbefehlshaber der Kriegsmarine, Großadmiral Erich Raeder, und dem Oberbefehlshaber der Luftwaffe, Reichsmarschall Hermann Göring, der darauf beharrte, sämtliche Flugzeuge unter seiner Kontrolle zu behalten, verhinderte jeden Fortschritt. Der Bau des Schwesterschiffs, *Träger B* wurde 1940 gestoppt, und die Arbeiten an der *Graf Zeppelin* endeten 1943, als sie zu 95 Prozent fertiggestellt war. 1944 wurde der Träger von Kiel nach Stettin verlegt, damit er den alliierten Bomben entging. Am 25. April 1945 wurde er im Stettiner Hafen geflutet und auf Grund gesetzt, um ihn vor der Roten Armee zu retten. Von sowjetischen Ingenieuren wieder flottgemacht, wurde er nach Leningrad geschleppt. Im August 1947 wurde der Flugzeugträger zurück in die westliche Ostsee gebracht und als Ziel beim Übungsschießen versenkt.[17]

Die Zwänge des Zweiten Weltkriegs trieben die Waffentechnik in ungeheurem Tempo voran. Der Krieg begann im Zeichen von Pferd und Maschinengewehr; er endete im Zeitalter von Raketen, Düsentriebwerken, Atomkraft und Computer. In menschlicher Hinsicht war er ein schrecklicher Schritt rückwärts; in wissenschaftlicher und technischer Hinsicht ein gewaltiger Sprung nach vorn.

Offiziere

Europäische Armeen waren seit Jahrhunderten von Offizieren geführt worden, und alle europäischen Länder besaßen eine traditionelle Offiziersklasse, die sich zumeist aus dem Landadel rekrutierte, und ein etabliertes System von Militärakademien zur Offiziersausbildung. Doch der Erste Weltkrieg hatte mit vielen der alten Traditionen gebrochen. Und in den Jahren 1939–45 passten sich alle großen Armeen auf unterschiedliche Weise den neuen Bedingungen an.

In Großbritannien galt die Royal Navy nach wie vor als der »Senior Service«, die »höhere Waffengattung«. Ihre Offiziere waren lange Zeit in gesellschaftlicher Hinsicht eine weniger exklusive Kaste gewesen als jene im Heer. Das Empire bot Berufsoffizieren noch immer zahllose Betätigungsmöglichkeiten. Der Aufstieg der Royal Air Force, die bald schon als angesehene Waffengattung galt, lockte viele der besten Begabungen an. Dennoch wurde, als das Heer nach 1939 rasch anwuchs, kein Versuch unternommen, das Offizierskorps auf die Söhne vornehmer Familien oder auf Schüler von Privatschulen zu begrenzen. Bernard Montgomery, obwohl arrogant sowohl gegenüber seinesgleichen als auch gegenüber seinen Verbündeten, hatte ein wirklich gutes Verhältnis zu seinen Soldaten. Und viele Männer, die sich später im britischen Nachkriegsleben einen Namen machten, wie Edward Heath oder Denis Healey, fanden zuerst als Heeresoffiziere neuen Typs ihren Weg.

In den USA existierten Offiziersgeschlechter nach europäischem Vorbild noch im Süden. Aber im Allgemeinen war das Offizierskorps offener und demokratischer. West Point wählte seine Kadetten eher durch Aufnahmeprüfungen und nach

Führungsqualitäten denn nach sozialer Herkunft aus, obwohl zwar nicht in der Theorie, aber doch in der Praxis eine Rassenschranke existierte. Alle höheren US-Offiziere des Zweiten Weltkriegs hatten ihren Weg aufgrund persönlicher Leistungen und Verdienste gemacht (siehe »Generäle«, S. 395).

In Deutschland waren die Ressentiments gegen die Offiziersklasse stärker ausgeprägt. In der Zwischenkriegszeit rechneten sowohl Kommunisten als auch Faschisten die Heerführer zu den »Verrätern« von 1918, die den »Dolchstoß« zugelassen hätten. Es war kein Zufall, dass die NSDAP ihre eigene, parteigestützte Armee aufbaute, die SS, die mit eigenen Rängen, eigenen Rekruten und eigener Ausbildung die Elite der neuen Ordnung bilden sollte. Spannungen zwischen der SS und der Wehrmacht hatten deshalb ebenso soziale und politische wie rein professionelle Untertöne. Claus Graf Schenk von Stauffenberg, der im Juli 1944 die Bombe in Hitlers Hauptquartier schmuggelte, stammte aus einem alteingesessenen Offiziersgeschlecht. Für seinen Kameraden Henning von Tresckow, der sich seit 1941 an der Ostfront gegen Hitler verschworen hatte, war die Beseitigung des »Führers« eine »Frage der Ehre«.[18]

Die Sowjetunion war noch radikaler in diesen Dingen. Die bolschewistische Lehre verstand die Rote Armee nicht als nationale Streitmacht, sondern als »Bollwerk der Arbeiter und Bauern«. Eine Offiziersklasse wurde für unangemessen erachtet und zweimal abgeschafft – und im Angesicht der Krise wieder eingeführt: zuerst 1920 während des polnisch-sowjetischen Krieges und dann 1936. Beim zweiten Mal folgte auf die Wiedereinführung die brutalste Säuberung, bei der Stalin einen Großteil der höheren Kader ermorden ließ, darunter den brillanten Marschall Michail Tuchatschewski. Nachdem die Säuberung 1939 abgebrochen worden war, mussten die verheerenden Auswirkungen noch längere Zeit wettgemacht werden, und die Rote Armee war nur zu begrenzten Operationen wie denen in Polen und Finnland imstande. In der

Tat schlug die Wehrmacht zu, bevor das neue Offizierskorps voll funktionsfähig war, und verschlimmerte dadurch das 1941–42 herrschende Chaos. Aber selbst dann blieben tiefsitzende Zweifel an dem Offizierskorps. Erfolglose Generäle wie Dmitri Pawlow wurden erschossen. Jeder sowjetische Offizier hatte die Demütigung eines dualen Befehlssystems zu ertragen, bei dem ein politischer Kontrolleur (Kommissar) sämtliche Befehle genehmigen musste und in vielen Fällen leibhaftig im persönlichen Quartier des Offiziers untergebracht wurde. Sowjetische Offiziere wurden nicht im Zweifel darüber gelassen, dass sie nicht mehr waren als untergeordnete Berufssoldaten, deren Befehlsgewalt jederzeit vom NKWD aufgehoben werden konnte. Man fragt sich unwillkürlich, ob die Offiziere der Wehrmacht jemals eine so eingehende und erdrückende Überwachung durch die SS geduldet hätten.

Alle führenden sowjetischen Marschälle waren aus eigener Kraft innerhalb des Militärs aufgestiegen. Schukow hatte als Unteroffizier in einem Dragonerregiment der zaristischen Armee angefangen. Rokossowski, ein weiterer Kavallerist, war der Sohn eines polnischen Lokomotivführers und einer russischen Mutter. Zu erfolgreich für Stalins Geschmack, hatte er in den späten dreißiger Jahren vier Jahre Gulag ertragen, bevor er nach militärischen Erfolgen während des deutsch-sowjetischen Krieges 1944 zum Marschall der Sowjetunion befördert wurde. Auch Rokossowski war, wie allen Oberbefehlshabern der Roten Armee, ein Parteifunktionär als »Mitglied des Militärrats« zugeteilt. Sie traten in die Fußstapfen von Kameraden, die nicht vom Feind, sondern von ihrem eigenen »Großen Führer« getötet worden waren. Diese Männer mussten Zwänge aushalten, die Offiziere in vielen anderen Armeen als unvorstellbar empfunden hätten. Sie wurden stets an die Ungewissheit ihres Schicksals erinnert und konnten es sich nicht erlauben, die beispiellosen Opfer, die ihren Männern aufgezwungen wurden, in Frage zu stellen.[19]

Disziplin

Die Armeen aller Länder, auch der demokratischen, sind den strengsten Formen der Disziplin unterworfen. Soldaten müssen konditioniert werden, zu töten und sich damit abzufinden, getötet zu werden. Disziplinlosigkeit ist die größte Gefahr für die Kohärenz ihrer Handlungen. Deshalb befolgen alle modernen Armeen einen militärischen Kodex; alle betreiben ein System der Militärgerichtsbarkeit, und alle besitzen für schwerwiegende Vergehen wie Befehlsverweigerung, Desertion oder Meuterei im Gefecht die Sanktion der Hinrichtung im Schnellverfahren.

Ebenso richtig ist aber auch, dass jede Armee ihren eigenen Charakter entwickelt, der wiederum eine strengere oder mildere Einstellung zur Disziplin begünstigt. Beispielsweise existierte ein deutlicher Unterschied zwischen der britischen Armee von 1914–18 und der britischen Armee von 1939–45. Erstere ließ, da sie Kriegsneurosen und Frontkoller nicht anerkannte, Hunderte ihrer eigenen Männer wegen »Feigheit« erschießen. Letztere schaffte solche Praktiken ab. Ebenso war ein deutlicher Gegensatz zwischen Armeen zu beobachten, in denen wie in der britischen und der amerikanischen Tradition und Achtung vor dem Individuum einen Platz fanden, und anderen, wie denen Nazideutschlands und der UdSSR, die stolz auf ihre schonungslos harte Haltung waren.

Jede Armee unterhält ein Gendarmeriekorps oder eine Militärpolizei, deren Aufgabe es ist, bei Unteroffizieren und Mannschaften für Disziplin zu sorgen. In Garnisonsstädten hält sie, falls erforderlich, Soldaten und Zivilisten auseinander, beendet Schlägereien, holt Militärangehörige aus Bordellen heraus und nimmt betrunkene Soldaten fest. In Armeelagern hält sie sich zur Verfügung von Unteroffizieren und Offizieren, die kleinere Disziplinarstrafen gegen Soldaten verhängen, und sie betreibt den »Bau«, das heißt das Militärgefängnis. Im Gefecht hält die Militärpolizei mögliche Deserteure und andere verdächtige Elemente mit vorgehaltener Waffe auf. Aber sie ist kaum bedrohlicher, als es die zivile Polizei für Zivilisten ist.

Britische Militärpolizisten trugen im Zweiten Weltkrieg rote Mützen wie die Bahnhofsvorsteher auf dem Kontinent. Amerikanische Militärpolizisten – bekannt als »Schneeglöckchen« – trugen weiße Helme. Man darf diese Formationen nicht mit den Einheiten vergleichen, die von totalitären Staaten unterhalten wurden. Die deutsche Feldgendarmerie beispielsweise trug einen Ringkragen aus Metall um den Hals, der ihren Angehörigen den Spitznamen »Kettenhunde« eintrug. Sie waren befugt, sofort zu schießen. Außer in Routineangelegenheiten hörten sie auf das Kommando der SS. Einheiten der britischen und der amerikanischen Armee waren keiner SS- oder NKWD-ähnlichen Organisation unterstellt.

In Großbritannien waren die »King's Regulations«, die militärisches Verhalten regelten, seit 1918 ein wenig modifiziert worden. Sie enthielten eine lange Liste kleinerer Vergehen, wie die verspätete Rückkehr aus dem Urlaub oder verbale Insubordination, wofür die Soldaten festgelegte Geldstrafen zahlten, und sahen vier Arten von Militärgerichten vor, die ernsthaftere Vergehen verhandelten. Alle von einem Militärgericht verurteilten Soldaten wurden automatisch »zu gemeinen Soldaten degradiert«, das heißt, ihr früherer Status wurde ihnen aberkannt. Sie konnten auch zu langjährigen Zuchthausstrafen verurteilt werden. Offiziere konnten über die Inhaftierung hinaus unehrenhaft entlassen werden, womit sie auch ihren Offiziersrang verloren. Nach dem Army Act von 1930 waren Militärgerichte nicht mehr befugt, wegen Desertion oder Feigheit Todesurteile zu verhängen.

Die Vorschriften der US-Armee folgten einer ähnlichen Entwicklung, wobei jede Änderung durch Gesetze des Kongresses sanktioniert wurde. Eine Besonderheit jedoch, die Prohibition, hatte weiter Bestand. Obschon der Kongress sie 1933 für verfassungswidrig erklärt hatte, lehnten es alle drei Waffengattungen ab, sich danach zu richten. »Trunkenheit auf militärischen Posten« – ein schweres Vergehen – lag laut Definition ab 1,8 Promille Alkohol im Blut vor. Obwohl diese Grenze 1944 auf 3,4 Promille erhöht wurde, blieb das Alkoholverbot bei den Streitkräften bis in die fünfziger Jahre in Kraft.

In der Praxis erlegten die US-Streitkräfte ihren Männern deshalb eine strenge Disziplin auf und zögerten nicht, Widerspenstige hinzurichten. Über einhundert Amerikaner wurden in Europa von 1941–45 wegen schwerwiegender Vergehen gegen Zivilisten gehängt, während nur zwei oder drei wegen rein militärischer Übertretungen erschossen wurden. Der bei weitem bekannteste aus der letzteren Gruppe war Eddie Slovik (1920 bis 1945), ein Infanterist aus Detroit, über den in späteren Jahren ein Film gedreht werden sollte. Slovik entfernte sich im Sommer 1944 für mehrere Wochen von seinem Regiment und überlebte, indem er als Koch für die Kanadier arbeitete. Bei seiner Rückkehr teilte er seinen Vorgesetzten ganz offen und schriftlich mit, dass er wieder desertieren würde, wenn man ihn in eine Kampfeinheit steckte, und er beantragte die Versetzung zu einem der Versorgungsdienste. Er richtete sogar ein Gnadengesuch an General Eisenhower, aber vergeblich. Nachdem alle Rechtsmittel ausgeschöpft worden waren, wurde er am 31. Januar 1945 erschossen und auf dem alliierten Friedhof von Fère-en-Toulouse begraben.[20]

Die deutschen Streitkräfte von 1939–45 enthielten ein buntes Gemisch sozialer Elemente und konkurrierender Institutionen: ranghöhere Berufssoldaten noch aus der Kaiserzeit, eine jüngere Generation in den mittleren Rängen, die durch die Schule der Reichswehr der Weimarer Republik gegangen war, und schließlich mit der NSDAP verbundene Emporkömmlinge. Die älteren, konservativ gesinnten Männer – ob Stabs- oder Unteroffiziere – wurden im Allgemeinen so lange respektiert, wie sie sich aus der Politik heraushielten. Es gab in Deutschland keine Säuberungen, die mit jenen in der Sowjetunion vergleichbar waren. Doch wann immer es zu einer Meinungsverschiedenheit kam, entschied die SS den Streit stets für sich, indem sie sich auf die Autorität des »Führers« berief. Außerdem war die SS als rachsüchtig bekannt. Jeder gewöhnliche Soldat, der sie verärgerte, konnte mit Vergeltung rechnen.

Die Nazis führten unter anderem das Prinzip der Kollektivschuld und vor allem der Sippenhaft ein. Sie waren der Ansicht, damit eines der Hauptmerkmale des alten germanischen Stammesrechts wiederzubeleben, was in der Praxis bedeutete, dass viele Menschen für Vergehen verantwortlich gemacht werden konnten, die von einem Angehörigen verübt worden waren. Beim Militär konnten ganze Einheiten für die Verfehlungen einzelner Soldaten bestraft werden. Folglich musste jeder, der auf die Idee kam, gegen die Vorschriften zu verstoßen, die Aussicht einkalkulieren, dass nicht nur der Übeltäter, sondern auch die Familie und die Kameraden des Übeltäters einen hohen Preis bezahlen müssten. Die Wehrmacht bekam die volle Wucht des Systems nach dem missglückten Bombenattentat vom Juli 1944 zu spüren. Und Generalfeldmarschall Rommel opferte sich, um seine Familie zu retten.[21]

In der Wehrmacht gab es auch eine wichtige geographische Unterscheidung. Als Polen 1939 angegriffen wurde, legte Hitler großen Nachdruck auf den Befehl an seine Generäle, mit »größter Härte« vorzugehen. Faktisch forderte er die Wehrmacht damit auf, bei den Kämpfen im Osten die Konventionen zivilisierter Kriegsführung zu ignorieren. Er wiederholte die Anweisung 1941 vor den Angriffen auf Jugoslawien und die Sowjetunion, wogegen es diesen Befehl bei den Feldzügen in Westeuropa nicht gab. Es war deshalb kein Zufall, dass deutsche Soldaten davon ausgingen, dass die normalen Verhaltensregeln im Umgang mit Zivilisten und Kombattanten an der Ostfront nicht galten, im Westen aber (mit wenigen Ausnahmen) durchaus.

Viele Jahre später wurde im Nachkriegsdeutschland eine Debatte über die »Brutalisierung« der Soldaten an der Ostfront entfacht.[22] Ausgangspunkt war die Annahme, dass die Wehrmacht im Gegensatz zur SS im Großen und Ganzen an den Prinzipien guten Soldatentums festgehalten habe und dass gewöhnliche deutsche Soldaten sich keiner schlimmen Greueltaten schuldig gemacht hatten. Der Mythos wurde mühelos widerlegt. Eine Fülle von Zeugnissen beweist, dass Angehörige der Wehrmacht, mit oder ohne Ermunterung durch die SS, an allen möglichen Exzessen beteiligt waren und dass ihre Grausamkeiten sich ebenso gegen die Zivilisten des Feindes und Kombattanten wie gegen Juden richteten. Nach der NS-Ideologie hatte die nichtdeutsche Bevölkerung des »Lebensraums« keine Rechte. Und die Wehrmacht verhielt sich entsprechend.

Nirgendwo trat diese Einstellung der Nazis deutlicher zutage als beim Warschauer Aufstand vom August 1944. Eine alliierte Hauptstadt, in der fast eine halbe Million Menschen lebte, hatte sich gegen die grausame deutsche Besatzung erhoben, und eine aus »Angriffsgruppen« und »Kampfgruppen« bestehende deutsche »Korpsgruppe« unter SS-Kommando wurde entsandt, um den Aufstand niederzuschlagen. In den darauffolgenden Wochen wurden mehr als 50 000 Zivilisten kaltblütig niedergemetzelt – Krankenhäuser wurden niedergebrannt, Kranke und Verwundete wurden in ihren Betten ermordet, Gefangene sofort getötet. Dem wahllosen Geschützfeuer sowie zielloser Bombardierung fielen etwa 100 000 weitere Menschen zum Opfer. Beim Nürnberger Prozess sagte der Oberbefehlshaber der deutschen Verbände, SS-Obergruppenführer und General der Polizei Erich von dem Bach-Zelewski, er habe das sinnlose Töten von Zivilisten in Warschau am Ende der ersten Woche eingestellt, weil es den Kampf gegen die Aufständischen beeinträchtigt habe. Seine Aussage ist indes nicht besonders glaubwürdig, weil er bei seiner früheren Aufgabe als »Sonderbeauftragter der SS für den Bandenkampf im Osten« in Weißrussland genau die gleichen barbarischen Methoden angewandt hatte. Zutreffend scheint hingegen, dass SS-Brigadeführer Mieczysław Kaminski, ein ehemaliger sowjetischer Soldat und Chef der RONA-Brigade in Warschau, nach einem inszenierten Autounfall von der eigenen Seite hingerichtet wurde. Allem Anschein nach wurde ihm der Einsatz exzessiver Gewalt vorgeworfen. Wenn dies stimmt, dürfte dies ein einmaliger Vorgang gewesen sein.[23]

All dies zeigt, wie skrupellos die SS-Führung sein konnte. Zur Erhaltung ihrer Macht war sie bereit, jedermann zu töten. Disziplinlose Soldaten waren eine besonders gefährliche Kategorie, denn die Wehrmacht war die einzige Institution, die unter bestimmten Umständen die Mittel gehabt hätte, das NS-Regime zu stürzen. Mit den schwindenden Aussichten auf einen deutschen Sieg ließ die SS deshalb höchste Wachsamkeit walten. Das geringste Zeichen von Unzufriedenheit in der Wehrmacht wurde im Keim erstickt. Inmitten der heraufziehenden Hoffnungslosigkeit hielt die SS in den Jahren 1944–45 die Disziplin mit brutaler Gewalt aufrecht. Wehrmachtsangehörige, ob Offiziere oder bemitleidenswerte Schuljungen, wurden erbarmungslos drangsaliert. Alles in allem belief sich die Gesamtzahl der wegen Disziplinlosigkeit erschossenen deutschen Soldaten auf 212 000.

Die Sowjets verhielten sich nicht weniger unmenschlich. Dort war es die fanatische politische Abteilung, die die Disziplin gnadenlos durchsetzte. Im Gegensatz zur Wehrmacht war die Rote Armee nicht mehr von alten Berufssoldaten aus der Zeit vor dem Ersten Weltkrieg durchsetzt, die den Fanatismus hätten abmildern können. Infolgedessen war das Leben in den Reihen der Roten Armee oft so unerträglich hart, dass der Tod im feindlichen Feuer hingenommen wurde.

Während die westlichen Armeen dem Aufbau eines vertrauensvollen Bandes zwischen Offizieren und Mannschaften große Bedeutung beimaßen, war es sowjetischer Stil, ein Klima des Misstrauens und der Angst zu erzeugen, so dass die Männer darum wetteiferten, ihre politischen Herren zufriedenzustellen. Es gab zahllose Informanten und Denunziationen waren weit verbreitet. Die Offiziere konnten sich nicht mit ihren Männern gegen die allgegenwärtigen Spione des NKWD verbünden. Der sowjetische Mustersoldat – von seinen Kameraden gründlich verabscheut – war ein pflichtbewusster, politisierter Fanatiker, der nicht einfach nur Befehle befolgen wollte, sondern bestrebt war, das von Partei-Handbüchern mit Nachdruck geforderte korrekte Verhalten zu antizipieren. Westliche Beobachter konnten den Charakter einer solchen Organisation nur begreifen, wenn sie sich eine von religiösen Fundamentalisten übernommene Armee vorstellten, die sich ihrer Wahrheiten absolut sicher sind. Wo politische Ermahnung nicht half, griff man auf körperliche Gewalt zurück.

Strafbataillone waren auch in anderen Armeen nicht unbekannt. Aber der Ruf der sowjetischen Variante, des *Schtrafbat*, als schneller Weg zum Tod entbehrte nicht einer gewissen Grundlage. Zwar stimmt es nicht, dass feindliche Minenfelder stets von menschlichen Füßen geräumt wurden, aber Strafbataillone wurden jeder sowjetischen Front zur Verfügung gestellt, und sie wurden normalerweise für die gefährlichsten Operationen eingesetzt. Achthundert Mann stark, mit einer Wachkompanie im Rücken, enthielten sie ein Mischung aus Kleinkriminellen, Wiederholungstätern, potenziellen Deserteuren, Zuchthäuslern und degradierten Offizieren. Sie wurden erst wenige Augenblicke, bevor ihnen der Vorstoß befohlen wurde, mit Waffen versehen. Wenn sie haltmachten oder zögerten, wurden sie von hinten erschossen; wenn sie unverwundet davonkamen, wurden sie für den nächsten Strafangriff bereitgehalten. Folglich hatten sie, wie die römischen Gladiatoren, keine Hoffnung auf Freilassung – nur die Hoffnung, schwer verwundet zu werden oder zu überleben, um an einem anderen Tag getötet zu werden.[24]

Westlichem Zartgefühl mögen diese Praktiken barbarisch erscheinen. Aber in den Augen der fanatischen Weltverbesserer, die auf ihrer Anwendung bestanden, umgab sie eine quasi religiöse Aura. Der Sowjetstaat war *per definitionem* immer im Recht und gütig. Wer gegen seine Regeln verstieß, war ein degenerierter, undankbarer Mensch, der seine Rechte verwirkt hatte. Indem er sein elendes Leben opferte, erlöste er sich gleichsam von der Schande seiner Missetat.

Die UdSSR veröffentlichte 1939 zum ersten Mal einen Militärkodex. Viele der Änderungen, die während des Krieges eingeführt wurden, um die Rückzugs- und Desertionswelle aufzuhalten, waren menschenverachtend. Befehl 227, am 28. Juli 1942 von Stalin unterzeichnet, war bekannt als »Keinen Schritt zurück«-Befehl. Zumindest theoretisch beraubte er die Offiziere jeder taktischen Flexibilität. Befehl 270 vom August des Vorjahres führte das Prinzip der Familienverantwortlichkeit ein:

»1. *Jeder, der im Gefecht seine Abzeichen entfernt und sich ergibt, sollte als gemeiner Deserteur betrachtet werden, dessen Familie als Familie eines Eidbrechers und Vaterlandsverräters zu verhaften ist. Solche Deserteure sind auf der Stelle zu erschießen.*

2. *Jene, die umzingelt oder eingekesselt werden, müssen kämpfen bis zum Letzten und versuchen, die eigenen Linien zu erreichen. Und jene, die sich lieber ergeben,*

sind mit allen Mitteln zu vernichten, während ihrer Familie jegliche staatliche Hilfe und finanzielle Unterstützung zu entziehen ist.«[25]

Mütter und Väter sollten für die Pflichtversäumnisse ihrer Söhne, tatsächliche oder nur behauptete, bestraft werden. Dies war die sowjetische Variante der Sippenhaft.

Es ist nicht mit Sicherheit zu beziffern, wie viele unschuldige Leben als Folge dieser Befehle verlorengingen. Aber ein Bericht aus dem kritischen Zeitraum 1941–42 spricht von 790 000 Todesurteilen, von denen fast 200 000 vollstreckt wurden. Ein anderer Bericht aus Stalingrad gibt an, dass allein in dieser einen Schlacht 15 000 Rotarmisten vom NKWD erschossen wurden. Es erscheint deshalb möglich, dass die Verluste, welche die Rote Armee sich selbst zufügte, die Gesamtzahl der im Kampf gefallenen Angehörigen der britischen und der US-Armee zusammen überstiegen (S. 181–183).[26]

Wie nicht anders zu erwarten, entwickelten die Soldaten der Roten Armee eine tiefe Abneigung gegen das NKWD und gegen die Erniedrigungen, die besonders in den rückwärtigen Räumen weit verbreitet waren. Merkwürdigerweise wurde die vorderste Front, jene Zone, wo unter feindlichem Feuer die größte Gefahr bestand, zu einer Zone psychologischer Befreiung, gar völliger Unbekümmertheit, was zweifellos zur Bereitschaft der »Iwans« beitrug, sich mit einem Hurra auf den Lippen in den Tod zu stürzen. Dieses Phänomen wurde von Deutschen häufig beobachtet. Aber es fiel auch Außenstehenden auf, die von der Freundlichkeit der Soldaten in der Frontlinie und dem feindseligen, rücksichtslosen Charakter der NKWD-Männer in der Postenkette hinter ihnen nachdrücklich beeindruckt waren.[27]

Die weitverbreitete unmenschliche Behandlung der Soldaten in der Roten Armee wurde jahrzehntelang erfolgreich unterschlagen. Die sowjetische Propaganda zeichnete ein ohne Ausnahme erbauliches Bild von Patriotismus und Heldentum. Und selbst die sowjetischen Veteranen waren nicht bereit, offen zu sprechen, vor allem nicht zu Ausländern. Der Stolz auf den Sieg im »Großen Vaterländischen Krieg« war eine der wenigen Quellen der Selbstachtung, die Männern aus der Generation Stalins noch geblieben waren. Die allgemeine Erklärung für die Leistung der Roten Armee lautete »Vaterlandsliebe« oder »Verteidigung der russischen Erde« – auch wenn sie nicht russisch war. Erst der Zusammenbruch der UdSSR in den neunziger Jahren ermöglichte es den noch verbliebenen Überlebenden, freier über alle Aspekte des Krieges zu sprechen: über die erstaunlichen Akte von Tapferkeit und Selbstaufopferung, die Geringschätzung menschlichen Lebens, das Fehlverhalten sowjetischer Soldaten gegenüber der Zivilbevölkerung des Feindes und vor allem über die schlechte Behandlung von Rotarmisten durch die eigene Seite.[28]

Doch insbesondere die Öffentlichkeit in westlichen Ländern ist noch immer an die Vorstellung gewöhnt, dass Barbarei eigentlich mit NS-Deutschland, und zwar ausschließlich mit NS-Deutschland, in Verbindung gebracht werden müsse. Eine gutgemeinte Fotoausstellung, die in den neunziger Jahren mit dem Ziel durch Deutschland tourte, die Missetaten der Wehrmacht einer breiten Öffentlichkeit nahezubringen, musste sogar vorübergehend geschlossen werden, als viele der gezeigten grausigen Begebenheiten sich als das Werk des sowjetischen NKWD entpuppten.[29]

In den letzten Wochen der Kämpfe im Jahr 1945 zeigte die Disziplin zunehmend Auflösungserscheinungen; besonders an der Ostfront brachen Recht und Ordnung zusammen. Aber auch von alliierten Soldaten wurden zahlreiche Willkürakte begangen. Ein Franzose, der sich 1944 der Légion Volontaire Française angeschlossen hatte und in der Waffen-SS-Division »Charlemagne« diente, erlebte den Zorn seiner Landsleute. Das Gros der Division ergab sich bei Kolberg (Kołobrzeg)

Krisenherd 1939: Die Freie Stadt Danzig

Sowohl von Deutschland als auch von Polen beansprucht, war Danzig (heute Gdańsk) 1920 zum selbstverwalteten Stadtstaat unter Aufsicht des Völkerbunds erklärt worden.

Oben: Der alte Hansehafen.

Unten: NS-Demonstration im August 1939:

»Danzig ist eine deutsche Stadt und will zu Deutschland.«

Auftakt zum Krieg
Oben: Nomonhan-Zwischenfall 1939. Japanische Soldaten marschieren ihrer Niederlage am Chalchin-Gol an der Grenze zur sowjetisch beherrschten Äußeren Mongolei entgegen. Der Sieg der Roten Armee ermöglichte der UdSSR, in Europa zu handeln.
Unten: Hitler-Stalin-Pakt, 23. August 1939, die diplomatische Lizenz zum Krieg. Ribbentrop unterzeichnet; Stalin strahlt. »Ich weiß«, sagte Stalin, »wie sehr das deutsche Volk seinen Führer liebt.«
Hitler bemerkte: »Ich habe die Welt in der Tasche.«

Gemeinsame Operationen

Oben: Die erste Salve, 1. September 1939.
Mit der Eröffnung des Feuers auf die polnischen Befestigungen auf der Westerplatte beginnt das deutsche Linienschiff *Schleswig-Holstein* den Konflikt.
Unten: Panzer der Roten Armee schließen sich bei der Siegesparade am 23. September 1939 in Brześć (früher Brest-Litowsk) der Wehrmacht an, bevor Polen in eine deutsche und eine sowjetische Besatzungszone aufgeteilt wird.

Verbrechenskomplizen

Oben: Adolf Hitler, der »Führer«, und Josef Stalin, der »Woschd«: Partner 1939 bis 1941, Feinde 1941 bis 1945.

Unten: Reichsführer SS und Chef der Deutschen Polizei Heinrich Himmler und NKWD-Chef Lawrenti Beria. In Jalta deutete Präsident Roosevelt über den Tisch und fragte Stalin: »Wer ist das mit dem Kneifer, gegenüber von Botschafter Gromyko?« Stalin erwiderte: »Ach der. Das ist Beria, unser Himmler.«

Gefallene Sterne

Oben: Benito Mussolini, »Duce«: 1943 entlassen, 1945 ermordet, und Philippe Pétain, Marschall: Held von 1918, 1940 bis 1945 Chef des État Français in Vichy.

Unten: Generalfeldmarschall Erich von Manstein: Urheber des Sieges im Westen 1940, 1944 entlassen, und Sowjetmarschall Grigori Kulik: 1939 bis 1940 Befehlshaber in Polen und Finnland und ein unwahrscheinlicher Überlebender.

Angriff auf Skandinavien, 1939 bis 1940
Finnland wird überfallen, Norwegen besetzt, Schweden zur Pseudo-Neutralität gezwungen.
Oben: Der Winterkrieg. Erfahrene finnische Truppen leisten der sowjetischen Invasion tapfer Widerstand.
Links: Narvik. Das britisch-französisch-polnische Expeditionskorps erleidet Verluste bei dem vergeblichen Versuch, die deutsche Invasion Norwegens zu unterbinden.

Der Untergang des Westens, Mai bis Juni 1940
Oben: Arc de Triomphe. Die siegreiche Wehrmacht paradiert durch Paris, bevor Frankreich in einen entwaffneten Satellitenstaat verwandelt wird.
Unten: Luftschlacht um England. Dank der RAF überlebt Großbritannien trotz der Niederlage seiner Landstreitkräfte. Hitler verschiebt Unternehmen »Seelöwe« und räumt stattdessen der Sowjetunion Vorrang ein.

Die Beute des Ostens, 1940 bis 1941
Stalin und Hitler fahren mit der Aufteilung Osteuropas fort.
Oben: Die Baltischen Staaten werden vereinnahmt. Handverlesene kommunistische Delegationen bitten die UdSSR, der Eingliederung Estlands, Lettlands, Litauens und Moldawiens zuzustimmen.
Links: Der Balkan wird verwüstet. Auf dem Weg nach Athen halten deutsche Truppen kurz vor dem jugoslawischen Parlament in Belgrad.

Unternehmen »Barbarossa«, 1941
Das ganze Gewicht der deutschen Kriegsmaschinerie wurde gegen die Sowjetunion geworfen, die sechs Monate unter dem Ansturm taumelte, bevor sie die Flut aufhielt.
Oben: Panzertruppen schicken sich im Juni an, die »Grenze des Friedens« zu überqueren.
Unten: Sowjetische Reserven, die bei 40 Grad Dezemberkälte kämpfen, garantieren das Überleben Moskaus.

Zermürbungskrieg, 1941 bis 1942

An der mehr als zweitausend Kilometer langen Ostfront tobten Dutzende von Schlachten, während die Deutschen pausenlos vorwärtsdrängten und die Sowjets verbissen Widerstand leisteten.

Links: Sowjetische Infanteristen stürmen während der langen Belagerung Leningrads einen Graben.

Unten: Deutsche Offiziere beobachten in der offenen Steppe eines der Umfassungsmanöver, bei denen über zwei Millionen Gefangene gemacht wurden.

Schutz der westlichen Nachschublinien, 1941 bis 1942
Die Schlacht um den Atlantik rettete Großbritanniens lebenswichtige Verbindung mit Nordamerika, während die Wüstenfeldzüge in Nordafrika der Achse die Kontrolle des Sueskanals verwehrten.
Oben: Blick vom Deck eines U-Boots, während ein Handelsschiff von einem Torpedo getroffen wird.
Unten: Die Wüste bietet eine weite, offene Arena für das ritterliche Duell von Rommels Afrika-Korps mit Montgomerys 8. Armee. Die Ambitionen der Achse endeten in El Alamein.

Krieg in der Luft und im Äther
Unfähig, eine »Zweite Front« in Europa zu errichten, konzentrierten sich die Westmächte auf strategische Bombenangriffe und auf Funkaufklärung. *Links:* B-24-Liberator-Bomber werfen eine Bombenlast über Deutschland ab. *Unten:* »Colossus«, der erste Elektronenrechner der Welt, wurde von Großbritanniens »Ultra«-Projekt entwickelt, um die laufend neuen Versionen deutscher Enigma-Codes zu knacken.

Deutschlands letzte Ruhmestaten, 1942
Ziel der zweiten Sommeroffensive der Wehrmacht an der Ostfront war die Eroberung der kaukasischen Ölfelder, was nicht gelang.
Oben: Österreichische Gebirgsjäger erklettern in einem symbolischen Akt den Berg Elbrus (5642 m), den höchsten Gipfel im Kaukasus und den höchsten Berg Russlands.
Unten: Sowjetische Verteidiger greifen in Stalingrad an den Ufern der Wolga die 6. Armee von General Paulus an.

Entscheidungsschlacht von Kursk, Juli 1943
Stalingrad hatte bewiesen, dass die Wehrmacht nicht unbesiegbar war, aber erst Kursk nahm ihr die Fähigkeit zur offensiven Kriegsführung in großem Stil.
Oben: Ein deutscher Panzerkampfwagen VI (Tiger II, »Königstiger«), der stärkste Panzer des Krieges, sucht einen Weg durch die sowjetischen Verteidigungsstellungen.
Unten: Sowjetische T-34, die vielseitigsten Panzer des Krieges, führen Einheiten der Roten Armee an, die beim siegreichen Gegenangriff über das Schlachtfeld ausschwärmen.

Partisanenkrieg

Die Aktivitäten von Partisanen in den besetzten Ländern waren auf die Unterstützung örtlicher Sympathisanten angewiesen, und sie führten zu brutalen Vergeltungsaktionen.

Oben: In den Sümpfen Weißrusslands (Ostpolen) kommen die Vorräte per Boot.

Unten: Auf den Inseln und Höhen Griechenlands kämpften monarchistische und kommunistische Gruppen um die Macht nach dem Krieg.

Hochdekorierte Generäle

Keiner der Generäle, die sich bis zum Ende des Krieges einen hervorragenden Namen gemacht hatten, war in den früheren Phasen besonders hervorgetreten. *Oben:* Georgi Schukow, Stalins Stellvertreter, und Konstantin Rokossowski, aus dem GULag entlassen.
Unten: George Patton, »Old Blood 'n' Guts«, und Walter Model, der »Feuerwehrmann des Führers«, Spezialist für Rettungsaktionen.

der 1. polnischen Armee, aber einige Truppenteile zogen sich nach Berlin zurück, wo sie den Führerbunker verteidigten, während andere sich durch das Reichsgebiet schlugen, um Frankreich zu erreichen. Es war das Pech dieser letzteren Gruppe, im Elsass auf die Truppen des Generals Philippe Leclerc zu stoßen. Er befahl, alle auf der Stelle als Verräter zu erschießen.[30]

All dies rückt die »größte Meuterei in der britischen Militärgeschichte« in die richtige Perspektive. Im Oktober 1943 hockten sich 192 Mann der 8. britischen Armee in der Nähe des Strands von Salerno auf ein Feld und weigerten sich kategorisch, sich vom Fleck zu rühren, auch als ihnen die Armeevorschriften offiziell laut vorgelesen wurden. Es handelte sich um Tynesider und Highlander der 50. und 51. Division, Veteranen des Wüstenkriegs, und ihr Sprecher behauptete, dass bestimmte Offiziere sie angelogen hätten. In einem Transitlager bei Tripolis in Nordafrika sei ihnen gesagt worden, dass sie wieder zu ihren Einheiten auf Sizilien stoßen würden. Stattdessen habe man sie, als sie bereits auf See waren, darüber informiert, dass sie als Verstärkungen zum Salerno-Landekopf geschickt würden. Bei dem Militärgerichtsprozess, der in Constantine in Algerien stattfand, durfte keiner von ihnen etwas zu seiner eigenen Verteidigung sagen. Drei Sergeanten wurden zum Tode verurteilt. Alle anderen erhielten sieben oder zehn Jahre Zuchthaus. Einen Monat später wurden die Urteile nach einer offiziellen Untersuchung aufgehoben. Die Männer wurden zurück in ihre Einheiten geschickt. Und der für die Untersuchung verantwortliche Major meldete einen »groben Fehler von Offizieren«.[31]

Der allerletzte britische Soldat, der wegen Disziplinlosigkeit hingerichtet wurde, war ein Mann von britisch-schweizerischer Herkunft, Theodore Schurch (1918–46), der als Lastwagenfahrer des Royal Army Service Corps in der Libyschen Wüste stationiert war. 1942 in Tobruk in Gefangenschaft geraten, diente Schurch in der Folge dem deutschen und italienischen Nachrichtendienst als Informant. 1945 wurde er in Rom wieder von der 8. Armee gefangen genommen und für neun Fälle von Verrat und einen Fall von Desertion unter Anklage gestellt. Er scheint vor dem Krieg eine Verbindung zu Mosleys Schwarzhemden gehabt zu haben. Bei seiner Verhandlung erhob er jedenfalls Einspruch gegen einen der Militärstaatsanwälte, weil er Jude sei. Dem Einspruch wurde stattgegeben. Der Angeklagte wurde gehängt.

Politische Kontrolle

Keine der großen Armeen des Zweiten Weltkriegs wurde von einer Militärdiktatur ins Feld geschickt, in der Generäle oder eine Junta die letzte Kontrolle ausübten. Alle dienten sie zivilen Regimes. Manche dieser Regime waren demokratisch, andere sehr undemokratisch, aber alle verfügten sie über Mechanismen, mit deren Hilfe die zivilen Gewalten das Militär unter Kontrolle hielten.

Seit ältesten Zeiten versichert man sich der Loyalität der Soldaten durch das Schwören eines Fahneneids. Natürlich bestimmen die politischen Gewalten, gegenüber wem der Eid abzulegen ist. In der britischen Armee waren dies »Seine Majestät, König Georg VI., seine Erben und Nachfolger«. In der US-Armee war es die »Verfassung der Vereinigten Staaten«, laut welcher der gewählte Präsident der Oberbefehlshaber ist. Deutschlands Streitkräfte leisteten den sogenannten Führereid: »Der deutsche Soldat schwört: Ich schwöre bei Gott diesen heiligen Eid, dass ich dem Führer des Deutschen Reiches und Volkes, Adolf Hitler, dem Obersten Befehlshaber der Wehrmacht, unbedingten Gehorsam leisten und als tapferer Soldat bereit sein will, jederzeit für diesen Eid mein Leben einzusetzen.«

Der sowjetische Militäreid, wie er 1941–45 gültig war, bedarf einer näheren Erläuterung. »Ich, ein Bürger der UdSSR«, lautet er, »schwöre, die sowjetische Verfassung zu befolgen und meine Heimat, die UdSSR, und ihre Regierung zu verteidigen, ohne Blut oder Leben zu schonen. Falls ich versage, möge ich durch die Härte sowjetischer Gesetze sowie den Hass und die Verachtung des Volkes bestraft werden.« In dieser Formel fehlten die religiösen Sanktionen früherer Zeiten, und im Gegensatz zu einigen früheren (und späteren) Fassungen enthielt sie wenige politische Bestandteile. So fehlte die Erwähnung einer »sozialistischen (das heißt kommunistischen) Heimat«. *Rodina* das Land der Geburt, war einfach die UdSSR. Allerdings muss darauf verwiesen werden, dass im wichtigsten Artikel der sowjetischen Verfassung von 1936 die »führende Rolle« der Kommunistischen Partei bestätigt wurde. Er ermächtigte die Partei, sich über alle anderen Verfassungsartikel hinwegzusetzen. Ob der Rekrut es wusste oder nicht, er schwor der Partei Treue und dem *Woschd* bzw. »Führer« der Partei – Josef Stalin.

Doch die politische Kontrolle bezog sich nicht auf Eide. Sie erfolgte in vielerlei Form. In den westlichen Armeen war sie meist informell. In der Wehrmacht war sie formell, aber unvorhersehbar. In der Roten Armee war sie beinahe absolut.

Britische und amerikanische Soldaten waren nicht nur den Gesetzen ihres jeweiligen Landes unterworfen, sondern auch an den Militärkodex gebunden, der eine bedrohliche Verfügung gegen »Hilfe für den Feind« enthielt. Beispielsweise war ihnen offiziell untersagt, einer faschistischen Gruppe anzugehören. Andererseits war ihnen nicht verboten, sich für die Kommunistische Partei zu engagieren. Viele britische Offiziere waren Parteimitglieder. Als nach 1941 die Leistung der Roten Armee große Begeisterung hervorrief, gaben sie den Ton an. Von den Nazis gut zu sprechen – und sei es nur von ihren Autobahnen und Volkswagen – war tabu, während anerkennende Worte über »Uncle Joe« beinahe obligatorisch waren. Britischen Soldaten drohte das Kriegsgericht, wenn sie (vollkommen wahrheitsgemäß) äußerten, dass das Massaker von Katyn eine sowjetische Greueltat sei. Und auf Tatsachen beruhende Behauptungen, zum Beispiel, dass es in der UdSSR Konzentrationslager gebe oder dass das Land wegen internationaler Aggression aus dem Völkerbund ausgeschlossen worden sei, waren indiskutabel.

Britische und US-Dienststellen zensierten die Post der Soldaten. Sie lasen die Briefe der Soldaten und stempelten die Umschläge mit »passed« (»freigegeben«). Stalin zu loben stand nicht auf der Liste der Vergehen, aufgrund deren Briefe nicht freigegeben wurden.

Entsprechend den faschistischen Grundsätzen war das Dritte Reich nicht bloß ein »Einparteienstaat«. Es war ein Staat, in dem die herrschende Partei diktatorische Vollmachten über alle Regierungsinstitutionen einschließlich der Armee ausübte und in dem die Partei selbst die Diktatur eines Mannes war. Adolf Hitler war Parteichef, militärischer Oberbefehlshaber sowie »Führer und Reichskanzler«, alles in einer Person. Sein Porträt hing in jeder Schule, in jedem Geschäft und in jeder Kaserne an einem Ehrenplatz, und sein unheilvoller Einfluss sickerte durch bis auf die untersten Ebenen deutschen Lebens.

Das Militär kontrollierten die Nazis teilweise durch den Eid, aber auch durch ein kurzfristiges Experiment mit Kommissaren nach sowjetischem Muster, größtenteils aber durch die überwachende Rolle der SS, deren bewaffneter Arm mit den allerbesten Waffen versorgt wurde und deren höherer Status die Aussicht auf sofortige Vergeltung für Insubordination bedeutete. Jeder Offizier oder Soldat, der an Revolte dachte, konnte sich nicht nur seiner eigenen grausamen Bestrafung, sondern auch harter Repressalien gegen seine Kameraden und Familienangehörigen sicher sein. Nach dem Bombenattentat vom Juli 1944 verhaftete und folterte die Gestapo etwa siebentausend Verdächtige, während die Hauptverschwörer an Fleischerhaken erhängt und bei ihrem Todeskampf gefilmt wurden.

Man muss jedoch auch an einige verborgene psychologische Mechanismen denken, wenn man sich fragt, warum die Wehrmacht niemals erfolgreich gegen die Gewalt der Nazis aufbegehrte. Eine Erklärung mag in dem Wissen um die Mittäterschaft liegen. Die meisten deutschen Soldaten jubelten, als Hitlers frühe Wagnisse sich auszahlten. Singend stampften sie durch Polen, stürmten durch Frankreich und marschierten in Weißrussland und in die Ukraine ein. Allzu viele von ihnen machten nur zu bereitwillig mit oder äußerten zumindest Zustimmung zu den von der SS organisierten massenhaften Greueltaten. Als es später um die Abrechnung ging, waren sie alle kompromittiert und gelähmt von Schuldgefühl und Reue.

Es wird leicht vergessen, von wie kurzer Dauer die Hitlerzeit war: Nur sechs Jahre verstrichen zwischen der Machtergreifung der Nazis 1933 und dem Ausbruch des Krieges. Binnen zwölf Jahren vom Anfang bis zum Ende war alles vorbei. Stalin, der 1922 an die Spitze aufstieg, hatte viel mehr Zeit, um sein System zu perfektionieren.

Es ist höchst aufschlussreich zu untersuchen, was bei den wenigen Gelegenheiten passierte, als die Wehrmacht es wagte, sich der SS zu widersetzen. Zu solchen Vorfällen konnte es kommen, weil die Befehlsketten in der Wehrmacht und in der SS voneinander getrennt waren und nicht immer eine enge Koordination gelang. Im Juli 1942 beispielsweise beschloss die SS, etwa 18 000 Juden aus der Stadt Przemysl im Generalgouvernement in das Vernichtungslager Belzec zu deportieren. Die örtliche Sicherheitspolizei (Sipo) wurde angewiesen, die nötigen Vorbereitungen zu treffen, allerdings versäumte man es, den Militärbefehlshaber der Stadt, Major Max Liedtke, zu informieren. Die Unterlassung führte zu einem bewaffneten Patt. Liedtke, der erst kurz zuvor von Piräus in Griechenland nach Przemysl versetzt worden war, hatte eine etwa 4500 Mann starke jüdische Arbeitsbrigade gebildet und an jeden Angehörigen der Brigade einen roten militärischen Sonderausweis ausgegeben. Seiner Ansicht nach leistete die Brigade unverzichtbare Dienste bei den Nachschuboperationen der Wehrmacht. Außerdem war bekannt, dass sein Adjutant, Leutnant Albert Battel, ein Mitglied der Abwehr, den Juden gegenüber freundlich gesinnt war. Als Rechtsanwalt im Vorkriegs-Breslau hatte er Juden in Not Geld geliehen und die Gestapo vor Gericht öffentlich verspottet. Auf seinem vorherigen Posten in Lemberg wurde er wegen der Behinderung von Judendeportationen unter Stubenarrest gestellt. Liedtke und Battel schritten entschlossen zur Tat. Am Sonntag, den 26. Juli, sperrten sie die Brücke über den San und stellten eine schwere Maschinengewehrkompanie zu ihrer Bewachung ab – und sie informierten die SS, dass sämtliche Polizeimaßnahmen verboten seien. Noch erstaunlicher war, dass sie eine Lastwagenkolonne ins Ghetto entsandten und einhundert jüdische Familien unter bewaffneter Bewachung herausbrachten und ihnen Schutz in der Ortskommandantur boten. Am Abend traf SS-Hauptsturmführer Martin Fellenz ein und tobte. Man werde nicht zulassen, dass Juden unter dem Vorwand, Kriegsarbeit für die Wehrmacht zu verrichten, als Schuhputzer und Burschen von Offizieren fungierten. Sein Gezeter stieß auf taube Ohren. Erst nach einem Treffen zwischen dem höchsten Militär, dem Wehrkreisbefehlshaber im Generalgouvernement, General der Kavallerie Curt Ludwig Freiherr von Gienanth, und dem höchsten Polizeioffizier, dem höheren SS- und Polizeiführer im Generalgouvernement, SS-Obergruppenführer Friedrich Wilhelm Krüger, wurde ein Kompromiss erreicht. Die San-Brücke sollte wieder geöffnet werden. Die Deportation der Juden sollte weitergehen. Aber alle jüdischen Wehrmachtarbeiter, die entweder unter 35 Jahre alt waren oder einen Sonderausweis besaßen, waren auszunehmen. Die meisten der solcherart Befreiten überlebten. Liedtke wurde zu gegebener Zeit bestraft und zur 1. Panzerarmee in den Kaukasus versetzt, wo er fiel. Battel schützte seine NSDAP-Mitgliedschaft. Er wurde nach Breslau zurückgeschickt, aus gesundheitlichen Gründen entlassen, zum Volkssturm eingezogen und von der Roten Armee gefangen genommen. Sowohl Lietdke als auch Battel wurden von der Yad-Vashem-Gedenkstätte in Israel posthum der Titel eines »Gerechten unter den Völkern« verliehen.[32] Ihre trotzige Geste wäre auf der sowjetischen Seite der Front kaum vorstellbar gewesen.

Westlichen Beobachtern fiel es oft schwer, sich vorzustellen, dass die Rote Armee, die sich zur eindrucksvollsten Militärmaschine der Welt entwickelte, ein Gefangener ihrer politischen Herren sein konnte. Aber gerade weil sie so stark war, mussten ihr nicht nur von außen, sondern auch von innen Fesseln angelegt werden. Einerseits gab es die »Politische Hauptverwaltung der Roten Armee« (PURKKA), die für die Unterwürfigkeit des Militärs gegenüber der Kommunistischen Partei verantwortlich war. Nominell war sie dem Zentralkomitee der Partei unterstellt, aber von 1937 an wurde sie von Lew Mehlis geleitet, einer Kreatur Stalins, der die Säuberungen in den Streitkräften persönlich beaufsichtigte. Andererseits gab es das NKWD mit dem NKGB (*Komissariat Gossudarstwennoi Besopasnosti*, »Volkskommissariat für Staatssicherheit«) unter Lawrenti Beria, dem ebenso wie Heinrich Himmler eine große Privatarmee zur Verfügung stand. Das NKWD muss man sich vorstellen wie die SS, die Gestapo, die Grenzwachen, die Hauptverwaltung für Haftanstalten, die Inspektion der Konzentrationslager und der militärische Geheimdienst in einem. Es kontrollierte auch die PURKKA. Ohne die vorherige Genehmigung des NKWD durfte die Rote Armee nicht einen einzigen Schuss abfeuern.

Abgesehen von der politischen Schulung betrieb die PURKKA das Netzwerk der *politruki* oder »politischen Führer« (im Ausland gemeinhin als »Kommissare« bekannt), die in der gesamten Roten Armee auf allen Ebenen zu finden waren. Jeder der *politruks* trug Armeeuniform und sah aus wie ein gewöhnlicher Rotarmist. Aber alle besaßen zwei Dienstgrade – einen militärischen und einen beim Sicherheitsdienst – und dienten zwei Herren: nominell dem Befehlshaber ihrer militärischen Einheit, aber eben auch ihrem Vorgesetzten in der NKWD-Hierarchie. Sie fungierten als Berater und Instrukteure der Soldaten in nichtmilitärischen Angelegenheiten und, noch wichtiger, als Informanten der Partei in Sachen Loyalität und Moral. Sie teilten die Entbehrungen der Männer im Ausbildungslager oder an der Front, aber sie standen praktisch über der normalen militärischen Disziplin, und sie verbreiteten zwangsläufig den Argwohn, dass sie schlicht ihre Kameraden ausspionierten – was sie natürlich auch taten. Ihre Aktivitäten zu kritisieren hätte bedeutet, der Partei das unangefochtene Recht auf ihre führende Rolle streitig zu machen, was als »bürgerliche Abweichung« angeprangert werden konnte. Dieser Vorwurf verdiente die härtesten Konsequenzen. Wie Alexander Solschenizyn am eigenen Leib erfahren musste, konnte ein unbedachtes Wort gegen Stalin die Verlegung in den Gulag oder in ein Strafbataillon nach sich ziehen. Politische Erwägungen hatten absoluten Vorrang. Solschenizyn war ein erfahrener Artillerieoffizier und ein wertvoller militärischer Aktivposten. Doch eine geringfügige politische Übertretung garantierte die sofortige Verhaftung.

Man kann ein solches System diabolisch nennen. Aber es spiegelte lediglich das soziale Klima des Terrors wider, das in der UdSSR während der Prozesse und Säuberungen der dreißiger Jahre erzeugt worden war. In einer freien Gesellschaft, deren Mitgliedern beigebracht worden ist, die Wahrheit zu sagen und frei ihre Meinung zu äußern, wäre es undurchführbar gewesen. Sie hätten ihren Kommissar im nächsten Fluss ertränkt oder ihm eine verirrte Kugel in den Rücken gejagt. Aber bei einer Generation von Jugendlichen, die in der Schule gelernt hatten, dass es patriotisch sei, die eigenen Eltern zu denunzieren, funktionierte es.

Die politische Aufsicht des Militärs war nirgends systematischer als in den höheren Führungsstäben. Jeder General wurde Tag und Nacht von seinem Schutzengel beschattet, der sämtliche Befehle gegenzeichnen musste. Und politische Generäle wie Nikita Chruschtschow oder Leonid Breschnew, die eine Generalsuniform mit Generalssternen trugen, aber im Grunde Parteiaufpasser waren, dominierten sämtliche Befehlsstäbe der verschiedenen Armeen und Fronten. Im sowjetischen System waren es deshalb nicht Schukow oder Rokossowski, die nach Stalins Ableben an die Spitze aufstiegen – wie Eisenhower in den USA an die Spitze aufstieg. Es waren die politischen Opportunisten wie Beria, Chruschtschow und Breschnew. Bei der Kraftprobe nach dem Krieg ließ Chruschtschow Beria verhaften und erschießen, um sein Ziel zu erreichen.

Das NKWD erfüllte Aufgaben in allen Bereichen des sowjetischen Lebens, aber in der Kriegszeit bekam der militärische Bereich besondere Bedeutung. Wie die SS in Deutschland besaß auch das NKWD seine eigene Privatarmee, ausgerüstet mit Panzern, Artillerie und Flugzeugen. Wenn alle verfügbaren Formationen mitgerechnet werden, zählte sie mehrere hunderttausend Mann und war damit vor den Landungen in der Normandie die drittgrößte Armee auf dem Kontinent. In Notfällen – also während des überwiegenden Teils der Jahre 1941–42 – konnte sie an die vorderste Front abkommandiert werden. Aber ihre natürliche Rolle war die Sicherung des Rückraums, die Einschließung der Roten Armee in eine Kapsel, aus der es kein Entrinnen gab, und die Unterdrückung der örtlichen Bevölkerung. Zu diesem Zweck hielt das NKWD eine große Anzahl sogenannter Sperrgruppen oder Blockiergruppen in Bereitschaft, die hinter den Nachzüglern der vorrückenden Front herfuhren – sobald die Lend-Lease-Lieferungen einsetzten, in Willys-Jeeps – und nach vorne feuerten. In keiner anderen Armee existierte etwas von der Größe oder Art Vergleichbares.[33]

Generäle

Armeen sind hierarchisch organisiert. Es gibt eine Befehlskette mit Marschällen, Feldmarschällen und Generalfeldmarschällen an der Spitze und normalen Infanteristen, Schützen, Gefreiten am unteren Ende. Die Kommandeure geben die Befehle, und alle niederen Ränge gehorchen.

Im Zweiten Weltkrieg gab es Hunderte von Generälen und Dutzende von Marschällen. Jede Armee verwendete ihre eigene Nomenklatur.

Gleichwertige Armeeränge*

Britische Armee	US-Armee	Wehrmacht	SS	Rote Armee
Feldmarschall	Generalfeldmarschall	Generalfeldmarschall	–	Marschall der UdSSR
General	General	Generaloberst	SS-Oberstgruppenführer	Armeegeneral
Generalleutnant	Generalleutnant	General	SS-Obergruppenführer	Generaloberst
Generalmajor	Generalmajor	Generalleutnant	SS-Gruppenführer	Generalleutnant
Brigadegeneral	Brigadegeneral	Generalmajor	SS-Brigadeführer	Generalmajor

*Luft- und Seestreitkräfte hatten ihre eigenen Dienstgrade

Auf die oft gestellte Frage »Welcher dieser Generäle war der beste?« gibt es keine eindeutige Antwort, weil es keine eindeutigen Kriterien gibt. Mit einiger Bestimmtheit ist jedoch anzunehmen, dass jede Nation ihre eigenen Generäle nur ungern in den Schmutz zieht und nur allzu bereitwillig die Generäle des Feindes, die gut gegen sie gekämpft haben, überbewertet. Die Briten beispielsweise überschätzten Bernard Montgomery außerordentlich und priesen Erwin Rommel und Gerd von Rundstedt, die gegen die britische Armee kämpften. Deutsche Historiker zählen keinen zu den Besten.

Die britische Armee brachte in den Jahren 1939–45 keine erstklassigen Generäle hervor. Das lag zum Teil daran, dass sie stets als Juniorpartner fungierte – zuerst 1939–40 für die Franzosen und dann nach 1942 für die Amerikaner –, und teilweise daran, dass sie von ihren politischen Vorgesetzten zu übergroßer Vorsicht vergattert wurde. Der Wüstenfeldzug 1940–43 war der einzige, bei dem die Briten die uneingeschränkte Kontrolle ausübten; und der Sieg von El Alamein – wo Montgomery über deutlich bessere Ressourcen verfügte – war die Frucht kompetenter, aber nicht glänzender Feldherrenkunst. Vizeluftmarschall Hugh Dowding vom Jägerkommando und Vizeluftmarschall Arthur Harris vom Bomberkommando sahen sich innerhalb ihrer eigenen Truppenteile harter Kritik ausgesetzt. Und die Royal Navy wurde trotz vieler tapferer Gefechte niemals zu einer Neuauflage der Schlacht von Trafalgar aufgefordert.

Auch die USA besaßen nur wenige herausragende Feldkommandeure, da es stark an praktischer Erfahrung mangelte. Aber in George C. Marshall und Dwight D. Eisenhower hatten sie zwei ausgezeichnete Militärverwalter, welche die angloamerikanische Militärmaschine erfolgreich führten.[34]

General George Catlett Marshall (1880 bis 1959), ehemals Chefberater von General John Pershing, amtierte den ganzen Krieg hindurch als US-Generalstabschef. Seit 1938 Leiter der Abteilung für Kriegsplanung im US-Kriegsministerium, wurde Marshall am 1. September 1939 auf den höchsten militärischen Posten berufen. Man ging lange davon aus, dass er die alliierte Expeditionsstreitmacht während der Landungen in der Normandie befehligen würde, aber Roosevelt meinte, dass er keine Nacht schlafen könne, wenn Marshall Washington verließe. Also wurde an seiner statt Eisenhower ernannt.

Dwight D. Eisenhower (1890 bis 1969), der Sohn armer Mennoniten, war der Inbegriff eines Stabsoffiziers. Er befehligte nie eine militärische Einheit im Gefecht. Ausgewählt wurde er wegen seines politischen Geschicks und seiner Fähigkeit zur Menschenführung. Von Juni 1942 an war er der ranghöchste US-Offizier in Europa, zuerst als Oberbefehlshaber im Mittelmeer, dann, ab dem Unternehmen »Overlord« bis zum Ende des Krieges, als Oberbefehlshaber der alliierten Streitkräfte in Nordwesteuropa. Er hielt das angloamerikanische Unternehmen brillant zusammen. »Mir ist egal, ob jemand Hurensohn genannt wird«, bemerkte er einmal, »aber ich will verdammt sein, wenn ich zulasse, dass jemand ›britischer Hurensohn‹ oder ›amerikanischer Hurensohn‹ genannt wird.«

General George Patton (1895 bis 1945) war der einzige westliche General mit einem extravaganten Flair. Zweimal wurde er vom Dienst suspendiert – einmal, weil er einen verstörten Soldaten geohrfeigt hatte, und das andere Mal, gegen Ende des Krieges, weil er Nazibeamte auf Verwaltungsposten weiterarbeiten ließ. Bezeichnenderweise war er einer der wenigen ranghöheren US-Kommandeure, die im Ersten Weltkrieg an der Front im Einsatz gewesen waren, wo er eine Panzerbrigade befehligt hatte. Er war furchtlos, extravagant und großmäulig, aber ein perfektionistischer Planer und ein Freund der Poesie. Von November 1942 bis Mai 1945 hatte Patton mehrere Kommandos inne – in Casablanca, auf Sizilien und bei der 3. US-Armee in Frankreich und Deutschland. Seine Dienstzeit betrug insgesamt nur dreizehn Monate. Sie reichte, um ihm den Ruf des besten amerikanischen Generals in diesem Krieg einzubringen. Er starb in Deutschland bei einem Autounfall.[35]

Deutschland schickte an die zwanzig Feldmarschälle in den Kampf – mehrere von herausragender Qualität. Ihre Leistung wurde häufig durch Hitlers Einmischung zunichtegemacht, und einige ihrer größten Heldentaten vollbrachten sie, indem sie deutsche Verbände vor der drohenden Katastrophe retteten. Ihr Ruf litt natürlich zwangsläufig darunter, dass sie auf der Verliererseite kämpften. Aber was professionelle Eignung und Brillanz angeht, waren einige von ihnen unübertroffen.

Generaloberst Heinz Guderian (1888 bis 1954) war der wahre Erfinder des Blitzkriegs, wie er in seinem Buch *Achtung Panzer* (1937) darlegte. In Polen, in den Niederlanden und Frankreich sowie beim Unternehmen »Barbarossa« setzte er seine Theorie glänzend in die Praxis um. Im Dezember 1941 jedoch wurde er wegen Differenzen mit Hitler über den Einsatz der Panzertruppen und weil er seine Einheiten aus einer exponierten Stellung zurückgezogen hatte, seines Postens enthoben. Er verblieb fast achtzehn Monate ohne Kommando, bevor man ihn zurückholte, zuerst als Generalinspekteur der Panzertruppen und dann als Chef des Generalstabs des Heeres. Seine wachsende Verzweiflung über Hitler führte im März 1945 zu einem Gefühlsausbruch, der seiner offiziellen Beurlaubung wegen Krankheit vorausging.[36]

Generalfeldmarschall Erich von Manstein (ursprünglich v. Lewinski, 1887 bis 1973) war im Zweiten Weltkrieg der glänzendste Vertreter offensiver Kriegsführung. Er war der Erfinder des »Sichelschnitts«, jenes Operationsplans, mit dem der Frankreichfeldzug 1940 gewonnen wurde. Als Kommandeur des 38. Korps überquerte er als Erster die Seine. Von 1941–43 führte er hervorragende Operationen durch, an erster Stelle die Eroberung der Krim. Es ist bezeichnend, dass Manstein sein Glück verließ, als die Wehrmacht ihre Offensivfähigkeit einbüßte. Im März 1944 wurde er entlassen.[37]

Die Karriere von Generalfeldmarschall Walter Model (1891 bis 1945) folgte einer Bahn, die der Mansteins genau entgegengesetzt war. Models Stern stieg in dem Maße, wie die Wehrmacht einer geschickten Verteidigungsstrategie bedurfte. Für die Stabilisierung der Front bei Rschew im Februar 1942 zum Generaloberst befördert, bewahrte er wenige Wochen später durch ein taktisches Rückzugsmanöver (»Büffelbewegung«) aus einem vorgeschobenen Frontbogen um Rschew und Wjasma die 9. Armee vor der Einkesselung, wofür ihm das »Ritterkreuz mit Eichenlaub und Schwertern« verliehen wurde. Obwohl er dafür verantwortlich war, dass Mansteins Plan für Kursk sich verzögerte, weil er zunächst von einer Offensive abriet und bei dem Unternehmen »Zitadelle« dann selber fünf Armeekorps befehligte, verlor er Hitlers Vertrauen nicht und eilte als »Feuerwehrmann des Führers« von einer verzweifelten Mission zur nächsten. Mit seiner »Schild-und-Schwert«-Taktik, die einen allgemeinen Rückzug durch eine kurze vorhergehende Gegenoffensive verdeckte, überwand er Hitlers Abneigung gegen Rückzugsbewegungen, und dieses Manöver funktionierte bei zahlreichen Gelegenheiten erfolgreich – bei der Heeresgruppe Süd (März 1944), der Heeresgruppe Mitte (Juni 1944), in Ostpreußen (August 1944) und an der Westfront (August 1944 bis März 1945). Models Verteidigung der Schelde-Mündung beraubte die westlichen Alliierten 1944 des Sieges. Er beging Selbstmord, als seine Verbände 1945 kein Mittel zum Ausbruch aus dem Ruhrkessel fanden.[38]

Generalfeldmarschall Wilhelm Keitel (1883 bis 1946), Hitlers engster militärischer Berater, hat seinen Platz am anderen Ende der Skala. Ohne jegliches Talent und Rückgrat, folgte er seinem Herrn sklavisch und wurde in Nürnberg gehängt.

Die sowjetischen Marschälle arbeiteten im Schatten Stalins, so wie ihre deutschen Kollegen unter dem Hitlers litten. Doch sie bekamen ihre Bewährungsprobe bei Ausbruch des deutsch-sowjetischen Krieges. Auch die Rote Armee hatte ihren Anteil an gescheiterten Generälen, Beispiele sind vor allem Kliment Woroschilow und Semjon Timoschenko, die durch ihre Vertrautheit mit Stalin bekannt geworden waren. Die Früchte ihrer Beharrlichkeit ernteten die erfolgreichen Generäle der Roten Armee in späteren Phasen.

Marschall Alexander Wassilewski (1895 bis 1977) hatte das Glück, lange genug zu überleben, um in die höheren Ränge aufzusteigen. Ausgebildet als orthodoxer Priester, hatte er der zaristischen Offizierskaste angehört und trat erst auf dem Höhepunkt der Säuberungen 1938 in die Kommunistische Partei ein. Dennoch zeigte er großes Können als Stabsoffizier, und im Mai 1942 wurde er Chef des Hauptquartiers des Kommandos des Obersten Befehlshabers (*Stawka Werchownogo Glawnokomandujuschtschego*, kurz: Stawka). Zusammen mit Schukow war er verantwortlich für die erfolgreichen Vorbereitungen, die durch Stalingrad, Kursk und »Bagration« belohnt wurden. Als Feldkommandeur übernahm er im Winter 1944–45 die baltischen Fronten. Im August 1945 fiel die Wahl als Oberbefehlshaber der sowjetischen Streitkräfte, die im Fernen Osten gegen Japan kämpften, auf ihn.

Marschall Konstantin Rokossowski (1896 bis 1968) retteten nur seine unbestrittene Brillanz und seine Freundschaft mit Schukow vor den Verdächtigungen Stalins. Aufgewachsen in Warschau, war er in den zwanziger Jahren auf der sowjetischen Kavallerie-Akademie Klassenkamerad Schukows gewesen. Seine Chancen, den Terror zu überleben, müssen durch die Tatsache außerordentlich geschmälert worden sein, dass er als sowjetischer Militärattaché bei Chiang Kai-shek in die Welt hinausgeschickt worden war. Trotzdem überstand er seine Jahre im Gulag, und während der Krise von 1941 wurde er auf Ersuchen Schukows wieder eingestellt. Von da an erfolgte sein unaufhaltsamer Aufstieg als Befehlshaber der entscheidenden Don-Front bei Stalingrad, der Zentralfront im Kursker Frontbogen und des Unternehmens »Bagration«. Als führender Kampfkommandeur der Roten Armee mag er erwartet haben, den abschließenden Marsch auf Berlin zu leiten. Stattdessen wurde er nach dem Warschauer Aufstand im November 1944 zum Oberbefehlshaber der 2. weißrussischen Front ernannt und musste sich auf dem äußersten rechten Flügel entlang der

Ostseeküste bewähren. Nach dem Krieg schickte man ihn als von den Sowjets aufgezwungenen Verteidigungsminister erneut nach Polen.[39]

Die Bedeutung Marschall Georgi Schukows (1896 bis 1974) liegt in der Vielzahl seiner Leistungen. Er schaffte es, eine hervorragende Karriere als aktiver Befehlshaber an vorderster Front mit gleichzeitigen Erfolgen in der militärischen Planung und der Stabsarbeit auf hoher Ebene zu verbinden. Verschiedentlich arbeitete er eng mit Stalin und Wassilewski zusammen. Trotz seines aufbrausenden Temperaments geriet er nie in Konflikt mit der herrschenden Elite des Diktators. Überhaupt war er der prominenteste Marschall der Roten Armee, und da die Rote Armee letztendlich als Sieger in Europa betrachtet werden muss, war er zugleich der prominenteste General des Krieges.

Dennoch verdankte sich Schukows glänzende Karriere mehr als nur einem Glücksmoment. Im Herbst 1941 an die scheinbar zusammenbrechende Leningrader Front beordert, schien er ein Wunder zu vollbringen, als der Vormarsch der deutschen Heeresgruppe Nord zum Stillstand gebracht wurde. Stalin war hocherfreut, wusste aber nicht, dass Hitler sich entschlossen hatte, Leningrad gar nicht anzugreifen, sondern zu belagern. Ebenso wurde die Front Anfang Dezember 1941, als die Wehrmacht sich der Einnahme Moskaus sicher zu sein schien, plötzlich von eisigem Frost gelähmt, und Schukow erhielt den unerlässlichen Aufschub, um den Gegenangriff zu starten, wodurch die Stadt gerettet wurde. Im April 1945 vor Berlin legte Schukow hingegen keine Meisterleistung ab, und die entscheidenden taktischen Bewegungen wurden von Konew im Süden und von Rokossowski im Norden vollführt. Aber Schukow war der Oberbefehlshaber, und der Sieg machte ihn zu einer internationalen Persönlichkeit.

Den letzten Schliff erhielt Schukows Image während der Siegesparade vom Mai 1945. Ursprünglich war geplant, dass

Stalin selbst auf einem strahlend weißen Hengst auf den Roten Platz reiten sollte. Doch der Große Führer fiel beim Üben von seinem feurigen Reittier und gab auf. Der alte zaristische Kavallerist stellte sich der Herausforderung. Schukow ritt das Araberross nicht bloß, sondern galoppierte in Kosakenmanier über das Kopfsteinpflaster des Platzes und stellte alle anderen in den Schatten. Stalin verzieh es ihm nie.[40]

Soldaten, Matrosen, Flieger und andere

Der Einfluss populärer Legenden von RAF-Kampfpiloten, die sich in ihre Spitfires zwängen, von amerikanischen GIs, die am Küstenabschnitt Omaha Beach an Land waten, oder von sowjetischen Infanteristen, die zwischen den Ruinen Stalingrads angreifen, ist inzwischen groß. Darüber darf nicht vergessen werden, dass alle bedeutenden Kampfverbände äußerst komplexe Organisationen waren, die aus vielen verschiedenen Waffengattungen bestanden und dass die Balance zwischen diesen Waffengattungen in jedem konkreten Fall anders war.

Briten und Amerikaner beispielsweise legten zwangsläufig viel größeres Gewicht auf die See- und Luftmacht. Im Falle Großbritanniens erlangten drei Truppenteile besondere Bedeutung: das Bomberkommando, die Handelsmarine und die Fleet Air Arm (FAA), die Marineflieger der Royal Navy.

Deutschland begann den Krieg mit den ausgewogensten Streitkräften. Aber in den mittleren Jahren des Krieges wurde die Kriegsmarine durch die westlichen Seestreitkräfte erfolgreich neutralisiert, die Luftwaffe büßte die Vorherrschaft am Himmel über Westeuropa ein, und das Heer verlor die Initiative im Osten. All diese Entwicklungen beeinflussten sich wechselseitig. Beim Entscheidungskampf war die Luftwaffe zu schwach, um die Unzulänglichkeiten der deutschen Landstreitkräfte auszugleichen, während die Schlagkraft der westlichen Luftstreitkräfte die relative Schwäche der westlichen Armeen ausglich, die es zu diesem Zeitpunkt aber nur noch mit einer stark geschwächten Wehrmacht zu tun hatten.

Alle Teilstreitkräfte des sowjetischen Militärs wurden 1941–42 dezimiert. Die Rote Luftwaffe wurde beinahe vollständig am Boden vernichtet, während den Verbänden der Roten Flotte in der Ostsee und im Schwarzen Meer keine Fluchtwege offen standen. In den Jahren des Wiederaufbaus ruhte daher die größte Last notgedrungen auf der Roten Armee und ihren außerordentlichen Widerstandskräften. Dennoch gelang der Sowjetunion in den Jahren 1943–45 ein bemerkenswerter Wiederaufstieg in der Luft, zur See und zu Lande. Sie produzierte Flugzeuge und bildete Piloten aus, um die deutsche Luftwaffe zu übertreffen, während sowjetische Unterseeboote der deutschen Schifffahrt in der Ostsee verheerenden Schaden zufügten.

Sämtliche Klischees bedürfen der Ergänzung. Es reicht nicht, an die prominentesten Militärangehörigen zu erinnern. Es gab die unterschiedlichsten Soldaten, die unterschiedlichsten Matrosen und die unterschiedlichsten Flieger – und in der modernen Kriegführung ein riesiges Aufgebot an technischem und Versorgungspersonal. Eines der Fliegerasse in der Luftschlacht um England küsste jedes Mal, wenn er von einem Einsatz zurückkehrte, seinem Chefmechaniker die Hände. »Dies sind die Hände«, pflegte er zu sagen, »die mich am Leben erhalten.«[41]

Artillerie, Kavallerie, Pioniere und Spezialeinheiten

Bis zum Ersten Weltkrieg 1914–18 hatten alle Armeen aus vier Hauptwaffengattungen bestanden: Infanterie, Kavallerie, Artillerie und Pioniere. Doch in den Jahren 1939–45 änderte sich das Bild rasch. Die Rolle der Reiterei nahm ab, und die der Artillerie verband sich mit der neuentdeckten Schlagkraft von Flugzeugen zur Bodenunterstützung.

Alle Armeen ließen im Jahr 1939 Kavallerieregimenter aufmarschieren. Aus dem Ersten Weltkrieg wusste man indes sehr gut, dass die Leistungsfähigkeit des Maschinengewehrs die Ära frontaler Kavallerieattacken beendet hatte. Aber in einer Phase, in der der überwiegende Teil der Infanterie, insbesondere bei der deutschen Wehrmacht, noch immer nicht motorisiert war, besaßen Soldaten zu Pferde nach wie vor große Vorteile bei der Aufklärung, der Flankendeckung taktischer Bewegungen und bei der Kommunikation. Die Rote Armee, die sich zunehmend auf das Gewicht ihrer Panzerstreitmacht verließ, unterhielt ebenfalls traditionelle Kosaken-Formationen. Und Pferdegespanne für den Transport waren im Osten sowohl bei den Deutschen als auch – bis zum Eintreffen der ersten amerikanischen Lastwagen aus dem Lend-Lease-Abkommen 1943–44 – bei den Sowjets der Normalfall.

Der immer wieder erzählte Vorfall vom September 1939, als polnische Reiter auf deutsche Panzer trafen, war kein Zeichen besonderer polnischer Rückständigkeit, sondern ein für diese Zeit typisches Ereignis. Hätten die Polen den Rat ihrer westlichen Verbündeten ignoriert und wären dem deutschen Beispiel gefolgt, ihre Panzer zu einer Panzertruppe zusammenzufassen, hätte es durchaus passieren können, dass ein Regiment deutscher Ulanen auf eine Kolonne polnischer Panzer gestoßen wäre.

Überdies lassen sich leicht andere Beispiele für den Zusammenstoß von Reitern und Panzern finden. So verlor im Oktober 1941 eine mongolische Kavalleriedivision der Roten Armee zweitausend Mann, ohne den feindlichen Deutschen einen einzigen Verlust zuzufügen.[42] Nur wenige würden daraus schließen, dass dem mongolischen Nationalcharakter der Makel unklugen Draufgängertums anhafte.

Jeder stellt sich gern eine dichtgedrängte Artillerie als die beherrschende Waffe des Grabenkriegs einer früheren Epoche vor. Doch Verfechter der Artillerie behaupten, dass auch der Zweite Weltkrieg ein »Artilleriekrieg« gewesen sei, und verweisen als Begründung darauf, dass schwere Geschütze für mehr als die Hälfte der Verluste bei den Schlachten verantwortlich waren.[43] Unbestreitbar ist in der Tat, dass alle Armeen gewaltige Mengen an Feldgeschützen und Haubitzen einsetzten und alle geplanten Infanterieangriffe mit einem Artilleriesperrfeuer eingeleitet wurden. Auch kamen Artillerieduelle – Bombardierungen und Gegenbombardierungen – sowohl an der Ostfront als auch an der Westfront regelmäßig vor.

Die britische und insbesondere die US-Artillerie galten als hochmodern, vor allem bei den Techniken des sogenannten »Schießens mit Vorhalt«. »Rollendes« Sperrfeuer konnte exakt auf das Vorrücken der Infanterie abgestimmt werden, während »Time on Target«- oder TOT-Justierungen, also präzise Zielzeiteinstellungen, gewährleisten konnten, dass bei Sperrfeuer alle Granaten mit verheerender Wirkung gleichzeitig explodierten. Die US-amerikanische 105-mm-Haubitze war für den Abschuss von dreizehn verschiedenen Granatentypen mit Ladungen von Sprengstoff bis zu Propagandaflugblättern konstruiert.

Die deutsche Artillerie hatte sowohl der luftgestützten Zielerkennung als auch der funkgesteuerten Aufklärung den Weg geebnet. Beides verschaffte der Wehrmacht während des Unternehmens »Barbarossa« einen ebenso deutlichen Vorteil wie die Einführung von Sturmgeschützen (StuG), Selbstfahrgeschütze, die mit einem Panzerangriff Schritt halten konnten. Darüber hinaus besaß die Wehrmacht ein beispielloses Sortiment riesiger Eisenbahngeschütze, die zum Angriff auf Festungen und Bunkerstellungen eingesetzt wurden. Das 80-cm-Sondergeschütz »Dora« beispielsweise, das in Warschau eingesetzt wurde, feuerte eine Granate, die 4800 Kilogramm wog, über eine Entfernung von 47 Kilometern.

Von der Artillerie der Roten Armee heißt es oft, sie habe mehr auf Quantität als auf Perfektion vertraut. Aber das Urteil ist möglicherweise unfair, vor allem was die späteren

Phasen des Krieges betrifft, als die Kommunikationssysteme außerordentlich verbessert wurden. Eines jedoch war ungewöhnlich, nämlich dass das sowjetische Oberkommando sehr große, reine Artilleriedivisionen aufstellte und diese unter getrennter Aufsicht in Reserve hielt. Diese Artilleriedivisionen waren entweder für den Angriff gedacht und verfügten in diesem Fall über ein zahlenmäßiges Übergewicht an Minenwerfern, Haubitzen und Raketenwerfern oder für die Verteidigung, und dann waren Feldgeschütze in der Überzahl. Sie wurden je nach den Erfordernissen auf die verschiedenen Fronten (Heeresgruppen) verteilt. Nach 1943 wurde das System um zehn Artilleriekorps mit jeweils siebenhundert Geschützen erweitert. Diese Einheiten waren mehr als dreimal so stark wie entsprechende Verbände in der US-Armee, deren konzentriertes Sperrfeuer auch als »Serenade« bekannt war.

Auch die Pioniere standen vor der Herausforderung durch neue Techniken. Aber ihre früheren Aufgaben – Brückenbau, Minenlegung oder -räumung, Errichtung oder Abbau von Befestigungen und Aufstellung oder Entfernung von Hindernissen – blieben genau dieselben. Zu ihrer neuen Ausrüstung gehörten Bailey-Brücken, Panzerplanierraupen, mechanische Minenräumgeräte, schwimmende »Mulberry«-Häfen und Plastiksprengstoff. Der Italienfeldzug bestand unter anderem auch aus einem zweijährigen Duell der Pioniere. Besonders wirkungsvoll war die Gustav-Linie. An der Ostfront, wo viele breite Flüsse das Vorwärtskommen behinderten, hatten Brückenbaukenntnisse Priorität. So bauten die Deutschen im September 1943 sieben Brücken, um sich in einem Sektor von 650 Kilometern über den Dnjepr zurückzuziehen. Gleichzeitig errichteten sowjetische Pioniere in einem kleinen Sektor von 400 Kilometern zweiundfünfzig Brücken.[44] Doch all das verblasste im Vergleich zu der Aufgabe, vor der die alliierten Pioniere bei der Landung in der Normandie standen. Wie man damals sagte, war es, als würde man die Stadt Chicago unter feindlichem Beschuss auf das gegenüberliegende Ufer des Michigan-Sees verlegen. Die Deutschen hatten fast vier Jahre auf den Bau der Betonverteidigungsstellungen des Atlantikwalls verwandt. Die Alliierten mussten ihn nun in vier Wochen zerschlagen und anschließend die Infrastruktur wiederaufbauen, darunter fünfzig Flugplätze. Sie schafften es.

In der britischen Kriegsmythologie wird viel Aufhebens von den Spezialeinheiten gemacht – der Special Operations Executive (SOE), den Kommandotrupps der Royal Marines, den Fallschirmspringern, der Long Range Desert Group, dem Special Air Service und dem Special Board Service –, deren Heldentaten den Hintergrund für Ian Flemings Romane abgaben. Aber ihre Taten – wie der Angriff auf Hafenschleuse und Trockendocks in Saint-Nazaire im März 1942 – waren ziemlich real, und ihre Anführer, wie Lieutenant David Stirling, waren schneidige, lässig-elegante Offiziere. Doch vor dem Hintergrund des Krieges insgesamt waren ihre Aktivitäten höchst nebensächlich – äußere Beweise für die elementare Tatsache, dass die britische Armee nicht imstande war, den Feind auf Augenhöhe herauszufordern. Und einzigartig waren sie auch nicht. Die Deutschen hatten ihre eigenen Spezialeinheiten, darunter Otto Skorzenys »Friedenthaler Jagdverbände«, die Mussolini befreiten, den Sonderverband »Brandenburg« der Abwehr und das Kampfgeschwader 200 (KG 200) für schwierige Kampf- und Transportaufträge, die Erprobung neuer Waffen und die Vorbereitung strategischer Angriffe mit speziellen Waffen.

Was jedoch reines Draufgängertum angeht, übertraf nichts die »X. Flottilla MAS«, eine Kampfschwimmereinheit der italienischen Marine, die dem Einsatz von »Froschmännern«, Sprengbooten und Kleinst-U-Booten den Weg ebnete. Der erfolgreiche Angriff der Flottille auf den Hafen von Alexandria im Dezember 1941 setzte zwei britische Schlachtschiffe außer Gefecht und veränderte das Gleichgewicht der Seestreitkräfte im Mittelmeer beträchtlich.

Vor dem Krieg hatte man geglaubt, Fallschirmspringer seien die entscheidende Waffe der Zukunft; und bereits 1931 hatten gemeinsame sowjetisch-deutsche Manöver in der Ukraine Pionierarbeit für die grundlegenden Techniken geleistet. Doch die Verheißung wurde nie erfüllt. Lange Zeit fehlten geeignete Flugzeuge, und solange es nicht möglich war, einen Willys-Jeep von einer C-47 Dakota abzuwerfen, besaßen die Fallschirmspringer am Boden kein Beförderungsmittel. Die unbehinderte Landung deutscher Fallschirmjäger in Norwegen und Holland 1940 war in der Durchführung gut und weckte Erwartungen. Aber die auf Widerstand stoßenden Landungen auf Kreta erwiesen sich als so kostspielig, dass das deutsche Oberkommando seinen Fallschirmjägereinheiten für den Rest des Krieges Sprungverbot erteilte. Doch Briten und Amerikaner ließen sich nicht beirren, setzten im Rahmen von »Torch« wie von »Overlord« Luftlandetruppen ab und stellten im August 1944 die 1. alliierte Luftlandearmee auf. Diese Armee bereitete sechzehn Operationen vor, die aufgrund von Zwängen bei der Wahl des richtigen Zeitpunkts und bei der Koordination niemals stattfanden, und eine siebzehnte unter dem Decknamen »Market Garden«, die bei Arnheim in einer Katastrophe endete. Im März 1945 wurden schließlich zwei Divisionen eines gemeinsamen britisch-amerikanischen Luftlandekorps erfolgreich jenseits des Rheins abgesetzt. Sie stellten so das Vertrauen wieder her, an dem es den Befürwortern luftgestützter Kriegsführung lange gefehlt hatte.[45]

Eliteformationen

Keine Armee kann behaupten, dass alle ihre Einheiten höchsten Ansprüchen genügen. Und im Streben nach hervorragender Qualität war es lange Zeit Praxis, den besten Regimentern die besseren Waffen, den höheren Sold und das höhere Prestige zuteilwerden zu lassen. In der britischen Armee zählte Tradition viel, und es waren die königlichen Garderegimenter – die Coldstream, Grenadier, Scots, Welsh und Irish Guards, zusammen mit den »Blues and Royals« der Household Cavalry, der Gardekavallerie –, die nach allgemeinem Dafürhalten den höchsten Status innehatten. Sie sonnten sich, verdient oder nicht, im Ansehen ihrer Professionalität und in dem allgemeinen Glauben, dass sie irgendwie großartiger und unbesiegbarer waren als die zahlreicheren Grafschaftsregimenter und die einfachen »Territorials« der Territorialarmee. Neu formierte Spezialeinheiten wie die Royal Marines Commandos und die Fallschirmspringer des Parachute-Regiments wurden kraft ihrer Spezialausbildung und aufregenden Funktionen gleichfalls der Elite zugerechnet.

In der US-Armee, deren Geist demokratischer war, zählte Tradition weniger. Doch die Unterscheidung zwischen Berufssoldaten und Wehrpflichtigen oder Nationalgardisten wurde auch hier getroffen. Und das US Marine Corps, das eine lange Tradition hatte, wurde hochgeschätzt. Die Marines stellten Bataillone für Spezialaufgaben auf; sie wurden als »Raider« bezeichnet und traten in Europa nicht in Erscheinung, während die entsprechenden Einheiten der US-Armee »Ranger« hießen und den britischen Kommandotrupps nachempfunden waren. Ranger-Bataillone landeten bei Salerno, erlitten im Anschluss an Anzio schwere Verluste und zeichneten sich in der Normandie aus. Nichts jedoch verschafft einer militärischen Einheit mehr Prestige als Leistungen im Kampf. Und in dieser Hinsicht übertraf keine die 101. Luftlandedivision, die sich sowohl in der Normandie als auch während der Ardennenschlacht inmitten der härtesten Kämpfe auszeichnete.

Im deutschen Heer wurde die traditionelle Vorrangstellung der alten Wehrmachtsregimenter von den neuen offiziellen Präferenzen überschattet, die man der Waffen-SS einräumte. Letztere trug besondere Uniformen, hatte die neuesten Waffen und erhielt die großzügigste Unterstützung durch die Versorgungsdienste. Doch die achtunddreißig Divisionen der Waffen-SS waren einander keineswegs gleichgestellt. Die »wahren deutschen« SS-Panzerdivisionen, die 1., 2. und 3. – die Leibstandarte-SS »Adolf Hitler«, »Das Reich« und »Totenkopf« –, genossen bei den Nazis den besten Ruf, während die zahlreichen Divisionen ausländischer Freiwilliger in ihren Augen kaum mehr als Beiwerk waren. Deutsche Fallschirmjäger, die nach 1941 am Boden festsaßen, genossen nicht dasselbe Prestige wie ihre westlichen Gegenüber. Aber die Division »Großdeutschland« und die Panzerdivision »Hermann Göring« der Wehrmacht, die zu den Bodentruppen der Luftwaffe gehörten, zählten zweifellos zur Elite der Elite.

Die sowjetische Ideologie lehnte jegliches Elitedenken ab. Die Rote Armee war das »Schwert der Massen«. Aber die Praktiken änderten sich. Ab 1942 erhielten Regimenter oder Divisionen, die sich gut bewährt hatten, den Namenszusatz »Garde« als Form der Anerkennung (mit zaristischen Untertönen), und Panzerdivisionen wurde zu gegebener Zeit dieselbe Huldigung zuteil. Irgendwann tauchten »Gardearmeen« auf, die von der Reserve des Stawka herangeführt wurden, um die Linie zu verstärken und die Moral zu heben.

Elitedenken hat in der Tat viel mit Moral zu tun. Bei Soldaten, die einem traditionsreichen Regiment oder einer Sonderformation zugeteilt wurden, konnte ein Gefühl der Überlegenheit über ihre weniger begünstigten Kameraden unterstellt werden. Folglich war zu erwarten, dass sie hartnäckiger kämpfen würden. Umgekehrt hatten Soldaten ein sehr feines Gespür für den Ruf ihrer Gegner. In der britischen und in der US-Armee erzeugte das Anrücken einer Panzerdivision eine ganz besondere Anspannung und Erregung. Für das deutsche Heer an der Ostfront war der Einsatz einer Gardearmee oder noch mehr der einer Gardepanzerarmee ein sicheres Zeichen dafür, dass die »Iwans« es ernst meinten.

Geheimdienste

Das Sammeln geheimdienstlicher Informationen ist seit jeher eine wesentliche Sparte der Kriegsführung, und Abwehr- oder Nachrichtenoffiziere sind Soldaten wie alle anderen auch. Die Kriegszeit vereint allerdings, allen Rivalitäten zum Trotz, sämtliche Sparten der Sicherheitsdienste. Zwar erlangte in den Jahren 1939–45 SIGINT (*Signals Intelligence*), die Gewinnung von Informationen aus abgehörten Funksignalen, große Bedeutung, dennoch wurden weiterhin sämtliche Spielarten traditioneller Aufklärung, Spionage, Gegenspionage, Propaganda, Täuschung, Feldsicherheit und politische Kriegsführung praktiziert.

Großbritanniens als brillant geltende Nachrichtendienste, angeführt vom MI6, der dem Foreign Office verantwortlich war, trugen in außerordentlichem Maße dazu bei, die militärischen Schwächen des Landes auszugleichen. Gekonnt unterstützt wurden sie von den Agenten alliierter Exilregierungen, allen voran Polen, Tschechen und Norweger. Das aus der Entschlüsselung der Enigma-Codes resultierende geheime »Ultra«-Programm war nur einer ihrer Erfolge. Hinzu kamen die Enthüllung deutscher Radar-Abwehrstellungen und die Vorabkenntnis von den V-1- und V-2-Raketenprogrammen. Zu den beachtlichen Fehlschlägen gehörte das von den Deutschen so genannte Unternehmen »Englandspiel« zur Einschleusung von SOE-Agenten in die Niederlande. Innerhalb der Streitkräfte genoss das Naval Intelligence Department (NID, der britische Marine-Nachrichtendienst) traditionell höheres Ansehen, obwohl die Ausweitung der Luftaufklärung zwangsläufig der RAF ein größeres Gewicht verschaffte. Die Special Operations Executive (SOE), die aus den Nachrichtendiensten hervorgegangene Sonderabteilung für Sabotage und subversive Kriegsführung, war auf geheime Aktionen und die Unterstützung europäischer Widerstandsbewegungen spezialisiert. Es war Churchills fast schon private Dienststelle, um »Europa in Brand zu stecken«. Sie konnte bestenfalls gemischte Erfolge verbuchen.[46]

In den USA ging die Entwicklung kompetenter Nachrichtendienste langsam vonstatten. Das Office of Strategic Services (OSS), der geheime militärische und politische Auslandsnachrichtendienst, militärischer Vorläufer der CIA der Nachkriegszeit, wurde erst im Juni 1942 gegründet; erster Chef wurde William J. »Big Bill« Donovan (1883 bis 1959), ein hochdekorierter US-Offizier, der Roosevelt überredet hatte, die pessimistischen Berichte von Botschafter Joseph Kennedy zu ignorieren und an das Überleben Großbritanniens zu glauben. Donovan arbeitete eng mit dem in Kanada geborenen William Stephenson (1896 bis 1989) zusammen, einem ehemaligen Boxer, der die ab 1940 in New York aufgebaute und nach außen als Nachrichtenagentur firmierende British Security Coordination (BSC) leitete. OSS-Agenten operierten auf allen Kriegsschauplätzen, auf denen US-Truppen beteiligt waren, häufig in enger Zusammenarbeit mit MI6 und SOE. »Force 206« wurde nach Jugoslawien entsandt; die sogenannten »Jedburgh-Teams« (nach ihrem schottischen Ausbildungsort Jedburgh) sprangen mit dem Fallschirm über Frankreich ab; und Unternehmen »Sunrise« unter dem späteren Chef der CIA, Allen Dulles, arbeitete mit Hilfe der US-Botschaft in Bern daran, Kontakte mit dem deutschen Widerstand herzustellen. In der letzten Phase des Krieges wurden deutsche Flüchtlinge und Kriegsgefangene, die nicht mit der NSDAP sympathisierten, ausgebildet, um ins Reich einzudringen und über sein Innenleben zu berichten.[47]

Täuschung ist so alt wie der Krieg, üblicherweise ist sie eine Spezialität der schwächeren Partei. Die Briten waren sich deshalb der Möglichkeiten der Täuschung genau bewusst. Als sie am 10. Januar 1940 die Kopie eines Plans für die Invasion Frankreichs aus dem Wrack eines abgestürzten Flugzeugs bargen, weigerten sie sich allerdings beharrlich, an die Echtheit der Pläne zu glauben. Aber sie hatten auch ihre Erfolge. Im Herbst 1942 verlegte die »A Force« von Brigadegeneral Dudley Clarke Pipeline-Attrappen quer durch die Libysche Wüste und überzeugte so Rommel davon, dass die Schlacht von El Alamein nicht vor November anfangen könne. Rommel weilte denn auch im Urlaub, als Montgomery angriff. Im Jahr 1944 überzeugte das Unternehmen »Fortitude« Hitler mit Erfolg davon, dass eine – gar nicht existierende – in Kent stationierte 1. US-Heeresgruppe an den Stränden südlich von Boulogne landen würde. Vom Department Pas de Calais wurden keine größeren deutschen Einheiten in die Normandie verlegt, und der Weg für »Overlord« wurde außerordentlich erleichtert.[48]

Deutschlands Geheimdienstarbeit während des Krieges stand ganz im Zeichen und litt bis zu einem gewissen Grad unter der heftigen Rivalität zwischen der Abwehr (Amt Ausland und Abwehr), dem militärischen Nachrichten- und Spionageabwehrdienst im Oberkommando der Wehrmacht und dem Reichssicherheitshauptamt (RSHA) der SS. Die Abwehr war in eine Vorkriegsverschwörung zur Beseitigung Hitlers verwickelt gewesen. Ihr Chef, Admiral Wilhelm Canaris (1887 bis 1945), war alles andere als ein begeisterter Nazi. Seine effektivste Arbeit leistete das Amt in der Gegenspionage. Teams der Abwehr hatten erfolgreiche Vorarbeit für die deutschen Annexionen Österreichs und der Tschechoslowakei geleistet, und eine andere Gruppe besetzte in der letzten Augustwoche 1939 den strategischen Eisenbahntunnel bei Jablunków in Polnisch-Schlesien (Zaolzie). Kontakte mit der IRA brachten keine Ergebnisse, und die Abwehr ahnte zu keinem Zeitpunkt etwas vom »Ultra«-Geheimnis. Die Operationen der Abwehr wurden Stück für Stück vom RSHA übernommen. Im Februar 1944 bot das Überlaufen eines Abwehr-Agenten zu den Briten einen willkommenen Anlass, den ideologisch zunehmend als unsicher empfundenen Canaris seines Postens zu entheben und den Dienst dem RSHA zu unterstellen. Nach dem gescheiterten Bombenattentat vom Juli 1944 wurde Canaris verhaftet und im April 1945 im KZ Flossenbürg nach einem Standgerichtsverfahren gehängt.[49]

Der sowjetische Geheimdienst hatte einen außerordentlichen Ruf, wenngleich er wahrscheinlich gegen nichtsahnende Verbündete bedeutend mehr zustande brachte als gegen einen wachsamen deutschen Feind. Wie alle Sparten der Roten Armee unterstand auch der militärische Geheimdienst (GRU) unter General Filip Golikow einer wachsamen militärpolitischen Abteilung und letztendlich dem NKWD. Bei seinen Auslandsoperationen verließ er sich stark auf Kommunisten, die in allen europäischen Ländern Informationen lieferten. Seine Hauptorganisation in Deutschland, die Rote Kapelle, entging der Aufmerksamkeit der Abwehr nicht, obwohl eine in der Schweiz sitzende Sektion, der sogenannte »Lucy«-Spionagering, bis Juni 1944 weitermachte. »Lucy« war der Deckname des Luzerner Verlegers Rudolf Rößler, und die Sektion wurde möglicherweise vom Schweizer Geheimdienst kontrolliert. Ganz bestimmt aber hatte »Lucy« feste Kontakte sowohl zum deutschen Widerstand als auch zu hohen Kreisen in der Wehrmacht. Einer der Agenten des Rings, der nur als »Werther« identifiziert wurde, könnte durchaus Canaris oder eher noch Canaris' Stellvertreter, Generalmajor Hans Oster, gewesen sein. Es wurde sogar behauptet, »Lucy« sei eingerichtet worden, um eine vertrauenswürdige Verbindung zu haben, über welche britische »Ultra«-Informationen an die Sowjets weitergegeben werden konnten. Jedenfalls versorgte der Spionagering Moskau mit Vorwarnungen vor mehreren (wenngleich nicht allen) deutschen Offensiven im Osten.

Der Feldnachrichtendienst der Roten Armee war seit 1941 infolge der deutschen Luftüberlegenheit praktisch blind gewesen. Aber mit den zunehmenden Möglichkeiten fotografischer Aufklärung verbesserte er seine Effektivität außerordentlich. Und die Sowjets waren die unumstrittenen Meister der *maskirowka* oder »Täuschung«. Truppenbewegungen erfolgten nachts, Attrappen von Basislagern wurden errichtet, und Scheinfunkverkehr erfüllte den Äther. Immer wieder zauberten sie gewaltige Reserven und ganze Panzerarmeen aus dem Nichts hervor. Sie griffen zu Zeiten und an Orten an, wo man sie am wenigsten erwartete – wie im Dezember 1941 vor Moskau. Und manchmal hielten sie still, wenn alle Welt auf den Angriff wartete – wie im August 1944 an der Weichsel.

Natürlich konnte das Klima des Misstrauens, das jeden Winkel des stalinistischen Regimes durchdrang, die Geheimdienste in ihrer Tätigkeit lähmen. Eine Untersuchung der mannigfachen Informationsquellen, die Stalin 1941 zur Verfügung standen – diplomatische und militärische Kanäle, NKWD und Partei, Funksprüche und die Grenzwachen –, zeigt, dass die Lähmung zunahm, je widersprüchlicher der Rat der verschiedenen Quellen war.[50] Richard Sorge (1895 bis 1944), ein treuer Kommunist, der in die NSDAP eingetreten war, arbeitete als deutscher Korrespondent in Tokio. Er baute einen Spionagering mit dem Decknamen »Ramsay« auf. Doch als er das Unternehmen »Barbarossa« korrekt vorhersagte, glaubte man ihm nicht. Er war schon lange tot, als seine Dienste endlich gewürdigt wurden.[51]

Im Grunde war Spionage eine unverzichtbare Ergänzung der Kriegsführung. Major »Ryogor« Słowikowski, ein Agent der polnischen Exilregierung, gründete in Algerien eine merkwürdige Haferbreifirma, über die er die höchst erfolgreiche französisch-polnische »Agence Afrique« organisierte, um den Boden für Unternehmen »Torch« vorzubereiten. Paul Thümmel, ein Angestellter der Abwehr, war in den Worten des MI6-Chefs »ein Agent, auf dessen Wort hin Armeen marschieren«. Desillusioniert durch die deutsche Annexion der Tschechoslowakei, versorgte er danach unter dem Decknamen »A-54« tschechische Kontaktpersonen systematisch mit Informationen. Elyesa Bazna, der türkische Kammerdiener des britischen Botschafters in Ankara, kopierte in den Jahren 1943–44 den Inhalt von dessen Safe und sandte ihn an die deutsche Botschaft. Marie-Madeleine Fourcade war eine resolute Französin, die einen aus dreitausend Agenten bestehenden gewaltigen Spionagering namens »L'Arche de Noé« koordinierte, der Einzelheiten über die militärische Aktivität der Deutschen in Frankreich sammelte. Die Berichte der »Arche Noah« wurden mit leichten Flugzeugen, die der MI6 schickte, nach England ausgeflogen. Anton Turkul, der für die Dienststelle Klatt der Abwehr in Sofia arbeitete, die von dem österreichischen Abwehroffizier Richard Kauder alias Max Klatt geleitet wurde, lieferte anscheinend Einzelheiten über die Aktivitäten der Roten Armee für den deutschen Gebrauch. In Wirklichkeit war er ein sowjetischer Doppelagent, der daran arbeitete, die Bewegungen der Wlassow-Armee zu sabotieren. Alan Nunn war ein britischer Atomwissenschaftler, der Proben angereicherten Urans an die GRU weitergab. Und 1944 war Kim Philby, ein Rekrut des NKWD mit einem Cambridge-Abschluss in Wirtschaftswissenschaften, Leiter der IX. (antikommunistischen) Sektion des MI6.[52] Die Gesamtzahl all dieser Geschäfte und Doppelgeschäfte ist unmöglich zu ermitteln.

Nachrichtenwesen

Der Krieg hat von jeher den technologischen Fortschritt beschleunigt, und die Zeit von 1939–45 machte da keine Ausnahme. Die Ära der Motorradkuriere, die Befehle überbrachten, war zwar noch nicht vorüber, aber die meisten Mitteilungen vom Oberkommando an die Front, von der Admiralität zu den Schiffen auf See, vom Boden in die Luft und später von Soldat zu Soldat erfolgten jetzt über drahtlose Telefonie, über den »Funk«.

General Heinz Guderian hatte während des Ersten Weltkriegs eine Fernmeldeeinheit befehligt. Er war maßgeblich daran beteiligt, seine neuen Panzerdivisionen mit zuverlässigen Funksprechnetzen auszurüsten. Der Funkbetrieb war deshalb sowohl für die Entwicklung des Blitzkriegs als auch für die ihn begleitende Doktrin vom kombinierten und koordinierten Einsatz verschiedener Teilstreitkräfte äußerst wichtig. Panzer mussten mit dem Hauptquartier sprechen, das Hauptquartier mit Flugzeugen und Flugzeuge mit der Artillerie. Die Beherrschung des Funkbetriebs war ein wichtiger Faktor bei den überwältigenden deutschen Siegen von 1939, 1940 und 1941.

Doch unverschlüsselter Funkverkehr kann leicht mitgehört werden. Also wurden in allen Kommandostrukturen mechanische Formen der Codierung und Decodierung eingeführt. Die deutsche Enigma- und die US-amerikanische SIGABA-Maschine dienten diesem Zweck.

Wegen des schwankenden Empfangs sendeten Schiffe der Marine noch immer in Morseschrift. Funkmeldungen verrieten jedoch den Standort eines Schiffes, und für Sendezeiten und die obligatorische Funkstille galten strenge Regeln.

Vizeluftmarschall Hugh Dowding hatte im Jahr 1917 möglicherweise als erster Mensch überhaupt über eine Boden-Luft-Funkverbindung gesprochen. Jetzt sorgte er dafür, dass seine Jagdflugzeuge in der Luftschlacht um England mit den neuesten Geräten ausgestattet wurden. Doch bis 1940 waren erst in sechzehn RAF-Staffeln verbesserte Hochfrequenz-Systeme eingebaut worden.

Wie Panzerbrigaden waren auch Bomberflotten auf geschlossene Funknetze angewiesen. Aber wie die Flotten der Marine konnten auch sie leicht ihre Position verraten. Deutsche Bomber wurden von Funkleitstrahlen dirigiert, während die Briten beim Radar (*radio detection and ranging*; funkgestützte Ortung und Abstandsmessung) das Feld anführten.

Ab 1943 machte die US-amerikanische Technologie zahlreiche Fortschritte. Das »Walkie-Talkie« (oder »handie-talkie«) veränderte die Möglichkeit von Gesprächen auf dem Schlachtfeld grundlegend. Der Sender »Gibson Girl« revolutionierte dagegen den Seenotrettungsdienst, und tragbare UKW-SCR-522-Funksprechgeräte ließen die Zielfindung durch Flugkörperaufklärung für die Artillerie am Boden wahr werden.

Darüber hinaus sollte auch die Bedeutung des Funkbetriebs für Europas Widerstandsbewegungen nicht unterschätzt werden. BBC-Sendungen – die mit dem unverwechselbaren Glockenschlag von Big Ben oder dem erregenden Eröffnungsthema von Beethovens Fünfter begannen – wurden auf dem ganzen Kontinent gehört. Die stabilen Pipstock-Sender-Empfänger, die in einen kleinen Koffer passten, waren ein Geschenk des Himmels für Untergrundkämpfer in Polen, Frankreich, Norwegen, Italien und Jugoslawien, die jetzt nicht nur untereinander, sondern ebenso mit London sprechen konnten.

Fernkopierer, IBM-Lochkarten-Indexierer, Fernschreiber, all diese neuen Geräte erleichterten die militärische Verwaltungsarbeit. Nur das Fernsehen, das vor dem Krieg einsatzfähig geworden war, scheint nicht genutzt worden zu sein. Das BBC-Fernsehen, das 1937 auf Sendung gegangen war, stellte den Betrieb 1939 ein und nahm ihn erst 1945 wieder auf.

Die Bedeutung des Nachrichtenwesens führte zwangsläufig zur Entwicklung von Gegenmaßnahmen, wenngleich der Ausdruck »elektronische Kriegsführung« noch nicht erfunden worden war. Beispielsweise führte jedes der drei deutschen Luftnavigationssysteme, die während der Luftschlacht um England benutzt wurden – »Knickebein«, »X-Gerät« und »Y-Gerät« –, zu einem britischen System, das ihm entgegenwirken sollte. Im Jahr 1943 bediente sich die RAF in Verbindung mit dem Angriff auf Hamburg erstmals der Methode, Metallfolie in großen Mengen abzuwerfen, um das deutsche Radar zu verwirren (Deckname »Window«). Der Verlust von nur zwölf von 746 Bombern (eine Quote von 1,6 Prozent) bei diesem Angriff war ein einmaliger Erfolg. Ein Jahr später beeinträchtigten alliierte Gegenmaßnahmen erfolgreich die deutsche Fähigkeit, die anrückende »Overlord«-Invasionsflotte zu erkennen. Zunächst wurden im Vorfeld deutsche Radarstationen in Frankreich massiv bombardiert, und in der Invasionsnacht hinderten Scharen von Flugzeugen, die Störvorrichtungen an Bord hatten, die noch vorhandenen Stationen daran, Jagdflugzeuge von Stützpunkten im Inland anzufordern. Zwei mit Störsendern beladene »Geisterflotten« mit den Decknamen »Taxable« und »Glimmer« nahmen Kurs auf Le Havre und Boulogne und rundeten dadurch die bereits abgeschlossenen Täuschungsmaßnahmen ab.[53]

Kampf – das Schlachtfeld

Im Krieg geht es vor allem um Kämpfen und Töten. Auch in dieser Hinsicht erreichte der Zweite Weltkrieg neue Dimensionen. Doch es war auch ein Bewegungskrieg, der die Kämpfe vom Standpunkt des Soldaten aus erträglicher machte als die Schützengräben der Westfront eine Generation zuvor.

In der Zwischenkriegszeit wurde viel über den toten Punkt zwischen Offensiv- und Defensivkrieg nachgedacht, dessen Folge die Gräben gewesen waren. Immer wieder waren in den Jahren 1914–18 gewaltige Anstrengungen unternommen worden, die gegnerische Linie zu durchbrechen; und immer wieder waren diese Versuche gescheitert, was Millionen Menschenleben gekostet hatte. Jeder großangelegten »Offensive« ging ein Artilleriesperrfeuer voraus, das Tonnen von Metall über jedem Quadratmeter der feindlichen Front ablud. Anschließend trat eine Welle von Infanteristen nach der anderen aus den Schützengräben heraus zum Sturmangriff auf die Lücke an und musste immer wieder festzustellen, dass feindliche Maschinengewehrposten überlebt hatten oder dass feindliche Verstärkungen Zeit gehabt hatten, sich neu zu formieren und den Weg nach vorn zu versperren. Nur ein einziges Mal, 1917 bei Cambrai, wurde eine Verteidigungslinie durchbrochen, als die Briten ein neumodisches Vehikel, den Tank, heranschafften und erfolgreich eine Bresche in die deutsche Linie schlugen. Ohne Infanterieunterstützung und ohne mit Reservetreibstoff versorgt worden zu sein, kehrten diese ersten Panzer auftragsgemäß zum Stützpunkt zurück.

Zwischen den Kriegen erkannten mehrere Militärtheoretiker im Panzer das Fahrzeug der Zukunft. Charles de Gaulle in Frankreich, Władysław Sikorski in Polen und Major J. D. C. Fuller in Großbritannien verfassten Studien, in denen sie die mechanisierte Kriegsführung befürworteten. Aber sie wurden alle in ihren Ländern ignoriert. Aber »Boney« Fuller (1878 bis 1966), der Oswald Mosleys Faschisten angehörte, wurde in Deutschland sorgfältig gelesen, wo Berufssoldaten wie Erwin Rommel und Heinz Guderian das Konzept des Blitzkrieges entwickelten. Die britische Taktik auf dem Schlachtfeld hingegen stand in den Jahren 1939–45 im Zeichen extremer Zurückhaltung. Die britischen Kommandeure wurden durch die Erinnerung an 1940 und durch das Fehlen eines überragenden Panzers beeinflusst. Ihre Haltung war weniger darauf ausgerichtet zu gewinnen, als eine Niederlage zu vermeiden und, wie es einer Bürgerarmee geziemt, ihre Männer zu schützen. Die Briten hatten eine gute Artillerie, gute Disziplin und eine ausgezeichnete Luftsicherung. Und als sie 1944 einen 17-Pfünder-Geschützturm auf den schnellen Sherman M-1 montierten, hatten sie endlich auch einen guten Panzer – seine Besatzungen nannten ihn sarkastisch »Ronson« (weil er sich nach jedem Treffer entzündete und Flammen warf wie ein Feuerzeug). Aber die Panzer wurden als Deckung für die vorrückende Infanterie eingesetzt, nicht als unabhängige Angriffsspitze, und wagemutige Duelle mit deutschen Panzern waren nicht erwünscht. Die Aufgabe, gegnerische Panzertruppen außer Gefecht zu setzen, wurde entweder Spezialeinheiten mit Jagdpanzern vom Typ M 10 Wolverine (»Vielfraß«) oder dem furchterregenden Jagdbomber Hawker Typhoon überlassen, der acht Raketen abfeuern konnte.

Die Personifizierung solcher Vorsicht war General Bernard Montgomery. Sein Sieg bei El Alamein war das Ergebnis systematischer Vorbereitung. Und sein Vormarsch in der Normandie und später in den Niederlanden verlief so langsam, dass er negative Kommentare hervorrief. Sein katastrophales Beharren auf dem Unternehmen »Market Garden« kann als Überreaktion auf die Kritik gedeutet werden und hätte ihn beinahe seinen Job gekostet.

Die US-Armee glaubte an den »Sieg durch Feuerkraft«. Wie die Briten besaßen auch die Amerikaner weder einen Panzer, der Schlachten entscheiden konnte, noch eine Truppe kampferprobter Veteranen. Aber sie hatten auch keine Erinnerung an eine Niederlage in jüngster Zeit, keine Angst vor nur begrenzten Verstärkungen und großes Vertrauen in ihren üppigen Materialnachschub. Sie verfügten über eine ausgezeichnete Artillerie, und allein die bloße Zahl ihrer Kampfflugzeuge war atemberaubend – im Gegensatz zu den Deutschen kamen sie nicht auf den Gedanken, Sprit zu sparen. Sie unternahmen nichts, um die normalen Sherman-Panzer zu modifizieren, und verließen sich noch lieber als die Briten darauf, Luftunterstützung anzufordern. Infolgedessen war die Leistung der US-Armee unbeständig. Insbesondere unter General George Patton war sie zu sensationell ausdauernden Vorstößen fähig – Pattons Vormarsch durch Frankreich nach dem Ausbruch aus der Normandie 1944 und sein weiterer Marsch durch Mitteldeutschland 1945 waren Meisterleistungen. Gleichzeitig wurden die Amerikaner häufig durch hartnäckigen deutschen Widerstand aufgehalten oder durch unerwartete Gegenangriffe überrascht. Die Kämpfe am Landekopf bei Anzio beispielsweise, wo angreifende US-Truppen fast drei Monate lang festgenagelt wurden, gehören nicht zu den glanzvollsten Episoden. Und die Ardennenschlacht lief viele Tage sehr schlecht, bis der Winterhimmel aufklarte und die Schlagkraft der alliierten Luftstreitmacht zum Tragen gebracht werden konnte.

In den Anfangsjahren des Krieges führten die deutschen Streitkräfte in Polen und Frankreich die Kunst des kombinierten und koordinierten Einsatzes verschiedener Teilstreitkräfte nahezu in Vollendung vor, und beim Unternehmen »Barbarossa« hätten sie den Krieg damit beinahe ganz gewonnen. Da sie letztendlich besiegt wurden und im Namen eines geächteten Regimes kämpften, wird über das Ausmaß und die Brillanz ihrer militärischen Leistungen oft hinweggegangen. Weder westliche noch russische Kommentatoren sind bereit, zuzugeben, dass die deutsche Wehrmacht all ihren Gegnern Mann für Mann oder Division für Division überlegen war. Besiegt wurde Deutschland am Ende durch die überwältigende zahlenmäßige Überlegenheit der Alliierten, durch

Logistik, durch eine Luftmacht, der die Luftwaffe nichts entgegenzusetzen hatte, durch die Inflexibilität seines führenden Amateurstrategen und durch schiere Erschöpfung. Trotzdem waren, rein militärisch betrachtet, die Fähigkeiten der Wehrmacht in der Schlussphase eines Krieges, der so gut wie keine Erfolgsaussicht mehr hatte, offen gesagt, bemerkenswert.

Die taktische Brillanz der Deutschen auf dem Schlachtfeld beruhte teils auf erstklassiger Ausrüstung und teils auf guter Ausbildung, vor allem aber auf befehlshabenden Offizieren, die eine klare Vorstellung von ihren ehrgeizigen Zielen hatten. Der hohe Qualitätsstandard der deutschen Ausrüstung versteht sich von selbst. Von der Bf 109 (Me 109) in der Luft bis zum Panzerkampfwagen IV, vom 88-mm-Flakgeschütz bis zur Schmeisser-Maschinenpistole setzte deutsche Ausrüstung neue Maßstäbe für Zuverlässigkeit und Leistungsfähigkeit. Die Ausbildung bei der Wehrmacht war gründlich – nicht zuletzt, weil dem absoluten Härtetest 1941–42 zunehmend schwierigere Feldzüge in Polen und Frankreich vorausgegangen waren, wo man wichtige Lektionen gelernt hatte. Und die Professionalität des Offizierskorps wurde lediglich durch die Schwächen des Oberbefehlshabers und seiner Entourage begrenzt.

Man sollte sich davor hüten zu glauben, dass es mit der Leistung der Wehrmacht nach den großen Niederlagen von Stalingrad und Kursk stetig bergab ging. Bei mehr als einer Gelegenheit fügten deutsche Armeen dem Feind Rückschläge zu, die in jedem anderen Kontext als bedeutende Siege hätten gezählt werden können. Der Gegenangriff an der Weichsel Anfang August 1944 ist nur eines von vielen Beispielen.

Trotzdem können die Wehrmacht und ihre Generäle nicht gänzlich von einem Anteil an der Verantwortung freigesprochen werden, obwohl in erster Linie Hitler für die Entscheidung, im Juni 1941 die UdSSR anzugreifen, verantwortlich war. Vor allem hätten sie der Lehre von Clausewitz Beachtung schenken sollen, der vor so langer Zeit über den »Nebel des Krieges« geschrieben hatte, aufgrund dessen Feldzüge sich kaum präzise vorausplanen ließen, da sogenannte »Friktionen«, sprich unkalkulierbare Ereignisse vor Ort, jede allzu detaillierte Planung in kurzer Zeit zunichtemachten. Wie die meisten Deutschen ließen sie sich von den frühen Erfolgen des »Führers« psychologisch entwaffnen, und sie trafen wenig Vorsorge für widrige Entwicklungen. Sie überfielen das größte Land der Erde mit einem wagemutigen Plan A, aber ohne einen Plan B. Sie zeigten die gleiche Arroganz wie Napoleon, machten sehr ähnliche und schwerwiegende Fehler – und erlitten letztlich das gleiche Schicksal. Eigentlich hätte es niemanden überraschen dürfen, dass die endlosen offenen Räume der Steppe und der Tundra der Roten Armee endlose Rückzugs- und Erholungsmöglichkeiten boten. Und niemand hätte sich darüber wundern dürfen, dass der Herbstregen die Straßen Weißrusslands und der Ukraine in einen schlammigen Morast verwandelte oder dass die Wintertemperaturen in Moskau viel niedriger waren als in Berlin. Selbst wenn sie Moskau erobert hätten, wie Napoleon es tat, hätten sie die Pelzmäntel, Schneeschuhe und Frostschutzmittel gebraucht, die bereitzustellen die deutschen Quartiermeister versäumt hatten. Vor allem aber hätten sie es der Armee Kaiser Wilhelms II. gleichtun und den Hoffnungen der ansässigen nichtrussischen Bevölkerung mit Sympathie begegnen müssen, wenn sie ein so großes Land erfolgreich besetzen wollten. Diesen letzten Schritt schloss die NS-Ideologie aus. Letzten Endes scheiterte die deutsche Invasion der Sowjetunion, weil die Wehrmacht, wie das deutsche Volk als Ganzes, von der Denkweise der Nazis vernebelt worden war.

Die Rote Armee war im Gegensatz dazu der Hauptsieger des Krieges in Europa. Ihre Leistung übertraf die kühnsten Träume ihrer fanatischsten Fürsprecher. Doch die große Frage bleibt: Wie wurde der Sieg erreicht? Die herkömmliche

Antwort erwähnt zwei Faktoren – Patriotismus und zahlenmäßige Überlegenheit. »Die Russen verteidigten im Großen Vaterländischen Krieg ihre Heimat, und ihre Bereitschaft, in beispielloser Zahl ihr Leben zu opfern, überwand die Barbarei und die technische Überlegenheit der Eindringlinge.« Dies ist das am meisten gehörte Argument.

Diese Erklärung mag ahnungslose Ausländer zufriedenstellen, aber einer näheren Prüfung hält sie nicht stand. Der deutsch-sowjetische Krieg von 1941–45 wurde größtenteils nicht auf russischem Territorium ausgetragen. Er wurde überwiegend auf dem Territorium von Völkern ausgetragen, die sich erst zwanzig Jahre zuvor für die Unabhängigkeit entschieden hatten und die sich später wieder für die Unabhängigkeit entscheiden würden, sobald die UdSSR zusammengebrochen war. Patriotismus spielte natürlich eine Rolle, vor allem bei den Russen, die eine andere Vorstellung davon hatten, wo ihre Heimat lag, als Balten und Ukrainer. Stalin verstieß sogar gegen alle Regeln des internationalistischen Kommunismus, als er den Schutz des »Heiligen Russland« erbat. Dennoch kam es in der Roten Armee gleichermaßen zu Desertion und Heldentum in beispiellosem Ausmaß. Und trotz sowjetischer Propaganda war der eingeforderte Patriotismus nicht überall allgegenwärtig. Einige der nationalistischsten Russen, wie etwa die Kosaken, standen dem Sowjetregime grundsätzlich ablehnend gegenüber und schlossen sich in Scharen den Deutschen an. Und auch die Barbarei war nicht nur den Feinden der Sowjetunion vorbehalten. In seiner Neigung zu Massenmord stand Stalin Hitler in nichts nach. In diesem Terror gegenüber Unteroffizieren und Mannschaften muss man ebenso einen Faktor für die Motivation der Roten Armee sehen wie im Patriotismus. Die Vorstellung, dass sowjetische Soldaten sich mit einem »Stalin« auf den Lippen in den Tod stürzten, ist größtenteils ein Propagandamärchen.[54]

Es bleibt somit das Rätsel der Quantität. Es kann kein

Zweifel daran bestehen, dass die Rote Armee sich auf riesige Ausrüstungsvorräte und auf gigantische Truppenreserven verließ. Sowjetische Generäle waren es gewohnt, mit Waffen, Flugzeugen, Panzern und Soldaten in Mengen umzugehen, mit denen keine andere Armee auf Erden auch nur annähernd mithalten konnte. Den Deutschen war dieser Umstand sehr wohl bewusst, aber sie waren davon ausgegangen, dass die Ausrüstung veraltet sei, dass die Männer schlecht ausgebildet wären und dass fähige Kommandeure nicht vorhanden seien. So darf also neben der Quantität auch der Qualitätsfaktor nicht ignoriert werden – und es war vor allem die Qualität der Roten Armee, welche die Deutschen unterschätzt haben.

Doch die Quantität wog bis zu einem gewissen Grad die Unzulänglichkeiten der schlechten Ausrüstung auf, vor allem in der Anfangsphase. Sie machte gewaltige Verluste wett, die sonst untragbar gewesen wären; und unter gewissen Umständen konnte sie wirkungsvoll eingesetzt werden. So gibt es Aussagen in deutschen Quellen, dass Kanoniere der Wehrmacht, die sich Wellen von Infanteristen gegenübersahen, nur so lange feuern konnten, bis entweder die Leichenhaufen ihnen die Sicht versperrten oder ihre Geschützrohre sich überhitzten. Der Schluss liegt nahe, dass die zahlenmäßige Überlegenheit der Roten Armee geholfen haben mag, die Niederlage zu vermeiden, aber sie erklärt ganz und gar nicht die sowjetische Leistung, den Krieg zu erringen.

Die Stärken der Roten Armee traten erst nach und nach zutage. Eine dieser Stärken war die Logistik, und sie zeigte sich in der Fähigkeit, für reichlichen Nachschub bei allen grundlegenden Waffen moderner Kriegsführung zu sorgen. Die zweite war technischer Natur. Viele der verbesserten Waffen waren in den späteren Phasen den besten Waffen jeder anderen Armee ebenbürtig. Und die dritte Stärke war die Organisation. Nachdem sie den Ansturm der Jahre 1941–42 überstanden hatte und nachdem sie sich 1943 eine Position der Überlegenheit aufgebaut hatte, ließ die Rote Armee nie mehr zu, dass ihr Griff gelockert wurde.

Obwohl sowjetische Kommandeure gezwungen waren, sich von einigen ihrer revolutionären Militärdoktrinen zu verabschieden, verfuhren sie auf dem Schlachtfeld anders als ihre Gegner. Dies betraf häufig den Einsatz von Infanterie, die im Überfluss vorhanden war. Beispielsweise wurde während der ersten Phase eines Angriffs erwartet, dass die Infanterie hinter dem Artilleriesperrfeuer vorrückte, um eine Bresche in die Verteidigungsstellungen des Feindes zu schlagen, bevor Panzer angefordert wurden, um die Lücke auszunutzen. Allem Anschein nach kam die Rote Armee jedoch auf das Muster des Ersten Weltkriegs zurück, als man keine Panzer zur Verfügung gehabt hatte und die Verlustrate entsetzlich hoch gewesen war. Im Gegensatz zu anderen Armeen schreckten die Sowjets nicht davor zurück, Massen ungeschützter Infanterie loszuschicken, um befestigte Stellungen anzugreifen, und sie zahlten einen schrecklichen Preis an Toten und Verwundeten. Ebenso erhielten sowjetische Soldaten, wenn sie selber angegriffen wurden, Befehl, die erste Panzerlinie durchzulassen, um den Kampf gegen die dahinter folgenden deutschen Infanteristen zu eröffnen. Das Ziel war, die feindlichen Panzer von den sie unterstützenden Einheiten zu trennen. Aber der – bewusst einkalkulierte – Preis in Gestalt hilfloser Soldaten, die durch Panzerbeschuss niedergemäht wurden, war nur durch Stalins ständige Befehle an seine Stäbe, Menschenleben nicht zu schonen, zu erklären.[55]

Die Rote Armee brauchte lange, um echte Panzerformationen aufzustellen. Das erste Panzerkorps wurde im März 1942 aus zwei Panzerbrigaden gebildet. Und im Mai desselben Jahres wurden die 3. und 5. Panzerarmee für Offensivaktionen bereitgestellt. Jede Panzerarmee bestand aus zwei Panzerkorps, einer unabhängigen Panzerbrigade, einer Schützendivision, einem Artillerieregiment, einem Katjuscha-Regiment und einer Flak-Gruppe. Jede hatte ihr eigenes Hauptquartier und ihren eigenen Kriegsrat. Im Jahr 1943 wurden Elite-Gardepanzerarmeen in einer besonderen Stawka-Reserve zurückgehalten. Just in dem Moment, wo die Wehrmacht die Schlagkraft zu umfassenden Offensivaktionen einbüßte, erlangte also die Rote Armee diese Fähigkeit.

Sanitätsdienste

Die Militärmedizin war in allen europäischen Armeen seit den Tagen von Henri Dunant und der Gründung des Roten Kreuzes im Jahr 1863 zu einer festen Einrichtung geworden. Die Angehörigen der Sanitätsdienste kümmerten sich um Krankheitsvorbeugung und die Behandlung der im Kampf Verwundeten.

In den Jahren 1939–45 waren Geschlechtskrankheiten die schlimmste Plage unter den Soldaten auf dem europäischen Kriegsschauplatz. Ihre Häufigkeit veranlasste alle militärischen Stäbe, großen Wert auf Hygiene zu legen, die Prostitution zu überwachen und im Fall der Wehrmacht sogar ein System registrierter Bordelle zu unterhalten. Tuberkulose war unter Kriegsgefangenen stark verbreitet, und Typhus – der 1941–42 an der Ostfront zehntausend deutsche Menschenleben forderte – drohte epidemische Ausmaße zu erreichen.

Das 1940 in Großbritannien entdeckte Penizillin war innerhalb von drei Jahren im Westen verfügbar und verringerte das Risiko drastisch, an Verwundungen zu sterben. Wichtige Fortschritte gab es auch bei Bluttransfusionen, in der Feldchirurgie, der Anästhesie, bei der Behandlung von Brandwunden und in der Militärpsychiatrie.

In Großbritannien stand das Sanitätskorps (Royal Army Medical Corps, RAMC) nicht nur an der Spitze der medizinischen Praxis, sondern auch der medizinischen Forschung, vor allem bei der Erforschung von Tropenkrankheiten. Unterstützt vom Schwesternkorps (Royal Army Nursing Corps) betrieb es ein System von Regiments-Hilfsposten (RAP) und modernen Verbandsstationen (ADS), organisierte den motorisierten Abtransport von Verwundeten und unterhielt ein leistungsfähiges Netz von Feldlazaretten. Verwundete von den Stränden der Normandie wurden oft innerhalb von vierundzwanzig Stunden in Südengland behandelt. Geschlechtskrankheiten waren wie erwähnt eine ständige Gefahr. Die Vorliebe der Soldaten des britischen Expeditionskorps für französische Prostituierte in den Jahren 1939–40 ist legendär geworden. Montgomery, obwohl Sohn eines Bischofs, sah die Sache pragmatisch – und schlug vor, dass die Männer die erforderlichen Verhütungsmittel benutzten, wenn sie das suchten, was er »horizontale Erquickung« nannte. Die Bordelle sollten registriert und inspiziert werden. Wenngleich seine Vorschläge für heutige Ohren vernünftig klingen, lösten sie seinerzeit keine geringe Kontroverse aus, und er war gezwungen, sie zurückzunehmen.

In der US-Armee galten ähnliche Maßstäbe. General Eisenhower versuchte eine Politik der »Nichtverbrüderung« durchzusetzen. In seiner Heimat gab es 1941–42 einen öffentlichen Aufschrei über die Prostitution, aber in Übersee registrierte die US-Armee weiterhin Prostituierte und bot ihnen prophylaktische Behandlung an. Das Sanitätskorps (US Army Medical Corps) und das Schwesternkorps (Army Nurses Corps) betrieben getrennte Dienste für weiße und schwarze Soldaten. Die USAAF leistete Pionierarbeit für den Einsatz von Rettungshubschraubern und -flugzeugen sowie speziellen Lazarettschiffen.

In den deutschen Streitkräften entwickelte sich ein riesiger Gegensatz zwischen den in der Heimat und an den Fronten im Westen verfügbaren Sanitätsdiensten und jenen im Osten. Zu jeder Wehrmachtsdivision gehörten zwei Sanitätskompanien, jede mit ihrem eigenen Feldlazarett. An der Ostfront verursachten Erfrierungen Winter für Winter, vier Jahre lang, unlösbare Probleme, und die Transportdienste versagten oft schon in den ersten Stadien des Abtransports. Die Feldchirurgen waren zunehmend überlastet. Und dennoch flogen

1942–43 Flugzeuge so lange Verwundete aus dem Kessel von Stalingrad aus, wie Start- und Landebahnen in Betrieb waren. Und 1945 äußerte sich ein Patient im letzten Lazarettzug von Breslau nach Berlin über die Gepflegtheit der Krankenschwestern, die Reinlichkeit der Laken und die nahrhafte Bohnensuppe. Die deutschen Verfahren zur Bluttransfusion wurden nach der Erbeutung von getrocknetem Blutserum aus einem britischen Armeehospital in Tobruk 1942 stark verbessert.[56] Während des endgültigen Zusammenbruchs des Reiches waren Frontkoller und Kriegsneurose die unmittelbare Ursache für mindestens zehntausend Selbstmorde.

Offizielle Darstellungen der sowjetischen Sanitätsdienste unterscheiden sich deutlich von Augenzeugenberichten über die herrschenden Zustände. Die Rote Armee verfügte über eine Militär-Gesundheitsabteilung, die Chirurgen und Krankenschwestern ausbildete. Von 1942 an wurde jede Front mit mobilen Sanitätsteams versorgt. Doch sämtliche Belege deuten darauf hin, dass die medizinische Versorgung dennoch äußerst unzulänglich war. Die normale Kampftaktik der Roten Armee (siehe oben, S. 428–430) forderte derart viele Opfer, dass die meisten Verwundeten nicht damit rechnen konnten, rechtzeitig behandelt zu werden. Der Abtransport klappte oftmals überhaupt nicht. Und Armeechirurgen waren gezwungen, unter unglaublich primitiven Bedingungen zu arbeiten. Darstellungen der Schlacht von Stalingrad beispielsweise sprechen von Tausenden von Verwundeten, die über die Wolga in Sicherheit gebracht wurden, wo man sie am Flussufer ohne jegliche medizinische Versorgung einfach sterben ließ.[57]

Augenzeugenberichte können niemals ein vollständiges Bild vermitteln, aber auch sie weisen in diese entsetzliche Richtung. Vorgewarnt vor dem, was sie erwartete, verließen Rotarmisten sich nicht auf die offiziellen Dienste. Sie taten sich vor der Schlacht zu Zweiergruppen zusammen oder bildeten inoffizielle kleine Trupps, so dass Überlebende hinterher ihren verwundeten Kameraden beistehen konnten. Beobachter der Szenen hinter der Front haben geschildert, wie vom NKWD Fahrbahnen für die zur Verstärkung vorrückenden Kolonnen geräumt wurden, während die Straßengräben voller Verwundeter waren, die sich taumelnd zu zweit oder auf Händen und Knien kriechend in Richtung Nachhut schleppten.

Schilderungen von Feldlazaretten auf der sowjetischen Seite der Ostfront ergeben eine ähnlich grausige Lektüre. Verstümmelte Körper wurden massenweise auf offenen Lastwagen oder Karren herangebracht, am Boden auf einem Haufen abgeladen und anschließend mit kaltem Wasser abgespritzt, um die Lebenden von den Toten zu trennen. Da sie keine Zeit für langwierige Operationen hatten, blieben den Chirurgen nur ein paar Sekunden, um sich ein Bild von jedem einzelnen Fall zu machen. Ihre Entscheidung für oder gegen eine Operation hing von einer augenblicklichen Einschätzung der Überlebenschancen des Patienten ab. Männer mit mehreren oder inneren Verletzungen wurden nebeneinander hingelegt und einem qualvollen Tod überlassen. Wer verletzte Gliedmaßen hatte, wanderte direkt auf den Operationstisch, bekam eine Morphiumspritze, und anschließend wurde sofort amputiert. Ein kleiner Junge, heute ein berühmter Schriftsteller, der einmal in Sichtweite eines solchen Lazarettzeltes stand, erinnerte sich, dass abgetrennte Arme und Beine durch die offene Zelttür in eine Mülltonne flogen, während abkommandierte Bauern Leichen in ein Massengrab im nahe gelegenen Wald schleiften.[58] Dies alles geschah in der Mitte des zwanzigsten Jahrhunderts.

Asse und Helden

Menschen, die Kampfhandlungen ausgesetzt sind, in denen es um Leben und Tod geht, reagieren unterschiedlich. Die meisten haben kein anderes Ziel, als am Leben zu bleiben. Ein paar brechen zusammen und verlieren den Willen, sich zu verteidigen. Andere zeigen außergewöhnlichen Mut bis zur Selbstaufgabe. Dies sind diejenigen, die im Gedächtnis zu behalten man uns mahnt.

Die Soldaten des Zweiten Weltkriegs hatten viele Gelegenheiten, Kühnheit und Mut zu zeigen. Lieutenant Patrick Dalzel-Job (1913 bis 2003) beispielsweise diente unter Ian Fleming beim Marine-Nachrichtendienst, und es heißt von ihm oft, er sei das Vorbild für Flemings James Bond gewesen. Seine Erinnerungen *From Arctic Snow to Dust of Normandy* (1991) bringen seine Heldentaten in Verbindung mit der geheimen »30 Assault Unit«.[59]

Lieutenant Audie Murphy (1924 bis 1971), ein Texaner, war der höchstdekorierte US-Soldat des Krieges. Er bekam insgesamt dreiunddreißig Orden, darunter die Ehrenmedaille des Kongresses für ein Gefecht bei Holzwihr im Elsass, wo er ein Regiment weißgekleideter deutscher Gebirgsjäger abwehrte, indem er sie von einem brennenden Jagdpanzer aus mit seinem Maschinengewehr unter Feuer nahm. Seine Autobiographie, *To Hell and Back* (1949), diente als Vorlage für eine populäre Verfilmung unter demselben Titel (deutscher Titel: *Zur Hölle und zurück*, USA 1955). Er selbst spielte an der Seite von Hollywoodstars wie Burt Lancaster, Audrey Hepburn und James Stewart in vierzig Filmen mit, unter anderem in *Die rote Tapferkeitsmedaille* von John Huston, der soldatisches Heldentum kritisch hinterfragte (*The Red Badge of*

Courage, USA 1950). Bezeichnenderweise litt er unter PTBS (posttraumatische Belastungsstörung) und wurde abhängig von Placidyl-Schlaftabletten. Weil er damit an die Öffentlichkeit ging, half er, die gesellschaftlichen Tabus gegenüber der klinischen Psychiatrie zu durchbrechen. Er starb bei einem Flugzeugabsturz.[60]

Hyazinth Graf Strachwitz von Groß-Zauche und Camminetz (1893 bis 1968), ein schlesischer Adliger, diente in beiden Weltkriegen mit Auszeichnung. Im September 1914 durchbrach sein Kavallerietrupp vor der Marneschlacht die französischen Linien und erblickte angeblich Paris. Im Oktober 1942 erreichte seine Panzergruppe als erste Stalingrad, und er blickte über die Wolga »auf die Steppen Asiens«. Er war einer von 160 Empfängern des Ritterkreuzes des Eisernen Kreuzes mit Eichenlaub und Schwertern.[61]

Alexander Matrosow (1924 bis 1943) war der archetypische sowjetische Held, und seine Geschichte wurde von der offiziellen Propaganda groß herausgestellt. Er diente in einer Freiwilligeneinheit im Sektor Pskow und starb einen vorbildlichen Tod – er schützte seine Kameraden, indem er den Lauf eines deutschen Maschinengewehrs mit dem eigenen Körper blockierte. Einigen Berichten zufolge war er ein baschkirischer Junge, der eigentlich Schakirjan Muhamedjanow hieß und während eines Aufenthalts in einem russischen Waisenhaus seinen Namen änderte.[62]

Aus naheliegenden Gründen gab es unter den Kampfpiloten eine unverhältnismäßig hohe Zahl an kühnen Kämpfern. Ihr Handwerk verlangte große Geschwindigkeit, großes Geschick und viel Elan. Sie waren von Natur aus Individualisten, Draufgänger, die ruhmbedeckt ihre Bahnen über den Himmel zogen – oder zumindest wurden sie so gesehen.

Douglas Bader (1910 bis 1982) war vielleicht Großbritanniens größtes Fliegerass. Seine dreiundzwanzig Abschüsse beförderten ihn nicht auf den Spitzenplatz, aber er war insoweit bemerkenswert, als er seit einem Flugzeugabsturz vor dem Krieg doppelt beinamputiert war. Allein sein Kampf zur Wiedererlangung der Fliegerlizenz erforderte Mut und Ausdauer. 1940 erhielt er das Kommando der 242. Staffel, deren Hurricane-Jagdeinsitzer in der Luftschlacht um England im Einsatz waren. Im März 1941 hatte er den Oberbefehl über das Tangmere-Geschwader, das über drei Spitfire-Staffeln verfügte. Im August 1941 überlebte er einen Zusammenstoß in der Luft in der Nähe von Le Touquet und sprang trotz seiner Behinderung sicher mit dem Fallschirm ab. Den Rest des Krieges verbrachte er als Kriegsgefangener in Colditz. Groß herausgestellt wurde seine Geschichte in dem Buch *Reach for the Sky* (deutscher Titel: *Zum Fliegen geboren*) und in dem gleichnamigen Film (deutscher Titel: *Allen Gewalten zum Trotz*, Großbritannien 1956).[63]

Sämtliche Fliegerasse der USA dienten auf dem pazifischen Kriegsschauplatz. Diese Tatsache sagt vielleicht etwas aus über den Unterschied zwischen dem deutschen und dem japanischen Widerstand, sicher aber etwas über die Dauer der Kämpfe zwischen den US-Jagdgeschwadern und einem anfangs dominierenden Gegner. Die US-Jagdflieger erreichten Europa erst in einer Phase, als die deutsche Luftwaffe bereits stark in die Defensive gedrängt worden war.

Hans-Ulrich Rudel (1916 bis 1982) ist wiederholt als Deutschlands größter Kriegsheld bezeichnet worden. Am Steuer eines Junkers Ju-87-»Panzerknackers« beendete er 2530 Kampfeinsätze, überlebte 32 Notlandungen und erfuhr, dass 100 000 Rubel auf seinen Kopf ausgesetzt waren. Seine bestätigten Abschüsse umfassten 519 sowjetische Panzer, rund 800 Lastwagen, 159 Geschützbatterien, neun feindliche Flugzeuge, 70 Landungsboote, den sowjetischen Kreuzer *Marat* und das Schlachtschiff *Oktoberrevolution.* Dazu kamen Treffer an unzähligen Brücken, Eisenbahnlinien und Bunkern. Den deutschen Verantwortlichen gingen die Orden aus, mit denen man ihn hätte ehren können. Im März 1944 verlieh man dem Ritterkreuzträger (seit 1942) die höchstmögliche Auszeichnung, die Brillanten zum Ritterkreuz, nachdem Rudel hinter den feindlichen Linien gelandet, den beinahe zufrierenden Dnjestr durchschwommen und sich mit einem 50-km-Marsch barfuß durch feindlich besetztes Territorium in Sicherheit gebracht hatte. Aber seine militärischen Bravourstücke waren damit noch nicht beendet. Nach der Teilamputation seines rechten Beins flog er, wie Bader, mit einer Prothese, und im Dezember 1944 wurde eine neue Auszeichnung, das Ritterkreuz des Eisernen Kreuzes mit goldenem Eichenlaub, Schwertern und Brillanten, erfunden, um ihn zu ehren.[64]

Im Mai 1945 in amerikanische Kriegsgefangenschaft geraten, betrieb der gebürtige Österreicher nach seiner Entlassung 1946 zunächst ein Fuhrunternehmen, bevor er 1948 nach Argentinien auswanderte. Nach dem Sturz Juan Peróns lebte er seit 1955 in Paraguay, zu dessen Diktator Alfredo Stroessner er enge Kontakte unterhielt, gründete ein »Kameradenwerk«, das unter anderem in Europa verurteilte NS-Kriegsverbrecher unterstützte. Im Bundestagswahlkampf 1953 trat er als Spitzenkandidat der Deutschen Reichspartei (DRP) an. 1960 folgten Ermittlungen gegen Rudel wegen Geheimbündelei, und in den siebziger Jahren tauchte er auf Veranstaltungen der rechten Volksunion auf. Bei seiner Beisetzung 1982 ließen einige Trauergäste es sich nicht nehmen, mit dem Hitlergruß zu salutieren. Rudel ist ein anschauliches Beispiel dafür, dass soldatische Großtaten nicht unbedingt mit der Fähigkeit zu kritischem Denken und zur Selbstreflexion Hand in Hand gehen müssen.

Die Geschichte von Michail Petrowitsch Dewjatajew (1917 bis 2002) ist ein Lehrstück dafür, wie das Wissen über den Krieg manipuliert werden kann. Der aus Mordwinien gebürtige sowjetische Jagdflieger zog im Juli 1944 bei einem Luftkampf mit zwei Fw-190-Jagdeinsitzern über Lemberg (Lwów) den Kürzeren, stieg aus und brach sich bei der Landung ein Bein. Auf der Stelle verhaftet, steckte man ihn in ein Offizierslager, wo britische Gefangene ihm halfen zu genesen. Dann wurde er zuerst nach Sachsenhausen und anschließend in ein anderes Lager in der Nähe von Königsberg verlegt. Dort gelang es ihm, sich eine andere Identität zuzulegen, indem er die Papiere eines toten Russen übernahm und dadurch der Schmach entging, russischer Offizier zu sein. Als Nächstes wurde er mit einer Sklavenarbeiterkolonne in das deutsche Raketenversuchszentrum auf der Insel Peenemünde geschafft. Unterernährt und misshandelt, arbeitete er in einem Bombenräumkommando, bis er nur noch 41 Kilogramm wog und zu dem Schluss kam, dass Flucht seine einzige Überlebenschance war. Man schrieb den Februar 1945. Nachdem es ihm mit einer Gruppe von Gefährten gelungen war, eine zweimotorige Heinkel zu stehlen, entschwebte er von Peenemünde aus über die Ostsee, durchflog die sowjetische Flugabwehr und legte mit der Maschine in einer Schneewehe eine sichere Bruchlandung zwischen den befreundeten Linien hin.

Ein Happy End, könnte man meinen. Nicht die Spur. Dewjatajews Gefährten wurden vom NKWD auf der Stelle in Strafbataillone gesteckt. Und er selbst wurde zwischen endlosen Verhören in Einzelhaft gehalten. Man erzählte ihm nichts vom Ende des Zweiten Weltkriegs in Europa, von dem er erst erfuhr, als das NKWD ihn nach Deutschland zurückbrachte, um nochmals Peenemünde und Sachsenhausen zu besuchen. Seine Tortur ging weiter, selbst als er 1947 entlassen wurde. Seine Papiere, die als die eines ehemaligen Kriegsgefangenen gestempelt waren, grenzten ihn als gesellschaftlichen Paria aus. Er war außerstande, in einem Land zu arbeiten, das sich rühmte, keine Arbeitslosigkeit zu kennen. Als alliierter Kriegsheld und Überlebender der NS-Lager hatte er extremes Glück, überhaupt noch am Leben zu sein.

Überflüssig zu sagen, dass seine Geschichte erst nach Stalins Tod enthüllt wurde, als der Leiter der sowjetischen Raketenforschung zufällig Dewjatajews Heldentaten pries.[65]

Angesichts der wahren Geschichten von Rudel und Dewjatajew drängen sich einige unangenehme Überlegungen auf. Wie es aussieht, waren Mut und Tugend nicht die alleinige Domäne alliierter Kämpfer. Menschen, die heldenhaft gegen das NS-Regime kämpften, waren nicht zwangsläufig anständig. Und Krieger, die ohne Furcht und Tadel ihre Pflicht erfüllten, waren auf beiden Seiten zu finden, sie waren überzeugte Nationalsozialisten oder ebenso überzeugte Kämpfer gegen Hitler. Aber dies ist nicht das moralische Gerüst, an das zu glauben den meisten Briten und Amerikanern beigebracht wurde. Dennoch ist es wahr, es ist historisch verbürgt. Marschall Schukow hat darauf hingewiesen, als General Eisenhower sich 1945 nach Berichten erkundigte, wonach unter Schukows Soldaten Männer wegen Feigheit erschossen worden seien. »In der Roten Armee«, antwortete der Marschall, »muss man ein sehr tapferer Mann sein, um ein Feigling zu werden.«[66]

Nach dem Untergang der Sowjetunion kam nach der Abschaffung der Zensur ein weiteres Problem ans Tageslicht: das Schreckgespenst der Fälschung. Zu Stalins Zeiten hatte die Bürokratie Geschichten über sowjetisches Heldentum erfinden oder ausschmücken können, ganz wie der Anlass es verlangte, und diese Erfindungen durften fünfzig Jahre lang öffentlich nicht angezweifelt werden. In den neunziger Jahren entstanden daher viel Fragen, die einer Antwort harrten. Eine dieser Fragen, die 1994 in den Kolumnen der *Iswestija* eine stürmische Kontroverse auslöste, betraf den Flieger Nikolai Gastello (1908 bis 1941), dessen Heldentum in sowjetischen Kinderbüchern, in Filmen und auf Briefmarken ausgiebig gefeiert worden war. Sogar ein Schlager wurde komponiert:

»Hauptmann Gastello«. Der offiziellen Version zufolge, wie sie am 5. Juli 1941 von Radio Moskau gesendet wurde, hatte Gastello in Kamikaze-Manier eine Panzerkolonne angegriffen und dabei zahlreiche feindliche Panzer in einem *taran* (Feuersturm) zerstört. Den nun auftretenden Skeptikern zufolge hatte dieser Angriff jedoch niemals stattgefunden, war von jemand anderem durchgeführt worden oder gar ein Unfall. Das Ende der Auseinandersetzung war 1996, dass Präsident Boris Jelzin einem anderen Flieger einen Orden verlieh.[67]

Auszeichnungen

Alle Armeen verleihen Medaillen und Auszeichnungen an Soldaten, die gut gekämpft haben.[68] Großbritanniens höchste Auszeichnung für »Tapferkeit vor dem Feind« ist das Viktoriakreuz (Victoria Cross) für Soldaten aller Dienstgrade. Von 1939–45 wurde es 181-mal verliehen, oft posthum. Ein Soldat, Captain Charles Upham, ein Neuseeländer, errang es ausnahmsweise zweimal, auf Kreta und auf dem Nordafrikafeldzug. Die geringeren Auszeichnungen in Form diverser Orden und Medaillen für hervorragende Dienste, darunter der Distinguished Service Order (DSO), das Military Cross (MC) und die Distinguished Conduct Medal (DCM), wurden in Übereinstimmung mit dem britischen Klassensystem vergeben, was zur Folge hatte, dass Offizieren, Unteroffizieren und Mannschaften für dasselbe hervorragende Verhalten gewöhnlich unterschiedliche Orden verliehen wurden. Das Georgskreuz (George Cross, GC) und die Georgsmedaille (George Medal, MC) wurden eingeführt, um Tapferkeit im zivilen Leben zu belohnen. Angehörige der Marine und der Luftstreitkräfte hatten Anspruch auf je eigene Verdienstorden.

Die höchste Auszeichnung der USA war die Congressional Medal of Honor, die Ehrenmedaille des Kongresses. Danach folgten das Distinguished Service Cross für das Heer, das Navy Cross für die Marine und das Distinguished Flying Cross für die Luftstreitkräfte. Silver Star und Bronze Star wurden für Tapferkeit verliehen, während der berühmte »Purple Hearts« Soldaten zuerkannt wurde, die im Kampf gefallen oder verwundet worden waren. Die Soldier's Medal entsprach in etwa dem britischen Georgskreuz, während der Legion of Merit ein neuer Orden in vier Stufen war.

In Deutschland führte Hitler am 1. September 1939 nach zwanzigjähriger Pause das Eiserne Kreuz wieder ein. Es wurde in vier Klassen verliehen: Großkreuz, Ritterkreuz, I. Klasse (EK I) und II. Klasse (EK II). Das Ritterkreuz wurde in drei Klassen verliehen: mit Eichenlaub, mit Eichenlaub und Schwertern sowie mit Eichenlaub, Schwertern und Brillanten. Nur ein Mann, Hermann Göring, erhielt das Großkreuz; das Ritterkreuz mit Eichenlaub, Schwertern und Brillanten wurde 27-mal verliehen. Einziger Träger des zusätzlichen Ritterkreuzes mit goldenem Eichenlaub, Schwertern und Brillanten war wie erwähnt Hans-Ulrich Rudel. Neue Orden waren das in fünf Klassen verliehene Kriegsverdienstkreuz (KVK) und das in zwei Klassen (Gold und Silber) für »vielfach bewiesene außergewöhnliche Tapferkeitsleistungen oder vielfach hervorragende Verdienste in der Truppenführung« verliehene Deutsche Kreuz (DK). Interessanterweise wurde kein Unterschied gemacht zwischen Auszeichnungen, die an die Wehrmacht, und solchen, die an die SS vergeben wurden.

Die UdSSR hatte vor dem Krieg alle militärischen Orden und Ehrenzeichen abgeschafft, kehrte aber mit Begeisterung zu dem Brauch zurück, wobei die Empfänger oftmals mit zwei gesonderten Medaillen bedacht wurden. So erhielt jeder, dem der Titel »Held der Sowjetunion« verliehen wurde, auch die Medaille »Goldener Stern«. Von 1941–45 gab es 11 365 Empfänger. Die höchste Auszeichnung, der Leninorden, war nicht auf den Militärdienst beschränkt. Andere Auszeichnungen waren: der Orden des Roten Banners für besonderen Mut; der Orden des Roten Sterns; der Orden des Sieges für erfolgreiche Führung; der Ruhmes-Orden in drei Klassen für Soldaten bis zum Unteroffiziersrang, der Suworow-Orden für Kommandeure, der Kutusow-Orden, der Bogdan-Chmelnitski-Orden für Partisanen, die Tapferkeitsmedaille und die Medaille für Militärverdienste. Zu Beginn des Krieges hatte die UdSSR keine militärischen Ränge anerkannt. Am Kriegsende jedoch machte sie, wie die britische Armee, klare Unterschiede zwischen Verleihungen an Generäle, an Offiziere sowie an Unteroffiziere und Mannschaften. Der durchschnittliche sowjetische Marschall trug so viel Metall auf seiner Galauniform, dass das Geradestehen Probleme bereitete.

Die Wertminderung der militärischen Auszeichnungen der Sowjetunion liegt in der Tatsache, dass sie mit der gleichen Selbstverständlichkeit Politikern, die vielleicht niemals auch nur in die Nähe der Front gekommen waren, wie echten Kriegshelden verliehen wurden. Die Liste der 12 500 »Helden der Sowjetunion« enthält deshalb eine ungute Mischung aus Männern und Frauen, die ihr Leben opferten, und Namen wie Breschnew, Chruschtschow und Stalin. Mehrere von Stalins alten Spießgesellen, wie Budjonni und Woroschilow, die sich in den Jahren 1941–45 nicht besonders hervortaten, wurden dennoch in den Pantheon aufgenommen.[69]

Die meisten kämpfenden Staaten verliehen darüber hinaus allen Militärangehörigen, die einen erfolgreichen Einsatz beendeten, Feldzugsmedaillen. Diese bescheidenen Metallscheiben, die an einem billigen Band hingen, sahen oft schäbig aus. Aber bei Männern, die es sich nicht ausgesucht hatten zu dienen und deren Opfern selten Beachtung geschenkt wurde, erfreuten sie sich hoher Wertschätzung.

Die britischen Feldzugsauszeichnungen wurden in erster Linie aufgrund des Kriegsschauplatzes vergeben, auf dem der Soldat gedient hatte. Die Hauptauszeichnungen waren daher die folgenden: Atlantik-Stern, Air-Crew-Europe-Stern, Afrika-Stern, Pacific-Stern, Birma-Stern, Italien-Stern sowie Frankreich- und Deutschland-Stern. Zusätzlich wurde allen, die in irgendeiner Funktion gedient hatten, der Stern 1939–1945, die Verteidigungsmedaille 1939–1945 und die Kriegsmedaille 1939–1945 verliehen.

Die amerikanischen Feldzugsauszeichnungen folgten einer

ähnlichen Logik. Verliehen wurden eine europäisch-afrikanisch-nahöstliche Feldzugsmedaille und eine asiatisch-pazifische Feldzugsmedaille für bestimmte Kriegsschauplätze, eine Kriegsgefangenenmedaille und eine Medaille für das Frauenkorps der US-Armee sowie zwei Auszeichnungen für den allgemeinen Dienst – die Siegesmedaille für den Zweiten Weltkrieg und die amerikanische Feldzugsmedaille.

Die von der Sowjetunion vergebenen Feldzugsmedaillen folgten einem ganz anderen Modell und orientierten sich an einem Schema städtischer oder regionaler Kriegsschauplätze. Aus der ersten Phase des deutsch-sowjetischen Krieges erinnerten sie an die Verteidigung sowjetischer Städte: Verteidigung Leningrads, Verteidigung Moskaus, Verteidigung Odessas, Verteidigung des Kaukasus, Verteidigung Stalingrads, Verteidigung Sewastopols, Verteidigung Kiews und Verteidigung der sowjetischen Polarregion. Als die Rote Armee dann nach Mitteleuropa vorrückte, wurden Städte je nach ihrer Rolle im Krieg gegen Moskau entweder »befreit« oder »erobert«. Folglich wurden Medaillen zur Befreiung Belgrads, zur Befreiung Warschaus und zur Befreiung Prags ausgegeben, während Königsberg, Wien, Budapest und Berlin »erobert« wurden. Außerdem wurden wie in den meisten alliierten Streitkräften zwei allgemeine Auszeichnungen vergeben, mit denen an die Pflichterfüllung beim Sieg über Deutschland und beim Sieg über Japan erinnert wurde.

Das deutsche System der Feldzugsauszeichnungen war vielleicht das eigentümlichste. Mit Ausnahme der Ostfrontmedaille – des sogenannten »Gefrierfleischordens«, der für Pflichterfüllung im deutsch-sowjetischen Krieg vergeben wurde – bestanden die Feldzugsauszeichnungen aus kleinen Metallschilden, die auf dem oberen linken Ärmel getragen wurden. Der Landung in Narvik, der Kesselschlachten von Cholm und Demjansk, der Eroberung der Krim und der Verteidigung des Kuban-Brückenkopfes wurde durchweg auf diese Weise gedacht. Veteranen des Feldzugs in Nordafrika, des Angriffs auf Kreta oder der Verteidigung Kurlands durften ein Ärmelband aus Stoff tragen. Interessanterweise wurden keine deutschen Feldzugsauszeichnungen für die Eroberung Frankreichs 1940, die Verteidigung Italiens 1943–45 oder die Kämpfe an der Westfront 1944–45 vergeben.

Kriegsgefangene

Für die menschliche Behandlung von Gefangenen maßgebliche internationale Regeln waren auf den Haager Friedenskonferenzen 1899 und 1907 vereinbart worden. Von den kämpfenden Staaten der Jahre 1939–45 hatten Großbritannien, Frankreich, Polen, Deutschland und die USA diese (insgesamt 13) Haager Konventionen unterzeichnet, aber die UdSSR nicht. Daher folgte die Behandlung der Kriegsgefangenen bei den Unterzeichnerstaaten zivilisierten Maßstäben, während deutsche Gefangene in sowjetischen Händen und sowjetische Gefangene in deutschen Händen unter entsetzlicher Brutalität zu leiden hatten. Die deutschen Verantwortlichen schienen der Auffassung zu sein, dass die Nichtbeachtung der Konventionen durch die Sowjets ihnen das Recht gab, diese ebenfalls zu ignorieren. Ihre Selbstgefälligkeit entsprach ihren ideologischen Vorurteilen.

Gemäß den Konventionen mussten Kriegsgefangene ordentlich untergebracht und richtig ernährt werden; ihnen waren die Sonderrechte der Religionsausübung, der ärztlichen Behandlung und der Korrespondenz mit ihren Familien zu gewähren. Sie durften nicht geschlagen, verhört, gefoltert oder hart bestraft werden, auch nicht für Fluchtversuche. Die Mannschaften konnten für Arbeitseinsätze eingeteilt werden, und Offiziere waren in gesonderten Quartieren zu beherbergen. Das Internationale Komitee vom Roten Kreuz musste bei Inspektionen Zugang zu allen Gefangenen erhalten.

Westliche Kriegsgefangene in den Händen der Achse und Achsengefangene in westlichen Händen überlebten den Krieg daher im Großen und Ganzen unter halbwegs erträglichen Bedingungen. Selbst auf Schloss Colditz in Sachsen, einem

Kriegsgefangenenlager für alliierte Offiziere, die ein erhöhtes Sicherheitsrisiko darstellten oder bei denen Fluchtgefahr bestand, war das Haftregime äußerst milde. Mehr als 60 000 britische Kriegsgefangene wurden in deutschen Oflags und Stalags (Offizierslagern und Stammlagern) festgehalten, überwiegend Veteranen von Dünkirchen oder abgesprungene Bomberbesatzungen. Etwa 100 000 Italiener arbeiteten auf britischen Farmen, während zwei Millionen Franzosen zur Arbeit in Bergwerken, auf Bauernhöfen und in Fabriken ins Deutsche Reich geschickt wurden. Schlimme Grausamkeiten oder Fälle offenkundiger Misshandlung waren selten. Im Mai 1940 wurde eine Gruppe von Soldaten aus dem Norfolk-Regiment bei der Gefangennahme von der SS erschossen, und neunzig Mann vom Warwickshire Regiment erlitten beim nordfranzösischen Wormhout ein ähnliches Schicksal. Während der Ardennenschlacht wurden bei Malmédy vierundachtzig US-Gefangene erschossen. Und 1943 wurden auf der Insel Kefalonia bis zu fünftausend italienische Gefangene, die zuvor gegen ihre ehemaligen deutschen Verbündeten gekämpft hatten, niedergemetzelt. Den Westalliierten wurde nur gegen Ende des Krieges 1945 ernsthaft vorgeworfen, deutsche Kriegsgefangene misshandelt zu haben, als nach dem Ende des Ruhrkessels gefangene deutsche Soldaten in großer Zahl im Freien festgehalten wurden (siehe unten).

Die Erfahrungen polnischer Kriegsgefangener waren in mehrerlei Hinsicht ungewöhnlich. Im Oktober 1939 hatten sich mehr als ein Million polnische Soldaten entweder den Deutschen oder, im Osten des Landes, den Sowjets ergeben. Gemäß der NS-Ideologie und Hitlers ausdrücklichen Anweisungen hätten sie als Slawen mit der »größter Härte« behandelt werden müssen. Stattdessen schickte die Wehrmacht die Offiziere in normale Oflags, wie Murnau oder Woldenburg, wo sie den gesamten Krieg in relativer Sicherheit und Bequemlichkeit verbrachten. Die Mannschaften wurden nach

Hause entlassen. Die Gründe für ihr Glück sind nicht ganz klar. Aber verglichen mit dem Schicksal ihrer Kameraden in sowjetischer Gefangenschaft schnitten sie gut ab. Das NKWD erschoss fast alle 25 000 polnischen Offiziere in seiner Obhut (siehe S. 303–304) und lieferte mehrere hunderttausend Gefangene aus dem Mannschaftsstand in den arktischen Lagern dem sicheren Tod aus.

Die Briten gründeten zu Beginn des Krieges eine Geheimorganisation mit dem Decknamen »MI9«, die darauf spezialisiert war, Flüchtigen und Entflohenen zu helfen, ihr amerikanisches Gegenstück hieß MIS-X. Sie richtete eine Untergrund-»Bahnlinie« ein, die aus einer Kette sicherer Häuser bestand, die sich von Belgien bis zu den Pyrenäen erstreckte. Etwa 33 000 alliierte Soldaten wurden so weitergeschleust.[70]

Deutsche Kriegsgefangene unter britischer Aufsicht hatten kaum Hoffnung zu entkommen. Man weiß nur von einem Mann, der Fersengeld gab und sich 1941 von einem Arbeitslager in Kanada in die damals noch neutralen USA durchschlug. Am Ende des Krieges machten Gerüchte die Runde, dass wichtige Gefangene zu Verhören unter Folter im sogenannten »London Cage« (»Londoner Käfig«) festgehalten würden.[71]

In der UdSSR gab es ungefähr 4,5 Millionen deutsche Kriegsgefangene. Sie hatten Glück, lebend in Gefangenschaft geraten zu sein, denn die Rote Armee hatte keine Skrupel, Verwundete oder Nachzügler zu töten. Aber man ließ sie nicht im Zweifel darüber, dass sie die »Kollektivschuld« der Faschisten trügen und dass sie sich noch wünschen würden, man hätte sie getötet. Normalerweise brachte man sie in entlegene, vom Gulag getrennte Arbeitslager im hohen Norden, wo die Hälfte an Überarbeitung und Unterernährung sterben sollte. Und sie wurden auch nicht 1945 entlassen. Die meisten der Überlebenden durften erst nach Stalins Tod 1953 nach Hause.

Wichtige deutsche Gefangene wurden im Moskauer Lubjanka-Gefängnis für endlose Verhöre durch den NKWD festgehalten. Eine dieser Gruppen bestand aus der kompletten, 1945 gefangen genommenen Mannschaft des Führerbunkers. Die Männer wurden ein Jahr lang festgehalten und systematisch gefoltert, um alles zu verraten, was sie über Hitlers Gewohnheiten und Ansichten wussten. Da der Schädel des »Führers« bei der ursprünglichen Erstürmung des Bunkers verlorengegangen war, wurden sie 1946 allesamt nach Berlin zurückgebracht, um sich noch einmal an die Ausgrabung zu machen. Diesmal wurde der Schädel gefunden, aber das Skelett des »Führers« wurde von Berias Stellvertreter gestohlen.[72]

Sowjetische Soldaten, die in deutsche Gefangenschaft gerieten, erging es am schlimmsten von allen. Es waren schätzungsweise 5,2 Millionen, von denen die überwiegende Mehrzahl binnen weniger Monate nach der Gefangennahme starb. Von den unglaublichen insgesamt 3,2 Millionen, die 1941–42 in Gefangenschaft gerieten, erlebten ganze 2,8 Millionen den darauffolgenden Sommer nicht mehr. Die Gründe waren einfach: Hitler hatte Befehl gegeben, alle politischen Kommissare und die meisten Offiziere kurzerhand zu erschießen. Etwa 500 000 sowjetische Kriegsgefangene wurden der SS übergeben, die sie in Konzentrationslager, darunter auch Auschwitz, verschleppte. Der Rest wurde in Lagern im Freien unter Bedingungen festgehalten, die schlimmer waren als Auschwitz, falls so etwas vorstellbar ist. Die Männer wurden an verschiedenen Orten hinter der Ostfront in Stacheldrahteinfriedungen gepfercht, ohne Schutz vor den Unbilden der Witterung. Sie bekamen nichts zu essen, nichts zu trinken, hatten weder Baracken noch Kleidung oder Decken; sie standen einfach im Schnee oder im vom Regen aufgeweichten Gras, bis sie umfielen. Und wenn sie starben, wurden sie zerlegt und von ihren Kameraden aufgegessen. Kannibalismus war während der sowjetischen Hungersnöte und Terrorkampagnen der dreißiger Jahre nicht unbekannt gewesen. Nun kam er infolge der Grausamkeiten der SS, die glaubte, es mit »Untermenschen« zu tun zu haben, wieder zum Vorschein. Die Zustände in den Kriegsgefangenenlagern dienten auch als Ansporn, sich freiwillig zur Arbeit als SS-»Hilfswillige« zu melden. Ohne dass die »Freiwilligen« es wussten, stellte sich oft heraus, dass zu den Arbeiten auch die Bewachung der Vernichtungslager gehörte.

Nach 1942 änderte sich der Politik der Nazis gegenüber den sowjetischen Kriegsgefangenen allmählich. Immerhin wurde ein großes zusätzliches Menschenpotenzial vergeudet. Und Generalfeldmarschall Ewald von Kleist, der Oberbefehlshaber der Heeresgruppe A, und andere deutsche Generäle vertraten den Standpunkt, dass man die antistalinistischen Gefühle unter der sowjetischen Bevölkerung ausnutzen müsse, da man verloren sei, wenn es nicht gelänge, sie für die deutsche Seite zu gewinnen.[73] Gefangene wurden nun für den Arbeitseinsatz eingeteilt, und die Sterblichkeitsziffer sank. Und Rekruten wurden zu zahlreichen Formationen der Osttruppen und der nichtrussischen Ostlegionen, die aus Armeniern, Balten, Georgiern, Azeris, Kalmücken, Tataren und Turkmenen bestanden, eingezogen. General Andrej Wlassow (1900 bis 1946), der im Juli 1942 in der Nähe von Leningrad in deutsche Gefangenschaft geriet, wurde ausgewählt, um ein »Komitee zur Befreiung der Völker Russlands« (KONR) zu leiten. Man erlaubte ihm, durch Städte hinter der Front wie Pskow und Riga zu reisen, wo er herzlich empfangen wurde. Seine Aktivitäten wurden dann auf persönliche Intervention Hitlers hin verboten, 1944 aber wieder zugelassen, als der Rekrutenmangel akut wurde. Die aus zwei Divisionen bestehende »Wlassow-Armee« kam 1944–45 in der Tschechoslowakei zum Einsatz.[74]

Doch die Tortur für die sowjetischen Kriegsgefangenen endete nicht, als der Krieg endete. Stalin befahl ihre Repatriierung und beschuldigte sie dann des Verrats, weil sie Befehl 270 (siehe S. 382–383) nicht gehorcht hätten. Mehr als eine Million wurden in die UdSSR zurückgeschickt. Die Offiziere wurden auf der Stelle erschossen. Die Mannschaften schickte man in einen langsameren Tod im Gulag.

Einer ähnlich aussichtslosen Zwangslage sah sich Polens Untergrund-Widerstandsbewegung, die Heimatarmee (*Armia Krajowa,* AK), gegenüber, deren Mitglieder sowohl von der SS als auch vom NKWD als »Banditen« behandelt wurden. So machte die SS während des Warschauer Aufstands keine Gefangenen, sondern erschoss sofort alle AK-Angehörigen, die ihr in die Hände fielen. Erst ganz am Ende des Aufstands erkannte sie die Heimatarmee als rechtmäßige kämpfende Truppe an, um ihre Kapitulation sicherzustellen. Ausnahmsweise gestand sie zu, dass sämtliche AK-Kämpfer, die sich ergaben, in reguläre Kriegsgefangenenlager der Wehrmacht geschickt wurden. Doch die Sowjets machten nie ein solches Zugeständnis. Als die Rote Armee 1944–45 durch Polen marschierte, bezeichnete die kommunistische Presse die Heimatarmee weiter als »Banditen«. Das NKWD verdoppelte seine Anstrengungen, ihre Angehörigen zu verhaften, die Offiziere zu erschießen und die Mannschaften einzusperren oder zum Frontdienst zu pressen. Nach dem Krieg fuhren die kommunistischen Behörden fort, Jagd auf Überlebende des Widerstands der Kriegszeit zu machen, sie absurderweise als »Kollaborateure« vor Gericht zu stellen und ihre tapfersten Kämpfer zum Tode zu verurteilen.

Menschen aus dem Westen, die sich einbilden, der Krieg sei ein einfacher Konflikt zwischen Gut und Böse gewesen, können der Logik dieser Ereignisse vielleicht nicht folgen. Sie sollten an das Schicksal von Generalfeldmarschall Ewald von Kleist denken, des Deutschen, der dafür eintrat, das sowjetische Volk gut zu behandeln. Er wurde 1948 an die UdSSR ausgeliefert und angeklagt, »die sowjetische Bevölkerung durch Milde und Freundlichkeit zu entfremden«. Er starb 1954 im Gefangenenlager Wladimirowka.[75]

Spricht man von zehn Millionen Kriegsgefangenen, verschwimmen alle zu einer gesichtslosen Masse. Doch jeder einzelne dieser zehn Millionen war als Mensch auch ein Individuum.

Slawomir Rawicz (1915 bis 2004) war ein polnischer Kavallerieoffizier, der 1939 gegen die Deutschen kämpfte, aber von den Sowjets gefangen genommen und zu fünfundzwanzig Jahren Zwangsarbeit in einem Lager in Ostsibirien verurteilt wurde. Ihm gelang mit einer kleinen Gruppe von Mitinsassen die Flucht. 1941–42 lief er zwölf Monate lang die 6500 Kilometer bis nach Kalkutta – unterwegs durchquerte er die Wüste Gobi, Tibet und den Himalaja. Später diente er bei der 8. britischen Armee in Palästina. Mehrere Rezensenten verurteilten sein autobiographisches Buch *Der lange Weg* (1956) als Schwindel und erfunden. Aber das war es nicht, trotz offenkundiger Ausschmückungen. Britische Beamte in Indien und Afghanistan berichteten von ähnlichen polnischen Ankömmlingen.[76]

Airey Neave (1916 bis 1979) wurde im Mai 1940 in der Nähe von Calais verwundet und in ein deutsches Oflag bei Thorn (Torún) im besetzten Polen geschickt. Von dort wurde er in das Lager von Colditz verlegt, von wo ihm im zweiten Anlauf die Flucht über die Schweiz gelang. Nachdem er für den MI9 gearbeitet und als Anwalt bei den Nürnberger Prozessen fungiert hatte, wurde Neave ein prominentes Mitglied des Parlaments und schließlich auf dem Parkplatz des House of Commons durch die Bombe eines irischen Terroristen getötet.[77]

Domenico »Dommechino« Chiochetti (1910 bis 1999), ein Italiener aus den Dolomiten, wurde in Nordafrika gefangen genommen und auf den Orkney-Inseln interniert. Zusammen mit italienischen und nordafrikanischen Mitgefangenen entwarf und baute er auf Lambs Holm aus zwei hintereinander aufgestellten Nissenhütten die »Italian Chapel«, die »italienische Kapelle«, die heute eine vielbesuchte Touristenattraktion ist.[78]

Oberleutnant Franz von Werra (1914 bis 1941), geboren in der Schweiz, ein Fliegerass der deutschen Luftwaffe, auf dessen Konto einundzwanzig Abschüsse gingen, wurde über Südengland abgeschossen und in ein Kriegsgefangenenlager in Kanada geschickt. Er entfloh in die USA, bevor er über Mexiko und Südamerika nach Deutschland zurückkehrte. Er und sein Flugzeug sind seit einer Routinepatrouille über der holländischen Küste verschollen.[79]

Jakow Dschugaschwili (1907 bis 1943), ein sowjetischer Jagdflieger, der abstürzte, wurde im Konzentrationslager Sachsenhausen eingesperrt. Die Deutschen boten an, ihn gegen General Paulus auszutauschen. Aber er starb unter ungeklärten Umständen, offenbar, weil er sich gegen den elektrischen Zaun des Lagers warf. Dschugaschwili war der seinem Vater entfremdete ältere Sohn Stalins.[80]

General S. A. Tikaschenko hatte während des Unternehmens »Barbarossa« im südlichen Sektor gekämpft und wurde ebenfalls nach Sachsenhausen verschleppt. Im Februar 1945 gehörte er zu einer Gruppe von Gefangenen, die ihren Wachen die Waffen abnahmen, und starb am Ende eines längeren Schusswechsels.[81]

General Walther von Seydlitz-Kurzbach (1888 bis 1976), ein Artillerie-Befehlshaber, ergab sich in Stalingrad. Er war der letzte der ehemaligen Offiziere der deutschen 6. Armee, der entlassen wurde – im Januar 1956.[82]

Kurt Vonnegut (1922 bis 2007), ein Späher der amerikanischen 106. Infanteriedivision, wurde im Dezember 1945 während der Ardennenschlacht gefangen genommen und erlebte als Kriegsgefangener die Bombardierung Dresdens mit Brandbomben. Der bekannte Schriftsteller ist Autor des halb autobiographischen Romans *Schlachthof 5 oder Der Kinderkreuzzug* (1969). Er war als Nachfolger von Isaac Asimow Präsident der American Humanist Association.[83]

Witold Pilecki (1901 bis 1948) kämpfte wie Rawicz 1939

als polnischer Kavallerieoffizier; am Ende des Polenfeldzugs ging er in den Untergrund. Er verbrachte 945 Tage in Auschwitz, nachdem er sich absichtlich hatte festnehmen lassen, um den ersten ausführlichen Bericht über die dortigen Bedingungen zu verfassen. Nach seiner Flucht kämpfte er während des Warschauer Aufstands in der Heimatarmee und verbrachte sechs Monate in einem deutschen Oflag, bevor er in Italien in die britische Armee eintrat. Bei seiner Rückkehr nach Polen 1946 wurde er von den kommunistischen Behörden aufgegriffen, unter falschen Anklagepunkten vor Gericht gestellt und gehängt. Es war ein herausragender Fall von Justizmord.[84]

Keine Übersicht über die Kriegsgefangenen des Zweiten Weltkriegs wäre vollständig ohne Erwähnung der Kontroverse um die mutmaßliche Misshandlung deutscher Gefangener durch das US-Militär 1945. Die Männer hatten sich während der letzten Wochen der Kämpfe in großer Zahl ergeben, und sie wurden viele Monate lang im Freien in einem riesigen Lager in der Nähe von Düsseldorf festgehalten. Niemand bestreitet die Tatsache, dass die in erster Linie krankheitsbedingte Sterblichkeit unter ihnen ungewöhnlich hoch war und dass die begleitenden administrativen Verzögerungen unentschuldbar waren. Doch die Anschuldigungen, die durch Beweise untermauert wurden, beziehen sich nicht nur auf grobe Fahrlässigkeit, die dafür verantwortlich war, dass Hunderttausende ohne elementare Unterkunft oder Hygiene blieben, sondern auch auf juristische Winkelzüge. Der Vorwurf lautet: Die Gefangenen wurden bewusst nicht als Kriegsgefangene (POWs, *Prisoner of War*), sondern als »entwaffnete feindliche Streitkräfte« (DEF, *Disarmed Enemy Forces*) klassifiziert, um zu vermeiden, dass das Internationale Komitee vom Roten Kreuz auf sie aufmerksam wurde.[85]

Militärische Opfer

Wer sich für den Beruf des Soldaten entschied, riskierte immer schon Tod, Verwundung und Verstümmelung. Aber, um einen Experten zu zitieren, eine Opferzahl wie im deutsch-sowjetischen Krieg, dem »Epizentrum der Kampfhandlungen« des Zweiten Weltkriegs, war »niemals zuvor in der Geschichte bewaffneter Konflikte verzeichnet« worden.[86] Nun, Tatsache ist: Die Historiker können sich nicht annähernd über die Gesamtzahl der Opfer einigen. So nennen drei gesonderte Einträge von unterschiedlichen Forschern im *Oxford Companion to the Second World War* (1995) Zahlen für die militärischen Todesfälle auf sowjetischer Seite, die um nicht weniger als 1,232 Millionen voneinander abweichen.[87] Diese Diskrepanz ist mehr als doppelt so groß wie die Zahl, die für sämtliche britischen und US-amerikanischen Todesfälle zusammen genannt wird. Und es gibt noch größere Diskrepanzen. Die Gründe sind einfach. Die UdSSR, die nach allgemeiner Auffassung die größten Verluste erlitt, war während des Krieges nicht in der Lage, die Opfer zu zählen. Nach dem Krieg schwankten sowjetische Angaben über Verluste gewaltig, je nach den Erfordernissen der offiziellen Propaganda, und bei sämtlichen Schätzungen handelte es sich immer nur um demographische Schlussfolgerungen. Beinahe fünfzig Jahre lang erschienen keine glaubwürdigen Untersuchungen zu dem Thema.

Es gibt weitere Schwierigkeiten. Beispielsweise unterscheiden die ungefähren Gesamtzahlen für die britischen und US-amerikanischen Opfer nicht immer zwischen Verlusten in Europa und Verlusten auf dem pazifischen Kriegsschauplatz oder zwischen Verlusten des Vereinigten Königreichs und

Verlusten des britischen Empire und Commonwealth. Die meisten Nachkriegsberechnungen erfolgten auf der Grundlage der Nachkriegsterritorien und Nachkriegsbevölkerungen. So musste Österreich angeblich 230 000 militärische und 144 000 zivile Todesfälle hinnehmen. Doch Österreich bildete während des Krieges einen festen Bestandteil des Großdeutschen Reiches. Man könnte erwarten, dass die Verluste des Reiches als Ganzes gezählt werden.

Ein anderes Beispiel mag helfen, die Komplikationen zu verdeutlichen. In der Schlacht von Monte Cassino im Mai 1944 wurden 1150 Mann von General Anders' II. Korps getötet. Es waren Polen, und fast alle dienten in zwei Grenzdivisionen aus Ostpolen, das heißt aus Wilna (Wilno, Vilnius) und Lemberg (Lwów, L'viv). Nach internationalem Recht, wie es damals von Großbritannien anerkannt wurde, waren sie Bürger Polens. Doch da Ostpolen 1939 der UdSSR einverleibt worden war, waren sie nach sowjetischem Recht und sowjetischer Praxis Bürger der UdSSR. Und zum Zeitpunkt ihres Todes waren sie Angehörige der 8. britischen Armee und kämpften unter britischem Kommando. Unter welchem Stichwort ordnet man also ihren Tod ein? Polnische, sowjetische oder britische Opfer? Aber das ist noch nicht alles. Wilna liegt heute in Litauen und Lemberg in der Ukraine. Wenn Litauer und Ukrainer versuchen, ihre Kriegsverluste zu schätzen, werden beide in Versuchung kommen, die polnischen Toten von Monte Cassino dazuzuzählen.

Nichtsdestoweniger muss jeder Historiker in vollem Bewusstsein dieser Komplexitäten versuchen, eine Schätzung vorzunehmen, und sei es nur eine grobe Überschlagsrechnung. Ohne solche Zahlen sind nicht einmal die groben Umrisse zu erkennen:

Ungefähre Gesamtzahl der militärischen Toten in Europa, 1939 bis 1945[88]

UdSSR	8868000	(a)
Drittes Reich	4212000	(b)
Italien	400000	(c)
Rumänien	300000	(c)
Polen	300000	(d)
Jugoslawien	300000	(e)
Frankreich	250000	(f)
Tschechoslowakei	250000	(g)
Vereinigtes Königreich	200000	(h)
Ungarn	160000	(i)
USA	150000	(j)
Finnland	84000	(k)
Andere	103000	(l)
Insgesamt	**15577000**	

Anmerkungen: (a) *Oxford Companion to The Second World* War (OCSWW), S. 1232; (b) ebda., S. 469; (c) ebda., S. 290; (d) einschließlich Heimatarmee und polnische Armee unter sowjetischem Kommando; (e) *OCSWW*, S. 290 – unerklärlicherweise übersteigt diese Zahl bei weitem die Gesamtzahl, die für Soldaten unter Waffen unter »Yugoslavia«, S. 1297–98, genannt wird; (f) ebda., S. 290; (g) wie zu Jugoslawien siehe »Czechoslovakia«, S. 280; (h) einschließlich 50000 Gefallene der Royal Navy und 60000 RAF-Tote, aber ohne Verluste außerhalb Europas; (i) *OCSWW*, S. 290; (j) einschließlich Verluste von Marine und Luftstreitkräften, aber ohne Verluste außerhalb Europas; (k) *OCSWW*, S. 290; (l) ohne Verluste des britischen Empire und Commonwealth.

Über die Details kann endlos diskutiert werden. Aber angesichts der Tatsache, dass Schätzungen für militärische Todesfälle während des Zweiten Weltkriegs auf allen Kriegsschauplätzen auf etwa 21 bis 22 Millionen kommen, scheinen zwei Schlussfolgerungen unwiderlegbar zu sein: Erstens war die Zahl der militärischen Todesfälle in Europa ungefähr doppelt so hoch wie auf dem pazifischen Kriegsschauplatz. Und da die deutschen Verluste an der Ostfront etwa 80 Prozent der deutschen Verluste insgesamt ausmachten, waren zweitens die militärischen Todesfälle während der deutsch-sowjetischen Feldzüge ungefähr fünfmal höher als die aller anderen europäischen Feldzüge zusammengenommen.

Soldatenfriedhöfe

Soldaten werden manchmal dort begraben, wo sie fallen. Manchmal werden ihre Leichname auch von den örtlichen Dorfbewohnern oder von den Siegern auf dem Schlachtfeld zu riesigen offiziellen Friedhöfen geschafft, wo sie zu Abertausenden in ordentlichen Reihen liegen wie bei einer posthumen Parade. Europa ist übersät von solchen Begräbnisstätten, offiziellen und inoffiziellen. Vielerorts, vor allem in Westeuropa, wurden aus dem Ersten Weltkrieg stammende Soldatenfriedhöfe erweitert, um auch die Toten des Zweiten Weltkriegs unterzubringen. Kriegerdenkmäler erhielten häufig neue Inschriften. Listen von Namen unter der Überschrift »1914–1918« wurden ergänzt durch neue Listen, die mit »1939–1945« überschrieben sind.

Wie immer lagen die Dinge im Osten anders. Die Zahlen der Toten auf den Schlachtfeldern der Ostfront waren so gewaltig, dass die endgültige Beisetzung in einem Massengrab zum Normalfall wurde. Nach den zahlreichen Winterschlachten konnten die Leichen von Männern, die in Eis und Schnee umgekommen waren, erst im Frühling geborgen werden. Für die Dauer des Krieges konnten weder die Deutschen noch die Sowjets mehr tun, als vorübergehende Ruhestätten zu improvisieren. Und als der Krieg endete, lagen alle diese Stätten plötzlich im sowjetischen Einflussbereich. Die Sowjetunion aber ehrte die Kriegstoten des Feindes nicht. Sie versuchte die Erinnerung an sie bewusst auszulöschen, so wie sie die Erinnerung an ihre eigenen Opfer im Inland auslöschte. Doch für die ruhmreichen Siege der Roten Armee und ihren »Großen Führer«, Josef Stalin, errichtete sie grandiose Monumente. Sie verfügte, dass jede Stadt und jedes Dorf, durch welche die

Rote Armee gekommen war, den Helden ihrer Befreiung auf dem zentralen Platz ein Denkmal errichtete.

Der Kult um die Kriegstoten in Großbritannien und den USA schlägt einen ganz anderen Ton an. Auch er basiert auf der Voraussetzung des totalen Sieges. Aber die unverhohlen triumphierende Geste wird vermieden. Man bevorzugt eine ruhige, gedämpfte Stimmung, und die Soldatenfriedhöfe sind als tröstende Gärten der Ruhe angelegt, mit Blumen und Rasenflächen. Offizielle Kriegsgräber-Kommissionen kümmern sich um die Pflege dieser Orte. Gärtner schneiden das Gras nach. Die Grabsteine sind sorgfältig beschriftet – mit Namen, Dienstgrad, Dienstabzeichen, einem Motto und einem passenden Kreuz oder Stern. In den Vorhallen der Friedhofskapellen werden in Messingbehältern Ehrenlisten aufbewahrt. Von Fahnenmasten wehen Nationalflaggen. Und Angehörige wie Regimentsveteranen, die nicht vergessen können, statten den Gräbern regelmäßige Besuche ab. Doch die wohltuende Atmosphäre täuscht über die wahre Natur und das Gesamtergebnis des Krieges hinweg.

Aufmerksame Besucher können manchmal erkennen, wenn alles nicht so ist, wie es scheint. Auf dem alliierten Friedhof in Fère-en-Tardoise sind vierundneunzig amerikanische Gräber mit Nummern, nicht mit einzelnen Namen gekennzeichnet. Dies sind die anonymen Ruhestätten von Männern, die wegen Disziplinarvergehen durch die eigene Seite hingerichtet wurden. Im Shepton Mallet Prison in Wiltshire, dem Gefängnis des US-Hauptquartiers in England, wurden parallele Fälle in ähnlicher Weise gehandhabt.[89]

Die Soldatenfriedhöfe rings um die Schauplätze der größeren Schlachten im Westen sind ebenso aufschlussreich, beispielsweise in Monte Cassino. Der dortige polnische Friedhof auf dem Hang neben der Abtei, die von den Polen erobert wurde, enthält ordentliche Reihen katholischer, orthodoxer und jüdischer Gräber. Die britischen und amerikanischen

Gräber liegen in der Ebene darunter. Es gibt auch einen französischen, einen italienischen und einen deutschen Friedhof. Alle liegen also getrennt voneinander. Die Europäer neigen nach wie vor dazu, sich in gesonderten nationalen Abteilungen an den Krieg zu erinnern.[90]

Deutsche Soldatenfriedhöfe vermitteln zwangsläufig eine Atmosphäre der Entschuldigung. Sie enthalten die Gräber der »Besiegten« – auch wenn die dort Ruhenden bei einem der gewonnenen Feldzüge fielen. Die Gestaltung ist minimalistisch und ziemlich würdevoll. Abgesehen von den Namen auf den Grabsteinen existieren praktisch keine Inschriften. Hier verkündet kein Schild: »Sterben, um frei zu sein« oder »Unser Heute geben, um Euer Morgen zu retten«. Die Stille fördert die Reflexion.

Vierzig Jahre nach dem Krieg geriet einer der vielen Soldatenfriedhöfe in Deutschland, im rheinland-pfälzischen Bitburg in der Nähe von Trier, in die Schlagzeilen. US-Präsident Ronald Reagan hatte zugestimmt, auf seinem Europa-Besuch 1985 nicht nur dorthin zu gehen, sondern zum Gedenken an die gefallenen Krieger auch einen Kranz niederzulegen. Der Aufruhr folgte auf dem Fuße, nicht zuletzt, weil in dreiundvierzig der Gräber auf dem Friedhof Angehörige der SS oder der Waffen-SS lagen. Präsident Reagan wollte zusammen mit seinem Gastgeber, Bundeskanzler Helmut Kohl, die Gelegenheit zu einem Akt der Versöhnung nutzen. Er wolle »in die Zukunft blicken«, sagte er. Und er sorgte für viel Verwunderung, als er meinte: »Auch diese jungen Männer waren Opfer des Nazismus, auch wenn sie in einer deutschen Uniform kämpften und eingezogen wurden, um die hassenswerten Wünsche der Nazis zu erfüllen. Sie waren Opfer – so sicher wie die Opfer in den Konzentrationslagern.« Wer kann sich ein Urteil erlauben in solchen Dingen? Auf einem der dreiundvierzig Grabsteine steht schlicht:

SS-SCHTZ
PETER MEIO
5.5.25–15.9.44

Schütze Meio war mit neunzehn Jahren gestorben. Hätte er überlebt, hätte er am Tag des Besuchs von Präsident Reagan seinen sechzigsten Geburtstag gefeiert.

Wie es den Realitäten des Krieges entspricht, sind die sowjetischen Soldatenfriedhöfe die größten und pompösesten. Eines der bewegendsten sowjetischen Denkmäler steht in Sankt Petersburg auf dem Moskowskij Prospekt gegenüber dem Hotelkomplex Pulkowskaja zwischen Innenstadt und Flughafen. Gewidmet ist es den »Heldenhaften Verteidigern Leningrads«, wie die Stadt damals hieß, und es erinnert an die 900-tägige Belagerung von 1941–45. In einer unterirdischen Gedenkhalle erinnern 900 brennende Lampen an jeden einzelnen Tag der Belagerung. Auf einer Tafel in der Mitte des kreisrunden Denkmalkomplexes sind die Namen von 650 »Helden der Stadt« verzeichnet. Das Denkmal ist überwältigend, und das war auch beabsichtigt.[91]

Doch oft verbergen sowjetische Kriegerdenkmale eine heimliche Geschichte. Die schrecklichen Realitäten der UdSSR zur Kriegszeit konnten selbst auf Kriegsgräbern nicht frei ausgedrückt werden. Auf dem Friedhof neben der Militärakademie der Luftstreitkräfte »J. A. Gagarin« in Monino am Stadtrand von Moskau steht das Grabmal von Generalleutnant Iwan Jossifowitsch Proskurow (1907 bis 1941), Held der Sowjetunion, und seiner Frau, Alexandra Ignatiewna, die 1990 starb. Das Grabmal wurde vom »Verteidigungsministerium der UdSSR« gestiftet. Doch Proskurows Leichnam liegt dort nicht. Tatsächlich weiß niemand in seiner Familie, wo er liegt. Denn Proskurow, der sowohl als Befehlshaber des sowjetischen Bomberkommandos wie auch als Chef des sowjetischen Militärgeheimdienstes fungiert hatte, fiel einer der

Säuberungen Stalins zum Opfer. Er wurde am 27. Juni 1941, dem vierten Tag des Großen Vaterländischen Krieges, verhaftet und beschuldigt, eine nicht existierende Verschwörung ausgeheckt zu haben. Geschlagen und gefoltert und reuelos bis zum Schluss, wurde er nach Kuibyschew verlegt, am Morgen des 28. Oktober vom NKWD mit achtzehn anderen aus der Stadt gefahren und entsprechend Berias Befehl Nr. 2756B ohne Gerichtsverhandlung erschossen. Viele Jahrzehnte später konnten seine aufmerksamen Kameraden sein Andenken nur mit einem leeren Grab und einer irreführenden Inschrift in Ehren halten.[92] Er war einer von sehr vielen.

Tonangebende Kriegsführer

Nach 1942 vertraten die Führer der Großen Allianz die Strategie der bedingungslosen Kapitulation, so dass niemals Verhandlungen zwischen den kriegführenden Parteien stattfanden.

Oben: Die »Großen Drei« in Jalta, Februar 1945.
Churchill, Roosevelt und Stalin kamen nur zweimal zusammen.

Unten: Hitler inspiziert sein letztes Aufgebot, April 1945.

Massendeportation
wurde von allen totalitären Regimes praktiziert. Viele Millionen Menschen wurden gewaltsam fortgeschafft und kamen um.
Oben: Nach Kasachstan in die Verbannung geschickte Frauen und Kinder aus Ostpolen, 1940. Das NKWD ergriff routinemäßig die Familien aller »Volksfeinde«.
Unten: Eine von der SS umgesiedelte deutsche Bauernfamilie aus Bessarabien, 1942 oder 1943.

Kriegsgefangene
Die Bedingungen im Osten waren ungleich schlimmer als anderswo.
Oben: Etwa achtzig Prozent von den fünf Millionen sowjetischen Kriegsgefangenen starben in deutscher Gefangenschaft. Die meisten der Überlebenden wurden bei ihrer Rückkehr in die UdSSR vom NKWD ermordet.
Unten: Deutsche Gefangene auf dem mühseligen Fußmarsch in die sibirischen Lager. Ihre Überlebensrate vor der Entlassung in den 1950er Jahren war nicht besser als die ihrer sowjetischen Leidensgenossen.

Konzentrationslager
wurden sowohl vom Sowjet- als auch vom NS-Regime errichtet.
Oben: Workuta. Seltene Ansicht des NKWD-Lagerkomplexes Workutlag, des größten Konzentrationslagers im Europa der Kriegszeit.
Unten: Das 1940 von der SS im deutsch besetzten Polen errichtete Konzentrationslager Auschwitz I. Das berüchtigte Motto »Arbeit macht frei« hatte im Gulag seine russischen Entsprechungen.

Massenmord
wurde von zahlreichen Tätern auf vielfache Weise verübt.
Oben: Das Massaker von Katyn, 1940. Die Erschießung von etwa 25 000 alliierten Offizieren, hauptsächlich polnische Reservisten, kam 1943 teilweise ans Licht; doch bis zu Präsident Gorbatschows Eingeständnis im Jahr 1990 wurde bestritten, dass die Morde das Werk des NKWD waren.
Unten: Nemmersdorf, 1944. Von einem sowjetischen Stoßtrupp abgeschlachtete ostpreußische Dorfbewohner.

Sechs Millionen Juden kamen im Holocaust um, der von den Nazis in den Jahren 1941 bis 1945 verübt wurde. Die Opfer starben durch Erschießen, verhungerten in den von den Nazis eingerichteten Ghettos oder wurden in den Vernichtungslagern vergast.
Links: Einsatzkommando bei der Arbeit, 1941. Winniza, Ukraine.
Unten: Im Warschauer Ghetto. Passanten und jüdische Polizisten blicken auf den Tod in den Straßen.

Leichen unschuldiger Europäer, getötet in bewusster Absicht, wurden ein alltäglicher Anblick.
Oben: Dresden, Februar 1945. Scheiterhaufen auf einem städtischen Platz nach dem durch alliierte Bomber verursachten Feuersturm.
Unten: Konzentrationslager Bergen-Belsen, Mai 1945. Nachdem sie das Lager befreit haben, legen britische Soldaten Massengräber an. Diese Bilder prägten die Nachkriegsmeinung der Menschen im Westen nachhaltig.

Jugoslawien am Boden

Einige Gruppen, darunter Kroaten und bosnische Muslime, unterstützten die Achsenmächte, andere hingegen, wie die serbischen Tschetniks und Titos kommunistische Partisanen, leisteten Widerstand. Jeder kämpfte gegen jeden.
Oben: Der Großmufti von Jerusalem beim Abschreiten einer bosnischen Division der Waffen-SS.
Unten: Rechts im Bild Josip Broz – Tito –, der vom Westen unterstützte letztendliche Sieger.

Vorstöße von Westen
Den westlichen Alliierten gelangen drei große Landungen auf dem Kontinent: 1943 in Sizilien, im Juni 1944 in der Normandie sowie an der französischen Riviera.
Rechts: Monte Cassino wurde beim dritten Versuch gestürmt. Alliierte Verbände kämpften sich gegen wirksame deutsche Hinhaltetaktiken durch Italien vor.
Unten: D-Day, 6. Juni 1944. Britische Soldaten gehen bei Sword Beach an Land.

Katastrophen im Osten, 1944
Obwohl die Sowjets ungeheuer vorrückten, sorgte die Ostfront für viele Überraschungen.
Oben: Der Warschauer Aufstand dauerte, auch ohne fremde Hilfe, nicht weniger als dreiundsechzig Tage. Neun Wochen lang kamen täglich ähnlich viele Kämpfer ums Leben wie am D-Day.
Unten: einunddreißig deutsche Divisionen der Heeresgruppe Nord wurden im Kurland-Kessel eingeschlossen.

Der letzte Winter, 1944 bis 1945
Alliierte Streitkräfte rückten mühsam in Westeuropa vor, während die Rote Armee rasch sämtliche Länder Osteuropas überrollte.
Rechts: Die Niederlande wurden wegen des Rückschlags von Arnheim mit sechsmonatiger Verspätung befreit.
Unten: Lublin: Ein kommunistisches Manifest kündigte die Machtübernahme durch ein sowjetisches Komitee an.

Flucht und Kapitulation

In den letzten Kriegsmonaten herrschte in Europa heilloses Chaos.
Oben: Viele Deutsche aus Ostpreußen und anderen östlichen Provinzen warteten nicht, bis sie vertrieben wurden, sondern begaben sich auf die Flucht.
Unten: Die Kosakenbrigade, die unter deutschem Kommando gekämpft hatte, ergab sich in Österreich den Briten und widersetzte sich einer Zwangsrepatriierung in die UdSSR.

Endkampf in Berlin
Wegen Truppenmangels und des anhaltenden Krieges gegen Japan ließ das US-Kommando die Rote Armee Berlin im Alleingang einnehmen.
Oben: Russische Panzer preschen nach zwei Wochen erbitterten Kämpfens am Brandenburger Tor vorbei.
Rechts: »Hammer und Sichel« wehen auf dem berühmten Foto von Chaldei über dem Reichstag.

Stolz und Scherben
Oben: Stalin nimmt auf dem Leninmausoleum am Roten Platz die Parade ab; seine siegreichen Armeen werfen ihm zu Füßen erbeutete deutsche Standarten nieder.
Links: Der Berghof im April 1945. Ein amerikanischer GI steht nachdenklich vor den leeren Ruinen des Hitler-Refugiums. Es kam nie zu einem »letzten Gefecht« in der Alpenfestung.

Schmach und Vergeltung

Die Justiz der Sieger kann nicht kritiklos bleiben.
Oben: Prozess in Moskau, Juni 1945. Sechzehn Anführer des demokratischen polnischen Untergrunds, die alle den Warschauer Aufstand überlebten, wurden vom NKWD entführt und »illegaler Aktivitäten« beschuldigt.
Unten: Nürnberger Prozess 1946. Deutsche, und nur Deutsche, mussten sich für ihre Verbrechen verantworten. Einer der Chefankläger war Andrei Wyschinski, Star der Stalinschen Schauprozesse der 1930er Jahre.

Fragmentiertes Gedenken Denkmäler und Gedenkstätten für den Zweiten Weltkrieg würdigen selten sämtliche Tragödien von 1939 bis 1945. *Links*: Das sowjetische Heldendenkmal in Wien von 1955. Die Sowjets ließen in allen Städten, die von der Roten Armee befreit worden waren, Ehrenmale errichten. *Unten*: Peter Eisenmans Betonstelen des Berliner Holocaust-Mahnmals von 2005.

Das Schicksal des Soldaten

Trotz der schrecklichen Verluste, vor allem an der Ostfront, überlebte die große Mehrheit der Soldaten, die im Zweiten Weltkrieg dienten. Die geistige und körperliche Verfassung und die missliche soziale Lage, in der sie überlebten, stehen auf einem anderen Blatt.

In den westlichen Streitkräften als Soldat zu dienen war nicht besonders gefährlich. Manche Familien betraf es mehr als andere, aber die Wahrscheinlichkeit, zum Opfer zu werden, war eher gering. In der Familie des Autors fand ein Cousin beim Bomberkommando während eines Einsatzes den Tod. Ein zweiter diente ohne Zwischenfälle in der Royal Navy. Eine Cousine verlor ihren Verlobten, der beim Jägerkommando diente. Eine zweite Cousine, die damals an der London University studierte, wurde beinahe durch eine V-1-Rakete getötet. Ihr Bruder, der während des gesamten Krieges beim Seenotrettungsdienst der RAF diente, fuhr mit einer Motorbarkasse die Küste Westafrikas rauf und runter, ohne den Feind auch nur ein einziges Mal zu Gesicht zu bekommen.

Der Militärdienst eröffnete vielen Menschen die Chance der Weiterbildung und des sozialen Aufstiegs. Junge Männer, die für die Offiziersausbildung ausgewählt wurden, konnten aus dem Nichts in führende Positionen aufsteigen, die ihnen Aussichten auf eine erfolgreiche Nachkriegslaufbahn eröffneten. Man denke an Edward Heath (1916–2005), den späteren britischen Premierminister. Aber er war nicht der Einzige. Der Krieg konnte auch unorthodoxe geschäftliche Möglichkeiten bieten. Ján Ludvik Koch (1923–91) begann den Krieg als Flüchtling aus der Karpato-Ukraine. Er beendete ihn als Hauptmann in der britischen Armee, der als Presseoffizier bei der britischen Kontrollkommission in Berlin für die Lizenzierung deutscher Zeitungen und Zeitschriften zuständig war. In dieser Funktion lernte Koch, der sich inzwischen Robert Maxwell (nach einer damals beliebten Tabaksorte) nannte, den deutschen Verleger Ferdinand Springer kennen, dem er 1951 den Kleinverlag Pergamon Press abkaufte und ihn zur Grundlage seines späteren Verlagsimperiums ausbaute.[93]

Die Militärpsychiatrie machte große Fortschritte gegenüber der Praxis des Ersten Weltkriegs. Kriegsneurose, Frontkoller und durch anhaltenden Stress verursachte Geistesstörungen wurden nun anerkannt. Ein interessanter Fall ist der von Spike Milligan (1918 bis 2002), einem beliebten britischen Komiker, der in der 8. Armee diente und bei der Entertainments National Service Association (ENSA), der Truppenbetreuung für die britischen Streitkräfte, arbeitete.[94]

Die Faustregel lautete, dass auf jeden getöteten Soldaten zwei bis drei Verwundete kamen. Im Allgemeinen galt diese Regel – außer beim Warschauer Aufstand, wo die Heimatarmee, die bedenklich knapp an Munition war, den Befehl ausgab: »Eine Kugel – ein Deutscher.« Die polnischen Scharfschützen waren so gut, dass die Deutschen pro Verwundetem zwei bis drei Tote hinnehmen mussten.

Nur wenige Opfer wurden auf der Stelle getötet. Die meisten Todesfälle betrafen Schwerverwundete, die sich nicht mehr erholten. Manche Opfer konnten nach der Behandlung in den Dienst zurückkehren. Andere wurden dienstunfähig geschrieben. Im Luftkampf und im Panzerkrieg konnten Verbrennungen ebenso tödlich sein wie Bomben und Kugeln.

Von den siegreichen Alliierten waren nach dem Ersten Weltkrieg weitläufige Soldatenfriedhöfe mit grünen Rasenflächen und individuellen Grabsteinen angelegt worden, und dieselbe respektvolle Praxis wurde an der Westfront für die Toten der Jahre 1939–45 fortgesetzt. Britische und amerikanische Familien machen sich selten klar, welch ein Luxus das ist. Denn an der Ostfront waren improvisierte Massengräber an der Tagesordnung. Ein hoher Anteil der Toten, der deutschen wie der sowjetischen, entfiel auf die Kategorie »Vermisst«. Die sowjetischen Sieger, die schließlich die Herrschaft über alle Schlachtfelder übernahmen, waren deutschen Friedhöfen nicht wohlgesinnt und sahen häufig keine eigenen vor. Deshalb endete der pflichtbewusste Soldat, der umkam, sehr oft als namenloser Leichnam ohne bekannte letzte Ruhestätte. Die westliche Erfahrung war nicht typisch.

Doch selbst in der Sowjetunion war der Anteil der Militärangehörigen, die überlebten, größer als der ihrer Kameraden, die umkamen. Die Veteranen wurden in allen Ländern zu einer einflussreichen gesellschaftlichen und kulturellen Kraft. Es sind ihre Erinnerungen, die zum großen Teil die Einstellungen der Öffentlichkeit zu den Ereignissen der Kriegszeit prägen.

5

ZIVILISTEN

Leben und Tod in Kriegszeiten

Ein Kontinent mit einer Bevölkerung von fünfhundert Millionen Menschen, heimgesucht vom totalen Krieg, bietet ein Bild unbeschreiblicher Verzweiflung. Es waren die zivilen Nichtkombattanten, welche die Belastungen und das Leid am stärksten zu spüren bekamen. Auf jeden Europäer, der an den Kämpfen des Zweiten Weltkriegs teilnahm, kamen mindestens zehn Zivilisten, die nicht direkt beteiligt waren, die aber dennoch die leidvollen Konsequenzen des internationalen Konflikts zu tragen hatten.

In früheren Zeiten waren die Auswirkungen eines Krieges hauptsächlich auf dem Schlachtfeld zu spüren, und Leidtragende waren jene Menschen, die mit der Vorbereitung und Durchführung der Schlachten zu tun hatten. Selbst in den Jahren 1914–18, als riesige Wehrpflichtarmeen zur Schlacht antraten und der Krieg politische Katastrophen wie die russische Revolution auslöste, waren die Auswirkungen auf das zivile Leben zwar groß, aber dennoch begrenzt. Doch in den Jahren 1939–45 fanden Zivilisten sich an vorderster Front wieder.

Eine Beschreibung des zivilen Lebens in Kriegszeiten ist allerdings nicht ganz einfach. Erstens war dieses Leben äußerst komplex. Der Krieg wirkte sich auf Menschen in unterschiedlichen Regionen, in unterschiedlichen Ländern, in unterschiedlichen ethnischen Gruppen, in unterschiedlichen Gesellschaftsschichten und Berufen ganz unterschiedlich aus. Zweitens müssen zivile Entbehrungen auf einer sehr breiten Skala angesiedelt werden. Manche Männer und Frauen fühlten sich vom Schicksal stiefmütterlich behandelt, wenn sie gezwungen waren, Eipulver zu essen oder einen ungebetenen

Untermieter in ihrem Gästezimmer aufzunehmen. Andere verloren ihr Zuhause oder ihre ganze Familie, verhungerten oder wurden ermordet. Drittens waren die Schrecken des Krieges zeitlich nicht gleichmäßig verteilt. Sie konnten sich über Jahre hinziehen und hörten auch nicht auf, als der Krieg offiziell endete. Manche Zivilisten erfuhren in der ersten Phase des Krieges Kummer und Leid, später aber nicht mehr, andere erst in der letzten Phase und nicht früher. Man denkt unwillkürlich an die Bürger von Dresden, die sechs Jahre lang in einer Oase relativen Friedens und relativer Normalität lebten, aber unmittelbar vor dem Zusammenbruch des Reiches ihr Armageddon zu erleben. Der Tod fuhr seine Ernte nach keinem festen Schema ein.

Schließlich bringt Krieg in seinem Gefolge nicht einfach nur Elend und Verzweiflung. Er verstärkt die menschlichen Emotionen im Allgemeinen. Als rundherum Tod und Zerstörung herrschten, waren die Tiefe der Erleichterung oder Schuld jener, die überlebten, und der Freudentaumel jener, die ihre vermissten Lieben wiederfanden, unvorstellbar intensiv. Solche Extreme kommen in Friedenszeiten nicht vor.

Die fünf Sphären Europas im Krieg

Viele Bücher über den Zweiten Weltkrieg in Europa sind mit einer Karte illustriert, die den Kontinent in zwei Sphären teilt: eine von den Achsenmächten beherrschte und eine *nicht* von der Achse beherrschte. Diese Zweiteilung ist allzu einfach. Die politische Landschaft Europas muss zwischen 1939 und 1945 in Form von mindestens fünf getrennten Sphären dargestellt werden – jede mit eigenen, typischen Erfahrungen.

Die neutrale Sphäre

Menschen, die zu einem der vielen Staaten gehören, die in den Jahren 1939–45 in den militärischen Konflikt hineingezogen wurden, vergessen gewöhnlich, dass eine beträchtliche Gruppe europäischer Nationen sich völlig von dem Konflikt fern hielt. Sieben von ihnen blieben neutral: Portugal, Spanien, Irland, Schweden, die Schweiz, die Türkei und der Vatikanstaat.

Portugal wurde den ganzen Krieg über von António de Oliveira Salazar (1889 bis 1970) regiert, einem Diktator mit faschistischen Sympathien, der dennoch die Nazis verabscheute. Seine Politik war weniger neutral als unparteiisch. Trotz alliierter Proteste belieferte er sowohl Deutschland als auch Großbritannien mit Wolfram – einem wichtigen Legierungselement bei der Stahlerzeugung –, und er nahm erst in den letzten Kriegsmonaten Abstand davon. Gleichzeitig willigte er ein, den Westalliierten Stützpunkte auf den portugiesischen Atlantikinseln zu verpachten, weil er wusste, dass eine

Weigerung keinen großen praktischen Unterschied gemacht hätte. Vor allem die Azoren wurden so zu einem wichtigen Zwischenstopp für den amerikanischen Nachschub. Portugals Hauptstadt Lissabon entwickelte sich zum Zentrum für Rotkreuzunternehmungen, für postalische Kontakte zwischen den Kombattanten und für Spionage.

Francos Spanien folgte nach Unterzeichnung des »Pacto Iberico« mit Portugal einem ganz ähnlichen Weg. Der General war Faschist, formelles Mitglied des Antikominternpaktes und stand politisch in der Schuld Hitlers und Mussolinis. Doch seine Ideologie verdankte dem katholischen Nationalismus mehr als dem hetzerischen Radikalismus, wie er in Berlin und Rom vorherrschte. Und wie Salazar mochte auch Franco Hitler nicht. So blieb er ein überzeugter Nichtkriegführender. Als Geste der Unterstützung für den Antikommunismus schickte Spanien seine aus Freiwilligen bestehende »Blaue Division« an die Ostfront und stellte, weil es sich der fortgesetzten britischen Kontrolle Gibraltars entziehen wollte, der italienischen Kriegsmarine einige Hafeneinrichtungen zur Verfügung. Ansonsten ging das Land Feindseligkeiten aus dem Weg.

Das von Eamon de Valera (1882 bis 1975) regierte Irland war das einzige britische Dominion, das sich weigerte, Großbritannien zu unterstützen. Für Briten wie Churchill, für die die irische Unabhängigkeit nicht von Belang war, war das Land kaum besser als ein Verräter. Tatsächlich führten die extremen Republikaner der IRA in den Jahren 1939–40 eine Serie terroristischer Bombenanschläge auf britische Städte durch. Die Folge war, dass Irland in ständiger Furcht vor einer britischen Invasion lebte. De Valera war gezwungen, den permanenten Ausnahmezustand zu verkünden. Vor allem Churchill hoffte, Irlands Atlantikhäfen für die Royal Navy gewinnen zu können. Andererseits widerstand de Valera Versuchungen, näher an Deutschland heranzurücken, bauschte britische Verletzungen des irischen Luftraums und irischer Hoheitsgewässer nicht auf und wurde am Ende in Ruhe gelassen.[1]

Schweden besaß wie Portugal wertvolle Bodenschätze, verspürte aber kein Verlangen, Krieg zu führen. Die schwedische Sozialdemokratie war sowohl dem Faschismus als auch dem Sowjetkommunismus feindlich gesinnt. Doch von 1940 an war das Land vollkommen von deutsch kontrollierten oder prodeutschen Nachbarstaaten umgeben: Die Verbindung zur Außenwelt über Nordnorwegen war abgeschnitten, und es gab wenig Spielraum. Folglich erkaufte Schweden sich seine Neutralität durch Lieferungen von Eisenerz an Deutschland.

Die Schweiz stand vor ähnlichen Problemen. Nach dem Fall Frankreichs war das Land völlig von deutsch kontrolliertem Territorium umgeben und hätte jederzeit angegriffen werden können. Es hatte deshalb kaum eine Wahl und musste sich Berlins Forderungen nach freiem Warentransit und Zugang zu Schweizer Finanzdienstleistungen beugen. Stalin, durch das schweizerische Verbot der Kommunistischen Partei gekränkt, hielt die Schweiz für einen Schweinestall des Kapitalismus. Churchill betrachtete die Eidgenossen wohlwollender. Ihm wird nicht entgangen sein, dass die Schweiz eine »nationale Bastion« in den Alpen geschaffen hatte und ernsthafte Vorkehrungen traf, sich gegen einen deutschen Angriff zur Wehr zu setzen. Das Land beherbergte die Hauptquartiere mehrerer internationaler Organisationen, darunter der Völkerbund und das Rote Kreuz, und unterstützte mit gewissen Einschränkungen Flüchtlinge.

Die Türkei hatte im Ersten Weltkrieg als Mitglied der Mittelmächte eine herausragende Rolle gespielt und verspürte keinen Wunsch nach Wiederholung der Erfahrung. Nach dem Tod von Kemal Atatürk 1938 stand sein Nachfolger als Präsident, Ismet Inönü, an der Spitze eines vorsichtigen autoritären Staates, der unsicher zwischen konkurrierenden

Zwängen lavierte. Die Furcht vor einer russischen Expansion hatte der türkischen Außenpolitik stets den Hauptantrieb geliefert. Deshalb war der Hitler-Stalin-Pakt ein ebenso großer Schock für Ankara wie Mussolinis Übergriffe auf Albanien und Griechenland. Die Spannungen ließen nach Hitlers Angriff auf die UdSSR nach, und die Türkei unterzeichnete am 18. Juni 1940 einen Freundschaftsvertrag mit Deutschland, der ihre territoriale Integrität garantierte. Doch allen weiteren Annäherungen wurde widerstanden. Als die Sowjetunion wiedererstarkte, erneuerte Stalin Forderungen nach einem sowjetischen Marinestützpunkt am Bosporus. Auf diese Weise wurde die Türkei immer weiter in die Arme der Westalliierten getrieben.

Trotz ihrer winzigen Größe behauptete die Vatikanstadt den ganzen Krieg hindurch ihren neutralen und souveränen Status. Papst Pius XII. hatte sowohl den Nationalsozialismus als auch den Kommunismus angeprangert, aber vermied feige jede praktische Konsequenz seiner Ansichten. Allerdings bot der Vatikan 1943–44, während der deutschen Besetzung Roms, einer Reihe von Juden und alliierten Kriegsgefangenen Zuflucht, und 1944–45 organisierten einige antikommunistische Priester für flüchtige Faschisten und Nazis eine inoffizielle Fluchtroute nach Südamerika.

An dieser Stelle müssen auch jene Länder einbezogen werden, die zwar ihre Neutralität erklärten, dann aber grundlos überfallen wurden. Im September 1939 schloss sich Königin Wilhelmina der Niederlande König Leopold III. von Belgien in einem Appell an Großbritannien, Frankreich und Deutschland an, einen Konflikt zu vermeiden. In seiner Antwort an Königin Wilhelmina versicherte Hitler ihr, dass die niederländische Neutralität respektiert werde. Schon im nächsten Mai wurde sie gewaltsam verletzt.

Die neutralen Staaten Europas bildeten zu keinem Zeitpunkt einen zusammenhängenden politischen Block, aber ihre

Haltung war nicht unbedeutend. Sie schränkte die Handlungsfreiheit der Achse wie die der Alliierten ein, und sie garantierte den Fortbestand mehrerer Oasen der Ruhe und Mäßigung.

Die Sphäre der Achse

So wie sie vor Ausbruch des Krieges gegründet wurde, erstreckte sich die Sphäre der Achse von der Ostsee bis zum Mittelmeer und vom Rhein bis zum Balkan. Obwohl Deutschland und Italien Partner waren und obwohl sie durch andere Mitglieder unterstützt wurden, ist es leicht, den inneren Zusammenhalt der Gruppe zu übertreiben oder anzunehmen, dass sie aus einem einheitlichen Block bestand. Die Wirklichkeit war komplexer. Die Dominanz der Nationalsozialisten konnte Anhänger ebenso kränken wie Gegner, und die Beziehungen innerhalb des Lagers der Achse funktionierten nicht immer reibungslos. Für Berlin wurde Mussolini zu Belastung, lange bevor er zu Fall kam. In Ungarn waren die Nazis schließlich gezwungen, Admiral Horthy gewaltsam zu entfernen. In Rumänien entdeckten sie, dass die Förderung ihrer Politik durch eine Militärdiktatur vereitelt werden könnte. Und mit Bulgarien kam es zu keiner uneingeschränkten Zusammenarbeit. So waren Bulgariens Versuche, die kleine jüdische Gemeinde des Landes zu retten, zumindest teilweise von Erfolg gekrönt. Alle diese Balkanstaaten waren durch kommunistische Unterwanderung ebenso ernsthaft bedroht wie durch einen sowjetischen Einmarsch. Es ist daher die These in Erwägung zu ziehen, dass sich ihre Haltung eher als antisowjetisch denn als prodeutsch beschreiben lässt.

Im Laufe des Krieges wurde die Sphäre der Achse durch wechselndes Kriegsglück zunächst immer größer und dann immer kleiner. In den Jahren 1939–43 reichte sie von der Atlantikküste Frankreichs bis an die Wolga und vom Nordkap bis zu Teilen Nordafrikas. Sie umfasste insgesamt siebzehn besetzte oder teilweise besetzte Länder. Von 1943 bis 1945 schrumpfte sie allmählich. Die besetzten Sowjetrepubliken gingen bis Mitte 1944 verloren, Frankreich, die Niederlande, mehr als die Hälfte Italiens und die meisten Balkanländer bis Anfang 1945 und Polen, Griechenland, Ungarn, der größte Teil Jugoslawiens und der überwiegende Teil Deutschlands und Österreichs bis zu Hitlers Tod. Norwegen, Dänemark, Böhmen, Norditalien und verschiedene andere Gebiete verblieben merkwürdigerweise bis zum Tag des Sieges in Europa unter deutscher Kontrolle. Prag und die Insel Bornholm mussten gestürmt werden, nachdem der Friede offiziell bereits verkündet worden war.

Finnland fügt sich nur schwer in das Konzept eines Achsenblocks. Nachdem es 1939–40 grundlos von der UdSSR überfallen worden war, schloss es sich 1941–44 bereitwillig dem deutschen Feldzug gegen die Sowjetunion an. Doch es handelte nicht als formeller deutscher Verbündeter oder abhängiger Staat, sondern als freiwilliger Mitkriegführender, der, wie die Finnen es ausdrückten, »parallel« kämpfte. 1944–45 wurden finnische Streitkräfte gegen deutsche Truppen in Marsch gesetzt, die sich von Norwegen aus nach Nordfinnland ausgebreitet hatten.[2]

Die Kriegserfahrungen in den Staaten der Achse waren daher sehr vielfältig. Natürlich schlossen sie die tiefsten Abgründe ein. Aber sie umfassten auch Orte relativer Ruhe, wo die Schrecken des Faschismus und der Schlachtenlärm über lange Zeiträume sehr weit weg erschienen sein müssen.

Es ist zudem nicht anzunehmen, dass das Leben in Deutschland notwendigerweise schlechter war als in Italien. Es gilt stets zwei Fragen zu beantworten: »Das Leben wo genau?« Und: »Das Leben für wen?« Es gab Gegenden des Reiches, denen selbst in der verheerenden Endphase das Schlimmste erspart blieb. Und es gab Gegenden Italiens, die schrecklich litten.

Die sowjetische Sphäre

Die Sowjetunion war während der sieben Jahrzehnte ihrer Existenz der größte Staat der Welt. Im Jahr 1939 bestand sie aus elf Republiken, von denen die Russische Sozialistische Föderative Sowjetrepublik (RSFSR) die territorial und an Bevölkerung größte war. Moskau war die Hauptstadt sowohl der Union als auch der RSFSR, außerdem Sitz des Zentralkomitees und des Politbüros der Kommunistischen Allunions-Partei (Bolschewiki), die diktatorische Gewalt über alles ausübte. Josef Stalin war seit 1922 der Generalsekretär der Partei und folglich der Diktator von Partei und Staat.

Im Laufe des Zweiten Weltkriegs expandierte die von der UdSSR kontrollierte Sphäre zunächst, schrumpfte dann unter dem Druck des deutschen Überfalls, bevor sie schließlich nach den Siegen der Roten Armee erneut mächtig expandierte. Es ist wichtig zu betonen, dass das unbesetzte Gebiet, das während des ganzen Krieges unter sowjetischer Kontrolle verblieb, um ein Vielfaches größer war als das der besetzten westlichen Republiken.

In der anfänglichen Expansionsphase, die andauerte, solange der Hitler-Stalin-Pakt Gültigkeit hatte, kam es zu bedeutsamen Entwicklungen: zur Westerweiterung der Weißrussischen und der Ukrainischen SSR, zur Aufnahme Finnisch-Kareliens als autonome Republik der RSFSR, zur Schaffung vier neuer Sowjetrepubliken in Estland, Lettland, Litauen und Moldawien und zu einer neuen Westgrenze im September 1939. Stalin ließ seinen Anspruch auf diese Grenze, die das Ergebnis von Verhandlungen mit den Nationalsozialisten war, niemals fallen und stellte sie 1944, sobald er konnte, wieder her.

Die Periode der Schrumpfung von 1941–43 brachte den Verlust Weißrusslands und der Ukraine sowie der vier neuen Sowjetrepubliken Estland, Lettland, Litauen und Moldawien.

Abgesehen von den an Leningrad und Moskau angrenzenden Bezirken blieb das Territorium der RSFSR größtenteils unversehrt. Nach den Maßstäben Westeuropas war das deutsch besetzte Gebiet riesig, ist doch allein die Ukraine größer als Frankreich. Es machte dennoch weniger als 5 Prozent des sowjetischen Territoriums aus, aber in dem besetzten Gebiet lebte ein Viertel bis ein Drittel der Gesamtbevölkerung.

Zur besseren Illustrierung sei angenommen, die Deutschen Invasoren wären an der Ostküste Nordamerikas gelandet. Sie wären dann in eine Reihe östlicher Küstenstaaten eingefallen, hätten New York belagert, aber nicht erobert. Vor den Toren Washingtons wären sie zurückgedrängt worden. Und nachdem sie sich quer durch das Land bis zum Mississippi gewälzt hätten, hätten sie bei Louisgrad ihre erste vernichtende Niederlage erlebt. Im folgenden Jahr wären sie bei dem Versuch, die texanischen Ölfelder zu erreichen, nach Süden vorgestoßen, aber die Angriffsspitze wäre abgeschnitten worden, und sie wären gezwungen gewesen, sich zurückzuziehen – ein Rückzug ohne Pause. In der offenen Prärie in der Nähe eines kleinen Ortes namens Hazard (Kentucky) wäre es zur größten Panzerschlacht in der Weltgeschichte gekommen. Und von da an wären die Invasoren bis zu ihren Ausgangspositionen zurückgedrängt worden. Die Invasoren hätten unsägliches Leid über die Staaten und Städte gebracht, die sie angegriffen haben. Doch der überwiegende Teil Amerikas in Kanada, im Mittleren Westen, Süden, Westen und am Pazifik wäre von alldem vollkommen unberührt geblieben. Und genau in diesen Gebieten wäre die Rückeroberung organisiert worden. Die Häfen von Houston, Los Angeles und Montreal wären offen geblieben, um die ausländische Hilfe in Empfang zu nehmen, welche die Mittel für die Rückeroberung geliefert hätte.

Die Tatsache, dass der größte Teil der UdSSR unbesetzt blieb, hatte zahlreiche Folgen. Die sowjetische Regierung behielt die Kontrolle über weite Gebiete Eurasiens, in denen sie ihre Industrie und ihre Streitkräfte reorganisieren konnte. Und sie verlor nie den Kontakt zur Außenwelt. Über Wladiwostok behielt sie ihren Zugang zum Pazifik. Entlang ihrer riesigen südlichen Grenze blieb sie in Berührung mit jenen Gegenden Chinas, die von der japanischen Besatzung nicht betroffen waren, und über das Kaspische Meer blieb sie mit Iran und dem Mittleren Osten verbunden. Den Deutschen gelang es nicht einmal, die Verbindung zwischen Nordrussland und Westeuropa zu unterbrechen. Trotz deutscher Luftwaffenstützpunkte in Nordnorwegen blieb der Seeweg von Murmansk durch das Weiße Meer während des gesamten Krieges offen.

Die sowjetische Sphäre lebte in den Jahren 1943–45 zunächst sehr langsam wieder auf, aber was als träge Strömung begann, endete in einer Flut. Bis Mitte 1944 hatte die UdSSR sämtliche Länder wiedergewonnen, die ihr durch Unternehmen »Barbarossa« genommen worden waren, und in den nächsten neun oder zehn Monaten stürmten ihre Streitkräfte durch ein Dutzend europäische Staaten. Dadurch wurde aus der deutsch besetzten Zone in Osteuropa eine auf Dauer sowjetisch besetzte Zone, und die Nachkriegswelt nahm Gestalt an. Eine Zeitlang fürchteten viele Osteuropäer, dass ihre Länder wie die baltischen Staaten von einer vergrößerten Sowjetunion als neue Gruppe von Sowjetrepubliken annektiert würden. Doch Stalin entschied sich für eine andere Möglichkeit. Finnland blieb ein unabhängiger Staat, eingeschränkt lediglich durch den finnisch-sowjetischen Vertrag von 1944. Griechenland wurde den Qualen des Bürgerkriegs überlassen. Aber allen anderen osteuropäischen Staaten wurden sowjetisch geführte Regierungen aufgezwungen, und die sowjetische Sphäre wurde unaufhaltsam zu einem zentral kontrollierten Sowjetblock umgestaltet.

Nach westlicher Auffassung bezieht sich der Begriff »besetztes Europa« fast ausschließlich auf das riesige Gebiet, das deutscher Besatzung unterworfen war. In Wirklichkeit ist die Liste der besetzten Gebiete und Besatzungsmächte erheblich länger. Und man kann wohl sagen, dass Briten und Amerikaner, die in ihren eigenen Ländern nie eine fremde Okkupation erdulden mussten, deren Auswirkungen nicht so leicht begreifen. Selbst wohlmeinende Besatzer können leicht Unmut erregen, der zum Konflikt eskaliert, aber Besatzungsmächte, die von Anfang an auf Vorherrschaft und Ausbeutung erpicht sind, beschwören unweigerlich die Hölle auf Erden herauf.

Europa erlebte in den Jahren 1939–45 viele Okkupationen – einige relativ harmlos, aber die meisten extrem feindselig. Sie begannen schon vor dem Ausbruch der Feindseligkeiten, und sie setzten sich nach dem Ende des Krieges fort (siehe Tabelle »Fremde Okkupationen in Europa«).

Alle diese Besatzungen sind Gegenstand der historischen Forschung. Doch was Ausmaß, Intensität, Dauer und damit menschliches Elend anbelangt, könnte niemand ernsthaft der Behauptung widersprechen, dass die vom Dritten Reich und der UdSSR vorgenommenen Besatzungen miteinander konkurrieren. Doch es gelten andere Gesichtspunkte. Beispielsweise kam es während des Krieges mehrfach vor, dass ein Land, das seine Nachbarstaaten besetzt hatte, selber besetzt wurde, als das Pendel des Konflikts in die entgegengesetzte Richtung ausschlug. Dieses Phänomen ist insoweit wichtig, als es die bedrohliche Aussicht auf Rache und damit auf längeres menschliches Leid heraufbeschwor. Rumänien, das 1941–43 Transnistrien von der UdSSR annektierte und das dann 1944–45 von der Roten Armee besetzt wurde, ist ein typisches Beispiel. Aber es gibt noch andere. Sogar Deutschland selbst steht ganz oben auf der Liste. Die unbarmherzige Bestrafung der deutschen Bevölkerung durch sowjetische Truppen am Ende des Krieges kann bis zu einem gewissen Grad mit der unbarmherzigen Besetzung mehrerer Sowjetrepubliken durch deutsche Truppen in einem früheren Stadium erklärt werden. Doch in diesem Punkt ist Vorsicht ratsam. Nur wenige der Rotarmisten, die 1944–45 wüteten – viele aus Zentralasien –, werden wohl die Wirkung der deutschen Okkupation mit eigenen Augen gesehen haben. Ihre Wut und Rache waren, wie die Zügellosigkeit, die sie an den Tag legten, weitgehend das Produkt der offiziellen sowjetischen Medien.

Fremde Okkupationen in Europa

Datum	Besatzungsmacht	Besetzter Staat oder Bezirk	Ende der Okkupation
März 1939	Deutschland	Memel (Klaipeda), von Litauen	1945
April 1939	Italien	Albanien	1945
September 1939	Deutschland	Westpolen	1945
September 1939	UdSSR	Ostpolen	1941
Oktober 1939	Litauen	Wilna (Wilno, Vilnius), von Polen	1940
1939–40	UdSSR	Karelien, von Finnland	–
April 1940	Deutschland	Dänemark, Norwegen	1945
Mai bis Juni1940	Deutschland	Niederlande, Belgien, Nordfrankreich und die britischen Kanalinseln	1944 bis 1945
Juni 1940	Italien	Französische Riviera, französische Alpen (teilweise)	1944
Juni 1940	UdSSR	Estland, Lettland, Litauen	1941
September 1940	UdSSR	Bessarabien, Bukowina	1941
Oktober 1940	Italien	Nordgriechenland, Dodekanes	1941 bis 1943
April bis Mai 1941	Deutschland	Serbien, Griechenland	1945

Datum	**Besatzungs-macht**	**Besetzter Staat oder Bezirk**	**Ende der Okkupation**
April 1941	Italien	Kosovo, Dalmatien, Fiume	1944 bis 1945
Juni 1941	Deutschland	Baltische Staaten, Weißrussland, Ukraine	1944
Juni 1941	Rumänien	Transnistrien	1944
Juni 1941	Großbritannien	Französisch-Syrien und Libanon	1945
Juli 1942	Deutschland	Südrussland, Krim	1942–43
Oktober 1942	USA, Vereinigtes Königreich	Französisch-Nordafrika	1944
November 1942	Deutschland	Südfrankreich	1944
Juli 1943	USA, Vereinigtes Königreich	Sizilien – italienisches Festland	1945
Januar 1944	UdSSR	Ostpolen	1991
Mai 1944	Deutschland	Norditalien	1945
Juni 1944	USA, Vereinigtes Königreich	Normandie – Frankreich, Niederlande	1944 bis 1945
Juli 1944	UdSSR	Polen (wie von der UdSSR anerkannt)	1993
August 1944	UdSSR	Rumänien – Bulgarien, Jugoslawien, Ungarn, Österreich	1955 bis 1991
August bis Oktober 1944	USA, Vereinigtes Königreich	Südfrankreich	1944
September 1944	UdSSR	Slowakei – Tschechoslowakei	1991
Oktober 1944	UdSSR	Ostpreußen – Ostdeutschland	1990
März 1945	USA, Vereinigtes Königreich	Rheinland – Westdeutschland	-
April 1945	USA, Vereinigtes Königreich	Norditalien – Österreich	1955
Mai 1945	UdSSR	Bornholm (Dänemark)	1946
Mai 1945	Jugoslawien	Triest	1946

Die mehrfache Okkupation ist ein Phänomen, dessen zerstörerisches Potenzial oft nicht beachtet wird. In Westeuropa litten die meisten besetzten Länder nur unter einer einzigen feindlichen Okkupation, auf die dann die Befreiung durch befreundete Streitkräfte folgte. Das Paradebeispiel dafür ist Frankreich. Der Fall Italien ist schon komplizierter, da sich weder die deutschen noch die alliierten Streitkräfte, die um Italien kämpften, auf einem einfachen Befreiungsfeldzug befanden. Doch in Osteuropa waren die Verhältnisse deutlich schlimmer. Dort ließen zwei totalitäre Mächte alle Hemmungen fallen, als sie einander wegen der Territorien und Lebensräume von Staaten und Bevölkerungen bekämpften, die keine von ihnen respektierte. Infolgedessen erlebten sämtliche Staaten, die zwischen Deutschland und Russland lagen, zwei aufeinanderfolgende Okkupationen, und einige von ihnen sogar drei oder vier. Böhmen, Ungarn und die Slowakei beispielsweise wurden zuerst von Deutschland und dann von der Sowjetunion besetzt. Sie waren einer doppelten Okkupation unterworfen. Im Gegensatz dazu wurden die drei baltischen Staaten, die bis 1940 souverän und unabhängig waren, 1940–41 von der UdSSR besetzt, 1941–44 von Deutschland und 1944–45 ein zweites Mal von der UdSSR, erlitten also eine dreifache Okkupation. Was Polen betrifft, so wurde es 1939 in zwei Besatzungszonen aufgeteilt – die eine deutsch und die andere sowjetisch. Im Jahr 1941 wurde die sowjetische Zone von den Richtung Osten marschierenden Deutschen überrannt, und 1944–45 wurde ganz Polen von den Richtung Westen marschierenden Sowjets überrannt, insgesamt war das Land Opfer vierfacher Okkupation.

Jede dieser mehrfachen Okkupationen vergrößerte das Leid. In jeder Phase suchte die jeweilige Besatzungsmacht nach geeigneten Kollaborateuren und hinterließ nach eigenen Kategorien politische, soziale oder ethnische Opfer. In jeder nachfolgenden Phase bestrafte die neue Besatzungsmacht die

Kollaborateure der vorherigen Phase, die Opfer der Unterdrückung waren jedes Mal versucht, Rache an ihren ehemaligen Peinigern zu nehmen, und eine neue Runde der Schikane und Diskriminierung begann. Am Ende stand häufig der Bürgerkrieg.

Die Länge der fremden Okkupation ist nicht ohne Bedeutung. Je länger eine Besatzung dauerte, desto langwieriger wurden die Qualen. Die kürzeste Besatzungsperiode war wahrscheinlich die des Kubangebietes in Südrussland, die nur knapp zwei Wochen dauerte. Die längste war die der Stadt Gdingen (Gdynia) in Polen, die fünf Jahre, sechs Monate und achtundzwanzig Tage dauerte.

Die fremde Okkupation gab totalitären Mächten die Gelegenheit zu extremen Experimenten und Repressalien. Das schiere Gewicht nationalsozialistischer oder sowjetischer Macht zerstörte bestehende Verwaltungen und soziale Strukturen, und die gesamte Bevölkerung wurde für die Zwecke der angewandten Rassenkunde oder Sozialwissenschaft auf Gedeih und Verderb der SS oder dem NKWD ausgeliefert. Beispielsweise kann kein Zweifel daran bestehen, dass der Beginn des Holocaust an den Juden im Jahr 1941 eng verbunden war mit der »historischen Chance« – wie die Nazis es ausgedrückt hätten –, die durch das Unternehmen »Barbarossa« eröffnet wurde.

Schließlich ist noch ein Wort zu verlieren über die oft gehörte Behauptung, dass des einen Besetzung des anderen Befreiung ist. In der Tat bringt die Besetzung eines Landes dem Besatzer nicht nur Feinde und seine Befreiung dem Befreier nicht nur Freunde ein. So gab es in den baltischen Staaten (und in der Ukraine) Menschen, die den deutschen Vorstoß 1941 durchaus freudig begrüßten, da sie ihn für den Auftakt nationaler Unabhängigkeit hielten – so wie es auch am Ende des Ersten Weltkriegs gewesen war. Ebenso gab es 1944 sehr viele Menschen in Frankreich oder Belgien, die mit dem von

Deutschland gestützten Regime verbunden waren und die Ankunft der alliierten Armeen keinesfalls begrüßten. Eine Besatzungsherrschaft hat tiefgreifende Auswirkungen auf ein Land, die weit über den unmittelbaren Bereich der Stationierung fremder Truppen hinaus spürbar sind. Daher kann die Beseitigung einer Fremdherrschaft nicht weniger schmerzhaft sein als der Beginn.

Das Vereinigte Königreich: eine Ausnahme

In dem Spannungsfeld des Zweiten Weltkriegs in Europa konnte kein kämpfender Staat hoffen, ungeschoren davonzukommen. Großbritannien begann den Krieg in der weitverbreiteten Angst vor einem Gasangriff aus der Luft. An die gesamte Bevölkerung wurden Gasmasken ausgegeben, und im Winter 1939–40 wurde eine nächtliche Verdunkelung angeordnet. Freilich ist es zu solchen Angriffen nie gekommen. Britische Städte wurden aber ab dem 25. August 1940 systematisch bombardiert, und der britischen Öffentlichkeit wurden die Gefahren der modernen Kriegsführung auf äußerst beunruhigende Weise vor Augen geführt.

Doch in einem entscheidenden Aspekt unterschied sich Großbritannien von den anderen kämpfenden Staaten in Europa. Es wurde nie besetzt. Obwohl deutsche Strategen im Mai 1940 Pläne für das Unternehmen »Seelöwe« entwarfen, zu denen die sogenannte Sonderfahndungsliste GB gehörte, welche die Namen von 2820 zu verhaftenden Personen enthielt, fand die beabsichtigte Invasion des Vereinigten Königreichs niemals statt. Den Briten blieben die Qualen und Gefühlsregungen, die eine fremde Okkupation unweigerlich mit sich bringt, erspart. Ihr Glück war beispiellos. Wahrscheinlich liegt darin die Erklärung für die sehr spezielle Art und Weise, wie die Briten nach 1945 den Zweiten Weltkrieg einschätzten.

Nachdem die Krise des »Blitz« vorübergegangen war, konnte Großbritannien den Krieg unter ähnlichen Bedingungen fortsetzen wie die USA. Natürlich war Großbritannien nach amerikanischen Maßstäben mitten im Geschehen gewesen, und die Bewunderung dafür, wie wacker die Briten sich unter Druck geschlagen hatten, wirkte als mächtiger Ansporn für die Unterstützung durch die amerikanische Öffentlichkeit. Doch diese Öffentlichkeit war geografisch und psychologisch noch weiter vom Krieg entfernt als die britische. Infolgedessen war sie für die nach dem Krieg einsetzende Mythenbildung noch empfänglicher als alle anderen. Trotzdem war die Diskrepanz zwischen Briten und Amerikanern sehr viel kleiner als die tiefe Kluft zwischen Angloamerikanern und Kontinentaleuropäern. Diesen Unterschied in den Erfahrungen gilt es bei der Einschätzung der Nachkriegseinstellungen und der Nachkriegsgeschichtsschreibung zu berücksichtigen.

Mehrere Jahrzehnte lang wurden die Briten über die Realitäten auf den Kanalinseln Jersey und Guernsey – den einzigen Besitzungen der britischen Krone in Europa unter deutscher Besatzung im Zweiten Weltkrieg – im Unklaren gelassen. Als die Wahrheit schließlich ans Licht kam, stellte sich heraus, dass die Bilanz von Kollaboration und Widerstand nicht glanzvoll war. Die Tatsache, dass die Kanalinseln kein Teil des Vereinigten Königreichs sind – und es auch in den Jahren 1939–45 nicht waren – ist dabei ohne Belang.[3]

Erfahrungen während des Krieges

Befragt nach den Qualen von Zivilisten während des Zweiten Weltkriegs, wären die meisten Menschen im Westen in der Lage, etwas über den Holocaust zu sagen und vielleicht über den Londoner »Blitz«. Die Deutschen könnten noch ein Wort über die Bombardierung von Hamburg oder Dresden hinzufügen oder über die Vertriebenen aus dem Osten. Menschen aus Mittel- oder Osteuropa würden je nach Nationalität die Partisanen, die Belagerung Leningrads oder den Warschauer Aufstand erwähnen. Beinahe jeder kann sich an irgendetwas erinnern, aber nur sehr wenige sind sich des Ganzen bewusst.

Für das größte Erstaunen und die größte moralische Empörung sorgen in der Tat das geballte Ausmaß und die Vielfalt menschlichen Leidens. Der Holocaust war in Plan und Ausführung einzigartig, und auf sein Konto geht der Tod von fast sechs Millionen Unschuldigen. Doch er war nicht außergewöhnlich, was das Ausmaß und das Leid betraf. Er ist eingebettet in einen größeren Kontext, in dem drei- oder viermal so viele weitere Unschuldige umkamen. Der Historiker hat die Pflicht, sich an sie alle zu erinnern.

Bombardierung

Für viele Europäer begann der Krieg erst, als ein paar Tonnen hochexplosiver Sprengstoff vom Himmel fielen, einen Bahnhof oder eine Straße mit Häusern zerstörten, ein paar Dutzend Menschen lebendig begruben und ein paar hundert andere verstümmelten. Die »Kunst« des Luftbombardements hatte seit 1918 große Fortschritte gemacht. Die Flugzeuge flogen schneller. Die Bombenlasten waren schwerer, und die Detonationen größer. Auch die Genauigkeit wurde verbessert, und die Reichweite der Flugzeuge wurde größer. Und viel mehr Menschen konnten viel leichter getötet werden.

Als die erste Bombe fiel – am Morgen des 1. September 1939 auf die Stadt Krakau (Kraków) –, war die Sensation des Tages der deutsche Sturzkampfbomber, die Junkers Ju 87B-2, kurz »Stuka« genannt, der seine Opfer in Angst und Schrecken versetzte, indem er unter gewaltigem Heulen senkrecht herabstieß. Aber Technologie und Methodik entwickelten sich weiter. Die »strategische Bombardierung« überholte die örtliche oder »Präzisionsbombardierung«, und neue Flugzeuge wurden entwickelt, um den neuen Anforderungen gerecht zu werden. Bei den ersten massierten Bombenangriffen im Jahr 1940 griff die deutsche Luftwaffe mit Hunderten von Dornier Do 17 und Junkers Ju 88 britische Städte an. Sie erreichten nicht alle ihre Ziele, brachten aber dennoch viel Tod und Verderben und große Sachschäden. Am 14. November beispielsweise benutzten sie das Funkleitstrahlsystem des X-Gerätes, um ihre Zielstadt Coventry zu finden, wo sie zwölf Rüstungsfabriken dem Erdboden gleichmachten, die mittelalterliche Kathedrale bis auf den Turm und die Außenmauern zerstörten und 380 Menschen am Boden töteten. Coventry sollte zu einem Symbol werden.[4]

Die Bombardierungstechniken der deutschen Luftwaffe waren nicht nur das Ergebnis sorgfältiger Planung, sondern auch kontrollierter Versuche. Der Ausbruch des Krieges hatte Möglichkeiten geschaffen, die in Friedenszeiten undenkbar gewesen wären. Am 13. September 1939 beispielsweise griff die 4. Luftflotte unter Bedingungen, die in der Luft befindlichen Beobachtern erlaubten, die genauen Ergebnisse zu messen und zu fotografieren, systematisch eine kleine Provinzstadt in der Nähe von Lublin in Polen an. Die Wahl war auf Frampol gefallen, weil die Stadt vollkommen schutzlos war und ihr barockes Straßennetz ein perfektes geometrisches Gitter für Berechnungen und Messungen abgab. Das Rathaus aus dem 18. Jahrhundert, das in der Mitte eines weiten, gleichseitigen Platzes stand, erschien den Bombenschützen als der ideale Mittelpunkt einer Zielscheibe. Mehrere Stunden lang warfen 125 Flugzeuge siebenhundert Tonnen Bomben ab, vernichteten 90 Prozent der Gebäude Frampols und töteten fast die Hälfte seiner dreitausend Einwohner. Obendrein übten deutsche Jagdflieger ihre Tiefflugangriffstechniken, als mögliche Flüchtlinge dem Inferno zu entfliehen versuchten. Alle Welt hat von Coventry gehört. Kaum jemand hat je von Frampol gehört. Goebbels erfand ein neues deutsches Verb – *coventrieren*, was »durch Bombardierung aus der Luft vernichten« bedeuten sollte; ein anderes sollte *frampolieren* lauten.[5]

Doch binnen eines Jahres hatten die Briten sich für eine Strategie entschieden, die unausweichlich darauf hinauslief, dass wahlloser Schaden in weit größerem Umfang angerichtet würde. Der *Butt Report* vom August 1941 war zu dem Schluss gekommen, dass nur einer von drei RAF-Nachtbombern bis auf acht Kilometer an sein festgesetztes Ziel herankomme und dass »ganze Städte« deshalb das kleinste realisierbare Ziel darstellten. Jägereskorten verfügten nicht über die Reichweite, um Bomberflotten bei Tage die ganze Strecke von Großbritannien nach Deutschland und zurück zu schützen. Um Ergebnisse zu erzielen, griff man also zum »Flächenbombardement«. Im Frühjahr 1942 hatte »Bomber-Harris« die barbarische Praxis der Brandbombenangriffe eingeführt, und fortan flogen »Tausend-Bomber«-Flotten tägliche Einsätze. Im März 1942 wurde die Avro Lancaster mit vier Packard- und Rolls-Royce-Merlin-Motoren, einer Bombenlast von 10 000 Kilogramm, einer Reichweite von 2700 Kilometern, einer Flughöhe von 7470 Metern und einer Höchstgeschwindigkeit von 460 Stundenkilometern in Dienst gestellt. Fast achttausend dieser schweren Bomber wurden gebaut. Zur selben Zeit begannen die USA mit der Produktion der North American B-24 Liberator und der Boeing B-17 Flying Fortress, beide mit geringerer Bombenlast und größerer Reichweite. Von Ersterer wurden achtzehntausend, von Letzterer dreizehntausend gebaut. Jede einzelne Maschine bedeutete für irgendjemanden eine Katastrophe.

Die Bombardierungen während des Zweiten Weltkriegs waren daher in erster Linie ein städtisches Phänomen, das hauptsächlich in Westeuropa weit verbreitet war. Aber die Ziele beschränkten sich keineswegs auf Großbritannien oder Deutschland. Die Deutschen verbanden Terrorbombardements häufig mit örtlich begrenzten Bodenangriffen, wobei sie Städten wie Warschau oder Belgrad riesiges Leid zufügten, während die Alliierten ihre Aufmerksamkeit Zielen in Italien, Frankreich, Belgien, Holland, Rumänien, Ungarn, Böhmen und Bulgarien zuwandten. Im letzten Jahr des Krieges war das Europa der Achse von Bomberstützpunkten umringt, die Hitlers Reich (und noch viel mehr) systematisch in Trümmer legten. Die in Großbritannien stationierte 8. US-Luftflotte schickte Verbände von 1500 Maschinen los, um deutsche Bodenoperationen in Frankreich lahmzulegen, während die 15. US-Luftflotte auf Stützpunkten in Nordafrika, Kalabrien (Foggia) und der Ukraine stationiert worden war, um von dort aus Ziele in Südeuropa zu bombardieren. Die strategische Bomberoffensive ermittelte dreißig mit der Ölindustrie verbundene entscheidende Ziele, von Böhlen bis Zeitz, vierundvierzig entscheidende Bahnanlagen, von Altenbeken bis Würzburg, und fünfundsechzig entscheidende industrielle Ziele, von Amsterdam und Augsburg bis Wizernes (bei Calais) und Wuppertal.[6]

Das offizielle Beharren auf der Fiktion, dass alle Bombenangriffe sich ausschließlich gegen militärische Ziele richteten, trug viel dazu bei, die Auswirkungen auf die Zivilbevölkerung zu verschleiern und sogar die moralischen Skrupel der Bomberbesatzungen zu verringern. Die Gesamtzahl der Opfer lässt sich nur grob einschätzen: Die Ausführenden der Bombenangriffe zählten nur die eigenen Verluste, nicht aber die bedauernswerten Opfer von Kollateralschäden.

Die Hauptziele der Bombenangriffe

Stadt	Datum	Geschätzte Tote
Warschau	1939–40	90000
Berlin	1940–45	49000
London	1940–41	43000
Hamburg	Juli 1943	42000
Dresden	Februar 1945	40000
Köln	1942–45	21000
Pforzheim	Februar 1945	19000
Belgrad	April 1941	17000
Magdeburg	Januar 1944	15000
Ruhrgebiet	1942–45	15000
Kassel	Oktober 1943	13000
Darmstadt	September 1944	12300
Heilbronn	Dezember 1944	7500
Essen	1942–45	6500
München	1942–45	6300
Nürnberg	1942–45	6000
Würzburg	März 1945	5000
Bremen	1942–45	3500
Caen	Juli 1944	3000
Liverpool	1940–41	2400
Rotterdam	Mai 1940	900
Coventry	November 1940	568

Die geschätzte Gesamtzahl der zivilen Todesopfer durch Bombenangriffe übersteigt zweifellos die Millionengrenze. Sie umfasst 650000 Tote in Deutschland, 100000 in Polen, 60000 im Vereinigten Königreich, 50000 in Frankreich, 20000 in Italien, 15000 in Belgien und Holland sowie 250000 in der UdSSR.

Der Tod durch einen Bombenangriff kann nicht zuletzt deshalb besonders grauenvoll sein, weil der Verletzung, die dem Leben ein Ende setzt, oftmals eine Periode anhaltenden Schreckens vorausgeht. Am besten dran sind noch jene, die sich in unmittelbarer Nähe der Einschlagstelle befinden und auf der Stelle tot sind. Die meisten Opfer aber verbrennen bei lebendigem Leibe oder werden lebendig begraben, von einstürzendem Mauerwerk zerquetscht, ersticken oder werden von umherfliegenden Glasscherben oder Splittern durchbohrt. Viele werden blind und taub und sterben durch zahlreiche Verletzungen, die zusammengenommen tödlich sind.

Das Geschehen an vorderster Front

Wenn militärische Planungen gut funktionieren, dann marschiert die Armee, der Feind wird zurückgedrängt, und die Frontlinie rückt unaufhaltsam vor. In diesem Fall können Zivilisten sich wappnen: Die Einheimischen können sich in ihren Kellern einschließen oder Zuflucht in den Wäldern suchen, und ihre Qualen werden reduziert. Zivile Opfer durch verirrte Kugeln, fehlgeleitete Granaten oder unbesonnene Luftschläge werden auf diese Weise ebenfalls auf ein Minimum begrenzt. Der deutsche Feldzug in Frankreich 1940 und der alliierte Feldzug auf Sizilien 1943 liefen im Großen und Ganzen nach diesem Muster ab. Aber sie stellten nicht den *Normalfall* dar.

Meistens gerieten Truppenbewegungen im Rahmen von Feldzügen in Engpässe, trafen auf unverhofften Widerstand und kamen zum Stillstand. Die Frontlinie bewegte sich ungleichmäßig und verharrte wochen- oder monatelang in einer festen Position, bevor sie sich entsprechend dem Kräfteverhältnis der Truppen in dem jeweiligen Sektor ruckartig vorwärts- oder zurückbewegte. Zivilisten, die mitten in eine statische Frontlinie gerieten, waren besonders schutzlos. Ihre Häuser wurden als Abwehrstellungen oder Beobachtungsposten beschlagnahmt und zogen unweigerlich feindliches Feuer auf sich. Ihre Straßen wurden zum Nahkampfschauplatz. Ihre Felder und Wälder wimmelten von nervösen Soldaten. Einheimische konnten zusammengetrieben werden, um unter Beschuss Gräben auszuheben. Bauern konnten erschossen werden, weil sie ihre Kühe oder ihre Töchter verteidigten. Die Zahl der Opfer stieg unausweichlich. Dies waren die Bedingungen in vielen Sektoren der Ostfront, in Italien und in der Normandie, wo die Todesfälle französischer Zivilisten sich auf einem Niveau bewegten, das dem auf Seiten der alliierten Befreier ähnelte.

Am schlimmsten aber wurde es, wenn städtische Ballungsräume in sich hinziehende Kämpfe an vorderster Front verwickelt wurden. Abgesehen von Städten, die offiziell zu »Festungen« erklärt wurden (siehe unten), waren zurückweichende Armeen stets bemüht, Eisenbahnknotenpunkte und Flussübergange zu halten, und wo immer möglich, improvisierte Befestigungen anzulegen. Die Wehrmacht bediente sich 1943–44 auf ihrem langen Rückzug von der Wolga an die Weichsel wiederholt dieser Taktik und wendete sie 1944–45 in Italien und auf dem langen Rückzug durch Nordfrankreich und die Niederlande wieder an. Doch die Entscheidung eines Heerführers, sich rings um eine befestigte Stadt einzugraben, konnte das Todesurteil für viele ihrer Bewohner bedeuten. Die Stadt wurde dann jedes Mal von der Artillerie mit Granaten beschossen, von Flugzeugen bombardiert und von Panzern und Infanterie angegriffen.

Der Tod von Zivilisten an vorderster Front wurde oft als unvermeidlicher Kollateralschaden geführt. Männer und

Frauen, die ins Kreuzfeuer zwischen den Fronten gerieten, aus Versehen von Scharfschützen abgeschossen wurden oder in ihren von Granaten zertrümmerten Häusern in der Falle saßen, wurden abgeschrieben, weil sie zur falschen Zeit am falschen Ort waren. Sie waren es nicht. Es waren die Armeen, die zur falschen Zeit am falschen Ort waren.

Es lohnt auch zu fragen, wo genau in Europa die Frontlinien am häufigsten verliefen. Auf der italienischen Halbinsel südlich von Bologna kam jede Gegend zumindest einmal in Berührung mit der Front. In Nordfrankreich und in den Niederlanden sowie in den meisten Gebieten der westlichen UdSSR kam die Front zweimal durch. Und in Polen, Weißrussland und der Westukraine suchte sie die unglückliche Bevölkerung gar dreimal heim: 1939, 1941 und 1944–45. Es dürfte niemanden überraschen, dass dies die Länder waren, in denen die Sterblichkeit während des Krieges am höchsten war.[7]

Befreiung

»Befreiung« ist ein Begriff, der im militärischen Kontext gewöhnlich selektiv und subjektiv gebraucht wird – für militärische Operationen, die gutgeheißen werden. Daher wird in der alliierten Literatur das erfolgreiche Ergebnis von Operationen, die von den Westalliierten oder der UdSSR unternommen wurden, als »Befreiung« bezeichnet, während das Ergebnis ähnlicher Operationen, die von Streitkräften der Achse durchgeführt wurden, ausnahmslos als »Invasion«, »Einmarsch« oder »Besetzung« klassifiziert wird. In der Sprache der Achse wurden die Begriffe »Befreier« und »Besatzer« genau umgekehrt verwendet.

Den einzigen echten Maßstab, ob es sich in einem konkreten Fall um eine Befreiung handelte oder nicht, stellen in der Praxis die Empfindungen und Einstellungen derer dar, die vorgeblich befreit wurden. In den Jahren 1939–45 waren diese Einstellungen allerdings oftmals ambivalent. In vielen Teilen Osteuropas beispielsweise, wo die Bevölkerung gegen das Sowjet- und das NS-Regime gleichermaßen einen Groll hegte, konnte die Ankunft der Roten Armee oder der Wehrmacht als lang ersehnte Befreiung und zugleich als verhasste Besetzung empfunden werden. Der deutsche Vorstoß in die Ukraine 1941 war zweifellos insoweit willkommen, als er der mörderischen sowjetischen Okkupation der vorangegangenen Jahrzehnte ein Ende machte, denn bevor der Krieg begann, hatte die Ukraine unter sowjetischer Herrschaft etwa zehn Millionen Menschen verloren. Gleichzeitig brachte er aber furchtbare neue Repressionen mit sich. Aus demselben Grund war der Vormarsch der sowjetischen Armeen nach Westen 1944 willkommen, weil er der blutrünstigen deutschen Okkupation ein Ende machte. Doch er läutete Vergeltungsmaßnahmen und totalitäre Praktiken ein, die kaum weniger brutal waren als jene, die er beseitigte. Befreiungen, die nicht befreien, verdienen den Namen nicht.

Ferner sollten keine Illusionen über den menschlichen Preis der Befreiung bestehen. In der Stadt Caen in der Normandie beispielsweise wurden vor allem durch die Bombardierung vom 7. Juli 1944 mehr Zivilisten getötet, als während der D-Day-Landungen umkamen. In Frankreich insgesamt gingen die militärischen Operationen während der Befreiung oft mit Racheakten einher, die entweder von Einzelpersonen, die alte Rechnungen beglichen, oder von Mitgliedern der Résistance begangen wurden. Die Zahl der Opfer, die gelegentlich mit nicht weniger als 40 000 beziffert wird, übertraf sicherlich die Zahl der Todesfälle, die in den Jahren 1940–44 auf das Konto der deutschen Besatzungstruppen gingen.[8] In Polen, Jugoslawien und Griechenland wurde die offizielle »Befreiung« vom Bürgerkrieg zwischen kommunistischen und nichtkommunistischen Anhängern der Bevölkerung begleitet. Menschen, die im Zuge dieser Vorkommnisse ums Leben kamen, können nicht zu den befreiten Bevölkerungen Europas gezählt werden.

Belagerungen und Festungen

Im Gegensatz zu den westlichen Armeen wurde deutschen und sowjetischen Streitkräften regelmäßig verboten, sich zurückzuziehen. Stattdessen erhielten sie Befehl, eine Stellung auf Leben und Tod zu verteidigen. Deutsche und sowjetische Generäle mussten ebenso wie gemeine Soldaten mit den schrecklichsten Strafen rechnen, wenn sie solche Befehle missachteten. Infolgedessen wurden Verteidiger einer Stellung, die es versäumt hatten, sich dem Gebot der Klugheit folgend zurückzuziehen, und feststellen mussten, dass sie abgeschnitten waren, dazu verurteilt, auf unbestimmte Zeit auszuhalten oder unterzugehen. Dies führte immer wieder zu grausamen Schlachten, und auf diese Weise entwickelte sich auch die Schlacht von Stalingrad. Als Schukows 52. sowjetische Armee, die die Stadt verteidigte, angegriffen wurde, wollte sie sich nicht auf das sichere jenseitige Wolgaufer zurückziehen. Dadurch wurde die 6. deutsche Armee von General Paulus dazu verleitet, den Angriff fortzusetzen, auch als sie selber in eine gefährlich exponierte Lage geriet. Rokossowski kam Schukow rechtzeitig zu Hilfe, und die deutschen Belagerer wurden selber belagert. Die Einwohner Stalingrads entgingen in diesem Fall dem Schlimmsten, weil sie größtenteils evakuiert worden waren.

Die Belagerung Leningrads, die von August 1941 bis Januar 1944 dauerte, veranschaulicht diese Art von Tragödie in einem gigantischen Ausmaß. Zu der Belagerung kam es, weil die sowjetische Seite sich nicht aus der Stadt auf besser zu verteidigende Linien zurückziehen wollte und weil Hitler sich weigerte, einen umfassenden Angriff zu genehmigen. Das Ergebnis war ein militärisches Patt. Die Bevölkerung wurde nach und nach durch Bombenangriffe, Hunger, Kälte und Krankheit dezimiert. Schätzungen der Zahl der Toten schwanken zwischen einer halben und einer Million. Allerorten ereigneten sich Fälle von stillem Heldentum und Selbstaufopferung. Aber die beherrschende Tatsache ist, dass die Kriegsführer auf beiden Seiten absolut kein Erbarmen mit den unschuldigen Zivilisten Leningrads hatten.[9]

Die Belagerung der »Festung« Breslau entsprach der Leningrads zwar nicht an Dauer, aber an Intensität. Sie begann im Januar 1945, als Hitler befahl, eine Reihe schlesischer Städte, darunter Oppeln, Glogau und Breslau, offiziell zu »Festungen« zu erklären. Der letzte Gauleiter von Breslau befahl daraufhin sämtlichen Frauen, Kindern, Alten und Kranken, die Stadt sofort zu verlassen, versäumte es aber, trotz einer Temperatur von minus 20 Grad, Transportmittel bereitzustellen. Auf dem Marsch durch nächtliche Schneestürme zum nächsten Gleisanschluss kamen Zehntausende um, der Gauleiter jedoch flog mit dem letzten Flugzeug sicher aus und ward nie wiedergesehen. Doch die Garnison wurde verstärkt, hauptsächlich durch Volkssturm und Hitler-Jugend; eine zentrale Prachtstraße wurde planiert, um als Landebahn zu dienen; Hunderttausende von Sklavenarbeitern – viele von ihnen Überlebende des Warschauer Aufstands – wurden von der SS zurückgehalten, um die Befestigungen zu verstärken. Die Rote Armee schloss den Ring um die Stadt, blockierte so die gesamte Versorgung und die Heranführung von Verstärkungen. Aber sie unternahm nur wenige energische Versuche, die Stadt zu stürmen. Stattdessen beschoss sie Breslau unablässig mit Granaten und tötete die Verteidiger langsam durch unzählige kleine Schläge. Als es schließlich am 8. Mai zur Kapitulation kam, war nur noch etwa ein Zehntel übrig.

Hitler hatte inzwischen Selbstmord begangen, Berlin selbst war gefallen, und das Reich war nur noch wenige Stunden vom Untergang entfernt.[10]

Belagerungen werden für gewöhnlich eher als Teil mittelalterlicher denn moderner Kriegsführung empfunden. Sie verursachen extreme Entbehrungen, Ausbrüche von Seuchen und den vielfachen qualvollen Tod durch Hunger und Dehydration. Sie zwingen Menschen, Gras oder Katzen und Hunde oder ihre eigenen toten Kinder zu essen. Doch sie ereigneten sich in ihrer grässlichsten Form in der Mitte des 20. Jahrhunderts.

Polizeistaaten

Es gibt keine klassische Definition von »Polizeistaat«. Aber der Begriff meint eine Kategorie politischer Herrschaftssysteme, deren Polizei, Sicherheitsdienste und Spezialkräfte befugt sind, die normalen gesetzlichen Verfahrensweisen zu umgehen. Auf das Dritte Reich traf diese Kategorie seit 1933 zu, als unter dem Vorwand des Reichstagsbrandes »Verordnungen zum Schutz von Volk und Staat« (Reichtagsbrandverordnung) und »gegen Verrat am deutschen Volke und hochverräterische Umtriebe« erlassen wurden, mit deren Hilfe die Grundrechte der Weimarer Verfassung außer Kraft gesetzt und der dauerhafte Ausnahmezustand proklamiert wurden. Die Sowjetunion gehörte von Anfang an in diese Kategorie. Der Polizei- und Sicherheitsapparat – das NKWD – gehorchte unmittelbar dem Politbüro der herrschenden Kommunistischen Partei, deren »Führungsrolle« durch die Verfassung geschützt wurde. Auf diese Weise konnte sich die Partei über alle staatlichen Institutionen einschließlich der staatlichen Gesetze hinwegsetzen.

Dennoch funktionierten im Europa der Kriegszeit mehrere

Varianten des Polizeistaates. Einige operierten in der Sphäre der Achse, andere im sowjetischen Einflussbereich und wieder andere zwischen diesen beiden. Ihnen allen gemeinsam war, dass die Polizei auf Geheiß der herrschenden Kreise die Macht über Leben und Tod der Bürger ausüben konnte. Neben dem Dritten Reich und der Sowjetunion können drei Haupttypen unterschieden werden – abhängige Staaten, Reichskommissariate und das Generalgouvernement.

Abhängige Staaten

Sowohl das Dritte Reich als auch die UdSSR installierten in Ländern, die sie eroberten, aber weder annektieren noch vernichten wollten, abhängige Regime. Das Land blieb nach außen hin unabhängig und unterhielt seine eigene Regierung und sogar seine eigene diplomatische Vertretung. Doch die Unabhängigkeit war eine Fassade, die durch einen einschränkenden Vertrag, durch fortwährende Besetzung, durch eine Marionette als Herrscher oder durch eine Kombination diese Dinge Eigenständigkeit nur vortäuschte. Ein gutes Beispiel war Norwegen. Im April 1940 von deutschen Truppen überrollt, wurde das Land einem Reichskommissar, Josef Terboven, unterstellt, der zuerst König Håkon ins Exil trieb und dann nach einiger Verzögerung Vidkun Quisling (1887 bis 1945) als Ministerpräsident einsetzte. Quisling war 1933 Gründer der faschistischen »Norwegischen Volkserhebung« (später »Nasjonal Samling« genannt) gewesen und hatte seit den frühen dreißiger Jahren enge Beziehungen zu den Nationalsozialisten gepflegt. Ein aufrichtiger Bewunderer Hitlers, war Quisling hinter den Kulissen vollkommen auf deutsche Unterstützung angewiesen. Sein Name ist als Synonym für eine verräterische Marionette des Auslands geradezu sprichwörtlich geworden.[11]

Vichy-Frankreich muss im selben Licht gesehen werden. Entwaffnet, durch die Bedingungen des Waffenstillstands gebunden und von der deutschen Armee besetzt – 1940–42 bis zur Loire und danach *vollständig* –, blieb dem Regime nur minimaler Spielraum. Sein Führer, Marschall Philippe Pétain, war nur noch ein Schatten seines früheren Ichs und das Objekt eines unechten nationalistischen Kultes, der ebenso lächerlich wie beschämend war. Seine paramilitärische Polizeitruppe, die Milice française, wurde unter Federführung der Gestapo vom paramilitärischen Service d'Ordre Légionnaire, dem »Ordnungsdienst der Fremdenlegion«, aufgebaut, deren Treueid lautete: »Ich schwöre, gegen die Demokratie, gegen de Gaulle und die Freifranzosen und gegen die jüdische Plage zu kämpfen.« Die Milice française half den Deutschen, die Résistance zu bekämpfen und Juden zu deportieren. Ihr Anführer, Joseph Darnand (1897 bis 1945) – ein Kriegsheld des Ersten Weltkriegs –, wurde als Kriegsgefangener angeworben, stieg zum Offizier der Waffen-SS auf und starb auf dem Schafott.[12]

Die Slowakei, Serbien und Kroatien waren von Anfang an abhängige Staaten der Nazis. Rumänien und Ungarn wurden 1944 in solche verwandelt, als die Vorgängerregierungen gestürzt wurden. Dänemark musste Hitlers Versicherung glauben, sich nicht in die dänischen inneren Angelegenheiten zu mischen, bis die Deutschen 1943 die Verwaltung des Landes komplett übernahmen.

Stalin errichtete in der ersten Phase des Krieges keine abhängigen Staaten. Alle Länder, die die Rote Armee in den Jahren 1939–41 überrollte, wurden direkt der UdSSR einverleibt. Aber beim politischen Finale des Krieges, 1944–45, war er umsichtiger. Er installierte keine Parteistaaten nach sowjetischem Muster, sondern zog es vor, stattdessen durch »nationale Befreiungskomitees« zu herrschen, deren Mitglieder nicht nach ihren politischen Biographien, sondern nach ihrer Bereitschaft, Moskaus Befehlen zu gehorchen, ausgesucht wurden. Im Ausland entstand der trügerische Eindruck, dass in Polen, Ungarn oder Rumänien prosowjetische Patrioten die Macht ergriffen hätten, aber nicht Beauftragte Moskaus. Sämtliche Armeen der osteuropäischen Nachkriegsstaaten wurden von sowjetischen Offizieren geführt. Sämtliche Sicherheitsdienste arbeiteten für das NKWD, und sämtliche Regierungen waren durch »Freundschaftsverträge« gebunden, die Moskaus Kontrolle gewährleisteten. Das erste vollentwickelte kommunistische Regime trat erst 1948 in Erscheinung. Doch die Realität änderte sich dadurch nicht, wenn die Rote Armee und das NKWD erst einmal vor Ort waren. In Polen beispielsweise stellte sich heraus, dass der unbekannte Bolesław Bierut, der 1944 im Gepäck der Roten Armee erschien und als »Parteiloser« eine wichtige Rolle im Lubliner Komitee spielte, in sowjetischem Sold stand und früher für die Komintern gearbeitet hatte. Im Jahr 1948 wurde aus ihm über Nacht der Erste Sekretär der Kommunistischen Vereinigten Polnischen Arbeiterpartei.[13]

Reichskommissariate

In verschiedenen Teilen West- wie Osteuropas lehnten die Nazis es ab, sich auf einheimische Gefolgsleute zu verlassen, sondern zogen es vor, durch deutsche Kommissare zu herrschen. Ein typisches Beispiel waren die Niederlande. Obwohl eine holländische Nazi-Partei existierte und ihr Führer, Anton Mussert (1894 bis 1946), unbedingt die Macht übernehmen wollte, wurde er zugunsten von SS-Gruppenführer Arthur Seyß-Inquart übergangen, der den ganzen Krieg hindurch als »Reichskommissar in den besetzten niederländischen Gebieten« amtierte. Zwar behandelten die Nazis die Niederländer nicht mit der gleichen Härte, die sie im Osten anwendeten, aber dass sie unbeliebt waren bei ihren Nachbarn, konnte ihnen kaum entgehen. Ihre langfristigen Ziele einer »Eindeutschung« der Holländer und einer Verschmelzung der Niederlande mit Deutschland fanden praktisch keine Unterstützung.[14]

In Belgien wurde ein einfaches Militärregime installiert. Nominelles Oberhaupt war der Militärbefehlshaber, General Alexander Freiherr von Falkenhausen, aber der Chef der Verwaltung, Eggert Reeder, erwies sich als gewiefter Partner. Reeder teilte das Interesse seiner belgischen Untergebenen, der *secrétaires-généraux* oder »Präfekten«, sich die SS vom Leib zu halten, und er behielt seinen Posten bis 1944. Parteien nach faschistischem Muster wie die »Flämische Front« (*Vlaams-Nationalistisch Verbond*, VNV) oder Leon Degrelles »Christus Rex«-Bewegung (Rexisten) unter den Wallonen erlangten zwar einige Bedeutung, durften aber nicht mitregieren.[15]

Das Reichskommissariat Ostland wurde 1941 unter Leitung von Hinrich Lohse, dem Gauleiter von Schleswig-Holstein, gebildet. Es bestand aus den baltischen Staaten und Teilen des besetzten Russland, Weißrusslands und Polens. Zusammen mit dem Reichskommissariat Ukraine unterstand es ab November 1941 dem Reichsminister für die besetzten Ostgebiete, Alfred Rosenberg. Es spiegelte den vorläufigen Charakter der Situation bis zur vollständigen Eroberung der UdSSR wider, zu der es nie kam. Obwohl die Nazis den baltischen Völkern wohlwollender gegenüberstanden als den Slawen, waren sie nicht bereit, ihre Unabhängigkeit wiederherzustellen oder ihnen den Status abhängiger Staaten zu gewähren.

Das 1941 geschaffene Reichskommissariat Ukraine war ein sehr schlechter Ersatz für das, was die meisten Ukrainer gewollt und erwartet hatten. Sein Chef Erich Koch, der Gauleiter von Ostpreußen, war ein besonders brutaler Nazi, der seine Aufgabe im August 1942 wie folgt umriss: »Das Ziel unserer Arbeit muß sein, daß die Ukrainer für Deutschland arbeiten, und nicht, daß wir das Volk hier beglücken. Die Ukraine hat das zu liefern, was Deutschland fehlt. Diese Aufgabe muß ohne Rücksicht auf Verluste durchgeführt werden ... Für die Haltung der Deutschen im Reichskommissariat ist der Standpunkt maßgebend, daß wir es mit einem Volk zu tun haben, das in jeder Hinsicht minderwertig ist.« Die Führer der ukrainischen Nationalbewegung, die seit 1921, als die Bolschewiken die unabhängige ukrainische Republik abgeschafft hatten, im Berliner Exil gelebt hatten, hofften, wieder eingesetzt zu werden, aber vergeblich. Die Westukraine mit der Stadt Lemberg (L'viv, Lwów) wurde als 5. Distrikt Galizien dem »Generalgouvernement für die besetzten polnischen Gebiete« (siehe unten) einverleibt. Die unmittelbar an die Ostfront angrenzenden östlichen Bezirke verblieben unter direkter Herrschaft der Wehrmacht. Und Kochs Kommissariat mit Sitz in Równo führte ein Regime, das wahrscheinlich das ausbeuterischste in ganz Europa war.[16]

Das »Generalgouvernement für die besetzten polnischen Gebiete«

Das Generalgouvernement im besetzten Polen mit seiner »Hauptstadt« Krakau (Kraków) passte weder in die Kategorie abhängiger Staat noch in die Kategorie Reichskommissariat. Es war Teil des Großdeutschen Reiches, erfreute sich aber nicht der Segnungen deutschen Rechts, nicht einmal in der Theorie. Und da es weit westlich der Ostfront lag, profitierte es nicht vom mäßigenden Einfluss einer großen Garnison der Wehrmacht (wenn es solche Mäßigung überhaupt gab). Sein Generalgouverneur Hans Frank (1900 bis 1946), Hitlers früherer Anwalt, war ungewöhnlich gerissen und ungewöhnlich skrupellos. Er verkündete, dass er eine Kolonie schaffen werde und dass ihre Bewohner »Sklaven des Reiches« sein müssten. Wie sich herausstellte, meinte er damit, dass ein analphabetischer Rest von Polen als Sklavenarbeiterreserve am Leben gehalten werden sollte, während die gebildeten polnischen Klassen und die große jüdische Gemeinde zu liquidieren seien. Genau genommen war das Generalgouvernement das rassische Versuchslabor der nationalsozialistischen Weltanschauung. Bei der hilflosen Bevölkerung als »Gestapoland« oder Königreich der SS bekannt, wurde es mit beispielloser Grausamkeit von fanatischen Nazis beherrscht, die glaubten, nur begrenzt Zeit zu haben, um ihre Phantasien in die Tat umzusetzen. Es war der Standort der größten SS-Konzentrations- und Vernichtungslager, der Hauptschauplatz des Holocaust an den Juden und die Quelle für menschliches Elend in einem Umfang, der nirgendwo im NS- oder im Sowjetreich seinesgleichen hatte. In den fünfeinhalb Jahren seines Bestehens wurden etwa ebenso viele Juden wie Nichtjuden ermordet. Sollte jemals eine Methode entdeckt werden, wie die Mengen unschuldig vergossenen Blutes pro Hektar zu berechnen sind, dieser traurige Flecken Erde würde den Rekord halten.[17]

Nicht alle Polizeistaaten bedienen sich derselben Überwachungsmethoden oder desselben Ausmaßes an Repression. Aber man kann wohl sagen, dass die Gestapo und die SS der Nazis sowie das sowjetische NKWD nicht zu übertreffen sind, wenn es um die Ausübung von Repressionen geht. Sie hatten auch gemeinsame Eigenschaften. Zunächst einmal hielten sie ihre eigenen Befugnisse für absolut und die Rechte des einzelnen Bürgers für unerheblich. Außerdem führten sie umfangreiche polizeiliche Überprüfungen der unterworfenen Bevölkerung durch, wobei Unerwünschte ausgesondert und Papiere und Pässe ausgegeben wurden, die augenblicklich wieder eingezogen werden konnten. Darüber hinaus hatten sie eine Vorliebe für ausführliche Verhöre und einen Hang zu Folter. Sie füllten die regulären Gefängnisse so schnell, dass sie gezwungen waren, wachsende Verbünde von Haftanstalten zu errichten, in denen sie ihre Klientel für unbestimmte Zeit festhalten und misshandeln konnten. Sie konnten sich auf gesetzliche Verfahrensweisen verlegen oder auch nicht, ganz wie es ihnen beliebte, und sie waren befugt, Hinrichtungen im Schnellverfahren durchzuführen. Die Nazi-Polizisten gaben gern öffentliche Kostproben ihrer Brutalität: Verdächtige wurden auf offener Straße erschossen, Geiseln vor aller Augen zusammengetrieben. Flüchtigen jüdischen Jungen wurde der Schädel einschlagen, indem sie sie an den Beinen packten und mit dem Kopf gegen eine Ziegelmauer schleuderten. Das NKWD pflegte einen unauffälligeren Stil. Seine Leute waren Spezialisten für geräuschlose Verhaftungen, für das Klopfen an Wohnungstüren vor Morgengrauen, für Massaker in Wäldern und in der Kunst, ihre Opfer an Orte zu schicken, von denen niemand zurückkehrte. Die Ergebnisse waren unter dem Strich weitgehend dieselben.

Illegitime Legalität

Die »Rechtsstaatlichkeit« ist einer jener großen Vorteile der westlichen Zivilisation, für die viele Briten und Amerikaner in den Jahren 1939–45 kämpften. Zusammen mit »Freiheit« und »Demokratie« war sie eine der Errungenschaften, die die Westalliierten besaßen und der Feind nicht.

Leider ist es nicht ganz so einfach. Sowohl die Nazis als auch Stalinisten waren ebenfalls ziemlich erpicht auf Gesetze und Legalität. Viele NS-Obere, wie Hans Frank, waren Anwälte. Menschen aus dem Westen vergessen oft, dass »Rechtsstaatlichkeit« für sich genommen nichts bedeutet. Von Gangstern verabschiedete Gesetze begünstigen wahrscheinlich das Gangstertum. Von Kannibalen verabschiedete Gesetze werden eine vegetarische Lebensweise unter Strafe stellen. Alle Gesetze hängen von der zugrunde liegenden Kultur ab und von dem politischen System, das diese Gesetze kontrolliert.

Die Haltung der Nazis zur Legalität sah so aus, dass sie den bestehenden juristischen und richterlichen Verfahrensweisen neue überstülpten und anschließend das ganze System in ihrem eigenen Interesse betrieben. In demokratischen Ländern ist die Polizei verfassungsmäßiger Kontrolle unterworfen, und der Richterstand ist unabhängig. Aber im nationalsozialistischen Deutschland, wo einem Himmler als Reichsführer SS und Chef der deutschen Polizei der gesamte staatliche Sicherheitsapparat aus Schutz-, Kriminal- und politischer Polizei unterstand, betrieb die Polizei die Gerichte und gab dem Richterstand Anweisungen. Die mit Verordnung vom März 1933 geschaffenen Sondergerichte dienten der Aburteilung politischer Vergehen nach der Reichstagsbrandverordnung und dem Heimtücke-Gesetz, und vor dem im April 1934 errichteten Volksgerichtshof (VGH) wurden Anklagen wegen Hoch- und Landesverrat verhandelt. Die Schaffung eines Kriegssonderstrafrechts im August 1938 bedeutete die Ausweitung der Militärgerichtsbarkeit auf die zivile Sphäre, wenngleich der vom Präsidenten des VGH, Roland Freisler, geforderte Ausbau der Sondergerichte zu »Standgerichten der inneren Front« nicht erreicht wurde. Der VGH hatte keine Geschworenen und ließ keine Rechtsmittel zu. Den Vorsitz führten ausschließlich von Adolf Hitler auf Vorschlag des Reichsjustizministers ernannte Richter, die insgesamt 12891 Todesurteile verhängten. Angeklagte, die freigelassen wurden, konnten erneut verhaftet und, falls die Gestapo es wünschte, in ein Konzentrationslager geschickt werden. Im Jahr 1944 verhandelte der VGH gegen die an dem Bombenattentat auf Hitler beteiligten Verschwörer des 20. Juli, nachdem sie von einem Ehrengericht unter Vorsitz von Generalfeldmarschall Gerd von Rundstedt aus der Militärgerichtsbarkeit entlassen worden waren. Im Februar 1945 saß Freisler über zwei Frauen zu Gericht, als eine britische Bombe die Decke durchschlug und ihn tötete. Auch das war eine Art von Gerechtigkeit – vor allem weil die beiden Frauen überlebten.[18]

In der UdSSR setzte sich das Konzept der »sozialistischen Justiz« durch. Wie es so schön heißt, stand sie zur realen Justiz in demselben Verhältnis wie ein Stuhl zu einem elektrischen Stuhl. Denn auch sie war, wie die NS-Justiz, vollkommen politisiert. Die Richter wurden auf allen Ebenen von den Sowjets, den »Räten«, ernannt, die ihrerseits von der Kommunistischen Partei aufgestellt wurden. Auf der untersten Ebene wurden die Richter der »Volksgerichte« (*sic*) nach allgemeinem Wahlrecht direkt gewählt, aber wie bei allen sowjetischen Wahlen konnte sich niemand ohne vorherige Billigung der Partei als Kandidat anmelden.

Das NKWD war erstaunlich interessiert daran, auf der Grundlage des Rechtssystems zu handeln statt aus willkürlichen Launen heraus. Man wusste dort, dass das Recht manipuliert werden konnte, um den gewünschten Effekt zu erzielen. Es gibt zahlreiche Geschichten über Häftlinge, die unter der Folter gezwungen wurden, ihr eigenes Todesurteil zu unterschreiben, weil es dem NKWD widerstrebte, sie zu töten, ohne einen Beweis dafür zu haben, dass die verurteilte Person damit einverstanden war. Justizmord war eine sowjetische Spezialität. Wie die Schauprozesse der dreißiger Jahre gezeigt hatten, konnten Angeklagte dazu gebracht werden, nahezu alles zu gestehen, während Staatsanwälte sie phantastischer Verbrechen bezichtigen konnten, ohne fürchten zu müssen, dass sie geleugnet wurden. Der Moskauer Prozess vom Juni 1945, der die sowjetische Eroberung Osteuropas besiegelte, bediente sich exakt derselben Methoden.[19]

In jener breiten Zone Europas, die sechs Jahre lang nichts Staatliches außer NS-Recht oder Sowjet-Recht erlebte, musste der Widerstand im Untergrund sich entscheiden, ob er seine Unterdrücker mit spontaner Gewalt oder mit selbst geschaffenen gesetzlichen Sanktionen bekämpfte. In vielen Fällen wählte er Letzteres. Der polnische Untergrundstaat beispielsweise besaß ein geheimes, aber funktionierendes Gerichtswesen. Nach den Regeln der Heimatarmee durften Gestapo-Agenten oder SS-Männer nur mit Vollstreckungsbefehl ums Leben gebracht werden, während mutmaßliche Kollaborateure vor ein geheimes Dreimanngericht gezerrt wurden, das sich die Aussagen anhörte, bevor es sein Urteil sprach.

Mit anderen Worten: Fast jedes System funktioniert durch Gesetze und juristische Verfahrensweisen. Das große Problem ist aber die Legitimität des Systems. Einst wurden Gesetze durch das »göttliche Recht der Könige« sanktioniert. In Demokratien werden sie durch den Willen des Volkes, wie er in einer Verfassung oder in demokratischen Institutionen zum Ausdruck kommt, gerechtfertigt. Unter dem NS-System hingen sie vom Willen der »Herrenrasse« ab, den der »Führer« verkörperte. Unter sowjetischer Herrschaft beruhten sie auf den ehernen Gesetzen der Geschichte, wie sie von Marx und Lenin entdeckt und von Josef Stalin interpretiert wurden.

Deportation

Dass Einzelpersonen oder Gruppen gewaltsam von ihren Wohnsitzen fortgeschafft wurden, war im Europa der Kriegszeit eine sehr häufige Erscheinung. Praktiziert wurden solche »Deportationen« in erster Linie von den totalitären Regimen, aber in Ausnahmefällen auch von Demokratien. Mindestens zwei Fälle traten in Großbritannien auf – einmal in einem Dorf an der Küste von Dorsetshire, dessen Strände für die amphibische Ausbildung benötigt wurden, und einmal in einem Dorf auf der Salisbury Plain, einer großen Kreideebene in Südengland, die für Panzerübungen verwendet wurde.[20]

Das NS-Regime nutzte Deportationen nicht bloß zu praktischen Zwecken, beispielsweise um Land zu räumen, das für die militärische Ausbildung bestimmt war, sondern auch für rassenideologische Zwecke. So räumten die NS-Behörden bereits im Oktober 1939 die Hafenstadt Gdingen (Gdynia) von ihren 100 000 polnischen Einwohnern und tauften sie um in Gotenhafen.[21] Schon vor dem Krieg hatte man eine ähnliche Anzahl polnischer Bürger aus Deutschland deportiert, und in den Jahren 1939–40, als die westlichsten Provinzen Polens direkt dem Reich einverleibt wurden, wurde die Prozedur wiederholt. Sämtliche Deportierten wurden ins Generalgouvernement verschleppt, die Juden unter ihnen in die Ghettos von Warschau oder Łódz. Die Nazis wollten nicht, dass in Deutschland Nichtdeutsche lebten. Franzosen wurden aus dem Elsass fortgeschafft, oft nach Algerien. Belgier wurden aus Eupen und Malmédy abtransportiert. Und Italiener – Verbündete Deutschlands – wurden aus Südtirol entfernt.

Doch die Sowjets praktizierten die Deportation in weit größerem Umfang. Schließlich war »angewandte Sozialwissenschaft« eine der Spezialitäten Stalins. In jedes Land, das die Rote Armee besetzte, rückte das NKWD mit vorab erstellten Listen »Unerwünschter« ein, überprüfte die gesamte Bevölkerung und deportierte dann die Betroffenen. Die Listen enthielten sowohl einzelne Namen als auch ganze Kategorien von Menschen, die fortgeschafft werden sollten. Eine solche Liste, die aus Litauen erhalten geblieben ist, nennt dreiundzwanzig Kategorien. Sie fängt an mit Wildhütern (die Flüchtlinge im Wald schützen könnten) und endet mit Briefmarkensammlern und Esperanto-Sprechern (die bekannt dafür waren, geheime Mitteilungen ins Ausland zu schicken).[22] Die Betroffenen wurden entweder entsprechend einem summarischen Gerichtsurteil oder per Verwaltungsdekret abtransportiert. Die übliche Praxis sah so aus, dass bekannten »Volksfeinden« – das heißt Rechtsanwälten, Lehrern, Priestern, Beamten und bürgerlichen Politikern – ein offizieller Entscheid ausgehändigt und anschließend die gesamte Familie des Betreffenden deportiert wurde. Deportierte, die vor Gericht gestanden und zu Zwangsarbeit verurteilt worden waren – beispielsweise zu fünfundzwanzig Jahren, weil sie einen Universitätsabschluss hatten –, wurden in die arktischen Lager des Gulag geschickt. Ihre Angehörigen wurden ins »freie Exil« in die Einöden Kasachstans oder die Wüsten Zentralasiens verbannt. Diese Maßnahmen, die in den Jahren 1939–41 und erneut 1944–45 weithin praktiziert wurden, betrafen Millionen.[23]

Sowohl die Nationalsozialisten als auch die Sowjets setzten die Deportation als Zwangsmittel gegen bestimmte ethnische Gruppen ein. So wurden im November 1939 sämtliche Juden im Generalgouvernement angewiesen, ihre Wohnungen und Häuser zu verlassen und sich in einem der vorgesehenen »Ghettos« niederzulassen. In dieser Phase wurde relativ wenig Zwang ausgeübt, und die meisten jüdischen Familien – und die nichtjüdischen Familien mit jüdischen Vorfahren – fügten sich einfach. Die Gestapo registrierte jeden Juden einzeln, wobei sie Männernamen den Spitznamen »Israel« und Frauennamen den Spitznamen »Sara« anhängte. Nicht wenige von denen, die einfach blieben, wo sie waren, entgingen der späteren Unterdrückung. Allein in Warschau überlebten etwa 30 000 Juden außerhalb des Ghettos. Die Sowjets suchten sich andere Gruppen aus: Wolgadeutsche, Tataren, Tschechen und Inguschen (siehe S. 571–574).

Zur bei weitem größten Deportationswelle kam es gegen Ende des Krieges im Zusammenhang mit der Niederlage Deutschlands. Auf der Potsdamer Konferenz billigten die Alliierten die bereits begonnene Vertreibung aller Deutschen aus Polen östlich der Oder, aus der Tschechoslowakei, Ungarn und Rumänien, die allerdings in »geordneter, humaner Weise« erfolgen sollte. Betroffen war eine Gesamtbevölkerung von etwa 16 Millionen, wenngleich ein beträchtlicher Anteil bereits geflüchtet war, bevor der Beschluss umgesetzt wurde. Die Entscheidung wurzelte in der glatten Weigerung der UdSSR, in den Jahren 1939–40 erobertes polnisches, tschechoslowakisches, ungarisches und rumänisches Territorium zurückzugeben. Aufgrund dieser Weigerung mussten Millionen Polen und andere aus ihren Häusern und Wohnungen, die nun in der UdSSR lagen, deportiert werden, und die Deutschen wurden fortgeschafft, um den Neuankömmlingen Platz zu machen.[24] Die eintreffenden Polen wurden geschickt als »Repatrianten« bezeichnet, während die abziehenden Deutschen das Etikett »Vertriebene« bekamen. Aber man ließ beide Gruppen für dasselbe internationale Problem leiden. Zweifellos waren bei der Entscheidung von 1945, die Politik der Übertragung deutschen Grund und Bodens und des Transfers der deutschen Bevölkerung durchzusetzen, auch andere Faktoren im Spiel. Aber im Kern lag dem Beschluss sowjetische Unnachgiebigkeit zugrunde.

Die Konzepte von Deportation und Vertreibung sind nahezu identisch. Beide bedeuten Zwang und physische Verschleppung. Beide überschneiden sich insoweit mit dem Konzept der Umsiedlung, als alle Menschen, die umgesiedelt werden, zunächst von ihren Wohnsitzen deportiert werden müssen. Deportation bzw. Vertreibung konzentriert sich auf Erfahrungen am Beginn der Reise. Umsiedlung konzentriert sich auf Erfahrungen, welche die Neuankömmlinge am Bestimmungsort erwarten (siehe S. 569–574).

In den Köpfen ihrer Urheber wurden Deportationen selten mit Todesurteilen in Verbindung gebracht. Aber der Tod war eine häufige Folge. Man kümmerte sich kaum darum, für das Wohlergehen der Deportierten Sorge zu tragen. Dutzende von Männern und Frauen wurden ohne Nahrung, Wasser oder hygienische Einrichtungen in geschlossene Viehwaggons gezwängt. Die Kranken und Älteren starben jedes Mal schon auf der kurzen Reise von Deutschland nach Polen oder von Polen oder der Tschechoslowakei nach Deutschland. Und auf den längeren Reisen zwischen Europa und Zentralasien oder dem Fernen Osten beförderte jeder sowjetische Transportzug Hunderte von Leichen – steinhart gefrorene Leichen im Winter, eitrige, übelriechende, verwesende Leichen im Sommer. Die Deportierten starben langsam und qualvoll vor Hunger und Durst, an Krankheiten oder aus Verzweiflung.[25]

Hinrichtungen

Die öffentliche Empfindsamkeit gegenüber Hinrichtungen war während des Krieges weniger hochentwickelt als in der Nachkriegszeit. In einem Land wie Großbritannien wurden nach dem Krieg bis etwa in die Mitte der fünfziger Jahre Kriminelle für Kapitalverbrechen nach wie vor hingerichtet. Und Kriegsverräter wie William Joyce oder John Amery wurden ohne viel Federlesens gehängt. Wie man heute weiß, schlug Winston Churchill vor, die NS-Führer als Banditen zu erschießen, statt sie vor Gericht zu stellen.[26] Und König Georg VI. entschied, nachdem er sich daran gestört hatte, einem Träger des Viktoria-Kreuzes wegen eines späteren Verbrechens seinen Orden abzunehmen, dass der Kriegsheld und Mörder, wenn er vor das Exekutionskommando träte, seinen Orden tragen dürfe. In den USA haben einige Staaten die Todesstrafe inzwischen abgeschafft, während andere es nicht getan haben.

Hinrichtungen von der Art, wie sie sich im besetzten Europa häuften, ließen alle derartigen Feinheiten bedeutungslos erscheinen. Die Nazis exekutierten routinemäßig Zivilisten, und sie taten es ohne Gewissensbisse, ohne Hemmungen und oft mit bestialischer Grausamkeit. Reguläre Exekutionskommandos waren ein Luxus. Im Krieg gegen Partisanen exekutierten sie, wo immer eine deutsche Einheit angegriffen wurde, als Vergeltungsmaßnahme Dorfbewohner. Beim Kampf gegen den polnischen Widerstand erschossen sie für jeden getöteten Deutschen als Vergeltung hundert Zivilisten. Deutsche Einheiten pflegten im Voraus hundert Geiseln zu nehmen, ihre Namen auf Wandplakaten zu veröffentlichen und sie dann den anderen zur Warnung öffentlich zu erschießen. In Warschau fingen sie aus lauter Verzweiflung an, sämtliche Passanten in einer bestimmten Straße oder sämtliche Fahrgäste in einem Zug oder einer Straßenbahn zu ergreifen und zu erschießen. In Krakau begruben sie im Juli 1943 als Vergeltungsmaßnahme für mutmaßliche Widerstandsaktivitäten alle Männer der Pfarrei Wola Justowska bei lebendigem Leib und zwangen alle Frauen zuzusehen, wie die Eingegrabenen langsam erstickten.[27] In Jugoslawien führten die Nazis sich nicht besser auf als in Polen oder in Weißrussland.

Auch das sowjetische NKWD kann nach der Erschießung von bis zu einer Million Menschen während des großen Terrors der dreißiger Jahre nicht gerade als zimperlich bezeichnet werden.

Beim Massaker von Katyn erschossen NKWD-Offiziere im Jahr 1940 kaltblütig ihre 25 000 Gefangenen, wofür sie mehrere Tage benötigten. Aber Erschießungen und öffentliche Hinrichtungen entsprachen nicht dem Stil des Volkskommissariats. Im Gegensatz zu den Nazis wollte das NKWD nicht als grausam oder unterdrückerisch erscheinen. Im Gegenteil, man gab vor, um den menschlichen Fortschritt und die menschliche Zivilisation besorgt zu sein. Im Allgemeinen wurde die schmutzige Arbeit deshalb still und heimlich erledigt. Doch wenn es sein musste, nahm man es an Brutalität mit der SS auf. Die nichtkommunistischen Widerstandsbewegungen wurden heftig bekämpft; es wurden Vergeltungsmaßnahmen durchgeführt und Zivilisten erschossen. Zu Beginn des Unternehmens »Barbarossa«, als deutsche Truppen über die sowjetische Grenze stürmten, exekutierte das NKWD sämtliche Insassen in sämtlichen NKWD-Gefängnissen in den westlichen Gebieten.[28]

Der Unterschied zwischen SS und NKWD in diesen Dingen mag möglicherweise das Ergebnis der jeweiligen ideologischen Schulung gewesen sein. Der SS wurde beigebracht, dass der Fehler ihren Feinden im Blut liege und deshalb unverbesserlich sei. Unverbesserliche Feinde aber konnten ebenso gut unverzüglich beseitigt werden. Im Gegensatz dazu wurde dem NKWD beigebracht, dass Feinde aufgrund ihrer sozialen und ökonomischen Konditionierung verstockt seien. Der Fehler liege in der Denkweise, und wenn die Gegenkonditionierung nur stark genug sei, könne der Fehler rückgängig gemacht werden. Also bestand die Pflicht für die Hüter der sozialistischen Wahrheit darin, endlos zu erziehen, zu bessern und zu verhören. Gefangene gleich zu erschießen war aus dieser Sicht eine Vergeudung rettenswerter Leben.

Der Tod konnte bei der Exekution schnell und praktisch schmerzlos sein. Hängen war riskanter als Erschießen, aber beides eignete sich nicht so gut zur Anschauung wie die Guillotine, die im Dritten Reich für zivile Kriminelle verwendet wurde. Der Verurteilte kooperierte normalerweise, wohl wissend, dass unbeschreibliche Qualen die Folge sein konnten, wenn er Schwierigkeiten machte.

Trotzdem gingen Hinrichtungen manchmal schief. Das Erschießungskommando konnte betrunken sein, weil es den kleinen Schluck vor der Pflicht übertrieben hatte, oder danebenschießen. Prinzipientreue Soldaten konnten in die Luft schießen, oder der Offizier ließ sich Zeit mit dem *coup de grâce,* dem Gnadenschuss.

Natürlich kamen die meisten der Kriegsverbrecher, die es am meisten verdient hätten, hingerichtet zu werden, ungeschoren davon. Von den NS-Führern wurden nach dem Nürnberger Prozess nur elf gehängt, und weitere vierundzwanzig wurden im Anschluss an US-Militärtribunale hingerichtet. Bei Kriegsverbrechern, die nicht mit den Nazis in Zusammenhang standen, wurde eine strafrechtliche Verfolgung nicht einmal in Erwägung gezogen.

Überdies darf nicht vergessen werden, dass auch Briten oder Amerikaner nicht eine vollkommen reine Weste hatten. Die Biographie von Robert Maxwell beispielsweise enthüllt, dass er als Hauptmann der britischen Armee, die im Winter 1944–45 deutsches Territorium betrat, nicht zögerte, unbewaffnete Zivilisten zu erschießen. Am 2. April 1945 näherte er sich einer deutschen Stadt und fuhr fort, sie mit Mörsergranaten zu beschießen. In Briefen an seine Frau hatte er zuvor schon zugegeben, »keine Gefangenen zu machen«. Nun schilderte er ihr, dass er den Einheimischen befahl, »den Bürgermeister zu holen«. »Er kam herbei, und ich sagte ihm, dass die Deutschen sich ergeben müssten ... oder die Stadt würde zerstört. Eine Stunde später war er zurück und sagte, dass die Soldaten sich ergeben würden ... aber kaum marschierten wir ab, eröffnete ein deutscher Panzer das Feuer auf uns. Zum Glück feuerte er vorbei. Also erschoss ich den Bürgermeister und zog mich zurück.«[29] Sechsundvierzig Jahre später führte dieser Vorfall nach Protesten in der Öffentlichkeit zu einer polizeilichen Ermittlung nach dem War Crimes Act.[30]

Die bekannteste und symbolträchtigste Stätte für kaltblütigen Mord an Zivilisten ist das Dorf Lidice in der Nähe von Prag. Lidice war auf einen vagen Verdacht hin bezichtigt worden, Heimat jener tschechischen Widerstandskämpfer zu sein, die am 27. Mai 1942 in Prag SS-Obergruppenführer Reinhard Heydrich bei einem Attentat tödlich verletzt hatten. Am 10. Juni nahm die SS Rache. Sechzig Frauen wurden in das Konzentrationslager Ravensbrück geschickt. Achtundachtzig Kinder wurden zur rassischen Beurteilung fortgeschafft – ein paar hielt man für geeignet zur »Eindeutschung«, der Rest wurde vergast. Und 192 männliche Dorfbewohner wurden durch ein Sonderkommando aus Gestapo, SD (Sicherheitsdienst) und Schutzpolizei unter dem Kommando von SS-Offizieren erschossen.[31]

Aufstände

Der »Aufstand« des einen ist die Rebellion, Revolte oder Meuterei des anderen. Unparteiische Kommentatoren sprechen lieber von einer »Erhebung«, obwohl der geläufige Begriff inzwischen »Unruhen« lautet. Meist jedenfalls bestimmt der Standpunkt, welcher Ausdrucksweise man sich bedient. Sicher ist, dass die Sympathisanten einer »Erhebung« deren Urheber stets für »Patrioten« oder »Freiheitskämpfer« halten werden. Ihre Gegner und jene, die den unangenehmen Auftrag erhalten, eine solche Erhebung zu unterdrücken, verurteilen dieselben Menschen automatisch als »Banditen« oder »Terroristen«.

Im Zweiten Weltkrieg wurden mindestens vier bedeutende Erhebungen verzeichnet. Alle ereigneten sich in den späteren Phasen des Krieges, denn es brauchte Zeit, bis der Groll explosive Ausmaße erreichte. Und alle richteten sich gegen die deutsche Herrschaft. Wer fragt, warum keine Erhebungen gegen die sowjetische Herrschaft vor den Ereignissen in Ostberlin 1953 und in Budapest 1956 stattfanden, findet eine Antwort in der Tatsache, dass das NKWD umfangreiche Vorkehrungen traf. Der Zweck der Massendeportationen war sowohl ein politischer als auch ein sozialer. Sie sollten unter anderem den Gedanken an eine Erhebung unmöglich machen.

Die Erhebung im Warschauer Ghetto wurde im April 1943 als Verzweiflungstat von jenen in die Wege geleitet, die demnächst sterben würden. Sie hatte keinerlei militärische Erfolgsaussichten, räumte aber ein für alle Mal auf mit dem Klischee von den Juden als einem Volk, das nicht zu kämpfen bereit sei. Da die Nachkriegsmeinung sich in ihrer Bewunderung für die jüdischen Kämpfer mehrheitlich einig ist, spricht man heute vom Ghetto-Aufstand.[32]

Die zweite Erhebung in Warschau brach am 1. August 1944 aus; sie war der größte Akt des Widerstands im Krieg (siehe S. 203–205). Da sie die Sowjets von ihrer schlechtesten Seite zeigte – de facto stellten ihre Aktionen in diesem Zusammenhang ein verspätetes Beispiel für die Zusammenarbeit von Nazis und Sowjets dar –, gab das kommunistische Nachkriegsregime sie lange Zeit dem Vergessen anheim. Heute wird sie fast immer als Warschauer Aufstand bezeichnet (siehe S. 520–522).

Die Erhebung in Paris Mitte August 1944 war ein Erfolg und erreichte genau das, was der Warschauer Aufstand angestrebt hatte (siehe S. 520).

Die Erhebung in der Slowakei von August bis September 1944 entsprang einer komplizierten Situation. Sie begann als Meuterei slowakischer Offiziere, die unter deutschem Oberbefehl dienten, und weitete sich dann zu einem umfassenderen Volksaufstand aus. Die Rote Armee verlor bei einer Operation, wie sie sie in einem angrenzenden Sektor der Front vor Warschau eindeutig nicht unternahm, 70 000 Mann, als sie mit heldenhaftem Einsatz versuchte, den Duklapass in die Slowakei zu überqueren. Die Erhebung wurde niedergeschlagen, bevor die Hilfe eintraf.[33]

Aufstände oder Erhebungen haben ausnahmslos schreckliche Folgen für die Zivilbevölkerung. Meist können sich die Aufständischen nur behaupten, wenn die schlecht bewaffneten Kämpfer durch die Bevölkerung unterstützt werden. Folglich laden sie geradezu zu Vergeltungsmaßnahmen ein, und die Truppen, die versuchen, die »Ordnung wiederherzustellen«, fühlen sich berechtigt, bewaffnete wie unbewaffnete Aufrührer anzugreifen. Beim Warschauer Ghetto-Aufstand wurden etwa 40 000 Zivilisten entweder gleich an Ort und

Stelle getötet oder in die Vernichtungslager deportiert. Während des nachfolgenden Warschauer Aufstands und unmittelbar danach wurden bis zu 200 000 Zivilisten getötet und bis zu 500 000 deportiert. Beim Pariser Aufstand wurde der deutsche Militärbefehlshaber überredet, nicht bis zur Entscheidung zu kämpfen, und die zivilen Verluste konnten so niedrig gehalten werden, was aber dennoch 1500 Opfer bedeutete. In der Slowakei kamen 5000 Zivilisten um. Kritiker der Erhebungen benutzen diese Zahlen und die grauenhafte Art und Weise, in der die Zivilbevölkerung leidet, als Argument für ihre Kritik.

Wahllose Massaker an Zivilisten

Soldaten, die Amok laufen, kennt man seit unvordenklichen Zeiten. Männer, deren Handwerk es ist, sich gegenseitig zu töten, können aus Trunkenheit, Verzweiflung oder als Folge von Verrohung ihre Waffen manchmal gegen zufällig Vorübergehende richten. Wie alle anderen Kriege hält auch der Krieg von 1939–45 entsprechende Beispiele bereit.

Der merkwürdige Fall Oradour-sur-Glane muss unter diesem Stichwort betrachtet werden, denn die Grausamkeiten dort hatten kein eindeutiges Motiv. Am 10. Juni 1944, während der Verlegung der SS-Panzerdivision »Das Reich« von Südwestfrankreich in die Normandie, machte die 3. Kompanie des I. Bataillons des SS-Panzergrenadierregiments »Der Führer« einen Umweg zu dem Dorf Oradour und trieb die Dorfbewohner zusammen. Die Männer wurden abgesondert und in Scheunen erschossen, während man Frauen und Kinder in der Kirche einschloss und diese dann anzündete. Wer nicht bei lebendigem Leib verbrannte, sondern zu fliehen versuchte, wurde erschossen. Insgesamt blieben 642 Leichen zurück, zusammen mit einer Reihe verkohlter, geplünderter

Häuser. Der Hauptmann der Kompanie wurde kurz danach in der Normandie getötet, konnte also nie verhört werden. Seine Männer, überwiegend elsässische Wehrpflichtige, wurden ohne Erfolg strafrechtlich verfolgt. Was also steckte dahinter? Die Division war enorm frustriert, zumal sie wegen ständiger Sabotage und Hinterhalte der Widerstandsbewegung Maquis und der Partisanen der Résistance nur langsam durch Frankreich vorankam. Ein beliebter Offizier war am Tag zuvor entführt worden. Und es hatte Diskussionen gegeben wegen der von der Division erbeuteten Goldbestände. Es ist gut möglich, dass die Männer glaubten, in Kürze mit Disziplinarverfahren rechnen zu müssen. Aber diese Fakten erklären keineswegs, warum eine einzige Kompanie kurzzeitig Amok lief und andere nicht.[34]

Die Morde, die sich im August 1944 in der ersten Woche des Warschauer Aufstands in den Vororten Wola und Ochota abspielten, sind ebenso schwer zu begreifen – und forderten einhundertmal mehr Todesopfer als Oradour. Die besagten Vororte am westlichen Stadtrand waren militärisch ohne Bedeutung. Die Bebauung war eine Mischung aus Fabriken, öffentlichen Gebäuden, Krankenhäusern und preiswerten Wohnungen. Aber sie lagen zufällig auf dem Weg der SS-Angriffsgruppe, als diese von den deutsch kontrollierten Außenbezirken aus ihren ersten Vorstoß in Richtung des von den Aufständischen kontrollierten Stadtzentrums unternahm. Die beiden betroffenen SS-Brigaden, die von Dirlewanger und Kaminskis »Sturm-Brigade-SS-RONA«, dürften kaum überrascht gewesen sein, dass auf sie geschossen wurde. Doch statt die Einheiten der Heimatarmee anzugreifen, die sie bedrängten, wendeten sie sich voller Wut gegen zivile Nichtkombattanten. In einer fünf oder sechs Tage dauernden Gewaltorgie wurde jede erdenkliche Greueltat begangen. Eine große Menge Männer und Frauen wurde auf einen Friedhof getrieben und mit Maschinengewehren erschossen. Hauseigentümer wurden auf die Straße gezerrt, wo man sie mit Säbeln und Bajonetten niedermetzelte. Schwangere Frauen wurden gestreckt und gevierteilt. Krankenhäuser wurden überfallen und Patienten in ihren Betten erschlagen. Ärzte und Schwestern, die flehten, davon abzulassen, wurden verstümmelt. Kinder wurden in Stücke gehackt. Straßen und Häuser, die in Blut schwammen, wurden anschließend in Brand gesteckt. Die Zahl der Opfer wird mit vierzig- bis fünfzigtausend angegeben. Ein rasender Haufen deutscher Zuchthäusler und russischer Überläufer hatte sich zusammengetan, um so viele Polen wie möglich auf so viele Arten wie möglich zu ermorden. Dantes Inferno enthält keine derartigen Szenen, und es gibt keine überzeugende Erklärung für das Geschehen.[35]

Auf sowjetischer Seite kommen Historiker nicht an dem grässlichen Vorfall in Nemmersdorf vorbei. Im Oktober 1944 erreichte die Vorhut der baltischen Front der Roten Armee die Grenze Ostpreußens und stand für den ersten Einfall in deutsches Territorium bereit. Doch am 21. Oktober schlich sich ein Stoßtrupp über die schlecht bewachte Grenze, marschierte in das nächste Dorf, massakrierte die Einwohner und zog sich wieder zurück. Zwei Tage später entdeckten die deutschen Behörden die Überreste der Opfer, und es wurden Fotos gemacht. Als die Nachricht von dem Massaker Berlin erreichte, beschloss Goebbels' Propagandaministerium, die Bilder als Beweis für bolschewistische Brutalität zu verwenden. Die NS-Presse scheint geglaubt zu haben, dass Bilder von nackt an Scheunentoren gekreuzigten Frauen den Selbstverteidigungswillen Ostpreußens stärken würden. Sie irrten sich. Die Bevölkerung begann schon bald mit dem Treck nach Westen. Und Gerüchte kamen auf, dass das Massaker nicht das Werk der Bolschewisten, sondern der Nazis selbst war.[36]

Partisanen

Der Guerillakrieg ist so alt wie die Menschheit. Sein heutiger Name leitet sich vom spanischen Widerstand gegen Napoleons Invasionsarmeen ab. Aber die Taktik, sich in den Wäldern zu verstecken, plötzlich aus dem Hinterhalt zuzuschlagen, schlafende Soldaten in der Nacht zu erstechen, ihre Vorräte zu vergiften und Nachzügler abzuknallen, ist zeitlos. Außerdem waren die Sümpfe Weißrusslands, die Wälder Polens und der Ukraine sowie die Berge Griechenlands und Jugoslawiens ideale Schauplätze für Partisanenaktivitäten. Und es gab sehr viele Einheimische, die bereit waren, heimlich Unterstützung zu leisten.

Der Begriff »Partisan« stammt aus dem spanischen Bürgerkrieg der dreißiger Jahre. Aber er ging über die Internationalen Brigaden in den russischen Sprachgebrauch über, nahm schnell eine kommunistische Färbung an und wurde von den sowjetisch unterstützten Widerstandsgruppen und von Titos Bewegung in Jugoslawien übernommen. Freilich hätten weder der französische Maquis noch der polnische Akowcy oder die jugoslawischen Tschetniks im Traum daran gedacht, ihn zu verwenden. Die Deutschen benutzten ihn nur, um Partisanen öffentlich als widerwärtige Banditenspezies zu brandmarken.

In der ersten Phase des Krieges richteten Guerillaaktionen kaum etwas aus. Aber in den Jahren 1942–43 gewannen sie an Durchschlagskraft, nicht zuletzt weil die Rote Armee umfangreiche Vorkehrungen traf, entsprechende Aktivitäten im Rücken der deutschen Linien zu unterstützen. Besonders weit verbreitet waren sie in Weißrussland, das heißt in Ostpolen, und nach Titos langem Marsch in die Sicherheit der Berge in Nordwestbosnien.

Berufsarmeen sind gegenüber Guerillakämpfern immer im Nachteil, wenn sie nicht die Zeit erübrigen können, sie vollständig zu vernichten. Und sollen die erforderlichen Operationen zur Durchkämmung der ländlichen Gegenden erfolgreich sein, müssen große Mengen Soldaten eingesetzt werden. Da die Wehrmacht sowohl an der Ostfront als auch im nur dünn mit Garnisonen belegten Jugoslawien immer stärker beansprucht wurde, konnten die Deutschen weder die Männer noch die Mittel für solche großangelegten Operationen erübrigen. Also versuchten sie zunehmend, die eigene militärische Erfolglosigkeit mit Terror wettzumachen. Hauptziel war, die einheimische Bevölkerung derart zu schikanieren, dass die Partisanentrupps um Nahrung und Schutz gebracht wurden. Ganze Dörfer wurden niedergebrannt. Galgen säumten die Landstraßen. Und irgendwann waren blutige Vergeltungsaktionen an der Tagesordnung.

Doch das Leben in den Wäldern war alles andere als idyllisch. Kommunistische Partisanen weigerten sich, mit rivalisierenden Trupps zusammenzuarbeiten, die nicht von Moskau kontrolliert wurden, und unterschiedliche ethnische Gruppen brachten gegensätzliche Bewegungen hervor. In Weißrussland beispielsweise gab es neben sowjetischen Partisanen jüdische Gruppen, es gab Vertreter des polnischen Untergrunds, und es gab gewöhnliche Banditen. Alle machten Jagd auf die Deutschen, und die meisten machten Jagd aufeinander.

In Jugoslawien war das Bild noch komplizierter. Die ersten Antipartisanenaktionen waren von der kroatischen Ustascha in die Wege geleitet worden, die sowohl Tito als auch die Tschetniks bekämpfte. Aber die Kroaten bekämpften auch die italienischen Besatzungstruppen, die sich in Dalmatien breitgemacht hatten. Und die Deutschen misstrauten zunehmend den Italienern. »Allgemeines Gerangel« ist eine unzureichende Umschreibung für das daraus resultierende mörderische Chaos.

In Italien entwickelten sich Partisanen-Aktivitäten erst nach Mussolinis Sturz 1943. Aber im Norden des Landes nahmen sie eindrucksvolle Ausmaße an. Leider geschah dies zu einer Zeit, als die Deutschen gut in der Lage waren, ihre Ausweitung einzudämmen. Die Bewegung umfasste 100 000 Kämpfer. Dass ihre politische Zersplitterung in Kommunisten, Demokraten und Katholiken nicht zur völligen Auflösung führte, verhinderten General Raffaele Cadorna und sein koordinierendes Komitee. Allerdings mangelte es den Deutschen im Winter 1944–45 weder an Reserven noch an dem Willen, sie einzusetzen. Als die SS-Panzerdivision »Reichsführer SS« im Oktober 1944 in den Distrikt Bologna einrückte, hielt sie in dem Dorf Marzabotto und beging ein Massaker mit dreimal so viel Opfern wie in Oradour und zehnmal so vielen wie in Lidice. Es war eine Warnung vor dem, was noch kommen sollte. In den Monaten, als Briten und Amerikaner sich für den Winter einrichteten, konnten die Deutschen drei ganze Divisionen einschließlich der 1. Donkosakenbrigade einsetzen, um die Partisanen zu bedrängen und ihrer Infrastruktur empfindliche Nadelstiche zu versetzen. Vierzigtausend wurden getötet. Die Kommunisten – und andere – meinten, dass die britische und amerikanische Passivität Absicht gewesen sei.[37]

Oberster Experte in der Antipartisanenkriegführung der Deutschen war SS-Obergruppenführer und General der Polizei Erich von dem Bach-Zelewski. Als von Himmler ernannter »Sonderbeauftragter der SS für den Bandenkampf im Osten« war seine Bilanz in Weißrussland 1943 grauenhaft, und während des Warschauer Aufstands 1944 wütete er ebenfalls. Nachdem von dem Bach sich 1945 angeboten hatte, die US-Armee zu beraten, entging er der Strafverfolgung.

Soja Kosmodemjanskaja (1923 bis 1941), eine Partisanin, war die erste Frau, die den Titel »Held der Sowjetunion« erhielt. Erst achtzehn Jahre alt, war sie noch Schülerin in Moskau, als sie sich freiwillig zum Dienst in einer Partisaneneinheit meldete. Beim Überschreiten der feindlichen Linien unweit von Moskau wurde sie in dem Dorf Petrischewo von den Deutschen gefangen genommen, verhört, gefoltert und am 29. November 1941 gehängt. Sie soll gesagt haben: »Es gibt zweihundert Millionen von uns. Ihr könnt uns nicht alle hängen.« Unzählige sowjetische Schulen und Kolchosen sowie zwei Asteroiden wurden nach ihr benannt.[38]

Bürgerkrieg

Bürgerkriege heißen nicht immer Bürgerkriege. Aber in den Jahren 1939–45 kam es zu vielen Kämpfen, die diesen Namen verdienen. An vielen Orten brachen ethnische und politische Konflikte aus. Kollaborierende Gruppen bekämpften ihre Rivalen. Kommunisten bekämpften Nichtkommunisten.

Jugoslawien war zweifellos das Land, das den intensivsten und langwierigsten Bürgerkrieg erlebte. Serben kämpften gegen Kroaten. Tschetniks schlugen sich mit Tito. Separatisten rangen mit jenen, die wieder einen Einheitsstaat errichten wollten. Und die Besatzungsmächte hielten die Konflikte unter Dampf, indem sie der einen oder der anderen Seite Waffen lieferten. Von 1943 an verliefen die Hauptlinien zwischen den serbisch dominierten Tschetniks und Titos Partisanen, die ihre kommunistische Rhetorik gemäßigt hatten und sich an alle Völker Jugoslawiens wandten. Tito entging zweimal der drohenden Gefangennahme durch die Deutschen, bevor er sein Hauptquartier auf der dalmatischen Insel Vis aufschlug, wo er von den Briten Nachschub aus Italien erhalten konnte. Die Westalliierten unterstützten ihn, weil sie glaubten, dass er am erbittertsten gegen Deutschland kämpfte. Vielleicht hätten sie sich anders verhalten, wenn sie gewusst hätten, dass 60 Prozent der 1,7 Millionen Toten auf das Konto der jugoslawischen Bruderkämpfe gingen. In Wirklichkeit kümmerte sie der Konflikt nicht sonderlich, solange fünfunddreißig deutsche Divisionen in Jugoslawien blieben und keine Anstalten machten, sich nach Italien in Marsch zu setzen. Titos Rache an seinen Gegnern am Ende des Krieges kann man nur als sadistisch bezeichnen.[39]

Das Ende der Okkupation war der Startschuss für die gewaltsame Begleichung vieler Rechnungen aus Kriegszeiten. In Frankreich beispielsweise hatte die Milice während der Jahre 1943–44 gegen die Résistance gekämpft, und der Rückzug der Deutschen machte nun den Weg frei für einen Rachefeldzug. Sondergerichte duldeten stillschweigend 10 800 Hinrichtungen, aber die spontane *épuration* oder Liquidierung von Kollaborateuren forderte viele weitere Opfer. Frauen, die sich mit den deutschen Besatzern eingelassen hatten, wurden kahl geschoren und anschließend öffentlich zur Schau gestellt. Marschall Philippe Pétain musste in Deutschland Zuflucht suchen, bevor er im Juli 1945 zur Gerichtsverhandlung zurückkehrte.

Griechenland war ein weiteres Land, wo Bürgerkrieg aufflammte, sobald die deutsche Besatzung endete. Griechenlands Exilregierung war royalistisch und stand weiter treu zu König Georg II. Die griechische Widerstandsbewegung war trotz politischer Differenzen mehrheitlich republikanisch gesinnt. Die Kämpfe waren im Winter 1943–44 zwischen den beiden Hauptzweigen des Widerstands – der Nationalen Demokratischen Griechischen Vereinigung EDES (Ellinikos Dimokratikos Ethnikos Stratos) und der Nationalen Volksbefreiungsarmee in Griechenland, ELAS (Ethnikos Laikos Apeleftherotikos Stratos) – ausgebrochen. Doch weitere und schlimmere Kämpfe standen nach der Rückkehr der Regierung (aber nicht des Königs) nach Athen im Oktober 1944 bevor. Ohne Wissen der Griechen hatte Churchill eine Vereinbarung mit Stalin getroffen, wonach als Gegenleistung dafür, dass Rumänien und Bulgarien unter sowjetischer Kontrolle blieben, Griechenland in der britischen Einflusssphäre verbliebe (siehe S. 317). Als der kommunistisch geführte politische Flügel der ELAS im Dezember einen Generalstreik ausrief, hatte dies zur Folge, dass sich britische Truppen mit der Regierung und der EDES zusammentaten, um den Streik niederzuschlagen. Bei der Kraftprobe, die fast zwei Monate andauerte, erwies sich die Schlagkraft der britischen Luftwaffe als ausschlaggebend. Ein Blitzbesuch Churchills in Athen über Weihnachten brachte kein Ergebnis. Aber auf einen Waffenstillstand im Januar folgte am 12. Februar 1945 das Abkommen von Varkiza. Ministerpräsident Georgios Papandreou wurde abgesetzt. Der König war gezwungen, einen Regenten zu ernennen. Polizisten und Verwaltungsbeamte, die mit den Deutschen kollaboriert hatten, wurden entlassen. Die ELAS wurde entwaffnet. Über die Zukunft der Monarchie sollte ein Volksentscheid abgehalten werden, und die Kommunistische Partei Griechenlands (KKE) wurde legalisiert.

Wie alle Bruderkämpfe waren auch die inneren Unruhen von 1944–45 brutal. Die Briten zogen griechische Einheiten aus Italien hinzu, wie die Rimini-Brigade und das Sacred Regiment. Und während Athen geschützt wurde, blieb es auf dem Lande weithin unruhig. Wie zu erwarten, flammte der Bürgerkrieg 1946 erneut auf, und bis 1949 sollte Griechenland tief zerrissen bleiben. Positiv zu bewerten war einzig, dass Stalin sich der Absprache mit Churchill gemäß zurückhielt.[40]

Das Vorrücken der Roten Armee nach Osteuropa hat eine Reihe nicht erklärter Bürgerkriege ausgelöst. In Polen, wo die kommunistische Widerstandsbewegung ohne Bedeutung geblieben war, trat Juli 1944 in Lublin ein von der Sowjetunion unterstütztes »Befreiungskomitee« auf und schickte sich an, ohne Rücksprache mit der rechtmäßigen Exilregierung in London die Macht zu übernehmen. Die Gegner des Komitees lehnten es zunächst ab zu kämpfen, und die Heimatarmee aus Kriegszeiten wurde im Januar 1945 aufgelöst. Doch als das NKWD und seine Komplizen begannen, jeden zu verfolgen, der eine Verbindung zum Vorkriegsregime hatte, brachen schwere Kämpfe aus. Bei offenen Gefechten zwischen dem Kommunistischen Corps für Innere Sicherheit (KBW) und patriotischen Organisationen, wie »Freiheit und Unabhängigkeit« (WiN), wurden etwa vierzigtausend Mann getötet. Erst im Sommer 1947 gelang die Wiederherstellung eines wackeligen Friedens.[41]

Sklavenarbeit

Alle kämpfenden Staaten des Zweiten Weltkriegs ergriffen Maßnahmen zur Kontrolle der menschlichen Ressourcen, und Industriearbeit galt ebenso wie die militärische Dienstpflicht allgemein als unerlässlicher Bestandteil der Kriegsanstrengungen. Selbst demokratische Regierungen fühlten sich berechtigt, Zwang anzuwenden. Deshalb ist bei der Definition des überstrapazierten Begriffs »Sklavenarbeit« Vorsicht angebracht. Außerdem darf die Tatsache nicht außer Acht gelassen werden, dass die UdSSR ihre Arbeiterschaft in der Vorkriegsfriedenszeit militarisiert hatte und die bestehenden sowjetischen Verhältnisse in Bereichen wie der kollektivierten Landwirtschaft einer Rückkehr zur Leibeigenschaft ähnelten.

Zwang allein liefert daher noch keine angemessene Basis zur Beschreibung dessen, was Sklavenarbeit bedeutete. Er war nur ein Faktor unter vielen, zu denen des Weiteren drakonische Disziplin, schlechte Ernährung und Unterbringung, das Fehlen grundlegender Hygiene, Prügel, Todesurteile, niedrigste Bezahlung, eingeschränkte Freizügigkeit und Mobilität, lebensgefährliche Arbeiten und sehr häufig auch die Deportation aus dem Heimatland gehörten. Die Insassen von Konzentrationslagern bildeten nur eine Kategorie von Sklavenarbeitern. »Zwangsarbeit« ist ein Ausdruck, der auf eine weniger schlechte Behandlung hindeutet.

Im nationalsozialistischen Deutschland entwickelte sich das Phänomen langsam. Seine erste Erscheinungsform stellte vor dem Krieg die Organisation Todt (OT) dar, benannt nach dem Erbauer der Autobahnen, Fritz Todt (1892 bis 1942), der von Hitler 1938 beauftragt wurde, die Befestigungen von Deutschlands Westwall zu errichten und dessen Name gesprochen wie »Tod« klang. Angehörige der OT trugen Uniformen nach Nazi-Art mit Hakenkreuz-Armbinden, obwohl sie weder Soldaten noch Mitarbeiter der NSDAP waren. Später wurden sie auf allen Feldzügen der Wehrmacht im rückwärtigen Raum beim Bau von Befestigungen, bei der Reparatur von Straßen und Brücken und der Beseitigung von Trümmern nach Luftangriffen eingesetzt. Außerdem stellten sie die »Sklaventreiber«, die eine Vielzahl niedrigerer Kategorien, wie Ghetto-Arbeitskolonnen, Konzentrationslagerinsassen und sowjetische Kriegsgefangene, überwachten. Nach Todts Unfalltod wurde die Organisation von Albert Speer als Minister für Bewaffnung und Munition (ab 1943 Rüstung und Kriegsproduktion) übernommen, unter dem die Zahl der ausländischen Arbeiter gewaltig anwuchs. Die Belegschaft der OT wurde nach Millionen gezählt, und sie verbauten Milliarden von Kubikmetern Beton.[42]

Eine andere Form der Zwangsarbeit erwuchs aus dem »Poleneinsatz« von 1939–40. Etwa 300 000 Kriegsgefangene aus dem Septemberfeldzug wurden nach Deutschland verschleppt, um in der Landwirtschaft zu arbeiten, und ihre Zahl wuchs binnen eines Jahres auf mindestens eine Million an. Die NS-Behörden im Generalgouvernement führten außerdem regelmäßige Menschenjagden durch, bei denen in Kinos oder sogar in Kirchen Männer, Frauen und Kinder zusammengetrieben und als Hilfsarbeiter nach Westen verschleppt wurden. Doch der Zustrom beunruhigte die SS, die darauf beharrte, dass die Polen von der deutschen Bevölkerung getrennt und in speziellen Fremdarbeiterlagern in Gemeinschaftsbaracken untergebracht wurden. Die Vorschriften waren streng. Wie die Juden in den Ghettos mussten die Arbeiter und Arbeiterinnen eine Armbinde tragen, auf der in diesem Fall der Buchstabe »P« stand. Sie arbeiteten mehr Stunden für weniger Lohn, und es war ihnen verboten, deutsche Parks zu betreten oder öffentliche Verkehrsmittel zu benutzen. Auf Geschlechtsverkehr zwischen einem Fremdarbeiter und einer deutschen Bürgerin stand die Todesstrafe.

Die Aufnahme sowohl der polnischen Fremdarbeiter als auch französischer Kriegsgefangener war 1941 noch nicht abgeschlossen, als Deutschland die UdSSR angriff. Eventuell hat gerade der Erfolg des Programms (aus Sicht der Nazis) die Entscheidung beeinflusst, das neue Potenzial von Arbeitern, das aus gefangen genommenen Rotarmisten entstanden war, nicht zu nutzen. Jedenfalls kehrte das Reich erst 1942 zur Rekrutierung von Zwangsarbeitern zurück, als Hitler Fritz Sauckel (1894 bis 1946) zum »Generalbevollmächtigten für den Arbeitseinsatz« ernannte. In den folgenden drei Jahren presste Sauckel den besetzten Ländern 5,3 Millionen Arbeiter ab, wodurch sich der Ausländeranteil an der Arbeiterschaft des Reiches auf 20 Prozent erhöhte.

Mit der Verschlechterung der Lage im Reich verschlimmerte sich auch die Behandlung seiner Sklavenarbeiter. Die SS ließ sich ein Programm zur Vermietung der Insassen von Konzentrationslagern an private Firmen einfallen. Aber deutsche Arbeitgeber beklagten sich, dass ihre unterernährten Beschäftigten weder kräftig noch ausgebildet seien. Erstaunlicherweise beklagte sich die SS ebenfalls, dass ihr wertvolles Arbeitskräftepotenzial schrumpfe. Allein beim Bau des IG-Farben-Werkes in Auschwitz III (Monowitz) waren 25 000 Arbeiter gestorben. Verzweifelt ließ das SS-Wirtschafts-Verwaltungs-Hauptamt (WVHA) frühere Pläne fallen, alle Juden gleich zu töten, und begann neben anderen Arbeitstrupps auch jüdische Arbeitskolonnen freizustellen. Der Bau unterirdischer Raketenbasen war besonders arbeitsintensiv – und für die Arbeiter besonders tödlich.

Von der Zwangsarbeit im Reich profitierten in erster Linie die Landwirtschaft, der Bergbau, das Hüttenwesen, die chemische Industrie sowie das Bau- und Transportwesen. Die Hauptlast des Systems trugen sieben Nationalitäten:

Zwangsarbeiter im Deutschen Reich

Sowjets	2 406 895	**Tschechen**	177 679
Polen	1 440 254	**Belgier**	177 451
Franzosen	954 966	**Holländer**	174 358
Italiener	486 326	***Insgesamt***	*5 817 929*

Von diesen Zwangsarbeitern waren 4 375 882 – oder 75 Prozent – Zivilisten.[43]

Von den 600 000 von der SS ausgeliehenen Arbeitern wurden 1944 etwa 140 000 unterirdischen Projekten, 130 000 der Organisation Todt und 230 000 der Privatindustrie zugeteilt. Die Genauigkeit dieser Zahlen ist ebenso sonderbar wie die Tatsache, dass Historiker kaum einen Versuch machen, die Sterblichkeit unter diesen Arbeitern einzuschätzen.[44] Sie begnügen sich mit vagen Angaben wie »enorm«[45] oder der sicherlich zutreffenden Vermutung, dass für viele Häftlinge »Arbeit gleichbedeutend mit Vernichtung« war. Man fragt sich unwillkürlich, wie viel »enorm« denn eigentlich ist. Ein Viertel von 5,8 Millionen wären 1,45 Millionen, ein Drittel wären 1,93 Millionen, die Hälfte 2,9 Millionen. Am aufschlussreichsten ist die Tatsache, dass bis heute keinem Historiker eingefallen ist, die Bedingungen und die Statistik der Zwangsarbeit im Deutschen Reich mit den entsprechenden Daten für die Zwangsarbeit in der UdSSR zu vergleichen. Angesichts der Tatsache, dass die UdSSR erheblich größer war als das Reich, spricht einiges für die allgemein formulierte Angabe, dass die entsprechenden sowjetischen Zahlen wohl »enormer« als »enorm« waren.

Kindesraub

In ihrem Rassenwahn waren die Nazis sehr an Kindern interessiert, an dem, was sie als »Blutsgemeinschaft« bezeichneten, und an menschlicher Fortpflanzung. Der wichtigste Bestandteil ihrer Mission war, die »Blutsgemeinschaft« zu »reinigen«, indem vergiftete Elemente eliminiert und gesunde vermehrt wurden.

Als Himmler im Oktober 1939 in seinem Sonderzug »Heinrich« durch das eroberte Polen reiste, fiel ihm unter den einheimischen Kindern in den nördlichen Distrikten ein hoher Anteil an großen, blonden, blauäugigen Kindern vom »arischen« Typ auf, den die Nazis so sehr bewunderten. Er schloss daraus, dass es sich um polonisierte Deutsche handele, und setzte sich in den Kopf, sie zu rauben. Über die Einstellungen der Nazis zu Gruppen, die sie hassten, ist von Historikern viel geschrieben worden. Viel weniger weiß man hingegen über das Schicksal von Menschen, an denen sie Gefallen fanden und deren »Blut« sie begehrten.

Das Programm zur zwangsweisen »Eindeutschung« wurde 1941 in Gang gesetzt und lief über mindestens drei Jahre. Es wurde von Helferinnen der NSDAP durchgeführt und bestand aus drei aufeinanderfolgenden Operationen – Erfassung, Prüfung und Übergabe. Anfänglich besuchten die Kinderdiebe Waisenhäuser und nahmen die gewünschten Kinder mit. Später entführten sie sie einfach auf offener Straße oder in den Dörfern. Die Entführten wurden zu rassischen Prüfstationen gebracht, wo sie von NS-Wissenschaftlern untersucht und vermessen wurden. Zum Schluss wurden die Kinder, die man für ungeeignet zur »Eindeutschung« hielt, ausgesondert. Die anderen wurden in eines von mehreren »Kinderlagern«, wie dem in Brockau bei Breslau, geschickt und dann der »Lebensborn«-Organisation der SS in Deutschland übergeben.

Lebensborn e.V. war auf die Theorie und Praxis der menschlichen Fortpflanzung spezialisiert. Man hat den Verein oft für eine hedonistische Organisation gehalten, die Bordelle und Erholungsheime für SS-Männer betrieb. In Wirklichkeit plante sie allen Ernstes die verbesserte reinrassige Zucht des Menschen der Zukunft, und Geschlechtsverkehr zwischen rassisch anerkannten Männern und sorgfältig ausgewählten jungen Frauen war ein wesentlicher Teil des Programms. Ältere Mädchen unter den entführten Kindern wurden Lebensborn zur Verfügung gestellt. Alle anderen Jungen und Mädchen wurden an deutsche Adoptionsstellen übergeben und gingen in der Masse der deutschen Bevölkerung auf.[46]

Aufschluss über die Funktionsweise des Unternehmens lieferten nach dem Krieg die Aussagen jener wenigen Opfer, die alt genug gewesen waren, sich an eine polnische Kindheit zu erinnern, denn sie alle hatten neue Namen und gefälschte Biographien erhalten. Außerdem entschied die alliierte Verwaltung im Nachkriegsdeutschland, dass die Fälle im Interesse der Kinder normalerweise nicht wieder aufgerollt werden sollten. Nur ein kleiner Prozentsatz kehrte jemals in seine ursprüngliche Heimat zurück. Auch Zahlen sind schwer zu ermitteln. Zehntausende waren es mindestens, die nach Deutschland verfrachtet wurden. Wie viele ursprünglich entführt worden waren, lässt sich nicht mehr feststellen.[47]

Am schlimmsten traf es die ausgesonderten Kinder. Einige wurden, so scheint es, in ihre Waisenhäuser zurückgeschickt, andere kurzerhand ermordet. Und wieder andere wurden in Konzentrationslager verschleppt. Es ist eine trübe Episode.

Aber ein Gedanke liegt nahe. Wenn die Nazis in einem besetzten Land Kindesraub betrieben, konnten sie es auch in anderen tun. Vielleicht blieb ihnen keine Zeit dazu.

Konzentrationslager

Kein Begriff beschwört größeres Entsetzen herauf als »Konzentrationslager«. Die ihn begleitenden Empfindungen sind so negativ, dass den meisten Menschen weder bewusst ist, dass solche Lager keine Erfindung der Nazis waren, noch dass der Zweite Weltkrieg nur eine Phase in einer langen Entwicklungsgeschichte darstellte.

Die Ursprünge sind leicht abgehandelt. Das Konzept der *campos de reconcentración* wurde zuerst im letzten Jahrzehnt des 19. Jahrhunderts von der spanischen Verwaltung in die Praxis umgesetzt. Es sollte aufrührerische Bauern von ihrem Grund und Boden und folglich von der Quelle ihres Lebensunterhalts trennen. Während des Burenkriegs nahmen es die Briten in Südafrika auf – mit ähnlichen Hintergedanken. Sie verwendeten den Ausdruck *concentration camp* für die Auffanglager, in denen burische Zivilisten interniert wurden.

Die deutsche Sprache enthält das Lehnwort Konzentrationslager seit 1905. Erstmals benutzt wurde es im »Schutzgebiet« Deutsch-Südwestafrika, wo ein feindlicher Herero-Stamm gewaltsam in Arbeitslager verbracht wurde und wo Dr. Ernst Heinrich Göring als Kaiserlicher Kommissar amtierte. Die Kollegen von Dr. Göring führten im Interesse der Rassenkunde medizinische Experimente an den Herero durch. Sein Sohn Hermann sollte dreißig Jahre später ähnliche Praktiken in Deutschland einführen. »Daher kann durchaus argumentiert werden, dass die korrumpierenden Erfahrungen der europäischen Kolonialisten dazu beitrugen, dem europäischen Totalitarismus des zwanzigsten Jahrhunderts den Weg zu ebnen.«[48]

Im Jahr 1914, als alle »feindlichen Ausländer« in Großbritannien vorübergehend interniert wurden, wurde bei Douglas auf der Isle of Man ein weiteres *concentration camp* eröffnet. Es wurde in den Gebäuden eines Ferienlagers eingerichtet.

Natürlich fanden totalitäre Regime das Konzept attraktiv und führten ein stärker strafendes Element ein. Sowjetrussland machte den Anfang, konnte es sich in seinen Vorstellungen doch vom Präzedenzfall des zaristischen Rechtssystems anregen lassen. Leo Trotzki, der mit der Geschichte des Burenkriegs vertraut war, benutzte den Ausdruck *konzlager* im Juni 1918 in Verbindung mit einigen aufsässigen tschechischen Kriegsgefangenen, und Wladimir Lenin verband ihn im August 1918 mit der Niederschlagung eines antibolschewistischen Aufstands, als er forderte: »Sperrt die Unsicheren in ein Konzentrationslager.«[49] Offiziell fand der Begriff Aufnahme in das Dekret vom 5. September 1918, das den roten Terror gegen die Feinde der Bolschewiken einleitete und ausdrücklich ihre Absonderung in Konzentrationslagern forderte. Die Durchsetzung des Terrors wurde der »Allrussischen Außerordentlichen Kommission zur Bekämpfung von Konterrevolution und Sabotage«, der Tscheka, anvertraut, einer Organisation, die keine Verbindung zur Sowjetregierung hatte, sondern direkt der Kommunistischen Partei unterstellt und von jeglichem Anschein von Legalität entbunden war. Schon Ende 1919 besaß Sowjetrussland zusätzlich zu dem regulären, vom Justizministerium betriebenen Lagernetz weitere einundzwanzig registrierte Lager. Der Gulag, die »Hauptverwaltung Lager«, wurde 1920 eingerichtet. Am Ende jenes Jahres waren es 107 Lager, die sie betreiben musste. Von da an bildete der Gulag bis zu Stalins Tod einen kontinuierlichen Bestandteil der sowjetischen Geschichte.

Das nationalsozialistische Deutschland richtete das erste Konzentrationslager im März 1933 im bayerischen Dachau ein. Ein Jahr später übernahm die SS die Kontrolle der Lager von der SA. Im Juli 1934 ernannte Himmler, der Chef der SS, den ersten Kommandanten von Dachau, Theodor Eicke, zum Inspekteur der Konzentrationslager und der SS-Totenkopfverbände, die von Eicke, nachdem er die meisten der kleinen SA-Lager geschlossen und die Praxis vereinheitlicht hatte, zur Bewachung der Lager aufgestellt worden waren. Im Jahr 1935 gab es fünf Lager mit insgesamt 3500 Häftlingen. Diese Zahl stieg Ende 1938 nach den Ereignissen der »Reichskristallnacht« um das Zehnfache, sank aber bis April 1939 wieder auf 21 000. Der deutsche Historiker Ernst Nolte setzte sich Ende der achtziger Jahre heftiger Kritik aus, als er behauptete, dass die nationalsozialistischen Lager von der sowjetischen Praxis profitiert hätten.[50] Unbestreitbar ist, dass es die sowjetischen Lager zuerst gab und die deutschen Lager später eingerichtet wurden. Darüber hinaus war das sowjetische System viel größer als sein deutsches Gegenstück.

Doch Namen und Zahlen allein können in die Irre führen. Wichtiger ist, Funktionen zu bestimmen und Bedingungen zu beschreiben. An dieser Stelle sind zwei Anmerkungen notwendig. Erstens waren die sowjetischen Lager nicht mit den deutschen Lagern der Nazis identisch. Jedes der Systeme wurde durch die sozialen, ökonomischen, kulturellen und ideologischen Realitäten des Landes geformt, in dem es funktionierte. Aber zweitens hatten die Systeme bei allen Unterschieden auch vieles gemeinsam. Wie die Pulitzer-Preisträgerin Anne Applebaum es ausdrückt, wurden in den Lagern beider Systeme »Menschen … nicht dafür festgesetzt, was sie getan hatten, sondern dafür, was sie waren«.[51] Sie führt weiter aus:

> *Die Vorstellung, dass manche Menschen anderen überlegen seien, war zu Beginn des 20. Jahrhunderts auf dem alten Kontinent weit verbreitet. Und das ist es letztlich auch, was die Lager in der Sowjetunion und im nationalsozialistischen Deutschland im grundlegendsten Sinne miteinander*

verbindet: Beide Regime bezogen ihre Legitimation zum Teil daraus, dass sie sich Kategorien von »Feinden« oder »Untermenschen« schufen, die sie massenweise verfolgten und vernichteten … In beiden Gesellschaften ist die Errichtung der Lager nur als das letzte Stadium eines langen Prozesses anzusehen, in dem diesen objektiven Gegnern alles Menschliche abgesprochen wurde.[52]

Überdies liegt hierin auch das zentrale Paradox des Zweiten Weltkriegs in Europa. Die beiden wichtigsten kämpfenden Staaten, die mehrere Feldzüge von beispielloser Grausamkeit führten, betrieben beide unmenschliche Unterdrückungssysteme. Eine Bilanz ist nur schwer zu ziehen. Manche Historiker betonen die Gemeinsamkeiten, manche die Unterschiede.

Wenn man ein buntes Gemisch von Transitlagern, Versorgungslagern, Bearbeitungsstationen und Verhörzentren einmal beiseitelässt, können während des Zweiten Weltkriegs fünf Haupttypen von Lagern unterschieden werden:

◇ Kriegsgefangenenlager, in denen militärische Gefangene entsprechend den Genfer Konventionen festgehalten (siehe S. 447) werden sollten und die von den regulären Streitkräften verwaltet wurden;
◇ Kriegsgefangenenlager, die nicht den Genfer Konventionen entsprechen sollten;
◇ Arbeitslager in der Verwaltung der dem Reichsarbeitsministerium unterstehenden Arbeitsämter, wie sie im Reich für Fremdarbeiter bereitgestellt wurden;
◇ Konzentrationslager, wie sie vom sowjetischen Gulag oder von der nationalsozialistischen SS verwaltet wurden;
◇ Vernichtungslager, wie sie von der SS zu keinem anderen Zweck eingerichtet wurden, als Menschen so schnell wie möglich zu töten.

Um der Genauigkeit willen ist es sehr wichtig, Konzentrationslager wie Dachau, Bergen-Belsen oder Sachsenhausen von den NS-Vernichtungslagern wie Treblinka, Belzec oder Sobibór zu trennen. Erstere können als Strafarbeitslager definiert werden, in denen das strengste Regime herrschte. In der Regel wurde hier niemand entlassen, und die Häftlinge fanden massenhaft den Tod. Die SS definierte sie als »Schutzhaft«-Stätten, in denen dem Regime Missliebige in Haft gehalten wurden, um die Gesellschaft vor ihnen zu schützen. Die Vernichtungslager sahen weder Arbeit noch Unterbringung vor. Ihre Einrichtungen beschränkten sich auf Aufnahmebereiche, provisorische Unterkünfte, Gaskammern und Krematorien. Sie gehören ausschließlich zum Holocaust (siehe unten).

Ein typisches nationalsozialistisches Konzentrationslager wie Dachau bestand aus fünf Abteilungen: Die Adjutantur mit dem Lagerkommandanten bildete Abteilung I; die Lager-Gestapo stellte Abteilung II oder die Politische Abteilung dar; die Schutzhaftlagerführung, verantwortlich für Disziplin und Arbeitsprogramme, war die Abteilung III; die Lagerverwaltung mit dem SS-Verwaltungsführer Abteilung IV und das Sanitätswesen Abteilung V. Die SS-Totenkopfverbände bildeten ab 1940 zusammen mit der SS-Verfügungstruppe die Waffen-SS, die dem Lagerkommandanten geeignete Kontingente zur Verfügung stellte.

Der Lagerkomplex in Auschwitz – der deutsche Name für die polnische Stadt Oświęcim – war weder ein typisches Konzentrationslager noch ein typisches Vernichtungslager. Es war eine Mischform. Zunächst einmal bestand es aus drei getrennten Lagern. Auschwitz I war ein relativ kleines Konzentrationslager, das 1940 für polnische Häftlinge eingerichtet wurde. Auschwitz II (Birkenau) war viel größer und konnte jederzeit bis zu sechzigtausend Häftlinge aufnehmen. Auschwitz III (Monowitz) war im Prinzip ein Arbeitslager, das der angrenzenden Chemiefabrik angegliedert war. Keines dieser Lager sollte vorzugsweise jüdische Häftlinge beherbergen. Die Insassen bestanden aus Männern und Frauen vieler Nationalitäten, die in ihrer großen Mehrzahl keines Vergehens schuldig waren. Sie waren äußerster Brutalität und schlimmsten Entbehrungen ausgesetzt. Viele von ihnen starben an Überarbeitung und Erschöpfung. Etwa vierzigtausend wurden wegen geringfügiger Disziplinarvorfälle an der »Todesmauer« erschossen. Eine andere große Gruppe wurde gezwungen, sich tödlichen pseudomedizinischen Experimenten zu unterziehen. Ende Oktober, Anfang November 1944 begann die SS angesichts der bevorstehenden Winteroffensive der Roten Armee mit der Sprengung der Vergasungsanlagen und trieb im Dezember etwa sechzigtausend Häftlinge auf einen »Todesmarsch« zu anderen, tiefer im Reich gelegenen Lagern. Die Zahl der Toten unter den Häftlingen wird heute auf insgesamt 450 000 geschätzt.[53]

Von 1942 bis Ende 1944 wurden die Gaskammern und die Hauptkrematorien, die außerhalb des Haupttors in Auschwitz II lagen, von der SS als großes Vernichtungszentrum für die durch die »Endlösung« zum Tode verdammten Juden benutzt (siehe S. 588–597). Die Selektion für die Vernichtung erfolgte an der »Rampe«, auf dem Bahnsteig außerhalb des Eingangstors, von wo aus etwa 900 000 direkt in den Tod gingen. Nur eine kleine Minderheit jüdischer Ankömmlinge – ungefähr 20 Prozent – wurde zum Arbeitseinsatz eingeteilt. Wen dieses Los traf, der stieß später im Lager zu den nichtjüdischen Häftlingen.

Die zwölf wichtigsten, zwischen 1934 und 1945 in Betrieb befindlichen SS-Konzentrationslager waren (in der Reihenfolge ihrer Einrichtung):

1934 **Dachau** (bei München)
1936 **Sachsenhausen** (bei Berlin)
1937 **Buchenwald** (bei Weimar)

1938	**Mauthausen** (bei Linz, Österreich)
1938	**Flossenbürg** (Bayern)
1939	**Ravensbrück, für Frauen** (nördlich von Berlin)
1939	**Neuengamme** (bei Hamburg)
1940	**Auschwitz I** (Generalgouvernement)
1941	**Auschwitz II – Birkenau**
1941	**Stutthof** (bei Danzig)
1941	**Groß-Rosen** (bei Breslau)
1941	**Natzweiler** (Elsass)
1941	**Majdanek** (Generalgouvernement)
1942	**Auschwitz III – Monowitz**
1943	**Bergen-Belsen** (bei Hannover)

Alle diese Lager wurden von den SS-Totenkopfverbänden geführt und unterstanden dem Inspekteur der Konzentrationslager, Theodor Eicke, dessen Nachfolge 1943 Richard Glücks antrat. Einweisungen und Entlassungen wurden von der Gestapo erledigt. Das gesamte System unterstand dem Reichssicherheitshauptamt in Berlin und dem Reichsführer SS und Chef der deutschen Polizei Heinrich Himmler.

Das sowjetische Gulag-System war mehr als doppelt so lange in Betrieb wie die Lager der Nazis. Es bestand aus viel mehr Lagern, die über ein viel größeres Gebiet verstreut waren. Und die Zahlen der Inhaftierten, der Seks, überstiegen die der Insassen in den Konzentrationslagern um das Fünf- bis Zehnfache. Beaufsichtigt wurden die Lager vom Lagerdirektorat des NKWD und ab 1939 von NKWD-Chef Lawrenti Beria.

Die Mythologie behauptet, dass die schlimmsten stalinistischen Praktiken aufgehört hätten, bevor der Krieg begann. Dies stimmt höchstens teilweise. Der große Terror flaute 1939 zwar ab, zusammen mit der Ära der willkürlichen Erschießungen. Doch das Verschwinden einer Form des Terrors begünstigte den Aufstieg oder das Wiederaufleben anderer

Formen. Aufgrund der Zahl der neuen Bevölkerungen, die das NKWD »abfertigte«, lebte der Gulag sowohl 1939–41 als auch 1944 in vielerlei Hinsicht wieder auf. »Die Sterberate unter den Gefangenen war 1942/43 so hoch wie nie in der ganzen Geschichte des Gulag. Laut offizieller Statistik ... starben 352 560 Häftlinge allein im Jahr 1942, das heißt jeder vierte«, konstatiert Anne Applebaum. Abgesehen davon hatte sich das Lagersystem seit seiner Gründung 1917 stetig entwickelt. Experten halten die ersten Kriegsjahre für den Zeitpunkt, an dem die Organisation des Gulag die Form fand, die sie bis zum Ende beibehalten sollte:

> *Man kann durchaus sagen, dass die sowjetischen Lager am Ende des Jahrzehnts ihre dauerhafte Form gefunden hatten. Es gab sie inzwischen in fast allen Regionen des Landes, in allen zwölf Zeitzonen und in den meisten Unionsrepubliken. Vor allem aber hatten sie eine bedeutende Entwicklung genommen. Aus einem Sammelsurium ganz unterschiedlicher Produktionsstätten war ein voll ausgebildeter »Lager-Industrie-Komplex« mit eigenen Regeln und Verfahren, eigenem Vertriebssystem und eigener Hierarchie geworden. Eine riesige Bürokratie, die ebenfalls Eigenheiten ausgeprägt hatte, leitete das gewaltige Imperium von Moskau aus ... Die Zeit der Prozesse und Experimente war allerdings vorbei. Das System hatte sich etabliert. Das Verfahren, das die Häftlinge den »Fleischwolf« nannten – Verhaftung, Verhör, Transport, Verpflegung und Arbeit –, stand Anfang der vierziger Jahre wie in Stein gemeißelt. Bis zu Stalins Tod sollte sich daran nur wenig ändern.*[54]

Die höchst umfangreiche »Enzyklopädie« des Gulag kommt auf fünf Hauptentwicklungsphasen des Lagersystems:

bis 1922: die chaotische Periode des Bürgerkriegs;

1923–29: Dezentralisierung unter der »Hauptverwaltung für Haftorte« GUMZ (*Glavnoe upravlenie mest zaključenija*);

1930–40: Integration der »Hauptverwaltung Lager« (Gulag) in die Planwirtschaft der UdSSR (das Kryptonym ULag, später Gulag, leitet sich aus einem Dekret vom 25. April 1930 ab);

1940–53: eine Periode mit zunehmendem Gewicht auf Produktivität, am Anfang gekennzeichnet durch die Trennung des Sicherheitsapparates NKWD und SMERSCH (abgeleitet von dem Akronym *smert schpionam*, »Tod den Spionen«) vom Volkskommissariat für Innere Angelegenheiten.[55]

Dasselbe Handbuch ermittelt 36 Verwaltungsabteilungen des Gulag und 476 von der zentralen Organisation abhängige Hauptlager. Viele der Lager dienten bestimmten kurzfristigen Projekten, beispielsweise der Ausbeutung eines Steinbruchs oder dem Bau einer Straße, und sie arbeiteten nur zwei oder drei Jahre. Andere waren jahrzehntelang in vollem Betrieb und wurden von Dutzenden kleinerer Lager versorgt. Einer der ältesten Lagerkomplexe befand sich auf den Solowezki-Inseln in der Bucht von Murmansk, wo von 1923–32 »Lager zur besonderen Verwendung«, später als »nördliche Lager zur besonderen Verwendung« (SLON, *Sewernyje Lagerja Osobogo Nasnatschenia*) bezeichnet, für bis zu 70 000 Insassen in Betrieb gewesen waren. Die Einrichtung wurde dann in die nahe gelegene Karelische Autonome Sozialistische Sowjetrepublik verlegt, wo die Insassen des »Besserungsarbeitslagers Weißmeer-Ostsee« (Belomor-Baltiski, kurz »BelBaltLag«) sich bis 1941 in dem vergeblichen Versuch abmühten, einen schiffbaren Kanal zwischen dem Weißen Meer und der Ostsee zu bauen. Während des Zweiten Weltkriegs verbreiteten die Namen von an die zwanzig kreuz und quer über die UdSSR verstreuten großen Lagern Angst und Schrecken. Es waren Orte, von denen nur wenige zurückkehrten. Beim Eintritt ging man unter einem Torbogen hindurch, der mit einem russischen Slogan geschmückt war, beispielsweise »Trudom Domoi« (»Nach Hause durch Arbeit«) oder »Arbeit ist eine Frage von Ruhm und Ehre«. In diesen Sinnsprüchen kommt dieselbe zynische Geisteshaltung zum Ausdruck wie in der Toraufschrift »Arbeit macht frei« an den Eingängen zu den nationalsozialistischen Konzentrationslagern.

Die außerordentliche Genauigkeit der offiziellen Häftlingszahlen ist irreführend. Denn die wichtigste statistische Angabe für den Gulag war nicht die Gesamtzahl der Häftlinge zu einem beliebigen Zeitpunkt, sondern die durchschnittliche Sterblichkeit und der Gesamtdurchsatz. Offizielle Unterlagen des NKWD lassen darauf schließen, dass die Gulag-weite Gesamthäftlingszahl zu keinem Zeitpunkt 2,5 Millionen überstieg. Die Informationen in der unten folgenden Tabelle »Lager des Gulag« liefern keinen hinreichenden Aufschluss darüber, was tatsächlich in den Lagern geschah.

Trotzdem lassen sich den Unterlagen heute, wo die Gulag-Archive frei zugänglich sind, viele Einzelheiten entnehmen. Das Norilsker Lager (auch Norillag oder Norilstroi) beispielsweise, das in der Nähe der Mündung des Jenissei in Südsibirien lag, fiel in die Kategorie »Besserungsarbeitslager« (ITL, *Isprawitelno-Trudowyje Lagerja*). Abgesehen von der Anlage einer Stadt in der Wildnis, bauten die Seks ein Kupfer-Nickel-Kombinat, ein Eisenerz-Bergwerk, ein Kobalt-Werk, eine Werkshalle zur Nickel-Elektrolyse, ein Wärmekraftwerk, eine Wasserleitung, um Wasser vom Fluss heranzuführen, einen Hafen und eine Werft. Außerdem renovierten sie die Hütte in dem Dorf Kurejka, wohin Stalin einst verbannt worden war. Drei der ersten vier Lagerkommandanten wurden nacheinander während des Terrors verhaftet. Und fast 40 Prozent der frühen Aufnahmen ins Lager erfolgten wegen »konterrevolutionärer Verbrechen«. Das Klima, das physische wie das politische, war surreal.[56]

Die Geschichte des »Dalstroi« verdient ebenfalls erzählt zu werden, weil es wahrscheinlich das größte Konzentrationslager in der Weltgeschichte war und weil es seine größte Belegung während der Kriegsjahre erreichte. Es bestand aus Hunderten von Bergbausiedlungen, die sich längs des Flusses Kolyma in Nordostsibirien über den 1064 Kilometer langen Weg verteilten, der von Magadan am Pazifik zu der Hafenstadt Ambartschik an der Mündung der Kolyma ins Ostsibirische Meer führte. Der Lagerkomplex konnte nur mit einer kleinen Flotte von Sklavenschiffen – der *Dzurma, Soulatvia, Dalstroy* und der *Decabrist* – erreicht werden, deren jedes auf der zwölftägigen Reise von Wladiwostok zum Basislager Sewwostlag bei Magadan bis zu 12 000 Gefangene transportierte. Eingerichtet im Jahr 1932, arbeitete »Dalstroi« für das »Zentrale Sowjetische Gold-Monopol«, und 1937–42 war es der halbautonomen »Verwaltung der nordöstlichen Besserungsarbeitslager« (USVITL, *Upravlenije Severo-Vostotšnõh Ispravitelno-Trudovõh Lagerei*) unterstellt. Die Sterblichkeit erreichte im ersten Jahr der Haft 30 Prozent und im zweiten über 90 Prozent. Die Spitzenjahre waren 1941 und 1942. Von einer aktenkundigen Gruppe aus 12 000 Polen, die 1940 dorthin geschickt wurde, waren 1941 nur noch 583 (darunter der künftige Staatspräsident Ryszard Kaczorowski) am Leben, die von der Amnestie jenes Jahres profitierten. Laut Robert Conquest verloren drei Millionen Menschen ihr Leben. Die Goldproduktion stieg auf 400 bis 500 Tonnen pro Jahr – ungefähr ein Kilogramm pro Menschenleben. Nachdem US-Vizepräsident Henry Wallace im August 1944 zu einer dreitägigen Erkundungsmission an die Kolyma entsandt worden war, kehrte er mit der Überzeugung zurück, dass »keine derartigen Lager« existierten.[57]

Wenn Historiker, die sich mit Zwangsarbeit beschäftigt haben, schreiben können, dass »Arbeit ein Synonym für Vernichtung« war, so gilt ein ähnliches Urteil auch für die Konzentrationslager. Die Bedingungen waren unmenschlich. Das Essen reichte gerade, um die Häftlinge vor dem Hungertod zu bewahren. Die medizinische Versorgung beschränkte sich auf das Notwendigste. Brutale Wachen hielten durch Prügel und Erschießungen die Ordnung aufrecht. Die Höhe der festgelegten Arbeitsnormen überstieg die Fähigkeiten erschöpfter Arbeiter. Geringfügige Verstöße wurden durch erniedrigende Rituale oder durch Kürzung der Rationen bestraft. Eine zusätzliche Heimsuchung für die Insassen der fünfzig nationalsozialistischen Lager waren die weitverbreiteten pseudomedizinischen Experimente. Die sowjetischen Lager litten unter Wetterextremen, bei denen es zu Temperaturstürzen auf minus 40 Grad Celsius in Workuta oder auf minus 60 Grad Celsius in Kolyma (in der Nähe des kältesten Ortes auf dem Planeten) kommen konnte. NS-Lager waren mit Stacheldraht und Wachtürmen eingefriedet. Viele sowjetische Lager wurden offen gelassen. Die Seks hielt ein unsichtbarer Zaun zurück – das Wissen, dass ein Ausharren vielleicht nicht so schlimm war wie die Aussicht, von Bären, Wölfen oder im Sommer von Mückenschwärmen aufgefressen zu werden.

Lager des Gulag: eine Auswahl[58]

Name des Lagers	Standort	Betriebsjahre	Höchste registrierte Insassenzahl	Arbeitsprogramm
Dolnoamurski	Amur, Ferner Osten	1939–55	65 056 (1943)	Eisenbahn- und Pipeline-Bau
Dschidinlag	Burjat-Mongolische ASSR*	1941–49	9693 (1945)	Hüttenwesen
Iwdellag	Swerdlowsk, Ural	1937–60	30 203 (1941)	Chemiewerk

**Autonome Sozialistische Sowjetrepublik*

Karlag	Karaganda, Kasachstan	1939–59	65 673 (1949)	Landwirtschaft
Kargopolski (Kargopollag)	Archangelsk	1937–60	30 069 (1939)	Nutzholz, Papier
Kraslag	Krasnojarsk, Sibirien	1938–60	30 546 (1953)	Nutzholz
Priwolschlag	Saratow	1942–47	7000 (1942)	Saratow-Stalingrad-Eisenbahnlinie
Norilstroi	Norilsk, Nordsibirien	1935–56	68 849 (1952)	Bau der Stadt Norilsk
Juschlag	Burjat-Mongolische ASSR	1938–45	12 558 (1941)	Baikal-Amur-Magistrale (BAM-)Bahnlinie
Piechorlag	Pechora, ASSR Komi	1940–50	102 354 (1942)	Kotlas-Workuta-Bahnlinie
Seweurallag	Nördlicher Ural	1938–60	33 757 (1942)	Nutzholz, Papier
Sewostlag	Magadan, Ferner Osten	1932–52	190 309 (1940)	Versorgungsdienste für den Lagerkomplex Dalstroi
Sewscheldorlag	ASSR Komi	1938–50	84 893 (1941)	Kotlas-Workuta-Bahnlinie
Srjedniebjellag	Amur, Ferner Osten	1939–49	5741 (1941)	Srjedni-Bjeleja-Bahnlinie
Stalingradski	Stalingrad	1942–53	7183 (1953)	Nach Priwolschlag evakuiert
Siblag	Nowosibirsk	1929–60	70 370 (1942)	Regionales Arbeitskräftepotenzial
Sazlag	Taschkent	1939–43	32 240 (1939)	Baumwollpflücken
Tagilstroi	Ural	1942–53	43 424 (1943)	Stahlwerk
Tjemlag	Mordwinische ASSR	1931–48	22 821 (1939)	Lokale-Erzeugnisse
Uchtischemlag	ASSR Komi	1938–55	39 087 (1941)	Öl- und-Gasförderung
Unschlag	Gorki	1938–60	27 278 (1941)	Feuerholz für Moskau
Usollag	Solikamsk	1938–60	37 111 (1942)	Nutzholz
Ustwymlag	ASSR Komi	1937–60	24 256 (1943)	Nutzholz

Wjatlag	Oblast Kirow	1938–60	28 643 (1942)	Nutzholz
Wladlag	Wladiwostok	1939–43	56 033 (1940)	Fischverarbeitung
Workutlag	Workuta, ASSR Komi	1938–60	72 940 (1952)	Kohlebergbau
Wostlag	Amur	1938–40	21 880 (1940)	Komsomolsk-Bahnlinie

In den Lagern starben Männer und Frauen aller Nationalitäten. Ohne Berücksichtigung der Juden, die in der sich überschneidenden Kategorie des Genozids gezählt werden, waren die größten Personengruppen in den nationalsozialistischen Lagern Polen, Russen und Ukrainer. In den sowjetischen Lagern waren es Russen, Ukrainer und Polen. Aber alle Nationalitäten waren vertreten. Es gab eine Schottin, die in Auschwitz starb (siehe unten), und Briten und Amerikaner, die im Gulag umkamen.[59]

Weder die SS noch das NKWD führten genau Buch darüber, wie viele Menschen sie in ihren Konzentrationslagern in den Tod trieben. Die deutschen Zahlen sind erstaunlich niedrig – etwa 450 000 registrierte Todesfälle oder, wahrscheinlicher, »eine Zahl, die 600 000 übersteigt.«[60] Die Schätzungen für die sowjetischen Lager weichen stark voneinander ab, liegen aber eindeutig höher. Nach Robert Conquest kamen im Durchschnitt eine Million Menschen pro Jahr ums Leben, das heißt insgesamt sechs Millionen in den Jahren 1939–45.[61] Solschenizyn, ein studierter Mathematiker und ein Sek, schätzte aufgrund eigener Beobachtungen, dass pro Tag 1 Prozent der Lagerinsassen starb. Übertragen auf die Gesamtbevölkerung des Gulag, würde seine Summe 100 000 täglich bzw. 35,5 Millionen jährlich ergeben. Offenbar ist seine Berechnung fehlerhaft. Aber all diese Schätzungen sind ein guter Hinweis auf die unglaublichen Opferzahlen, die diskutiert werden. Eine jüngere Schätzung veranschlagt die Sterblichkeit in den nationalsozialistischen Lagern mit 40 Prozent, im Vergleich zu 14 Prozent (einer viel höheren absoluten Häftlingszahl) im Gulag.[62]

Gelegentlich wird die Frage geäußert: »Welche Lager waren die schlimmeren, die der Nazis oder die der Sowjets?« Die Antwort ist: Es gab kaum einen Unterschied zwischen ihnen. Überlebende des einen Systems können sich kein anderes System vorstellen, das sich vergleichen ließe. In der Theorie verbüßten die sowjetischen Lagerinsassen feste Strafen, was ihnen eine schwache Hoffnung auf Entlassung gab, wohingegen den Insassen der NS-Lager unmissverständlich gesagt wurde, dass sie arbeiten würden »bis zum Umfallen« oder dass der einzige Weg in die Freiheit »durch den Schornstein« führe. In der Praxis erwiesen sich die sowjetischen Haftstrafen weitgehend als Fiktion. Sie waren weit länger als die durchschnittliche Lebenserwartung und konnten ohne Wiedergutmachung verlängert oder erneut verhängt werden. Bekanntlich wurde eine kleine Anzahl von Häftlingen offiziell aus den NS-Lagern entlassen, normalerweise nach äußerer Intervention auf höherer Ebene. Eine viel größere Anzahl sowjetischer Seks, wie Alexander Solschenizyn, überlebte, wurde aber direkt vom Lager aus an behördlicherseits verfügte Verbannungsorte geschickt. Der Hauptunterschied lag in der Tatsache, dass das NS-Lagersystem, bedingt durch den Zusammenbruch des »Tausendjährigen Reiches«, nur wenige Jahre existierte, während das sowjetische System die Nachkriegsjahrzehnte hindurch weiter funktionierte. Ein weiterer Unterschied resultierte aus dem Klima. In der arktischen Region oder an dem auch als »Stalins Todesring« bekannten »Kältepol« in Sibirien zu überleben war nicht eben einfach für die geschwächten und unterernährten Körper. Dort herrschten sechs bis sieben Monate Winter, davon zwei oder drei Monate in völliger Dunkelheit, und Temperaturen, bei denen einem buchstäblich die Gliedmaßen abfrieren konnten. Die niedrigste Temperatur aller Zeiten wurde mit –68 Grad Celsius in Werchojansk, unweit der Kolyma, gemessen. Davon abgesehen war die Lagererfahrung so ziemlich die gleiche: Hunger, Kälte, Schmutz, Knochenarbeit, sadistische Wachen, Prügel, Schutzlosigkeit, Entkräftung, Verzweiflung, Krankheit, Depression und täglicher Tod.

Die meisten Menschen, die in den Konzentrationslagern ums Leben kamen, kamen anonym um. Aber das gegensätzliche Beispiel zweier Menschen, die beide in Budapest ergriffen wurden, ist aufschlussreich. Jane Haining (1898 bis 1944) war eine christliche Missionarin aus Glasgow, die im Auftrag der Jüdischen Mission der Kirche von Schottland unter Waisenkindern arbeitete. Als Budapest im März 1944 von deutschen Truppen besetzt wurde, befahl man ihr, die Stadt zu verlassen. Und als sie der Anweisung keine Folge leistete, wurde sie verhaftet, nach Auschwitz transportiert und vergast. Raoul Wallenberg (geboren 1912) war ein schwedischer Geschäftsmann und Diplomat, der im Juli 1944 im Auftrag des amerikanischen »War Refugee Board« nach Budapest ging. Als Sekretär der schwedischen Gesandtschaft verwandte er dort seine Energien darauf, von der Deportation durch die Nazis bedrohte Juden zu beschützen, indem er sie in »Schutzhäusern« unterbrachte oder ihnen schwedische Diplomatenpässe verschaffte. Ihm wird die Rettung von bis zu 100 000 Menschen zugeschrieben. Zum letzten Mal gesehen wurde er im Januar 1945 während der Belagerung Budapests in Begleitung eines sowjetischen Offiziers, der ihn anscheinend verhaftete.

Jane Hainings Familie erhielt ordnungsgemäß einen offiziellen Totenschein, der in Auschwitz von der Gestapo ausgestellt worden war und als Todesursache fälschlicherweise Tod durch »Auszehrung« angab. Raoul Wallenberg verschwand einfach. Sowjetische Quellen behaupteten wenig überzeugend, dass er 1947 in der Lubjanka an einem Herzinfarkt gestorben sei. Dass er später eventuell mehrmals im Gulag gesichtet wurde, deutete indes darauf hin, dass er überlebt haben könnte. Eine internationale Kommission, die 2001 zusammentrat, um sein Schicksal zu erörtern, kam zu keinem Ergebnis.[63]

Entgegen landläufiger Auffassung hatte eine erhebliche Anzahl von Menschen das Pech, sowohl in deutschen als auch in sowjetischen Lagern zu leiden. So gehörte es am Ende des Krieges zur gängigen Praxis des NKWD, Osteuropäer, welche die Einkerkerung durch die SS überlebt hatten, abermals zu verhaften. In den Augen der sowjetischen Bürokratie waren solche Unglücklichen ideologisch kontaminiert worden, und die meisten verschwanden auf Nimmerwiedersehen.

Doch es gibt umgekehrt auch Einzelne, die zuerst eine Haftstrafe im Gulag und dann in einem NS-Konzentrationslager absaßen. Margarete Buber-Neumann (1901 bis 1989) gehörte zu dieser Gruppe. Sie war die Witwe eines deutschen Kommunisten, die aus dem Dritten Reich geflohen war und dem Terror in der UdSSR zum Opfer fiel. Sie hatte zwei oder drei Jahre im Gulag verbracht, bevor sie 1940 im Zuge eines Gefangenenaustauschs den Deutschen in die Hände fiel und als Kommunistin für den Rest des Krieges in Ravensbrück blieb.[64]

Buber-Neumanns Geschichte kam 1949 ans Licht, als sie als Zeugin in einem Verleumdungsprozess in Paris vorgeladen wurde. Bei dieser Gelegenheit konnten einige grundlegende Fakten aus dem Buch eines früheren sowjetisches Überläufers, Wiktor Krawtschenko, bestätigt werden, der über die ukrainische Hungersnot, den großen Terror und den Gulag berichtet hatte.[65] Aufgrund der Zeugenaussage von Buber-Neumann verklagte Krawtschenko erfolgreich eine französische Zeitschrift, die seinen Bericht »einen Haufen Lügen« genannt hatte. Aber sein Schadensersatz fiel äußerst gering aus. Und der Fall verringerte die in vielen Kreisen nach wie vor weitverbreitete Bewunderung des Sowjetsystems keineswegs. Selbst zu Beginn des Kalten Krieges wollten die meisten Menschen keine unangenehmen Wahrheiten hören.

Westliche Kommentatoren gehen einer Erörterung der Konzentrationslager als übergeordnetes Thema aus dem Weg. Sie wissen, dass es ein peinliches Thema ist, und da die UdSSR eine alliierte Macht war, vermeiden sie unerfreuliche Vergleiche lieber. Wenn sie überhaupt über den Gulag schreiben, dann in einem geschlossenen Forschungsfeld. Doch dies ist falsch. Ein Konzentrationslager war ein Konzentrationslager, wer auch immer es betrieb – ob Freund oder Feind.

Gefängnisse

Alle Staaten unterhalten Gefängnisse, um Kriminelle zu inhaftieren. Mitte des 20. Jahrhunderts waren Todesurteile für Kapitalverbrechen in den meisten europäischen Ländern die Norm. Deshalb waren Einkerkerung und Tod in der Haft an sich keine Themen für empörte Kommentare.

Doch die Lage in den totalitären Staaten verlangt durchaus nach einem Wort der Erklärung. Denn in Regimes, in denen Konzentrationslager die Rolle paralleler Haftsysteme übernommen hatten, änderte sich die Funktion der Gefängnisse beträchtlich. Sie wurden hauptsächlich als Verhörzentren oder als Wartestationen für Personen genutzt, deren Fall noch zur Verhandlung anstand. In den Händen der Gestapo oder des NKWD wurden sie zu Stätten intensiven Schreckens. Verdächtige wurden nicht nur hergebracht, um sie einmal zu vernehmen, sondern zu ausgedehnten Verhören über Wochen und Monate, bei denen Schläge, Folter und unmenschliche Erniedrigungen Routine waren. Schnellverfahren wurden oft an Ort und Stelle organisiert, und in Gefängniskellern wurden regelmäßig Hinrichtungen im Schnellverfahren durchgeführt. Die Verlegung in ein Konzentrationslager konnte als (vorübergehender) Gnadenakt angesehen werden.

Eine vergleichende Untersuchung nationalsozialistischer

und sowjetischer Verhörtechniken würde sich sehr lohnen. Sowohl Gestapo wie SS standen in dem Ruf, unnötig brutal zu sein. Das NKWD verließ sich mehr auf Beharrlichkeit und seelische Folter. Die Offiziere des NKWD verhörten ihre Opfer ausnahmslos mitten in der Nacht und legten es darauf an, ihren Widerstand durch psychologische Verwirrung, Schlafentzug, ständig neue Fragesteller oder Einkerkerung in eisigen, unter Wasser stehenden Zellen zu brechen. Aber auch sie hatten keine Skrupel zu morden.[66] (siehe »Gefangene«, S. 667–670).

Sämtliche Städte des besetzten Europa waren deshalb einem ähnlichen Muster totalitärer Überwachung unterworfen. Stets wurde eine Sicherheitszentrale eingerichtet, wie das Gestapo-Hauptquartier in der Prinz-Albrecht-Straße in Berlin oder das Lubjanka-Gefängnis des NKWD in Moskau. Von dort aus leitete eine Reihe von Abteilungen alle möglichen Operationen, von politischer Spionage und Maßnahmen gegen das örtliche Verbrechen bis zur Staatssicherheit und zu Netzwerken von Informanten. Jede Zentrale verfügte über ihre Zellen für besondere Gefangene, Verhörzimmer und Keller für »Sonderaufgaben«. Jedes Gefängnis der Stadt, wie die Strafanstalt Moabit oder das Butyrka-Gefängnis, wurde anschließend in eine Nebenstelle der Zentrale verwandelt, die sich um den nicht abreißenden Strom von Verdächtigen, Verhörten und Verurteilten kümmerte. Die meisten der in den Gefängnissen Einsitzenden sahen nie ein ordentliches Gericht. Diejenigen, die man für überflüssig hielt, wurden meist schnell aus dem Weg geräumt, sei es durch eine Kugel oder durch die Verlegung in ein Lager.

Einen besonderen Platz auf der Liste der Schandflecke während des Krieges nimmt das Pawiak-Gefängnis in Warschau ein. Es lag innerhalb des jüdischen Ghettos, und die Gefangenen – viele von ihnen aus dem Widerstand im Untergrund – wurden mitten durch das menschliche Leid in den

Straßen ihren Qualen bei der Gestapo zugeführt. Doch die Orte, die am symptomatischsten sind für die doppelte Tortur Europas, sind jene, die von der nationalsozialistischen Herrschaft direkt unter die sowjetische gerieten. In Wilna, Minsk, Lublin, Budapest, Prag, Kiew und anderswo gibt es Gefängnisse, die an einem Tag von der Gestapo und am nächsten Tag vom NKWD betrieben wurden. Und es gab Tausende unschuldiger Europäer, die nacheinander die Einkerkerung und »Untersuchung« beider Peiniger des Kontinents durchstehen mussten. Bekanntlich betrachtete das NKWD Personen mit Argwohn, die früher Kontakt mit der Gestapo gehabt hatten, und pflegte sie ausnahmslos noch einmal zu »bearbeiten«.

Die herausragende Rolle der totalitären Sicherheitskräfte – die keine Entsprechung in der westlichen Welt haben – wird durch die Aktivitäten der Vierten Abteilung (»Sonderoperationen«) des NKWD während der Schlacht um Moskau gut veranschaulicht. Weil er einen unmittelbar bevorstehenden deutschen Angriff fürchtete, ordnete Stalin im Oktober 1941 die Evakuierung der sowjetischen Regierung von Moskau nach Kuibyschew an. Die Vierte Abteilung musste die Gefangenen der Regierung ebenso abtransportieren wie ihre Minister und Dokumente – vor allem weil im Offizierskorps der Armee eine weitere Säuberung im Gange war. Während Angehörige der Abteilung die Züge bereitstellten, verbargen sie den Kreml unter Tarnnetzen, gaben dem Leichnam Lenins und seinem Einbalsamierungsteam besonderen Vorzug, verminten alle zentralen Straßen und Gebäude und veranlassten sogar, dass eine Gruppe untertauchte, um ein Attentat zu verüben, sollte Hitler sich erdreisten, in Moskau eine Siegesparade abzuhalten. Aber dann war im letzten Zug kein Platz mehr für dreihundert Gefangene. Also erschoss man die dreihundert kurzerhand in Moskau. Andere Offiziere, die liquidiert werden sollten, wurden in Kuibyschew erschossen.[67]

Plötzliche Ereignisse dieser Art haben die Statistik mit

Sicherheit durcheinandergebracht. Übrigens erstellte das NKWD dennoch einen jährlichen Bericht über die Anzahl der angeblich in seinen vierhundertfünfzehn Gefängnissen Inhaftierten:

1. Januar 1939	**352 508**
1. Januar 1940	**186 278**
1. Januar 1941	**470 693**
1. Januar 1942	**268 532**
1. Januar 1943	**237 534**
1. Januar 1944	**151 296**
1. Januar 1945	**275 510**[68]

Die Schwankungen waren beträchtlich. Der Verlust von mehr als 200 000 Häftlingen im Jahr 1941 beispielsweise hängt mit der Tatsache zusammen, dass das NKWD viele große Gefängnisse den deutschen Invasoren überließ und deren Insassen vor dem Abzug erschoss. Als die Deutschen in Orten wie Lemberg oder Winniza in der Ukraine eintrafen, fanden sie die Gefängniskeller und -höfe mit Leichen überfüllt vor. Deutsche Soldaten erhielten dann den Auftrag, die Leichen zur Entsorgung fortzuschaffen. Die bei solchen Anlässen gemachten Fotografien wurden nach dem Krieg als Beweis für deutsche Greueltaten genommen. Sie waren es nicht.

Vergewaltigung

Im Alltagsleben verbirgt sich Vergewaltigung oft hinter Scham, und die Zurückhaltung gegenüber der Thematik macht auch vor Historikern nicht halt. In früheren Zeiten wurde das Thema, wenn überhaupt, nur ganz allgemein erörtert. Doch im Krieg ist Vergewaltigung allgegenwärtig. Die Soldaten sind größtenteils junge, lange Zeit vom weiblichen Geschlecht abgesonderte Männer, die Messer und Feuerwaffen tragen. Ihre Waffen sollen sie zwar ausschließlich gegen den Feind einsetzen. Aber im Umgang mit Zivilisten sind sie oft versucht, ihre Macht für andere Zwecke auszunutzen. Alle Armeen ohne Ausnahme begehen Vergewaltigungen. Keine ist erpicht darauf, es zuzugeben.[69]

Diskussionen über sexuelle Gewalt wecken außerdem viele Vorurteile und stecken voller Andeutungen. So hieß es beispielsweise, ziemlich unglaubhaft, dass schwarze US-Soldaten wegen ihrer sexuellen Promiskuität und weil sie besondere Disziplin bräuchten, abgesondert werden müssten. Das britische Kriegskabinett fasste den offiziellen Beschluss, sich in die Absonderungspraktiken der in Großbritannien stationierten US-Truppen *nicht* einzumischen. Ebenso fußte die Behauptung, dass der relativ ordentliche Leumund deutscher Soldaten nur der Propaganda zuzuschreiben sei, die Geschlechtsverkehr zwischen verschiedenen Rassen oder verschiedenen Völkern verurteilte, auf kaum mehr als Hörensagen. Genauso gut könnte er anderen Faktoren zu verdanken sein – beispielsweise der Bereitstellung von Bordellen durch die Wehrmacht. Eine Tatsache jedoch ist nicht zu leugnen. Der Nachwuchs europäischer Frauen, die von nichtweißen Vergewaltigern geschändet worden waren, war sichtbar, während sich die Herkunft des Nachwuchses aus reinweißen Vereinigungen leicht verbergen ließ.

Da Briten und Amerikaner eine kürzere Zeit auf dem

Kontinent verbrachten als andere Armeen, hatten sie weniger Gelegenheiten, Unrecht zu tun. Ebenso ließen sie sich nicht von der verbreiteten Feindseligkeit gegen eine unterworfene Bevölkerung anstecken, so dass weniger wahrscheinlich war, dass ihre Soldaten sich an krasseren Formen sexueller Feindseligkeit beteiligen würden. Und als Sieger waren sie am besten in der Lage, skandalöse Informationen zu unterdrücken. Dennoch wurden Anschuldigungen laut. Kondome, damals als »französische Briefe« bekannt, wurden allgemein zur Verfügung gestellt, nicht um die Frauen, sondern um die Armee vor Geschlechtskrankheiten zu schützen. Vor allem den Amerikanern wurde vorgeworfen, ihren relativen Reichtum zu missbrauchen, um sich sexuelle Gefälligkeiten zu erkaufen. Von einer Nylonstrumpfhose hieß es, sie könne heruntergezogen werden, bevor sie angezogen werde: »Ein Ruck, und sie ist unten.« Einvernehmliche Fraternisierung – wenn das nicht das falsche Wort ist – war wahrscheinlich am häufigsten in Italien zu beobachten, dennoch schienen in Neapel die Dinge ebenso aus dem Ruder gelaufen zu sein wie 1944–45 im besetzten Deutschland. Im Sommer 1944 kamen Berichte aus dem Raum Neapel, dass eine marokkanische Division von den Kolonialtruppen der Freifranzosen über einhundert Morde sowie dreitausend Vergewaltigungen begangen habe. Im Nachkriegsdeutschland können extreme soziale Entbehrung und der Verlust von vier bis fünf Millionen deutschen Männern die Probleme nur verschärft haben. »Die Amerikaner«, schrieb eine New Yorker Zeitschrift, »betrachten die deutschen Frauen als Beute, so wie Kameras und Luger-Pistolen.« Während des abschließenden Vorstoßes der Westalliierten nach Deutschland im Jahr 1945 musste der Kriegsgerichtsrat der US-Armee sich mit fünfhundert Vergewaltigungsfällen pro Woche befassen. »Das Verhalten unserer Soldaten«, bedauerte ein amerikanischer Nachrichtenoffizier, »war nichts, womit man prahlen konnte … Die Naiven oder die Boshaften glauben für gewöhnlich, nur Russen plündern und vergewaltigen. Aber die Krieger der Demokratie waren nicht tugendhafter als die Soldaten des Kommunismus.«[70]

Deutsche Soldaten hatten natürlich eine größere Auswahl an Ländern, in denen sie Sexualverbrechen begehen konnten, aber sie benahmen sich nicht ausnahmslos schlecht. Das große Netz der Wehrmachtsbordelle – insgesamt etwa fünfhundert – diente von vornherein dazu, den niedrigeren Instinkten der Soldaten ein Ventil zu verschaffen, während es zugleich der Versuch war, die Sexualhygiene für beide Seiten aufrechtzuerhalten. Aber über die Bordelle hinaus gab es, was die Behandlung des anderen Geschlechts betraf, große Unterschiede zwischen den deutschen Soldaten. So waren die schlimmsten Täter im Allgemeinen bei der SS, nicht nur weil diese Soldaten im Konzentrationslagerwachdienst oder beim Anti-Partisanenkampf die größte Gelegenheit hatten, sondern auch, weil ihre Überlegenheitsideologie derartigen Exzessen gegen als »niedriger« empfundenen Rassen Vorschub leistete. In der verdrehten Logik des Dritten Reiches sollten solche Täter seltsamerweise – so sie sich denn überhaupt strafrechtlich verantworten mussten – höchstens wegen »Rassenschande« oder wegen des geringeren Vergehens, die militärische Disziplin untergraben zu haben, angeklagt werden.

Auch die Wehrmacht beging zahlreiche Sexualverbrechen – vor allem an der Ostfront, wo die Kommandeure es mit der Durchsetzung der Disziplin und der Wahrung ihres Rufes nicht so genau nahmen. Aber für den gewöhnlichen, unpolitischen Wehrmachtssoldaten war Vergewaltigung wahrscheinlich viel eher schlichte Machtausübung als Ausdruck irgendeiner gefühlten rassischen Überlegenheit. Insgesamt machten sich die Soldaten Nazi-Deutschlands durchaus vieler Vergewaltigungen schuldig, aber angesichts der Möglichkeiten, die sich aus der Besetzung eines Großteils des europäischen Kontinents durch die Wehrmacht ergaben, darf das Ausmaß vielleicht als nicht übertrieben bewertet werden. Wie ein Historiker behauptet hat, »blieb, so beunruhigend die Situation auch war, [die Quote der Sexualverbrechen] sowohl quantitativ als auch rechtlich innerhalb der Grenzen dessen, was unter den Bedingungen militärischer Okkupation erwartet werden konnte«.[71]

Nicht der leiseste Zweifel besteht jedoch daran, dass der schlechte Ruf der Roten Armee den aller anderen Streitkräfte übertraf. Sobald sie sowjetisches Territorium verlassen hatte, fanden ihre Kommandeure es selbstverständlich, dass alle Deutschen und Kollaborateure kollektiv zu bestrafen seien. Die Bestrafung für Männer war Erschießen. Die Bestrafung für Frauen war die Gruppenvergewaltigung. Weder mit den Jungen noch mit den Alten hatte man Erbarmen. Das Schwesternpersonal in Krankenhäusern wurde massenhaft vergewaltigt. Nonnen in Frauenklöstern wurden buchstäblich in einer Reihe aufgestellt und vergewaltigt. Achtjährige Schulmädchen und achtzigjährige Witwen wurden wieder und wieder missbraucht, bis das Blut floss und der widerstandslose Körper den Torturen nicht mehr standhielt. Mehr als einmal vergewaltigten Rotarmisten bei der Befreiung deutscher Arbeitslager, die voller sowjetischer Sklavenarbeiter waren, ihre eigenen Frauen auf genau die gleiche Weise.[72] Man hatte ihnen beigebracht, Frauen zu verachten, die sich, wie es so schön hieß, »an die Deutschen verkauft« hatten.

Das Klima der Gewalt, das solche Ausschreitungen erleichterte, wurde durch offizielle Rufe nach Rache geschürt, wie die blutrünstigen Artikel des Romanschriftstellers Ilja Ehrenburg in der Armeezeitung *Krasnaja Swesda* (»Roter Stern«) veranschaulichen. Ehrenburg drang nicht ausdrücklich auf Vergewaltigung, wie Goebbels behauptete, aber zweifellos begünstigte er die ungeschriebene Regel, die da lautete: Alles ist erlaubt. Lew Kopelew, später ein berühmter Schriftsteller, wurde von SMERSCH verhaftet, weil er Ehrenburg kritisiert und, nach eigenen Worten, »bürgerlichen Humanismus und Mitleid mit dem Feind propagiert« habe.[73] Politoffiziere betrachteten die Weigerung, Vergeltung zu üben, als strafbare Handlung. Als die Rote Armee bei Nemmersdorf in Ostpreußen zum ersten Mal deutsches Territorium betrat, war es daher kein Zufall, dass die einheimischen Frauen die Leidtragenden waren: Sie wurden vergewaltigt und gekreuzigt.[74]

Die Klima der Massenvergewaltigung wurde durch das Verhalten der Männer ebenso gefördert wie durch die Einstellungen der militärischen Verantwortlichen. »Rotarmisten halten nichts von Verhältnissen zu einzelnen deutschen Frauen«, schrieb ein sowjetischer Dramatiker in seinem Kriegstagebuch. »Neun, zehn, zwölf Mann zur gleichen Zeit – vergewaltigt wird im Kollektiv.« Sie durften sich ungestraft schlecht benehmen. »Die Einheiten des NKWD bestraften keine eigenen Soldaten für Vergewaltigung. Strafe setzte es nur, wenn sie sich bei Opfern Krankheiten holten, die in der Regel von einer früheren Vergewaltigung stammten.«[75] Dies erinnert an die Praxis in der US-Armee, deren Soldaten, nachdem ihnen »Fraternisieren« verboten worden war, für einen Klinikbesuch zur Behandlung einer Geschlechtskrankheit 65 Dollar Strafe zahlen mussten.

Sowohl während des Krieges als auch danach wurde das Thema Vergewaltigung hinter einem Schleier aus Prüderie und Angst verborgen:

> *Der Akt selbst wurde in der für den Stalinismus typischen euphemistischen Art als »unmoralisches Vorkommnis« umschrieben. Es ist interessant, dass russische Historiker sich bis heute derartig ausweichend äußern. »Negative Erscheinungen in der Befreiungsarmee«, schreibt eine sowjetische Wissenschaftlerin zum Thema der Massenvergewaltigungen, »fügten dem Ansehen der Sowjetunion und der Streitkräfte bedeutenden Schaden zu und konnten sich*

auch negativ auf die künftigen Beziehungen zu den Ländern auswirken, durch die unsere Truppen zogen.«[76]

Deutschland konnte die Wissenschaftlerin wohl kaum gemeint haben. Angesichts dieser Vorgehensweise der Roten Armee verfolgten die Frauen in den sowjetisch besetzten Ländern die unterschiedlichsten Strategien. Eine bestand darin, sich entgegen dem Moralverständnis des Dritten Reiches um eine Abtreibung zu bemühen. Als der »Sekretär des Führers« Martin Bormann davon erfuhr, gab er am 28. März 1945 einen als »streng vertraulich« klassifizierten Erlass heraus, der die Kripo anwies, alle deutschen Flüchtlingsfrauen zu verhören, die sich um eine Abtreibung bemühten.[77] Eine andere Möglichkeit war, Schutz bei sowjetischen Offizieren zu suchen, indem die Frauen sich ihnen als Mätressen anboten. Die Rote Armee billigte seit langem die Praxis der »Frontfrauen«, und auch nichtsowjetische Mätressen stießen auf keinen starken Widerstand. Die dritte Strategie war Selbstmord. Deutschen Familien, besonders in den östlichen Provinzen, war es nicht fremd, einen solchen Schritt gemeinsam zu diskutieren.

Der Höhepunkt dieses Alptraums wurde in den letzten Tagen des Krieges in Berlin erreicht. Etwa 60 000 sowjetische Soldaten wurden getötet, und 100 000 deutsche Frauen wurden vergewaltigt. Es gab aber auch die »verschiedensten Frauen, die ihren Körper für Lebensmittel oder im Zweifelsfall für ›Zigarettenwährung‹ feilboten«.[78] Viele Jahre lang wurden die Fakten nicht publiziert, oder man schenkte ihnen keinen Glauben. Aber das Erscheinen von Antony Beevors *Berlin 1945. Das Ende* (München 2002) fiel in Deutschland zusammen mit der Enthüllung der Identität einer Autorin, deren freimütige Erinnerungen *A Woman in Berlin* (1959; dt. *Eine Frau in Berlin*, München 2008) einst für eine Sensation gesorgt hatten.[79] Marta Hillers, 1911 bis 2001, überlebte, indem sie die »Frontfrau« eines sowjetischen Majors wurde.

Außerdem rehabilitierte Beevors Studie einen weit älteren amerikanischen Band, Austin J. Apps *Ravishing the Women of Conquered Europe*, der viel geschmäht worden war, weil er »Partei für den Feind ergriff«. App hatte bereits 1946 die Gesamtzahl von zwei Millionen deutschen Vergewaltigungsopfern unterstellt.[80]

Vergewaltigung ist immer ein Verbrechen, Gruppenvergewaltigung ein noch schwereres. Und wenn sie nach sowjetischer Art verübt wurde, ging sie oft einher mit Mord oder Selbstmord. Zehn-, wenn nicht Hunderttausende deutscher Frauen töteten sich selbst, entweder, um dem Schicksal ihrer Leidensgenossinnen zu entgehen, oder aus Selbstekel.

Plünderei

Es ist allgemein bekannt, dass die Nazis leidenschaftliche, unermüdliche Plünderer waren. Die NS-Bonzen gründeten private, auf Kunstraub und Beschlagnahme von Kunstgegenständen aller Art spezialisierte Organisationen, wie Hitlers »Sonderauftrag Linz«, Alfred Rosenbergs »Einsatzstab Reichsleiter Rosenberg« (ERR) oder Joachim von Ribbentrops »Bataillon zur besonderen Verwendung«. Und der NS-Staat ging davon aus, dass er über sämtliche Besitztümer der eroberten Länder, öffentliche wie private, frei verfügen könne. Gemälde, Skulpturen, Möbel, Bibliotheken und Archive wurden, nachdem man sie schlicht gestohlen hatte oder im Anschluss an Scheinauktionen, wo sie zu Schleuderpreisen unter den Hammer kamen, nach Deutschland abtransportiert. Die Operationen begannen 1937 in Wien und hinterließen in Prag, Warschau, Amsterdam, Paris, Kiew, Rom, Florenz und anderen Orten leere Magazine und geplünderte Museen. Warschau allein meldete 13 512 verschwundene Kunstwerke. Vier Paläste außerhalb von Leningrad, darunter Zarskoje Selo, verloren 34 000 Stücke. Die

Reichsbank erwarb die Goldreserven Österreichs, der Tschechoslowakei, Danzigs, Belgiens, der Niederlande, Luxemburgs und Italiens – eine Ausbeute im Wert von 621 Millionen Dollar zu Kriegspreisen.

Nirgendwo wurde so systematisch geplündert wie in Warschau. In den Wochen nach dem Scheitern des Aufstands im Oktober 1944 verlegten die Deutschen ein spezielles Eisenbahngleis ins Zentrum der leeren und geräumten Stadt, um die Plünderung der Ruinen zu erleichtern. Schwermaschinen wurden herangeschafft, um sämtliche Stromkabel der Stadt herauszuziehen und sämtliche Straßenbahnschienen auszugraben. Kolonnen von Sklavenarbeitern schleppten den Schrott zu Verladepunkten, wo die wertvollen Metalle getrennt, zu ordentlichen Stücken zurechtgeschnitten und auf wartende Waggons gestapelt wurden. Deutsche Offiziere beaufsichtigten Kompanien von Soldaten, die die verlassenen Geschäfte und Häuser nach Mobiliar von Wert, wie Kronleuchter, Spiegel, Orientteppiche oder Antiquitäten, durchforsteten. Und erst als die Ausräumaktion beendet war, erhielten die »Brandkommandos« den Befehl, mit dem endgültigen Abbruch fortzufahren.

Doch es ist töricht zu meinen, die Deutschen seien die Einzigen gewesen, die plünderten. Zugegeben, die Briten waren nicht sonderlich geschickt, und auf der Wunschliste der Amerikaner standen größtenteils wissenschaftliche und technische Geräte, obwohl viele Jahre später regelmäßig deutsche Kunstschätze in den USA auftauchten. So wurde beispielsweise nach dem Tod eines ehemaligen Soldaten in einer Garage in Texas eine karolingische Bibel von unschätzbarem Wert gefunden. Doch der absolute Spitzenreiter war auch in dieser Beziehung die Sowjetunion. Gewöhnliche sowjetische Soldaten waren verrückt nach Armbanduhren und Fahrrädern, die sie bei sich daheim nie besessen hatten. Sowjetische Funktionäre hatten eine Vorliebe für hochwertige Kleidung, Autos und Schmucksachen. Ganze Eisenbahnladungen voller Flügel rollten nach Osten. Im Jahr 1945 fielen offiziell autorisierte Demontagekommandos oder »Trophäen-Brigaden« wie Heuschrecken über deutsche Städte und Fabriken her. Allerdings waren sie sich auf dem Weg durch Polen, die Tschechoslowakei oder Ungarn in Richtung Deutschland offensichtlich nicht immer im Klaren darüber, wo Deutschland anfing. Sie demontierten nicht nur Industrieanlagen oder entwendeten Lokomotiven und rollendes Material – was bis zu einem gewissen Grad verständlich war. Sie rissen auch feste Installationen heraus, Eisenbahnschienen, Stromkabel, Heizkörper, Lichtschalter, Steckdosen, Armaturen usw. Die Schuld an dem ganzen Schaden wurde automatisch auf »die Faschisten« geschoben. Und ein Großteil ihrer Beute war verrostet und kaputt, lange bevor die Stücke Russland erreichten.[81]

In der Schlussphase des Krieges zwangen die alliierten Luftangriffe deutsche Amtsträger, einen Großteil ihrer Beute in abgelegenen Burgen oder Bergwerken, vor allem in Schlesien, zu lagern. Infolgedessen fielen fast alle im Osten beiseite geschafften Nazi-Schätze in sowjetische Hände – die Plünderer wurden selbst ausgeplündert. In Westdeutschland stießen Suchtrupps des US-Auslandsnachrichtendienstes OSS (*Office of Strategic Services*) und des obersten Generalstabs der alliierten Streitkräfte in Europa SHAEF (*Supreme Headquarters Allied Expeditionary Force*) in Altaussee und Grasleben in Bayern auf wertvolle Schätze, und das Gold der Reichsbank wurde in einem Bergwerk bei Merkers in Thüringen sichergestellt.[82]

Nahezu fünfzig Jahre lang glaubte die westliche Welt, dass »Beute« gleichbedeutend sei mit Nazi-Beute. Viel Detektivarbeit war nötig, um Gegenstände zu identifizieren, die ihren Weg auf den internationalen Kunstmarkt gefunden hatten, und gewaltige Spekulationen rankten sich um das Schicksal phantastischer Stücke wie des »Bernsteinzimmers« aus der Palastanlage von Peterhof.[83] Der Zusammenbruch der

Sowjetunion im Jahr 1991 enthüllte den Verbleib von vielen verschwundenen Stücken. Am Moskauer Stadtrand stieß man auf ein riesiges, in einem Hangarkomplex untergebrachtes geheimes Trophäenmuseum, das der Öffentlichkeit niemals zugänglich gewesen war. Es war bis zur Decke vollgestopft mit Kunstgegenständen, die niemals ausgepackt, geschweige denn katalogisiert worden waren. Der Inhalt dieser und anderer geheimer Lager begann mit dem »Schatz des Priamos« aus Schliemanns »Trojanischer Sammlung«, hielt aber auch noch weitere Überraschungen bereit, beispielsweise das Archiv des britischen Expeditionskorps, das 1940 an den Stränden von Dünkirchen zurückgelassen worden war.[84] Die vollständige Geschichte der Plünderungen während des Krieges muss allerdings erst noch geschrieben werden.

Während das Wissen über Beutestücke aus Kriegszeiten zunimmt, sinken die Chancen ihrer Rückgabe. Trotz zahlreicher Enthüllungen und Klagen vor Gericht bleibt wahr, dass »Besitz neun Zehntel des Rechts ausmacht«. Nachkriegsbesitzer zaudern; Ansprüche werden angefochten; und manche Länder, wie Russland, weigern sich, die Rückgabe zu unterstützen. Die meisten strittigen Fälle erweisen sich als sehr kompliziert. Eine Sammlung von Dürer-Gemälden aus dem Nationalinstitut Ossolineum in Lemberg, heute in der Westukraine, wurde nach dem Krieg sichergestellt, dann aber von einem geschickten Adligen mit einem zweifelhaften Besitzanspruch weiterverkauft. Die unschätzbare Sammlung von Beethoven- und Mozart-Partituren, die von deutschen Amtsträgern aus der Reichsmusikkammer und der Preußischen Staatsbibliothek entfernt und 1943 zur sicheren Aufbewahrung ins besetzte Polen verschickt worden war, wurde schließlich in den Magazinen der Jagiellonen-Bibliothek in Krakau entdeckt.[85] Es hatte keine Plünderung gegeben. Nur Grenzen hatten sich verschoben, und Sammlungen aus Breslau und Danzig lagern heute umgekehrt in Berlin.

Jede Plünderung ist eine Gewalttat, und es ist richtig, daran zu erinnern, dass Plünderer oft physische Gewalt anwenden. Man wird nie erfahren, wie viele Europäer geschlagen oder ermordet wurden, damit der Nazi-Sammler sein Gemälde oder der betrunkene sowjetische Soldat seine Uhr bekommen konnte.

Enteignung

In Kriegszeiten Eigentum zu besitzen ist gefährlich. Es wird bombardiert. Es wird beschädigt. Es wird gestohlen oder beschlagnahmt, normalerweise entschädigungslos. Und die früheren Besitzer fragen sich am Ende des Krieges, falls sie überlebt haben, was man tun kann.

Die Nazis respektierten im Allgemeinen Eigentumsrechte. Sie unternahmen keine Schritte zur Enteignung von Grundbesitzern oder Industriellen als Klasse, und sie verstaatlichten keine privaten Unternehmen. Doch es gab bedeutende Ausnahmen. Bis 1939 hatten sie die bewegliche Habe fast aller Juden in Deutschland »erworben«. Und als das Reich im September 1939 nach Osten ausgriff, wurde Enteignung auch dort in großem Stil praktiziert. Alle großen polnischen Grundbesitzer (nicht nur jüdische) wurden ihrer Güter beraubt, und alle polnischen Firmen und Industriekonzerne wurden ohne Entschädigung stillgelegt. Dann wurden risikobereite deutsche Geschäftsleute – wie Oskar Schindler – ins Land gebeten, um die beschlagnahmten Vermögenswerte in Empfang zu nehmen oder zu verwalten. Das gesamte polnische Staatseigentum, von Rathäusern bis zu Rüstungsfabriken, wurde automatisch deutsches Staatseigentum. In Frankreich, Belgien oder den Niederlanden wurde keine derartige Politik durchgeführt. Aber als das Reich 1941 erneut nach Osten marschierte, diesmal in die UdSSR, folgten Enteignungen wieder im ganz großen Stil. Da sämtliche sowjetischen Unternehmen ohnehin Staatsunternehmen waren und da Stalin im vorangegangenen Jahrzehnt das Land und die Bauern kollektiviert hatte, bedurfte es nur eines Federstrichs, damit das gesamte sowjetische Staatseigentum in den besetzten Gebieten unter direkte deutsche Kontrolle kam.

Was Eigentum anging, hatten die Sowjets viel radikalere Grundsätze als die Nazis. Privates Kapital galt, wenigstens in der Theorie, als gesellschaftliches und ökonomisches Übel. Grundbesitzer waren Unterdrücker und Geschäftsleute Blutsauger. Im Jahr 1939 hatte Stalin gerade den größten Eigentumstransfer in der Weltgeschichte abgeschlossen, bei dem die sowjetische Schicht der Mittel- und Großbauern, die er verächtlich Kulaken nannte, liquidiert wurde und ihre Vermögenswerte vom Staat übernommen worden waren. Und unter den stalinistischen Fünfjahresplänen hatte die UdSSR soeben das erste Jahrzehnt totaler staatlich kontrollierter Wirtschaftsplanung hinter sich gebracht. Die Annahme, dass er beabsichtigte, dieselbe Politik in jedem Land zu verfolgen, das er annektierte, wäre durchaus verständlich gewesen.

In Wirklichkeit war die sowjetische Politik während des Krieges in dieser Hinsicht unerwartet vorsichtig. Der in den Jahren 1939–41 neu annektierte Grund und Boden wurde *nicht* sofort kollektiviert. Das ehemalige baltische, polnische und rumänische Staatseigentum wurde beschlagnahmt, aber viele Bereiche blieben unangetastet und wirtschaftlich abgeschottet. Auch in den Jahren 1944–45 hatten es die sowjetischen Behörden nicht eilig, revolutionäre Veränderungen einzuleiten. In Polen beispielsweise ließ das Lubliner Komitee nichts über Kollektivierung oder Verstaatlichung verlauten und konzentrierte sich stattdessen auf eine gemäßigte Agrarreform, die sehr populär war. Freilich musste das Komitee die Wirtschaft nicht verstaatlichen, weil dies die Nazis bereits erledigt hatten. Wäre da nicht die Tatsache gewesen, dass die

UdSSR die Hälfte des gesamten Landes enteignet hatte, man hätte glatt auf die Propaganda über vernünftige patriotische Prioritäten hereinfallen können.

Solange der Kommunismus währte, hatte niemand, dessen Vermögenswerte im oder nach dem Krieg illegal enteignet worden waren, Hoffnung auf Wiedergutmachung. Aber im Jahr 1991 konnte das Problem endlich angegangen werden. Die Kirche, die von den kommunistischen Regimes enteignet worden war, konnte einige ihrer Besitztümer zurückerlangen. Ebenso manche Grundbesitzer, die feststellten, dass die Kommunisten sich in vielen Fällen nicht die Mühe gemacht hatten, ihre Diebstähle im Grundbuch eintragen zu lassen oder die Eigentumsurkunden zu ändern.

Doch das umfassendere Problem, fünfzig Jahre eigentumsrechtliche Gesetzlosigkeit, ist heute fast unlösbar, wie folgendes Beispiel zeigt. Im Jahr 1999 verklagte ein Mann, der in Manchester lebte, die polnische Regierung auf elf Millionen US-Dollar als Entschädigung für seine Villa in Breslau (Wroclaw), die seine Familie einst besessen hatte. Es stellte sich heraus, dass die Villa 1939 von den Nazis beschlagnahmt worden war, als Breslau noch zum Deutschen Reich gehört hatte. Sie war im April 1945 von sowjetischen Panzern völlig zerstört worden – und hatte seitdem nicht mehr existiert.[86]

Die Komplexität der Situation veranschaulicht auch ein Film des im Libanon lebenden britischen Journalisten Robert Fisk. Fisks arabische Nachbarn, palästinensische Flüchtlinge, hatten ihm den Schlüssel des Hauses gezeigt, das sie früher in Haifa besessen hatten, bevor es ihnen von den Israelis weggenommen wurde. Also besuchte er die jüdische Familie, die in dem Haus wohnte, und fragte sie, woher sie gekommen seien. Die Antwort lautete, aus Chrzanów, einer Kleinstadt bei Krakau (Kraków) in Polen, und sie zeigten ihm ein Foto ihres früheren polnischen Hauses, das sie während des Krieges verloren hatten. Fisk reiste nach Polen und machte die Frau ausfindig, die in dem Haus in Chrzanów lebte. Sie war eine »Repatriantin« aus Lemberg, das heute in der Westukraine liegt. Es war nicht schwer, das nächste Glied in der Kette zu erraten. Die Repatriantin war aus ihrer Heimatstadt vertrieben worden, als diese von der UdSSR eingenommen wurde. Ohne Zweifel wurde ihr Haus von Russen übernommen, die das Nachkriegsregime im Zuge der Kampagne zur Sowjetisierung der Stadt hergebracht hatte. Und wo, fragt man sich, fanden die sowjetischen Behörden Russen, die 1946 in die Westukraine auswandern wollten? Höchstwahrscheinlich kamen sie aus der Ostukraine, wo die Kämpfe an der Ostfront furchtbare Schäden angerichtet hatten und die durch Zwangsdeportationen viele ihrer Bewohner verloren hatte ...[87] Dies sind die Folgen eines europäischen Krieges, und in der Praxis sind sie kaum mehr rückgängig zu machen.

Doch Enteignung bedeutet tiefstes Elend. Unfreiwillig das eigene Heim zu verlieren ist an sich schon eine traumatische Erfahrung. Aber ein durch Gewalt oder Tod verschlimmerter Verlust verursacht eine um ein Vielfaches heftigere seelische Erschütterung. Und wie man nur allzu gut weiß, gab es in den Jahren 1939–45 nur sehr wenige Enteignungen, die von Lächeln und Händeschütteln begleitet wurden.

Umsiedlung

»Umsiedlung« ist eines der hässlichsten Wörter im Vokabular des Zweiten Weltkriegs. Manchmal bedeutete es tatsächlich Umsiedlung. Doch im Sprachgebrauch der Nazis war es ein Euphemismus für Ausrottung. Den Juden auf dem Weg in die Vernichtungslager wurde gesagt, sie würden »umgesiedelt«. Treblinka verfügte über einen unechten Bahnhof mit erfundenen Fahrplantafeln auf dem Bahnsteig, damit alles aussah wie eine Anschlussstation für Reisen weiter nach Osten.

Doch echte Umsiedlung war die Fortsetzung von Enteignung, Evakuierung, Flucht oder Deportation. Manchmal erwies sie sich als vorübergehend – wie die der Baltendeutschen, die 1940 nach Polen gebracht wurden, nur um ein paar Jahre später wieder abziehen zu müssen. Und manchmal war sie dauerhaft. Sie betraf Millionen.

Briten waren an der europäischen Umsiedlung in den Jahren 1939–45 nicht beteiligt, weder als Organisatoren noch als Betroffene. Sie ist also keine Erfahrung, die man im Vereinigten Königreich gut kennt oder versteht. Aber sie war eine der vielen Maßnahmen, die totalitäre Regimes gemeinsam praktizierten. Jahrzehntelang war sie Teil des sowjetischen Lebensstils. Und die Nazis hätten sie in noch weit stärkerem Maße betrieben, wären sie nicht besiegt worden.

Daher entbehrt es nicht einer gewissen Ironie, dass die Deutschen, deren Führer so viel Begeisterung für die Zwangsumsiedlung an den Tag gelegt hatten, zum Schluss selber zum Objekt des größten Umsiedlungsprogramms wurden. NS-Propagandisten zeigten für ihr Leben gern Gemälde, auf denen mittelalterliche deutsche Siedler dem großen »Drang nach Osten« nachgaben und sich in ihren Ochsenkarren auf den Weg machten, um den Osten zu »zivilisieren«. Sie hatten eine romantische Vision, ähnlich der burischen in Afrika, von kühnen germanischen Pionieren, die den wilden Stämmen und den Gefahren der Natur trotzten, um ihren neuen »Lebensraum« einzufordern. Es ist merkwürdig, dass sie sich Osteuropa als eine nur von ein paar Ureinwohnern bewohnte Art *terra nulla* vorstellten – wie ein leeres Grenzland jenseits des Ohio oder Mississippi, das darauf wartete, urbar gemacht zu werden. Aber genau das war die Vision, und sie war beinahe zwangsläufig zum Scheitern verurteilt. Sie endete nach 1945 mit dem erzwungenen deutschen »Drang nach Westen«.

Es wäre jedoch falsch zu denken, dass die Umsiedlung der Deutschen bloß ein Akt der Rache in Kriegszeiten war. Sie war der Höhepunkt einer langjährigen alliierten Politik, der sich seit Jahrzehnten angebahnt hatte. Für den Panslawismus des 19. Jahrhunderts war Ostpreußen schon seit langem die Spitze eines germanischen Speers gewesen, der auf das Herz des Slawentums zielte, und die preußischen Junker, die sich auf angeblich slawischem Land längs der Ostseeküste breitgemacht hatten, waren seit langem als die Träger des Militarismus angesehen worden. Der deutsche Sieg bei Tannenberg in Ostpreußen 1914 lebte im kollektiven Gedächtnis Russlands sicherlich als historischer Rückschlag weiter, den es rückgängig zu machen galt. Das zaristische Außenministerium veröffentlichte kurz danach eine »Karte des künftigen Europa«, auf der Ostpreußen vom Russischen Reich geschluckt worden war und die Königreiche Polen und Böhmen als russische Protektorate wiederhergestellt werden sollten.[88] Es ist schwer vorstellbar, dass Stalins Diplomaten nichts von dieser Tradition wussten. Andererseits war es Churchill, nicht Stalin, der den ersten Schritt tat, indem er eine derartige Lösung vorschlug. Auch Churchill gehörte einer alliierten Generation an, die im preußischen Militarismus die Wurzel der Nöte Europas sah und die während des Ersten Weltkriegs verschiedene Vorschläge, ihn auszurotten, erwogen hatte. Er und seine Berater standen also von vornherein der Idee aufgeschlossen gegenüber, dass in einer der strategisch heikelsten Regionen Europas »freundliche Slawen« den Platz »feindlicher Deutscher« einnehmen sollten. Die Behauptung ist nicht übertrieben, dass die umgesiedelten Deutschen des Ostens den Preis nicht deshalb zahlten, weil sie die Nazis unterstützt hatten, sondern weil sie primitiven und uralten Ideen, »Deutschtum« und »Slawentum« zu trennen, im Wege standen.

Die stalinistischen Planer entwarfen Pläne von der Ausrottung und Umsiedlung unerwünschter sozialer Klassen wie der Kulaken bis zur späteren Umsiedlung ganzer Volksgruppen. Es gibt sogar Belege, dass Kampagnen wie die gegen die Wolgadeutschen Jahre im Voraus vorbereitet worden waren und dass der Ausbruch des »Großen Vaterländischen Krieges« lediglich den Vorwand für seit längerem geplante Maßnahmen lieferte. Jedenfalls wurde am 28. August 1941 ein Verbannungsdekret erlassen, und drei Tage später wurde die Zwangsevakuierung der gesamten Bevölkerung der Autonomen Sozialistischen Sowjetrepublik der Wolgadeutschen in die Tat umgesetzt.

Die Wolgadeutschen waren die Nachfahren jener Kolonisten, die am Ende des Siebenjährigen Krieges von Katharina II., der Großen, nach Russland eingeladen worden waren. Es waren überwiegend Lutheraner aus Hessen, und sie errichteten in der unberührten Steppe im Distrikt Saratow über einhundert landwirtschaftliche Zentren. Im 20. Jahrhundert zählten sie knapp zwei Millionen und unterschieden sich nach wie vor völlig von der russischen Gesellschaft. Und das war ihr Hauptvergehen. Während des Ersten Weltkriegs wurde ein Liquidierungsgesetz verabschiedet, aber nicht in Kraft gesetzt.

Die bolschewistische Herrschaft traf die Wolgagemeinschaft hart. Lutherische Pfarrer wurden in den Gulag geschickt. Ein Drittel der Bevölkerung kam in der Hungersnot von 1920–21 um. Und in den dreißiger Jahren wurde der Grund und Boden kollektiviert. Die Gründung einer Wolgadeutschen Republik mit der Hauptstadt Engels (vor 1924 Pokrowsk) sollte dazu dienen, die Zügel straffer anzuziehen. Das Verbannungsdekret muss daher als der Höhepunkt eines langen Prozesses sich verschärfender Verfolgung angesehen werden. Der Vorwurf der Kollaboration mit den Nazis war absurd. Junge männliche Erwachsene wurden zur sowjetischen Arbeitsarmee eingezogen, junge Frauen zum Arbeitsdienst geschickt. Den Rest der Gemeinschaft verfrachtete man in Viehwaggons, die vier Wochen lang nach Osten rollten, bis zum Altai-Gebirge an der chinesischen Grenze von

Westsibirien und Kasachstan. Dort wurden sie geschlossenen »Stationen« in der Wildnis zugeteilt, wo Ureinwohner und Gruppen deportierter Polen ihre einzigen Nachbarn waren. Ihre gesetzliche Verbannung wurde 1965 zwar für null und nichtig erklärt, aber sie erhielten nie die Erlaubnis, an ihre ursprünglichen Wohnorte zurückzukehren. Am Ende des 20. Jahrhunderts versuchten viele der Überlebenden nach Deutschland zu emigrieren.[89]

Nachdem die Wehrmacht kurz die Ränder des Kaukasus besetzt hatte, ergriff das Sowjetregime in den Jahren 1943–44 die Gelegenheit, ähnliche Repressionen gegen eine Gruppe muslimischer kaukasischer Völker, darunter die Tschetschenen, Inguschen, Balkaren, Karatschen und Kalmücken, zu verhängen. Der Vorwurf der Kollaboration war einmal mehr an den Haaren herbeigezogen. Gemeint war damit, dass die Ureinwohner sich der deutschen Invasion nicht mit derselben Leidenschaft widersetzt hätten, mit der sie traditionell gegen die russische Herrschaft gekämpft hatten. Fünfzigtausend Tschetschenen dienten in der Roten Armee, womit das Volk wehrlos gemacht wurde. Einmal mehr wurden Männer, Frauen und Kinder zu den Viehwaggons getrieben und massenhaft nach Zentralasien umgesiedelt. Ein Viertel von ihnen kam um. Grosny, die tschetschenische Hauptstadt, wurde mit Russen neu besiedelt. Die sowjetischen Behörden errichteten dem zaristischen General Alexei Jermolow ein Standbild. Die Inschrift lautete: »Kein Volk unter der Sonne ist niederträchtiger und hinterlistiger als dieses.« Nach 1956 kehrten die noch lebenden Verbannten allmählich in kleinen Gruppen zurück. Ihre Tragödie und ihre Verbitterung dauern bis zum heutigen Tag an.[90]

Die Krimtataren kamen 1944 im Anschluss an die Wiederbesetzung der Krim durch sowjetische Truppen an die Reihe. Die Tataren waren wie die Tschetschenen Muslime, auf deren sonnige Heimat Russland schon lange ein Auge geworfen hatte. Sie waren eine turksprachige Ethnie, deren Khanat einst eine bedeutende Macht in der Schwarzmeerregion gewesen war. Die kurzlebige Republik der Krimtataren (Dezember 1917 bis Januar 1918) wurde von den Bolschewiken zerschlagen, und die erste Generation nationaler Führer wurde im Zuge von Stalins großem Terror vernichtet. Unter deutscher Herrschaft (1941–44) wurde eine »Wolga-Tatarische Legion« gebildet, aber sie lockte weit weniger Männer an, als in der Roten Armee dienten. Dennoch fielen die Krimtataren der Umsiedlung zum Opfer. Am 5. Mai 1944 wurden eine halbe Million vom NKWD zusammengetrieben und geschlossen nach Usbekistan verfrachtet. Die Sterblichkeit lag, wie es hieß, bei fast 50 Prozent. Eine Rückkehr war erst 1967 gestattet – bis zu diesem Zeitpunkt hatten zuströmende Russen sich auf dem besten Grund und Boden der Krim breitgemacht, und das Land war von Moskau auf die Ukraine übertragen worden.[91]

Die Mescheten waren ein kleiner Bergstamm schiitischer Muslime, welche die Gebirgsketten an der georgisch-türkischen Grenze bewohnten. In der Machtpolitik der Region hatten sie keine Verbündeten. Im Jahr 1944 wurden 115 000 Zivilisten abtransportiert, zu denen ein Jahr später vierzigtausend entlassene sowjetische Soldaten stießen. Zu ihrem Verbannungsort gibt es bis heute keine näheren Angaben. Aber die größte Gruppe von Nachkriegsflüchtlingen lebt weiterhin in Aserbaidschan.[92]

Stalins Umsiedlungsprogramme wurden damals vor der Außenwelt verheimlicht und haben seitdem nie viel Aufmerksamkeit erfahren. In der herkömmlichen Bilanz des Zweiten Weltkriegs tauchen sie nicht auf. Da die meisten Menschen im Westen die UdSSR mit »Russland« verwechselten und davon ausgingen, dass Russland von Russen bewohnt war, hatten sie keine Veranlassung, Notiz davon zu nehmen.

Natürlich sprach während des Zweiten Weltkriegs niemand von »ethnischer Säuberung«. Dies ist ein Ausdruck aus den Jugoslawienkriegen der neunziger Jahre. Aber der Tatbestand war nur allzu verbreitet: die Praxis, nach der eine Nationalität oder ethnische Gruppe ihre Nachbarn aus ihren Heimatorten vertrieb, um eine Bevölkerung zu schaffen, die ethnisch homogen oder »rein« war.

Ethnische Säuberung wird gelegentlich auch als begrenzter Völkermord bezeichnet. Gewiss werden Bilder von Chaos und Gemetzel heraufbeschworen, die an die schlimmsten Völkermorde erinnern. Doch es ist notwendig zu differenzieren. Das Ustascha-Regime in Kroatien beispielsweise hatte nicht vor, alle Serben auszurotten. Seine Führer hatten sogar behauptet, dass sie keinen Groll gegen Serben im Allgemeinen hegten, solange sie in Serbien lebten. Ihre Handlungen waren getrieben von dem kompromisslosen Glauben an ein ultranationalistisches Ideal, wonach jedes Volk das absolute Recht besitze, sein eigenes, gottgegebenes Land für sich und nur für sich zu bewahren. Das Europa des 20. Jahrhunderts brachte viele Gruppen hervor, die sich zu solchen Idealen bekannten.

Kroatien, das vor 1918 zu Österreich-Ungarn gehört hatte, war ein multinationales Land. Die Hauptstadt Zagreb (früher Agram) war eine schöne mitteleuropäische Stadt, die an Wien oder Budapest erinnerte. Die beherrschende Volksgruppe, die Kroaten, waren der interessante Fall einer in erster Linie über die Religion definierten Ethnie. Sie sprachen dasselbe Südslawisch wie die Serben – Außenstehende nennen es »Serbokroatisch« –, aber sie schrieben es im lateinischen und nicht im kyrillischen Alphabet; und während die Serben orthodoxe Christen waren, bekannten die Kroaten sich zum römischen Katholizismus. Während die Serben auf der Suche nach Inspiration und Unterstützung traditionell nach Osten –

auf Russland – blickten, schauten die Kroaten nach Westen – auf Deutschland und Italien. Im Jugoslawien der Vorkriegszeit hatten sie sich für eine unterdrückte Minderheit gehalten, und sie waren der Ansicht, dass die ihnen 1939 gewährte begrenzte Autonomie zu wenig und zu spät gekommen sei.

Nach dem Zusammenbruch Jugoslawiens 1941 fiel der nominell unabhängige Staat Kroatien, der *Nezavišna Država Hrvatska* (NDH), ganz selbstverständlich in die Hände einer extremen faschistischen Gruppe, der Ustascha, die von den Nazis unterstützt wurde. Der Führer der Ustascha, Ante Pavelić (1889 bis 1959), der den größten Teil der vorangegangenen Jahre in Mussolinis Italien verbracht hatte, verlor keine Zeit und begann sein Land von allen Nichtkroaten zu »säubern«. Da der NDH die Provinzen Bosnien und Herzegowina einschloss, war er den bosnischen Muslimen feindlich gesinnt, obwohl die Nazis sie zu Ariern erklärt hatten. Aber seine Hauptziele waren die Serben und in geringerem Ausmaß Juden, Roma und, als politische Gegner, die Kommunisten. Die Bevölkerung der NDH war nur zu 60 Prozent kroatisch. Also gab es viel zu tun. Das Programm sah vor, dass ein Drittel der 1,9 Millionen Serben getötet, ein Drittel vertrieben und ein Drittel gewaltsam zum Katholizismus bekehrt werden sollte. Etwa dreißigtausend Roma waren ebenfalls für die Vernichtung bestimmt, während vierzigtausend Juden an das nationalsozialistische Deutschland ausgeliefert werden sollten. Die Methoden, zu denen man griff, waren ungewöhnlich grausam. Sie umfassten das Abbrennen von Dörfern und Massaker in der Krajina (»Grenzgebiet«), schlossen bald aber auch Konzentrationslager mit ein. Der Komplex bei Jasenovać war nicht, wie manchmal behauptet, »das drittgrößte in Europa«, aber er stand auf jeden Fall oben auf der Liste der Niedertracht. Die Schätzungen seiner Opfer beginnen bei 56 000 und reichen bis zu unglaublichen 600 000 oder 700 000. Dabei griffen die Betreiber des Lagers auf Techniken wie Enthauptung mit einer Handsäge zurück. Insgesamt kamen etwa 390 000 Serben hier um.[93]

Die Westukraine war wie Kroatien ein schönes, aber unglückliches Land. Historisch (ab 1349) Teil des Königreichs Polen, fiel sie jedoch 1772 im Zuge der ersten polnischen Teilung als Königreich Galizien und Lodomerien an Österreich (bis 1918). Die Hauptstadt – mal als Lemberg, mal als L'viv, Lwów, Lvov oder Leopolis bezeichnet – war eine große, elegante Stadt, deren Anlage größtenteils auf die Barock- und Habsburgerzeit zurückging. Die Bevölkerung der Provinz war ethnisch, religiös und sprachlich gemischt. Die Mehrheit, die sich selbst als *Rusini* oder Ruthenen bezeichnete, waren Ukrainisch sprechende Uniaten, überwiegend Bauern. Die gesellschaftliche und politische Elite stellten römisch-katholische Polen dar. Und in allen Gemeinden und Städten bildeten Jiddisch sprechende Juden, viele von ihnen Chassiden, eine starke Gruppierung. Ihr Schicksal ähnelte dem ihrer Nachbarn in der angrenzenden Provinz Wolhynien.

Im Jahr 1939, als Polen zusammenbrach, und im Jahr 1941, als die Deutschen die Macht von den Sowjets übernahmen, hofften viele Westukrainer, die Republik wiedererrichten zu können, die sie nach dem Ersten Weltkrieg kurzzeitig gehabt hatten. Aber da weder Nazis noch Sowjets interessiert daran waren, mussten sie frühere Ambitionen vergessen. Doch die Extremeren unter ihnen, darunter die im Untergrund operierende Ukrainische Aufstands-Armee (UPA, *Ukrajinska Powstanska Armija*), dachten wie die Kroaten, dass sie eine ethnisch homogene Gesellschaft schaffen könnten. Die Juden des Gebiets waren bereits von den Nazis ermordet worden. So entlud sich der Zorn der UPA über den hilflosen Polen. Die deutschen Besatzer, die mit der Bekämpfung der Roten Armee Dringenderes zu tun hatten, schritten nicht ein. Dörfer wurden in Brand gesetzt. Römisch-katholische Priester wurden mit Äxten erschlagen oder gekreuzigt. Kirchen wurden mitsamt ihren Gemeindemitgliedern verbrannt. Abgelegene Gehöfte wurden von Banden angegriffen, die Mistgabeln und Küchenmesser schwenkten. Kehlen wurden durchgeschnitten. Schwangere Frauen auf Bajonette gespießt und Kinder mitten entzweigehackt. Männer wurden auf den Feldern überfallen und abgeführt. Die Zukunft der Provinz konnten die Täter zwar nicht bestimmen. Aber sie konnten zumindest erreichen, dass es eine Zukunft ohne Polen wäre. Die Anzahl der von ihnen Ermordeten liegt irgendwo zwischen 200 000 und einer halben Million.[94]

Ironischerweise vollendete die UdSSR das Werk der UPA. Die überlebenden Polen wurden »repatriiert«, so wie es auch ihren Landsleuten im benachbarten Weißrussland und Litauen erging. Ersetzt wurden sie größtenteils durch Russen. Im Jahr 1991 wurde die Westukraine Teil der unabhängigen Republik Ukraine.

Es bleibt die heikle Frage, ob die Vertreibung der Deutschen aus dem Osten 1944–45 als Programm zur ethnischen Säuberung betrachtet werden muss. Die meisten Kommentatoren würden die Frage heute mit »Ja« beantworten. Obwohl die Vertreibungen auf Anweisung der alliierten Regierungen durchgeführt wurden und ein entsprechender Wunsch der internationalen Politik darin zum Ausdruck kam, verrieten sie starke Züge nicht nur von Rache, sondern auch einer sozialen Gedankenwelt, die der eines Ante Pavelić würdig war. Zudem gingen in mindestens zwei Ländern örtlich begrenzte Maßnahmen der Potsdamer Konferenz voraus. Das strengste der berüchtigten Beneš-Dekrete wurde in der Tschechoslowakei im Mai und Juni 1945 verkündet, *vor* der Potsdamer Konferenz. Die Dekrete des tschechoslowakischen Präsidenten ermächtigten nicht direkt zur Vertreibung, schufen aber, indem sie den rechtlichen Status von Land und Eigentum in deutschem oder ungarischem Besitz änderten, Bedingungen, unter denen ein spontaner Exodus einsetzte. Im Frühsommer 1945 ergossen sich Ströme deutscher Flüchtlinge aus Böhmen in den Westen, während Ungarn aus der Slowakei flüchteten. In wenigstens zwei Fällen begingen die sogenannten Revolutionären Garden grauenhafte Exzesse. Sowohl der »Todesmarsch« von Brünn (Brno) zur österreichischen Grenze als auch die Brücke bei Ústí nad Labem, wo viele sudetendeutsche Flüchtlinge starben, gelten in der Vertriebenenliteratur als Stätten des Märtyrertums.

Flucht

Jeder Krieg erzeugt Flüchtlinge. Menschen fliehen, um Kämpfen, Unrecht und Unterdrückung zu entkommen, oder aus Angst vor irgendeiner drohenden Gefahr. Das Europa der Jahre 1939–45 sah Flüchtlinge in zweistelligen Millionenzahlen.

Der letzte »Kindertransport« dampfte am 1. September 1939 aus dem Berliner Bahnhof. Er brachte eine Zugladung überwiegend jüdischer Flüchtlingskinder in Sicherheit. Auf die Privatinitiative eines (nichtjüdischen) englischen Rechtsanwalts hin wurden in den Jahren 1938–39 auf diese Weise mehr als zehntausend solcher Kinder gerettet.[95]

Die ersten Kriegsflüchtlinge flohen bereits am allerersten Tag des Krieges. Die polnische Regierung riet der Bevölkerung an der Grenze zu Deutschland, nach Osten zu fliehen. Das Ergebnis war, dass sie die Straßen verstopften, den militärischen Verkehr blockierten und leichte Ziele für Sturzkampfbomber und im Tiefflug angreifende Messerschmitts abgaben. Ungefähr 300 000 polnische Bürger flohen 1939 in die UdSSR. Eine ähnliche Anzahl, darunter Juden, floh 1939–40 von der sowjetischen Zone Polens in die nationalsozialistische Zone, in dem Glauben, nichts könnte schlimmer sein als sowjetische Unterdrückung.

Sämtliche späteren Feldzüge führten zu einem ähnlichen Chaos. Im Winter 1939 ergoss sich ein Strom finnischer Flüchtlinge aus Karelien. 1940 waren die Straßen Belgiens und Nordfrankreichs verstopft mit Flüchtlingen, die versuchten, nach Süden durchzukommen, und Ostseeschiffe waren überladen mit Flüchtlingen aus Estland, Lettland und Litauen, die Skandinavien erreichen wollten. 1941 flohen Flüchtlinge aus Belgrad und Athen. 1943–44 waren alle Gegenden Italiens voller Zivilisten, die durch die Kämpfe an einer beweglichen Front von ihren Wohnorten vertrieben worden waren. 1944 erlebten Frankreich und die Niederlande zum zweiten Mal Flüchtlingskolonnen in Bewegung.

Der britische Staat traf seine eigenen Vorbereitungen. Vorkriegsbeamte hatten errechnet, dass anhaltende Bombenangriffe zwei Millionen Menschen töten könnten. So reisten am 1. September 1939 die ersten Evakuierten von London und anderen großen Städten aus zu Zielen in Wales, Schottland und in die ländlichen Gegenden Englands ab. Insgesamt vier Millionen Evakuierte wurden versorgt. Auch private Programme wurden unterstützt. Etwa zweitausend Kinder fanden vorübergehend Pflegefamilien in Kanada und den USA.[96] Unter ihnen waren die künftige Politikerin Shirley Williams und der künftige Historiker Sir Martin Gilbert.

Die Deutschen, die ebenfalls Bomben fürchteten, trafen Vorkehrungen anderer Art. In Reaktion auf die britische Bombardierung Berlins 1940 ordnete die deutsche Regierung die Evakuierung der Schutzlosesten aus der Hauptstadt an. Rechtzeitig wurde ein freiwilliges Evakuierungsprogramm, die Kinderlandverschickung, in Angriff genommen, das Kindern unter vierzehn Jahren aus den städtischen Ballungsräumen des Nordens für einen Zeitraum von sechs Monaten die Unterbringung in Kinderheimen und Klöstern im ländlichen

Süden und Osten Deutschlands ermöglichte. Nach Erfahrungen von Voreingenommenheit oder sogar Misshandlung zogen viele der Evakuierten es allerdings vor, zu ihren Familien in den von Bomben bedrohten Städten zurückzukehren. Im Jahr 1943 wurden die Evakuierungen dann obligatorisch.[97]

In der UdSSR machte man sich kaum Gedanken über die Evakuierung ganzer Kategorien von Menschen. 1941 und erneut 1942 erhielten die gewaltigen Vorhaben der Verlegung von Industrien und Industriearbeitern Vorrang. Dennoch floh eine Million Menschen vor dem Unternehmen »Barbarossa« aus Weißrussland oder wurde fortgebracht; 400 000 wurden sicher aus Leningrad evakuiert und 1,4 Millionen aus Moskau. Aber für die große jüdische Bevölkerung der westlichen Republiken, die eindeutig schutzlos war, wurde keine Vorsorge getroffen. Im Allgemeinen waren die zur Aufnahme von Evakuierten und Flüchtlingen verfügbaren Räume riesig. Aber wer nicht in der Produktion arbeitete, konnte kaum auf Unterstützung hoffen, um dorthin zu gelangen.

Besondere Schwierigkeiten hatten Flüchtlinge an der Ostfront, weil die rückwärtigen Räume so stark von Sicherheitskräften abgesucht wurden. Aber als die Rote Armee im Winter 1944–45 vorrückte, brach die (zweite) große »Ostflucht« aus. Niemand weiß genau, wie viele Millionen Menschen dabei waren. Aber große Teile der deutschen Bevölkerung von der Ostsee, aus Ostpreußen, Pommern, Galizien und Schlesien warteten nicht. Oft wurden sie von Nichtdeutschen begleitet, die den gleichen Grund hatten, den sowjetischen Moloch zu fürchten. Viele fuhren mit Pferdefuhrwerken und sahen beinahe aus wie mittelalterliche Pioniere. Andere trotteten in Lumpen zwischen den erschöpften Kolonnen deutscher Soldaten auf dem Rückzug einher. Zehntausende oder mehr verloren ihr Leben, als sie versuchten, über die zugefrorene Ostsee zu laufen, oder als sie an den Haffküsten abgeschnitten wurden.[98]

Bei den auf der Halbinsel Kurland in Lettland eingeschlossenen Deutschen handelte es sich überwiegend um Armeeangehörige der ehemaligen Heeresgruppe Nord. Sowjetische Angriffe wurden wiederholt zurückgeschlagen, und ein paar Hilfsschiffe konnten fahren. Aber die Mehrheit sah ihrem unausweichlichen Schicksal entgegen: im Mai 1945 zu kapitulieren und in die sowjetischen Lager verschleppt zu werden.

Die kritischsten Situationen entwickelten sich jedoch weiter südlich. Die Stadt Königsberg wurde von Januar 1945 bis zum 9. April 1945 belagert. Die 3. Panzerarmee öffnete und hielt einen Korridor zum Hafen von Pillau (heute Baltijsk), von wo aus erfolgreiche Evakuierungen durchgeführt wurden. Aber in der Stadt gingen die Lebensmittelrationen aus. Um dem Hungertod zu entgehen, zogen viele Zivilisten es vor, den Marsch über das brüchige Eis des Frischen Haffs zu riskieren. Etwa 2000 Männer, Frauen und Kinder unternahmen noch im Frühjahr die Tagesreise, als das Eis bereits zu schmelzen begann. Tausende ertranken insgesamt.

Großadmiral Dönitz' Unternehmen »Seebrücke« funktionierte gut, und insgesamt mögen etwa zwei Millionen Flüchtlinge in Sicherheit gebracht worden sein. Aber zwei Schiffskatastrophen – der Untergang der *Wilhelm Gustloff* im Januar und der *General von Steuben* im Februar 1945 – hemmten die Bereitschaft der Flüchtlinge, auf dem Wasser Zuflucht zu suchen, außerordentlich.

Die nach einem ermordeten Schweizer NSDAP-Funktionär benannte *Wilhelm Gustloff* war ein Kreuzfahrtschiff der NS-Organisation »Kraft durch Freude«, kein Marinefahrzeug. Am 30. Januar 1945 um 12.30 stach sie von Gotenhafen aus mit knapp neuntausend zivilen Flüchtlingen und 162 verwundeten Soldaten an Bord in See. Bei Einbruch der Dunkelheit wurde sie auf Befehl des Kapitäns voll beleuchtet. Die Angst vor einer nächtlichen Kollision war größer als die Angst vor Unterseebooten. Die Entscheidung war verhängnisvoll. Gegen Mitternacht sichtete das sowjetische U-Boot S-13 vom finnischen Hangö aus das zum Untergang verurteilte Schiff. Vier Torpedos wurden aus etwa siebenhundert Metern abgefeuert – der erste mit dem Schrei »Für das Vaterland!« Drei trafen. Die *Gustloff* bekam rasch dreißig Grad Schlagseite, aber sie schwebte mehr als eine Stunde über ihrem nassen Grab. Nur 1252 Menschen konnten von dem Geleitschiff der *Gustloff*, dem Torpedoboot *Löwe*, und weiteren herbeigeeilten Marineschiffen sowie dem Frachter *Gotenland* gerettet werden. Es war die größte Schiffskatastrophe des Krieges. Auf Seekarten der Danziger Bucht ist das Wrack als »Hindernis Nr. 73« eingezeichnet.[99]

Die Stadt Danzig, wo der Krieg begann, wurde erst im März 1945 belagert. Etwa drei Millionen Menschen hielten sich in der Stadt auf, deren Bevölkerung um 2,5 Millionen Flüchtlinge aus Ostpreußen und aus Ostpommern angewachsen war. Und sobald die Rote Armee im Bezirk Stolp und Köslin (Koszalin) zur Ostseeküste vorgestoßen war, war der Fluchtweg nach Westen abgeschnitten. Der einzige Zufluchtsort war die Halbinsel Hela, die nach dem Fall Danzigs weiter aushielt und von wo aus etwa 387 000 Menschen sicher nach Schleswig-Holstein und Dänemark evakuiert wurden. Selbst da kam es noch zu einer weiteren Schiffskatastrophe. In den letzten Tagen des Krieges, im Mai 1945, ging das mit sechstausend Passagieren überladene Motorschiff *Hela* von Hela aus in See. Es wurde nie wiedergesehen.

Im Jahr 1945 wurden Europas Flüchtlinge von UN-Bürokraten in »Displaced Persons« umgetauft. Man schätzte sie auf dreißig Millionen. Abgesehen von den Toten und den Verkrüppelten bildeten sie die größte Gruppe von Kriegsopfern.

Studien zur Heimatfront im Großbritannien der Kriegszeit konzentrieren sich auf Themen wie Lebensmittelrationierung, Luftangriffe, Zivilverteidigung, Kriegsarbeit, Arbeitskräftelenkung, die Evakuierung von Kindern, die Trennung von Familien und den »Geist der Kriegszeit«.[100] Mit Ausnahme des »Blitz« von 1940–41 und der V-1- und V-2-Raketen von 1944–45 enthält die Liste der Erfahrungen wenig mehr als Unbequemlichkeiten. Es gab keinen Hungertod. Es gab keine Greueltaten, es gab keine fremde Okkupation. Und vor allem war die Zahl der Opfer in Großbritannien niedrig. Statistisch gesehen hatte ein britischer Soldat eine Chance von 1:23, verwundet oder getötet zu werden. Großbritanniens zivile Verluste machten 0,1 Prozent der Bevölkerung aus. Die Verluste in Polen erreichten mindestens 18 Prozent und die Weißrusslands ungefähr 25 Prozent.

Unter diesen Umständen ist es wichtig, sich klarzumachen, dass die britische Erfahrung keineswegs typisch war und dass für jedes umfassende Verständnis eine vergleichende Perspektive unerlässlich ist. Dabei geht es ganz und gar nicht darum, Großbritanniens durchaus bewundernswerte Kriegsanstrengungen zu schmälern, sondern nur darum, einen größeren Kontext herzustellen, innerhalb dessen sämtliche Kriegserfahrungen zu bewerten sind. Dementsprechend sind einige Schlussfolgerungen vorhersehbar, andere hingegen dürften überraschen.

In der Frage der Rationierung beispielsweise stellt sich heraus, dass britische Bürger gezwungen waren, ein ebenso strenges Bewirtschaftungssystem zu ertragen wie ihre durchschnittlichen deutschen Leidensgenossen. Der Begriff »durchschnittliche deutsche« ist mit Bedacht gewählt, weil es viele Millionen Menschen im Reich gab, die absichtlich unterernährt wurden und deren Entbehrungen dazu beitrugen, das durchschnittliche Wohlbefinden zu steigern. Bis zur vorletzten Phase des Krieges mussten die Briten sich mit einer Ernährung begnügen, die ihre amerikanischen Verbündeten für inakzeptabel gehalten hätten, die aber vergleichbar der ihrer deutschen Feinde war.

Wöchentliche Lebensmittelrationen in Großbritannien für einen Erwachsenen (in Gramm)[101]

Jahr	Brot	Fleisch	Fette
1940	unbegrenzt	640	unbegrenzt
1941	unbegrenzt	500	unbegrenzt
1942	unbegrenzt	500	unbegrenzt
1943	unbegrenzt	500	200
1944	unbegrenzt	500	200
1945	unbegrenzt	500	200

Wöchentliche Lebensmittelrationen in Deutschland für einen Erwachsenen (in Gramm)[102]

Jahr	Brot	Fleisch	Fette
September 1939	unbegrenzt	550	310
1940	2400	450	280
1941	2300	400	269
1942	2125	356	206
1943	2475	437	215
1944	2525	362	218
Februar 1945	2225	156	156
März	2225	148	190
April	900	137	75

In der UdSSR waren im Jahr 1942 die Lebensmittelzuteilungen für Arbeiter in der Schwerindustrie dreimal höher (3181 bis 4418 Kalorien pro Tag) als für normale Beschäftigte (1074 bis 1176 Kalorien) und Angehörige (780 Kalorien). Aber die Zuteilungen wurden selten erreicht. Bauern wurde gar nichts zugeteilt, weil von ihnen erwartet wurde, für sich selbst zu sorgen. Das wohlgenährte und gutgekleidete Erscheinungsbild der deutschen Bevölkerung gilt als einer der Faktoren, der die Rotarmisten 1945 zur Raserei brachte. Ein Historiker meinte, die sowjetischen Soldaten hätten sich oftmals als Erstes die »fetten« Nazi-Frauen herausgegriffen, um sie zu vergewaltigen.[103]

Paradoxerweise verschlechterte sich die deutsche Ernährung in der zweiten Hälfte des Jahres 1945 dramatisch, und zwar, weil die Mängel sich häuften. Schuld waren aber die alliierten Besatzungsregimes.

Im Grunde musste die Zivilbevölkerung der kämpfenden Staaten sich auf drei verschiedenen Ebenen den Kriegsverhältnissen anpassen: materiell, organisatorisch und psychologisch. Die erste, materielle Ebene betraf eine gewaltige Änderung in der Quantität und Beschaffenheit verfügbarer Waren, da die Wirtschaft neu ausgerichtet wurde – von der Produktion für den einheimischen Bedarf auf militärische Prioritäten. Auf der zweiten, organisatorischen Ebene kam es zu gewaltigen Veränderungen bei Arbeitsmethoden und Geschlechterrollen, in Transport und Verkehr und vor allem im Verhältnis von Staat und Individuum. Es lohnt sich, aus Clement Attlees Erläuterung eines erweiterten Notstandsgesetzes, des Emergency Powers Act, vor dem britischen Unterhaus im Mai 1940 zu zitieren. Die Regierung, sagte der stellvertretende Premierminister, habe nun die »vollständige Kontrolle über Personen und Eigentum übernommen, und zwar nicht nur über ein paar Personen einer bestimmten Klasse des Volkes, sondern über alle Personen, reiche und arme, Arbeitgeber und Arbeiter, Mann oder Frau, und über sämtliches Eigentum«.[104] So war zumindest die Theorie. Sie klingt beunruhigend totalitär, aber niemand beklagte sich.

Doch es war die dritte Ebene, die psychologische, auf der den Menschen am meisten abverlangt wurde. Selbst in Großbritannien waren die erforderlichen Umstellungen beträchtlich. In anderen Ländern, wo Ungemach und Entbehrung begleitet wurden von fremder Unterdrückung, körperlicher Gefahr und unbegreiflichen menschlichen Verlusten, waren die seelischen Belastungen nicht nur größer. Sie waren beinahe unerträglich.

Krankheit

Traditionelle Darstellungen von Gevatter Tod zeigen ihn mit seinen Werkzeugen: der Sense des Todes und dem Dreschflegel der Hungersnot. Im Ersten Weltkrieg kam zu den Schädelstätten der militärischen Fronten notwendigerweise die hohe Sterblichkeit aufgrund von Epidemien und Hunger hinzu. Wenn die Opfer der spanischen Grippe im Jahr 1918 zu den Toten der »Wolga-Hungersnot« hinzuaddiert werden, die im Gefolge von Krieg und Revolution in Russland ausbrach, entsteht eine Gesamtsumme, die weit über die Zahl der in den Schützengräben Getöteten hinausgeht.

Natürlich forderte auch der Zweite Weltkrieg seinen Tribut an Kranken und Verhungernden. Die Sterblichkeitsrate in den Ghettos und Konzentrationslagern war entsetzlich. Trotzdem kam es weder während des Krieges noch unmittelbar danach zu ausgedehnten Hungersnöten oder Epidemien. Diese Tatsache mag überraschen. Teils mag sie der stark verringerten Anzahl der zu stopfenden Mäuler geschuldet sein und teils sicherlich den Aktivitäten der UNRRA. Jedenfalls sorgt sie für einen kleinen Flecken Sonnenlicht inmitten der lebensgefährlichen Stürme, die Europas zivile Bevölkerung umtosten.

Der Ausdruck »Genozid« wurde 1943 von einem polnisch-jüdischen Rechtsanwalt, Rafael Lemkin, erfunden, der für das Kriegsministerium in den USA arbeitete. Er verwendete das Wort, um ein Phänomen zu beschreiben, das der Welt gerade erst allmählich bewusst wurde: nämlich den Versuch, jedes einzelne Mitglied eines Zweigs der menschlichen Rasse zu vernichten. Das lateinische Wort *genus* bedeutet »Gattung«, »Art« und *occidere* heißt »töten«, »ermorden«. Das hebräische Wort »Shoah« war damals noch nicht allgemein in Umlauf; und mit dem altgriechischen Wort »Holocaust« wurde noch nicht dessen heutige Bedeutung assoziiert. Als Neville Chamberlain das Wort »Holocaust« 1938 benutzte, meinte er ein künftiges Blutvergießen vom Ausmaß des Ersten Weltkriegs. Die deutschen Nazis, die Täter, hatten keine andere Bezeichnung für das, was sie taten, als den Euphemismus »Endlösung der Judenfrage«.

Natürlich gab es verschiedene frühere Fälle, aber keinen vergleichbaren. Während des Ersten Weltkriegs hatte die osmanische Regierung im Jahr 1915 eine Ausrottungskampagne gegen die Armenier genehmigt, die verdächtigt wurden, mit dem russischen Feind des Osmanischen Reiches zusammenzuarbeiten. Seitdem bemühen sich armenische Organisationen um internationale Anerkennung der Tragödie ihres Volkes. In den letzten Jahrzehnten geht es ihnen verstärkt darum, die Einstufung ihrer Leiden als Genozid, das heißt als Völkermord, zu erreichen. Hitler kannte den früheren Fall. Am 22. August 1939, nach Abschluss der Vorbereitungen für den Angriff auf Polen, stellte er vor hohen Militärs und Kommandeuren der SS die rhetorische Frage: »Wer redet heute noch von der Vernichtung der Armenier?« Er dachte bei dieser Gelegenheit an das polnische Volk als Ganzes.[105]

Die Nazis hatten aus ihrer Feindseligkeit gegen die Juden

nie einen Hehl gemacht. Sie war ein herausragendes Thema in Hitlers *Mein Kampf* (1925). Sie veranlasste die Nürnberger Gesetze von 1935, die ihrerseits eine Reihe eskalierender Verfolgungen in Deutschland auslösten. Bis 1941 war die Verfolgung der Juden zwar brutal gewesen, hatte aber keinen Vernichtungscharakter gehabt. Doch ab Mitte 1941 – das heißt seit Beginn des Unternehmens »Barbarossa« – nahm sie die unmissverständlichen Merkmale und das Ausmaß eines Völkermords an. Die Aufgabe des Historikers besteht darin, erstens den Kontext zu erläutern, und zweitens, die Fakten darzulegen.

Der Kontext ist der eines NS-Regimes in Siegeslaune, das seine Truppen ostwärts zu einem Unternehmen in Marsch setzte, das als endgültige Eroberung des neuen Lebensraums gedacht war. Beim ersten expansiven Ausgreifen des Reiches nach Osten, im Jahr 1939, waren die Möglichkeiten noch begrenzt gewesen. Polen war zwar das Land, in dem die meisten Juden lebten und in dem das Kerngebiet des neuen Lebensraums lag, aber nur die Hälfte Polens war erobert worden. Die andere Hälfte befand sich noch in der Gewalt der UdSSR, für die Nazis die Heimat des »jüdischen Bolschewismus«. Von ihrem Standpunkt aus lag also jede endgültige Abrechnung mit den Juden oder den Slawen in den Jahren 1939–41 noch in weiter Ferne. Doch mit dem Startschuss für »Barbarossa« verbesserten sich die Aussichten auf eine »rassische Neuordnung« in Osteuropa beträchtlich. Das Reich von Hans Franks Generalgouvernement wurde erweitert, und binnen ein oder zwei Wochen befanden sich praktisch sämtliche Gebiete des ehemaligen »Ansiedlungsrayons«, auf den das größte jüdische Bevölkerungsreservoir unter zaristischer russischer Herrschaft einst beschränkt gewesen war, unter Kontrolle der Nazis.[106] Die SS erblickte ihre historische Chance. Und der »Holocaust« stand nun auf dem Programm.

Insofern muss die »Endlösung« als der Höhepunkt stetig

zunehmender Verfolgungen betrachtet werden, die mindestens drei alternative »Lösungen« beinhaltet hatten. Die erste Lösung, von 1933 an im Rheinland und anderswo praktiziert, hatte in Säuberungen bestanden. Nach jeder Aktion wurden bestimmte Bezirke Deutschlands für »judenrein« erklärt. Die zweite war die Zwangsauswanderung gewesen. Von 1933–39 in Deutschland, Österreich und Böhmen durchgesetzt, hatte sie den Exodus von etwa 250 000 Juden zur Folge gehabt. Die dritte Lösung, die der Ghettobildung, wie sie in der deutschen Zone Polens in den Jahren 1939–41 eingeleitet wurde, war durch den Ausbruch des Krieges möglich geworden und wurde als vorübergehende Maßnahme bis zur Umsiedlung proklamiert. Die »Endlösung« war deshalb die vierte in dieser Reihe.

Ein Befehl Hitlers, in dem er die »Endlösung« genehmigte, ist nicht erhalten. Wahrscheinlich hat er in Form eines schriftlichen Dokuments niemals existiert. Nach Ansicht des verstorbenen Historikers und Hitler-Biographen Alan Bullock war Hitler daran gelegen, seine Spuren zu verwischen, nachdem er wegen der vorangegangenen Euthanasie-Kampagne erhebliche Kritik hatte hinnehmen müssen. Aber es kann nicht der geringste Zweifel daran bestehen, dass in einem diktatorischen und hierarchischen System wie dem Dritten Reich der Befehl nur von ganz oben gekommen sein konnte. Er dürfte entweder per Telefon oder Himmler, dem Reichsführer SS, persönlich erteilt und über diesen an alle nachrangigen Dienststellen weitergegeben worden sein. Reinhard Heydrich, der Chef des RSHA, wurde im Juli 1941 über Göring davon in Kenntnis gesetzt. Aber wahrscheinlich entstand der Befehl schon einige Wochen zuvor während der abschließenden Vorbereitungen für »Barbarossa«, als die Einsatzgruppen aufgestellt wurden.

Ebenso ist nicht bekannt, ob der ursprüngliche Befehl sich nur auf Juden bezog oder auf alle Kategorien von Menschen, deren Vernichtung die Nazis anstrebten. Die Roma beispielsweise waren ebenfalls zahlreich in Osteuropa und mussten, wie die Juden, auch damit rechnen, einem Völkermord zum Opfer zu fallen. Es könnte sein, dass der Befehl auf sie und andere im Nachhinein ausgedehnt wurde. Die Durchführung des Holocaust zeigte in mehrerlei Hinsicht improvisatorische Züge.

Die Ermordung der Juden erfolgte im Wesentlichen in drei Formen: durch allgemein schlechte Behandlung, durch Erschießen und durch Vergasen. Obwohl die unterschiedlichen Methoden zu unterschiedlichen Zeiten eingeführt wurden, liefen sie zu einem Großteil der Zeit parallel zueinander ab.

Die schlechte Behandlung der Juden in den von den Nazis errichteten Ghettos sollte sie anfangs gar nicht töten. Sie war Teil eines Programms zu ihrer Absonderung von der Gesamtbevölkerung. Doch Überfüllung, Krankheiten, Unterernährung und Vernachlässigung taten das Ihrige, und das »Problem« begann sich selbst zu lösen, als Zehntausende starben. Für die SS dürfte das Endergebnis dem der Behandlung sowjetischer Kriegsgefangener ähnlich erschienen sein.

Doch mit der Weiterentwicklung des Programms lassen sich zwei Tendenzen beobachten. Zum einen die Beschleunigung und Systematisierung des Tötens. Zum anderen die Einteilung der abgesonderten Juden zu nützlicher Arbeit, während sie darauf warteten, dass sie ermordet wurden. Folglich wurden einige der Ghettos, wie das in Lódź, das auf Kriegsarbeit ausgerichtet war, viel länger in Betrieb gehalten als andere. Zugleich wurden einige der jüngeren oder gesünderen Juden, die arbeitsfähig waren, statt in die Vernichtungslager in Konzentrationslager geschickt.

Die Erschießung von Juden, gewöhnlich in großen Gruppen, war die Spezialität der Einsatzgruppen. Sie fand hauptsächlich auf deutsch besetztem Territorium statt, das vor dem Unternehmen »Barbarossa« von der UdSSR okkupiert worden war, also in Litauen, Weißrussland, Ostpolen und der

Ukraine. Die Schauplätze der größten Erschießungen lagen in der Nähe der größten Bevölkerungszentren – im Kaiserwald bei Riga, bei Ponary in der Nähe von Wilna, im Siebenten Fort bei Kaunas, in der Ratomskaja-Schlucht bei Minsk, in der Drobizki-Schlucht bei Charkow und in der schönen Schlucht von Babi Jar bei Kiew, wo in drei Tagen 33 000 Männer, Frauen und Kinder ermordet wurden. In Distrikten wie Bessarabien, die von Deutschlands rumänischen Verbündeten besetzt waren, übernahmen die Rumänen oft das Erschießen. Ergriffene Juden wurden gezwungen, sich auszuziehen, bevor man sie in Reihen am Rand eines Massengrabs aufstellte und mit Kugeln aus Maschinengewehren niedermähte. Bis zu einer Million Menschen starben auf diese Weise.[107]

Die Arbeit der Einsatzgruppen wurde von anderen deutschen Soldaten, von örtlichen Polizisten, Passanten und deutschen Amtsträgern beobachtet. Manche dieser Amtsträger fanden, die angewendeten Methoden seien unerträglich. Wilhelm Kube, der Generalkommissar für Weißruthenien, schrieb am 27. Oktober 1941 nach Berlin und drängte darauf, den »Führer« über die »Bestialität« zu informieren. Die SS reagierte mit der Durchsetzung größerer Geheimhaltung.

Im März 1941 war das seit 1939 bestehende Referat IV D 4 »Auswanderung und Räumung« der Abteilung IV des RSHA zum Referat IV B 4 »Judenangelegenheiten« umstrukturiert worden. Alter und neuer Chef war SS-Obersturmbannführer Adolf Eichmann (1906 bis 1962), ein 35-jähriger glühender Anhänger des Nationalsozialismus, der fortan für die Logistik der »Endlösung« zuständig war.

Die Tötung von Menschen mit Gas wurde im Dezember 1941 im Anschluss an Experimente perfektioniert, die in Kulmhof (Chelmno), einem Dorf unweit von Lódź im besetzten Polen, durchgeführt wurden. Die ersten Tests, bei denen mobile Gaswagen zum Einsatz kamen, erwiesen sich als ineffizient. Daraufhin wurden Versuche mit stationären Gaskammern durchgeführt, in denen das Gas Zyklon B verwendet wurde und zu denen die Opfer transportiert werden mussten. Nach Schätzungen wurden in Kulmhof zwischen 150 000 und 400 000 Menschen ermordet.

Unterdessen hatte Eichmann neue Pläne. Am 24. Januar 1942 berief er zusammen mit Heydrich eine Konferenz in einer Villa in dem eleganten Berliner Vorort Wannsee ein. Seine Absicht war, die Aktivitäten der verschiedenen deutschen Dienststellen, deren Mitarbeit erforderlich war – Reichsbahn, Auswärtiges Amt und verschiedene Zweige der SS –, zu koordinieren. Zweifellos zum Missfallen einiger der Anwesenden präsentierte er Statistiken für die Anzahl der Juden, die nicht nur aus dem deutsch besetzten Europa, sondern auch aus neutralen Ländern wie Spanien und Irland und aus dem Vereinigten Königreich deportiert werden sollten. Im Nachhinein wird ersichtlich, dass er sich übernahm. Aber das Ausmaß der nationalsozialistischen Ambitionen war unverkennbar.

Im Herbst 1941 begann die »Aktion Reinhard«. Der Name bezog sich auf den Staatssekretär im Reichsfinanzministerium, Fritz Reinhard. Er wurde während der Aktion von beteiligten SS-Dienststellen auf Heydrich umgedeutet. Im Rahmen dieses Unternehmens wurden in abgeschiedenen Gegenden des Generalgouvernements drei spezielle Vernichtungslager gebaut. Diese Lager in Sobibór, Belzec und Treblinka waren keine Konzentrationslager, und sie hatten keine Entsprechung im Gulag. Es handelte sich um Tötungsfabriken, die aus einem Endbahnhof, einem Komplex von Gaskammern und Krematorien bestanden. Sobald sie ihren Zweck erfüllt hatten, wurden sie dem Erdboden gleichgemacht. In Sobibór wurden über 300 000 Juden getötet, überwiegend aus Zentralpolen, in Belzec etwa 600 000, überwiegend aus den Distrikten Krakau und Lemberg – zusammen mit etwa 1500 katholischen Polen, die versucht hatten, ihnen zu helfen. In Treblinka schließlich wurden zwischen 700 000 und 900 000

Juden ermordet, unter ihnen die Bewohner des Warschauer Ghettos.[108]

Der Einsatz von Gaswagen wurde indes nicht aufgegeben. An verschiedenen Orten wurde er wieder eingeführt, unter anderem in Maly Trostenez in Weißrussland, wohin bis zu 250 000 deportiert wurden, und in Zemun (Semlin) in der Nähe von Belgrad, wo viele jugoslawische Juden ermordet wurden.

Um den Jahreswechsel 1941–42 wurde mit dem Bau des Konzentrationslagers Auschwitz II (Birkenau) begonnen, das bis Kriegsende ständig erweitert wurde. Es bestand aus neun durch elektrisch geladene Stacheldrahtzäune voneinander getrennten Untereinheiten: Frauenlager, Männerlager, Quarantäne-Abteilung für Männer, Lager für Familien aus Theresienstadt, Lager der Ungarinnen, Haupt-Männerlager, Zigeuner-Lager, »Revier« (Krankenstation) und der nicht fertiggestellten Abteilung »Mexiko«. Nachdem in Auschwitz I bereits im September 1941 in den Arrestzellen des Blocks 11 erste Tötungen von Häftlingen mit Zyklon B erfolgt waren, wurden im Januar und Juni 1942, als im Rahmen der »Endlösung« die Vernichtung der Juden in großem Stil anlief, in Birkenau zwei Bauernhäuser zu größeren Gaskammern umgebaut (»Bunker I« und »Bunker II«). Die Krematorien I und II gingen im Frühjahr 1943 in Betrieb. Schätzungen zufolge wurden in Auschwitz II, dem »größte[n] Friedhof der menschlichen Geschichte«, zwischen 1,2 und 1,6 Millionen Menschen ermordet. Die Zahl von vier Millionen jüdischen Opfern in Auschwitz, die während des Kalten Krieges kursierte, war allerdings eine sowjetische Erfindung.[109]

Innerhalb eines Jahres nach der Wannsee-Konferenz war die Mehrzahl der Juden Mittel- und Osteuropas bereits vernichtet worden, und die Verwalter der »Endlösung« standen vor zwei wachsenden Problemen. Eines betraf die Schwierigkeit, Juden von immer entfernteren Orten wie Rhodos, Bordeaux und sogar Nordnorwegen heranzuschaffen. Das andere bezog sich auf Anforderungen an die SS, Deutschlands schrumpfendem Bestand an Arbeitskräften durch den Einsatz von jüdischen Arbeitern abzuhelfen. Eichmanns Referat verfolgte daher von 1943 an eine Doppelstrategie. Auf der einen Seite organisierte es einen riesigen Transportbetrieb, der es ermöglichte, auf dem europäischen Schienennetz Hunderte von Zügen systematisch hin- und herzubewegen, so dass sie ihre menschliche Fracht ordentlich in Auschwitz und anderswo abliefern konnten. Auf der anderen Seite wurden zugleich jüdische Häftlinge, vor allem Männer, die noch arbeitsfähig waren, in den Ghettos und Lagern am Leben erhalten und als freigestellte Sklavenarbeiter tageweise ausgeliehen, bis sie schließlich auch in der Gaskammer ungebracht wurden. Das Ghetto von Lódź beispielsweise, wo Uniformen für die Wehrmacht hergestellt wurden, ließ man bis August 1944 weiterarbeiten und Auschwitz II (Birkenau) bis Dezember 1944, als die Ankunft der Roten Armee kurz bevorstand.

Die »Endlösung« blieb schließlich unvollendet. Das Dritte Reich brach zusammen, bevor die SS zu Ende bringen konnte, was sie für ihr konstruktivstes Projekt gehalten hatte. In Polen überlebten in Verstecken etwa 150 000 Juden, in Frankreich blieben 200 000 unversehrt, in Großbritannien 300 000 und in der UdSSR etwa 500 000. Kaum vorstellbar scheint, was hätte passieren können, wenn der SS noch ein paar Jahre vergönnt gewesen wären.

Die Nachricht vom Holocaust löste in der Welt kaum eine Reaktion aus. Als die polnische Exilregierung 1942 Alarm schlug, wurde sie ignoriert. Von Kurieren wie Nowak alias Zdzisław Jezioranski oder Karski (Jan Konzielewski) herausgeschmuggelte Augenzeugenberichte stießen auf taube Ohren. Bitten von Seiten zionistischer Organisationen, die Schienenwege nach Auschwitz zu bombardieren, wurden abschlägig beschieden.[110]

Die jüdischen Gesamtverluste durch den Holocaust sind viele Male berechnet worden, und sie laufen ausnahmslos auf eine Zahl zwischen fünf und sechs Millionen hinaus. Diese Zahl, normalerweise auf sechs Millionen aufgerundet, ist unbestreitbar. Trotzdem müssen sich Historiker davor hüten, übertriebene Teilsummen zu nennen. So ist es nicht möglich, eine Zahl von vier Millionen Opfern für Auschwitz und von 2,25 Millionen für Birkenau zu nennen, wenn man außerdem noch zwei Millionen Tote für die übrigen Vernichtungslager (Belzec, Chelmno, Majdanek, Sobibór, Treblinka) und eine Million für die Einsatzgruppen berücksichtigen muss. Dazu kommen noch realistische Schätzungen der Todesopfer in den Ghettos, in den Sklavenarbeiterkolonnen und in anderen Konzentrationslagern. Die Zahlen müssen stimmen, um glaubwürdig zu sein. Geographisch wird die Gesamtsumme von sechs Millionen gewöhnlich aufgeteilt in drei Millionen polnische Juden, zwei Millionen aus der UdSSR und eine Million aus anderen europäischen Ländern.[111]

Die Auswirkungen des Holocaust auf die internationalen Beziehungen wurden schon spürbar, bevor das Töten aufhörte. Militante Zionisten in Palästina fingen einen Terrorkrieg gegen die britischen Mandatsbehörden an. Sie glaubten, dass die Briten die arabische Bevölkerung bevorzugten und ihren Forderungen nach einer stark vermehrten jüdischen Einwanderung gleichgültig gegenüberstünden. Im Gegensatz dazu fand der Großmufti von Jerusalem, Hadji Amin al-Husseini (1897 bis 1974), der die Briten für prozionistisch hielt, den Weg nach Berlin, wo er sich für die deutsche Propaganda gewinnen ließ. Dies waren die Ursprünge der Krise, die zur Gründung des Staates Israel und zu dem nicht enden wollenden arabisch-israelischen Konflikt führen sollten. Flüchtlinge vor dem Holocaust sorgten bald dafür, dass die zionistische Sache nicht mehr aufzuhalten war.[112]

Die Leugnung des Holocaust ist eine eigentümliche Betätigung, in der sich überwiegend Spinner und politische Fanatiker üben, die, ähnlich jenen, die behaupten, die Erde sei eine Scheibe, ihr Recht einfordern, gehört zu werden. Der bekannte amerikanische Gelehrte Noam Chomsky hat prinzipiell zu der Frage Stellung bezogen. Wenn Redefreiheit wirklich Redefreiheit bedeuten solle, behauptet er, sollten die Menschen alle Absurditäten äußern dürfen, ob sie nun den Holocaust oder die Kugelgestalt der Erde leugnen. Er hat recht, ist aber nicht beliebt bei den sogenannten »Holocaust-Durchsetzern«, die nicht bloß darauf beharren, dass der Holocaust eine Realität war, sondern auch darauf, dass er mit einer Vielzahl zusätzlicher Realitäten weniger überzeugender Art verbunden war.[113]

Selbstverständlich ist das Erbe des Holocaust mit schwerwiegenden moralischen und historischen Problemen belastet. Die zentralen historischen Probleme drehen sich um die Frage des Vergleichs, der zu den grundlegenden Werkzeugen des Historikers gehört und der nicht einfach verworfen werden kann, nur weil er unbequem ist. Die moralischen Probleme sind vielfältig. Eines hängt mit der Gefahr des Relativismus zusammen und mit der Notwendigkeit, ein und dieselben Kriterien bei der Beurteilung ganz unterschiedlicher Ereignisse anzuwenden. Ein anderes hat mit moralischer Äquivalenz zu tun und mit dem Imperativ, jeglichem menschlichen Leben und Leiden denselben unendlichen Wert beizumessen. Ein drittes betrifft die moralischen Aspekte der Kollaboration und folglich die heiklen Fragen nach der jüdischen Ghettopolizei, den »Kapos«, und den »Sonderkommandos« in den Vernichtungslagern. Ein viertes, das alle Historiker angeht, dreht sich um die Pflicht zum Mitgefühl. Geschichte ohne Mitgefühl ist ein ziemlich leeres Gefäß.

Zivile Verluste insgesamt

Es wird oft behauptet, dass ein Mann oder eine Frau eine reale Person sei, die geliebt werden könne und deren Verlust schmerze, dass aber der Verlust von »einer Million« oder von »zehn Millionen« nur eine Abstraktion sei, die keine Gefühlsregung auslöse. Und natürlich hat man es, wenn man über die zivilen Verluste des Zweiten Weltkriegs spricht, mit sehr großen Zahlen zu tun, die schwer vorstellbar sind.

Die Aufgabe, die Verluste der Jahre 1939–45 einzuschätzen, wirft viele Probleme auf. Es wurde nicht immer Buch geführt, und die Nachkriegsbehörden waren gezwungen, improvisierte Berechnungen anzustellen. Grenzen hatten sich verändert, Nachkriegsbeamte interessierten sich nicht immer für das Schicksal von Vorkriegsbevölkerungen. Manchmal mischte sich die Politik ein. Manchen Regimes war es um möglichst niedrige eigene Zahlen zu tun. Vor allem in der Region Europas, wo die Verluste ohne Frage am höchsten lagen, waren verlässliche Informationen nur schwer zu finden. Offizielle Geschichten des Vereinigten Königreichs konnten melden, dass die Gesamtzahl der »Getöteten oder Vermissten, der mutmaßlich Getöteten«, sich auf 60 595 belaufe. In der Sowjetunion arbeiteten die Experten Schätzungen bis auf ein oder zwei Millionen genau aus – und durften sie selbst dann nicht veröffentlichen. Zahlen für Länder, die heute unabhängig sind, 1939–45 aber Teil der UdSSR waren, konnten erst in den neunziger Jahren erstellt werden.

Es muss betont werden, dass viele der größten Kategorien sich überschneiden. Die jüdischen Verluste beispielsweise erreichten fast sechs Millionen. Die auf den territorialen Festlegungen der Nachkriegszeit beruhenden polnischen Verluste wurden offiziell mit etwas mehr als sechs Millionen (6 027 000) angegeben. Das heißt aber *nicht*, dass die gemeinsamen Verluste von Juden und Polen sich auf zwölf Millionen belaufen. Tatsächlich liegen sie näher bei neun Millionen, weil etwa die Hälfte der Juden Polen, das heißt polnische Staatsbürger waren, während Polen und polnische Juden in großer Zahl Sowjetbürger wurden (siehe das Schaubild »Die Zahl der Todesopfer in Europa während des Krieges«).

Wie das obige Beispiel zeigt, ist die Definition der Kategorien nach Staatsbürgerschaft, Nationalität oder ethnischer Zugehörigkeit oder nach Religion wichtig. Die gesamten militärischen und zivilen Verluste der Sowjetunion einschließlich ihres asiatischen Teils werden heute auf 27 Millionen geschätzt. Bis vor kurzem hätten die meisten Menschen im Westen sie alle für »Russen« gehalten. In Wirklichkeit ist die oft geäußerte Einschätzung »zwanzig Millionen russische Kriegstote« in jeder Hinsicht falsch. Es waren »weder zwanzig Millionen noch Russen noch Kriegstote«. Russen machten wahrscheinlich die Mehrzahl der sowjetischen militärischen Verluste aus, obwohl sie nie als solche galten. In der Kategorie sowjetische zivile Verluste nach Nationalität führen Ukrainer und Weißrussen die Liste an. Die sogenannten »Kriegstoten« umfassten alle Menschen, die von Stalin getötet worden waren, ebenso wie jene, die durch den deutschen Überfall zu Tode gekommen waren.[114]

Deportationen, Vertreibungen, Evakuierungen und Migrationen machen die Bestimmung der Opferzahlen noch komplizierter. Nachkriegs-Volkszählungen könnten ergeben, dass in der Ukraine zwölf bis fünfzehn Millionen Menschen weniger lebten, als es nach den Hochrechnungen, ausgehend von den Zahlen des Jahres 1939, eigentlich hätten sein müssen. Das bedeutet aber *nicht*, dass während des Krieges zwölf bis fünfzehn Millionen Ukrainer getötet wurden. Gewiss sind die Abweichungen zu einem beträchtlichen Teil kriegsbedingten Todesfällen zuzuschreiben. Aber ein anderer Anteil muss Individuen zugeordnet werden, die wegen des Todes ihrer potenziellen Eltern niemals geboren wurden, und ein dritter Anteil lässt sich mit Menschen erklären, die das Land verließen. Aber andererseits: Was passierte mit denen, die gingen? Die Antwort lautet ganz simpel: Sie könnten gestorben sein oder überlebt haben. Man weiß, dass die Sterblichkeit unter ukrainischen Deportierten, Evakuierten und Sklavenarbeitern »hoch« war. Aber sie ist unmöglich genau zu berechnen.

Die Zahl der Todesopfer in Europa während des Krieges, 1939 bis 1945

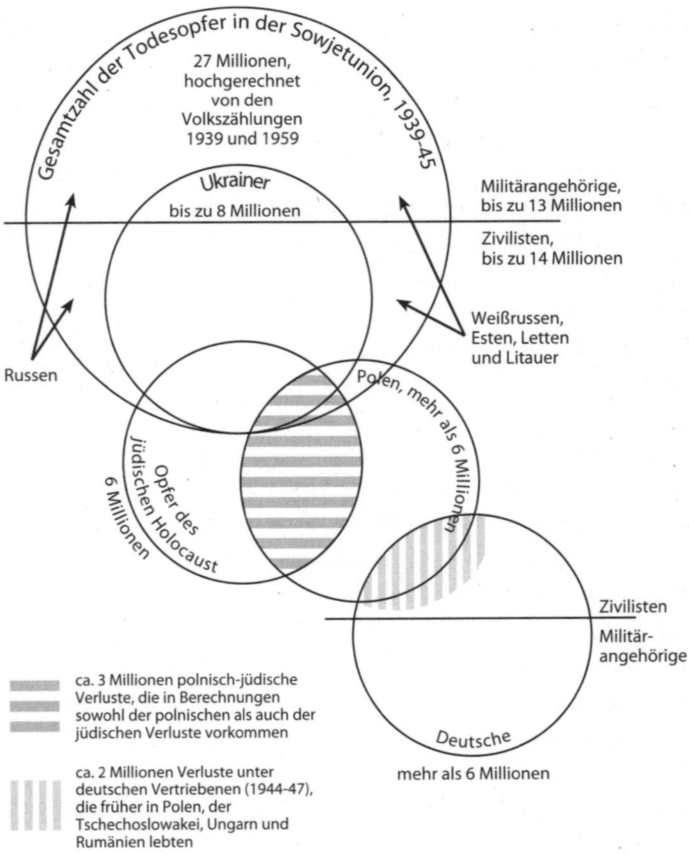

Schließlich ist auch die Unterscheidung zwischen »Kriegstoten«, also Menschen, die durch direkte Kriegseinwirkung getötet wurden, und »menschlichen Verlusten während des Krieges« nicht unbedeutend. Es gab vermutlich eine gewisse Anzahl von Menschen, die in den Jahren 1939–45 als Folge von Morden oder Verkehrsunfällen eines unnatürlichen Todes starben. Sie waren keine Kriegstoten. Ebenso haben zwei der größten Kategorien ziviler Opfer der Jahre 1939–45, die Opfer des Holocaust und die Opfer des Gulag zu Kriegszeiten, kaum eine direkte Verbindung zum Krieg. Sie waren Instrumente innerer Unterdrückung und müssten genau genommen getrennt gezählt werden.

Trotz dieser Probleme werden durchaus Versuche unternommen, die Verluste einzuschätzen. Und sie *müssen* unternommen werden, soll ein umfassendes Bild des Krieges gezeichnet werden. Es finden sich leicht populärwissenschaftliche Quellen, die im Gegensatz zu 25 Millionen militärischen Todesfällen 37 Millionen und für den Zweiten Weltkrieg als Ganzes eine Gesamtsumme von 62 Millionen ins Spiel bringen. Der zurückhaltendere Experte J. M. Winter nennt 14,021 Millionen militärische Todesfälle, 24,042 Millionen zivile Todesfälle und eine Gesamtopferzahl von 38,343 Millionen einschließlich der aus USA, China und Japan.[115] Wenn man die Zahlen aus Nordamerika, dem Fernen Osten und dem britischen Commonwealth abzieht, landet man schließlich bei einem glaubwürdigen Ergebnis für die »kriegsbedingten Todesfälle« in Europa:

Militärische Opfer	**9,326 Millionen**
Zivile Opfer	**16,625 Millionen**
Insgesamt	**25,951 Millionen**

Weitere Aufteilungen werden gewöhnlich entweder nach Land oder nach Todesursache vorgenommen. Im zivilen Sektor würde die letztere Kategorie »Todesfälle in Konzentrationslagern«, »Todesfälle durch Bombenangriffe« und »Todesfälle durch andere kriegsbedingte Ursachen« umfassen. Zumindest kann auf diese Weise eine Diskussionsgrundlage ermittelt werden.

Allerdings kann auch ohne Rückgriff auf vollkommen neue Quellen die Berechnung verbessert werden. Beispielsweise ist es sinnvoll, die Zahlen für zivile Verluste nach Ländern zu unterteilen: in solche für Länder, die über planmäßige Aufzeichnungen verfügen, und solche für Länder, die sich auf demographische Hochrechnungen stützen. Und im Fall der Sowjetunion scheint es sinnvoll zu sein, auf von Winter aktualisierte Zahlen zurückzugreifen. Demzufolge steigt die Ausgangszahl für die UdSSR auf insgesamt 27 Millionen Todesfälle, abzüglich 8,668 Millionen militärischer Todesfälle, womit 18,332 Millionen zivile Todesfälle übrig bleiben. Auch hier dürfen die Überschneidungen nicht vergessen werden, denn unter diesen 18 Millionen sowjetischen zivilen Opfern dürften ungefähr zwei Millionen Juden, ein bis zwei Millionen Polen, zwei bis drei Millionen Russen, zwei bis drei Millionen Balten, drei bis vier Millionen Weißrussen und fünf bis acht Millionen Ukrainer gewesen sein. Insgesamt scheinen die zivilen Verluste Europas die militärischen Verluste wohl nicht im Verhältnis von 2 : 1, sondern im Verhältnis von mehr als 3 : 1 übertroffen zu haben:

Dokumentierte Todesfälle *(Deutschland, Italien, Österreich, Finnland, Vereinigtes Königreich, Frankreich, Benelux-Staaten, Norwegen)*	**2,961 Mio.**
Hochgerechnete Todesfälle *(UdSSR, Rumänien, Ungarn, Polen, Tschechoslowakei, Jugoslawien, Griechenland, Bulgarien, Albanien)*	**25,327 Mio.**
Insgesamt	**28,288 Mio.**

Keine dieser Berechnungen kann als endgültig gelten, nicht zuletzt weil viele der einzelnen Schätzungen ständig in Frage gestellt und überprüft werden. Dennoch bieten sie die beste Richtschnur für die Gesamtdimensionen.

Achtundzwanzig Millionen Menschen entsprechen der Gesamtbevölkerung eines mittelgroßen europäischen Landes oder eines US-Bundesstaates. Die Zahl ist furchtbar hoch, wenn man an die hinter ihr verborgenen individuellen Lebensläufe und das menschliche Leid denkt. Doch in demographischen Kategorien symbolisiert sie nur eine geringfügige Abweichung. Die Bevölkerung Europas einschließlich des europäischen Russland war während der meisten Jahrzehnte des vorangegangenen Jahrhunderts um drei Millionen oder mehr pro Jahr gewachsen, wodurch sich die geschätzte Gesamtbevölkerungszahl von 180 Millionen im Jahr 1800 auf ca. 500 Millionen im Jahr 1939 erhöhte. In diesem Licht betrachtet, wäre der Verlust von 28 Millionen in den Jahren 1939–45 kaum mehr als der Verlust eines sechsjährigen natürlichen Anstiegs der Bevölkerungszahl. Er ist nicht zu den größten Katastrophen des Kontinents zu zählen – wie etwa der Schwarze Tod, der im 14. Jahrhundert etwa ein Viertel der Bevölkerung hinwegraffte. Nach 1945 wuchs die Bevölkerung weiter und erhöhte die geschätzte europäische Gesamtbevölkerungszahl bis zum Jahr 2000 auf 728 Millionen.[116]

Verschiedene Bevölkerungsgruppen im Krieg

Adlige

Die Französische Revolution hatte 150 Jahre vor Beginn des Zweiten Weltkriegs stattgefunden, und die russische Revolution lag fünfundzwanzig Jahre zurück, doch die meisten europäischen Länder hatten keine radikalen sozialen Umwälzungen dieser Art erlebt, und so war die Aristokratie 1939–45 nach wie vor eine gewichtige Bevölkerungsgruppe. Der Zweite Weltkrieg forderte auch in deren Kreisen Opfer.

In Großbritannien bildete das House of Lords (Oberhaus) mit seinen erblichen Titeln noch immer einen einflussreichen Teil der Regierung. Winston Churchill bekannte sich zwar zur Demokratie, doch er war selbst ein Spross des Hauses Marlborough. Und Churchills Rivale um das Amt des Premierministers im Jahre 1940, der spätere britische Botschafter in Washington, Lord Halifax, trug den Titel eines Viscounts. Die ungewöhnliche Episode mit dem Hitler-Stellvertreter Rudolf Heß, der im Mai 1941 heimlich nach Großbritannien flog, um Friedensverhandlungen einzufädeln, beruhte auf dessen irrtümlichem Glauben, der Duke of Hamilton, ein Luftfahrtpionier und Brigadegeneral, müsse eine einflussreiche politische Persönlichkeit sein.

Die Nazis hingegen vertraten in sozialen Belangen eine radikalere Gesinnung und lehnten Privilegien ebenso unerbittlich ab wie die Gleichmacherei des Kommunismus. Joachim von Ribbentrop, ein ehemaliger Weinhändler, war ein unechter Aristokrat, der sich das »von« nur zugelegt hatte. In der Adelstabelle stand er etliche Sprossen unter Mussolinis Außenminister und Schwiegersohn, Galeazzo Ciano, Conte di Cortellazzo. Als sich das Deutsche Reich nach Osten ausdehnte, wurden alle polnischen Großgrundbesitzer enteignet. Die Nationalsozialisten schworen zwar auf Blut, nicht aber auf »blaues«.

Für den alten preußischen Adel war die militärische Niederlage Deutschlands ein Fiasko. Im Jahre 1939 hatte das Landjunkertum nach wie vor viele hohe Positionen in der Armee inne und besaß noch seine Güter in den Ostprovinzen. Doch 1944–45 waren die Junker als geschlossene soziale Gruppierung längst ausgeschaltet. Ein Historiker, der das Schicksal von nicht weniger als 8827 solcher Adliger untersuchte, stellte fest, dass während des Krieges 6448 ums Leben gekommen waren. Etwa fünfhundert nahmen sich nach dem Krieg das Leben, und eine ähnlich große Zahl starb in sowjetischer Gefangenschaft. Etliche hundert wurden von Zwangsarbeitern ermordet, die ihren Gütern zugeteilt worden waren.[117] Dabei hatte sich diese Katastrophe vorhersehen lassen. Bereits vor dem Ersten Weltkrieg hatte der Reichskanzler Theobald von Bethmann-Hollweg seinen Sohn davon abgehalten, Eichen auf ihrem preußischen Besitz zu pflanzen, weil er ahnte, dass »die Russen kommen«, würden, bevor die Bäume ausgewachsen wären.

Das Sowjetregime hegte grundsätzlich eine feindselige Gesinnung gegenüber dem Adel, der in der UdSSR zumindest öffentlich nicht mehr in Erscheinung trat. Doch als die Rote Armee 1944 nach Osteuropa vorrückte, wirkte die Anwesenheit eines »Roten Prinzen« in ihrem Gefolge vorübergehend als mäßigende soziale Kraft. Das Lubliner Komitee von 1944–45 löste die größeren Güter in Polen zugunsten armer Bauern auf, gab aber einige der Landhäuser für kurze Zeit wieder an deren Eigentümer zurück, so dass das stalinistische Regime der Nachkriegszeit sie anschließend ein zweites Mal enteignen konnte.

Marion Gräfin Dönhoff (1909 bis 2002) hatte die Entwicklung in Ostpreußen verfolgt und wollte nicht warten, bis die Rote Armee über ihr Schicksal entscheiden würde. Ihre Brüder waren an der Front gefallen, und sie hatte das Gut der Familie in Friedrichstein ganz allein geleitet. Im Januar 1945 stieg sie auf ihr Pferd, schloss sich der Ostflucht an und ritt fast tausend Kilometer weit nach Westdeutschland. Sie machte nur einmal halt, bei der Familie Bismarck, um sich zu erfrischen. Die Welt ihrer Kindheit war untergegangen. Sie wandte sich dem Journalismus zu und wurde langjährige Chefredakteurin und Herausgeberin des renommierten Wochenblattes *Die Zeit.*[118]

Attentäter

Töten ist im Krieg Alltagsgeschäft. Daher lösen Attentate, die in Friedenszeiten Schrecken erregen mögen, kaum noch Entsetzen aus. Der Angehörige eines Kommandotrupps, der einen Wachtposten kaltblütig ersticht, gilt plötzlich als tapfer. Und ein politischer Gegner, der während der Schlacht um England mit einem Eispickel niedergestreckt wird, bleibt in dem umfassenderen Geschehen eine Fußnote.

Nur wenige denken darüber nach, dass Adolf Hitler ständig von potenziellen Attentätern umgeben war. Gefahr drohte ihm von gewöhnlichen deutschen Bürgern und Soldaten sowie von ranghohen Angehörigen der Abwehr und der NSDAP. Glaubt man Albert Speers Aussage vor dem Tribunal von Nürnberg, so gehörte auch er dazu. Doch sie scheiterten alle.[119]

Bei den zahlreichen Verschwörungen gegen Hitler erscheint es als höchst merkwürdig, dass das NKWD kein Attentat plante. Stalin hatte erfolgreiche Komplotte zur Ermordung all seiner Rivalen geschmiedet, von Nikolai Bucharin über Lew Kamenew und Sergei Kirow bis zu Leo Trotzki. Und wenn der lange Arm des NKWD bis Mexiko reichte, dann sicher auch bis Berlin oder Berchtesgaden. Ein Anschlag auf Hitler dürfte also zur stalinistischen Standardprozedur gehört haben. Vor allem zeigt der Fall des Oberst Claus von Stauffenberg, der bei drei verschiedenen Gelegenheiten eine Bombe in Hitlers unmittelbare Umgebung einschleuste, dass die Abschirmung des »Führers« ausgesprochen unzulänglich war. Dennoch unternahmen die Sowjets keinen Versuch. Stalin hielt Hitler lebend offensichtlich für nützlicher als tot.

Stalin selbst traf umfangreiche Sicherheitsvorkehrungen gegen Anschläge. Er setzte Doubles ein. Wenn er seinen alljährlichen Besuch bei seiner Mutter machte, fuhren angeblich fünf verschiedene Züge mit vier identisch aussehenden Stalin-Doubles auf fünf verschiedenen Routen von Moskau nach Georgien. Soweit bekannt ist, hatte kein Attentäter auch nur ansatzweise Erfolg. Stalin geriet nie in eine Situation wie die vom 20. Juli 1944, bei der Hitler zerfetzt worden wäre, wenn nicht ein massiver Eichentisch die Wirkung der Bombe abgeschwächt hätte.

Den Tod General Władisław Sikorskis im Juli 1943 wollen viele Menschen noch immer nicht als Folge eines Unfalls ansehen. Es ist bekannt, dass bereits zuvor, bei einem Flug nach Kanada, versucht worden war, seine Maschine zu sabotieren. Solange aber die Akten des britischen Geheimdienstes geschlossen bleiben, werden die Gerüchte und Spekulationen über seinen Tod nicht verstummen.

Bankiers

Kein Krieg kann ohne Geld geführt werden. Die Bankiers, die Kriege finanzieren, wurden und werden bisweilen als »unsichtbare Militaristen« bezeichnet.

Die Bank von England hatte 1939 bereits einen Großteil ihrer einstigen Macht an das Finanzministerium abgetreten.

Unter ihrem langjährigen Direktor Sir Montagu Norman (1871 bis 1950) spielte sie nur eine Nebenrolle, als die Vereinbarung zur Rettung der britischen Finanzen durch die Vereinigten Staaten ausgehandelt wurde.

Im nationalsozialistischen Deutschland war Dr. Hjalmar Schacht (1877 bis 1970) der führende Bankier. Der dreimalige Präsident der Reichsbank genoss die Gunst des Regimes einmal mehr, einmal weniger. Zum Kriegsende war er als Mitverschwörer des Attentats vom 20. Juli 1944 in den Konzentrationslagern Ravensbrück und Flossenbürg interniert. Bei den Nürnberger Prozessen wurde er in allen Anklagepunkten freigesprochen. Das Bankensystem des deutschen Reiches wurde durch seine Verbindungen zur Schweiz, die andernfalls wahrscheinlich besetzt worden wäre, vor der Isolation bewahrt.[120]

Die UdSSR lehnte den Kapitalismus zwar offiziell ab, war aber wie jeder andere Staat auf Bankdienstleistungen angewiesen. Die staatseigene Gosbank, die 1929 gegründet worden war, um die zentralistische Planwirtschaft zu bedienen, finanzierte sämtliche sowjetischen Kriegsanstrengungen, indem sie nicht umtauschbare Rubel druckte. Ihr Vorsitzender während der gesamten Kriegszeit, General N. A. Bulganin, stieg in der nachstalinistischen Ära in hohe politische Ämter auf.

Ab den vierziger Jahren konnte sich jedoch niemand mehr der Tatsache verschließen, dass die USA zur wichtigsten Finanzmacht der Welt geworden waren. Roosevelts langjähriger Berater auf diesem Gebiet war Marriner Stoddard Eccles (1890 bis 1977), ein Mormone aus Utah, der mit Hilfe des Banking Act von 1935 die Finanzierung des New Deal gesichert hatte und siebzehn Jahre lang die amerikanische Zentralbank leitete. Bei der Konferenz von Bretton Woods im Juli 1944 spielte Eccles, nach dem das »Fed Building« in Washington benannt ist, eine maßgebliche Rolle bei der Gründung der

Weltbank und des Internationalen Währungsfonds sowie bei der Verabschiedung des Marshall-Plans. In den meisten Abhandlungen über den Krieg wird er jedoch nicht erwähnt. [121]

Zuschauer

Für jene, die an den schlimmsten Orten des Zweiten Weltkriegs gefangen waren, etwa in den Ghettos der Nazis, schien sich die Menschheit in drei Kategorien zu teilen. Da waren zum einen die Täter oder Peiniger, die absichtlich Leid verursachten. Auf der anderen Seite standen die Opfer. Die dritte Kategorie bildeten jene, die einfach nur dastanden und zuschauten.[122]

In Wirklichkeit waren die Verhältnisse weitaus komplexer. Die totalitäre Unterdrückung war eine dynamische Maschinerie. Sie fing unterschiedliche Menschen zu unterschiedlichen Momenten ein. Jene, die scheinbar nur zuschauten, warteten vielleicht bloß, bis sie zum Zug kamen. Und auch aus Opfern, die hasserfüllt überlebten, konnten Täter werden. Allzu einfache Kategorisierungen sollten daher vermieden werden, besonders solche, die sich auf ethnische Stereotype stützen.

Israel Shahak (1933 bis 2001) gestand, zugesehen zu haben. Seine Familie lebte in dem Teil des Warschauer Ghettos, der zuletzt geräumt wurde, und verfügte über einen bescheidenen Vorrat an Lebensmitteln. Und so setzte sich die Familie im April 1943 wie gewöhnlich zu einem Passahmahl zusammen – zum letzten Mal. Sie wollte so lange wie möglich in Würde leben und sah zu, wie die Nachbarn abtransportiert wurden. Irgendwann war die Familie Shahak an der Reihe. Der junge Israel, damals zehn Jahre alt, entkam durch die Kanalisation.[123]

Ryszard Kapuscinski (geb. 1932) lebte in Pinsk, ein paar hundert Kilometer weiter östlich, in der sowjetischen Zone.

Er war sieben Jahre alt und in der ersten Klasse. Er erinnerte sich, wie jeden Tag ein weiterer Platz im Klassenzimmer frei blieb. Und jeder tat so, als sei nichts geschehen. Als schließlich nur noch eine Handvoll Kinder übrig war, holte die sowjetische Sicherheitspolizei auch den Lehrer ab. Ryszard lief aus der Schule davon, fand die aufgereihten Viehwaggons auf den Rangiergleisen des Bahnhofs und sah seinen Lehrer, der an einer offenen Tür stand. Der Junge wollte selbst in den Zug steigen.[124]

Der Vorwurf, blind zugeschaut zu haben, wird am häufigsten gegen Menschen erhoben, die vom Holocaust Kenntnis hatten. Solche Beschuldigungen berücksichtigen indes kaum, welch hohe Mauern die Ghettos umgaben, welch schreckliche Strafen jedem drohten, der Verfolgten half, und mit welch ungeheurer militärischer Macht die Opfer abtransportiert wurden. Ein Beispiel, die Räumung des Ghettos von Krakau, wird in Steven Spielbergs Film *Schindlers Liste* eindringlich geschildert. Unerwähnt bleibt in dem Film jedoch eine »Aktion« der Nazis, die zur selben Zeit stattfand. Im Juli 1943 wurden eines Tages alle Männer und Jugendlichen der katholischen Gemeinde von Wola Justowska in Krakau von der SS zusammengetrieben und beschuldigt, den Widerstand zu unterstützen. Sie mussten eine Grube ausheben, in der sie dann lebendig begraben wurden. Die Frauen der Kirchengemeinde wurden mit vorgehaltener Waffe gezwungen zuzusehen. Auch sie waren Zuschauer.

Kinder

Besonders verhängnisvoll war der Zweite Weltkrieg für Kinder. Nicht alle konnten evakuiert werden (siehe unten). Millionen kamen bei Bombenangriffen, Deportationen und durch Völkermord ums Leben. In Hamburg starben in einer einzigen Nacht 5586 Kinder, und dem Holocaust fielen schätzungsweise 1,2 Millionen zum Opfer. Im Jahre 1945 musste Europa mit dreizehn Millionen elternlosen Kindern fertig werden. Polen allein zählte eine Million Waisen.

In den totalitären Ländern zielte die Parteiideologie darauf ab, neue Gefolgschaft möglichst jung anzuwerben. Sowohl der Hitler-Jugend als auch den sowjetischen Pionieren wurde vermittelt, dass die Treue gegenüber Partei und Staat über allem stehe, selbst über den Bindungen zur Familie oder zur Glaubensgemeinschaft. Der Bund deutscher Mädel vermittelte seinen Mitgliedern ein konventionelles Frauenbild und verherrlichte, ähnlich wie sowjetische Organisationen, die Rolle der Mutter. Etwa 75 bis 80 Prozent der Jugendlichen wurden zur Mitgliedschaft gezwungen. In Deutschland bildeten die Swing-Jugend und die Edelweißpiraten immerhin eine gewisse oppositionelle Jugendkultur. Die UdSSR kannte keine derartige Gegenkultur.

Naturgemäß sind die meisten Kinder zu jung, um selbständig und unabhängig zu agieren, und bleiben in der Geschichte deshalb mehr oder weniger anonym. Die kleine Gruppe eineiiger Zwillinge, die in Auschwitz für die genetische Forschung am Leben gehalten wurden, hinterließ jedoch Spuren. Dasselbe galt für die Gassenkinder, die sich in den Ghettos als Schmuggler betätigten, und die Kindersoldaten auf allen Seiten. Sowjetische Pioniere waren als Partisanenspäher bekannt, und im Endkampf von 1944–45 wurden auch ihre Altersgenossen in der Hitler-Jugend an die Front geschickt.

Anne Frank (1929 bis 1945) war die Tochter deutsch-jüdischer Flüchtlinge, die in Amsterdam im Exil lebten. Das Versteck wurde jedoch im August 1944 verraten, und Anne Frank wurde in Bergen-Belsen ermordet. In ihrem Tagebuch, das wiederentdeckt und nach dem Krieg veröffentlicht wurde, hielt Anne die Gefühle und Gedanken eines jungen Mädchens fest, das einfach nur leben wollte. [125]

Antek »Rozpylacz« (1932 bis 1944), wörtlich übersetzt »Toni, der Flammenwerfer«, war ein zwölfjähriger Widerstandskämpfer, der beim Warschauer Aufstand gegen die deutschen Besatzungstruppen ums Leben kam. Seine Spezialität war es, unter Beschuss durch die Trümmer zu kriechen und die Kabel ferngelenkter deutscher »Goliath«-Panzer zu kappen. Er ignorierte die Verweise erwachsener Kameraden, die keinen unter achtzehn Jahren mitkämpfen ließen, und schloss sich einem Bataillon der polnischen Heimatarmee an. Er fiel wie die meisten anderen für den Widerstand. Heute erinnert ein Denkmal in der Warschauer Altstadt an den »Kleinen Saboteur«.[126] Sowjetische Legenden aus der Kriegszeit verweisen auf zahlreiche ähnliche Beispiele.

Darstellungen von Kindern als Opfern oder kleinen Helden werden der Komplexität des Themas jedoch kaum gerecht. In Deutschland zeichneten sich Kinder unter extremen Bedingungen vor allem durch ein hohes Maß an Anpassungsfähigkeit aus. Sie konnten ihr Trauma mit keiner früheren Erfahrung vergleichen und gewöhnten es sich an, das Außergewöhnliche als normal anzusehen. Dies führte zu einer überraschenden Widerstandsfähigkeit. Wenn kleine Mädchen mit ihren Puppen spielten, »schützten« sie sie vor dem Feind. In den Kellern von Berlin spielten deutsche Jungen »russische Soldaten«, weil die Russen überlegen waren. Es gab sogar ein Spiel namens »Gaskammer«. Größere Kinder lernten zu betteln, zu stehlen und zu schmuggeln. Sie waren natürlich auch empfänglich für die Propaganda des Regimes. Im Jahr 1945 meldeten sich Zehntausende Vierzehnjähriger freiwillig für den Volkssturm und zogen voller Eifer in den Tod. Ein Jugendlicher, dem man ein Gewehr in die Hand gedrückt hatte, hielt an der Küste Ostpreußens eine Gruppe jüdischer Frauen in Schach, die erschossen werden sollten. So überrascht es nicht, dass bei Kriegsende die Jugendkriminalität weit verbreitet war.[127]

Kindern, genauer gesagt, jüdischen Kindern, galt die Sorge

von Irena Sendler (1910 bis 2008), die 1942 für die Warschauer Wohlfahrtsbehörde tätig war. Als Gesundheitsinspektorin konnte sie das Ghetto aufsuchen. Sie war entsetzt über das Elend, in dem die Kinder dort lebten. Irena Sendler war Katholikin und hatte selbst ein kleines Kind.

Da Irena sowohl um die hohe Säuglingssterblichkeit als auch um die unmittelbar drohende »Umsiedlung« wusste, dachte sie sich einen Plan aus, um möglichst viele Babys aus dem Ghetto zu schmuggeln. Umgesetzt wurde dieser Plan mit Hilfe der polnischen Untergrundorganisation Zegota, des sogenannten Rats für die Unterstützung der Juden. Die Eltern mussten überzeugt werden. Komplizen mussten gewonnen werden, die die Flüchtlinge in Karren, Kranken- und Leichenwagen versteckten oder in Säcken und Koffern hinaustrugen. Nonnen wurden angeworben, um den Flüchtlingen Unterschlupf zu gewähren und neue Identitäten zu verschaffen. Kinderlose Paare wurden gesucht, die als Ersatzeltern auftraten. Es wurde alles dokumentiert – die Aufzeichnungen vergrub man in Krügen –, damit nach dem Krieg die ursprünglichen Namen der Kinder ermittelt werden konnten. Etwa 2500 Kinder konnten auf diese Weise gerettet werden, bevor das Ghetto in Flammen aufging.

Im Oktober verhaftete die Gestapo Irena Sendler und misshandelte sie brutal; obwohl man ihr beide Beine brach, gab sie nichts preis. Also verurteilte man sie zum Tode. Sie überlebte nur, weil ein Gefängniswärter sich bestechen ließ.

Die Geschichte Irena Sendlers war außerhalb Polens weitgehend unbekannt, bis eine Gruppe von Schülern aus Uniontown in Kansas 1999 ein Bühnenstück über sie schrieb. Das Drama mit dem Titel *Life in a Jar (Das Leben in einem Krug)* wurde mehrfach aufgeführt. Die Jugendlichen reisten schließlich sogar nach Warschau, um ihre Heldin kennenzulernen. »Was ich tat, war nichts Außergewöhnliches«, erzählte sie ihnen. »Es war etwas ganz Normales.«[128]

Die wohl größte Evakuierung von Kindern während des Krieges ereignete sich parallel zum Rückzug der in der UdSSR aufgestellten polnischen Exilarmee, der sogenannten Anders-Armee, aus Zentralasien nach Iran im Jahre 1943 – benannt nach Generalleutnant Władysław Anders, der die Armee kommandierte. An die 40 000 polnische Waisenkinder, die zwei oder drei Jahre zuvor mit ihren Familien in die UdSSR deportiert worden waren und ihre Eltern verloren hatten, wurden nun in Sicherheit gebracht. Bei ihrer Ankunft im Iran wurden sie von den Briten empfangen und aufgefordert, Zeugenberichte zu schreiben, die inzwischen in den Hoover Archives in Kalifornien aufbewahrt werden. Die meisten der Kinder wurden zusammen mit den Frauen und Älteren nach Indien gebracht; einige landeten in Lagern in Tanganjika und Kenia, und mindestens eine Schiffsladung gelangte nach Neuseeland.[129]

Sechzig Jahre nach Kriegsende richtete sich großes Interesse auf die Jugend Joseph Ratzingers (geb. 1927), der 2005 unter dem Namen Benedikt XVI. Papst wurde. Ratzinger wuchs in einer katholischen Familie im bayerischen Marktl am Inn auf, in einer ähnlichen Umgebung wie Adolf Hitler, und die Boulevardpresse erhob prompt die Frage: »War er ein Nazi?« Das war er nicht. Sein Vater, ein Polizeibeamter und NS-Gegner, verlor seine Stelle und zog in den dreißiger Jahren auf der Suche nach Arbeit viermal mit seiner Familie um. In Traunstein, wo sie sich schließlich niederließen, dürften dem heranwachsenden Jungen die unheilvollen Entwicklungen nicht entgangen sein. Die antisemitische Gewalt flammte in der sogenannten Reichskristallnacht besonders heftig auf. Ein NS-Gegner aus dem Ort erschoss sich, um einer Verhaftung zu entgehen. Und ein Cousin mit Down-Syndrom wurde abgeholt und ermordet. Im April 1941 musste der junge Joseph in die Hitler-Jugend eintreten, und zwei Jahre später zog man ihn als Luftwaffenhelfer ein. Nach einer Grundausbildung half er mit, an der ungarischen Grenze Luftverteidigungslinien zu bauen, desertierte jedoch und wurde für kurze Zeit von US-Streitkräften interniert. Wie so viele Deutsche lehnte er sich nicht aktiv auf. Ebenso wenig begeisterte er sich jedoch für das Regime. Seinem Biographen zufolge wartete er einfach ab, bis er schließlich den Weg zum Priesteramt einschlagen konnte.[130]

Es darf nicht übersehen werden, dass alle Armeen in Europa auf die Einberufung von Jugendlichen angewiesen waren – jungen Menschen, die zumindest physisch, wenn auch nicht unbedingt psychisch herangereift waren. Mit achtzehn Jahren waren sie noch formbarer und empfänglicher als mit über zwanzig. In Großbritannien, wo man mit einundzwanzig volljährig wurde, steckte man junge Männer in Uniform und befahl ihnen zu töten, bevor sie überhaupt wählen durften. Junge Amerikaner wurden von den Straßen New Yorks oder von Farmen in Kansas geholt und nach Übersee verschifft. Auch sie waren noch Kinder.[131]

Geistliche

Mit Ausnahme der UdSSR, in der die orthodoxe Kirche von den Bolschewiken unterdrückt und der Klerus dezimiert worden war, zeigte Europa in den vierziger Jahren noch immer ein überwiegend christliches Gepräge. Fragen zu Leben und Tod rückten während des Krieges in den Vordergrund, und die Haltung der Geistlichen wurde allgemein gewürdigt. Unter Pius XII. hatte der Vatikan sowohl den Faschismus als auch den Kommunismus verurteilt, doch die katholische Kirche scheute sich notorisch vor unmissverständlichen Verurteilungen oder praktischen Maßnahmen.

In Großbritannien gaben die konservativen Protestanten dem Krieg ihren Segen; der Erzbischof von Canterbury, William Temple, verhielt sich jedoch bekanntermaßen zurückhaltend, und sein Buch *Christianity and the Social Order* (*Christentum und Sozialordnung*, 1942) war ein Bestseller. George Bell, der Bischof von Chichester, verkörperte den offen kritischen Flügel, während Hewlett Johnson, der »Rote Dekan« von Canterbury, glaubte, Christentum und sowjetischer Kommunismus seien vereinbar. Seine Ansichten waren exzentrisch, aber es ist bemerkenswert, dass sie toleriert wurden.[132] Wegen der Neutralität des katholischen Irland versuchten einige fundamentalistische Protestanten, besonders in Belfast, die britischen Katholiken als unzuverlässig hinzustellen.

In der UdSSR verhinderte der Einmarsch der Deutschen 1941, dass die russisch-orthodoxe Kirche vollständig ausgelöscht wurde. Nach zwei Jahrzehnten der Verfolgung und Unterdrückung waren auf sowjetischem Gebiet nur noch ganz wenige Kirchen in Betrieb. Stalin wurde jedoch gezwungen nachzugeben. Kirchenführer kamen aus dem Untergrund, und in den von den Deutschen besetzten Gegenden blühten die russisch-orthodoxe und die ukrainische Kirche wieder merklich auf. Im Jahr 1943 stellte Stalin das orthodoxe Patriarchat von Moskau wieder her.

In Deutschland waren die christlichen Kirchen verwirrt über das Aufkommen eines »heidnischen« Nationalsozialismus. Eine nationalsozialistische Bewegung »deutscher Christen« mit »dem Hakenkreuz am Arm und dem Kreuz im Herzen« kam auf, und einige christliche Persönlichkeiten befürworteten den Kreuzzug gegen den »gottlosen Bolschewismus«. Die häufigste Reaktion war jedoch Verwunderung, bisweilen gepaart mit aktivem Widerstand. Der protestantische Theologe Dietrich Bonhoeffer (1906 bis 1945) traf sich 1942 mit Bischof Bell in Stockholm und versuchte vergeblich, britische Unterstützung für den Widerstand gegen den Nationalsozialismus zu gewinnen. Er wurde später von der Gestapo verhaftet und hingerichtet.[133]

In etlichen Ländern wurden christliche Kleriker zur Zielscheibe der totalitären Regimes. In Teilen Griechenlands beispielsweise mussten orthodoxe Priester dafür bezahlen, dass sie den Widerstand unterstützten. Im Zuge der nationalsozialistischen Kampagne zur Unterdrückung der Intelligenzija wurden aus den vom Dritten Reich annektierten Gebieten Polens viele römisch-katholische Priester deportiert. Katholische Geistliche im Generalgouvernement entgingen diesem Schicksal, denn dort blieb die katholische Kirche unter ihrem tapferen Kardinal Adam Sapieha (1867 bis 1951) bestehen. Aber zweifellos wäre es auch ihnen an den Kragen gegangen, wenn die deutsche Besetzung etwas länger gewährt hätte. Der polnische Primas, Kardinal August Hlond, lebte im Exil. In der westlichen Ukraine ließen die Deutschen die griechisch-katholische (unierte) Kirche bestehen, doch jedes Mal, wenn die Rote Armee vorrückte, drohten der Glaubensgemeinschaft Verfolgung und Unterdrückung. Der griechisch-katholische Metropolit, Andrey Sheptytskyi (1865 bis 1944) erwies sich als stark und unerschütterlich; er war einer der ganz wenigen Prälaten in Europa, die im Namen des Glaubens gegen den Nationalsozialismus aufzubegehren wagten. Er rettete Tausende Juden, appellierte an den Vatikan, zu intervenieren, und hielt 1942 eine berühmte Predigt über das fünfte Gebot – »Du sollst nicht töten«.[134]

Viel diskutiert wurde im Laufe der Jahre über Papst Pius XII. und seine Haltung gegenüber dem Faschismus im Allgemeinen und dem Holocaust im Besonderen (siehe S. 615). Pius XII. wurde jedoch nicht als Einziger mit Argwohn betrachtet. Im Dezember 1944 wurde Monsignore Angelo Roncalli, der spätere Papst Johannes XXIII., nach Paris geschickt, um einen Nuntius abzulösen, der zu eng mit dem Vichy-Regime zusammengearbeitet hatte. Roncalli stellte sich nachweislich und deutlich gegen den Nationalsozialismus. In seiner vorausgegangenen Position, als Apostolischer Legat in der Türkei, hatte er Tausenden Juden zur Flucht verholfen. Auf dem Stuhl Petri galt er als *papa buono*, als Vater der Ökumene und als »beliebtester Papst der Neuzeit«. Eine Prüfung seiner Korrespondenz aus der Kriegszeit hat dieses Image jedoch etwas angekratzt. Roncalli war nämlich der Überzeugung, die Niederlage der »verbrauchten französischen Demokratie« im Jahr 1940 sei wohlverdient gewesen. Und seinen Verwandten im faschistischen Italien riet er, sie sollten arbeiten, beten, gehorchen und ja nicht aufbegehren.[135]

Kollaborateure

Der Begriff »Kollaborateur« ist mit negativen Assoziationen befrachtet, die weit über greifbare Festlegungen hinausgehen. Im Sprachgebrauch des Militärs unterstützt und begünstigt der Kollaborateur den Feind, was der anständige Bürger aus moralischen Gründen ablehnt. Kollaboration umfasst unterschiedliche Arten, dem Gegner bei seiner Aggression Vorschub zu leisten, und ihr haftet stets der Geruch des Verrats an – des Verrats am Schwachen und Unterdrückten. Vidkun Quisling war ein Kollaborateur (siehe S. 501). Dasselbe gilt für all die Informanten und Handlanger, die der Gestapo beziehungsweise dem NKWD halfen, Nachbarn aufzuspüren und zu peinigen.

Der ganze Komplex der Kollaboration wird jedoch durch drei Faktoren verkompliziert. Erstens kann es sich um eine kollektive oder aber eine individuelle Verhaltensweise handeln. Es gab kollaborierende Regimes, die sämtliche Ressourcen eines Staates oder einer Nation dem Feind zur Verfügung stellten. Zweitens überlagert sich Kollaboration oft mit der Tatsache, dass die Kollaborateure selbst Opfer sind. Bei Untersuchung der Motive und Umstände für die Zusammenarbeit mit dem Feind kommt schnell ans Tageslicht, dass die

Kollaborateure selbst in irgendeiner Weise unterdrückt waren und bloß kollaborierten, um ihre eigene Not zu lindern, ihre Familien zu schützen oder ihre eigene Haut zu retten. Menschen, die in Freiheit leben, können kaum ermessen, mit welch teuflischen Mitteln totalitäre Regimes Staatsbürger dazu zwingen können, sich gegenseitig zu malträtieren. Und drittens sind für eine faire Beurteilung der Kollaboration Maßstäbe anzusetzen, die für alle gelten. Wenn es unrecht ist, dass eine Person oder Gruppierung bei der Verfolgung anderer mitwirkt, so ist es ebenfalls unrecht, wenn der Verfolgte in vergleichbaren Umständen nicht davon ablässt, andere ebenfalls zu verfolgen. Viele Menschen, die unmittelbar mit den schrecklichen Lebensverhältnissen von 1939–45 vertraut waren, scheuen sich davor, andere zu verdammen. Doch wenn Historiker und andere Urteile fällen, dann sollten sie für ein bestimmtes Vergehen dieselben Kriterien auf alle Gruppierungen anwenden.

Beispielsweise zogen Besatzungsmächte in sämtlichen Teilen Europas heimische Polizeikräfte heran. Uniformierte Zivilpolizei ist in allen zivilisierten Gesellschaften Standard, und im Allgemeinen wurde den Rekrutierten nicht vorab mitgeteilt, was man ihnen befehlen würde. Anfangs übernahmen sie einfach einen Job und waren froh, Geld zu verdienen. Als Polizisten oblag es ihnen, den Verkehr zu überwachen, nach Schmugglern zu fahnden oder Ausweispapiere auszustellen. Doch irgendwann kam der Tag, an dem ihnen befohlen wurde, an einem Gefangenenlager Wache zu stehen, Frauen und Kinder in Viehtransporter zu stecken oder eine Reihe von Häftlingen am Rand eines Massengrabes zu erschießen. Den Befehl zu verweigern bedeutete den sicheren Tod. Wer desertierte, setzte die eigene Familie größten Gefahren aus. Und vom moralischen Standpunkt aus war es fast einerlei, ob der Befehl von der SS oder vom NKWD kam.

Calel Perechodnik (1916 bis 1944) war ein polnisch-jüdischer Polizist, der vor solche Probleme gestellt wurde. Er wurde von den Nazis für die jüdische Polizei rekrutiert, die im Ghetto von Otwock, einer Kleinstadt nahe Warschau, für Ordnung sorgte. Anfangs tat Perechodnik nichts Ungewöhnliches. Als aber 1942 die Deportationen in die Todeslager begannen, befolgte er den Befehl, seine eigenen Leute zusammenzutreiben, zu schlagen und zu töten. Er konnte aus dem Ghetto fliehen und schrieb, von Reue zerfressen, ein Tagebuch, das erst nach seinem Tod entdeckt wurde. Es trägt den Titel: *Bin ich ein Mörder?*[136]

Salomon Morel (1919 bis 2007) stammte aus derselben Gegend und überlebte den Krieg. 1944 schloss er sich jedoch der stalinistischen Geheimpolizei an und war von Februar bis November 1945 Kommandant eines polnischen Gefangenenlagers in den Einrichtungen des einstigen Stalag VIIIB in Lamsdorf im ehemaligen Oberschlesien. Während seiner Zeit sollen 1500 gefangene deutsche Zivilisten durch Misshandlung ums Leben gekommen sein. Erst nach fünfzig Jahren wurde er von der polnischen Regierung unter Anklage gestellt. Daraufhin floh Morel nach Israel, das seine Auslieferung verweigerte.[137]

Kommunisten

Als Mitglieder einer der beiden führenden radikalen Bewegungen des 20. Jahrhunderts waren die Kommunisten in ihren eigenen Augen – und oft auch in der Beurteilung durch andere – Pioniere im »Kampf gegen den Faschismus«. Unter Weisung der Moskauer »Zentrale« und bis 1943 vor allem der Komintern waren sie praktisch überall in Europa tätig, auch in jenen Ländern, in denen die Kommunistische Partei verboten war. In Deutschland waren sie stark vertreten gewesen, wurden aber nach der Machtergreifung der Nationalsozialisten weitgehend ausgeschaltet. Im Untergrund operierten sie, oft manipulativ und gewalttätig, höchst erfolgreich in Widerstandsbewegungen, vor allem in Frankreich, Italien, Griechenland und Jugoslawien. Ab 1935, als die UdSSR in den Völkerbund aufgenommen wurde, verfolgten die Kommunisten die Strategie der »Volksfronten«, mit deren Hilfe sie versuchten, neben anderen »progressiven Kräften« innerhalb der Demokratien zu wirken. Aus diesem Grund weckten sie nie – außer in jenen Ländern, in denen sie durch ihre Taten bekannt waren – dieselben Ängste wie die Faschisten, obwohl sie der westlichen Demokratie im Grunde feindlich gesinnt waren.

In der ersten Phase des Krieges waren die kommunistischen Parteien Europas jedoch vollkommen ratlos. Nachdem sie jahrelang im Kampf gegen Kapitalismus und Faschismus gedrillt worden waren, reagierten die Parteispitzen vollkommen perplex auf Stalins Pakt mit Hitler. »Sich aus diesem Konflikt herauszuhalten wäre ein Verrat an allem, was unsere Vorgänger erkämpft und erreicht haben«, schrieb Harry Pollitt, der Sekretär der Kommunistischen Partei Großbritanniens am 2. September 1939.[138] Dafür wurde er von Moskau gerügt und degradiert.

In der letzten Phase des Krieges stieg das Ansehen des Kommunismus jedoch. Es war die Zeit seiner größten Erfolge. Die Siege der Roten Armee bescherten nicht nur der Sowjetunion großes Prestige, sondern auch der kommunistischen Theorie und Praxis, besonders in Bereichen wie staatlicher Wohlfahrt und Industriepolitik. In den vierziger Jahren war Kommunismus letztlich gleichbedeutend mit Stalinismus und Sowjetmacht; die Komintern war abgeschafft worden, und das Wohl des einzelnen Menschen wie auch der Volkswirtschaft waren keine Aktivposten in der kommunistischen Bilanz.

Die meisten kommunistischen Führer des europäischen Festlands verbrachten den Krieg im sowjetischen Exil und wohnten im Internationalen Hotel in Moskau. Sie gehörten gleichsam einer weltweiten politischen Sekte an, die damals globale Ziele verfolgte. Es wurde allgemein befürchtet, sie würden soziale Unruhen schüren, sobald sie nach Hause zurückkehrten. Zu Gewalt griffen sie jedoch nur in Verbindung mit dem NKWD in Osteuropa. An Orten, wo die Rote Armee nicht gegenwärtig war, verlegten sie sich auf Anordnung Stalins auf die Taktik der Volksfront.

Maurice Thorez (1900 bis 1964) kehrte 1944 nach Frankreich zurück und befehligte an der Spitze der PCF die stärkste politische Gruppierung im Land. Er trat der Regierung General de Gaulles als Vizepremier bei, stieg aber nicht weiter auf. Palmiro Togliatti (1893 bis 1964) beschritt einen ähnlichen Weg. In den zwanziger Jahren war er aus dem faschistischen Italien ins Exil gegangen, kehrte 1944 zurück und wurde vom größten Block kommunistischer Wähler in Europa unterstützt. Im Rahmen der *svolta di Salerno* wandte er sich von der revolutionären Politik ab und konnte der ersten Nachkriegskoalition beitreten.[139]

Die osteuropäischen Kommunisten hatten ein schwereres Los. Ihre Aktivitäten wurden massiv von sowjetischen Funktionären gelenkt, und die bäuerlichen Gesellschaften des Ostens lehnten den Kommunismus sowohl aus ökonomischen als auch aus religiösen Gründen entschieden ab. Es kam zu Gewaltausbrüchen. In Polen war Bolesław Bierut (1892 bis 1956) praktisch unbekannt. Ab 1943 beteiligte er sich im Untergrund am Widerstand und kam mit dem Lubliner Komitee zu Ansehen; er gab vor, neutral und parteilos zu sein. Farbe bekannte er erst 1948. In der Tschechoslowakei kehrte Klement Gottwald (1896 bis 1953) bei Kriegsende 1945 aus dem Exil zurück und diente in der Regierung von Eduard Beneš als Vizepremier. Nach dem kommunistischen Coup vom Februar 1948 wandte er sich jedoch gegen seine demokratischen Partner und auch gegen seinen Rivalen, Rudolf Slánský, der nach einem Schauprozess liquidiert wurde. Matyas Rakosi (1892 bis 1972), der einst Funktionär der Komintern gewesen war, kehrte dagegen als Generalsekretär der Kommunistischen Partei in seine ungarische Heimat zurück und blieb bis zum Aufstand von 1956 an der Macht. Der Sachse Walter Ulbricht (1893 bis 1973) war Gründungsmitglied der Kommunistischen Partei Deutschlands (KPD) gewesen. Von 1928 bis 1933 hatte er dem Reichstag angehört und weilte von 1933 bis 1945 im Exil, zunächst in Prag, dann in Moskau.

In Rumänien kam es zu einem Duell zwischen dem »Moskauer Flügel« unter Ana Pauker (Hannah Rabinsohn, 1893 bis 1960) und der sogenannten »Gefängnisfraktion« unter Gheorghe Gheorghiu-Dej (1901 bis 1965), der während des Krieges in einem der Gefängnisse von Marschall Antonescu saß. Der Moskauer Flügel behielt bis 1952 die Oberhand. Unter den bulgarischen Genossen dominierte Georgi Dimitrow (1882 bis 1949), der als Generalsekretär der Komintern während des Krieges in Moskau unter den osteuropäischen Funktionären den Ton angab. Vor dem Krieg war Dimitrow in den Prozess um den Reichstagsbrand verwickelt gewesen. Nach dem Krieg machte er sich für eine sozialistische Föderation auf dem Balkan stark, für die Stalin aber wenig übrighatte. Dimitrow wurde nach Moskau beordert und starb bald darauf unerwartet, möglicherweise aufgrund einer Vergiftung oder Verstrahlung.[140]

Die heikelste Frage in der Geschichte der kommunistischen Bewegung berührt zweifellos die Tatsache, dass unverhältnismäßig viele ihrer Anhänger Juden waren – beziehungsweise »nichtjüdische Juden«, wie Isaac Deutscher sie nannte. Lenin selbst war Jude – jedenfalls nach den traditionellen jüdischen Regeln. Dasselbe galt für die überwiegende Mehrheit der ursprünglichen Bolschewikenführer. Die Nazis schlachteten diesen Umstand weidlich aus und sprachen nur vom »jüdischen Bolschewismus«, so als seien Judentum und Kommunismus gleichbedeutend und austauschbar. Sie übersahen dabei freilich einige wichtige Tatsachen, etwa die Unvereinbarkeit von Judaismus und Kommunismus und die vehemente Ablehnung der kommunistischen Ideologie durch die Mehrheit der Juden. Stalin, der alle überlebenden Bolschewikenanführer hatte ermorden lassen und noch vor seinem Tod eine Säuberungsaktion unter den Juden plante, wird oft als Antisemit angesehen. Den verschiedenen kommunistischen Parteien, die um 1945 in Osteuropa an die Macht kamen, gehörten dennoch viele jüdische Mitglieder an, besonders in der Staatssicherheit und den Geheimdiensten, deren Tyrannei zwangsläufig alte Spannungen wieder auftreten ließ. Folglich war das Thema Judentum nicht abgeschlossen, auch nachdem die Nationalsozialisten besiegt waren.

Zusammengefasst lässt sich sagen, dass die kommunistische Bewegung in jedem Land eine andere Entwicklung nahm. Tito verzeichnete in Jugoslawien außergewöhnliche Erfolge, indem er weitgehend durch eigene Anstrengungen ein Nachkriegsregime aufbaute.[141]

Kriminelle

Verbrechen sind eine beständige Begleiterscheinung menschlicher Gesellschaften. Die Verbrechensrate steigt oder sinkt jedoch je nach den herrschenden Verhältnissen. Die Kriminalität nahm 1939–45 eindeutig zu, sicherlich aufgrund der Gewalt, der Not und der Unordnung, die der Krieg förderte.

In den totalitären Ländern waren zwei Faktoren bedeutsam. Der eine beruhte auf dem Begriff des »politischen Verbrechens«, worunter der Widerstand gegen alles, was das Regime anordnete, verstanden werden konnte. Der andere hatte damit zu tun, dass selbst Bagatellvergehen teils mit harten Strafen geahndet wurden. In Polizeistaaten konnten die streng angewiesenen Ordnungskräfte gegen »politische« und zivile Straftäter gleichermaßen ungezügelt vorgehen. Im nationalsozialistischen Deutschland und in der UdSSR schien nur deswegen eine soziale Ordnung zu herrschen, weil Kriminelle ohne viel Federlesens eliminiert werden konnten.

In Italien rettete der Krieg sogar die Mafia, die seit zwei Jahrzehnten durch das faschistische Regime unter Beschuss geraten war. Der Einmarsch fremder Streitkräfte hob nicht nur die staatliche Kontrolle auf, sondern eröffnete auch lukrative Möglichkeiten. Es heißt, die US-Armee habe Syndikatsbosse aus den Vereinigten Staaten eingeschleust, um die Verbindungen zu den sizilianischen Paten wiederaufzunehmen.

Selbst in Großbritannien, das sich seiner geordneten Vorkriegsgesellschaft gerühmt hatte, ließen die Belastungen des Krieges die Kriminalität deutlich steigen, nicht zuletzt in London. Sobald die deutschen Bomben niedergegangen waren, begann das Plündern. Ausgebombte Häuser wurden ausgeraubt. Wertgegenstände verschwanden. Teppiche und Bleirohre wurden herausgerissen. Bei den ersten Prozessen im November 1940 wurden Mitglieder der ARP (Luftschutzpatrouille) und der AFS (Flugmeldedienst) unter Anklage gestellt. Die Verdunklung bot Einbrechern, Taschendieben und Vergewaltigern ideale Bedingungen. Und im selben Maße wie die Aufklärungsraten und die Ermittlungserfolge der Polizei sanken, stieg die Zahl der Vergehen.

Ein weiteres Problem bildeten betrügerische Forderungen. Wer sein Haus eingebüßt hatte, konnte eine Vorauszahlung in Höhe von 500 Pfund auf eine Nachkriegsentschädigung von bis zu 20 000 Pfund beanspruchen. Wer Evakuierte oder Militärangehörige aufnahm, konnte eine Vergütung von zehn Schilling und sechs Pence pro Woche geltend machen. Das National Assistance Office wurde mit Anträgen überflutet und hielt es für einfacher zu zahlen als nachzuprüfen.

Ein Mitglied des britischen Parlaments bezeichnete den

Schwarzhandel als »Verrat der übelsten Art«. Da aber Nahrungsmittel, Brennstoffe und Kleidung rationiert waren, blühte der illegale Handel mit diesen Gütern. In Glasgow starben viele Menschen, die selbstgebrannten »Stoff« getrunken hatten.

In England und Wales stieg die Zahl der Morde um 22 Prozent. Dies hatte teilweise mit der Verfügbarkeit von Schusswaffen und teils mit den günstigen Umständen zu tun. Ausgebombte Ruinen waren ein ideales Milieu für Mörder, die ihre Opfer dort verbargen, damit es so aussah, als seien sie durch Bomben umgekommen.

Die Ankunft der Amerikaner 1943 wirkte sich zwangsläufig auch auf das Leben der Zivilisten aus. Amerikanische Luxusgüter wie Zigaretten und Nylonstrümpfe kurbelten den Schwarzmarkt an. Und nicht wenige Vergewaltigungen endeten mit einem Todesurteil. Eine Ausnahme machte man im Fall eines schwarzen US-Soldaten, den die Polizei von Combe Down in Dorset brutal verprügelt hatte, bevor er der Vergewaltigung für schuldig befunden worden war. Der Mann blieb straffrei. Ein anderer GI, Karl Halten, sorgte 1944 für Aufsehen, als er mit seiner walisischen Freundin, einer Stripperin, mordend und raubend umherzog. Er wurde hingerichtet.[142]

Im Dritten Reich und in der Sowjetunion dagegen rührten die Probleme im Grunde daher, dass die Kriminellen – also jene, die keinen Respekt vor den Rechten, der Würde, dem Leben und dem Eigentum anderer zeigten – selbst die Macht über den Staat übernommen hatten. Der Krieg an der Ostfront lässt sich daher auch in einem ganz realen Sinn als tödliche Fehde zwischen Verbrechern bezeichnen.

Kulturfunktionäre

Der Totalitarismus trachtet danach, die Kultur – genau so wie alle anderen Bereiche – gleichzuschalten und der Kontrolle des diktatorischen Staates zu unterwerfen. Der Krieg verstärkt diese Bestrebungen noch.

Im Dritten Reich wurde daher 1933 eine Reichskulturkammer gegründet, die der direkten Aufsicht durch Goebbels' Propagandaministerium unterstand. Sie gliederte sich in sieben Sparten, die für Schrifttum, Film, Musik, Theater, die bildenden Künste sowie die Presse und den Rundfunk zuständig waren. Jede Einzelkammer hatte einen eigenen »kleinen Führer«. Präsident der Reichstheaterkammer war der Schauspieler Paul Hartmann. Die Reichskammer der bildenden Künste leitete der Maler Adolf Ziegler. Die Reichskulturkammer beanspruchte ein Monopol und verlangte von allen Mitgliedern Bescheinigungen der politischen und rassischen Unbedenklichkeit. Dies führte bereits vor dem Krieg zu einem Exodus von etwa fünftausend Künstlern und Intellektuellen. Jene, die blieben, mussten sich den nationalsozialistischen Standards für Ästhetik und künstlerische Prioritäten unterordnen.

In der Sowjetunion übten die Kulturbehörde der Partei und die Bürokraten der unterstellten Ministerien eine strenge Kontrolle aus. Trotzdem waren die Verhältnisse anders als in Deutschland. Während die Nazis die Schrauben stetig weiter zudrehten, ließen die Sowjets, die in den dreißiger Jahren einen repressiven Kulturapparat geschaffen hatten, die Zügel zwischen 1941 und 1945 etwas lockerer und zogen sie erst später wieder an. Gestalten wie Alexander Fadejew, der Vorsitzende des Schriftstellerverbandes, und Ilja Ehrenburg waren ausgesprochen populär. Erstaunlich ist jedoch die bemerkenswerte Ähnlichkeit zum kulturellen Ethos der Nationalsozialisten; hier wie dort verherrlichte man den Krieg, feierte die Gigantomanie des sogenannten Realismus und berief sich auf die nationale Geschichte.

In Großbritannien zeigten zwar die Zensur der Kriegsjahre, die Rationierung von Papier und die Maßnahmen des Informationsministeriums gewisse Auswirkungen, doch es bestand kein staatlich kontrollierter Kulturapparat. Vielmehr hatte man in weiten Kreisen erkannt, dass die Existenz der Nation selbst auf dem Spiel stand und dass die Kultur einen wesentlichen Bestandteil der nationalen Identität bildete. Man könnte vermuten, diese Haltung sei eher unenglisch gewesen, doch ungewöhnliche Zeiten erforderten ungewöhnliche Maßnahmen. Kenneth Clark, der Kunstkritiker und Direktor der National Gallery, leitete ein Komitee von Kriegskünstlern, und der Ökonom John Maynard Keynes stand einem Ausschuss zur Förderung von Musik und Kunst vor. Die BBC genoss zu keiner Zeit so großes Ansehen wie in den Kriegsjahren.[143]

Diplomaten

Entgegen dem ersten Anschein wurden die Auslandsbeziehungen während des Krieges nicht ausschließlich von Armeen »gepflegt«. Sämtliche Konfliktparteien unterhielten mit ihren Verbündeten diplomatische Beziehungen, ebenso mit Vertretern besiegter oder besetzter Länder. Über die Diplomatie der Achsenmächte wie auch der Alliierten gäbe es zahlreiche Geschichten zu erzählen.

Die Achsendiplomatie war naturgemäß einseitig und zudem zeitlich begrenzt. Hitler hatte stets eine Schwäche für Mussolini gehabt, der »bewies, dass alles möglich ist«. Doch an der Wilhelmstraße verlor man schon bald die Geduld mit Graf Ciano, und die ganze Affäre nahm 1943 ein übles Ende. Ciano gab einen vielsagenden Kommentar dazu: »Der Sieg hat hundert Väter, aber eine Niederlage ist immer Waise«, erklärte er 1942. Die Achsenverbindung mit Japan, die anfangs erfolgversprechend zu sein schien, wurde nach 1941 nicht weiter gepflegt und verkümmerte.

Trotzdem hielten die Mitglieder des Achsenblocks diplomatische Beziehungen aufrecht. Die deutschen Botschafter in

Budapest, Helsinki, Bukarest, Sofia und Tokio sowie bis 1941 in Moskau und bis 1943 in Rom waren mächtige Persönlichkeiten. In Rumänien spielte beispielsweise Botschafter Manfred von Killinger während des Staatsstreichs von 1944 eine entscheidende Rolle.

Auf Seiten der Alliierten gestaltete sich die Diplomatie komplizierter, nicht zuletzt wegen der tiefen Kluft, die sich zwischen ihren politischen Standpunkten auftat. In der ersten Phase dominierte das Dreieck Großbritannien–Frankreich–Polen. Von 1941 bis 1945 verlagerte sich der Schwerpunkt auf ein neues Dreieck, die »Großen Drei« – Großbritannien, USA und UdSSR. In der Praxis führte dies zu höchst schwierigen Beziehungen zwischen den Staatsmännern Churchill, Roosevelt und Stalin, ihren Außenministern Anthony Eden (1897 bis 1977), Cordell Hull (1871 bis 1955) und Wjatscheslaw Molotow (1890 bis 1956) sowie den jeweiligen Diplomaten in London, Washington und Moskau.

Botschafter der Großen Drei während des Krieges

	Großbritannien	**USA**	**UdSSR**
Botschafter in London		Josep P. Kennedy 1938–40	Ivan Maisky 1932–43
		John G. Winant 1941–46	Fyodor Gusev 1943–46
in Moskau	Stafford Cripps 1940–42	Laurence Steinhardt 1939–Nov. 1941	
	Archibald Clark Kerr März 1942–46	William H. Standley Febr. 1942–Sept. 1943	
		Averell Harriman Okt. 1943–Jan. 46	
in Washington	Marquess of Lothian 1939–40		Maxim Litvinov 1941–43
	Lord Halifax 1940–46		Andrei Gromyko 1943–46

Besonders aktiv waren die Diplomaten in London, wo die Vertreter aller Exilregierungen ständig tagten. Hauptthema war die Zukunft Europas. Und hier, in London, wurden von Paul-Henri Spaak, Jean Monnet, Salvador de Madariaga und Joseph Retinger die Fundamente der europäischen Nachkriegszeit gelegt.[144]

Diplomaten wirkten drüber hinaus auch in den neutralen Hauptstädten, wo Vertreter der Achsenmächte und der Alliierten miteinander in Berührung kamen. Stockholm, Bern und Ankara bildeten den Rahmen für einen wichtigen Austausch, besonders im Gerangel um die Neuordnung in der letzten Phase des Krieges.

Wohl kaum ein Diplomat der Kriegszeit war so bemerkenswert wie Wjatscheslaw Molotow. Er war während des gesamten Krieges Stalins Stimme in auswärtigen Angelegenheiten. Der langjährige fanatische Bolschewist war bekannt für seine grausamen Denunziationen im Zuge der Stalinschen Säuberungen und galt als extrem undiplomatisch. Er war rüde, mürrisch und oft unkommunikativ – das genaue Gegenteil des weichen Maxim Litwinow, den er im Mai 1939 ablöste, als sich der Hitler-Stalin-Pakt abzeichnete. Offenbar war er jedoch sehr kompetent. Er überstand sämtliche Krisen und Kurswechsel. Und mit seiner rauhen Art, mit der er seine Kollegen häufig irritierte, hielt er jeden in gebührender Distanz. Wie kaum ein anderer sorgte Molotow dafür, dass die westlichen Alliierten »das sowjetische Rätsel nicht knacken konnten«.[145]

Enteignete

Während des Krieges wurden in ganz Europa viele Menschen enteignet – Einzelpersonen und Familien, aber auch Gemeinden oder ganze Nationen. Sehr häufig hatten sie Glück, dass sie nicht auch ihr Leben einbüßten. Sie überstanden Gefechte, Bombardements, Deportationen, ethnische Säuberungen und Völkermord.

Die Frage der Entschädigung kam bereits vor Kriegsende auf, und in einigen Ländern Westeuropas wurden diverse Ausgleichsprogramme geschaffen. In der breiten Zone Osteuropas, in der die Sowjets die Nazis als Besatzungsmacht ablösten, wurden Eigentumsrechte nicht gewahrt. Die Sowjets enteigneten am meisten, und die Nachkriegsregime in den von den Sowjets abhängigen Ländern standen ihnen – wie die Nazis vor ihnen – in nichts nach.

Abgesehen davon wurden Eigentumsansprüche durch aufeinanderfolgende Enteignung, Wiederinbesitznahme und Umverteilung oft undurchschaubar. Ein hypothetischer Fall soll die komplexe Lage veranschaulichen. Der Eigentümer eines beträchtlichen Grundbesitzes mit Haus und umliegendem Land wurde von den Nazis vertrieben und enteignet. Ihm beziehungsweise seinen Nachfahren war ein eindeutiges Unrecht widerfahren, das einen klaren Anspruch auf Entschädigung begründete. Das Haus war jedoch in ein Krankenhaus umfunktioniert worden, und das Land war unter deutschen Siedlern aus den baltischen Staaten aufgeteilt worden. Dann rückte 1944–45 die Rote Armee vor. Aus dem deutschen Krankenhaus wurde ein staatliches Waisenhaus; die deutschen Siedler flohen, das Land wurde an »Umsiedler« aus dem Osten übergeben, die ebenfalls enteignet worden waren. Der gesamte Bezirk war nicht mehr Teil des Reiches. Wie lässt sich da Gerechtigkeit für alle schaffen?

Vom Übergang staatlichen oder privaten Eigentums waren Millionen von Menschen betroffen. Den meisten blieb nichts anderes übrig, als ihren Vorkriegsbesitz abzuschreiben und an einem fremden Ort, oft in einem neuen Land, ganz von vorn anzufangen. So erging es auch Horst Köhler, dem einstigen Präsidenten der Weltbank und neunten deutschen Bundespräsidenten, der 1943 als Sohn umgesiedelter Bauern in Skierbieszów im Generalgouvernement zur Welt kam. Durch die Umsiedlung nach Deutschland zu Kriegsende verlor er sämtliche Verbindungen zu den Ursprüngen seiner Familie.[146]

Unterhaltungskünstler

In früheren Zeiten hatten sich die Soldaten selbst unterhalten müssen. Im Zeitalter der Wehrpflichtigenarmeen wurde die Unterhaltung der Truppen jedoch von höchster Stelle organisiert. Briten und Amerikaner waren auf diesem Gebiet besonders stark. Die britische Truppenbetreuung (*Entertainments National Service Association*, ENSA) zog populäre Sänger und Schauspieler heran, die formell militärischem Befehl unterstanden. Die amerikanische USO (*United Services Organization*) operierte sogar in noch größerem Stil. Mit Hilfe von Rundfunkübertragungen wurde eine direkte Verbindung zwischen Militär und Zivilisten hergestellt.

In Großbritannien wetteiferte Gracie Fields, die »Nachtigall von Lancashire«, mit Songs wie »There'll be Bluebirds over the White Cliffs of Dover« und »We'll Meet Again« mit Vera Lynn, die als »The Forces' Sweetheart« gefeiert wurde, um die Gunst der Zuhörer. In englischen Fabriken wurde nach amerikanischem Vorbild während der Arbeit Musik gespielt. Leiter von Tanzkapellen wie Henry Hall und Victor Sylvester genossen größere Bekanntheit als die meisten Generäle.

Die triumphalsten Erfolge feierte zweifellos Marlene Dietrich (1902 bis 1992), die von Deutschland in die Vereinigten Staaten emigriert war und dazu beitrug, dass das schwermütige Lied »Lili Marleen« zum Tophit des Krieges wurde. Britische Verbände in Nordafrika hatten den Song 1941 über einen deutschen Radiosender in Jugoslawien gehört und übersetzt. Das Thema Trennung und Sehnsucht sprach alle an. Nach der Niederlage von Stalingrad wurde das Lied von den deutschen Behörden verboten.[147]

Glenn Miller (1904 bis 1944) brachte als Bandleader des *US Army Air Force Orchestra* den Swing nach Europa. Seit den zwanziger Jahren hatten der Jazz und die Schlagerindustrie Amerikas die populäre Musik stark beeinflusst. Als aber Millionen US-Soldaten mit ihren Grammofonen, neuartiger Tanzmusik und ungezügelten Umgangsformen auf den Plan traten, brach eine regelrechte Kulturrevolution los, besonders in Westeuropa. Major Miller, der als freiberuflicher Posaunist in Iowa angefangen hatte, war in der Vorkriegszeit mit seinem sanften Saxophon-Sound, besonders durch die unnachahmliche Melodie »In the Mood« von 1940, in die Spitzen der Hitlisten aufgestiegen. Statt der Improvisation bevorzugte er sorgfältig orchestrierte Nummern. Am 14. Dezember 1944 stieg er nach einem Konzert auf einem Luftwaffenstützpunkt bei Oxford in sein Flugzeug, um auf seiner Tournee nach Frankreich zu fliegen, startete in den nächtlichen Himmel und verschwand spurlos.[148]

Ab den vierziger Jahren hatte der Jazz weltweit für Sensationen gesorgt. In den vorausgegangenen Jahrzehnten hatte er sich von New Orleans nach New York und dann um die ganze Welt ausgebreitet. Millionen Menschen hörten am liebsten Jazz. Während des Krieges konnten sich in Europa besonders die britischen Jazzliebhaber glücklich schätzen. Mit den US-Streitkräften wurden auch amerikanische Jazzbands eingeflogen. Die Nazis in Deutschland hatten wenig für die »Negermusik« übrig, doch sie duldeten die Musik, wenn die Soldaten ausländische Rundfunksender hörten. Lediglich in der Sowjetunion wurde die Zensur des »dekadenten« Jazz mit Nachdruck durchgesetzt.

Im Warschau der Vorkriegszeit galt Adi Rosner (1910 bis 1976) als bekanntester Jazztrompeter. Er besaß ein Foto von Louis Armstrong, das mit den Worten signiert war: »An den weißen Louis Armstrong vom schwarzen Adi Rosner.« Als er 1939 mit seiner Frau in die UdSSR flüchtete, wurde er wie ein Held gefeiert. Die geplante öffentliche Konzertreihe wurde zwar verkürzt, doch bei privaten Partys und exklusiven Auftritten vor der kommunistischen Elite galt er als begehrtester Gast des Landes. So trat er beispielsweise während der Belagerung Leningrads auf, ohne dass Außenstehende davon erfuhren. Und er spielte bei aufwendigen Veranstaltungen in allen sowjetischen Großstädten. Einmal musste er in Moskau mitten in der Nacht in einem leeren, verdunkelten Theater vor einem einzigen Zuhörer spielen. Seine Frau erspähte den Schatten einer Gestalt mit Schnurrbart, die hinten in einer dunklen Loge saß. Die Rosners wurden stets mit teuren Geschenken überhäuft und führten ein Leben mit »Champagner und Nerzmänteln«. Als sie aber Anfang 1945 erfuhren, dass die Rote Armee vor Berlin stand, baten sie darum, heimkehren zu dürfen. Sie wurden prompt als »Anhänger der westlichen Kultur« denunziert und verschwanden in einem Lager. Rosner hatte sich anscheinend undankbar gezeigt und fiel in Ungnade.[149]

Exilanten

Ein Exilant ist ein Flüchtling, der eine neue Bleibe gefunden hat, gewöhnlich in einem fremden Land. Überall in Europa waren unzählige Menschen ins Exil gegangen. London, die unbesetzte Hauptstadt der Alliierten, war überschwemmt von Holländern, Belgiern, Franzosen, Polen, Tschechen, Jugoslawen und Angehörigen vieler weiterer Staaten. Auch Lissabon platzte aus allen Nähten. Und Buenos Aires war das bevorzugte Ziel für Deutsche und Italiener, die ihr Heimatland verlassen mussten, bei den europäischen Nachbarn aber nicht willkommen waren.

Ein Exilant zu Kriegszeiten leidet weniger unter einem leeren Magen als vielmehr unter mentalen Belastungen: dem Verlust der vertrauten Umgebung, Anpassungsschwierigkeiten und Sorgen über eine ungewisse Zukunft. Der Ungar George Mikes, Autor des Buches *England für Anfänger oder »How to be an Alien«*, schilderte die Lage treffend.[150] Ein Exilant, schrieb er, sei jemand, der alles verloren habe, außer seinem Akzent. Und die Briten, bemerkte er spitz, hätten statt Sex Wärmflaschen.

Das Los des Exilanten war jedoch nicht allein Bürgern alliierter Staaten vorbehalten. Auch aus dem Dritten Reich gingen Menschen ins Exil. Herbert Ernst Frahm (1913 bis 1992), Sohn einer unverheirateten Lübecker Verkäuferin, war ein junger deutscher Sozialist. Im Jahr 1931 wurde der linke Flügel der Sozialdemokratischen Partei Deutschlands (SPD), dem er angehörte, aus der Partei ausgeschlossen. Frahm ging daraufhin als Mitglied der Sozialistischen Arbeiterpartei ins Ausland; in Spanien und Norwegen war er als Korrespondent tätig. Wegen seiner Aktivitäten sorgte die Gestapo dafür, dass ihm die deutsche Staatsbürgerschaft aberkannt wurde. Und so überlebte er den Krieg im neutralen Schweden. Als er 1946 nach Deutschland zurückkehrte, behielt er sein Pseudonym »Willy Brandt« bei. Er stieg zum Regierenden Bürgermeister von Berlin auf und war von 1969 bis 1974 Bundeskanzler. Viele seiner politischen Maximen, vor allem sein Engagement in der Ostpolitik und der Nord-Süd-Kommission, spiegelten seine Bodenständigkeit und seine einfache Herkunft wider.[151]

Augenzeugen

Tausende und Abertausende, wenn nicht sogar Millionen von Memoiren und Augenzeugenberichten über den Zweiten Weltkrieg wurden geschrieben – in Dutzenden von Sprachen, von Menschen jeden Alters und jeder Nationalität und in allen Teilen Europas. Jede dieser Schilderungen ist subjektiv, jede stützt sich auf Erinnerungen, die mehr oder weniger bruchstückhaft sind. Das Spektrum ist riesig.

Als Einstieg eignet sich wohl jenes Land am besten, in dem der Krieg begann und in dem die beiden größten Armeen des Kontinents erstmals aufeinandertrafen. Brest (Brześć) am Bug, früher auch Brest-Litowsk, lag an dem Fluss, der 1939 die Grenze zwischen der nationalsozialistischen und der sowjetischen Zone bildete. Es war eine der größten Städte, in der die Juden die absolute Mehrheit bildeten. Hier kam auch Menahem Begin zur Welt.

Nathalie Hartmann (1919 als Natalie Kisowska geboren) war erst zwanzig Jahre alt, als der Krieg ausbrach. Ihre Eltern, die während des Ersten Weltkriegs in Kiew getraut worden waren, hatten sich gerade scheiden lassen. Ihr polnischer Vater war Fiat-Händler in Brest. Ihre russische Mutter war nach Warschau gegangen, weil sie mehr aus ihrem Leben machen wollte. Nathalie selbst war damals Studentin und verbrachte die Ferien in ihrem Heimatort. In ihren Memoiren schrieb sie:

> *Ein gewissenhafter Historiker ... wird sich an das genaue Datum des ersten deutschen Bombenangriffs auf Brest erinnern. Ich bin nicht sicher, ob es der 6. oder der 7. September war. In unserer Wohnung im zweiten Stock des Hauses hatten meine Studienfreundin und ich gerade zu einem frühen Mittagessen Borschtsch aufgetischt. Beim ersten Löffel geschah etwas Unerhörtes. Durch das schrille Heulen von Alarmsirenen hindurch hörten wir einen schrecklichen Knall. Unser ganzes Gebäude bebte. Sämtliche Fensterscheiben zersplitterten. Der Tisch mit unserem Mittagessen wurde verrückt, und der Borschtsch schwappte auf unsere hellen Blusen. Ich sah Krystyna an*

... und nahm an, sie sei blutbespritzt. Sie blickte mich an und dachte genau dasselbe. Wir brachen beide in hysterisches Lachen aus ...
Dann dachte ich an unsere junge Nachbarin. Sie wohnte am selben Platz in einem hübschen Einfamilienhaus inmitten eines Gartens voller Blumen. Ich packte Krystyna an der Hand und eilte mit ihr hinaus ... Als wir in dem kleinen Garten standen, sahen wir bloß die purpurrot leuchtenden Dahlien in voller Blüte, das Haus selbst war jedoch verschwunden, wie weggeblasen. Vor uns tat sich nur ein riesiger Krater voller Schutt und Sand auf; und daneben stand in der halbzertrümmerten Garage ein unbeschädigtes Auto mit einem Warschauer Kennzeichen. ...
[Anfang] September zog das Brester Kommando der polnischen Armee all unsere Autos ein ... gegen Barzahlung. Nach dem Rückzug der polnischen Armee blieben zahlreiche andere Autos auf den Straßen stehen. Vater und sein Junge holten sie zur Reparatur her; eines Tages brachten sie zwei riesengroße Kessel mit ... Die Deutschen, die ein paar Tage später nach Brest kamen, beschlagnahmten alle seine acht Autos, ohne jegliche Entschädigung. Nur die zwei Kessel und ein kleiner Fiat 500 blieben uns; damit konnten wir in den umliegenden Dörfern Lebensmittel kaufen ... Kartoffeln, Zwiebeln und gesalzenen Speck, woraus wir Suppe für die Flüchtlinge kochten.
...
Ende September wurde Brest am Bug von den Deutschen an die Russen abgetreten. Die neuen Machthaber fingen sofort an, die Einwohner von Brest ins Gefängnis zu stecken ... darunter auch meinen Vater ... Die offizielle Übergabezeremonie hatten wir nicht mitverfolgt, aber alle Einwohner wurden aufgefordert, der feierlichen Parade beizuwohnen.
Als Erstes marschierten in engen Reihen die disziplinierten

Deutschen an uns vorüber – in sauberen Uniformen und glänzenden Stiefeln, mit modernen Waffen und Tornistern von guter Qualität, alles aus Leder und Messing.
Danach erschien die Horde sowjetischer Soldaten: schmutzig, ungewaschen, in schäbigen Uniformen und zerschlissenen Mänteln. Auch die primitiven Stiefel waren dreckig und rochen nach dem Teer, mit dem man sie putzte … Sie trugen Gewehre eines viel älteren und schwereren Typs, und nicht an Lederriemen, sondern an Baumwollschnüren … Ich wollte meinen Augen nicht trauen.
Unser Kontakt zu den Soldaten der beiden Armeen gestaltete sich unterschiedlich. Die Deutschen kamen jeden Morgen in unseren Hinterhof und baten freundlich um warmes Wasser zum Rasieren. Die Russen forderten nur Trinkwasser und verlangten, dass wir ihnen unsere Hände zeigten. Das war eine Art politischer Test, um festzustellen, ob wir der Arbeiterklasse angehörten oder dem Bürgertum, dem verhassten Feind, … Als ein resoluter junger Soldat meine – trotz des vielen Kartoffelschälens – vergleichsweise sauberen Hände sah, fragte er mich:
»He, du Bourgeois, hast du noch nie mit den Händen gearbeitet?«
»Ich bin Studentin«, erwiderte ich.
»Und wieso sprichst du so gut Russisch?
»Meine Mutter war Russin.«
»Deine Mutter war Russin? Und wo ist sie jetzt, diese russische Mutter?«
»Sie ist tot.« Das war gelogen …
Da wurde mir zum ersten Mal klar: Wir lebten an der Grenzlinie zwischen dem Westen und dem Osten.
…
Im Oktober und November 1939 holten [die Russen] [meinen Vater] fünfmal ab, ließen ihn wieder für ein paar Tage frei und sperrten ihn erneut ein. Als er das sechste

Mal verhaftet wurde, erwarteten wir ihn in wenigen Tagen zurück. Aber er kam nicht wieder. Er blieb ein paar Jahre lang in sowjetischen Gefängnissen und hatte Glück, dass er nicht erschossen wurde … Vater stammte aus einer Grundbesitzerfamilie. Allein dafür hätte er nach Sibirien geschickt, wenn nicht sogar zum Tode verurteilt werden können. [Doch] die eifrigen Genossen wollten ihn eines viel größeren Verbrechens anklagen, was völliger Unsinn war. Während der Durchsuchung unserer Wohnung in Brest fanden die Sicherheitsbeamten ein ledergebundenes Album mit Fotos unseres Urlaubs in Italien im Vorjahr. … Die Genossen in Minsk versuchten, meinen Vater zu beschuldigen, ein italienisch-deutscher Spion zu sein. Sie wollten es einfach nicht glauben, dass eine Privatperson … in Italien Urlaub machen konnte. Ihrer Meinung nach konnte sich nur ein gutbezahlter Spion solch einen Luxus leisten …

…

Im Dezember, während Vater im Gefängnis war, beschlossen Staszek und ich zu heiraten. Staszek und zweien seiner Freunde gelang es, [der russischen Gefangenschaft] zu entgehen, indem sie nachts aus dem offenen Fenster ihres Waggons sprangen. [Seine übrigen Freunde] wurden in die Lager Kozielsk und Starobielsk geschickt und 1940 in Katyn erschossen, allesamt. (Wir erfuhren dies erst Jahre später.) In Brest zu bleiben war gefährlich. Die sowjetische Polizei hatte bereits begonnen, die Familien von Verhafteten nach Sibirien zu deportieren. Vaters Geschäft, Auto-Polsie, war dichtgemacht worden, und unsere Wohnung hatte man für einen sowjetischen Polizeioffizier requiriert …

Wir bereiteten uns darauf vor, nach Warschau zu ziehen, wo die Familie meines Mannes lebte … Die Grenze am Bug war viel strenger bewacht [als früher]. Man riet uns, nach Malkinia zu gehen, einer Kleinstadt nordwestlich von Brest, und dort mit einem örtlichen Führer die Grenze zu überqueren. Am späten Nachmittag reisten wir in einem überfüllten Zug ab. Es war bereits dunkel, als wir an der winzigen Bahnstation eintrafen. Auf einem Pfad, der unter dem Schnee kaum sichtbar war, begaben wir uns zu einem kleinen Försterhaus, in dessen Schuppen wir bis spät in die Nacht warteten. Auf ein Signal unseres Führers schlichen wir im Gänsemarsch und mit Rucksäcken und Bündeln leise und verstohlen in tiefem Schnee durch den Wald. Schon von fern konnten wir unser Ziel sehen – die Lichter der Bahnstation von Malkinia, die den Deutschen gehörte.

Die Erinnerungen an jene sternenlose, frostige Nacht, in der wir unter Stacheldraht durchkrochen und die Hunde der sowjetischen Patrouille bellen hörten, tauchten noch lange danach in meinen Träumen auf. Noch zehn Jahre später kam es nicht selten vor, dass ich nachts aus dem Bett sprang und alle mit meinem Schreien aufweckte …[152]

Nathalie überlebte also. Und auch ihre Eltern hatten Glück. Ihre Mutter heiratete wieder, einen russischen Landsmann, der ebenfalls im Exil lebte, und ging mit ihm nach Tunis. Ihr Vater konnte aus der sowjetischen Gefangenschaft fliehen, als er während des Unternehmens »Barbarossa« in ein anderes Lager verlegt werden sollte. Er heiratete später eine junge Jüdin, Barbara, die in seinem Geschäft gearbeitet und ihn um Hilfe gebeten hatte, als sie aus dem Ghetto floh. Sie zogen Barbaras Nichte wie ihre eigene Tochter groß. Nathalie reiste mit ihrem asthmatischen Kind im Sommer 1944 in die Berge und entging so dem Warschauer Aufstand. Sie trennte sich von ihrem Mann und folgte einem faszinierenden Weg durchs Leben, der sie über Westafrika und die Schweiz genau fünfzig Jahre nach ihrer Flucht aus Brest nach Australien führte.

Die Familie ist oft das erste Opfer des totalen Krieges. Junge Männer werden eingezogen. Junge Frauen müssen sich allein mit ihren kleinen Kindern durchschlagen, und Trennung, Verlust und Trauer gehören zum Alltag. Väter müssen dem Granatfeuer ins Auge sehen, während sich Mütter, Söhne und Töchter auf Bomben, Flüchtlingstrecks oder schreckliche Telegramme gefasst machen müssen.

Die Zahl ziviler Opfer war zwischen 1939 und 1945 so groß, dass die Hauptlast des Krieges nicht die Soldaten, sondern deren Familien trugen. Man möchte meinen, dass das schlimmste Los etwa Eltern und Kindern beschieden war, die gemeinsam unter feindlichem Bombardement starben oder in einen Viehtransporter gesteckt wurden, um nach Sibirien deportiert oder »umgesiedelt« zu werden. Doch dies ist nicht unbedingt so. Der Krieg fördert auch eine psychisch-emotionale Entfremdung. Den tiefsten Schmerz erlitten vielleicht jene, die vergeblich auf Überlebende warteten, die aber nicht zurückkehren wollten, oder jene, die heimkehrten und feststellen mussten, dass sie nicht mehr willkommen waren.

Die britische Königsfamilie ist zwar kaum eine typisch britische Familie, bildete aber ein Vorbild familiärer Verbundenheit. Der König, Georg VI., war nach der Abdankung seines Bruders nur widerwillig Monarch geworden. Die Königin, einst Elizabeth Bowes-Lyon, hatte sich lediglich auf die Rolle einer Herzogin eingestellt und empörte sich über die Belastungen, die ihrem schüchternen und stotternden Gatten zugemutet wurden. Die beiden Prinzessinnen, Elizabeth und Margaret Rose, waren Teenager. Erstere träumte während des Krieges meist von einem stattlichen Marineleutnant. Aber als *Us Four* (»Wir vier«) hielten sie wunderbar zusammen – ganz anders als die nächste Generation britischer Royals. Als der Buckingham Palace bombardiert wurde, weigerten sie sich auszuziehen. »Wären wir umgezogen«, erklärte die Queen, »hätten wir den Blick auf das East End [die Arbeiterwelt] eingebüßt.«[153]

In Deutschland hatte die Machtübernahme des NS-Regimes für einige Familien verheerende Folgen und eröffnete anderen glänzende Chancen. So war 1930 die damals 29-jährige Magda Quandt frisch geschieden und somit frei und ungebunden. Sie war in Berlin in einfachen Verhältnissen als uneheliches Kind eines Dienstmädchens geboren worden und wuchs weitgehend in Brüssel auf, wohin ihre Mutter mit ihrem jüdischen Mann, Richard Friedländer, gezogen war. Nachdem Magda dank großzügiger Unterstützung durch ihren leiblichen Vater, den Bauunternehmer Oskar Ritschel, ein renommiertes Mädchenpensionat bei Goslar besucht hatte, heiratete sie den wohlhabenden Großindustriellen Günther Quandt, aber nicht, ohne vorher ihren Mädchennamen von Friedländer in Ritschel ändern zu lassen. Ihre Ehe mit Quandt, die acht Jahre andauerte und aus der ein Sohn namens Harald hervorging, machte sie finanziell unabhängig und wurde wegen ihrer langjährigen Affäre mit dem linken Zionisten Chaim Arlosoroff beendet.

Magda, stets Opportunistin, trat 1930 in die NSDAP ein und heiratete im Jahr darauf den Gauleiter von Berlin, Dr. Joseph Goebbels. Adolf Hitler war Trauzeuge; Gerüchten zufolge soll die Heirat sogar auf Hitlers Wunsch hin erfolgt sein. Magdas Sohn Harald begleitete sie unter den gekreuzten Schwertern der SA-Ehrengarde.

Von da an ging es mit Magda und ihrer Familie steil bergauf. Ihr Gatte wurde Propagandaminister. Ihr früherer Ehemann, Quandt, schloss lukrative Verträge und setzte in seinen Fabriken Zwangsarbeiter ein. Die sechs Goebbels-Kinder lebten privilegiert. Da Hitler unverheiratet war, galt Magda inoffiziell als ranghöchste Frau des NS-Reichs. Harald trat als Pilot in die Luftwaffe ein und geriet 1945 in Italien in Gefangenschaft. Von allen Kindern Magdas überlebte er als Einziger, denn Magda tötete ihre sechs Kinder von Joseph Goebbels, bevor sie sich selbst im Führerbunker das Leben nahm.

Nach dem Krieg brachten Harald und sein Halbbruder Herbert Quandt das Unternehmen des Vaters wieder nach oben. Sie und ihre Nachfahren wurden zu Multimillionären und Mehrheitsteilhabern an VARTA (Batterien), BMW (Fahrzeuge) und IWKA (Rüstung und Maschinenbau).[154]

Faschisten

Die Faschisten sahen sich gern als Speerspitze im internationalen Kampf gegen den Bolschewismus. Es gab keine »Faschistische Internationale«, doch die Faschisten und die Anhänger des Faschismus waren in praktisch jedem europäischen Land aktiv und beflügelten sich gegenseitig mit ihren Erfolgen.

Nach Mussolinis Anfängen in Italien griff der Faschismus ab 1933 auf Deutschland und 1936–39 auf Spanien über. Er vereinte all jene, die eine rote Revolution nach sowjetischer Manier als größte Gefahr für Weltfrieden und Wohlstand ansahen. Wie die Kommunisten lehnten sie die westliche Demokratie grundsätzlich ab. Aber anders als die Kommunisten brachten sie es nicht fertig, die Demokratien wenigstens halbwegs für sich einzunehmen. In Großbritannien etwa wurde Sir Oswald Mosley (1896–1980), der Gründer und Leiter der faschistischen Partei *British Union of Fascists* (BUF), im Mai 1940 zusammen mit dreiunddreißig aktiven Mitstreitern interniert. Obwohl die UdSSR damals mit Deutschland verbündet war, galt die Bestimmung, nach der er eingesperrt wurde (Defence Regulation 18B), für Faschisten, nicht aber für Kommunisten.[155]

In der ersten Phase des Krieges, als Hitler auf dem Höhepunkt seiner Macht war, traten in vielen deutsch besetzten

Ländern Faschisten in Erscheinung und schlossen sich dem »Kreuzzug gegen den Bolschewismus« an. In Frankreich, Belgien (unter Flamen wie Wallonen), den Niederlanden, Norwegen, der Slowakei, Kroatien, Ungarn, Rumänien und den baltischen Staaten kamen Gruppierungen auf, die mit den Nazis sympathisierten. Selten konnten diese aber eine beherrschende Stellung erlangen.

Nach 1943 verblasste der Stern der Faschisten jedoch. Mosley wurde als harmlos entlassen, Mussolini entmachtet und interniert. Die Nazis zogen sich ins Innere des Reiches zurück. Und niemand gab mehr zu, sie bewundert zu haben. Im Kampf der totalitären Regime wurden die Faschisten komplett geschlagen.

Konstantin Wladimirowitsch Rodsajewski (1907 bis 1946) war Generalsekretär und somit gleichsam »Führer« oder *»Duce«* der Russischen Faschistischen Partei. Seine Organisation, die weltweit sechsundzwanzig Ableger zählte, war in der UdSSR verboten und operierte von Harbin im japanischen Marionettenstaat Mandschukuo aus. Seine Sturmtruppen trugen schwarze Uniformen und Armbänder mit Hakenkreuzen. Er ergab sich 1945 der Roten Armee und wurde 1946 in einem Keller der Lubjanka erschossen.[156]

Heldinnen

Es ist einfach nicht wahr, dass Männer immer körperlich und Frauen immer moralisch Mut beweisen. Wahr ist vielmehr, dass die Frontlinien von 1939–45 weitgehend eine Männerwelt waren und dass sich Frauen vor allem jenseits des Kampfgetöses zum Heldentum aufgerufen fühlten. Die Gefahr beschränkte sich jedoch nicht auf das Schlachtfeld.

Pearl Witherington (1914 bis 2008), die Tochter einer britischen Militärfamilie, lebte in Paris und arbeitete bis Juni 1940 im Dechiffrierdienst der britischen Botschaft. Sie blieb nach dem Fall Frankreichs und organisierte in Marseille Fluchtwege für den britischen Geheimdienst MI9. Es folgte eine Ausbildung bei der *Special Operations Executive* (SOE), Sektion F, in England. Anfang 1943 wurde sie mit dem Fallschirm über dem Département Indre abgesetzt, wo sie unter dem Decknamen »Pauline« als Assistentin von Maurice Southgate tätig war, der das Untergrundnetzwerk »Stationer« leitete. Nach Southgates Verhaftung übernahm sie das Kommando über ein Netzwerk von 1500 Agenten, das unter dem Namen »Wrestler« operierte, in Zusammenarbeit mit einem Einheimischen namens Henri Cornioley organisiert wurde und eine aktive Rolle bei Sabotageakten vor dem D-Day spielte. Pearl Witherington wurde nie gefasst. Zu Kriegsende heiratete sie Cornioley und lehnte einen britischen Orden ab. Ursprünglich war sie für das Military Cross vorgeschlagen worden, doch dann erfuhr sie von Funktionären, dass diese Ehre Männern vorbehalten sei und dass sie daher den Verdienstorden für zivile Verdienste erhalten solle. Sie schickte den Orden zurück und erklärte: »Ich habe nichts Ziviles getan.«[157]

Sophie Scholl (1923 bis 1944) studierte an der Münchner Universität Biologie. Sie war zwar in einer Familie aufgewachsen, die dem Nationalsozialismus kritisch gegenüberstand, war jedoch der Mädchenorganisation der Hitler-Jugend beigetreten und hatte in einer Arbeiterbrigade Kriegsdienste geleistet. Im Sommer 1944 verbüßte ihr Vater eine Haftstrafe, weil er Hitler kritisiert hatte. Dieses Unrecht an ihrem Vater mochte Sophie Scholl dazu bewogen haben, sich der geheimen Widerstandsgruppe »Weiße Rose« anzuschließen. Sie hatte nur eine Handvoll Flugblätter verteilt, bevor sie verhaftet, verhört und hingerichtet wurde.[158]

In der Sowjetunion gab es viele Heldinnen, da der Geist der Selbstaufopferung unter sowjetischen Frauen stark entwickelt war. Wie im Dritten Reich wurde auch in der UdSSR die

Mutterschaft heroisiert, so als sei die Fortpflanzung genauso verdienstvoll wie die Stachanowsche Normübererfüllung oder der Kampf an der Front. In totalitären Regimes herrschte die Auffassung, der Körper einer Frau »gehöre« ebenso sehr dem Staat wie dem Ehepartner. Ab 1944 wurden der Orden »Mutterruhm« und die sowjetische Mutterschaftsmedaille (1. Klasse) an Frauen verliehen, die sechs Kinder geboren und großgezogen hatten. Skeptiker könnten zynisch argumentieren, dass diese Praktik nicht ganz unwesentlich für die Vergeudung von Menschenleben durch das stalinistische Regime war.

Mutterinstinkte lassen sich im Grunde nicht vollständig von der Politik vereinnahmen. Mütterliche Gefühle traten innerhalb wie außerhalb der Sowjetunion und auch unter den Opfern der UdSSR auf. Zofia Litewska, damals dreiunddreißig Jahre alt, landete mit ihren vier Kindern in einem arktischen Holzfällerlager, dreitausend Kilometer von ihrem Heimatort an der Memel entfernt. Ihr einziges Vergehen bestand darin, Lehrerin und somit gebildet und daher »Feind des Volkes« gewesen zu sein. In der Zeit des Hitler-Stalin-Paktes fällte sie fast zwei Jahre lang Holz und wurde dann freigelassen – fünf hungrige Mäuler ohne Geld, ohne Nahrung und ohne Transportmittel. Gemeinsam mit anderen Schicksalsgenossen trieben sie und ihre Kinder auf einem behelfsmäßigen Floß bis zur Küste des Weißen Meeres und marschierten dann los, der Sonne entgegen. Sie wurden von einem jungen russischen Soldaten gerettet, auf den sie mitten im Wald stießen. Als er ihre Geschichte hörte, gab er ihnen seinen Geldbeutel und erklärte, er werde ohnehin umkommen und brauche das Geld nicht. Als die Gruppe die Endstation der Bahnlinie erreicht hatte, konnten sich alle Fahrkarten kaufen und nach Süden fahren. Indem sie zwischendurch immer wieder auf Kolchosen arbeiteten, gelangten sie so bis zum Kaspischen Meer und von dort über den Iran bis Indien und landeten schließlich in Oxford, wo sie ein ganz neues Leben beginnen konnten.[159]

Extreme Umstände bewegen die Menschen dazu, erlebte Ereignisse schriftlich festzuhalten. Am besten dafür geeignet sind gut ausgebildete Historiker. Konflikte regen sie dazu an, Ursachenforschung und Analysen noch gründlicher zu betreiben und ihre Disziplin weiterzuentwickeln.

Viel von unserem Detailwissen über den Holocaust stützt sich auf engagierte Zeugen, die ihre Erlebnisse dokumentierten. Zu diesen Aufzeichnungen zählen die *Chronik des Ghettos von Lodsch*[160] und die bemerkenswerten medizinischen Studien aus dem Warschauer Ghetto, in denen die Forscher den Verfall ihrer sterbenden Körper protokollierten. Diese Berichte wurden vergraben und nach dem Krieg entdeckt.

Überall im Dritten Reich kamen verschiedenen Historikern ungewöhnliche Umstände »zugute«. Pieter Geyl (1887 bis 1966), ein geachteter holländischer Historiker, wurde in Buchenwald eingekerkert, wo er seine epochale Studie *Napoleon: For and Against* verfasste. Er galt als verdächtig, weil er vor dem Krieg an der Londoner Universität gelehrt hatte, und wurde als Geisel festgehalten, um für die Sicherheit von Deutschen zu garantieren, die in Holländisch-Ostindien interniert waren. Mit seiner klassischen Studie über Napoleon bewies er, dass es von einer historischen Begebenheit oder Persönlichkeit ebenso viele gültige Auslegungen gibt wie Historiker, die solch eine Deutung versuchen. Er nahm eine zutiefst skeptische Haltung gegenüber der totalitären Sichtweise ein.

Geyl betrachtete die Geschichtsschreibung als endlose Aufgabe, die letztlich immer ohne endgültiges Ergebnis bleiben muss.[161]

Hugh Trevor-Roper (1914 bis 2003) nutzte seine Erfahrungen als Offizier des britischen Militärnachrichtendienstes, um den ersten zusammenhängenden Bericht über *Hitlers letzte Tage* vorzulegen. Er war später jedoch nicht scharfsichtig genung, die »Hitler-Tagebücher« als Fälschungen zu erkennen, und bestätigte die Echtheit der Schriften.[162]

In der Sowjetunion entstand eine erhebliche Diskrepanz zwischen dem ungeheuren Einfluss der marxistisch-leninistischen Theorie auf westliche Historiker und dem spärlichen Rinnsal an glaubwürdiger Information über die sowjetische Lebensrealität. Eine ganze Generation britischer, französischer und amerikanischer Historiker, die der Krieg tief bewegte, begann bereits vor Ende des Krieges, ihre Beiträge zu veröffentlichen (siehe Kapitel 6). Nüchterne Studien über Stalin und dessen Politik ließen jedoch noch Jahrzehnte auf sich warten. Einen kleinen Einblick in die stalinistische Welt eröffnete das Parteiarchiv von Smolensk, das die Wehrmacht 1941 erbeutete.[163]

Für die Nationalsozialisten war Geschichte von großer Bedeutung. Sie bemühten sich in der kurzen Zeit, die ihnen blieb, die Richtigkeit ihrer Rassentheorien in Hinsicht auf alle Bereiche der menschlichen Entwicklung zu belegen. Das Ahnenerbe-Institut der SS, das Himmler 1935 gegründet hatte, war die treibende Kraft hinter diesen Unternehmungen. Viele der dort tätigen Forscher – Grunlagen, Wüst, Altheim, Böhmers, Beger, Jahnkun, Schäfer, Kiss, Kersten, Huth, Hirt, Schweizer, Paulsen und andere – verschwanden nach dem Krieg in der Versenkung. Der Reichsgeschäftsführer des Ahnenerbes, Wolfram Sievers, wurde im Nürnberger Ärzteprozess 1947 zum Tode verurteilt und im Juni 1948 im Hof des Gefängnisses von Landsberg hingerichtet – an dem Ort, wo Hitler über zwanzig Jahre zuvor *Mein Kampf* geschrieben hatte.[164]

Der wohl größte Verlust, den die Geschichtsschreibung durch den Krieg erlitt, war der Tod von Professor Marc Bloch (1886 bis 1944). Der berühmte Mediävist war Mitbegründer der *Annales*-Schule und übte als einer der bedeutendsten französischen Historiker des 20. Jahrhunderts großen Einfluss auf die moderne Historiographie aus. Bloch war der Sohn eines

Geschichtsprofessors aus Lyon, aber kein engstirniger Akademiker. Er wurde zweimal für seine Tapferkeit im Krieg ausgezeichnet – einmal als Infanterist im Ersten Weltkrieg und ein weiteres Mal 1940, als er noch mit vierundfünfzig Jahren der Armee beigetreten war und bis zur Niederlage Frankreichs als Offizier kämpfte.

Blochs eigentliches Martyrium begann jedoch, als er in seinen Wohnort zurückkehrte und sich nach dem Judenstatut der Vichy-Regierung erfassen lassen musste. Er hatte stets Wert darauf gelegt, nicht »französischer Jude« zu sein, sondern »Franzose jüdischer Abstammung«, ein »Israelit«. Obwohl er einen Dispens erhielt, der von Marschall Pétain persönlich unterzeichnet war, empfand er die ganze Angelegenheit als höchst geschmacklos. Er schloss sich der Résistance an und führte unter dem Decknamen »Narbonne« ein Doppelleben, wurde jedoch von einem Nachbarn denunziert, verhaftet, gefoltert und auf freiem Feld von der Gestapo erschossen.[165]

Dolmetscher

Keiner der politischen Führer der Kriegszeit war besonders sprachbegabt, daher brauchten alle einen Dolmetscher. Diese gewannen ihre Sicht des Zweiten Weltkriegs somit auf höchster Ebene.

Paul Schmidt (1899 bis 1970) hatte bereits bei den Münchner Konferenzen für Adolf Hitler und Neville Chamberlain gedolmetscht. Am Morgen des 3. September 1939 wurde er gebeten, sich im deutschen Außenministerium in der Berliner Wilhelmstraße einzufinden, nachdem Joachim von Ribbentrop sich geweigert hatte, das britische Ultimatum von Botschafter Sir Neville Henderson anzunehmen. Schmidt wurde beauftragt, es an Ribbentrops Stelle entgegenzunehmen.

Am Sonntag, den 3. September 1939 ... war ich ... zu Hause so spät aufgewacht, daß ich nur mit Hilfe eines Taxis das Auswärtige Amt erreichte. Ich konnte gerade noch sehen, wie Henderson durch den historischen Eingang ... das Haus betrat, als ich über den Wilhelmsplatz fuhr. Ich benutzte einen Nebeneingang und stand pünktlich um 9 Uhr in Ribbentrops Arbeitszimmer zum Empfang Hendersons bereit ... Er blieb feierlich mitten im Raum stehen ... »Wenn die Regierung Seiner Majestät nicht vor 11 Uhr britischer Sommerzeit befriedigende Zusicherungen über die Einstellung aller Angriffshandlungen gegen Polen ... erhalten hat, so besteht von diesem Zeitpunkt ab der Kriegszustand zwischen Großbritannien und Deutschland.«
Dann begab ich mich mit dem Ultimatum in der Aktentasche in die Reichskanzlei ... In dem Raum vor Hitlers Arbeitszimmer waren die meisten Kabinettsmitglieder und prominenten Parteileute versammelt ... Ich betrat das danebenliegende Zimmer, in dem Hitler an seinem Arbeitstisch saß, während Ribbentrop etwas rechts von ihm am Fenster stand ... Ich blieb in einiger Entfernung vor Hitlers Tisch stehen und übersetzte ihm dann langsam das Ultimatum der britischen Regierung. Als ich geendet hatte, herrschte völlige Stille ...
Wie versteinert saß Hitler da und blickte vor sich hin. Er war nicht fassungslos, wie es später behauptet wurde, er tobte auch nicht, wie es wieder andere wissen wollten. Er saß völlig still und regungslos an seinem Platz. Nach einer Weile, die mir wie eine Ewigkeit vorkam, wandte er sich Ribbentrop zu ... »Was nun?«, fragte Hitler seinen Außenminister mit einem wütenden Blick in den Augen ...[166]

Dr. Valentin Bereschkow (1916 bis 1998) war ein vielsprachiger Dolmetscher, der sowohl für Stalin als auch für Molotow wirkte. Er begleitete die Unterzeichnung des Hitler-Stalin-Paktes, die Gespräche zwischen Stalin und Churchill 1942 und die Teheraner Konferenz. Als er im November 1940 mit Molotow zum ersten Mal Berlin besuchte, fiel ihm auf, wie viel die Nazis und die Sowjets gemeinsam hatten. Später setzte er sich in die USA ab. In den neunziger Jahren lehrte er am Claremont College in Kalifornien Politikwissenschaft.[167]

Roosevelts bevorzugter Russischdolmetscher war Charles »Chip« Bohlen (1904 bis 1973), ein freier Mitarbeiter des Auslandsdienstes, der vor dem Krieg in Prag mit weißrussischen Exilanten verkehrte und, anders als viele in Roosevelts Umkreis, über jeden Verdacht erhaben war, mit den Kommunisten zu sympathisieren. Roosevelts Botschafter in der UdSSR hingegen, William Bullitt, war mit der Witwe des Autors John Reed verheiratet, der bezahlter sowjetischer Agent gewesen war. Bohlen war in Teheran, Jalta und Potsdam tätig. Er wurde 1953 von Präsident Eisenhower als amerikanischer Botschafter nach Moskau entsandt – jedoch nicht ohne heftige Einwände des Senators McCarthy.[168]

Einer von Churchills Russischdolmetschern, Edmund Stevens, arbeitete nach dem Krieg als Moskau-Korrespondent des *Christian Science Monitor*. Sein Buch *Russia is No Riddle*, das 1945 erschien, ließ keinen Zweifel daran, dass er den Stalinismus bewunderte. Sowjetrussland, erklärte er, sei »eine Form der Demokratie, elementar, wenn man so will, aber innerhalb des eigenen Spektrums reiner und echter als jede amerikanische Institution, abgesehen von der Gemeindeversammlung«.[169]

Es gab Augenblicke, in denen die Färbung, die ein Dolmetscher einem wichtigen Satz oder Ausdruck verlieh, den Lauf der Weltgeschichte ändern konnte. Als Churchill beispielsweise im Oktober 1944 Stalin mitteilte, die Curzon-Linie werde als Verhandlungsbasis dienen, fragt man sich, wie dies wohl übersetzt wurde. Stalin schien jedenfalls den Eindruck gewonnen zu haben, es werde *keine* weitere Diskussion über die Westgrenze der Sowjetunion geben.

Pawel Sudoplatow war ein ranghoher Agent in der Direktion für Sondereinsätze des NKWD. In einer der zahlreichen Anekdoten in seinen Memoiren behauptet er, die Ermordung Leo Trotzkis organisiert zu haben. In einer anderen schildert er, wie er vor der Jalta-Konferenz mit Hilfe eines Dolmetschers den US-Botschafter, Averell Harriman, bearbeitete. Es muss im Januar 1945 gewesen sein. Die Sowjets wollten unbedingt dahinterkommen, welche Taktik die Vereinigten Staaten verfolgten. Und so gab sich Sudoplatow unter falschem Namen als Mitarbeiter des Außenministeriums aus und lud Harriman ins Aragvi ein, das beste georgische Restaurant im Ort. Als Dolmetscher begleitete ihn Fürst Janusz Radziwill, ein schillernder polnischer Aristokrat, der seit seiner Gefangennahme 1939 in den Klauen des NKWD war, in der Vorkriegszeit jedoch unter anderem Hermann Görings Jagdausflüge nach Polen organisiert hatte. Harriman wurde abwechselnd unter Druck gesetzt und in Versuchung geführt. Man riet ihm, seine in gesellschaftlicher Hinsicht abenteuerlustige Tochter strenger an die Zügel zu nehmen, denn Moskau wimmle von zwielichtigen Gestalten. Und man erklärte ihm, seinen New Yorker Freunden würden sich nach dem Krieg in Russland großartige Investitionschancen eröffnen. Die Unterhaltung wurde für eine anschließende Analyse aufgezeichnet.[170]

Eines Tages wird sicher eine umfassende Studie über die vielen Übersetzungsfehler geschrieben werden, welche die Diplomatie während des Krieges in Verwirrung stürzten. Einige betrafen sehr ernste Punkte, andere waren eher komischer Natur. Als beispielsweise im August 1939 der unsäglich aufgeblasene britische Gesandte, Admiral Sir Reginald Aylmer Ranfurly Plunkett-Ernle-Erle-Drax im Kreml die endlose Liste seiner Namen und Titel abspulte, erwähnte er, er sei auch Ritter des *order of the bath* (des »Ordens vom Bade«, so benannt nach dem symbolischen Baderitus, der ursprünglich der Aufnahme vorausging). Der sowjetische Dolmetscher gab dies als »*the order of the bath-tub*« (»Orden der Badewanne«) wieder. »*Vanna?* Badewanne?«, fragte Marschall Woroschilow. Der Admiral blieb ganz gelassen. »Zur Zeit unserer frühen Könige«, erklärte er, »ritten unsere adligen Herren durch Europa, erschlugen Drachen und retteten holde Jungfern aus der Not. Sie kehrten schmutzig und verdreckt nach Hause zurück ... und der König bot ihnen bisweilen einen Luxus – ein Bad in den königlichen Bädern.«[171] Die Mission des Admirals scheiterte.

Hugh Lunghi war erst dreiundzwanzig, als er aus seinem Artillerieregiment zum Dolmetschen nach Jalta und später nach Potsdam abkommandiert wurde. Der Sohn einer russischen Mutter hatte eine englische Privatschule besucht und war der erste britische Offizier, der das Innere von Hitlers Bunker zu sehen bekam. Was er über die Gegensätze zwischen den »Großen Drei« bemerkte, ist es wert, wiedergegeben zu werden:

> *Die drei großen Befehlshaber redeten in ganz unterschiedlicher Manier. Stalin ging sehr sparsam mit seinen Worten um und äußerte sich sehr präzise. Er schien genau zu wissen, wovon er sprach, und alle Fakten zu kennen. Aber sehr leise. Es war sehr schwer [ihm zu folgen], weil er so murmelte und so zurückhaltend sprach. Präsident Roosevelt dagegen neigte eher dazu zu schwafeln und redete weitschweifiger, als seinen Dolmetschern lieb war. Churchill pflegte den Stil eines Redners. Er bereitete das, was er sagte, sehr sorgfältig vor. Ganz oft fiel uns Dolmetschern auf, wie der entsprechende Satz förmlich in seinem Gehirn kreiste und langsam den Weg zur Zunge und zum Mund fand. Und dann äußerte er einen wunderbaren Satz, der einen für einen Augenblick ganz fesselte ...*

Wir pflegten zu sagen, ein Dolmetscher gleiche einem Konzertkünstler – und sein Ziel sei es, die Bedeutung und den Tonfall der Partitur zu vermitteln ... Wir interpretierten wie Künstler. ... Man kann nicht einfach wie eine Übersetzungsmaschine vorgehen.[172]

Journalisten

Im Zeitalter von Filmkameras und internationaler Telegraphie konnten Journalisten und Kriegsberichterstatter die öffentliche Meinung schnell und stark beeinflussen. In Deutschland und der Sowjetunion waren sie weitgehend Propagandisten und folgten den Anweisungen der Obrigkeit. In diesen Ländern fehlten solch starke Persönlichkeiten wie jene, die als unabhängige Journalisten die britische und amerikanische Wahrnehmung des Krieges prägten.

Ed Murrow (1908 bis 1965) weilte während der deutschen Luftangriffe als NBC-Radiokorrespondent in London. Seine Berichte, die durch reale »Soundeffekte« dramatisiert wurden, trugen maßgeblich dazu bei, dass Roosevelt einsah, Amerika müsse Großbritannien unterstützen, und dass der amerikanische Isolationismus unterhöhlt wurde.[173] Damals stand Murrow konträr zur Meinung der amerikanischen Öffentlichkeit.

Alexander Werth war 1941 bis 1945 für die BBC und die *Sunday Times* Korrespondent an der Ostfront. Aufgrund seiner Erfahrungen mit der sowjetischen Zensur und seiner einzigartigen Nähe zur Roten Armee entwickelte er einen nüchternen Blick auf die sowjetische Realität, der zu Hause nicht geteilt wurde. Seine Beschreibung des nationalsozialistischen Konzentrations- und Vernichtungslagers Majdanek vom Juli 1944 wurde als unglaubwürdig abgewiesen.[174]

Sowjetische Korrespondenten hatten seltener die Gelegenheit, ihre Beobachtungen zu veröffentlichen, doch sie machten Notizen. Wassili Grossman berichtete für die Rote-Armee-Zeitung *Krasnaja Swesda* von der Ostfront. Im Jahr 1943 reichte er einen Artikel ein, in dem es hieß: »100 000 Juden sind verschwunden.« Er wurde nie gedruckt, ebenso wie viele seiner Enthüllungen über die Behandlung sowjetischer Soldaten und das grausame Los von Zivilisten. Es dauerte sechzig Jahre, bis seine Notizbücher veröffentlicht wurden.[175]

Liebende

Der Krieg wird von Hass, Aggression und Machtgier getrieben – von allem, was als Gegenteil von Liebe gelten kann. Dennoch konnte man überall auf Liebe stoßen: Hier ließ sich ein Moment liebevoller Zuneigung erhaschen, dort erwachte eine neue Liebe, und immer wieder triumphierte sie – die Sohnesliebe, Mutterliebe, väterliche Liebe oder die lebenslang Liebender …

Dass Soldaten starben, war etwas Alltägliches. Ungewöhnlich war höchstens, dass beispielsweise ein kanadischer Soldat, der Zeuge eines solchen Dramas wurde, detailliert festhielt, was er erlebte:

> *Es war in Holland. Es lag sehr viel Schnee. Wir waren auf Patrouille und lauerten einem Trupp Deutscher auf. Acht … kamen um den Rand des Waldes … Da standen wir also, und ich dachte, wir müssen diese Gefangenen abführen … Doch dann wandte sich der Leutnant einfach an den Schützen mit dem leichten Maschinengewehr und befahl: »Erschieße sie.« … Einer von uns, der Deutsch verstand, [erzählte uns, was der Offizier] sagte, bevor er erschossen wurde. Er sagte »Mutter«.*[176]

Und irgendwo in Deutschland trauerte eine Mutter, ohne je etwas von den Einzelheiten zu erfahren.

Auch der Kommandant von Auschwitz, Rudolf Höß, dokumentierte menschliche Verhaltensweisen aus unmittelbarer Nähe. Es beeindruckte ihn, wie jüdische Mütter auf dem Weg in die Gaskammer ihre Kinder schützten, ihnen beim Ausziehen halfen oder sogar mit ihnen lachten und scherzten. Aufmerksam beobachtete er die Männer des Sonderkommandos, die bereitstanden, um die Leichen ins Krematorium zu schaffen. Einmal sah er einen Mann, der stutzte und zögerte, als er den Leichnam seiner eigenen Frau herauszerrte, und Höß fragte sich, wo diese Leute die Kraft hernahmen weiterzumachen. Aber schließlich musste auch er seine Gefühle unterdrücken: »Ich war in Auschwitz seit Beginn der Massenvernichtung nicht mehr glücklich ... Ja, meine Familie hatte es in Auschwitz gut ... Die Kinder konnten frei und ungezwungen leben ... Jeden Sonntag mußte ich mit allen über die Felder fahren, durch die Ställe gehen. .... Unseren beiden Pferden und dem Fohlen galt die besondere Liebe.«[177]

Einer der Häftlinge, der Auschwitz überlebte, Jozef Garlinski (1913 bis 2005), führte seine Stärke darauf zurück, dass er unbedingt seine Frau wiedersehen wollte. Seine Memoiren tragen den Titel *The Survival of Love*.[178]

Maria war siebzehn, als sie mit vorgehaltener Waffe vom Hof ihrer Familie in Leszniuw abgeführt und zur Zwangsarbeit in eine Fabrik in Seesen nahe Hannover verschleppt wurde. Im Frühjahr 1945 wurde sie von den Amerikanern befreit und arbeitete in den folgenden Monaten als Dolmetscherin in einem Krankenhaus des Roten Kreuzes.

Da war ein junger Engländer aus Sunderland [an der britischen Nordostküste], der immer die Medikamente brachte. Ich lernte ihn kennen. Er fragte mich, ob ich nach Hause zurückwolle, aber ich wusste nicht, ob es noch ein

Zuhause gab. Er sagte, er werde mich nach England mitnehmen … Ich musste einen Haufen Papiere vorlegen, was fast unmöglich war, und so sagte der Captain: »Wieso heiratet ihr nicht? Das ist einfacher, er ist ein guter Kerl.« Wir hatten uns ungefähr ein Jahr lang gekannt, und ich mochte ihn sehr und wusste, dass er mich liebt. Mir fiel es damals schwer, überhaupt jemanden zu lieben.
Wir heirateten. Die Armee bezahlte die Hochzeit – ein weißes Kleid, Blumen, alles. Zwei Vikare waren anwesend, ein katholischer und einer von der Church of England. Nach der Hochzeit kehrte Ted, mein Mann, nach England zurück, ich aber musste im Lager bleiben … Schließlich kam ich auf ein Schiff der Royal Navy … Am Bahnhof von Sunderland lernte ich die Mutter meines Mannes kennen, und wir verstanden uns sehr gut. Ted war Glasbläser … und wir bekamen eine Sozialwohnung. In England wurde ich von einem jüdischen Arzt versorgt. Das Rote Kreuz machte meine Familie ausfindig, aber sie war auf einen anderen Hof gezogen. Zehn Jahre später reiste ich mit meinen Töchtern nach Polen. Ted war ein sehr gütiger und liebevoller Mensch, und ich lernte ihn innig lieben.[179]

In Großbritannien löste die Ankunft zahlloser GIs »das größte sexuelle Gerangel seit Menschengedenken« aus.[180] Einerseits nahm die Prostitution merklich zu, vor allem in London. Andererseits bestand ein starker Anreiz für junge Britinnen, die traditionellen Tabus zu brechen und ihr Glück zu versuchen. Ein Drittel aller britischen Kinder, die während des Krieges zur Welt kamen, waren unehelich. Die Mütter entstammten allen gesellschaftlichen Schichten. Und fünfzigtausend strahlende GI-Bräute schipperten über den Ozean.

Die Musik lässt selbst der Krieg nicht verstummen. Musik wird weiterhin komponiert, aufgeführt und gehört. Sie kann jedoch auf komplexe Weise mit dem Krieg verknüpft sein. Eng mit dem Krieg verbunden sind etwa Märsche und Soldatenlieder; andere Formen der Musik dagegen fliehen vor der Realität des Krieges. Komponisten können vom Kriegsklima begeistert sein und angeregt werden oder aber sich davon abgestoßen fühlen.

Das Großbritannien der Kriegsjahre, das nicht die extremsten Entbehrungen erlebte, hat die Kreativität nicht sonderlich gefördert. Interessant ist jedoch, dass bei einigen symbolischen Verwendungen von Musik bewusst auf deutsche Werke zurückgegriffen wurde. So wählte die BBC die Einleitungstakte von Beethovens Fünfter als Sendezeichen für ihre Überseeprogramme, und Myra Hess spielte bei den Konzerten in der Londoner National Gallery Bach. Benjamin Britten arbeitete während des Krieges an seiner Oper *Peter Grimes*. Er schrieb auch ein Stück, »The Ballad of Little Musgrave and Lady Barnard«, das 1944 bei einem Musikfestival für Kriegsgefangene im Oflag VIIB aufgeführt wurde.

Im nationalsozialistischen Deutschland wurde die Musikrezeption empfindlich reglementiert. Mendelssohn und Mahler wurden wegen ihrer jüdischen Wurzeln verboten, und moderne Musik wie die von Hindemith wurde als »dekadent« verfemt. Wagner wurde zum Lieblingskomponisten Hitlers gekürt, aber es wurde nicht darüber diskutiert, ob beispielsweise Lehar zulässig sei oder nicht. Höhepunkt der Woche war für viele Deutsche das sonntägliche Wunschkonzert, durch das Soldaten an der Front mit ihren Familien und Freunden zu Hause verbunden waren.

Deutschlands führender Dirigent, Wilhelm Furtwängler (1886–1954), bekam bald Schwierigkeiten mit dem NS-Regime, weigerte sich jedoch trotz zahlreicher Angebote zu emigrieren und blieb bis 1944 Leiter der Berliner Philharmoniker wie auch des Leipziger Gewandhausorchesters. Seine Konzerte wurden regelmäßig von Hitler und anderen ranghohen Nazis besucht, und sein Verbleiben in Deutschland wurde von der nationalsozialistischen Propaganda weidlich ausgeschlachtet. Während der intensiven Verfolgungen, die das Bombenattentat auf Hitler auslöste, fühlte sich Furtwängler jedoch gezwungen, in die Schweiz zu fliehen. Nach dem Krieg musste er sich einem Entnazifizierungsverfahren unterziehen.

Die heftige Kritik, der sich Furtwängler mehr als zwanzig Jahre lang ausgesetzt sah, ging weitgehend von Emigrantenkreisen aus, die ihm seine unabhängige Position übelnahmen. Keiner der Vorwürfe der Kollaboration wie auch die Beschuldigung, dass er sich habe manipulieren lassen, ließen sich untermauern. Anders als Herbert von Karajan trat Furtwängler nie der NSDAP bei, und er verweigerte hartnäckig den Hitlergruß, selbst wenn er dem »Führer« persönlich begegnete. Er trat von verschiedenen Ämtern zurück, etwa als Direktor der Deutschen Staatsoper, als er das Gefühl hatte, seine musikalisch-künstlerische Integrität sei bedroht. Und er war stets bemüht, verfolgte Freunde und Kollegen zu schützen, auch Juden. Alle Anklagepunkte bei dem Verfahren gegen ihn mussten fallengelassen werden. Beethovens Botschaft der Liebe und der Freiheit sei nie so dringend nötig gewesen wie derzeit, erklärte er 1943. Und er beteuerte, überall, wo Wagner und Beethoven gespielt werde, seien die Menschen frei.[181]

Paradoxerweise bestanden die Nazis darauf, dass ihre KZs zu musikalischer Begleitung betrieben werden. Viele Lager verfügten über eigene Blaskapellen und Orchester. An ausgezeichneten Musikern mangelte es nicht. »Sie mordeten zu bester Musik«, erinnerte sich ein Häftling.

Selbst in der UdSSR und sogar in der Kriegszone kam die Musik den Bedürfnissen der Menschen nach. Schostakowitschs Siebente Symphonie entstand während der Belagerung Leningrads und wurde am 22. Juni 1942 als Zeichen der Verbundenheit mit dem russischen Volk in London aufgeführt. Prokofjew war ebenfalls tätig und komponierte unter anderem die Oper *Krieg und Frieden*. Ein seltsamer, pseudoreligiöser Oratorienstil kam auf. Besonders Dmitri Kabalewskys sehr patriotisches Werk spiegelte die Stimmung jener Zeit. Der große Schatz russischer Volksmusik wurde herangezogen, um an der Front Tausende von Konzerten mit Gesang und Tanz zu veranstalten – Spektakel von der Art, wie sie nach dem Krieg durch den Chor der Roten Armee berühmt wurden.

Trotz zunehmender Mechanisierung und Motorisierung verbrachten die meisten Soldaten des Zweiten Weltkriegs nach wie vor den Großteil ihrer Zeit mit Marschieren, und ihre Marschlieder klangen nicht nur in ihren Ohren nach, sondern auch bei der Zivilbevölkerung der Länder, durch die sie kamen. Vor allem die Infanterie der Wehrmacht, die nicht sehr stark motorisiert war, muss einen Rekord an »Gesangskilometern« aufgestellt haben. Viele der populären Märsche, etwa der englisch-irische »Tipperary« oder die wunderbaren Stücke des Amerikaners John Philip Sousa, waren bereits im Ersten Weltkrieg oder sogar noch früher populär gewesen. In den Jahren 1939–45 kamen jedoch auch neue Töne auf. Die Engländer sangen während des Zweiten Weltkriegs den unwiderstehlichen Marsch »Colonel Bogey« von 1914 gerne mit vulgären Spotttexten, wie »*Hitler has only got one ball*« (»Hitler hat nur ein Ei«). Die Melodie wurde in Deutschland durch die gepfiffene Version in dem Film *Die Brücke am Kwai* bekannt. Die Amerikaner hatten ihren »Dogface Soldier«. Im Stil sowjetischen Liedguts vereinigten sich Pomp, Pathos und Patriotismus. Aber kein einziges Lied war so typisch für die Zeit wie das deutsche »Horst-Wessel-Lied«, das zur Parteihymne der NSDAP wurde. Geschrieben wurde es

von SA-Sturmführer Horst Wessel, der vor dem Krieg von einem Kommunisten erschossen worden war und zum nationalsozialistischen »Märtyrer« aufstieg. Der Text ist düster und politisch überfrachtet. Spätere Generationen nahmen daran Anstoß. Die Alliierten verfügten ein Verbot, das bis heute in Kraft ist. Die Melodie ist zwar von unbekannter Herkunft, aber von großer Eingängigkeit und Verführungskraft. Das Lied beschwört den Geist des Kollektivs und die hypnotische Ausstrahlung des Hitlertums für leicht beeindruckbare junge Menschen, denen eingetrichtert wurde, sie gehörten der »Herrenrasse« an. Die erste der drei Strophen lautet:

Die Fahne hoch! Die Reihen fest geschlossen!
SA marschiert mit ruhig festem Schritt.
Kam'raden, die Rotfront und Reaktion erschossen,
marschier'n im Geist in unsern Reihen mit.[182]

Die Blaskapelle und die Basstrommel verliehen jedem Takt zusätzliches Gewicht, besonders auf kurz betonten Silben wie »Schritt« und »mit« am Ende der zweiten und vierten Zeile. Nach dem Ende der Strophe zählte man stumm vier Takte und fand so mühelos den Einstieg in die nächste Strophe. Und so ging es Meile für Meile. Nichts war kennzeichnender für das quasi religiöse Ethos der Nazis, das die Zweifel und die Schwächen des Einzelnen wegfegte und als oberste Tugend den Konformismus feierte, der im Gleichschritt seinen Ausdruck fand.

Besatzer

Ein fremdes Land zu besetzen ist ein feindlicher Akt. Trotzdem kommt dies immer wieder vor – mit dem Argument, man bringe den Besetzten Frieden und Demokratie. Es mag erstaunlich klingen, doch auch die Soldaten des nationalsozialistischen Deutschland sangen bei ihrem Einmarsch in Polen zu Beginn des Krieges 1939 von »Europas Freiheit« – ein merkwürdiger Gedanke. Besatzungsmächte »befreien« die Besetzten immer von jemandem oder etwas.

In Europa gab es 1939–45 viele Besetzungen. Und jede Okkupation führte zu einer anderen Symbiose zwischen Besatzern und Besetzten. Das prekäre Verhältnis zwischen den Deutschen und den Belgiern oder Holländern beispielsweise hatte wenig Ähnlichkeit mit der ungehemmten Feindseligkeit zwischen den Deutschen und den Polen, Jugoslawen und Griechen. Und die Sowjets verhielten sich zwischen 1939 und 1941 anders als 1944 bis 1945. Als das besiegte Dritte Reich besetzt wurde, herrschte in jeder Besatzungszone – der britischen, französischen, amerikanischen und sowjetischen – ein eigenes Klima mit ganz spezifischen Problemen.

Die Soldaten der Besatzungsmacht bilden jedoch nur einen kleinen Teil des Problems. Sie mögen anfangs mit harter Hand vorgehen, doch meist marschieren sie weiter oder ziehen sich in ihre Kasernen zurück. Es sind vielmehr die Polizisten, die Verwaltungsbeamten und die Politiker der anschließenden Okkupation, die Ressentiments schüren. Mit vorgehaltener Waffe zu behaupten, man wolle nur Gutes tun oder zumindest die Ordnung wiederherstellen, flößt wenig Vertrauen ein.

Viele Städte und Gemeinden in Ost- und Zentraleuropa wurden mehrfach besetzt. So wurde beispielsweise die Bierstadt Pilsen von 1939 bis April 1945 von den Nazis okkupiert, von 1945–46 von der US-Armee und ab 1946 von den Sowjets. Die Stadt Wilna (Wilno), die bei Kriegsbeginn zu

Polen gehörte, wurde im September 1939 von sowjetischen Truppen eingenommen, 1939–40 der Litauischen Republik angeschlossen, 1940–41 der Sowjetunion, und 1941 vom deutschen Reichskommissariat Ostland annektiert; im Juli 1944 kam sie zum dritten Mal unter sowjetische Herrschaft. Dies eröffnet ein breites Spektrum für vergleichende Studien der Besatzungspolitik.[183]

Bauern

In den vierziger Jahren waren die Hälfte der Europäer noch Kleinbauern, Pächter, Landwirte – Familien, die sich selbst versorgten. Auf den britischen Inseln lebten, abgesehen von Irland, nur noch wenige solcher Familien. In den ärmeren Teilen Frankreichs und Italiens sowie in einigen Regionen Deutschlands waren sie dagegen zahlreich vertreten. Vor der Industrialisierung bildeten sie im östlichen Mitteleuropa die überwältigende Mehrheit der Bevölkerung. In der Sowjetunion, wo die landwirtschaftlichen Nutzflächen seit 1929 kollektiviert und die Bauern praktisch wieder versklavt worden waren, rang das Landvolk um seine Existenz. Der lächelnde, auf einem Traktor fahrende moderne Landwirt der Propagandaplakate blieb oft reine Utopie. Ehrliche Schilderungen des Lebens in der stalinistischen Kolchose, in der mürrischer Widerstand, Trunkenheit und Rückständigkeit vorherrschten, klingen nicht sehr erbaulich. Daher verbarg sich unter der Uniform eines Soldaten sehr oft ein Bauer.

Aus Sicht der Kriegsplaner war es günstig, dass Bauern Nahrungsmittel und Söhne für das Vaterland abstellten. In Großbritannien wie auch in Deutschland wurden Städter aufgefordert, zu einem bäuerlichen Lebensstil zurückzukehren und in Kleingärten eigenes Gemüse anzubauen. In vielen besetzten Teilen Europas durchstreifte das Militär die ländlichen Regionen nach Vieh und Getreidevorräten. Obwohl die Nazis den Bolschewismus anprangerten, machten sie in den besetzten Republiken der UdSSR keinerlei Anstalten, die Bauern zu befreien. Es diente durchaus ihren eigenen Zwecken, wenn Slawen wie Leibeigene schufteten und Lebensmittel produzierten.

Stanisław Mikołajczyk (1901 bis 1966), der 1943 nach dem Tod General Władisław Sikorskis Premierminister der polnischen Exilregierung wurde, war Vorsitzender der Polnischen Bauernpartei (PSL) und hätte unter anderen Umständen erwarten können, in die Heimat zurückzukehren und die zahlenmäßig stärkste Gesellschaftsschicht des Landes zu mobilisieren. Er war ein Nachfolger des berühmten Wincenty Witos, der als Premierminister selbst im Kabinett einen Bauernkittel getragen hatte und im Sommer 1920, auf dem Höhepunkt des Krieges gegen die Bolschewisten, in seiner Heimat bei der Ernte half. Als Mikołajczyk 1944 erfuhr, dass die Kommunisten nicht für die Kollektivierung, sondern für eine Agrarreform eintraten, willigte er ein, aus dem Exil zurückzukehren und eine Koalitionsregierung zu bilden. Aus westlicher Sicht war er der einzige vernünftige polnische Politiker. Doch wie Churchill später zugab, hatte er Glück, mit dem Leben davonzukommen.[184] Die Bauern galten bei den Kommunisten als gefährlichster Feind – nach den Sozialdemokraten.

Dichter

In allen Lehrbüchern heißt es, die Dichtkunst des Ersten Weltkriegs sei der des Zweiten überlegen. Dieses Urteil mag berechtigt sein, auch wenn es vielleicht etwas zu stark auf Großbritannien bezogen ist. Denn in den düstereren Regionen des kriegsgebeutelten Europa wurde die Dichtung überaus geschätzt.

Anna Achmatowa (Anna Gorenko, 1889 bis 1966) gilt allgemein als größte russische Dichterin aller Zeiten. Sie war gewiss keine Freundin des Stalin-Regimes und führte ein bewegtes Leben voller persönlicher Tragödien. Ihr erster Ehemann wurde von den Bolschewiken als Konterrevolutionär erschossen. Ihr dritter Mann kam im Gulag ums Leben. Und ihr Sohn, der ebenfalls Jahre in Lagern verbrachte, war zutiefst traumatisiert. Von 1925 bis zu Stalins Tod 1953 durften Achmatowas Gedichte nicht veröffentlicht werden; 1945 denunzierte Stalins führender Kulturfunktionär, Andrei Schdanow, sie als »halb Nonne, halb Hure«. Trotzdem wurde sie in der schlimmsten Zeit mit einer offiziellen Maschine aus Leningrad ausgeflogen. Ein einziges Mal, im Jahr 1942, erschien ein Gedicht von ihr auf der Titelseite der *Prawda*. Nach damaligen Maßstäben war das Werk keineswegs »politisch korrekt«. Weder verherrlichte es die Partei oder den »Großen Stalin« noch verteufelte es den Faschismus. Doch es bekundete Trotz:

Мужество
Мы знаем, что ныне лежит на весах
И что совершается ныне.
Час мужества пробил на наших часах.
И мужество нас не покинет.
Не страшно под пулями мертвыми лечь,
Не горько остаться без крова, –
И мы сохраним тебя, русская речь,
Великое русское слово.
Свободным и чистым тебя пронесем,
И внукам дадим, и от плена спасем
Навеки!

Der Mut
Wir wissen, was heut in der Waagschale liegt,
Und sehn das Geschehne gelassen,

Die Stunde des Muts in den Uhrwerken tickt,
Uns wird unser Mut nicht verlassen.
Uns schreckt nicht das Sterben im Kugelhagel,
Es schreckt uns nicht, jagt man uns fort,
Denn wir bewahren dich, russische Sprache,
Das große, das russische Wort.
Wir sprechen dich aus, unabhängig und rein,
Den Enkeln als Erbe, in Freiheit zu sein
Auf ewig![185]

Anna Achmatowa erklärte, sie sei von Gott dazu berufen, von diesem Leid zu singen.[186]

Politiker

Wenn Politik die Kunst des Möglichen ist, so hatte sie während des Zweiten Weltkriegs in Europa kaum eine Chance, außer vielleicht im innenpolitischen Bereich. Die beiden größten Staaten waren totalitäre Diktaturen, in denen Funktionäre und Verwaltungsbeamte agierten, aber keine Politiker. In der NSDAP und der sowjetischen KP war eine Restform politischer Tätigkeit auf einen reinen Überlebenskampf reduziert worden. Hitler hatte 1934 in der sogenannten »Nacht der langen Messer« fast einhundert seiner Parteigenossen ermorden lassen, um seine Macht zu sichern. Stalin stand ihm in nichts nach; bei politischen Säuberungen in der Sowjetunion ließ Stalin ungefähr 500 000 treue Kommunisten töten.

So blieb wirkliche Politik während des Krieges weitgehend auf Großbritannien und die neutralen Staaten beschränkt. Nachdem im Vereinigten Königreich die Parteipolitik ausgesetzt worden war und das Kriegskabinett von einer Koalition unterstützt wurde, ging es hauptsächlich darum, Pläne für Nachkriegsreformen zu entwickeln. Hier war die Labour-

Partei tonangebend. Dies galt auch für Sir William Beveridge, einen Oxford-Professor, dessen Bericht über die Schaffung eines Wohlfahrtsstaates und eines staatlichen Gesundheitswesens, der im Dezember 1942 veröffentlicht wurde, die Debatte ins Rollen brachte, welche das ganze Jahrzehnt beherrschte. Mit dem Education Act von 1944 wurde die allgemein zugängliche höhere Schulbildung eingeführt.

Der Chef der Labour-Partei, Clement Attlee (1883 bis 1967), war unter Churchill Vizepremier des Vereinigten Königreiches. Der bescheidene, untadelige Attlee täuschte mit seiner altmodischen Erscheinung über seine progressive Sichtweise und seine strenge Auffassung von Disziplin hinweg, war er doch einst Schulmeister gewesen. Er unternahm entschiedene Schritte gegen die Unterwanderung der Labour-Partei durch Kommunisten und pfiff die sich bekriegenden Flügel der Labour-Bewegung zurück. Oft verließ er sich auf seinen wunderbar trockenen Witz: »Eine Phase des Schweigens von Ihrer Seite wäre äußerst willkommen«, ließ er einmal den geschwätzigen Harold Laski wissen. Zusammen mit seinen Kabinettskollegen Ernest Bevin und Herbert Morrison bildete er den Gegenpol zu Churchills schillernder und unberechenbarer Art. Im Juli 1945 gewann Labour mühelos die Wahl, und Attlee wurde Premierminister.[187]

Gefangene

Die europäischen Gefängnisse hatten während des Krieges Hochkonjunktur. Kriegsgefangene lagen in der Verantwortung des Militärs (siehe S. 447ff.), doch auch die Verbrechenswelle im Zusammenhang mit dem Schwarzmarkt und unzählige »politische Häftlinge« gaben den zivilen Haftanstalten alle Hände voll zu tun.

Im September 1939 bombardierte die Luftwaffe das Gefängnis von Lemberg (Lwów) im östlichen Polen, und viele Häftlinge flohen. Unter ihnen befand sich auch eine Gruppe von Kommunisten, zu denen »Wiesław« Gomulka zählte, der wegen subversiver Tätigkeiten eingesperrt worden und so den Säuberungen entgangen war, denen die Genossen in der UdSSR zum Opfer fielen. Nach der Flucht aus der Haftanstalt musste sich Gomulka entscheiden – zwischen der nationalsozialistischen und der sowjetischen Zone. Er wählte erstere, überlebte die Wirren und leitete nach dem Krieg die Kommunistische Partei Polens.[188]

Der bekannteste Häftling der Briten war Rudolf Heß. Churchill lehnte es ab, mit ihm zu reden, und ließ ihn zunächst in psychiatrischen Kliniken und dann im Londoner Tower einsperren. Heß wurde in Nürnberg zu lebenslanger Haft verurteilt und saß bis zu seinem Tod 1987 im Gefängnis von Spandau ein.

Unter den vielen unfreiwilligen Gästen der Gestapo waren die Angeklagten des Prozesses von Verona im Januar 1944 wohl die prominentesten. Zu den ranghohen Italienern zählte auch Graf Ciano, der im Jahr zuvor für die Absetzung Mussolinis gestimmt hatte. Bis auf einen wurden alle hingerichtet.

Die Lubjanka in der NKWD-Zentrale in Moskau war das größte und vollste Gefängnis Europas. Fast alle wichtigen Gefangenen Lawrenti Berias wurden dort unter Folter verhört. Die bizarrste Phase der sowjetischen Haftpolitik begann jedoch 1945, als Widerstandskämpfer und Naziverbrecher zugleich als »antisowjetisch« eingestuft wurden und häufig das gleiche Schicksal erfuhren. Eines der aufschlussreichsten Dokumente über die Kriegszeit sind die *Gespräche mit dem Henker*, die Kazimierz Moczarski, ein Offizier der polnischen Heimatarmee, schrieb, der eine Zelle mit SS-Gruppenführer Jürgen Stroop teilte, welcher den Aufstand im Warschauer Ghetto niedergeschlagen hatte.[189]

Die Verhöre in der Lubjanka verliefen oft auf einem schmalen Grat zwischen tödlichem Ernst und skurriler Komik. Diese Erfahrung wurde häufig beschrieben, aber nie so treffend wie von Leopold Trepper, der sein Leben lang Kommunist und sowjetischer Agent war. Die Ironie bestand darin, dass er sich aus freien Stücken in die Lubjanka begeben hatte, um Unterstützung für seine ehemaligen Kameraden des Spionagerings »Rote Kapelle« zu gewinnen. In seiner Autobiographie schrieb er:

> *»Warum haben Sie sich von dieser Verräterclique verleiten lassen, im Ausland zu arbeiten?«*
> *»Verzeihen Sie, ich weiß nicht, wie ich Sie anreden soll.«*
> *»General.«*
> *»Genosse General«, sagte ich, »ich habe nicht für eine Clique gearbeitet. Ich habe während des Krieges eine Untergrundorganisation des Nachrichtendienstes des Generalstabs der Roten Armee geleitet, und ich bin stolz auf das, was ich getan habe.«*
> *Er wechselte das Thema und fragte:*
> *»Warum haben Sie verlangt, jemanden vom Ministerium zu sprechen?« …*
> *Der Zirkus geht wieder los … Ich werde abgeholt und zum Vernehmungsoffizier gebracht …*
> *»Legen Sie die Hände auf den Tisch!«*
> *Der Offizier nimmt eine Karteikarte in die Hand, das Verhör beginnt:*
> *»Name, Vorname?«*
> *»Trepper, Leopold.«*
> *»Nationalität?«*
> *»Jüdisch.«*
> *»Wenn Sie Jude sind, warum heißen Sie dann Leopold? Das ist kein jüdischer Vorname.«*
> *»Schade, daß Sie meinem Vater die Frage nicht stellen können; er ist tot.«*

Er fährt fort, ohne sich aus der Ruhe bringen zu lassen:
»Staatsbürgerschaft?«
»Polnisch.«
»Soziale Herkunft?«
»Was ist das?«
»War Ihr Vater Arbeiter?«
»Nein ...«
Er schreibt, während er redet:
»Herkunft: kleinbürgerlich ... Beruf?«
»Journalist.«
»Parteizugehörigkeit?«
»Mitglied der Kommunistischen Partei sei 1925.«
Er schreibt und spricht dabei laut:
»... Und er sagt, er ist Mitglied der Kommunistischen Partei seit 1925 ...«
Die Vernehmung ist beendet ...
Jeden Abend werde ich um 22 Uhr zur Vernehmung geholt, die bis 5.30 morgens dauert. Nach einer Woche Schlaflosigkeit fragte ich mich, wie lange ich das durchhalten werde. Ich erinnere mich des Hungerstreiks in Palästina und stelle fest, wie viel härter der »Schlafstreik« ist, und diesmal streike ich unfreiwillig. Im Augenblick halte ich den Vernehmungen noch stand. Den Vernehmungen? Es sind eher Sitzungen, die nur darauf abzielen, dass ich weich werde ... Jede Nacht beginnt dasselbe »Spiel« von neuem.
»Berichten Sie Ihre Verbrechen gegen die Sowjetunion«, wiederholt der Vernehmungsoffizier, und wie ein Automat antworte ich:
»Ich habe keinerlei Verbrechen gegen die Sowjetunion begangen!«[190]

Gerechte unter den Völkern

Rechtschaffenheit ist nicht die Domäne einer bestimmten ethnischen oder nationalen Gruppierung. Und niemand kann sich das Recht anmaßen, darüber zu entscheiden, wem diese Eigenschaft zuzusprechen sei. Dennoch hat das israelische Yad-Vashem-Institut genau diese Aufgabe übernommen, um großmütige Menschen auszuzeichnen, die während des Holocaust Juden retteten.

Seit 1963 ehrt das Yad-Vashem-Institut, das sich seiner Satzung zufolge dazu verpflichtet, das Andenken von sechs Millionen jüdischen Opfern des Holocaust zu wahren, »die Gerechten unter den Völkern, die ihr Leben riskierten, um Juden zu retten«. Dabei sind strenge Kriterien zu erfüllen; die Motive des Retters werden geprüft, und Nachweise der Geretteten werden verlangt. Die von Yad Vashem Geehrten erhalten eine speziell geprägte Medaille sowie eine Urkunde. Ihre Namen werden auf der Ehrenwand im Garten der Gerechten eingetragen. Früher wurde dort auch ein Baum für den Geehrten gepflanzt, doch inzwischen ist der Garten überfüllt.

In den Jahren von 1964 bis 2008 wurden 22211 Personen in dieser Weise gewürdigt. Unter ihnen sind einige Diplomaten, wie Feng-Shah Ho, der 1938–40 als chinesischer Konsul in Wien diente, und Sellahatin Ulkume, der 1944 türkischer Generalkonsul im deutsch besetzten Rhodos war und Pässe an jüdische Flüchtlinge ausgab. Es zählen auch nicht wenige Nonnen, Priester und Pastoren dazu, etwa der französische Pfarrer André Trocme aus Chambon-sur-Lignon im Departement Haute-Loire, der fünftausend Juden rettete, sowie ein noch größerer Kreis ganz gewöhnlicher Frauen und Männer aus den deutsch besetzten Ländern, die aus reinem Mitgefühl handelten. Martha Sharp, eine amerikanische Unitarierin aus Boston, war 1939 nach der deutschen Invasion in Prag aktiv.

Frank Foley (1895 bis 1958) arbeitete als britischer Nachrichtenoffizier 1938–39 in der Botschaft in Berlin. Es wurde ihm als Verdienst angerechnet, 10 000 Juden gerettet zu haben. Er soll gesagt haben, er »wollte nur zeigen, wie wenig die ›Christen‹, die damals in Deutschland das Sagen hatten, mit dem Christentum zu tun hatten«.

Das Yad-Vashem-Institut gibt auch eine Liste heraus, auf der Gerechte nach Nationalitäten sortiert sind. Die Länder reichen von Albanien über Estland und Portugal bis Russland. Interessant ist jedoch, dass den Spitzenplatz ausgerechnet jenes Land einnimmt, in dem die Nazis automatisch die Todesstrafe für jede Unterstützung der Juden einführten.

Yad Vashem:
Zahl der Gerechten nach Nationalitäten[191]

Polen	**6066**
Niederlande	**4863**
Frankreich	**2833**
Ukraine	**2213**
Belgien	**1476**
Litauen	**723**
Ungarn	**703**
Weißrussland	**587**
Slowakei	**478**
Deutschland	**455**
Österreich	**85**
Schweiz	**44**

Es wäre jedoch falsch, die Gerechten unter den Juden selbst zu vergessen. Anfang Oktober 1939 war Jerzy Zubrzycki gerade von der Wehrmacht festgesetzt worden und marschierte in einer Kolonne von Kriegsgefangenen durch eine polnische Kleinstadt. Er entwischte in ein leeres Seitengässchen, wurde aber von zwei deutschen Soldaten verfolgt. Er schoss um eine Ecke und sprang in einen kleinen Laden. Der jüdische Krämer verstand sofort. Ohne ein Wort deutete er auf die Treppe, die nach oben führte, und bereitete sich darauf vor, den Soldaten entgegenzutreten. Nein, er habe keinen Häftling gesehen. Nein, er habe keine Kunden bedient. Nein, es sie niemand oben, außer seiner Frau. Zubrzycki blieb unentdeckt. Er floh nach Frankreich und dann nach England. Nach dem Krieg wurde er ein namhafter Professor der Soziologie in Canberra und galt als »Vater des multikulturellen Australien«. Wäre der jüdische Ladenbesitzer nicht gewesen, hätte er nicht überlebt.[192]

Heilige und Selige

Menschen aller Rassen und Religionen entwickeln gute oder schlechte Eigenschaften. Der Zweite Weltkrieg brachte viele Verbrecher hervor sowie zahlreiche Menschen, die vor allem darauf bedacht waren, zu überleben und ihre Familien zu beschützen, aber auch ein paar Märtyrer, die sich für andere opferten. Diese »Heiligen« konnten jeder der verfolgten Gemeinschaften entstammen. Die Katholiken taten sich hier nicht mehr als andere hervor – aber sie verleihen ihren Heiligen und Märtyrern einen offiziellen Status.

Pater Maximilian Kolbe (1894 bis 1941) war ein polnischer Franziskaner-Minorit, der vor dem Krieg für die katholische Presse arbeitete. Seine politische Sicht war vielleicht etwas nationalistisch, fremdenfeindlich und antisemitisch, insbesondere aber deutschenfeindlich. Er und seine Ordensbrüder wurden nach Auschwitz gebracht. Dort starb Kolbe eines schrecklichen Hungertodes, nachdem er sich freiwillig gemeldet hatte, anstelle eines verheirateten Mannes in den Hungerbunker gesperrt zu werden.[193]

Schwester Edith Stein (1891 bis 1942) war eine hochgebildete junge Jüdin aus Breslau, die zum Katholizismus übergetreten war. Sie studierte Philosophie und trat in den Orden der Karmelitinnen ein. Ab 1938 lebte sie in einem Kloster im niederländischen Echt. Während der deutschen Besatzung der Niederlande prangerten die holländischen Bischöfe in einem Hirtenbrief das Vorgehen der Deutschen gegen die Juden an. Als Reaktion darauf wurden Edith Stein und zahlreiche weitere Katholiken jüdischer Herkunft verhaftet. Sie wurde zuletzt in der Tür eines Waggons auf dem Bahnhof ihrer Heimatstadt Breslau gesehen, als sie einen Eisenbahner um Wasser für ihre Leidensgefährten bat. Auch sie starb in Auschwitz.[194]

Nach dem Krieg begann eine etwas unwürdige Diskussion darüber, ob Menschen wie Edith Stein ermordet wurden, weil sie Katholiken oder weil sie Juden waren. Die Antwort fällt nüchtern aus: Die Nazis scherten sich wenig um Religion, dafür umso mehr um »Rasse«. Bei den Stalinisten war es genau umgekehrt.

Dennoch ist die Zahl der Katholiken, die ihres Glaubens wegen von den Nationalsozialisten ermordet wurde, beträchtlich. Papst Johannes Paul II. erhob 108 Märtyrer, die zwischen 1939 und 1945 *in odium fidei* umgekommen waren, in den Stand von »Seligen«. Unter ihnen waren drei Bischöfe, 52 säkulare Priester, 26 Mitglieder religiöser Orden und zahlreiche Nonnen, Mönche und Seminaristen. Professor Dr. Antoni Nowowiejski (1858 bis 1941) war Bischof von Plock gewesen. Marianna Biernacka (1888 bis 1943), eine Mutter von sechs Kindern, wählte freiwillig den Tod als deutsche Geisel anstelle ihrer schwangeren Tochter. Und Anicet Koplinski (1875 bis 1941) war trotz seines polnischen Namens ein deutscher Mönch, der wie die Heiligen Maximilian Kolbe und Edith Stein in Auschwitz umkam (Lagernummer 30 376).[195]

Die griechisch-katholische Kirche der Westukraine wurde

in ähnlicher Weise verfolgt. Während der sowjetischen Besatzung 1939–41 wurde sie hart bedrängt. Unter der deutschen Okkupation 1941–44 wurde sie geduldet, nach der Rückkehr der Sowjets 1944 aber wieder brutal unterdrückt. Zu den Märtyrern dieser Kirche zählen Pater Joachim Senkiwskyi (1896 bis 1941), der in einem sowjetischen Gefängnis in einem Kessel kochenden Wassers den Tod fand, Pater Zeno Kovalyk (1903 bis 1941), der in Majdanek starb, weil er Juden geholfen hatte, Schwester Tarsykia Matskiv (1919 bis 1944), die vor den Toren ihres Konvents von der Roten Armee erschossen wurde, Pater Romen Lysko (1914 bis 1949?), den das NKWD bei lebendigem Leib einmauerte, Bischof Nikita Budka (1877 bis 1949), der als Priester in Kanada gewirkt hatte, im Exil in Zentralasien im April 1945 verhaftet wurde und im Gefängnis starb, sowie Bischof Gregory Lakota (1883 bis 1950), der zu zehn Jahren Zwangsarbeit in Workuta verurteilt wurde.[196] Die meisten Märtyrer blieben natürlich namenlos.

Wissenschaftler

Die Naturwissenschaften hatten im Ersten Weltkrieg erstmals eine entscheidende Rolle in der Kriegsführung gespielt, und 1939 waren sich die Regierungen der Bedeutung dieser Bereiche viel bewusster als zuvor. Staatliche Projekte zur Erfindung und Entwicklung von Geräten und auch zur praktischen Forschung wurden ein integraler Bestandteil der militärischen Domäne.

In Großbritannien wird allgemein angenommen, dass Sir Henry Tizards *Scientific Survey of Air Defence* (Wissenschaftliche Untersuchung zur Luftverteidigung), die 1934 begann und die Radartechnik hervorbrachte, der Royal Air Force den entscheidenden Vorteil in der Schlacht um England verschaffte. Tizards Hauptkonkurrent, der Elsässer Frederick Lindemann

(1886 bis 1957), der später als Lord Cherwell zum wichtigsten wissenschaftlichen Berater Churchills aufstieg, galt als eine der einflussreichsten Persönlichkeiten des Landes.

Die totalitären Regimes gaben zwar vor, sich für die Wissenschaften zu interessieren, erwiesen sich aber als unfähig, diese zu pflegen. Es war nicht besonders förderlich, dass die Nazis Einsteins Relativitätstheorie für ungültig erklärten, nur weil Einstein Jude war, oder dass Stalin die führenden Radartechniker der Sowjetunion in den Gulag verbannte. Die Vereinigten Staaten waren die Hauptnutznießer dieser Blindheit. Enrico Fermi (1901 bis 1954), der 1942 mit der kontrollierten Freisetzung von atomarer Energie bewies, dass die Atombombe möglich war, hatte Mussolinis Italien verlassen.

Die Sowjetunion verzeichnete wenige eigene Fortschritte in der Entwicklung von Atomwaffen. Ihr wichtigster Atomphysiker, Igor Kurtschatow (1903 bis 1960), arbeitete bis 1943 an Minen und Panzern; erst eine Kopie des britischen Maud-Berichts machte den Kreml auf die Fortschritte im Ausland aufmerksam. Andrei Sacharow (1921 bis 1989) stieg erst 1945 in die Spitzenränge der Wissenschaft auf und war dann hauptsächlich für die Entwicklung der Wasserstoffbombe in der Nachkriegszeit verantwortlich.

Nicht uninteressant sind die wissenschaftlichen Erkenntnisse, die *nicht* genutzt wurden. Der deutsche Chemiker Gerhard Schrader hatte die tödlichen Nervengase Tabun und Sarin entdeckt. Und die Briten besaßen Anthrax (Milzbranderreger) und somit die Möglichkeit zu bakteriologischer Kriegsführung. Keiner dieser chemischen oder biologischen Kampfstoffe wurde eingesetzt, vermutlich aus Furcht vor Vergeltung. Dieser Umstand unterstreicht, wie wichtig die Geheimdiensttätigkeit im wissenschaftlichen Bereich ist.

Wernher von Braun (1912 bis 1977) verdankte seine Wissenschaftskarriere dem kuriosen Umstand, dass im Versailler Vertrag von 1919 Raketen nicht unter den verbotenen Waffen genannt worden waren. Nach dem Ingenieursstudium fing er bereits vor der Machtergreifung der Nationalsozialisten an, als Zivilist im Raketenprogramm des Heereswaffenamtes zu arbeiten, das jahrelang kaum unterstützt wurde. Man verlieh ihm einen nominellen Rang in der SS, doch später behauptete er, nie aktiv gewesen zu sein. Sein Durchbruch erfolgte 1943, als Hitler den Befehl gab, die Großrakete A 4 serienmäßig zu bauen und als V 2 einzusetzen. Braun wurde 1944 von der Gestapo unter dem Verdacht des Verrats und der Wehrkraftzersetzung in Stettin festgenommen. Im März 1945 gelang es ihm, mit fünfhundert Ingenieurskollegen einen Zug zu entführen, ganz Deutschland zu durchqueren und sich den Amerikanern zu ergeben. Nach dem Krieg stieg er in den Vereinigten Staaten zum Direktor des Raumfahrtzentrums der NASA auf.[197]

Spione

Die meisten Spione sind ziemlich langweilige Gestalten, aber einige erscheinen uns zumindest heute als unglaublich schillernde Figuren. Ein höchst dramatisches Leben führte etwa Dusko Popov (1912 bis 1981), ein verwegener jugoslawischer Geschäftsmann, der zugleich für die deutsche Abwehr und als Doppelagent für den britischen MI6 arbeitete. Unter dem Decknamen »Tricycle« wurde er in die USA geschickt, wo ihn das FBI vollkommen ignorierte, und 1944 spielte er eine maßgebliche Rolle im britischen »XX-Komitee«, das unter anderem Doppelagenten für die Täuschungskampagne im Zusammenhang mit der Landung in der Normandie einsetzte.[198]

Walthère Dewé (gest. 1944) war ebenfalls eine Ausnahmeerscheinung, denn er leitete in beiden Weltkriegen Spionageringe in Belgien. Der Ingenieur aus Lüttich scharte einen großen Kreis von Freunden und Kollegen um sich, die bereit waren, mit ihm zusammenzuarbeiten. Seine erste Organisation mit dem Decknamen »La Dame Blanche« zählte von 1915 bis 1918 mehr als tausend Mitglieder und konzentrierte sich auf die Zugbeobachtung. Jede Woche wurde ein dreihundert Seiten langer Bericht an General Haigs Hauptquartier geschickt, in dem alle deutschen Truppenbewegungen hinter dem britischen Sektor ausgewertet wurden. Seine zweite Organisation mit dem Decknamen »Clarence« entstand bei Ausbruch des Krieges 1939 und war sogar noch größer als die erste. Sie arbeitete eng mit der *Special Operations Executive* (SOE) zusammen, durch die sie mit Rundfunkgeräten und hauptamtlichen Koordinatoren versorgt wurde. Der Ring fand am 14. Januar 1944 ein jähes Ende, als die deutsche Sicherheitspolizei in Brüssel versuchte, Dewé zu fassen. Er flüchtete, wurde aber auf der Avenue de la Couronne niedergeschossen. Seine beiden Töchter wurden nach Ravensbrück verfrachtet. Heute befindet sich an der Stelle, an der er starb, eine Gedenktafel mit der Inschrift »Au fervent patriote Liègois, héros de deux guerres« (»Dem glühenden Patrioten aus Liège und Helden zweier Kriege«).[199]

Leopold Trepper (1904 bis 1992) leitete zwischen 1938 und 1942 das berühmte Netzwerk »Rote Kapelle« in Belgien und Frankreich. Er überlebte den Krieg und schrieb später über seine Erfahrungen. Er wurde in Nowy Targ geboren, studierte in Wien und gehörte zur Elitegeneration polnisch-jüdischer Kommunisten. 1924 wurde er aus Polen und 1929 aus Palästina ausgewiesen. Er floh in die Sowjetunion und wurde als professioneller Mitarbeiter des Militärgeheimdienstes GRU angeworben. Unter anderem deckte er die Pläne für das Unternehmen »Barbarossa« und den Kampfpanzer Tiger II auf. Seine Gefangennahme durch die Gestapo auf einem Zahnarztstuhl war nicht minder dramatisch als seine Flucht 1943 beziehungsweise seine Tätigkeit für die französische Résistance. Die Russen beschuldigten Trepper des Verrats und hielten ihn fast zehn Jahre lang in der Lubjanka gefangen. Er kehrte 1955 nach Polen zurück und ging später nach Israel, wo er 1975 seine Autobiographie mit dem Titel *Die Wahrheit* schrieb. Keine seiner Erfahrungen erschütterte indes seinen Glauben in den weltweiten Auftrag des Kommunismus.[200]

Harold Philby (1912 bis 1988) alias »Kim« wurde als Sohn eines zum Islam konvertierten britischen Diplomaten in Indien geboren. Während er am Trinity College in Cambridge Geschichte studierte, wurde er von jungen marxistischen Dozenten wie Maurice Dobb beeinflusst. Vom linken Sozialismus angezogen, bot er sich in den dreißiger Jahren freiwillig an, sowjetischer Agent zu werden. Das wahre Gesicht des Stalin-Regimes war ihm entweder nicht bekannt oder gleichgültig. Und so wurde er 1934 in Wien in den Dienst der Geheimpolizei GPU eingewiesen.

Philbys Tätigkeit während des spanischen Bürgerkriegs und deren Folgen sind aufschlussreich. Wem seine wahre Treue galt, wurde durch die Tatsache verschleiert, dass er als *Times*-Korrespondent bei General Francos Truppen auftrat; er erhielt sogar von Franco persönlich einen Orden. Philby schob seine Rückkehr bis 1940 auf und traf unter den Flüchtlingen von Dünkirchen in England ein – mit dem Ruf eines rechtsgerichteten Abenteurers. Ohne Schwierigkeiten wurde er vom MI6 rekrutiert.

Während des Zweiten Weltkriegs diente Philby als professioneller Nachrichtenoffizier und spezialisierte sich auf antisowjetische Gegenspionage. Von 1941 bis 1944 leitete er die iberische Sektion V des MI6 und war auch bei dem Flugzeugunglück in Gibraltar zugegen, bei dem General Władisław Sikorski den Tod fand. In der Zeit von 1944 bis 1945 stand er – schwer zu glauben – der Sektion X vor, die der Unterwanderung britischer Institutionen durch sowjetische Agenten entgegenwirken sollte. Vom Standpunkt Moskaus aus war er genau am richtigen Platz.

Philbys Stern verblasste erst 1950–51, als er bei der britischen Botschaft in Washington tätig war und unter Verdacht geriet, der »dritte Mann« zu sein, der Burgess und Maclean verraten hatte. Aus dem Exil in Beirut schickte er Artikel an den *Observer* und den *Economist*, wurde aber von einer Israelin denunziert, die behauptete, seine Haltung sei proarabisch und daher prosowjetisch. Nach einem einzigen offiziellen Interview floh er im Januar 1963 nach Moskau und kehrte nicht mehr zurück.[201]

Während des Zweiten Weltkriegs wurden jedoch weder Philby noch irgendein anderer Agent des Spionagerings enttarnt, der später als »Cambridge Five« bezeichnet wurde. Ähnlich sah es in den Vereinigten Staaten aus. Heute wissen wir zweifelsfrei, dass ab 1942, wenn nicht schon früher, eine Gruppe professioneller sowjetischer Kontaktleute in allen wichtigen Einrichtungen der US-Regierung ein ausgedehntes Netz von Spionen, Agenten und Kurieren aufbaute. Das Manhattan-Projekt war einer ihrer Interessenschwerpunkte, aber bei weitem nicht der einzige. Die Administration Präsident Roosevelts war bis in die höchsten Ebenen massiv infiltriert. Alger Hiss wirkte im Außenministerium, Harry Dexter White im Finanzministerium, Maurice Halpern spionierte als Leiter der Projektforschung im *Office of Strategic Services* (OSS), Judith Coplon beim FBI und William Perle bei der Düsentriebwerksentwicklung. Die erfolgreichen Ökonomen Laughlin Currie und Gregory Silvermaster bildeten die Spitze eines gewaltigen Eisbergs der Spionage, dem Mitglieder und Sympathisanten der amerikanischen Kommunistischen Partei zuarbeiteten. Eine Kritikerin der Nachkriegsentwicklung war Elizabeth Terrill Bentley (1905 bis 1963), die während des gesamten Krieges eine intime Beziehung zu Jakob Golos, dem wichtigsten sowjetischen Geheimagenten in den Vereinigten Staaten, unterhalten hatte.

Bereits 1943 starteten die Chefs des britischen und des

amerikanischen Geheimdienstes ein gemeinsames Programm, das später den Decknamen »Venona« erhielt; sie wollten hinter die Kulissen der sowjetischen Botschaften in London und Washington blicken und den verschlüsselten Funkverkehr belauschen. Bis 1946 wurden keine nennenswerten Fortschritte erzielt. Schlimmer noch, die Geheimdienstchefs behielten ihre Erkenntnisse für sich und informierten weder Präsident Harry Truman noch Premierminister Clement Attlee. Folglich wurden die Beweismaterialien, die »Venona« sammelte, weder den Anklägern in den verschiedenen Spionageprozessen der Nachkriegszeit noch dem Ausschuss für unamerikanische Umtriebe in der McCarthy-Ära zur Verfügung gestellt. Gegen die meisten der 349 Spione, deren Namen 1995 bekannt wurden, als die »Venona«-Akten freigegeben wurden, war überhaupt nie ermittelt worden.[202]

Julius Rosenberg (1918 bis 1953) und seine Frau, Ethel Greenglass Rosenberg (1915 bis 1953), waren die beiden kleinen Fische, die *nicht* davonkamen. Sie wirkten in der Kette von Aktivisten mit, die während des Krieges Geheiminformationen über Atomtechnologie aus Los Alamos an die Sowjets weitergaben. Viele Jahrzehnte später deuteten Materialien aus Moskauer Archiven darauf hin, dass Rosenberg fünfzig Mal mit sowjetischen Kontaktpersonen zusammentraf. Die beiden standen aber noch nicht unter dringendem Verdacht, als Julius Rosenberg 1945 wegen heimlicher Mitgliedschaft in der Kommunistischen Partei aus seiner Anstellung bei der Fernmeldetruppe der US-Armee entlassen wurde. Erst mit den Aussagen von Elizabeth Bentley sowie den Geständnissen von Harry Gold und Ethels Bruder David Greenglass begann sich das Netz zuzuziehen. Im Jahr 1950 kamen sie wegen Verschwörung vor Gericht, parallel zum Verfahren gegen Klaus Fuchs in Großbritannien, der eine viel wichtigere Gestalt war. Der McCarthy-Ausschuss hatte bereits seine Ermittlungen aufgenommen, und die »Hollywood Ten« waren unter unangebrachten Protesten gegen eine »antisemitische Hexenjagd« inhaftiert worden, weil sie die Namen ihrer politischen Verbündeten nicht preisgeben wollten. Auch die Rosenbergs weigerten sich, mit den Behörden zusammenzuarbeiten, und verschlimmerten so ihre Lage. Nach einem drei Jahre währenden juristischen Hin und Her verweigerte man ihnen die nachsichtige Behandlung, die Gold und Greenglass erfuhren. Am 19. Juni 1953 wurde das Ehepaar auf dem elektrischen Stuhl hingerichtet.[203] Jean-Paul Sartre sprach von Justizmord.

Überlebende

In gewissem Sinn ist jeder, der im Zweiten Weltkrieg mit heiler Haut davonkam, ein Überlebender. Im eigentlichen Sinn verdient diese Bezeichnung jedoch nur jemand, der einem lebensbedrohlichen Martyrium standhielt, das die Mehrheit nicht überlebte. Daher spricht man von Überlebenden im Zusammenhang mit Stalingrad, dem Holocaust, Flugzeugkollisionen, Straflagern und Folter. Und es gab tatsächlich einige Menschen, die die unterschiedlichsten Gefahren überstanden.

Jozef Garlinski (1913 bis 2005) war einer jener seltenen Mehrfachüberlebenden. Er wurde in Kiew im zaristischen Russland geboren, kam als Junge nach Polen und studierte in Warschau und Kalisz. 1939 heiratete er als junger Kavallerieoffizier eine Irin, Eileen. Er überlebte den Fronteinsatz und floh mit Hilfe eines Bayern aus der Gefangenschaft. Als Leiter des Untergrundgeheimdienstes war er in Warschau dafür verantwortlich, das Vordringen der Gestapo zu überwachen. Doch es dauerte nicht lange, bis er selbst observiert wurde. Seine Verhaftung und anschließende Einlieferung in Auschwitz waren das Werk eines ehemaligen Klassenkameraden, den die Gestapo am Leben gelassen hatte, damit er als Informant diente. In Auschwitz machte Garlinksi (Lagernummer

121421) einiges mit: Er wurde in die Strafkolonie versetzt und musste bei Hinrichtungen an der Todeswand helfen. Zugleich arbeitete er heimlich in der Widerstandsgruppe des Lagers mit. Bei Kriegsende wurde er aus dem KZ Neuengamme befreit und sah Eileen wieder, die den Aufstand im Waschauer Ghetto überlebt hatte. Noch sechzig Jahre lebte er als liebender Familienvater und engagierter Historiker. Nachdem er im Alter von neunundfünzig Jahren an der London School of Economics promovierte, schrieb er viele wertvolle Bücher, unter anderem über die Untergrundbewegung im Lager Auschwitz (*Fighting Auschwitz*, 1975), *Hitler's Last Weapons* (deutscher Titel: *Deutschlands letzte Waffen im Zweiten Weltkrieg*, 1981) und *Poland in the Second World War* (1985).[204]

Die Überlebenden des Holocaust verdienen den größten Respekt und besondere Würdigung. Zu ihnen gehören prominente Persönlichkeiten wie Elie Wiesel und Primo Levi sowie unzählige Menschen, die nicht näher bekannt sind. Als Mahnung, damit so etwas »nie wieder« geschehen möge, werden sie zu Recht ermutigt, ihre Geschichten zu erzählen, ihre Erinnerungen zu schildern und der jüngeren Generation ein Bild der Greuel zu vermitteln. Einigen der Bemühungen, die in ihrem Namen unternommen werden, mag es jedoch an Lauterkeit mangeln. Vor allem Norman Finkelstein, dessen Eltern Holocaustüberlebende waren, prangerte Organisationen an, dass sie nur vorgäben, Überlebende zu unterstützen, in Wirklichkeit aber aus rein finanziellen oder politischen Interessen handeln.[205] Wie auch bei anderen Aspekten des Zweiten Weltkriegs kann es mitunter schwierig sein, Fakten und Täuschungen auseinanderzuhalten. Aber eines ist sicher: Jede falsche oder kleinliche Behauptung kann nur dazu beitragen, das anhaltende Problem der Holocaustleugnung zu verlängern.

Gewerkschaften

Im Zuge der Industrialisierung entwickelten sich mit einiger Verzögerung auch die Gewerkschaften. Während Industrielle ihre Fabriken und Unternehmen organisierten, schlossen sich auch deren Arbeiter vermehrt zusammen, um für angemessene Löhne und Arbeitsbedingungen zu kämpfen. Der Zweite Weltkrieg fiel mit dem Höhepunkt dieser Entwicklung zusammen.

In Großbritannien war der Gewerkschaftsbund längst von Arbeitslosigkeit und konservativen Regierungen in die Knie gezwungen worden, doch der Krieg half ihm wieder auf die Beine. In den Kohlezechen kam es zu einem größeren Konflikt, weil zum einen Arbeitskräftemangel herrschte und zum anderen die privaten Arbeitgeber auf überholten Konditionen beharrten. Der Arbeitsminister, Ernest Bevin (1881 bis 1951), der führende Gewerkschafter jener Zeit, löste die Blockade jedoch, indem er jeden zehnten Wehrpflichtigen als »Bevin-Boy« in die Gruben schickte. Im Wesentlichen setzten die Gewerkschaften alle Dispute während des Krieges aus, in der Hoffnung, dies werde ihnen in der Nachkriegszeit angerechnet, was auch der Fall war.

Bevin war zuvor Chef der größten britischen Gewerkschaft gewesen, der Transport- und Arbeitergewerkschaft. Der zeitweilige sozialistische Unruhestifter wurde von Churchill ins Kabinett berufen, bevor er überhaupt Parlamentsmitglied war, und bewährte sich glänzend. Er verkörperte einen ganz neuen Schlag von Politiker. Bei Kriegsende war er ein äußerst erfolgreicher Außenminister und vertrat Großbritannien bei der Potsdamer Konferenz.[206]

In Deutschland schaffte das NS-Regime die Arbeitslosigkeit rasch ab und beseitigte so die Ursachen für die Unzufriedenheit der Beschäftigten. Gewerkschaften wurden bald zum Kanal für die Übermittlung von Parteidirektiven, nicht zuletzt weil aufmüpfige Arbeiter leicht in die Armee oder ins KZ gesteckt werden konnten. Die deutschen Gewerkschaften waren vor allem darum bemüht, die traditionellen Gewerbezweige für sich zu erhalten und vor der Flut von Zwangsarbeitern und Kriegsgefangenen zu schützen.

Die sowjetischen Gewerkschaften waren vollkommen machtlos. Sie waren das Erbe eines Machtkampfs in der Anfangszeit der Sowjetunion, in der der Widerstand der Arbeiter gebrochen wurde und die Bolschewiken eine zentralistische, autoritäre Arbeitspolitik diktierten. Die Gewerkschaften wurden von der Kommunistischen Partei geleitet, die auch die verstaatlichte Arbeitgeberseite kontrollierte. Jede Art von Verhandeln war daher unbekannt, und jeder hatte die staatlichen Vorgaben zu erfüllen. Daher beruhte die offizielle Freundschaft, die während des Krieges zwischen britischen sowie amerikanischen Gewerkschaftsführern und ihren vermeintlichen sowjetischen Kollegen entstand, auf einem grundlegenden Missverständnis.

Verräter

Die Definition von »Verrat« im Krieg ist klar und einfach: Man versteht darunter alles, was den Interessen des eigenen Landes schadet und dem Feind hilft. In allen Ländern stand von 1939–45 auf Verrat die Todesstrafe.

Die Ansichten darüber, was es bedeut, »dem Feind zu helfen«, gingen jedoch weit auseinander. Man war sich darin einig, dass der Dienst in der Armee des Feindes Landesverrat war. Über das Schicksal General Andrei Wlassows – er wurde erschossen – diskutierte man daher gar nicht (siehe oben). Die Briten subsumierten auch das Ausstrahlen feindlicher Propaganda unter dieser Überschrift. Die Strafverteidiger von William Joyce (1906 bis 1946), der während des Krieges als »Lord

Haw-Haw« (so genannt wegen seines näselnden Oxford-Englischs) für Radio Berlin tätig war, stellten nicht in Abrede, dass Joyce gegen die Interessen Großbritanniens gehandelt habe, bestritten jedoch die Behauptung, ihr Mandant sei Brite. Joyce war in New York geboren und in Irland aufgewachsen, führendes Mitglied von Mosleys Britischer Union der Faschisten gewesen und hatte als US-Bürger unter Vorspiegelung falscher Tatsachen einen britischen Pass erworben. Er wurde zum Tod durch den Strang verurteilt und hingerichtet.[207]

Im Dritten Reich wie auch in der Sowjetunion konnte jede Handlung oder Äußerung gegen das herrschende Regime vor Gericht als Verrat ausgelegt werden. Die sowjetische Praxis ging jedoch noch weiter. Dort galt es auch als Delikt, wenn ein Sowjetbürger, der im Ausland weilte, sich nicht den Partisanen anschloss und nicht bereit war, sein Leben zu opfern. Dass es in weiten Teilen des besetzten Europa gar keine Partisanen gab, war unwesentlich.

John Amery (1910 bis 1945) war der Sohn eines prominenten konservativen Politikers in Großbritannien, der die Herkunft seiner Familie sorgfältig verheimlicht hatte. Sein Vater, Leo Amery, hatte den Text der Balfour-Deklaration aufgesetzt und im Mai 1940 als konservativer Parlamentsabgeordneter mit dem Ausspruch Oliver Cromwells (»Im Namen Gottes, geht«) die Regierung Chamberlains zu Fall gebracht. Johns Bruder, Julian, diente als SOE-Offizier in Albanien. John selbst war das schwarze Schaf der Familie. Trotz seiner ungewöhnlichen Beziehungen war er, wie William Joyce, Faschist. Nachdem er in Spanien gegen die Republikaner gekämpft hatte, lebte er in Frankreich und ging 1942 nach Deutschland. Er begegnete Hitler und rekrutierte Mitstreiter für die St.-Georgs-Legion (die britische Legion des heiligen Georg), das geplante Britische Freikorps SS. Er wurde im Dezember 1945 im Gefängnis von Wandsworth gehenkt, nachdem er sich des Landesverrats schuldig bekannt hatte.[208]

Opfer

Dass ein Krieg Verluste mit sich bringt, ist eine Binsenweisheit. Jeder Krieg fordert jedoch seine eigene Art von Opfern. In den Jahren 1939–45 gab es neben den Kriegswitwen, Flüchtlingen und Kriegsversehrten, wie es sie schon immer gegeben hatte, auch ganz neue Kategorien: Opfer von Massenbombardements, von Vertreibungen und Deportationen und vor allem Opfer des Holocaust.

Der Begriff der Opfer ist und bleibt irritierend. Er hat rechtliche und moralische Implikationen. Und er wird in der allgemeinen Vorstellung leicht mit ganzen Gruppierungen in Verbindung gebracht, von denen einzelne Vertreter tatsächlich Unrecht erfuhren, andere indes nicht. In der Nachkriegszeit hat dies mitunter zu ganz und gar unschönen Auseinandersetzungen geführt. Denn die Anerkennung als Opfer bedeutet öffentliches Mitgefühl, das in Geschichtsbüchern und Gedenkstätten Ausdruck findet, und auch mögliche materielle Entschädigungen.

Selbst mehr als sechzig Jahre nach Ende des Krieges wird noch immer eine heftige Kontroverse um dessen Opfer geführt. Das Hauptproblem dabei sind die Vorstellungen von kollektiver Schuld und der kollektiven Rolle als Opfer. Beispielsweise wird das deutsche Volk, gewöhnlich »die Deutschen« genannt, seit langem in die Schublade des Aggressors gesteckt, und die weitverbreitete Zuschreibung einer Kollektivschuld wird durch Umschreibungen wie »Hitlers willige Henker« oder »Hitlers willige Helfer« noch verstärkt. Auch jene, die den Sowjetstaat verteidigen, beharren darauf, dass die UdSSR als »Opfer der Aggression« zu sehen ist, um so im Handumdrehen jeden Schuldvorwurf gegen sowjetische Institutionen abzuweisen. Nach dieser Denkart können Aggressoren nicht beanspruchen, Opfer zu sein, und Opfer können nicht der Aggression bezichtigt werden.

Der Historiker muss den Sachverhalt jedoch kritischer und differenzierter betrachten. Er darf sich nur von Fakten leiten lassen, nicht von Verallgemeinerungen, und muss seine Urteile entsprechend auf Indizien stützen. Aggressoren sind Menschen, die Gewalttaten verfügen oder vollziehen. Mörder sind Menschen, die Mordtaten anordnen oder ausüben. Und Opfer sind Menschen, die durch bestimmte Taten oder Praktiken Unrecht erfahren haben. So gesehen, ist es durchaus denkbar, dass einige Vertreter einer Gruppierung oder Nation als »Aggressoren«, »Mörder« oder »Kriegshetzer« bezeichnet werden, andere Angehörige derselben Gruppierung oder Nation jedoch als »Opfer«. Ebenso kann es absolut angemessen sein, dass ein Staat in Hinsicht auf bestimmte Ereignisse als »Aggressor« angesehen wird und im Lichte anderer Vorkommnisse als »Opfer« von Gewalt zu gelten hat. Genau dies trifft auf das deutsche Volk zu, das einerseits den Nazis demokratisch zur Macht verhalf und andererseits durch Massenbombardements und Vertreibungen großes Leid und Unrecht erfuhr. Ähnliche Grundsätze gelten für Einzelpersonen. Es ist also absolut nicht ausgeschlossen, dass ein bestimmter Mensch Opfer eines Verbrechens und Täter eines anderen Verbrechens sein kann. Der Zweite Weltkrieg war sicherlich eine Zeit internationalen Banditenwesens, und es ist unschwer zu bestimmen, was dies alles umfasste. Insofern sollte leicht zu verstehen sein, was es bedeutet, wenn ein Bandit einen anderen angreift.

Problematisch erscheint auch die Beurteilung von Opfern, die häufig Märtyrern oder Helden gleichgestellt werden. Denn die Rolle des Opfers definiert sich darin, dass der Betreffende Ziel des aggressiven Verhaltens eines anderen Menschen wird. Opfer sind selbst nicht aktiv, sie erleiden passiv. Daher verdienen sie Trost und Mitgefühl – aber ihnen kann nicht ohne weiteres eine Tugend zugesprochen werden, die sie vielleicht besitzen oder auch nicht.

Gleichwohl ist allen Opfern eine Unschuld zu eigen – keine absolute Unschuld, sondern das Fehlen von Schuld an dem Vergehen, das ihnen widerfuhr. Und niemand ist unschuldiger als Kinder. Der Konflikt von 1939–45 zerstörte und verstörte nicht Tausende, sondern Millionen von Kindern: Unschuldige ließ man systematisch hungern, sie verbrannten im Feuersturm der Bombardements, sie wurden in Viehwaggons verfrachtet und in den Todeslagern vergast. Dies muss immer wieder ausgesprochen werden. Denn indem die Zeit verstreicht, werden manche Facetten der historischen Realität immer schwerer nachvollziehbar.

Die politischen Führer der Kriegsmächte

Keiner der Staatenlenker im Zweiten Weltkrieg war Berufssoldat. Alle waren Politiker, die an die Regierungsspitze ihres jeweiligen Landes aufstiegen. Adolf Hitler, ein Gründungsmitglied der NSDAP, war auf demokratischem Weg deutscher Reichskanzler geworden, bevor er sich diktatorisch zum »Führer« des deutschen Volkes erklärte. Im Ersten Weltkrieg hatte er tapfer als Unteroffizier eines bayerischen Regiments in den Gräben der Westfront gekämpft. Im Dezember 1941 übernahm er die Funktion des Oberbefehlshabers.[209] Josefh Stalin war ein alter Bolschewist und hatte als Generalsekretär der sowjetischen Kommunistischen Partei von 1922 bis 1953 die höchste Position in der Exekutive des Landes inne. Zweimal gewann er Erfahrungen im Frontkommando – 1918 als politischer Kommissar bei der Belagerung von Tsaritsyn und 1920 an der Südwestfront im Kampf gegen Polen. Während des Zweiten Weltkriegs fungierte er für kurze Zeit aus Gründen der Koordination als Premierminister und von Juni bis Juli 1941 auch als Oberbefehlshaber und Vorsitzender des Verteidigungsrats.[210] Winston Churchill verfügte über mehr militärische Erfahrung als die beiden Erstgenannten. Er begann seine Laufbahn als junger Kavallerieoffizier und war bei Omdurman noch hoch zu Ross in die Schlacht gezogen; 1911–15 und 1939–40 war er Erster Lord der Admiralität. Im Mai 1940 löste Winston Churchill Neville Chamberlain als Premierminister ab und blieb bis Juli 1945 in diesem Amt. Er führte den Vorsitz über das Kriegskabinett und zahlreiche andere Gremien, war jedoch im Gegensatz zu Roosevelt nie Oberbefehlshaber.[211]

Hitler, Stalin und Churchill mussten alle die bittere Pille einer Niederlage schlucken. Hitler war nach den Gasangriffen in den Gräben des Ersten Weltkriegs besessen von der Vorstellung eines »Dolchstoßes von hinten«. Stalin, der insgesamt dreimal als Sträfling nach Sibirien verbannt wurde, hätte aufgrund seiner scheinbar verräterischen Rolle bei der Niederlage der Roten Armee in Polen beinahe ein jähes Ende seiner Laufbahn erlebt. Und Churchills Fehlschlag beim Feldzug von Gallipoli 1915–16 hat seinem Ruf als Strategen nachhaltig geschadet. Und seine »Jahre in der Wildnis« in den Dreißigern zerstörten auf ähnliche Weise seine Reputation als Politiker.

Die politischen Leistungen der genannten Staatenlenker folgten jedoch ganz unterschiedlichen Bahnen. Churchill begann am Rand der Katastrophe, brachte Großbritannien wieder nach oben und richtete sich dann zunehmend in der Rolle als Roosevelts Zweitbesetzung ein. Hitler legte einen glänzenden Start hin, setzte auf einen raschen Sieg, wollte sich aber partout nicht an die Erfordernisse einer Lageverschlechterung anpassen und preschte kopfüber in den Untergang. Stalin wiederum begann als Hitlers Verbündeter, überstand 1941 eine Katastrophe von unbeschreiblichen Ausmaßen und gewann allmählich wieder festen Stand. Der Sieg von 1945 war vor allem sein Verdienst. *Da, privyet pobyeda!* Die Folgen waren indes nicht durchweg positiv.

»Dieser Krieg ist mehr als jeder andere in der Geschichte ein Krieg der Frauen«, erklärte der US-Botschafter in London, John G. Winant. Eine leichte Übertreibung, würde man meinen. Die Männer hatten trotz allem ihren Anteil daran. Da aber die Frauen rund die Hälfte der Gesamtbevölkerung ausmachten und die Zivilisten und die Soldaten die Last zu gleichen Teilen trugen, fiel der Beitrag der Frauen – der bereits im Ersten Weltkrieg erheblich gewesen war – nun noch größer aus.

Während Deutschland versuchte, den Mangel an Arbeitskräften durch den Import von Ausländern auszugleichen, kamen Großbritannien und auch die Sowjetunion durch die Mobilisierung von Frauen zurecht. Die Grenze zwischen »Männerarbeit« und »Frauenarbeit« verschob sich. Frauen arbeiteten nicht nur in Fabriken und auf dem Land sowie in den Hilfsdiensten, sondern aufgrund der mittlerweile höheren Bildung auch in der Verwaltung, der Wirtschaft und in den verschiedensten Berufen. In der UdSSR waren 80 Prozent der Kolchosenarbeiter während des Krieges Frauen, eine Million junger Frauen trat sogar in die Streitkräfte ein. Die britische SOE schickte auch weibliche Agenten in den Einsatz.

Dass Millionen Soldaten von ihren Frauen und Familien getrennt waren, leistete der sexuellen Befreiung und Freizügigkeit Vorschub. Es gab auch Gegenreaktionen. Der Vatikan sprach sich dagegen aus, dass Frauen Hosen trugen, und die Angehörigen des britischen ATS (*Auxiliary Territorial Service)*, der Frauenabteilung der britischen Armee im Zweiten Weltkrieg, wurden ungerechterweise als »Zeltbodenplanen der Offiziere« tituliert. Neben dem bekannteren Phänomen der Kriegswitwe trat auch die »Kriegsbraut« in Erscheinung.

Karolina Lanckoronska (1898 bis 2002) war eine in Wien gebürtige österreichische Prinzessin, die beschlossen hatte, in die polnische Heimat ihrer Familie zurückzukehren und eine akademische Laufbahn einzuschlagen. Zwischen den Kriegen war sie Professorin für Kunstgeschichte in Lemberg (Lwow) gewesen, und nach 1939 erlebte sie sowohl die sowjetische als auch die deutsche Besetzung Polens. Die Deutschen übertrugen ihr die Leitung einer Wohlfahrtsorganisation im Generalgouvernement und verhafteten sie prompt, nachdem sie zu spät erfahren hatten, dass Lanckoronska nicht auf ihrer Seite stand. Es folgten Gefängnisse und Konzentrationslager. In Sachsenhausen wurden an der adligen Professorin medizinische Experimente vorgenommen; es gelang ihr jedoch, Bildungsmaßnahmen für ihre Mithäftlinge zu organisieren. Sie wurde über hundert Jahre alt.[212]

Diese kurze Liste von Personengruppen reicht von »Adligen« bis zu »Frauen«. Sie hätte ebenso gut von »Engeln« bis zu »Zouavenregimentern« gehen können. Die Liste soll – und darauf kommt es an – eine Vorstellung davon vermitteln, welch unterschiedliche Erfahrungen während des Krieges gemacht wurden, welch ein breites geographisches Spektrum davon berührt war und wie ungeheuer eng Menschlichkeit und Unmenschlichkeit beieinanderlagen.

6

DARSTELLUNGEN

Der Zweite Weltkrieg in Medien, Künsten und Geschichtsschreibung

Bei Schilderungen historischer Ereignisse werden zeitgenössische und rückblickende Darstellungen unterschieden, das heißt solche, die zum Zeitpunkt des Geschehens entstanden sind, und solche, die die Ereignisse im Rückblick rekonstruieren. Zur ersten Gruppe gehören Tagebücher, Wochenschauen, Presseberichte sowie Feldpost, Gedichte und Fotos vom Schlachtfeld. Die zweite umfasst Memoiren, Spielfilme, historische Romane und analysierende Geschichtsschreibung. All diese und weitere Formen sind zum Thema Zweiter Weltkrieg zahlreich vertreten und müssen berücksichtigt werden, wenn untersucht wird, wie der kriegerische Konflikt dokumentiert wurde und in der Erinnerung der Nachwelt präsent ist. Natürlich ist die Unterscheidung zwischen zeitgenössischen und retrospektiven Darstellungen nicht immer aufrechtzuerhalten. Manche Archive bleiben jahrzehntelang unter Verschluss, Augenzeugenberichte werden mitunter erst nach Jahren veröffentlicht. Dennoch bildet diese Einteilung einen guten Ausgangspunkt für die Diskussion.

Man würde erwarten, dass Historiker vor allem die Bedeutung der Geschichtsschreibung unterstreichen. Mit gutem Handwerkszeug lassen sich in der Tat klare Erzählungen, stichhaltige Beweisführungen und schlüssige Deutungen vorlegen. Doch die Historiographie allein ist natürlich ungenügend, denn sie erhellt nur einen Teil der Dokumente. Zum einen erfolgt sie in einem fortwährenden Prozess der Darlegung und Revision, in dem immer neue Quellen und Autoren zum Vorschein kommen; und obwohl maßgebliche Standpunkte eingenommen werden können, ist sie von Natur aus niemals definitiv. Zum anderen kommt die Geschichtsschreibung nur langsam voran. Historiker müssen unentwegt gegen Mythen und Missverständnisse ankämpfen, die von schnelleren Medien in die Welt gesetzt werden. Und drittens spricht sie kein Massenpublikum an. Selbst die besten Darstellungen von Geschichte, wie Antony Beevors *Stalingrad* oder Max Hastings *Armageddon*, werden nur von Zehntausenden oder vielleicht auch Hunderttausenden gelesen. Dagegen werden die schlechtesten Hollywoodfilme, wie *U-571* oder *Saving Private Ryan (Der Soldat James Ryan)*, die voll sind mit zweifelhaften historischen Annahmen, von Millionen gesehen.

Es wäre jedoch falsch zu glauben, dass die zeitgenössische Darstellung der späteren Rekonstruktion notwendigerweise überlegen wäre. Die Sichtweise jedes Zeugen ist subjektiv. Und ein Blick auf das Ganze erschließt sich nur durch eine breitangelegte Betrachtung unterschiedlicher Quellen. Der Soldat, der in seinem Schützengraben Tagebuch schreibt, mag eine authentische Schilderung eines bestimmten Frontabschnitts liefern, er kann aber unmöglich wissen, was im feindlichen Lager geschieht, ganz zu schweigen von anderen Kriegsschauplätzen. Ebenso konnte Winston Churchill, der im Großbritannien der Nachkriegszeit sein großes Werk *Der Zweite Weltkrieg* schrieb, nur darüber spekulieren, was zu bestimmten Zeitpunkten des Krieges in den Köpfen von Hitler und Stalin vorging. Und es erleichtert die Arbeit auch nicht gerade, dass weder Hitler noch Stalin – die zentralen Protagonisten – einen Memoirenband oder etwas Ähnliches hinterließen.

Man sollte aber auch den Beitrag der Fiktion zur Darstellung historischer Tatsachen nicht unterschätzen. Manche Formen der Fiktion – in der Literatur wie im Film – sind ausschließlich erdacht. Andere hingegen nutzen fiktionale Mittel, um die historische Wirklichkeit genau und tiefgründig auszuleuchten. Bestimmte Bereiche der menschlichen Erfahrung können durch direkte Ansätze oder dokumentarisches

Material gar nicht erschlossen werden, bilden aber in einer geglückten fiktiven Form einen wesentlichen Beitrag zum Verständnis der Vergangenheit. Der Zweite Weltkrieg hat vielleicht noch nicht solche Meisterwerke hervorgebracht wie Stendhals Zeitbild *Le Rouge et le Noir (Rot und Schwarz)* oder Lampedusas Roman *Il Gattopardo (Der Leopard)*, der fast ein Jahrhundert nach den geschilderten historischen Ereignissen erschien. Es lässt sich jedoch schwer bestreiten, dass ein Roman wie Nicholas Monsarrats *The Cruel Sea* (1951, *Grausamer Atlantik*) oder ein Film wie *Mrs. Miniver* (1942) eine gültige Form des Zugangs zum Verständnis von Ereignissen bilden, die sich wirklich zugetragen haben.

Und schließlich ist kaum zu überschätzen, in welcher Weise sich die Nachkriegsereignisse auf unser Verständnis der vorausgegangenen Kriegsjahre auswirkten. Der Kalte Krieg brach herein, bevor auch nur annähernd ein Konsens über den Konflikt zwischen 1939 und 1945 hergestellt worden war. Er wirkte fast fünfzig Jahre lang als riesige Sperre gegen jeden Versuch, wichtige, aber umstrittene Aspekte zu beleuchten. In all diesen Jahrzehnten wurde die größte der beteiligten Kriegsmächte weiterhin von einem totalitären Regime beherrscht, das unverhohlen alle Formen unabhängiger Recherche unterdrückte und die Geschichte als Waffe staatlicher Propaganda benutzte. Folglich entgingen einige der größten Kapitel des Krieges in Europa jeder kritischen Prüfung und unparteiischen Betrachtung. Noch lange bestanden große weiße Flecken, und die Auswirkungen des »Krieg im Osten« blieben weitgehend im Verborgenen. Im Westen konnten Kommentatoren unterdessen ungehindert westlich orientierte und private Interessen verfolgen, unangefochten die Rolle der Westmächte herausstellen und ein einseitiges Bild zeichnen, das nur langsam (wenn überhaupt) korrigiert werden wird. Die Sowjetunion brach zusammen, bevor ihre irrigen historischen Standpunkte richtiggestellt werden konnten. Die zwei Jahrzehnte seit dem Ende des Kalten Krieges sind eine zu kurze Spanne, um die Spuren von sechzig Jahren historiographischer Spaltung auszulöschen und zu einer einheitlichen und einvernehmlichen Zusammenschau zu gelangen.

Film

Bevor das Fernsehen aufkam, war das Kino das konkurrenzlose Massenmedium für Unterhaltung und Information. Alle Regierungen waren sich der Möglichkeiten bewusst, die der Film der Kriegspropaganda eröffnete. Wochenschauen, wie sie Charles Pathé eingeführt hatte, waren eine feste Einrichtung. In den vierziger Jahren war die Stummfilmära längst vorbei; der Tonfilm war die Norm, und auch der Farbfilm fand allmählich Verbreitung. Goebbels hatte Sergei Eisensteins *Panzerkreuzer Potemkin* (1925) gesehen und war beeindruckt. Dieser Film, meinte er, könne aus jedem Zuschauer einen Bolschewiken machen.

Alle Staaten, die am Zweiten Weltkrieg teilnahmen, produzierten unter strenger Zensur Dokumentarfilme. Das britische Informationsministerium schuf beispielsweise Titel wie *London Can Take It* (1940, *London hält durch*) über den »Blitz« oder *Desert Victory* (1943, *Wüstensieg*) über El Alamein.[1] Goebbels' Ministerium brachte ähnliche Streifen über den Polenfeldzug und den Fall Frankreichs heraus. Die US-Regierung förderte Kriegsdokumentationen, als sie noch neutral war. *Churchill's Island* (1941, *Churchills Insel*) würdigte die Haltung Großbritanniens und rechtfertigte Roosevelts Politik nach dem Motto »alles außer Krieg«.[2] Von 1942 an sollte der amerikanischen Öffentlichkeit mit der Serie *Why We Fight* (*Warum wir Krieg führen)* Zuversicht in die Kriegsanstrengungen eingeflößt werden; und *Prelude to War* (1942, *Vorspiel zum Krieg*) befasste sich mit den kritischen Stimmen zum langen Zögern der Vereinigten Staaten. *Moscow Strikes Back* (1942, *Moskau schlägt zurück*) war eines jener seltenen Beispiele, die von einem eingehenden Interesse an der Ostfront zeugten, und bildete gleichsam den Auftakt zur amerikanisch-sowjetischen Freundschaft während der Kriegszeit.[3] In einer späteren Phase dokumentierte *The True Glory* (1945, *Der wahre Ruhm*) die Befreiung (West-)Europas. In der Sowjetunion war die Propagandamaschinerie von 1939 bis 1941 darauf aus, die sowjetische Verstrickung in den Krieg zu verschleiern. Ab 1942, mit *Defence of Moscow* (*Verteidigung Moskaus*), begann die Gattung des Dokumentarfilms mit der des monumentalen Kriegsfilms zu verschmelzen.

Alle kämpfenden Armeen setzten Kamerateams an der Front ein. Viele der so entstandenen Filme waren nicht für öffentliche Vorführungen gedacht, stellten aber wertvolle Dokumente dar – bis heute. Im August 1944 drehten sowohl die polnische Heimatarmee beim Warschauer Aufstand als auch die französische Résistance beim Pariser Aufstand, so entstand wertvolles Filmmaterial. Max Douys *Libération* (*Befreiung*) über das aufständische Paris wurde zum Klassiker. Gedreht wurde der Film von fünfzehn Kameraleuten an strategischen Standorten, während Fahrradkuriere durch die Nebenstraßen zu den Gaumont-Studios rasten.

Auch bei der Luftaufklärung entstanden zahlreiche wertvolle Dokumente, manchmal sogar unbeabsichtigt. So stellte sich beispielsweise heraus, dass sowohl die Royal Air Force als auch die US Army Air Force das Konzentrationslager Auschwitz gefilmt hatten, ohne es zu wissen. Ihre Aufklärungsflüge im Sommer 1944 zielten nicht auf das KZ, sondern auf die nahe gelegene Fabrik für synthetische Brennstoffe. Erst Jahre später fiel auf, dass die Piloten, nur weil sie vergessen hatten, die Kameras auszuschalten, gestochen scharfe Aufnahmen von der Auslese an der Rampe, vom Marsch der Menschenschlangen in die Gaskammern und vom Rauch über den Krematorien gemacht hatten.[4]

Der Bereich Spielfilm lässt sich in jener Zeit nicht so leicht zusammenfassen. Gewisse Themen tauchten jedoch immer wieder auf. Eines war der Rückgriff auf die Geschichte und der Appell an den Nationalstolz durch die Darstellung siegreicher Schlachten in früheren Kriegen. Ein zweites Thema stellten die Heimatfront und der Versuch dar, Verständnis für die schwierige Lage der Zivilisten zu zeigen. Ein dritter Themenschwerpunkt war ideologisch ausgerichtet und sollte belegen, dass das Programm der herrschenden Partei richtig war. In dieser Domäne waren die Briten und Amerikaner auch nicht zurückhaltender, bisweilen sogar erheblich plumper als ihre deutschen oder sowjetischen Kollegen (siehe Tabelle »Filme aus der Zeit des Zweiten Weltkriegs«).

Viele Filme erregten Anstoß bei den Behörden. Ein Beispiel ist *Alexander Newski*, der bereits vor dem Krieg fertiggestellt worden war, aber zwischen 1939 und 1941 nicht gezeigt werden konnte, weil sein deutschfeindlicher Inhalt den Erfordernissen des Hitler-Stalin-Paktes zuwiderlief. Erzählt wird die Geschichte eines russischen Fürsten im 13. Jahrhundert, der sich dem Vorrücken teutonischer Ritter entgegenstellt. Ein Klassiker der Kinematographie ist die Szene der »Schlacht auf dem Eis«, in der deutsche Krieger in eisernen Rüstungen zwischen Eisschollen versinken. In Großbritannien musste die Vorführung von *Love on the Dole* (1940, *Liebe geht stempeln*) verschoben werden, vermutlich weil die Darstellung sozialer Not während der Depression als unpatriotisch galt. Dennoch stand der Film am Beginn einer Welle sozialkritischer Streifen, die das britische Kino nach dem Krieg prägen sollte. Eisensteins Film *Iwan der Schreckliche*, der sich dem Thema Tyrannei widmete, bewegte sich unter dem wachsamen Auge der stalinistischen Zensur ebenfalls hart an der Grenze des Erlaubten, und der Regisseur erlebte die Uraufführung nicht mehr. Juri Oserows *Befreiung*, ein fünfteiliger Monumentalfilm, geriet wegen angeblicher Kritik am sowjetischen Oberkommando 1941 mit der Zensur in Konflikt und wurde erst Jahrzehnte später in voller Länge gezeigt.[5]

Die Verfügbarkeit echter Soldaten in großer Zahl war einer der prägenden Faktoren der Kriegsfilmproduktion. Dem Regisseur Sergei Bondartschuk standen während der Dreharbeiten zu *Krieg und Frieden* ganze Divisionen von Rekruten der Roten Armee zu Gebote, und Veit Harlan verwendete nicht weniger als 187000 Statisten bei den Schlachtszenen von *Kolberg*.

Die Produktion von Kriegsfilmen konnte sich jedoch erst nach 1945 richtig entfalten, und für viele Jahre konnten sich nur die Siegermächte in dieser Sparte betätigen. Mit nur sehr wenigen Ausnahmen ging es in der Gattung Kriegsfilm folglich darum, die Sache der Alliierten zu verherrlichen und die mutmaßliche Überlegenheit ihrer Waffen und Kriegsziele herauszustellen. So überrascht es nicht, dass der Faktor Draufgängertum großgeschrieben wurde, intelligente Kritik dagegen eher klein. Niemand drehte populäre Nachkriegsfilme über die Erfolge der Wehrmacht beziehungsweise über Ereignisse wie die Bombardierung Hamburgs oder den Warschauer Aufstand, die das Verhalten der Alliierten möglicherweise in Misskredit gebracht hätten. Als Hollywood im Laufe der Zeit so richtig in Fahrt kam, ging die Tendenz zu patriotischer Übertreibung fast unmerklich in regelrechte Verfälschung über (siehe Tabelle »Auswahl von Kriegsfilmen aus der Nachkriegszeit«).

Filme, die sich dem Hollywood-Trend widersetzten, waren dünn gesät. Ein frühes Beispiel war *The Cruel Sea* (1953, *Der große Atlantik*). Der Film beruhte auf dem gleichnamigen Roman von Nicholas Monsarrat und stellte den Seekrieg in ausgesprochen negativem Licht dar. *Die Brücke* (1959), eine deutsche Produktion, schilderte die Sinnlosigkeit des Krieges und zeigte deutsche Soldaten aus einer anderen Warte – nicht als blonde Kampfmaschinen, die Befehle brüllten, sondern als schlecht ausgerüstete Jugendliche, die als Kanonenfutter gegen amerikanische Panzer herhalten mussten. Sam Peckin-

Filme aus der Zeit des Zweiten Weltkriegs

Geschichte

Carl Froelich: *Das Herz der Königin* (Deutschland, 1940); antibritischer Musikfilm über Königin Maria Stuart von Schottland.

Sergei Eisenstein: *Alexander Newski* (1938) und *Iwan der Schreckliche* (drei Teile, 1943–46), russische Klassiker.

Billy Wilder: *Fünf Gräber bis Kairo* (1943), Krieg und Liebe in der Wüste Nordafrikas.

Laurence Olivier (Regie und Hauptrolle): *Henry V.* (1944), Historiendrama nach Shakespeare.

Josef von Baky: *Münchhausen* (1943), Wirklichkeitsflucht in die Abenteuer des Barons Münchhausen.

Julien Duvivier: *Le cœur d'une nation* (1943), antideutsche Chronik über Paris zur Zeit des französisch-preußischen Krieges, von der Zensur der Vichy-Regierung verboten.

Veit Harlan: *Kolberg* (1945), Rekonstruktion eines preußischen Militärepos bei der Belagerung von Kolberg 1806.

Heimatfront

London Can Take It (1940), offizieller britischer Film über den »Blitz«.

John Baxter: *Love on the Dole* (1941), Verfilmung eines Romans über die Weltwirtschaftskrise.

Alberto Cavalcanti: *Went the Day Well?* (1942), ein englisches Dorf wird von getarnten deutschen Fallschirmjägern besetzt.

William Wyler: *Mrs. Miniver* (1942), eine britische Mittelschichtfamilie hält in schweren Zeiten unter Bombenangriffen zusammen.

Michael Powell: *A Canterbury Tale* (1944), Solidarität unter Alliierten – Landmädchen, GI und britischer Soldat treffen im Krieg in England aufeinander.

Humphrey Jennings: *A Diary for Timothy* (1945), Lobeshymne auf den einfachen Mann und ein Kriegsbaby.

Donald Taylor: *Battle for Music* (1943), die Prüfungen der Londoner Philharmoniker während des Krieges.

Mark Donskoi: *Raduga* (1944), schwangere Partisanin kehrt in ihr Heimatdorf zurück.

Ideologie

Fritz Hippler: *Der ewige Jude* (1940), antisemitische Hetzpropaganda.

Veit Harlan: *Jud Süß* (1940), aufwendiger, aber ideologisch eingefärbter Spielfilm über die historische Figur des Joseph Süß Oppenheimer.

Stuart Legg: *Churchill's Island* (1941), angloamerikanische Solidarität – unter Verwendung deutschen Dokumentarfilmmaterials.

Michael Curtiz: *Mission to Moscow* (1943), Versuch, die Sowjetunion durch die Geschichte des Botschafters Joseph Davies achtbar zu machen.

Juri Oserow, *Befreiung* (1971), sowjetische Darstellung der Kriegsziele Stalins.

Garson Kanin: *The True Glory* (1945), das Kriegsende aus amerikanischer Sicht.

US-Armee: *Here is Germany* (1945), Erklärung der guten und schlechten deutschen Traditionen in dialektischer Manier.

pahs *Iron Cross* (1977, *Steiner, Das Eiserne Kreuz*) ging noch weiter. Mit James Coburn in der Rolle des abgebrühten Feldwebels Steiner wurde die Wehrmacht von einer ganz menschlichen Seite gezeigt. Geschildert werden die Torturen eines Bataillons an der Ostfront, das nicht nur gegen die überlegene Feuerkraft der Roten Armee ankämpfen muss, sondern auch gegen den Starrsinn eines arroganten Hauptmanns, gespielt von Maximilian Schell, der sich um jeden Preis das Eiserne Kreuz verdienen will.[6]

Insgesamt produzierten die Westmächte relativ wenige Filme über die Ostfront, und der durchschnittliche Kinobesucher in Großbritannien oder Amerika dürfte die Dimensionen des Sieges der Sowjets kaum ermessen haben. Im Gegenteil – die große Mehrheit der Filme befasste sich mit vier oder fünf Standardthemen: dem Luftkrieg, dem Krieg auf dem Atlantik, dem Nordafrikafeldzug, den Überfällen von Kommandotrupps und den Kriegsgefangenenlagern. Die Rote Armee tauchte nirgendwo auf. Wenn es um das zentrale Thema ging, dem Krieg auf dem europäischen Kontinent, etwa in Filmen wie *The Longest Day* (*Der längste Tag*) oder *Battle of the Bulge* (*Die letzte Schlacht*), so beschränkte man sich ausschließlich auf die Kämpfe in Westeuropa. Kein einziger größerer Film wurde über die entscheidendste Schlacht des Krieges gedreht, die von Kursk – vielleicht weil daran keine Amerikaner beteiligt waren.

Im Laufe der sechziger Jahre entwickelte sich das Fernsehen zu einem eigenständigen Medium. Anders als das Kino konnte es mehrteilige Serien zeigen, die das Kriegsgeschehen aus einer breiter angelegten Perspektive schilderten, und auch in größerem Umfang auf Dokumentarmaterial zurückgreifen. An neuen Deutungen hatte das Fernsehen jedoch wenig zu bieten. Sein goldenes Zeitalter fiel zeitlich mit einer längeren Auseinandersetzung mit dem Holocaust zusammen, der in den ersten Nachkriegsjahrzehnten noch weitgehend ausgeblendet worden war. In Großbritannien stellte die 26-teilige ITV-Serie *The World at War* (1974, *Die Welt im Krieg*) die europäische Tragödie aus einem viel globaleren Blickwinkel dar als jede vorausgegangene Produktion. Die Perspektive war dennoch überwiegend die der Westmächte, zumal die Serie für einen westlichen Markt bestimmt war. Die moralischen und politischen Auswirkungen der sowjetischen Allianz blieben zwar ausgespart, doch immerhin wurde der militärischen Leistung der Sowjets gebührende Aufmerksamkeit geschenkt. Martin Chomskys achtteilige Serie *Holocaust* (1978) zeigte ebenfalls große Wirkung. Man mag deren engen historischen Kontext kritisieren, doch sie erfüllte einen wertvollen Dienst – nicht zuletzt in Deutschland, wo die Schrecknisse der »Endlösung« erstmals einem Massenpublikum nahegebracht wurden. In den Vereinigten Staaten erzielte die zehnteilige HBO-Serie *Band of Brothers* (2001, *Wir waren wie Brüder*) große Erfolge. Erzählt wird die Geschichte amerikanischer Soldaten der 101. Luftlandedivision, die während der »Befreiung Europas« von der Normandie bis Berlin zogen. In Polen war bereits zuvor eine ganz ähnliche Fernsehserie mit dem Titel *Czterej Pancerni i Pies* (1966–70, *Vier Panzersoldaten und ein Hund)* erschienen, eine Kreuzung aus *Band of Brothers* und *Lassie,* welche die Abenteuer eines anderen Trupps alliierter Helden schilderte, die aus der entgegengesetzten Richtung auf Berlin vorrückten. Trotz der obligatorischen Lobeshymnen auf die Rote Armee waren die einundzwanzig Folgen ungeheuer populär. Die sechsteilige BBC-Serie *Auschwitz: The Nazis and the »Final Solution«* (2005, *Auschwitz: Die Nazis und die »Endlösung«*) zeichnete sich aus, indem sie den Holocaust in den breiteren politischen Rahmen vorrangiger Ziele der alliierten Kriegspolitik stellte.

Angesichts der Fortdauer des Kalten Krieges verwundert es vielleicht nicht, dass sich die filmische Aufarbeitung des Zweiten Weltkriegs in den westlichen Ländern unter ganz anderen Bedingungen entwickelte als im Ostblock. Dennoch überrascht es und stimmt nachdenklich, dass die Produktionen von höchster Qualität zweifellos nicht im Westen erschienen. Obwohl Hollywood über hohe Budgets verfügte und kaum von einer offiziellen Zensur behelligt wurde, konnte die amerikanische Filmindustrie in Bezug auf menschliches Einfühlungsvermögen und politische Differenziertheit einfach nicht mit Beiträgen aus dem Osten mithalten. Die »goldenen Jahre« begannen kurz nach Stalins Tod 1953, ein kurzes Intervall, das durch den Begriff »Tauwetter« gekennzeichnet ist. Als »Tauwetter«-Klassiker und Vorzeigeproduktion, die mit der Goldenen Palme von Cannes geehrt wurde, gilt Michail Kalatosows *Wenn die Kraniche ziehen* (1957). Der Streifen beleuchtet die ganze Skala von Gefühlen, die ein Liebespaar erlebt, das sich auf den Straßen Moskaus kennenlernt und dann durch den Krieg auf grausame Weise getrennt wird. Kurz darauf folgte ein weiteres Meisterwerk, Grigori Tschuchrais *Ballade vom Soldaten* (1959), dem das Prädikat »sozialistischer Realismus mit menschlichem Antlitz« verliehen wurde. Der Soldat Aljoscha, der zwangsläufig stirbt, wird sowohl auf dem Schlachthof der Kriegsfront als auch in der zärtlichen Umarmung eines Flüchtlingsmädchens gezeigt. Die öffentliche Darstellung von Sexualität zu Kriegszeiten war ein Meilenstein für das puritanische sowjetische Publikum. In denselben Jahren ging der polnische Regisseur Andrzej Wajda mit zwei erstaunlichen Filmen über den Krieg und dessen Folgen gegen die Beschränkungen durch die Zensur an. *Der Kanal* (1957) dürfte einer der erschütterndsten Filme sein, die je gedreht wurden. Er schildert nicht nur das Heldentum des Warschauer Aufstands, den die kommunistischen Behörden rückhaltlos verurteilten; er enthält auch Szenen, die einen Verrat der Sowjets andeuten. *Asche und Diamant* (1958) nach dem Roman von Jerzy Andrzejewski ist auf die unausgesprochene Tatsache gegründet, dass die Gesellschaft während des Krieges überwiegend antikommunistisch und auch antifaschistisch gewesen war. Wajdas Wagemut kann mit der Haltung Tschuchrais in *Čistoje nebo* (1961, *Klarer Himmel*) verglichen werden, der die Geschichte eines sowjetischen Piloten erzählt, welcher sowohl einen Absturz im Luftkampf als auch die deutsche Kriegsgefangenschaft überlebt, dann aber vom NKWD fälschlich der Spionage beschuldigt und verhaftet wird. Den meisten Zuschauern im Westen, die es nicht gewohnt sind, zwischen den Zeilen zu lesen, dürften die Anspielungen und Sinnbezüge wahrscheinlich entgehen.[7]

Auswahl von Kriegsfilmen aus der Nachkriegszeit

Jahr	Titel	Regisseur	Thematik
1951	*The Desert Fox (Rommel, der Wüstenfuchs)*	Henry Hathaway	Rommel, 1941–43
1952	*Angels One Five (Engel eins fünf)*	George More O'Ferrall	Britischer Luftkrieg
1953	*The Cruel Sea (Der große Atlantik)*	Charles Frend	Atlantik-Konvois (nach Nicholas Monsarrats Roman)
1953	*The Desert Rats (Die Wüstenratten)*	Robert Wise	Ausdauer und Heldenmut in Tobruk, 1941
1954	*The Dam Busters (Die Dammbrecher)*	Michael Anderson	Präzisions-Bombardements der Royal Air Force
1954	*Pokolenie (Die Generation)*	Andrzej Wajda	Widerstand in Polen
1955	*The Cockleshell Heroes (Himmelfahrtskommando)*	José Ferrer	Unternehmen »Frankton«; Kommandoüberfall
1955	*The Colditz Story (Die Geschichte von Colditz)*	Guy Hamilton	Fluchtabenteuer alliierter Offiziere
1956	*Reach for the Sky (Allen Gewalten zum Trotz)*	Lewis Gilbert	Douglas Bader; Jagdfliegerkommando der Royal Air Force
1957	*Der Kanal*	Andrzej Wajda	Warschauer Aufstand 1944
1958	*Dunkirk (Dünkirchen)*	Leslie Norman	Unternehmen »Dynamo«, 1940

Jahr	Titel	Regisseur	Thematik
1958	*Orzel (Unterseeboot Orzel)*	Leonard Buczkowski	U-Boot-Epos
1960	*Sink the Bismarck (Die letzte Fahrt der Bismarck)*	Lewis Gilbert	Britische Marine jagt deutsches Kriegsschiff
1961	*The Guns of Navarone (Die Kanonen von Navarone)*	J. Lee Thompson	Kreta 1941; nach dem Roman von Alistair MacLean
1962	*The Longest Day (Der längste Tag)*	Ken Annakin u. a.	Landung am D-Day
1963	*The Great Escape (Gesprengte Ketten)*	John Sturges	Stalag VIIA in Sagan, 1944
1965	*Battle of the Bulge (Die letzte Schlacht)*	Ken Annakin	Ardennen 1944–45
1967	*The Dirty Dozen (Das dreckige Dutzend)*	Robert Aldrich	Fiktiver Kommandoeinsatz
1968	*Where Eagles Dare (Agenten sterben einsam)*	Brian Hutton	Befreiung eines abgeschossenen US-Generals in Bayern; nach A. MacLeans Roman
1968	*Sullivan's Marauders (Himmelfahrtskommando El Alamein)*	Armando Crispino	US-Soldaten infiltrieren Lager in Nordafrika
1969	*L'Armée des ombres (Die Armee der Schatten)*	Jean-Pierre Melville	Französischer Widerstand (fiktiv)
1969	*Battle of Britain (Luftschlacht um England)*	Guy Hamilton	Luftkämpfe 1940
1970	*Patton – Rebell in Uniform*	Franklin Schaffner	Die Geschichte General Pattons
1974	*The Execution of Eddie Slovik*	Lamont Johnson	US-Deserteur
1977	*A Bridge Too Far (Eine Brücke zu weit)*	Richard Attenborough	Operation »Market Garden«, Arnheim 1944
1977	*Cross of Iron (Steiner – Das Eiserne Kreuz)*	Sam Peckinpah	Deutsche an der Ostfront
1981	*Das Boot*	Wolfgang Petersen	Deutsches U-Boot-Epos
1985	*Geh und sieh (auch: Komm und sieh)*	Elem Klimov	Partisanen in Weißrussland
1990	*Korczak*	Andrzej Wajda	Held des Warschauer Ghettos
1990	*Talvisota (Winterkrieg)*	Pekka Parikka	Finnland 1939–40
1993	*Schindlers Liste*	Steven Spielberg	Jüdisches Ghetto in Krakau unter den Nazis

Jahr	Titel	Regisseur	Thematik
1993	*Stalingrad*	Joseph Vilsmaier	Debakel der Wehrmacht
1998	*Der Soldat James Ryan*	Steven Spielberg	US-Armee in der Normandie
1998	*When Trumpets Fade (Wenn Helden sterben)*	John Irvin	US-Truppen am Westwall 1944
2000	*U-571*	Jonathan Mostow	Fiktive Geschichte über U-Boot-Krieg
2001	*Corellis Mandoline*	John Madden	Italienische Besatzer auf Kefalonia
2001	*Duell – Enemy at the Gates*	Jean-Jacques Annaud	Scharfschützenduelle in Stalingrad
2002	*Der Pianist*	Roman Polanski	Geschichte eines Überlebenden in Warschau 1943–44
2002	*Ambush*	Olli Saarenen	Winterkrieg, nach dem Roman von Antti Tuuri
2003	*The Fallen*	Ari Taub	Soldatenschicksal in Italien
2003	*Letters from the Dead*	Ari Taub	Italienische Partisanen
2004	*Der Untergang*	Oliver Hirschbiegel	Das Ende des Dritten Reiches

In der Zeit nach dem Fall des Kommunismus wurde wenig unternommen, um die Kluft zwischen der westlichen und der nichtwestlichen Wahrnehmung des Krieges zu überbrücken. Auch ein halbes Jahrhundert nach Kriegsende klafften der intellektuelle Rahmen und die vorherrschenden Bilder weit auseinander. Hollywood hielt weiterhin daran fest, die Seite Amerikas und den Holocaust in den Vordergrund zu rücken. Beispiele dafür sind Steven Spielbergs *Schindlers Liste* (1993) und *Der Soldat James Ryan* (1998). Beide Filme waren fesselnd und bewegend, zeigten aber in Bezug auf das historische Umfeld deutliche Schwächen. In Russland verschoben sich die Prioritäten insofern, als Stalin und das sowjetische System nicht mehr über jede Kritik erhaben waren. Der gewaltige Sieg im Großen Vaterländischen Krieg blieb jedoch heilig. Zumindest eine Zeitlang hatte kein russischer Filmemacher etwas

Neues hinzuzufügen. Westliche Versuche, sich mit der Ostfront zu befassen, wie in *Duell – Enemy at the Gates* (2001) über ein Duell von Scharfschützen in Stalingrad, bewahrten selbst in östlichem Gewand Spuren der westlichen Ideologie, auch wenn es ungewöhnlich war, die Hauptfiguren auf die sowjetische Seite der Front zu stellen. Und die Kontroverse, die 2005 über den deutschen Film *Der Untergang* aufkam, dem vorgeworfen wurde, Adolf Hitler allzu menschlich darzustellen, zeigt, wie tief verwurzelt die konventionellen Vorlieben für eine geistlose Schwarzweißzeichnung sind (selbst im Farbfilm). David Denby äußerte im *New Yorker* seine Bedenken: »Indem [Bruno Ganz] die Schmerzlichkeit von Hitlers Niederlage unterstreicht, macht er den Diktator zu einem glaubwürdigen menschlichen Wesen.« Ian Kershaw entgegnete im *Guardian*: »Ich konnte mir nur schwer vorstellen, dass irgendjemand [abgesehen von der Neonaziszene] Hitler in seinen letzten grotesken Tagen auch nur annähernd sympathisch finden könnte ... Hitler war in der Tat ein Mensch, wenn auch ein ungewöhnlich widerwärtiges, abscheuliches Exemplar.«[8]

Letzten Endes kann der Film niemals ein vollständiges oder endgültiges Bild des Zweiten Weltkriegs liefern. Er eignet sich jedoch dafür, einzelne Episoden lebendig werden zu lassen und die Schicksalsschläge und -wendungen bestimmter Persönlichkeiten zu beleuchten. Im Verhältnis zur Größe der Thematik scheint er jedoch seine Wirkungskraft zu verlieren. Eine bestimmte Schlacht, ein einzelner Feldzug, ein bestimmter General lassen sich überzeugend darstellen. Doch »Der längste Tag« markiert eben auch die längste Zeitspanne, die das Medium Film bewältigen kann. Und zwischen dem 1. September 1939 und dem 9. Mai 1945 lagen 2076 solcher Tage. Zumindest bisher ist es keinem Regisseur gelungen, die Ostfront und die Westfront auf einer Leinwand zu vereinen. Dabei liefert gerade die Beziehung zwischen den beiden Fronten den Schlüssel zum Verständnis dafür, wie der Krieg ausging.

Fotografie

Die meisten Menschen, die sich ein wenig mit dem Zweiten Weltkrieg befassen, werden schon einmal von Robert Capa (1913 bis 1954) gehört oder zumindest seine Werke gesehen haben. Er war jener Fotograf, der zusammen mit amerikanischen Soldaten, bewaffnet mit zwei 50-mm-Contax-II-Kameras, am Küstenabschnitt »Omaha Beach« landete und dessen Aufnahmen vom D-Day kurz darauf im Magazin *Life* abgedruckt wurden. In Ungarn als Andrei Friedmann geboren, wurde er zu einer Legende der amerikanischen Medien, als er 1954 in Vietnam ums Leben kam.[9] Capa war ein ausgezeichneter Techniker und ein wagemutiger Profi, doch die Frage muss erlaubt sein, warum er um so vieles bekannter ist als andere Fotografen. Schließlich fielen allein bei der Roten Armee fast dreihundert Frontfotografen im Gefecht. Publicity dürfte die einzige Erklärung sein. Und die unerbittliche westliche Publicity, die zur Verbrämung der westlichen Interessen eingespannt wurde, ist einer der Gründe, weshalb der Krieg als Ganzes nur so bruchstückhaft verstanden wird.

Alle Kriegsparteien zogen mit Kameras und Fotografen in den Einsatz, vor allem die Deutschen (eine unbeschädigte Leica war eine der wertvollsten Trophäen alliierter Soldaten). Die Frontfotografie diente auch wichtigen militärischen Zwecken, etwa bei der Aufklärungsschulung und Gefechtsanalyse. So standen neben Berufsjournalisten wie Capa zahlreiche fotografierende Soldaten, deren Arbeiten in Militärarchiven vergraben sind. Die Deutschen waren berühmt dafür, alles pedantisch abzulichten – einschließlich ihrer Greueltaten, über die sie nach ihrer damaligen Ideologie wenig Scham empfanden. Das Militärarchiv in Koblenz ist eine wahre Fundgrube für solche Materialien. Besonders die Streifen hinter der Front zogen die Aufmerksamkeit der Kriegsfotografen auf sich. Erschütternde Szenen von brennenden Häusern, verängstigten Flüchtlingen oder furchtbar zugerichteten Leichen waren Teil einer Realität, die festgehalten werden musste. Eines der zu Recht berühmt gewordenen Bilder der Ostfront stammte von Dmitri Baltermants (1912 bis 1990); es zeigt eine Gruppe trauernder Bäuerinnen, die versuchen, die Toten auf einem Schlachtfeld zu identifizieren. Es wurde 1942 bei Kertsch auf der Krim aufgenommen und erhielt später den Titel »Trauer«. Der in Warschau geborene Baltermants fotografierte zahlreiche Kriegsszenen, die aber wie »Trauer« erst nach dem Krieg veröffentlicht wurden.[10]

Baltermants Bild war indes nicht spontan entstanden, sondern inszeniert. Wie so viele andere Aspekte des sowjetischen Lebens musste es von einem *politruk* (Politkommissar) empfohlen, vom NKWD genehmigt und von der Zensur freigegeben werden, bevor es schließlich an die Presse weitergegeben werden durfte. Viele ähnliche Beispiele lassen sich finden, wie reale Ereignisse später sorgfältig rekonstruiert wurden. So wurde etwa ein T-34-Panzer genau so aufgestellt, dass sein Rohr in der Sonne glitzerte. Lächelnde Panzerschützen sprangen aus der Luke. Der Kommandant mit seiner schwarzen Ledermütze wurde überschwenglich von einem befreiten Bauern umarmt, dessen Familie an der Seite ordentlich aufgereiht dastand und instruiert worden war, sich steif und respektvoll vor der Sowjetmacht zu verbeugen. Das so entstandene Bild bestach durch absolute Schärfe, ausgewogenen Kontrast und eine in sich geschlossene Komposition. Aber war es authentisch?

An der Westfront bevorzugte man andere Techniken. Capa machte an seinem ersten Tag in der Normandie 108 Aufnahmen. Alle bis auf elf wurden von einem Laboranten ruiniert, der sie schnell vor dem Flug über den Atlantik entwickeln wollte. In New York wählten die Herausgeber von *Life* acht der elf Bilder aus und entschuldigten sich bei den Lesern dafür, dass sie »leicht unscharf« waren. Man sollte glauben, Capas Hand habe gewackelt oder seine Kamera sei von Detonationen erschüttert worden. Dass der Laborant die Temperatur des Entwicklers falsch berechnet hatte, blieb ein Geheimnis. Der Effekt überzeugte jedoch.

Die Alliierten trachteten zu Recht danach, Bilder von den Missetaten ihres Feindes aufzunehmen. Britische Fotos von Belsen und sowjetische Aufnahmen von Auschwitz stellen wertvolle Dokumente dar. Ein großes Problem wird jedoch sichtbar, wenn man sich bewusst macht, dass nicht zugleich auch Bilder der Gulags entstanden sind. NS-Verbrechen wurden groß herausgestellt. Bildbeweise sowjetischer Vergehen lassen sich indes nur schwer finden – und einige Menschen glauben, was nicht fotografiert wurde, sei auch nicht geschehen. Die Aufnahmen, die existieren, zeigen Zwangsarbeit, aber keine Leichen. Einen so schrecklichen Ort wie Workuta durften unabhängige Fotografen erst in den neunziger Jahren betreten.[11] Einzelheiten bleiben also der Phantasie überlassen. Alexander Solschenizyn und andere habe beschrieben, wie die Sowjets gefrorene Leichen aufschichteten – Kopf zu Fuß und Fuß zu Kopf, »wie Salzheringe in einem Fass«. Die Stapel wurden im Laufe des Winters immer höher, bis die Leichen im Frühjahr entsorgt werden konnten. Was für schaurige, eindringliche Fotos hätte man machen können, wenn das fahle Licht der Sonne aus dem richtigen Winkel auf die schneeverwehten Köpfe und Füße schimmerte. Aber solche Bilder wurden nicht gemacht, zumindest soweit bekannt ist.

Während des Zweiten Weltkriegs steckte der kommerzielle Journalismus noch in seinen Anfängen. *Picture Post* in London und *Life* in den Vereinigten Staaten waren bereits etabliert und beeinflussten die Art und Weise, wie der Krieg gesehen wurde. Die Fotografen dieser Magazine begleiteten die Truppen an alle Fronten. Bill Brandt (1904 bis 1983), der das Leben im London der Vorkriegszeit festgehalten hatte, wurde als »Fotograf des Blitz« bekannt und schrieb das Buch *The Camera in London* (1948). Sein Kollege Bert Hardy (1913 bis 1995) arbeitete für *Picture Post*; 1942 sollte er nach Dieppe gehen, wurde aber im letzten Moment ausgetauscht – sein Ersatzmann kam ums Leben. Hardy schloss sich einer Fotografeneinheit der britischen Armee an und rückte von der Normandie an den Rhein vor. Zum amerikanischen Kontingent gehörten neben Capa auch Carl Mydans (1907 bis 2004) und George Rodger (1908 bis 1995), die beide für *Life* tätig waren. Mydans wirkte in Italien, besonders am Monte Cassino, und am D-Day an den Küsten der Normandie, bevor er nach Fernost geschickt wurde. Berühmt wurde sein Bild von General Douglas MacArthur, der bei seiner Landung auf den Philippinen an die Küste watete. Rodger, ein gebürtiger Engländer, war überall im Einsatz – von Nordafrika bis Berlin. Er war der erste Fotograf der Alliierten, der nach Belsen kam.[12]

Durch die Kriegsfotografie gelangten auch Reporterinnen in die Kampfzonen. Margaret Bourke-White (1904 bis 1971) wird oft als Pionierin genannt. Die linke Aktivistin zog gegen Armut und Rassismus in Amerika zu Felde und reiste mehrfach in die UdSSR. Sie und ihr Mann, Erskine Caldwell, waren die einzigen westlichen Korrespondenten, die das Unternehmen »Barbarossa« auf sowjetischer Seite erlebten. Ihre Erfahrungen schilderten sie in dem Buch *All Out on the Road to Smolensk* (1942).[13]

Elizabeth Lee Miller (1907 bis 1977), Captain der US Army, zeichnete sich durch die Tatsache aus, dass sie beim Magazin *Vogue* sowohl auf dem Titelblatt erschien als auch Fotografien veröffentlichte. Ihr Buch *Grim Glory* (1940) enthält ihre Arbeiten, die während des Londoner »Blitz« entstanden. Von 1944 bis 1945 begleitete sie US-Verbände durch

Westeuropa und hielt den bedeutsamen Moment fest, als sie an der Elbe auf sowjetische Streitkräfte stießen. Gemeinsam mit Bourke-White dokumentierte sie die Befreiung des KZ Buchenwald und befasste sich auch eingehend mit weiteren Konzentrationslagern.[14]

Die Organisation der Kriegsberichter in Deutschland war um einiges zentralisierter. Alle Mitglieder – Journalisten, Fotografen und Künstler – arbeiteten direkt oder indirekt für Goebbels' Propagandaministerium. Die meisten lieferten Beiträge für die Wochenschauen in den Kinos oder die verschiedenen staatlich kontrollierten Zeitungen und Magazine. Es war schwierig für sie, lebendige und interessante Bilder zu produzieren, da sowohl die Niederlagen der Wehrmacht als auch die schmutzige Arbeit der SS tabu waren. Die Bedingungen wurden immer restriktiver. So wundert es nicht, dass die Fotografen der polnischen Heimatarmee, darunter Sylwester »Kris« Braun und Eugeniusz Lokajski, inspiriert durch die kurze Phase der Freiheit während des Warschauer Aufstands, Arbeiten von vergleichsweise überlegener Qualität vorlegten.[15]

Es ist jedoch logisch, dass die größte Sammlung von Kriegsfotografien an der Ostfront entstand, wo auch die meisten Kampfhandlungen stattfanden. Die Sowjetunion konnte sich einiger ausgezeichneter Fotoprofis rühmen, auch wenn sich diese mit weniger guten Kameras begnügen mussten. Zu den großen Namen zählten neben Baltermants vor allem Robert Diament (1907 bis 1987), Max Alpert (1899 bis 1980) und Jewgeni Chaldei (1917 bis 1997). Diament war der Nordflotte in Murmansk zugeteilt; sein Porträt des grinsenden Matrosen Pashkóv (1944) gilt als Klassiker.

In den dreißiger Jahren hatte sich Alpert auf die gesellschaftlichen Dramen der Industrialisierung und der Fünfjahrespläne spezialisiert. Seine Darstellung heldenhafter Arbeiter qualifizierte ihn bestens dafür, heroische Sowjetsoldaten an der Front zu fotografieren. Chaldei, der Jüngste des Dreigespanns, bevorzugte nachdenkliche Bilder von Kriegern, die sich hinter der Front ausruhten oder vergnügten. Er lebte lange genug, um Porträts von Stalin, Gorbatschow und Jelzin zu machen. Bei den Nürnberger Prozessen war er offizieller sowjetischer Fotograf.[16]

Die politischen Instanzen aller Kriegsnationen verlangten symbolisch überhöhte Fotografien, die unmissverständliche Botschaften vermittelten. In den Zeiten deutscher Erfolge verlegten sich Wehrmachtsfotografen auf Bilder von marschierenden und singenden Infanteriekolonnen, von Panzern in der endlosen Steppe und von einem stolzen »Führer«, der mit ausgestrecktem Arm seine siegreichen Legionen besichtigte. Sie hielten den Augenblick fest, in dem deutsche Soldaten vergnügt den ersten polnischen Grenzposten niederrissen und in Brest am Bug über die Brücke auf sowjetisch besetztes Gebiet stürmten. Deutsche Piloten knipsten die Türme des Kremls aus der Luft, und deutsche Kletterer ließen sich auf dem Gipfel des Elbrus, des höchsten Bergs Russlands, ablichten.

Die Verschlüsse klickten zwar unentwegt weiter, doch schon bald kamen mehr und mehr die Alliierten in den Genuss einzigartiger Motive. Das berühmteste Bild im Pazifik entstand, als amerikanische Marineinfanteristen auf der Insel Iwo Jima das Sternenbanner aufpflanzten. In Europa wurde die eindringlichste Szene von Chaldei festgehalten, als Rotarmisten eine riesige Flagge mit Hammer und Sichel auf dem Berliner Reichstag hissten. Wie um alle berühmten Bilder rankt sich auch um dieses eine Geschichte. Bei der ersten Aufnahme bemerkte Chaldei, dass der linke Arm des Soldaten, der das untere Ende der Fahnenstange hielt, von einer langen Reihe geplünderter Armbanduhren bedeckt war. Also musste er ein zweites Mal abdrücken.[17] Dies beweist, wie fragwürdig die vermeintliche Wahrhaftigkeit von Fotos ist. In der einen oder anderen Weise lügt die Kamera immer.

Bildende Kunst

Winston Churchill nahm seine Staffelei und seine Farben mit nach Casablanca und fand ein paar ruhige Stunden, um etliche marokkanische Szenen festzuhalten. Einige Profis folgten seinem Beispiel. Wenn etwa John Piper (1903 bis 1992) und Graham Sutherland (1903 bis 1980) nicht Tod und Verwüstung malten, suchten sie in der englischen Landschaft Trost.

Das Kunstschaffen erstreckte sich während des Krieges vom Propagandaplakat und Cartoon bis zum avantgardistischen Ölgemälde und Aquarell. Viele Künstler bewiesen Geschick in allen Gattungen; und etliche, wie Paul Nash (1889 bis 1946) in Großbritannien und Kurt Arnold (1883 bis 1953) in Deutschland waren in beiden Weltkriegen aktiv.

Im Zeitalter des Films und der Fotografie schien die bildende Kunst wenig Daseinsberechtigung zu haben – vor allem für die historische Dokumentation. Das bekannteste britische Kriegsgemälde ist wohl Paul Nashs Allegorie mit dem deutschen Titel »Totes Meer« (1941). Bei näherem Hinsehen erkennt man, dass die zerklüftete Oberfläche des Gewässers aus Flugzeugteilen besteht. Der Maler hatte einen Schrottplatz bei Cowley in Oxfordshire besucht, der von deutschen Flugzeugwracks aus der Schlacht um England übersät war.[18]

Die Porträtmalerei hingegen ist zeitlos. Feliks Topolski (1907 bis 1989) ließ sich vor dem Krieg in Großbritannien nieder und entwickelte einen höchst individuellen Stil. Von 1939 an war er offizieller Kriegsmaler und hielt die Kämpfe auf allen Kontinenten fest. Und er fertigte Porträts führender Persönlichkeiten der britischen Kriegsgeneration, von Winston Churchill über H. G. Wells bis George Bernard Shaw.

Er stellte die Eröffnungsfeier der UNO 1945 dar und läutete damit eine glanzvolle Nachkriegskarriere ein.[19]

Das Kriegsplakat ist allein schon ein großes Thema. Jedes Land entwickelte einen eigenen Stil, wobei das Heldenpathos der Deutschen und der Sowjets ähnliche Vorlieben zeigten. Die wichtigste Zielgruppe bildete die Heimatfront, besonders Frauen, die für die Arbeit mobilisiert wurden. In dieser Hinsicht erinnerten sowjetische Plakate auch an amerikanische Beispiele. In Großbritannien herrschte ein gemäßigterer Ton vor. H. M. Bateman (1887 bis 1970) wie auch Cyril Bird (1887 bis 1963) hatten für das Satiremagazin *Punch* gearbeitet und behielten ihren trockenen Humor bei. Birds Werk mit dem Titel *Careless Talk Costs Lives* (*Unbedachtes Reden kostet Leben*) ist in seiner Art einzigartig.[20]

In Deutschland, wo regimekritische Künstler mit einem Besuch der SS rechnen mussten, sahen sich viele Größen der zwanziger Jahre wie etwa George Grosz gezwungen, ins Exil zu gehen oder ihre Arbeit einzustellen. Kurt Arnold war eine Ausnahme. Er hatte der Friedensbewegung angehört und als Mitarbeiter des *Simplicissimus* 1932 ein berühmtes Hitler-Porträt gezeichnet, das den Dargestellten einfach lächerlich erscheinen ließ. Doch danach passte er sich der Parteilinie an und behielt so zwar seine Arbeit, büßte aber seinen Ruf ein.

In der Sowjetunion war die Zensur nicht minder streng. Stalin unterdrückte die experimentelle und revolutionäre Kunst, die in den zwanziger Jahren in ganz Europa Furore gemacht hatte. Sozialistischer Realismus war vorgeschrieben. Hünenhafte, muskulöse Arbeiter und trotzige Soldaten mit kantigem Kinn waren als Motive allgegenwärtig. Alexei Kokorekins Plakat »Alles für die Front« setzte den Maßstab. Der sogenannte sozialistische Realismus war jedoch keineswegs realistisch. Er überhöhte die dargestellte Wirklichkeit im Sinne der Ideologie.

Und dann gab es natürlich noch Kilroy, dessen Gesicht auf

Mauern und Wänden von Berlin bis Tokio auftauchte. Wie es heißt, war James Kilroy ein Schiffsinspektor in einer Bostoner Werft, der seinen Namen mit Kreide auf den Rumpf unfertiger Schiffe schrieb, um die Schweißer anzutreiben. Ob dies stimmt oder nicht – das stilisierte Gesicht mit dem Schriftzug »Kilroy war hier« wurde zum meistverbreiteten Bildzeichen des Zweiten Weltkriegs. Es wird auch erzählt, dass in Potsdam eine VIP-Toilette für die »Großen Drei« eingerichtet wurde. Als Stalin sie benutzt hatte, fragte er seine Berater: »*Kto etot Kilroi*?« – »Wer ist dieser Kilroy?«[21]

Karikatur und Cartoon

Diese Form der Bildsatire zielt darauf ab, durch witzige, provozierende oder paradoxe Bilder, die meist von einem lapidaren Text oder Zitat begleitet werden, zur Nachdenklichkeit anzuregen. Während des Zweiten Weltkriegs wurde dieses Genre intensiv gepflegt. Den genialsten Karikaturisten gelang es, den Kern einer komplexen Sachlage auf einen Blick aufzudecken. So beschrieb beispielsweise David Lows *Rendezvous*, das am 20. September 1939 im *Evening Standard* erschien, ganz anschaulich den Hintergrund des Hitler-Stalin-Paktes und die komplizierte internationale Lage, die zum Ausbruch des Krieges führte.

Der Neuseeländer Low (1891 bis 1963), der nach dem Ersten Weltkrieg nach Großbritannien kam, war mehr als nur der bedeutendste britische Karikaturist. Während des Krieges stieg er zu einem der inoffiziellen Bewahrer des guten politischen Geschmacks auf, weil er mehrere der sich widersprechenden Meinungsrichtungen verband. Der linke Radikale, der die stereotype Figur des »Colonel Blimp« erfunden hatte, überredete Lord Beaverbrook, ihm im *Evening Standard* freie Hand zu gewähren, und prompt lösten seine schonungslosen Satiren auf die Beschwichtigungspolitik Proteste der deutschen Botschaft aus. 1939 wurde er eifriger Churchill-Anhänger. Am 14. Mai 1940 erschien *All Behind You, Winston (»Wir stehen alle hinter dir, Winston«)*. Low wurde jedoch mit den sozialen Bestrebungen in Verbindung gebracht, die Churchill 1945 entmachteten. Und wie Beaverbrook war er überaus sowjetfreundlich eingestellt.[22]

Der beliebteste amerikanische Karikaturist und Cartoonist während des Zweiten Weltkriegs war wohl Bill Mauldin

(1921 bis 2003), der für die Armeezeitung *Stars and Stripes* zeichnete. Er erfand ein Gespann ewig meckernder GIs, Willie und Joe; Eisenhower konnte sich über diese Figuren nicht aufregen, doch General George Patton war erzürnt. Mauldin wurde im März 1945 zu Patton zitiert und gefragt, weshalb er unbedingt »offiziersfeindliche Cartoons« zeichnen müsse. Mauldin ließ den General wissen, dass die Männer wirklich etwas auszusetzen hätten.

Weder das Dritte Reich noch die Sowjetunion waren für subtilen Humor bekannt. Die bevorzugten Karikaturenstile in beiden Ländern ähnelten sich – sie waren plump, derb und voller Hass. Die Feinde waren dazu da, erniedrigt zu werden. Das gängigste Klischeebild der Nationalsozialisten war das des hakennasigen Juden, der mit Geldsäcken beladen ist. Die Nazis begeisterten sich auch für Karikaturen von Churchill, der eine Zigarre raucht, in der eine Bombe versteckt ist, und von Roosevelt, der den ganzen Globus einsacken will. In der Sowjetunion hatte der fette und gierige Kapitalist mit Melone und goldener Uhrenkette lange Zeit als Zielscheibe des Spotts gedient. Doch in der Zeit von 1939–45 mussten die sowjetischen Karikaturisten ihre früheren Sticheleien gegen die Faschisten und nach 1941 die gegen die britischen und amerikanischen Kapitalisten einstellen. Sie entdeckten bald neue Ziele. Eines war Hitler – mit einem Bajonett im Rücken. Ein anderes war Göring als Ballon, dem rasch die Luft entwich. Das Standardrepertoire, das im Magazin *Krokodil* erschien, war meist mit »Kukryniksy« unterzeichnet – dem zusammengesetzten Pseudonym aus Kuprianow, Krylow und Nikolai Sokolow.

Die Karikaturen der Alliierten hatten viele negative Inhalte gemein; sie zielten weitgehend auf dasselbe Feindbild – die Nationalsozialisten. An positiven Inhalten teilten sie indes wenig. Die Angloamerikaner konnten immerhin für »Uncle Joe« werben, ein wohlwollendes Bild des Kommunismus vermochten sie jedoch nicht zu zeichnen. Und die Sowjets konnten nicht über die westliche Demokratie schmunzeln. Dass die »Große Allianz« innerlich im Grunde leer war, ließ nichts Gutes für die Zukunft ahnen.[23]

Literatur

Im Jahr 1939 war die europäische Literatur ausgesprochen vielfältig. Die Vielfalt menschlicher Erfahrungen, die Schriftsteller 1939–45 zu verdauen hatten, war beinahe unbegrenzt. So mag es seltsam erscheinen, dass nur wenigen der etablierten Autoren daran gelegen war, sich an dieser Aufarbeitung zu beteiligen. Die Gründe dafür sind zweifellos vielschichtig. Zum einen versuchte die Vorkriegsgeneration noch immer, mit den Ereignissen von 1914 bis 1918 fertig zu werden. Zum anderen waren viele – etwa Wells, Shaw und Forster – bereits zu alt, um direkt betroffen zu sein. Und zudem hatten nicht wenige – W. H. Auden, Thomas Mann und Bertold Brecht – Europa verlassen und in Amerika Exil gefunden. In der Sowjetunion waren viele der besten Schriftsteller entweder unterdrückt oder getötet worden, beispielsweise Isaac Babel. Dauerhaft zum Schweigen gebracht wurden etwa Anna Achmatowa und Boris Pasternak. P. G. Wodehouse (1881 bis 1975), einer der produktivsten und meistgelesenen Autoren seiner Zeit, wurde 1940 von den Deutschen in Le Touquet gefangen genommen und interniert. Folglich blieb die Literatur des Zweiten Weltkriegs weitgehend einer jüngeren Generation überlassen, die den Krieg in ihrer Jugend erlebte und später zum Stift griff.

Dennoch müssen wir unbedingt zwischen den Autoren unterscheiden, die *während* des Krieges schrieben, und denjenigen, die *über* den Krieg schrieben oder den Krieg in irgendeiner Weise verarbeiteten. Es gab Autoren wie William Faulkner (1897 bis 1962) im fernen Mississippi, den New Yorker Dramatiker Eugene O'Neill (1888 bis 1953) oder T. S. Eliot (1888 bis 1965), für die der Krieg beinahe nebensächlich gegenüber ihrem Hauptanliegen war. Es gab aber auch Autoren wie Alexander Solschenizyn (1918 bis 2008), einen ehemaligen Artilleriehauptmann der Roten Armee, und Heinrich Böll (1917 bis 1985), einen kampferprobten Obergefreiten der Wehrmacht, die ihre Kriegserlebnisse unmittelbarer in ihren Werken verarbeiteten. Und es gab eine weitere Gruppe – darunter Jean-Paul Sartre (1905 bis 1980), der in deutscher Kriegsgefangenschaft gewesen war, und William Golding (1911 bis 1993), der ein britisches Raketenschiff kommandiert hatte –, die sich von den Qualen des Krieges angetrieben sah, die Vielschichtigkeit der menschlichen Natur und Gesellschaft zu durchleuchten.

Die Literatur des Zweiten Weltkriegs war jedoch nicht auf Menschen beschränkt, die den Krieg miterlebt hatten. Auch zu Beginn des 21. Jahrhunderts war er immer noch ein wichtiges Thema, das sich in den Köpfen der Kinder und Enkel der Kriegsgeneration fortentwickelt und in zahlreiche Zweige verästelt hatte.

Die herkömmliche Auffassung, der Zweite Weltkrieg habe nur wenige Kriegspoeten hervorgebracht, beruht weitgehend auf einer angloamerikanischen Wahrnehmung. Dabei hatten selbst die Engländer ihre Barden auf dem Schlachtfeld. Keith Douglas (1920 bis 1944), der in der Normandie fiel, hatte zuvor in Nordafrika gedient. Er war eine interessante Mischung aus Panzerschütze und Literaturstudent. Sein Band *Alamein to Zem-Zem* weist brillante Passagen auf. Das Gedicht »Actors Waiting in the Wings« begann er zu schreiben, als er kurz vor dem D-Day auf seine Einschiffung wartete.

Actors waiting in the wings of Europe
we already watch the lights on the stage
and listen to the colossal overture begin.
For us entering at the height of the din
it will be hard to hear our thoughts, hard to gauge
how much our conduct owes to fear or fury.

Everyone, I suppose, will use these minutes
to look back, to hear music and recall
what we were doing and saying that year
during our last few months as people, near
the sucking mouth of the day that swallowed us all
into the stomach of war. ...[24]

[Wie Schauspieler warten wir in Europas Kulissen,
Sehen bereits die Lichter auf der Bühne
Und hören die gewaltige Ouvertüre einsetzen.
Für uns, die wir auf dem Gipfel des Getöses auftreten,
Wird es schwer sein, unsere Gedanken zu hören und zu ermessen,
Wie sehr unser Verhalten von Angst und Zorn geprägt ist.

Jeder wird diese Minuten wohl nutzen,
Um zurückzublicken, Musik zu hören und sich zu erinnern,
Was wir damals taten und sagten,
Während unserer letzten Monate als Menschen,
Nahe am saugenden Schlund des Tages, der uns alle
Ins Gedärm des Krieges schluckte ...]

Übersetzung von Harald Stadler

Der junge Poet wurde drei Tage später, noch bevor er sein Gedicht vollenden konnte, von einer Mörsergranate zerfetzt.

Solschenizyn versuchte sich in *Ostpreußische Nächte* mit einem russischen Versepos. Und Kamil Baczynski (1921 bis 1944), der am vierten Tag des Warschauer Aufstands ums Leben kam, war eines der großen Talente, die dahingerafft wurden, bevor sie sich entfalten konnten. Er hatte Vorahnungen von seinem eigenen Ende und von der Zerstörung Warschaus und quälende Visionen von der engen Nachbarschaft von Schönheit, Liebe und Tod.

Bryła ciemna, gdzie dymy bure,
poczerniałe twarze pokoleń,
nie dotknięte miłości chmury,
przeorane cierpienia role.
Jakie szczęście, że nie można tego dożyć,
Kiedy pomnik ci wystawią bohaterze,
I morderca na nagrobkach kwiaty złoży.[25]

Ein dunkler Klumpen da wo der dichte Rauch
Die Gesichter von Generationen geschwärzt hat.
Und Wolken unberührter Liebe
Haben das Feld des Leids gepflügt.

O Held! Welch ein Glück, dies nicht zu erleben!
Man wird ein Denkmal dir zur Erinnerung errichten,
Und ein Mörder legt Blumen auf dein Grab.

Übersetzung Harald Stadler
nach der englischen Fassung in Davies

Der Brite T. S. Eliot ließ in seinen *Four Quartets* (*Vier Quartette*, 1948) gelegentlich Bezüge zum »Blitz« erkennen. Der Themenschwerpunkt lag jedoch auf Religion und Tradition, wodurch die Gedichte eine dringend benötige Botschaft vermittelten, indem sie an Stabilität und Kontinuität erinnerten. Dylan Thomas (1914 bis 1953) gab sein Debüt mit einer Gedichtsammlung unter dem Titel *Deaths and Entrances* (*Tode und Tore*, 1946).

Der britische Autor, der in der Kriegszeit nicht nur seine literarisch fruchtbarste Zeit, sondern auch Weltruhm erlangte, war George Orwell (Eric Blair, 1903 bis 1950). Der Eton-Schüler und Sozialist interessierte sich ebenso sehr für die gesellschaftliche Misere wie für die internationale Politik. Sein Memoirenband *Homage to Catalonia* (*Mein Katalonien*, 1938) zeugte von seiner Enttäuschung über die von Kommunisten unterstützte republikanische Bewegung in Spanien. Und von 1939 an zeigte er sich mehr und mehr entsetzt über den Verrat am Sozialismus durch die UdSSR. Anders als seine linken Kollegen war er seiner Zeit voraus, indem er die Ähnlichkeiten zwischen dem nationalsozialistischen Feind und dem sowjetischen Verbündeten erkannte. Als Herausgeber der sozialistischen *Tribune* scheute er sich nicht, das Fehlverhalten der Sowjets während des Warschauer Aufstands anzuprangern. Zu jener Zeit arbeitete er bereits an seiner politischen Satire über den Totalitarismus, *Animal Farm* (*Farm der Tiere*, 1945), die zu einem der berühmtesten Bücher dieser Gattung werden sollte und der nach dem Krieg die düstere Vision *Nineteen Eighty-four* (*1984*, erschienen 1949) folgte. »Alle Tiere sind gleich, aber einige sind gleicher« – das sagt alles.[26]

In der britischen Nachkriegsliteratur klang die vorausgegangene Katastrophe noch lange nach. Alle großen Namen – Graham Greene (1904 bis 1990), Evelyn Waugh (1903 bis 1966), Lawrence Durrell (1912 bis 1990) und E. M. Forster (1879 bis 1970) – begannen nach der Unterbrechung während des Krieges wieder zu schreiben, und alle bis auf Forster wandten sich kriegsbezogenen Themen zu. Greenes *The End of the Affair* (*Das Ende einer Affäre*, 1951) handelte von notorisch zerbrechlichen Liebesbeziehungen während des Krieges. Waugh, der im Mittelmeerraum bei der britischen Marine gedient hatte, schrieb die halbsatirische Trilogie *Sword of Honour* (*Ohne Furcht und Tadel*, 1952–61) über die Kriegsabenteuer des Kapitäns Guy Crouchback. Und Durrell stellte in den vier Bänden seines *Alexandria Quartet* (*Alexandria-Quartett*, 1957–60) »eine Untersuchung der modernen Liebe« an – in der zwielichtigen Atmosphäre der ägyptischen Hafenstadt vor und während des Zweiten Weltkriegs.

Einer der erfolgreichsten Außenseiter war jedoch zweifellos William Golding (1911 bis 1993), früherer Leutnant der

Royal Navy. In seinem Roman *Lord of the Flies* (*Herr der Fliegen*, 1954) bearbeitete Golding mit ätzendem Stift den uralten Topos von Gestrandeten auf einer verlassenen Insel und legte gleichzeitig seine Sicht der inneren Brutalität des menschlichen Wesens dar. Seine Überzeugung, dass die menschliche Grausamkeit dicht unter der Oberfläche der Zivilisation liegt, stützte sich offensichtlich auf die Kriegserlebnisse des Autors.[27]

Unter den Autoren, die Fiktion realer aussehen lassen wollten als die Historie, war Nicholas Monsarrat (1910 bis 1979) sicher einer der besten. Wie Golding war er ehemaliger Marineoffizier. In seinem Roman *The Cruel Sea* (1951, *Grausamer Atlantik*) folgte er den Schiffen *Compass Rose* und *Saltash*, die Konvois über den Nordatlantik begleiteten, wo unter jeder Welle Gefahr lauerte. Das Werk beginnt folgendermaßen: »Dieses ist die Geschichte – die lange und wahre Geschichte – von einem Ozean, zwei Schiffen und ungefähr hundertundfünfzig Männern. Es ist eine lange Geschichte, weil sie von einem langen und grausamen Kampf handelt, dem schlimmsten aller Kriege.«[28] Der Roman wurde mit Jack Hawkins und Donald Sinden 1953 meisterhaft verfilmt (siehe oben).

Ein besonderer Rang gebührt auch Norman Lewis (1908 bis 2003), der von 1943 bis 1945 im britischen Geheimdienstcorps in Italien diente und sich einmal als »unsichtbaren Beobachter« bezeichnete. Seine Fähigkeiten als Autor stützten sich weitgehend auf das Geschick, das er als Spürhund während des Krieges entwickelt hatte. Für Graham Greene war er »unübertroffen«, und einige Kritiker sprachen von ihm als »Schriftsteller der Schriftsteller«. Etliche von Lewis' Werken beruhten unmittelbar auf seinen Erfahrungen während des Feldzugs in Italien, darunter der Mafia-Roman *The Honoured Society* (*Die ehrenwerte Gesellschaft*, 1964) und *Naples '44* (*Neapel '44*, 1978).[29]

In Frankreich brachte der Krieg zum einen den Existentialismus und zum anderen diverse marxistische Standpunkte hervor. Albert Camus (1913 bis 1960), der in Algerien geboren worden war, schrieb während des Krieges *L'Etranger* (*Der Fremde*, 1942) und kurz darauf *La Peste* (*Die Pest*, 1947) sowie *L'homme révolté* (*Der Mensch in der Revolte*, 1951). Er war zutiefst besessen von der Absurdität der *condition humaine* und erschien daher – zumindest nach außen – weniger politisch. Sartre hingegen sah keinen Widerspruch darin, ein ausgewiesener Kommunist zu sein und über die Freiheit zu philosophieren. Sein Œuvre lässt sich nicht auf einen Nenner bringen. Seine Gefährtin Simone de Beauvoir (1908 bis 1986) war eine der Vorkämpferinnen des Feminismus.[30]

In den Vereinigten Staaten erlebte man die Kriegsfronten in relativer Ferne, und von den amerikanischen Schriftstellern hatten vergleichsweise wenige gedient. Norman Mailers *The Naked and the Dead* (*Die Nackten und die Toten*, 1948) schilderte eindringlich die Kriegsschrecken; das Werk spiegelte allerdings die Erfahrungen des Autors im Pazifik, nicht in Europa. Joseph Hellers *Catch-22* (1961) spielt auf der Insel Pianosa vor Italien, die der Autor als Bombenschütze der US Army Air Force gesehen hatte. Kurt Vonnegut verarbeitete in *Slaughterhouse Five* (*Schlachthof 5*, 1969) seine Erinnerungen als Kriegsgefangener während der Bombardierung Dresdens. Zwei Jahrzehnte waren für ihn sicherlich nicht zu lang, um die Kriegserfahrungen zu bewältigen. Selbst nach fünfundzwanzig Jahren kochte noch einiges hoch.

In Deutschland hinterließ das Trauma der Niederlage tiefe Spuren. Die Nation wurde aus einer Zeit, in der »Defätismus« als strafbares Vergehen galt, in eine Zeit katapultiert, in der ausschließlich negativ über die Zeit des Nationalsozialismus gedacht werden durfte. Anders als die Briten oder Amerikaner hatten die Deutschen mittendrin gestanden. Und im Gegensatz zu den Russen hatten sie nichts vorzuweisen, was ihre Opfer und Verluste rechtfertigte. Als Beispiel für die

Auseinandersetzung mit der Vergangenheit wird oft Bernhard Schlinks Roman *Der Vorleser* (1995) genannt. Er handelt von einem jungen Studenten, der eine kurze Liebesaffäre mit einer älteren Frau hat, später aber herausfindet, dass sie KZ-Wärterin gewesen war.

Die literarische Vergangenheitsbewältigung wurde jedoch über Jahrzehnte hinweg von zwei großen Namen geprägt. Das Werk von Heinrich Böll (1917 bis 1985) deckt vier Jahrzehnte und viele Themen ab. Als mehrfach verwundeter Veteran konnte er mit Überzeugung über Menschen schreiben, die ihrem Land gedient und die Schrecken des Krieges erlebt hatten. Seine Kriegsromane und Erzählungen wie *Das Vermächtnis* (1948), *Der Zug war pünktlich* (1949), *Wanderer, kommst du nach Spa* (1950) und *Entfernung von der Truppe* (1964) fanden ein begeistertes Publikum. Posthum erschien Bölls erster in der Nachkriegszeit spielender Heimkehrer-Roman *Der Engel schwieg* (1992). Seine Bücher verkauften sich auch in der Sowjetunion millionenfach.

Der gebürtige Danziger und Heimatvertriebene Günter Grass (geb. 1927) zeichnet sich durch eine besonders sensible Darstellung des deutschen Bürgertums im Nationalsozialismus und in der Nachkriegsgesellschaft aus. Seine Romane bilden eine komplexe Mischung aus Humor und scharfer Analyse. Oft wurde gesagt, Grass schreibe im Stil Rabelais'. Bekannt machte ihn *Die Blechtrommel* (1959), die Geschichte eines Jungen, der sich aus Protest gegen das NS-Regime weigert zu wachsen. In jüngerer Zeit wandte er sich dem Problemkreis der deutschen Vertriebenen zu, zu denen er selbst gehört, und befasste sich mit dem Problem, dass die Deutschen nicht nur als Anstifter des Krieges, sondern auch als dessen Opfer zu sehen sind. *Im Krebsgang* (2002) handelt vom Untergang des Flüchtlingsschiffs *Wilhelm Gustloff* im Jahr 1945 (siehe S. 582 f.).[31] Grass wurde 1999 mit dem Literaturnobelpreis ausgezeichnet. Sein Ruf als Friedensaktivist und moralische Instanz nahm jedoch durch sein reichlich spätes Bekenntnis, 1944–45 kurze Zeit bei der Waffen-SS gedient zu haben, gewissen Schaden.

Die deutsche Auseinandersetzung mit dem Krieg und der Niederlage ist durch die Teilung des Landes in zwei rivalisierende Staaten gekennzeichnet wie auch durch die seltsame Abneigung, die siegreiche Sowjetunion realistisch zu sehen. Die Entnazifizierung wurde in der Bundesrepublik und in der Deutschen Demokratischen Republik mit unterschiedlichen Erfolgen durchgeführt, ging jedoch nie mit der Bereitschaft einher, den sowjetischen Kommunismus nach den gleichen Maßstäben zu beurteilen. Vielleicht weil die Denunziation der Bolschewiken bei den Nationalsozialisten einst Tradition gewesen war, galt es nach dem Krieg als politisch korrekt, die Augen vor den Verbrechen der Sowjets zu verschließen und sich auf die Selbstgeißelung zu beschränken. Und so wurde ein starkes Schuldbewusstsein entwickelt, selbst unter den »Nachgeborenen«. Radikale mit einer rosa Brille erlangten unter Literaten und Intellektuellen Prominenz. Marcel Reich-Ranicki (geb. 1920), der seit Ende 1944 für die stalinistische Geheimpolizei gearbeitet hatte, konnte zum einflussreichen Literaturkritiker aufsteigen.[32]

Professor Jürgen Habermas (geb. 1929), ein neomarxistischer Soziologe und Philosoph, ist für seine unzugängliche Schreibweise und seinen Hang zu provokativer Diskussion international bekannt. Er war einer der am »Historikerstreit« Beteiligten.

In der Sowjetunion war währenddessen eine zweite Eiszeit hereingebrochen. Der siegreiche Stalin dachte gar nicht daran, nach dem Krieg eine Phase der Entspannung und der Reformen einzuleiten, sondern zog die Schrauben noch stärker an, führte die Verfolgung weiter und machte alle Hoffnungen auf grundlegende Veränderungen zunichte. Ein ganz zaghaftes »Tauwetter« setzte nach Chruschtschows »Geheimrede«

von 1956 ein. Doch im Grunde wurden 200 Millionen Sowjetbürger und eine Reihe von Satellitenstaaten ein halbes Jahrhundert lang in einer Zwangsjacke gehalten.

In einem solchen Klima bestand nur wenig Spielraum, offen über den Zweiten Weltkrieg zu schreiben. Die Siegerpose war vorgeschrieben. Kritik an Stalin oder am sowjetischen Führungsstab war verboten. Die Aktivitäten sowjetischer Instanzen in besetzten Ländern, sei es zwischen 1939 und 1941 oder von 1944 bis 1945, wurden vom geistigen Bildschirm gelöscht.

Dennoch war der Krieg ein zu großes Thema, um gänzlich ausgeblendet zu werden. Einige kühne Geister stellten sich der Herausforderung. Nicht zum ersten Mal wies Ilja Ehrenburg (1891 bis 1967) den Weg. Der Autor, der am besten als politischer Entfesselungskünstler zu bezeichnen wäre, hatte den Gesetzen der stalinistischen Schwerkraft mehrfach getrotzt, obwohl er ein alter Bolschewik und Gefährte von Nikolai Bucharin war und regelmäßig ins Ausland reiste. Er hatte bereits während des Krieges einen Kriegsroman veröffentlicht, *Der Fall von Paris* (1942), und ließ später *Sturm* (1948, russisch: *Burja*) und *Tauwetter* (1954) folgen. Das erste Werk erzählte eine typische sowjetische Kriegsgeschichte, enthielt aber auch Anspielungen auf Tabuthemen wie den Holocaust, den Hitler-Stalin-Pakt und Ausländerehen. Das zweite Werk verlieh einer ganzen Epoche sowjetischer Geschichte ihren Namen. Ehrenburg mag ein »echter Ketzer« gewesen sein, wie der Chefideologe Jewgeni Samjatin ihn nannte, aber er galt als unentbehrlich. Während des Krieges war er mit seinen blutrünstigen (um nicht zu sagen rassistischen) Aufrufen, die Deutschen zu vernichten, populär geworden, und zu Beginn des Kalten Krieges machte er immer wieder ähnliche Äußerungen über die Amerikaner. Molotow meinte einmal: »Ehrenburg ist mehrere Divisionen wert.«[33]

Ehrenburgs jüngerer Schützling, Wassili Semjonowitsch

Grossman (eigentlich Josif Solomonowitsch Grossman, 1905 bis 1964), hatte nicht so viel Glück. Als Kriegskorrespondent der Rote-Armee-Zeitung *Krasnaja Swesda* veröffentlichte er einige linientreue Bände, etwa *Das Volk ist unsterblich* (1942) und *Stalingrad* (1943), und verfasste sogar einen Holocaust-Roman, *Die Hölle von Treblinka* (1944). Doch er lehnte sich zunehmend gegen die offiziellen Beschränkungen auf. Sein größeres Werk über Stalingrad, *Wende an der Wolga* (ursprünglicher Titel *Für unsere gerechte Sache!*, 1954), wurde erst nach achtjähriger Verzögerung und nur in verstümmelter Form veröffentlicht. Und sein Meisterwerk, *Leben und Schicksal* (1960), blieb zwanzig Jahre lang unterdrückt. Hätte Grossman die Veröffentlichung noch erlebt, wäre er angenehm überrascht gewesen, denn der sowjetische Chefideologe Michail Suslow hatte ihn einst wissen lassen, der Roman werde in 250 Jahren nicht erscheinen.[34]

Wie Ehrenburg war auch Grossman Jude, und sie sammelten beide lange Zeit Materialien für ein Schwarzbuch über das Schicksal sowjetischer Juden. Das Problem war jedoch dies: Sie wussten vom Holocaust der Nationalsozialisten und wollten Vergleiche anstellen. Aber für die Sowjets war allein schon die Vorstellung sowjetischer Vergehen, ganz zu schweigen von Vergleichen mit dem Verbrechertum der Nazis, ganz und gar undenkbar.

Vor diesem Hintergrund muss das Gedicht *Babij Jar* von Jewgeni Jewtuschenko (geb. 1933), das 1958 erschien, als Akt großen Mutes erscheinen:

Über Babij Jar, da steht keinerlei Denkmal.
Ein schroffer Hang – der eine unbehauene Grabstein.

Jewtuschenko war es jedoch weniger darum gegangen, das Massaker von 1941 (s. S. 592) öffentlich anzuprangern, als vielmehr die Weigerung der sowjetischen Behörden zu beklagen, eine Diskussion über die jüdische Geschichte überhaupt zuzulassen. »Ich bin Dreyfus«, sagte er. Und er äußerte sich über die zaristischen Pogrome:

Ich sehe mich als Jungen in Belostok,
und Blut ergießt sich auf dem Boden.
Ich werde gehasst wie ein Jude,
daher bezeichne ich mich als Russen.[35]

Übersetzung von Harald Stadler
nach der englischen Fassung

Der literarische Faustkämpfer, der die härtesten Schläge einstecken musste, war jedoch zweifellos Alexander Solschenizyn. Der Kriegsveteran und zutiefst patriotische Russe war empört über die Jahre, die er im Gulag verloren hatte, und zeigte sich fest entschlossen, der Welt die Realität sowjetischer Unterdrückung vor Augen zu führen – zumal die Repression während des Krieges nicht aufgehört hatte, wie viele im Westen dachten. Bereits seine frühe Novelle *Ein Tag im Leben des Iwan Denissowitsch* (1962) erregte Aufsehen. In *Krebsstation* (1968) und *Der erste Kreis der Hölle* (1969) führte er das Thema menschlicher Reaktionen auf extreme Situationen weiter aus. Dafür wurde er aus dem sowjetischen Schriftstellerverband ausgeschlossen. Dies war jedoch nur ein kleiner Dämpfer vor dem großen Schlag, der mit seiner Ausweisung aus der Sowjetunion erfolgte.[36]

Inzwischen entwickelte sich die fiktive Literatur über den Zweiten Weltkrieg zu einer mächtigen Industrie. Über beinahe jeden Aspekt und jede Phase des Krieges wurden nicht Tausende, sondern Zehntausende von Büchern geschrieben. Von dieser ungeheuren Produktion sehr unterschiedlicher Qualität kann jeder Leser nur einen Bruchteil aufnehmen. Die Fülle zeugt jedoch davon, wie tief der Zweite Weltkrieg als denkwürdigstes Ereignis der jüngeren Vergangenheit nach wie vor das kollektive Bewusstsein der Gegenwart berührt. Die literarische Bandbreite lässt sich in einzelne Gattungen unterteilen und nach Autor, Entstehungsjahr, Ursprungsland, Handlungsort und Art der Kriegsführung gliedern. Zu unterschiedlichen Zeiten gerieten unterschiedliche Themen ins Blickfeld. Spionagethriller kamen beispielsweise erst spät auf, nachdem John Le Carré (geb. 1931), Graham Greene und andere im Umfeld des Kalten Krieges den Weg dafür bereitet hatten. Alan Furst (geb. 1941) beweist ein beneidenswertes Gespür für die exotische Seite Osteuropas. Die alternative Geschichtsschreibung (»Allohistorie«) scheint sich dagegen aus dem Bereich der Science-Fiction entwickelt zu haben. Autoren wie Len Deighton und Robert Harris befassen sich vorwiegend mit Spekulationen über einen anderen Verlauf der Geschichte. Zum Beispiel »Was wäre geschehen, wenn die Operation ›Sealion‹ geglückt wäre?«

Der Historiker interessiert sich dagegen hauptsächlich für die zunehmende Verlagerung des Themenschwerpunkts. In den ersten Nachkriegsjahren lag das Gewicht auf den Aktionen der siegreichen Alliierten – also auf dem Seekrieg, dem Luftkrieg und den Kämpfen in der Libyschen Wüste. Viele Romane und Memoiren jener Zeit wurden verfilmt. Deutsche publizierten auf Deutsch für den deutschen Markt, und auch die Russen, Polen und Finnen schrieben in ihrer jeweiligen Sprache. In den siebziger und achtziger Jahren gewann der Holocaust nach langer Vernachlässigung an Bedeutung. Wie die Geschichtsschreibung war auch die literarische Auseinandersetzung von tiefem Mitgefühl für die jüdische Tragödie geprägt, wurde aber von den Schauplätzen her recht frei behandelt. Besonders in den Vereinigten Staaten wurden Werke etwa von William Styron (geb. 1925) und Leon Uris (geb. 1924) beinahe zur Pflichtlektüre an Schulen und Colleges. Und auch halbdokumentarische Filme wie Claude

Lanzmanns *Shoah* (1986) waren darauf aus, die gewünschte Wirkung zu erzielen.

Dennoch setzte sich langsam, aber sicher die Ostfront als vorherrschendes Thema durch, zunächst in blutrünstigen Erzählungen, später auch in weitverbreiteten Übersetzungen deutscher und russischer Autoren und nach dem Zusammenbruch der UdSSR schließlich auch in Werken, die den moralischen Bankrott des Stalinismus bloßlegten. Der Zusammenprall zweier titanischer Tyranneien, der den Kern des Zweiten Weltkriegs bildete, konnte endlich in den Mittelpunkt rücken. Das ungeheure Ausmaß menschlichen Leids verlangte nichts weniger.

Ein halbes Jahrhundert lang hatte eine ganze Dimension in diesen Schilderungen der Ostfront gefehlt. Die Geschichten von mörderischem Kampf, etwa von Sven Hassel, waren nicht falsch. Sie gingen jedoch nicht mit dem Versuch einher, etwas vom Wesen der Regimes zu vermitteln, deren Zukunft in der Schwebe hing. Deutsche Soldaten wurden zum Kampf nach Osten geschickt, wo sie auf Russen stießen, die mit verzweifeltem und bisweilen animalischem Mut ihr Vaterland verteidigten. Mehr wurde nicht herausgearbeitet. Die Ähnlichkeiten und Unterschiede sowie die gesellschaftlichen und politischen Mechanismen, die dem Kriegstreiben der beiden Tyranneien zugrunde lagen, überstiegen das westliche Verständnis.

Wie es scheint, könnte sich die Lücke endlich schließen. Dreißig Jahre nach Solschenizyns Enthüllungen erfand ein junger, inzwischen verstorbener amerikanischer Autor eine Geschichte, in der sich die Themen Ostfront und Gulag verbinden. Es schadete nichts, dass der Romanschriftsteller zugleich Historiker war. Russ Schneiders posthum veröffentlichtes Werk *Siege* (*Belagerung,* 2001) schildert die Torturen dreier fiktiver deutscher Soldaten vor dem realen Hintergrund der Schlacht von Welikije Luki im Jahr 1942. Die Erzählung beginnt und endet jedoch nicht auf dem Schlachtfeld, sondern in Europas größtem Konzentrationslager:

Workuta lag kurz vor dem Ural. Es lag nicht im hintersten Sibirien, sondern an der Pforte Sibiriens …
Es war alles unbeschreiblich … Der Gulag ist überall, und überall ist Russland. Es gibt Ströme des Todes, und lange Abschnitte von Bahngleisen, die Meter für Meter auf den Knochen von Menschen verlegt wurden …[37]

ÜBERSETZUNG VON HARALD STADLER

Ausgangspunkt der Handlung ist die schaurige Realität eines sowjetischen Strafbataillons, das von Workuta in Ketten an die Front geführt wird, um sich der deutschen Wehrmacht entgegenzustellen. Das Ende sollte nicht vorweggenommen werden, doch es ist nicht schwer zu erraten, welches Schicksal gefangene Deutsche erwartete. Wenn Romanautoren Geschichten ersinnen, in denen der größte Schauplatz militärischer Aktion und die größte Einrichtung ziviler Repression verknüpft werden, dringen sie in die entscheidenden Bereiche des Zweiten Weltkriegs in Europa vor.

Der Zweite Weltkrieg in Europa – fiktive Literatur nach Themen (Auswahl)

Ausbruch

ILJA EHRENBURG: *Der Fall von Paris* (1942)
ALAN FURST: *The Polish Officer* (1944)
JEAN-PAUL SARTRE: *La mort dans l'âme* (*Der Pfahl im Fleische*, 1949)
ANTTI TUURI: Winterkrieg (1984)

Luftschlacht um England und »Blitz«

GRAHAM GREENE: *The Ministry of Fear* (*Zentrum des Schreckens*, 1943)
ELIZABETH BOWEN: *The Heat of the Day* (*In der Hitze des Tages*, 1949)

Alan Pearce: *Dunkirk Spirit* (2006)
Sarah Waters: *The Night Watch* (*Die Frauen von London*, 2006)

Seekrieg

Nicholas Monsarrat: *The Cruel Sea* (*Grausamer Atlantik*, 1951)
Alistair MacLean: *HMS Ulysses* (*Die Männer der Ulysses*, 1955)
Lothar-Günther Buchheim: *Das Boot* (1973)
Günter Grass: *Im Krebsgang* (2002)

Luftkrieg

Neville Shute: *Pastoral* (*Pastorale*, 1944)
Gert Ledig: *Vergeltung* (1956)
Kurt Vonnegut: *Slaughterhouse Five* (*Schlachthof 5*, 1969)
Heinrich Böll: *Der Engel schwieg* (1992)

Holocaust

Elie Wiesel: *Die Nacht* (1958)
Leon Uris: *Mila 18* (1961)
Jerzy Kosinski: *Der bemalte Vogel* (1965)
Anatoli Kusnezow: *Babi Jar* (1969)
Saul Bellow: *Mr. Sammlers Planet* (1970)
William Styron: *Sophies Entscheidung* (1979)
Primo Levi: *Wann, wenn nicht jetzt?* (1982)
Martin Amis: *Time´s Arrow* (*Pfeil der Zeit*, 1991)

Ostfront

Theodor Plevier, *Stalingrad* (1945)
Heinrich Böll: *Das Vermächtnis* (1948)
Väinö Linna: *Der unbekannte Soldat/Kreuze in Karelien* (1954)
Willi Heinrich: *Das geduldige Fleisch* (1955)

Gert Ledig: *Die Stalinorgel* (1955)
Guy Sajer (G. Mouminoux): *Le soldat oublié* (*Denn dieser Tage Qual war groß*, 1967)
Leo Kessler: *Forced March* (1976)
Sven Hassel: *Die Galgenvögel* (1987)
Russ Schneider: *Demyansk* (1995)
Russ Schneider: *Siege* (2001)
David Robbins: *Last Citadel* (2003)
Debra Dean: *Palast der Erinnerungen* (2005)

Italien und die Westfront

Joseph Heller: *Catch 22* (1961)
Louis de Bernières: *Corellis Mandoline* (1994)
Alan Furst: *Red Gold* (1999)
Eugenio Corti: The Red House (2000)
Mary Doria Russell: *A Thread of Grace* (2005)

Spionage

Ken Follett: *Die Nadel* (1978)
Alan Furst: *Dark Star* (1991)
Robert Harris: *Enigma* (1995)
Ken Follett: *Jackdaws* (2001, *Die Leopardin*)
Philip Kerr: *Hitler´s Peace* (2005, *Der Pakt*)

Allohistorie

Philip K. Dick: *The Man in the High Castle* (1962, *Das Orakel vom Berge*)
Len Deighton: *SS-GB* (1978)
Joe Poyer: *Vengeance 10* (1980)
John Hackett: *Der Dritte Weltkrieg* (1985)
Robert Harris: *Vaterland* (1992)
Peter Tsouras: *Disaster at D-Day* (1994)
Douglas Niles: *Fox on the Rhine* (2000)
David Downing: *The Moscow Option* (2001)

Historische Dokumente

Der Zweite Weltkrieg dauerte sechs Jahre. Sechzig Jahre genügten jedoch nicht, um die Berge von Papieren, Bildern und verschiedenen Artefakten, die der Krieg hinterlassen hat, zu sammeln, zu sichten, zu katalogisieren und zugänglich zu machen, denn dieses Unterfangen ist riesig, muss immer unvollständig bleiben und ist in gewissem Maße erschütternd. Viele der Aufzeichnungen, die in Aktenordnern und Kartons lagern, dürften nie wieder in Augenschein genommen werden und würden als Bruchstücke ohne Zusammenhang meist auch nicht viel Licht auf den Krieg als Ganzes werfen. Dokumente stellen eine wichtige erste Ebene dar, wenn es darum geht, in einem komplizierten Prozess die Vergangenheit für die Nachwelt zu bewahren und aufzuarbeiten. Es müssen jedoch noch etliche weitere Schritte folgen.

Viele Kriegsereignisse wurden verschleiert und blieben oft jahrzehntelang geheim. Ein Beispiel sind die Massaker von Katyn – eine ungeheuer wichtige Episode für die moralische Beurteilung der Kriegsteilnehmer. Die Welt musste genau fünfzig Jahre auf die Aufdeckung des Geheimnisses warten. Die 25 000 ermordeten Offiziere waren 1940 verschwunden. Erst 1990 räumte Präsident Michail Gorbatschow die Schuld des NKWD an dem Verbrechen ein. Und erst 1992 gab Präsident Boris Jelzin ein entscheidendes Dokument frei – den schriftlichen Befehl für die Ermordung, den Stalin am 5. März 1940 unterzeichnet hatte. In den dazwischenliegenden Jahrzehnten löste jede Erkundigung oder Mutmaßung über die Massaker einen Aufschrei der Empörung und den Vorwurf des Antisowjetismus, der Geschichtsklitterung oder der Verunglimpfung der Alliierten aus.[38]

Alle Regierungen der Siegermächte waren bestrebt, ausgewählte Dokumente zu veröffentlichen, die ihre Kriegspolitik rechtfertigten. Die Briten und Amerikaner bekamen dabei sogar einen Bonus, indem sie das Archiv des deutschen Außenministeriums einnahmen und so bereits recht früh bestimmte deutsche Unterlagen an die Öffentlichkeit bringen konnten. Auch das Beweismaterial, das bei den Nürnberger Prozessen vorgelegt wurde, gelangte ohne große Verzögerung in den Druck.[39] Und zu gegebener Zeit gaben diverse Regierungen – die der Briten, Amerikaner, Franzosen, Polen, Sowjets und Jugoslawen – entsprechende Dokumentationen heraus.[40]

Diese offiziellen Dokumente bilden zweifellos einen wichtigen Indizienbestand. Man sollte jedoch nicht glauben, dass sie in irgendeiner Weise vollständig oder vollkommen verlässlich wären. Sie sind von Natur aus selektiv; und die Auswahlkriterien folgen ganz unterschiedlichen Prinzipien – vom harmlosen oder praktischen Aussortieren bis zur schamlosen Verzerrung. Zurück bleiben etliche größere oder kleinere Leichen in den Kellern der Geschichte.

Beispielsweise hätte man meinen können, dass die Veröffentlichung der Geheimprotokolle des Hitler-Stalin-Paktes im Jahre 1946, die auf den maßgeblichsten Unterlagen aus Joachim von Ribbentrops Außenministerium beruhten, die Sache ein für alle Mal geklärt hätte. Weit gefehlt. Die sowjetische Regierung, deren eigene Archive noch für keinerlei Untersuchung zugänglich waren, erklärte einfach, die »angeblichen Protokolle« seien eine provokative Fälschung, und tat vierzig Jahre lang so, als sei die sowjetische Haltung von 1939 über jeden Vorwurf erhaben. In den dokumentarischen Sammlungen der sowjetischen Akademie wurde der Pakt vom 23. August 1939 entweder in Gänze ausgeklammert, oder aber es wurde nur der Haupttext des Paktes ohne die geheimen Protokolle abgedruckt.

Natürlich stellen Papiere nicht die einzige Form historischer Dokumente dar – schon gar nicht Regierungsunterlagen. Zeitungsarchive aus der Kriegszeit sind eine wichtige Informationsquelle bezüglich der öffentlichen Meinung und der Sozialgeschichte, besonders in Ländern wie Großbritannien und den Vereinigten Staaten, in denen die Pressezensur keine Meinungsunterschiede tilgte. *The Times*, zwischen 1939 und 1945 die maßgebliche britische Tageszeitung, bewahrte sich einen eigenständigen Standpunkt vor allem in Auslandsangelegenheiten, zumal der dafür zuständige Ressortleiter, E. H. Carr, in Bezug auf Stalin ebenso sehr beschwichtigte wie einst in Bezug auf Hitler.[41] Tonarchive sind nicht minder wertvoll, und zwar weit über den Bereich des Kriegsrundfunks hinaus. Denn auch die Oral History, die mündliche Geschichtsdokumentation, leistet einen beachtlichen Beitrag. Während des Krieges und unmittelbar danach konnten die Erinnerungen von Betroffenen nur in schriftlichen Protokollen festgehalten werden. Seit in den fünfziger Jahren praktische Aufnahmegeräte aufkamen, konnten viele Veteranen und Zeitzeugen dafür gewonnen werden, ihre Erlebnisse auf Band zu sprechen. Und eine lebende Stimme verbindet einen unmittelbarer mit der Vergangenheit als das geschriebene Wort. In Großbritannien spezialisiert sich das Second World War Experience Centre in Leeds (Dokumentationszentrum für Erfahrungen des Zweiten Weltkriegs) auf derlei Material und gibt eine eigene Zeitschrift heraus.[42] Auch in den Vereinigten Staaten wurden mehrere große Projekte dieser Art ins Leben gerufen. Eines davon, »The Good War« (»Der gute Krieg«), sammelt vorwiegend Gespräche mit Amerikanern, die in unterschiedlicher Form an der Heimatfront tätig waren.[43]

Archive erfreuen sich bei Historikern seit langem großer Wertschätzung, die sie jedoch nicht immer verdienen. Manche halten sie für den Quell der Wahrheit, deren Offenbarung nur durch die Trägheit und Voreingenommenheit der Historiker begrenzt wird. In Wirklichkeit aber zeichnen sie sich wie alle menschlichen Einrichtungen durch bestimmte Vorzüge und zahlreiche Mängel aus. Die Unterlagen und Kataloge sind nicht fehlerfrei. Die Archive sind bürokratischen Kontrollen unterworfen, die bisweilen so restriktiv sind, dass es zum Verzweifeln ist; und ihre Arbeit trägt nur langsam Früchte. Im britischen Public Record Office (das inzwischen absurderweise in National Archives unbenannt wurde, so als handele es sich um ein wirkliches Nationalarchiv wie etwa jenes in den Vereinigten Staaten) wurden Unterlagen über den Ersten Weltkrieg erst herausgegeben, als die Lawine von Dokumenten aus dem Zweiten Weltkrieg anrollte und verarbeitet werden musste. Die Regel einer fünfzigjährigen Zugangssperre wurde erst 1969 in eine Dreißigjahresfrist abgeändert; und selbst sechzig Jahre nach dem Ende des Zweiten Weltkriegs sind viele Bereiche und Dokumente, einschließlich der wichtigen Archive der Geheimdienste, noch immer völlig unzugänglich. Jedes Jahr darf ein kleiner Posten mäßig interessanter Unterlagen tröpfchenweise in die *public domain* sickern, damit die wartenden Historiker zufrieden sind. In Großbritannien haben noch immer die Wächter der Archive das Sagen. Sie erwecken zwangsläufig den Eindruck, sie hätten etwas zu verbergen.

Dem amerikanischen Freedom of Information Act (Informationsfreiheitsgesetz) von 1966 ist es zu verdanken, dass Archive der US-Regierung um einiges benutzerfreundlicher sind. Dies gilt auch für Archive in Ländern, deren Nachkriegsregimes inzwischen zusammengebrochen sind. Im Jahr 2005 kündigte die polnische Regierung an, die Akten der kommunistisch kontrollierten Sicherheitsdienste bis 1944 freigeben zu wollen. Dies verspricht, erhellendes Licht auf die undurchsichtigen Ereignisse während der letzten Kriegsmonate in Polen zu werfen.

Die gravierendsten Probleme ergeben sich jedoch im Zusammenhang mit den größten Kriegsnationen. Die UdSSR mag zusammengebrochen sein, doch eine kurze Phase des freien Zugangs zu ehemals sowjetischen Sammlungen in Moskau unter Präsident Boris Jelzin endete bereits, kurz nachdem sie begonnen hatte. Unter Präsident Wladimir Putin war die russische Archivpolitik wiederum restriktiver. Und in einigen der anderen einstigen Sowjetrepubliken kennt man so etwas wie Archivpolitik erst gar nicht. In den neunziger Jahren konnten Historiker erstmals unabhängige Nachforschungen zu den Kriegsdokumenten des sowjetischen Innen- und Außenministeriums anstellen. Es bleiben jedoch noch riesige Lücken, besonders bezüglich des sowjetischen Verteidigungsministeriums und des Trophäenmuseums (siehe S. 565). Adolf Hitler starb im April 1945. Sein Schädel wurde erst 1992 (in einer Schuhschachtel!) im NKWD-Archiv ausfindig gemacht.[44] Und es dauerte bis 2002, bis die vollständige NKWD-Akte über Hitler freigegeben wurde.[45] Das erste archivgestützte Nachschlagewerk über das sowjetische KZ-System erschien erst 1998.[46] Mittlerweile hatte sich die Welt an die Vorstellung gewöhnt, dass allein die Nazis während des Krieges Konzentrationslager betrieben.

Die westlichen Länder, die sich häufig ihrer offenen Systeme rühmen, haben wenig Grund zur Selbstgefälligkeit. In die grundlegenden Fakten des Ultra-Geheimnisses – also der Dechiffrierung des deutschen Enigma-Systems – waren 1945 mindestens 20 000 Menschen eingeweiht. Alle hatten die Geheimhaltungsverpflichtung nach dem Official Secrets Act unterzeichnet, und jeder Einzelne hielt mindestens dreißig Jahre lang dicht. Das Schweigen brach ein Franzose, Michel Garder, der über die französischen Geheimdienstaktivitäten während des Krieges schrieb. Garders fehlerhafte Darstellungen lösten eine ganze Welle vermeintlicher Richtigstellungen aus, darunter eine Veröffentlichung von F. W. Winterbotham, welche die Fehler nur noch verschlimmerten. R. Lewin legte 1978 einen Report vor, der als »einigermaßen genau« bezeichnet wurde, doch der offizielle Bericht, der als zuverlässig und maßgebend gelten kann, ließ weitere zehn Jahre auf sich warten.[47]

All dies zeigt, wie ungeheuer langsam der historische Datenbestand überhaupt erschlossen wird. Historiker, die sich erst rühren, wenn die dokumentarischen Fundamente gelegt sind, können nicht mehr als versuchen, mit den Verlautbarungen und Falschdarstellungen anderer mitzuhalten. Derweil können alle Formen freier Erfindung und Legendenbildung ins Kraut schießen. Archive sind nichts weiter als totes Holz, bis ein Historiker auf den Plan tritt und das Ganze lebendig werden lässt. Doch auch der scheinbar belebende Historiker liefert keine Gewähr für Erfolg. Auch die Geschichtswissenschaftler sind fehlbar, und auch in ihrer Zunft sind Scharlatane, Konformisten und Stümper anzutreffen. Und ein schlechter Historiker ist weitaus gefährlicher als totes archivarisches Holz.

Internet

Viele meinen, das Internet sei lediglich eine neue und beschleunigte Form der Datenübermittlung. Wer wissen will, was sich in den Oxforder Bibliotheken über den Zweiten Weltkrieg finden lässt, muss nicht mehr selbst den Katalograum der Bodleian Library aufsuchen. Für die Recherche wird am heimischen Computer einfach »OLIS«, »Second World War« und ein Begriff unter »Themensuche« eingegeben, und eine Aufgabe, die früher vielleicht Tage oder Wochen dauerte, ist heute in wenigen Sekunden erledigt. Und wer das Museum von Kursk nicht persönlich besuchen kann, ruft die englischsprachige Website des Museums auf.

Doch in zunehmendem Maße ist das Internet viel mehr als nur ein technisches Mittel für einen raschen Zugang zu bestehenden Datensammlungen. Es wird selbst mehr und mehr zu einer historischen Quelle und enthält Dokumente, Aufsätze, Sammelobjekte, Bilder, Diskussionsforen und »Blogs«, die an anderer Stelle vielleicht gar nicht existieren. Eine ausgezeichnete Website über den Warschauer Aufstand ist beispielsweise www.warsawuprising.com, die ausgerechnet von Südkalifornien aus betrieben wird und Dinge präsentiert, die in keinem Buch oder Museum zu finden sind. Es gibt auch äußerst mittelmäßige Websites, etwa www.secondworldwar.com, die offenbar von interessierten Laien betreut wird – und natürlich Wikipedia, die freie Internet-Enzyklopädie, zu der jeder etwas beitragen kann. Professionelle Historiker neigen dazu, solchen Websites zu misstrauen. Sie halten das Internet für gefährlich, weil es voller zweifelhafter Statements und offenkundiger Fehler sei. Doch darüber sollte nicht vergessen weren, dass dies auch für jede andere Quelle historischer Informationen gilt.[48]

Geschichtsschreibung

Aus den wirren Ereignissen der Vergangenheit eine zusammenhängende und schlüssige historische Darstellung zu konstruieren ist äußerst schwierig und erfordert die gemeinsame Anstrengung vieler Mitwirkender. Es beginnt mit dem Ordnen von Quellen – Dokumenten, Bildern, Erinnerungen und Statistiken. Weitere Schritte – Kompilation, Interpretation und Synthese – können erst erfolgen, wenn die Vorarbeit geleistet ist. Auch ein abschließender Überblick, der durch das Zusammenspiel unterschiedlicher Beurteilungen und einen Prozess fortwährender Revision bisheriger Erkenntnisse entsteht, kann niemals definitiv endgültig sein.

Oft heißt es, Geschichte werde von den Siegern geschrieben, und im Falle des Zweiten Weltkriegs genossen die britischen, amerikanischen und sowjetischen Historiker sicherlich einen Vorsprung. Der historiographische Triumph der Sieger ist jedoch bestenfalls kurzlebig und häufig trügerisch, denn dieser Sichtweise fehlt eine der wesentlichen Eigenschaften guter Geschichtsschreibung, nämlich Selbstkritik. Nach 1945 entstand ein weiteres großes Problem: Die siegreichen Alliierten waren gespalten. Sie waren sich vollkommen uneins, nicht nur in Fragen der aktuellen Politik, sondern auch in der Auslegung der Vergangenheit. Dies führte zu einer lang anhaltenden Meinungsverschiedenheit hinsichtlich der Kriegsgeschichte, die mehr als vierzig Jahre lang kaum ausdiskutiert, geschweige denn beigelegt werden konnte.

In diesem Zusammenhang scheint eine Warnung angebracht: Alle Regierungen und alle Arten von Regimes haben schon immer ihre Existenz durch fadenscheinige Deutungen der Geschichte zu legitimieren versucht. Die Vereinigten

Staaten etwa, die nach dem Zweiten Weltkrieg zur führenden Weltmacht aufstiegen, verwiesen natürlich immer auf ihren Kampf gegen das nationalsozialistische Deutschland und das kaiserliche Japan, um ihr fortwährendes Eintreten für Freiheit und Demokratie zu rechtfertigen. Aus Sicht der Amerikaner wurde der Krieg rasch zu einem notwendigen Vorspiel für die Gegenwart, einer bequemen Plattform für die anhaltende Werbung im Kampf zwischen »Gut und Böse«.

Ähnliche Haltungen entwickelten sich in der Sowjetunion, wo der schwer erkämpfte Sieg über NS-Deutschland doppelt benutzt wurde – als Argument, um die Überlegenheit des sogenannten »sowjetischen Systems« zu beweisen, und als politische Waffe, die gegen sämtliche Gegner des Systems gerichtet werden konnte. Da die Vereinigten Staaten mittlerweile zum Feind Nummer eins geworden waren, stand »Uncle Sam« gleich neben Adolf Hitler in der Reihe von Schurken, die sich dem »Wohl« der Sowjets entgegenstellten. Aus Sicht der Sowjets war der Zweite Weltkrieg, genau wie für die Amerikaner, ein notwendiger Prolog für die Gegenwart. Er wurde indes in einem gänzlich entgegengesetzten Sinn instrumentalisiert. Nach sowjetischer Denkart war es skandalös, dass die Amerikaner das Verdienst für den Sieg in gleicher Weise in Anspruch nahmen, obwohl die Opfer auf amerikanischer und sowjetischer Seite alles andere als gleich verteilt gewesen waren. Diese gegensätzlichen Weltsichten blieben während des gesamten Kalten Krieges völlig unvereinbar.

Auch andere Länder standen vor Problemen, die von ähnlichen Fehldeutungen herrührten. In Großbritannien war einiges an Einfallsreichtum erforderlich, um zu erklären, wieso der Krieg gewonnen, das Empire aber verloren worden war. In Jugoslawien mussten die siegreichen Titoisten behaupten, sie allein hätten die Faschisten bekämpft, und die besiegten Tschetniks seien Kollaborateure. In Polen musste das importierte kommunistische Regime der Sowjetunion für einen Sieg danken, bei dem sechs Millionen Polen ums Leben gekommen und die Hälfte des Landes eingebüßt worden waren.

Historiker müssen sich auch mit einem Phänomen herumschlagen, das vom französischen Akademiemitglied Pierre Nora als *lieux de mémoire* (Orte der Erinnerung) bezeichnet wurde. Manche historische Stätten nehmen das kollektive Gedächtnis so sehr in Anspruch, dass sie alle anderen Örtlichkeiten ausklammern oder in den Schatten stellen.[49] Für die Amerikaner sind Pearl Harbor und Omaha Beach genau solche Brennpunkte geworden. In Großbritannien spielt das »Wunder von Dünkirchen« diese Rolle. Im jüdischen Bewusstsein ist es Auschwitz. In der Geschichte der Sowjetunion stehen Leningrad und Stalingrad ganz im Vordergrund. Diese beinahe heiligen Stätten versperren unverhohlen den breiteren Blick und den differenzierten Ansatz, die aber beide dringend notwendig sind. In einer gespaltenen Nachkriegswelt war es einfach nicht möglich, dass unterschiedliche Orte der Erinnerung zu einem einzigen und einigen Bild verschmolzen. Darüber hinaus führten sie oft zu ernsthaften Missverständnissen. So wurde beispielsweise 1945 in einer knappen Verlautbarung aus Moskau mitgeteilt, in Auschwitz seien vier Millionen Menschen ums Leben gekommen. Diese Zahl war vollkommen unrealistisch, hielt sich aber beinahe fünfzig Jahre lang. Und die offizielle Zensur im Ostblock verheimlichte die Tatsache, dass die meisten Opfer von Auschwitz Juden waren. Umgekehrt schien niemand im Westen wahrhaben zu wollen, dass in Auschwitz etliche hunderttausend katholische Polen und sowjetische Kriegsgefangene ermordet wurden. Die falsche Angabe von »vier Millionen jüdischen Opfern« in jenem einen Lager wurde oft ungeprüft nachgebetet.[50]

Im Westen begründete Winston Churchills großes Werk *Der Zweite Weltkrieg*, das ab 1948 erschien, auf solch bestimmende Weise ein Szenarium der Selbstrechtfertigung, dass dagegen kaum etwas vorgebracht werden konnte. Die

These war einfach: Hitler war die Quelle allen Übels, und der Kampf war gerecht gewesen. Die »Beschwichtiger« hatten unrecht gehabt. Die angloamerikanische Partnerschaft hatte die Basis für den Sieg der Alliierten gebildet, und das Blatt hatte sich gewendet, als Großbritannien standhielt. Die Sowjetunion wurde als Helfershelfer bei dem Sieg anerkannt, doch weder der Umfang des sowjetischen Beitrags noch die Verbrechen Stalins wurden je erwähnt. Die Befreiung Europas hatte von der Normandie aus begonnen. Freiheit und Demokratie hatten obsiegt.[51]

Im Ostblock hingegen wurde ein ganz anderes Bild gezeichnet. Die UdSSR war ein friedliebendes Land. Sie hatte nichts mit den Ereignissen von 1939–40 zu tun, als die kapitalistischen Mächte beschlossen, einander zu bekriegen. Der »Große Vaterländische Krieg« begann im Juni 1941, als das nationalsozialistische Deutschland die Sowjetunion grundlos angriff, und die Ostfront war der einzige Kriegsschauplatz, der wirklich zählte. Trotz der Versprechungen Churchills und Roosevelts hielten sich die Westmächte aus dem massiven Kampfeinsatz heraus, bis der Krieg bereits entschieden war. Weder der Luftkrieg noch die Schlacht im Atlantik noch die westliche Unterstützung der UdSSR verdienten Vorrang. Die Befreiung Europas ging von den Kanonen der Roten Armee aus. Freiheit und Demokratie (nach sowjetischer Muster) hatten obsiegt.[52]

Die sowjetische Darstellung geriet nach Stalins Tod ein wenig ins Wanken. Bis 1953 wurde Stalin als alles durchschauendes Militärgenie hingestellt. Nach 1953 lautete die offizielle Linie, der Krieg sei ohne ihn oder sogar trotz ihm gewonnen worden. Aber nach Chruschtschows Sturz 1964 wurde Stalin allmählich wieder rehabilitiert, nicht zuletzt durch die autorisierte Veröffentlichung der Memoiren vieler seiner Marschälle.[53]

Die beiden Sichtweisen des Krieges, die westliche und die östliche, waren jedenfalls innerhalb des ersten Nachkriegsjahrzehnts fest etabliert. Und danach ließen sie sich kaum mehr verändern. Westliche Historiker ignorierten die sowjetische Position, teils weil einige Aspekte davon, etwa die Leugnung des Hitler-Stalin-Paktes, absurd waren, teils weil sie diese nicht durch unabhängige Recherchen verifizieren konnten und zum Teil wohl auch deswegen, weil sie nicht der Roten Armee den Löwenanteil am Sieg zusprechen wollten. Die sowjetischen Historiker, die in ihrem Käfig eingesperrt waren, blieben ebenfalls stur und verurteilten regelmäßig die »Verfälschungen der Geschichte durch die Bourgeoisie«. Beide Seiten machten sich daran, die Details zu untersuchen, lange bevor ein breites Grundgerüst allgemein anerkannt worden war.

Churchill war von den Hauptakteuren der Einzige, der Memoiren oder Tagebücher veröffentlichte. In der zweiten oder dritten Reihe hatten auch Königin Wilhelmina, General de Gaulle, Conte Ciano, Albert Speer, Joseph Goebbels sowie die Marschälle Schukow, Tschuikow und Rokossowski Zugang zu den Machtzentralen gehabt und lieferten Dokumente von unterschiedlicher Qualität. Persönliche Schilderungen des Holocaust, wie das Tagebuch der Anne Frank, übertrafen die Zahl der Berichte aus den Gulags bei weitem. Die Werke zweier verurteilter Nazi-Verbrecher, Hans Frank und Rudolf Heß, bestätigten die schlimmsten Befürchtungen. aber die schockierendste politische Enthüllung stammte wohl von dem jugoslawischen Kommunistenführer Milovan Djilas, der aus dem Nähkästchen zu plaudern begann, nachdem sich Tito von Stalin losgesagt hatte. Der nette »Onkel Joe« des westlichen Mythos büßte seinen Glanz ein. Wie es schien, hatte Stalin eine gedrungene, affenartige Figur mit überlangen Armen und gelben Augen. Schlimmer noch, er hatte ein Regime geschaffen, in dem nicht die Arbeiter das Sagen hatten, sondern eine brutale, tyrannische »neue Klasse« von Jasagern der Partei.[54] Im Laufe der Jahre kam eine beeindruckende Bibliothek von Memoiren zusammen, die viele Länder und zahlreiche

Episoden abdeckte. Deren ungleiche Ausrichtung ließ jedoch keinerlei Verallgemeinerung zu.

Die »Hitler-Industrie« setzte bereits früh ein und produzierte eine ganze Zeitlang. Der Oxforder Historiker Alan Bullock erhielt privilegierten Zugang zu erbeuteten deutschen Archiven, und sein bahnbrechendes Werk *Hitler. Eine Studie über Tyrannei* war bereits 1951 in Druck. Damals, fünf Jahre bevor das »Tauwetter« einsetzte, lebte Stalin noch, und niemand war auf die Idee gekommen, eine Studie über die stalinistische Tyrannei zu schreiben. Seither sind unzählige Werke über Hitler und Hitlers Reich erschienen, die in den Arbeiten von Fest, Lukacs, Burleigh, Evans und Kershaw herausragende Beiträge fanden.[55] Interessant ist jedoch, dass sich etliche Hitler-Biographen auch von Stalin angezogen fühlten. Der gigantische Wettstreit der beiden Diktatoren während des Zweiten Weltkriegs ist ein zentrales Motiv, ohne das viele Aspekte der Geschichte beider Männer missverstanden werden könnten. Bullock, der aus dem antifaschistischen Lager der Vorkriegszeit stammte, konnte sich zunächst nicht dazu entschließen, direkte Vergleiche anzustellen. Doch dreißig Jahre nach seinem großen Erfolg bewies er seine Tapferkeit mit *Hitler und Stalin. Parallele Leben* (1991).[56] In jüngerer Zeit hat Richard Overy das Thema noch intensiver bearbeitet. Niemand hat behauptet, die beiden Diktatoren und ihre Regimes seien identisch gewesen, doch Hitler und Stalin waren beide Tyrannen. Und es ist sinnlos zu argumentieren – wie es jahrzehntelang gängig war –, Stalin sei irgendwie weniger tyrannisch gewesen, nur weil er den Tyrannen Hitler bekämpfte.[57]

Offizielle Geschichtsdarstellungen wurden ebenfalls in Angriff genommen, doch einige Regierungen gaben auf, bevor ihre Publikationsreihen abgeschlossen waren. Studien von mehreren Autoren beziehungsweise in mehreren Bänden erwiesen sich als ungeheuer langweilig, ja regelrecht unlesbar und eigneten sich bestenfalls als Nachschlagewerke. Konteradmiral Samuel Morison schrieb fünfzehn Bände über die Operationen der US-Marine (1947–62), und der Cambridge-Professor Sir James Butler (1889 bis 1975) betreute eine Reihe, die sich schließlich auf nahezu einhundert Bände belief. Er selbst lieferte Beiträge zu sechs Bänden über die Gesamtstrategie (*Grand Strategy*, 1956–76), die begleitet wurden von vier Bänden über den Seekrieg (*The War at Sea*) von Stephen Roskill, zweien über die strategische Luftoffensive (*The Strategic Air Offensive*) von Charles Webster und Noble Frankland, fünf Büchern über Außenpolitik (*Foreign Policy*) von Llewellyn Woodward sowie sechs Bänden über Geheim- und Nachrichtendienste (*Intelligence*) von Harry Hinsley. Zum Glück kamen die Herausgeber auf die Idee, in einem gekürzten Band die Erkenntnisse jeder Unterkategorie zusammenzufassen. Die britische *Medical History* (Medizingeschichte) des Zweiten Weltkriegs kam auf fünfundzwanzig Bände und die »UK Civil Series« auf achtundzwanzig. Was in aller Welt war da zu finden, was unbedingt beschrieben werden musste? Man ist geneigt zu folgern, dass die einzelnen Länder in umgekehrtem Verhältnis zu ihrer Bedeutung im Krieg Tinte verspritzten. Die Sowjetische Akademie der Wissenschaften, die wohl tausend Bände hätte planen können, gab sich mit sechs zufrieden (*Istoriya Velikoy Otechestvennoy Voiny Sovetskogo Soyuza*, Moskau 1960–65). Die offizielle Geschichtsschreibung ermöglichte zumindest den erleichterten Zugang zu Materialien, von denen Normalsterbliche ausgeschlossen waren. Und einige der besten Ergebnisse waren zugleich auch die kürzesten. Erwähnung verdienen hier Margaret Gowings *The British War Economy* (1949) und Michael Eliot Howards *Strategic Deception in the Second World War* (1992).[58]

Aus erklärlichen Gründen hatten es die deutschen Historiker nach dem Krieg nicht eilig, die NS-Zeit zu studieren. Man kann durchaus sagen, dass das Thema eine ganze Zeitlang auf Eis gelegt wurde. Die stärkste Nachkriegsstimme, die von

Gerhard Ritter (1888 bis 1967), kam aus der nationalkonservativen Ecke und leugnete alle Verbindungen zwischen den Nazis und ihren Vorgängern. Wie Ritter in *Europa und die deutsche Frage* (1948) darlegte, waren Hitler und die Nazis als Verbrecherbande anzusehen, die nur aufgrund des Chaos, das durch die Weimarer Republik entstanden war, an die Macht gelangen konnten. Ritter, der mit der Verschwörung vom 20. Juli in Zusammenhang stand, war 1944–45 inhaftiert gewesen, und niemand konnte ihn als Sympathisanten des NS-Regimes bezeichnen. Doch indem er Hitler als Anomalie hinstellte, erweckte er allgemein den Eindruck, einigen wichtigen Fragen aus dem Weg gegangen zu sein.[59] Dies gilt keinesfalls für Fritz Fischer (1908 bis 1999), dessen *Griff nach der Weltmacht* (1961) einen Sturm der Entrüstung entfachte. Das Buch befasste sich zwar mit dem Ersten Weltkrieg und nicht mit dem Zweiten und insbesondere mit der Politik des Reichskanzlers Bethmann-Hollweg, doch Fischer argumentierte, Deutschland habe seit der Zeit des Kaiserreichs stets einen Sonderweg verfolgt. Darüber hinaus betonte er Deutschlands Verantwortung für den Ausbruch des Krieges von 1914 und deutete insofern an, dass Deutschland die Schuld an zwei Weltkriegen trug, nicht bloß an einem. In den Augen seiner Kritiker war Fischer ebenso unpatriotisch wie unfair, und in Westdeutschland begannen die Meinungen sich zu polarisieren. Die rechten Kommentatoren verurteilten den Sonderweg, die Linken lobten ihn.[60] Ostdeutsche Kommentare blieben fest der offiziellen sowjetischen Auslegung verbunden.

In den sechziger Jahren brach der Damm der Zurückhaltung in Bezug auf zwei Themen, die für den Zweiten Weltkrieg besonders bedeutsam waren. Beide waren nicht vollkommen neu, aber beide waren bislang nicht ausführlich erforscht worden. Das eine war der jüdische Holocaust, das andere die Verbrechen Stalins.

Warum der Holocaust in den sechziger Jahren so massiv

in den Vordergrund rückte, ist nicht ganz klar, doch der Zeitpunkt hing sicher irgendwie mit dem Ende des traumatischen Nachkriegsschweigens in Israel selbst und dem Aufkommen eines militanten, rechten Zionismus dort zusammen. Der Sieg der Israelis im Sechstagekrieg von 1967 mochte einen weiteren Anstoß gegeben haben. Ein ganz anderer Faktor war die neue Aufgeschlossenheit der Menschen im Westen. Mitten im Kalten Krieg waren Amerikaner wie Westeuropäer bereit, ein Ereignis publik zu machen, das das irrationale Böse des Nazismus bestätigte, ohne aber auf das Leid der Menschen im Sowjetblock während des Krieges aufmerksam zu machen. Es dauerte nicht lange, bis sich die Historiker gezwungen sahen, sich der Behauptung anzuschließen, der Holocaust sei einmalig gewesen.

Innerhalb kurzer Zeit hatten die führenden Historiker des Holocaust – Dawidowicz, Hilberg, Bauer, Gilbert und andere – eine unanfechtbare Basis an Argumenten und Beweisen aufgestellt. Sie sorgten dafür, dass die Hauptthese über den Völkermord der Nazis an rund sechs Millionen Juden, vorwiegend im deutsch besetzten Polen, außer Frage stand. Zugleich ließen sie Nebenthesen, Tatsachenverdrehungen und politisch motivierte Statements zu, die zu Streitigkeiten führten und das Thema in Verruf zu bringen drohten. Versuche, eine Holocaust-Orthodoxie durchzusetzen, nötigenfalls mit rechtlichen Mitteln, widersprechen dem Grundsatz der Meinungsfreiheit und erwiesen sich nie als besonders erfolgreich. Die Leugnung des Holocaust scheint ein Lieblingssport jener Unbelehrbaren zu sein, die unbedingt gegen den Strom schwimmen müssen.[61]

Das zweite Thema – die Verbrechen Stalins – kann als unmittelbare Folge der nicht ganz so geheimen Rede Chruschtschows im Februar 1956, des anschließenden »Tauwetters« in der sowjetischen Kultur und der brutalen Unterdrückung des Ungarnaufstands angesehen werden. Aufgrund der Vorkommnisse in Budapest verloren die kommunistischen Parteien in der freien Welt über Nacht die Hälfte ihrer Mitglieder, und die weitverbreiteten prosowjetischen Zirkel, die seit der Schlacht von Stalingrad aktiv waren, verstummten seltsamerweise. Die meisten aufgeklärten Menschen im Westen erkannten nun, dass die Hymnen, die während des Krieges auf »unseren großen sowjetischen Verbündeten« gesungen worden waren, auf völlig falschen Vorstellungen beruhten. Unterstützt wurde diese Erkenntnis durch die Werke Alexander Solschenizyns, die historische Detektivarbeit Robert Conquests und den nächsten Akt sowjetischer Unterdrückung in der Tschechoslowakei.

Die psychischen und geistigen Sperren, die eine vollständige Aufnahme der Informationen verhinderten, waren jedoch gewaltig. Viele Menschen im Westen waren bereit, die zunehmende Beweislast gegen Stalin zur Kenntnis zu nehmen, sträubten sich aber dagegen, diese so weit zu verinnerlichen, dass sie sich empört oder angewidert fühlten. Sie nutzten die Erkenntnisse als Munition in Diskussionen über die gegenwärtige Politik, nicht aber als Anlass, ihre Grundeinstellung über die Zeit von 1939–45 zu ändern. Die Öffentlichkeitswirkung war zu schwach. Solschenizyn ließ sich als Wirrkopf oder als CIA-Agent abtun. Von Workuta oder Kolyma gab es kein Wochenschaumaterial und auch keine Fernsehserien, die einschlugen. Sture Gulag-Leugner behaupteten nach wie vor, es seien schlimmstenfalls Tausende, nicht aber Millionen umgekommen. Sie führten alles auf die Politik zurück. Und so wurden bis in die neunziger Jahre sowjetkritische Werke als »kontrovers« oder »antisowjetisch« und insofern als nicht unbedingt glaubwürdig diffamiert. Die einzigen Werke, die allgemeine Anerkennung fanden, hielten sich eng an militärische Themen und klammerten politische Kommentare weitgehend aus (genau so wie es die sowjetischen Behörden gewünscht hätten). Die Schriften von John Erickson, *The Road to Stalingrad* (Lobdon 1975) und *The Road to Berlin* (London 1983) passten genau in diese Kategorie.[62]

In ebenjener Zeit nahm die Geschichtswissenschaft einige neue Wendungen. Erstens kam die traditionelle politische, diplomatische und militärische Geschichte aus der Mode und wich neuen Themengebieten wie soziologischen, ökonomischen und kulturwissenschaftlichen Recherchen sowie Gender Studies. Zweitens verloren die Historiker unter dem Druck philosophischer Strömungen wie Dekonstruktivismus und Postmoderne das Vertrauen in ihre Fähigkeit, objektive Analysen vorzunehmen beziehungsweise geschlossene und schlüssige Darstellungen zu liefern. Drittens suchten sie angesichts nicht mehr zu bewältigender Datenfluten Zuflucht in extremer Spezialisierung. In der Erforschung des Zweiten Weltkriegs trug keiner dieser Trends dazu bei, einen neuen Konsens zu bilden. Die Zersplitterung schritt rasch fort.

In der Militärgeschichte leistete John Keegan mit seinem berühmten Werk *The Face of Battle* (*Das Antlitz des Krieges. Die Schlachten von Azincourt 1415, Waterloo 1815 und an der Somme 1916*, 1976) Pionierarbeit für einen neuen Ansatz. In der Vergangenheit hatten sich die Historiker gleichsam geistig in die Lehnstühle der Generäle gepflanzt, über Karten gebrütet und sich über Strategien und Kommandostrukturen Gedanken gemacht. Keegan hingegen versetzte sich an die Seite der Soldaten in den Schützengräben – mitten in das Chaos des Schlachtengetümmels. Diese Geschichte von der vordersten Front bildete ein sehr wertvolles Korrektiv. Sie förderte das Interesse an Taktik und Kampfhandlungen in kleinerem Maßstab. C. B. MacDonalds *Company Commander* (1961) sowie Stephen Ambroses *Pegasus Bridge* (1984) und *Band of Brothers* (1992) sollten ebenfalls dieser Linie folgen. Der letztgenannte Titel schildert das Schicksal der Kompanie E im 506. Regiment der 101. Luftlandedivision auf dem Weg von der Normandie nach Berchtesgaden.

Ambrose (1936 bis 2002) war besonders einflussreich. Der Eisenhower-Biograph verknüpfte sein Interesse an den Eigenschaften des amerikanischen GI mit dem ideologischen Standpunkt, wonach Demokratien die besten Soldaten hervorbringen. Sein Buch *Band of Brothers* diente als Vorlage für eine Fernsehserie (*Band of Brothers, Wir waren wie Brüder*). Auf seinem *D-Day* (1994) basierte Steven Spielbergs Film *Saving Private Ryan* (*Der Soldat James Ryan*), und sein *Citizen Soldiers* (1997) wiederum beruhte auf mündlichen Zeugnissen. Allerdings verkörpert er eine Art von »Amerikozentrismus«, den die meisten Nichtamerikaner wohl instinktiv ablehnen.[63]

Die Geschichtswissenschaft entwickelt sich indes überhaupt erst durch Kontroversen. Drei lang anhaltende Auseinandersetzungen über den Zweiten Weltkrieg nahmen viel Zeit und Raum in Anspruch. Der erste Streit wurde durch A. J. P. Taylors Studie *The Origins of the Second World War* (1963) entfacht. Taylor (1906 bis 1990), ein streitlustiger Historiker und damals aktiver Fürsprecher für die nukleare Abrüstung, zeigte wenig Respekt vor Konventionen. Er hatte bereits Anstoß erregt, indem er dargelegt hatte, die Beschwichtigungspolitik habe darauf beruht, die positiven Seiten der europäischen Politik hervorzuheben. Er zog offen gegen die fünfzigjährige Sperrfrist in den britischen Archiven zu Felde. Und nun brachte er eine These vor, wonach Hitler in den dreißiger Jahren nicht nach einem geplanten Aggressionsprogramm vorging. Er behauptete, Hitler sei vielmehr ein Spieler und Opportunist gewesen, der die Zahlen der deutschen Wiederaufrüstung bewusst aufblähte und (wie Taylor selbst) nichts mehr liebte, als Unruhe zu stiften, um zu sehen, was dies brachte. Die These sorgte sofort für einen heftigen Aufschrei. In den sechziger Jahren war die Dämonisierung Hitlers weit vorangeschritten, und die Vorstellung, der »Führer« habe nicht den teuflischen Plan verfolgt, den er in *Mein Kampf* dargelegt hatte, wurde von vielen als Affront empfunden. Vor allem aber betrachteten marxistische Historiker die These als Fehdehandschuh – als Angriff gegen ihre grundlegenden Überzeugungen. Glaubt man an die Vorrangstellung »sozioökonomischer Kräfte«, kann man einfach nicht einsehen, dass sich ein so großer Konflikt rein zufällig oder durch die Fehleinschätzungen eines einzelnen politischen Spielers entzündet haben soll. Die in Oxford verlegte Zeitschrift *Past and Present* lebte in den folgenden zehn Jahren mehr oder weniger von diesem Disput.[64]

Die zweite langjährige Kontroverse entsprang der Vorstellung eines europäischen Bürgerkriegs. Viele Historiker, darunter auch Taylor, hatten erkannt, dass die Ursprünge des Zweiten Weltkriegs eng mit den Folgen des Ersten Weltkriegs zusammenhingen. Da musste man nur einen Schritt weitergehen, um zu behaupten, dass die beiden Kriege lediglich aufeinanderfolgende Abschnitte ein und derselben Konfliktkette waren. In diesem Fall ließen sich die Ursachen des Krieges nicht den Ambitionen eines Kaisers oder eines »Führers« zuschreiben, sondern lägen in den tiefsitzenden Rivalitäten der europäischen Nationalstaaten. In *The last European* war (Der letzte europäische Krieg, 1939–41. Die Entmachtung Europas, 1976) argumentierte John Lukacs, die Europäer seien nun vom Nationalismus geheilt worden, und fortan würden die Konkurrenzkämpfe der globalen Supermächte in den Vordergrund treten. Zehn Jahre später nahm der deutsche Historiker Ernst Nolte (geb. 1923) in *Der europäische Bürgerkrieg* (1986) die Ideologie in die Gleichung auf. Der Erste Weltkrieg habe die bolschewistische Revolution hervorgebracht, erklärte er, und der Faschismus müsse als »Konterrevolution« gegen den Kommunismus angesehen werden. Und weil der Faschismus zeitlich dem Kommunismus folgte, so argumentierte Nolte, hätten sich die Nazis einige politische Techniken und Praktiken bei den Sowjets abgeschaut. Natürlich waren solche Aussagen völlig unhaltbar für Linke, die den Faschismus als eigenständiges und beispielloses Übel ansahen.[65] Einmal wurde Nolte, der an der Universität Oxford einen Vortrag halten sollte, wieder ausgeladen, dann aber von einem Ausschuss unter Sir Isaiah Berlin wieder eingeladen.

In gewissem Sinn leistete Nolte nur einen Beitrag zu einer viel älteren Debatte über den Totalitarismus. Die Vorstellung, Kommunismus und Faschismus hätten viel gemeinsam, nicht zuletzt in ihrem Streben nach totaler Kontrolle, reichte bereits in die Zeit zwischen den Weltkriegen zurück. Als die Idee aber von der deutsch-amerikanischen Denkerin Hannah Arendt (1906 bis 1975) in *The Origins of Totalitarianism* (Elemente und Ursprünge totaler Herrschaft, 1951) wieder aufgegriffen wurde, löste dies einen Sturm aus. Arendt war Jüdin, und dass sie sich der Idee des Totalitarismus annahm, wenn auch mit Vorbehalten, wurde von manchen als Verrat angesehen. Dies warf unangenehme Fragen wie die nach der Einzigartigkeit des Holocaust und der Rolle jüdischer Kommunisten auf. Mit ihrer Studie *Eichmann in Jerusalem* (1963) schüttete sie sogar noch Öl ins Feuer. Sie bezeichnete ihre Kommentare zum Eichmann-Prozess als »Bericht von der Banalität des Bösen«.[66] Die Streitigkeiten hielten bis in die neunziger Jahre an – bis die Sowjetunion zusammenbrach und deren letzte prinzipientreue Verteidiger endlich ihre Sachen packten.

In den Jahren vor dem Fall der Berliner Mauer herrschte in Deutschland ein besonders erbitterter Zwist, der unter der Bezeichnung »Historikerstreit« geführt wird.[67] Als Ernst Nolte *Der europäische Bürgerkrieg* veröffentlichte, schrieb er einen erläuternden Aufsatz mit dem Titel »Das Vergehen der Vergangenheit. Antwort an meine Kritiker im sogenannten Historikerstreit«, in dem er den Faschismus als Schutzreaktion gegen den Kommunismus bezeichnete. Das Wort »Schutz« war für die »Roten« ein rotes Tuch. Es war schlimm genug, dass Nolte bereits zuvor erklärt hatte, der Faschismus sei eine Reaktion auf den Kommunismus gewesen. Aber zu behaupten, der Kommunismus sei der Aggressor gewesen und der Faschismus habe sich defensiv verhalten, das ging zu weit. Und im selben Jahr veröffentlichte Andreas Hillgruber ein Buch mit dem provokativen Titel *Zweierlei Untergang* (1986). Darin ging es um die Vertreibung von Deutschen aus dem Osten in den Jahren 1945 bis 1947. Der Autor gab ganz klar zu verstehen, dass Deutschland zweimal zum Opfer geworden war – einmal durch die militärische Niederlage und ein weiteres Mal durch die Vertreibungen. Der Eklat ließ nicht lange auf sich warten. Habermas und andere Linke ließen sofort eine Flut von Artikeln und Briefen los. Sie behaupteten, die Einmaligkeit des Holocaust stehe unter Beschuss. Sie lehnten jeden Vergleich ab, besonders zwischen dem Trauma der Juden und dem Los von Deutschen. Und ganz vehement verwarfen sie die Vorstellung, der Holocaust könne in irgendeiner Weise als Reaktion auf die Vergehen der Stalinisten angesehen werden.

In den neunziger Jahren erledigten sich viele frühere Streitthemen allmählich. Sobald sich in die Verurteilungen des sowjetischen Systems auch russische Stimmen einreihten, waren die meisten ehemaligen Verteidiger ausgehebelt. Als schlüssig und überzeugend erwies sich *Le livre noir du communisme* (*Das Schwarzbuch des Kommunismus*, 1997), das eine Gruppe desillusionierter französischer Kommunisten und Osteuropäer herausgab. Fortan standen neben dem nationalsozialistischen Terror auch sowjetische Verbrechen auf der Themenliste. Ein Rezensent der *New York Times* äußerte sich dazu folgendermaßen: »Der Mythos der wohlmeinenden Gründer – der gute Zar Lenin, der von seinen bösen Erben verraten wurde – ist endgültig zu Grabe getragen. Niemand wird mehr behaupten können, über das verbrecherische Wesen des Kommunismus nichts oder nichts Genaues gewusst zu haben, und jene, die angefangen hatten, diese Facette zu vergessen, werden sich wieder daran erinnern müssen.«[68] Und wie sich zeigte, hegten die Millionen Europäer, die sowohl unter dem Faschismus als auch dem Kommunismus hatten leben müssen, kaum Bedenken dagegen, den Begriff des Totalitarismus auf beide Systeme anzuwenden.

Als sich die verfügbaren Informationen vervielfachten und sich immer mehr Forscher in immer engeren Spezialgebieten mit dem Zweiten Weltkrieg befassten, hielt man es bald für erforderlich, eine Organisation zu gründen, die alle Sparten zusammenführen sollte. So entstand in den sechziger Jahren das Internationale Komitee für die Geschichte des Zweiten Weltkriegs (CIHDGM), das am Institut für zeitgenössische Geschichte (IHTP) in Paris ansässig ist. Das Komitee, das Gerhard Hirschfeld leitet, gibt eine Schrift über seine Aktivitäten heraus und unterhält eine Website. Ferner werden Kongresse veranstaltet, zuletzt 2005 in Sydney.[69]

In den Jahren seit dem Zusammenbruch der Sowjetunion sind die entscheidenden Fortschritte in der sowjetischen Geschichtsschreibung gemacht worden. Nicht alle Studien lösen ihre Behauptung ein, »auf unbeschränktem Zugang zu den russischen Archiven« zu beruhen, aber dennoch lässt sich sagen, dass Historiker Dinge zur Kenntnis genommen haben, die bisher nie gesehen wurden. Dmitri Wolkogonow (1928 bis 1995), Robert Service (geb. 1947) und Simon Sebag Montefiore (geb. 1965) haben neue und noch weniger schmeichelhafte Porträts von Stalin vorgelegt. Auch Antony Beevor (geb. 1946) und andere sparten in ihren neuen Studien über die Rote Armee auch die hässlichen Seiten nicht aus. Anne Applebaum (geb. 1964) hat mit ihrer nüchternen und vernichtenden Analyse der Gulags, die mit dem Pulitzerpreis ausgezeichnet wurde, allen Zweiflern und Leugnern die Grundlage entzogen. Die Arbeitsweise des NKWD kann nun dokumentiert werden. Und dank der engagierten Arbeit der Gedenkorganisation kann den Opfern des sowjetischen

Kommunismus inzwischen die gleiche Anerkennung und Würdigung zuteil werden, wie sie die Opfer des Nationalsozialismus schon lange erfuhren. All diese Bausteine füllen größere Lücken im bestehenden Wissen.[70]

In den USA kann zudem beobachtet werden, dass die patriotische Sicht des Krieges, wie sie Ambrose und Spielberg vertraten, ein Gegengewicht erzeugte. Als die Vereinigten Staaten nach dem Ende des Kalten Krieges die einzige Supermacht der Welt blieben, entstand eine gewaltige Versuchung, den gegenwärtigen Erfolg zu einem ähnlich grenzenlosen Sieg zu erklären, wie man ihn 1945 wahrnahm. Die Macht Amerikas war in den neunziger Jahren konkurrenzlos, deswegen musste dies in den vierziger Jahren ebenso gewesen sein. Diese verklärte Annahme lag Tom Brokaws populärem Buch *The Greatest Generation* (1998) zugrunde, das von den GIs erzählte, die den Krieg gewannen und dann als Veteranen Amerikas Größe in der Nachkriegszeit begründeten. Der Hauptkritiker dieser romantischen Sichtweise ist Paul Fussell (geb. 1924), selbst Veteran und Professor für Literaturgeschichte. Fussell wurde 1945 in Frankreich verwundet, und seine Kritik stützt sich nicht nur auf seine eigene Erfahrung der Kriegsgreuel, sondern auch auf die Erkenntnis, dass sich die Wahrnehmung vergangener Kriege verändern kann. Seine Studie über den Ersten Weltkrieg, *The Great War and Modern Memory* (1975), vermittelt eine universelle Botschaft: Die menschliche Erinnerung ist fehlbar und manipulierbar. »Der Part der Alliierten im Krieg von 1939–45«, schrieb er in einem seiner späteren Werke, »wurde durch die Sentimentalen, die patriotischen Narren, die Ignoranten und die Blutrünstigen bis zur Unkenntlichkeit gesäubert und verbrämt.«[71]

Die Aufgabe, eine genaue Rahmengeschichte des Zweiten Weltkriegs zu erstellen, erschien daher immer mehr lösbar. Etliche Forscher in der englischsprachigen Welt hatten sich schon in der Vergangenheit an diesen Versuch gemacht, darunter A. J. P. Taylor, John Ray und R. A. C. Parker.[72] Der deutschstämmige Amerikaner Gerhard Weinberg legte 1994 einen dicken Wälzer vor, in dem sich die amerikanische Sichtweise und deutsche Gründlichkeit verbinden.[73] Das größte Lob erntete jedoch *Total War* von Peter Calvocoressi, Guy Wint und John Pritchard. Das Werk, das 1972 erschien, liegt inzwischen in der vierten Auflage vor; die neueste Fassung trägt den Titel *The Penguin History of the Second World War*. Jede der Auflagen wurde mehrfach überarbeitet, und in der jüngsten wurde nach dreißig Jahren schließlich offenbart, dass Calvocoressi dem Ultra-Projekt angehörte. Dennoch ist und bleibt die Perspektive entschieden angloamerikanisch, um nicht zu sagen »churchillianisch«. Der Abschnitt, der sich mit der Zeit des Hitler-Stalin-Paktes befasst, trägt immer noch die Überschrift »Hitler's Wars« (»Hitlers Kriege«). In dem Teil über den Untergang des Deutschen Reichs nimmt »The Victory of the USSR« (»Der Sieg der UdSSR«) nur eines von fünfundzwanzig Kapiteln ein. Solche Gewichtungen spiegeln die historischen Sachverhalte nicht angemessen wider.[74] Falls dies das Beste ist, wozu Historiker imstande sind, müssen sie es einfach immer wieder und immer weiter versuchen.

Museen, Gedenkstätten und Denkmäler

Als der Zweite Weltkrieg ausbrach, war Europa übersät von Museen, die noch ihre Sammlungen aus dem vorausgegangenen Krieg ordneten. Das führende Haus dieser Art war das Kriegsmuseum im eleganten Berliner Zeughaus, das nach dem preußisch-französischen Krieg zum Ruhme der preußischen Armee gegründet worden war. Es blieb bis Oktober 1945 in Betrieb, bis es auf Anordnung der alliierten Kommandanten der Stadt geschlossen wurde. Im Jahr 1950 wurde es in veränderter Form als Museum der deutschen Geschichte wiedereröffnet.

Das Imperial War Museum in Großbritannien, das 1917 gegründet worden war und allen drei Waffengattungen diente, erhielt bereits 1939 den Auftrag, seine Sammlung auf den Konflikt auszuweiten, der gerade erst begonnen hatte. Anders als sein deutsches Gegenstück wurde es nicht aufgelöst. Infolgedessen blieb der imperialistische und militaristische Geist früherer Zeiten erhalten, wenn auch etwas abgemildert. In der Nachkriegszeit wurde das Museum um drei neue Standorte erweitert – Duxford in Cambridgeshire (Luftwaffe), das Imperial War Museum North in Manchester und die Cabinet War Rooms in Whitehall. Im Juni 2000 wurde schließlich eine sorgfältig kuratierte Holocaust-Ausstellung eröffnet.[75]

Wie diese Beispiele zeigen, ist der Zugang zum historischen Erbe ungleich und in nationale Zuständigkeiten aufgeteilt. Darüber hinaus wird der Umgang mit diesem Erbe von der Nachkriegspolitik bestimmt. Die siegreichen Alliierten konnten Zentren des deutschen Militarismus und Nationalismus schließen, aber ließen ihre eigenen militaristischen Ausstellungen unversehrt. Die Sowjetunion konnte alle unabhängigen Mahnmale an den Krieg in Osteuropa abschaffen und zugleich Huldigungen ihrer eigenen Siege obligatorisch machen.

In den Vereinigten Staaten gibt es kein Kriegsmuseum, das sich in Bezug auf Größe oder Rang mit dem US Holocaust Memorial Museum vergleichen ließe, das 1993 in Washington D.C. eröffnet wurde. Aus Gründen, die eher mit der Nachkriegspolitik zusammenhängen als mit den Kriegsbemühungen der USA, beschlossen die Amerikaner, die jüdische Tragödie ins Zentrum ihrer Erinnerungsarbeit zu rücken. Erst im Jahr 2000 wurde das US D-Day Museum in New Orleans zum nationalen Museum für den Zweiten Weltkrieg erhoben, eine Entscheidung, die für sich spricht. Die Operation »Overlord«, die am D-Day begann, war die größte Offensive, an der amerikanische Truppen beteiligt waren. Doch auch dieses Museum fördert nicht den Blick auf den Krieg als Ganzes. Wohl die wenigsten Besucher verlassen die Ausstellung mit dem Wissen, dass der D-Day nicht unter den zehn größten Schlachten des Krieges rangiert.[76]

Das britische Imperial War Museum wurde inzwischen durch eine Reihe neuerer Zentren erweitert. Eines der einfallsreichsten ist das Second World War Experience Centre in Leeds (Dokumentationszentrum für Erfahrungen des Zweiten Weltkriegs). Diese Einrichtung soll »die erhaltenen Zeugnisse und die damit zusammenhängenden Informationen von Männern und Frauen, die in jedweder Funktion am Krieg teilnahmen, sammeln, bewahren, ausstellen und zugänglich machen«. Der Schwerpunkt liegt auf den traumatischen Erinnerungen Einzelner sowie bestimmter Militäreinheiten und Gruppierungen. Eine erfrischende Neuerung besteht darin, die Erfahrungen der Alliierten und auch der Achsenmächte zu dokumentieren. Wer nicht so leicht nach Leeds kommt, wird auf der Website der Einrichtung viel Brauchbares finden, auch wenn diese in mancher Hinsicht konventionellen Pfaden folgt. So ist beispielsweise stets von »Russland« die Rede, wenn es um die Sowjetunion geht. Und in der »Zeitleiste« beziehungsweise der chronologischen Liste der »wichtigsten Ereignisse des Zweiten Weltkriegs« fehlen bis auf eine alle Hauptschlachten des Krieges.[77]

In den Museen auf dem europäischen Kontinent sind die deutschen Besetzungen gut dokumentiert, doch die sowjetischen Okkupationen sind erst in jüngster Zeit zu einem geeigneten Thema historischen Gedenkens geworden. In Amsterdam etwa ist das Verzets-Museum, das Widerstandsmuseum, seit Jahrzehnten in Betrieb.[78] In Warschau konnte das Muzeum Powstania, das den Aufstand von 1944 würdigt, erst zum sechzigsten Jahrestag 2004 eröffnet werden. Das Projekt wurde vom kommunistischen Regime der Nachkriegszeit blockiert, und auch die postkommunistischen Regierungen förderten es nicht.[79] Wilna wartet mit einem kommunistischen Museum auf, und in Polen ist ein »roter« Themenpark namens »Socland« geplant. Die baltischen Staaten und die Ukraine lassen am ehesten künftige Entwicklungen dieser Art erwarten. Das Staatliche Museum von Auschwitz-Birkenau bei Kattowitz (Kattowice) hat sich zu einem großen Touristenmagneten entwickelt. Und Touristen dürfen inzwischen auch nach Workuta in Nordrussland reisen, wo es allerdings bis auf private Kreuze, die Verwandte oder ehemalige Häftlinge in der Wildnis hinterlassen haben, nicht viel zu sehen gibt.

Es gibt weit mehr Militärmuseen, als man vermuten würde. Jene in Westeuropa sind längst bekannt, aber auch die in Osteuropa machen allmählich von sich reden. Eine bescheidene Gedenkstätte auf der Westerplatte in Gdansk gemahnt an den Schuss, der den Krieg eröffnete. Das Fort Eben-Emael in den belgischen Ardennen wurde erhalten, um an den deutschen Durchbruch im Mai 1940 zu erinnern. Und in der Festung Brest-Litowsk, die seit 1991 in Weißrussland liegt, wurden die bombastischen Ausstellungen aus der sowjetischen Zeit erhalten. Sowohl im September 1939 als auch im Juni 1941 wurde dort erbittert gekämpft. Freilich sollten Besucher noch nicht erwarten, Zeugnisse der nationalsozialistisch-sowjetischen Siegesparade zu finden. Weiter östlich wird, inzwischen auf russischem Staatsgebiet, aller wichtigen Schlachten des deutsch-sowjetischen Krieges mit Museen und Denkmälern gedacht. Im heutigen Wolgograd ragt hoch über dem Panoramamuseum der Schlacht von Stalingrad die monumentale Statue der »Mutter Russlands« auf. Man fragt sich, was die Einheimischen von der jüngsten Veränderung in ihrem »Mutterland« halten. Auf jeden Fall lohnt es sich, den Text der Museums-Website mit den Texten von Antony Beevor zu vergleichen. In der Normandie haben Briten und Amerikaner eine ganze Reihe von Museen, Denkmälern und Friedhöfen angelegt, die an die Landungen des D-Day erinnern, so in Pointe du Hoc, Ste-Mère-Eglise, Colville, Omaha Beach und Avranches.[80] Und auch in der Lüneburger Heide wird inzwischen der Kriegszeit gedacht.

Recht verbreitet sind ferner Museen, die der einen oder anderen Waffengattung gewidmet sind. Das US Air Force Museum in Dayton, Ohio, besitzt zahlreiche Exponate aus dem Zweiten Weltkrieg. Das Museum der Königlichen Britischen Marinetruppen in Portsmouth liegt nicht weit vom D-Day-Museum entfernt. In Bremerhaven ist ein U-Boot-Museum zu besichtigen, und in Münster ein Panzermuseum, das Heinz Guderian begeistert hätte.

Museen sind oft mit Denkmälern verbunden. Sie ergänzen einander. In Großbritannien reichen die Mahnmale für den Zweiten Weltkrieg jedoch nicht annähernd an die für den Ersten Weltkrieg heran. In London wurde für die Toten des Empire und des Commonwealth ein Memorial Gate errichtet, und in Whitehall, unweit des Cenotaph, steht das neue kubische Denkmal für Frauen, die von 1939–45 dienten. Ein höchst umstrittenes riesiges Denkmal für »Tiere, die Opfer aller Kriege wurden«, wurde unlängst auf dem Mittelstreifen der Park Lane aufgestellt. Viele Menschen mögen diesen Anthropomorphismus anstößig finden und ihn für eine »Disneyisierung« halten. Doch auch in der Vorkriegszeit empfanden viele das nahe gelegene Monument der Royal Artillery anstoßerregend, das inzwischen als großes Kunstwerk gilt. Allein die Zeit wird erweisen, ob »Kriegerdenkmale der große Segen der Engländer [sind] … deren erlesenste kulturelle Schöpfung«.[81] In Washington stehen das Holocaust Museum (siehe S. 766) und das World War Two Memorial praktisch nebeneinander.

Ganz den Realitäten des Krieges entsprechend, sind die sowjetischen Kriegsdenkmäler indes die größten und protzigsten. In Wien beispielsweise ragt auf dem Schwarzenbergplatz eine gewaltige Konstruktion auf. Die russische Inschrift am oberen Rand der Kolonnade lautet auf Deutsch: »Ewiges Heil den Helden der Roten Armee, die gefallen sind im Kampf gegen die deutsch-faschistischen Landräuber für die Freiheit und Unabhängigkeit der Völker Europas.« Gemäß dem Österreichischen Staatsvertrag von 1955 verpflichtet sich Wien, das Denkmal auf ewig zu bewahren.

Auch in Berlin steht im Tiergarten ein ähnliches Monument. Zu Zeiten des Kalten Krieges lag es im britischen Sektor, und sowjetische Ehrengarden mussten das Zugangsrecht erhalten, um es erreichen zu können. Für die alliierten Truppen wurde die russische Inschrift in eine Art Englisch übersetzt, die auf Deutsch folgendermaßen lautet: »Ewiger Ruhm den Helden, die fielen im Kampf gegen die deutschfaschistischen Invasoren für die Freiheit und Unabhängigkeit der Sowjetunion.«[82]

Die staatliche Gedenkstätte von Weißrussland befindet sich in Chatyn. Errichtet wurde sie in sowjetischer Zeit auf dem Gelände eines Dorfes, das die Deutschen als Vergeltung für Partisanenaktivitäten zerstört hatten. Die Sowjetrepublik Weißrussland hatte 1939–45 prozentual die meisten Opfer zu beklagen, und es ist durchaus angemessen, dass ein kolossales Monument an diese ungeheure menschliche Tragödie erinnert. An der Stätte wird jedoch in keiner Weise erläutert, warum gerade diese Stelle ausgewählt wurde. Hunderte weißrussischer Dörfer erlitten das gleiche Schicksal, wurden aber nicht entsprechend gewürdigt. Die Antwort liefert der Name des Ortes. Chatyn klingt für Laien ganz ähnlich wie Katyn, die nicht weit entfernte russische Stadt, und die sollte vermutlich vergessen werden.[83]

Heutzutage können Touristen sogar das Gelände der entscheidendsten Schlacht des Zweiten Weltkriegs besichtigen. Das regionale Touristenbüro von Kursk bietet sechs verschiedene Rundgänge an. Die sowjetischen Behörden entschieden sich für eine bewusste Mystifizierung.

Rundgänge über die Schlachtfelder am Frontbogen von Kursk[84]

		Preis pro Person in Rubel
Gedenkstätte »Schlacht im Kursker Bogen«	Kursk	50
Gedenkstätte »Für die Gefallenen des Großen Vaterländischen Krieges 1941–45«	Kursk	50
Historisches Museum der Schlacht von Kursk	Kursk	50
Historisches Kriegsmuseum »Hauptquartier der zentralen Front«	Svoboda	170
Gedenkstätte »Für die Helden der Schlachten an der Nordseite des Kursker Bogens«	Ponyri	250
Gedenkstätte »Große Panzerschlacht im Kursker Bogen«	Prochorowka	300

Nach 1945 existierte keine maßgebliche Stelle, die in der Lage gewesen wäre, ein Gesamtbild des Zweiten Weltkriegs herauszuarbeiten beziehungsweise eine umfassende Ausstellung des Konflikts zu organisieren. Folglich blieb jede interessierte Nation oder Stadtverwaltung auf sich gestellt und konnte allein entscheiden, welche Museen oder Denkmäler für geeignet erachtet wurden. Dies führte zu einer uneinheitlichen Ansammlung großer und kleiner Gedenkstätten, die oft von einer starken nationalen Sicht zeugen und das bruchstückhafte und ortsbezogene Wesen der europäischen Erinnerungsarbeit erkennen lassen. Im Laufe von sechzig Jahren konnten weder der Europarat, dessen Mitglieder während des Kalten Krieges auf beiden Seiten des Eisernen Vorhangs vertreten waren, noch die Europäische Union, deren Wurzeln im Westen liegen, das Thema auf die Tagesordnung setzen. Und so erinnert sich Europa bis heute leider nur sehr fragmentiert an die Ereignisse von 1939–45.

7

UNEINDEUTIGE SCHLÜSSE

Angeblich schickte der Schauspieler Michael Caine seine Kinder zurück nach Großbritannien, nachdem ihnen in einer US-Schule beigebracht worden war, dass der »Zweite Weltkrieg« 1941 begonnen habe. Die Anekdote mag stimmen oder auch nicht. Aber das Problem ist ziemlich real. Jedes ehemalige kämpfende Land hat seine eigene Version des Krieges, und jedes einzelne rückt seine eigene Rolle in den Vordergrund. Und die Fixierung auf 1941, die jedes Verständnis dafür behindert, wie der Konflikt anfing, ist nicht nur eine amerikanische Schwäche. Obwohl sechzig Jahre vergangen sind, konnte kein Land erfolgreich einen allgemein akzeptierten Bezugsrahmen abstecken, innerhalb dessen alle Bestandteile des Krieges unter einen Hut gebracht werden können. Es entsteht sogar der Verdacht, dass einflussreiche Kreise wenig Verlangen haben könnten, einen solchen Rahmen zu finden. Es ist keineswegs ausgemacht, dass Kinder in Großbritannien vollständiger über den Krieg unterrichtet werden oder ihnen ein runderes Bild der Jahre 1939–45 vermittelt wird als Kindern in anderen Ländern.

Die Fixierung auf 1941 beruht auf dem Zusammentreffen vier bedeutender Ereignisse: dem deutschen Angriff auf die UdSSR, Pearl Harbor, Hitlers Kriegserklärung an die USA und dem Beginn des Holocaust. Infolgedessen verweisen der russische, der amerikanische und der jüdische Blickwinkel alle auf 1941 als Ausgangspunkt. Unzählige Bücher, Buchkapitel und Denkmäler wurden dem »Großen Vaterländischen Krieg 1941–45«, dem »Zweiten Weltkrieg 1941–45« und dem »Holocaust« 1941–45« gewidmet. Und sie implizieren, dass die Ereignisse vor 1941 irgendwie bloß ein schwacher

Vorgeschmack oder ein Vorspiel zur Hauptvorstellung waren. Denn es ist eine simple Tatsache, dass in der Öffentlichkeit die Stimmen, welche die Aufmerksamkeit auf 1941 lenken, lauter nachhallen als das gemischte Gequieke von Deutschen, Polen, Briten, Finnen, Dänen, Norwegern, Holländern, Belgiern, Franzosen, Balten, Serben, Griechen, Albanern und anderen, die versuchen zu protestieren: »Und was ist mit uns Übrigen?«

Die Chronologie ist jedoch nur eines von mehreren grundlegenden Problemen, die nie richtig gelöst worden sind. Patriotismus, Politik, Perspektive, Ausdrucksweise, Ergebnis, Proportionen und Kriminalität, all diese Stichworte sind andere und verdienen eine ausführliche Erörterung.

Patriotismus, das heißt die Liebe zum eigenen Land und der Stolz auf dessen Errungenschaften, ist ein ganz natürliches Gefühl; und es ist oft zu beobachten im Werk von Historikern. In Bezug auf den Zweiten Weltkriegs ist es fast allgegenwärtig in Darstellungen, die von Historikern aus Ländern verfasst wurden, die sich selbst zu den Siegern zählen und denen in den letzten zwei oder drei Generationen beigebracht worden ist, stolz auf »ihre« Siege zu sein. Daran ist im Prinzip nichts auszusetzen – vor allem dann nicht, wenn Historiker ihr Handwerk gut genug beherrschen, um unparteiische Fakten von patriotischer Deutung zu unterscheiden.

Doch das Thema ist heikel. Geschichten über menschlichen Streit, bei dem Menschenleben verlorengingen und Leid zugefügt wurde, können schnell leidenschaftlichere Empfindungen wecken, die dem Motto »Mein Land, ob Recht oder Unrecht« folgen. Patriotismus kann so leicht in Chauvinismus und Fremdenfeindlichkeit umschlagen. Alle Chauvinisten und Fremdenhasser halten sich für überzeugte Patrioten. Erst wenn ihr Handeln und Reden genauer untersucht wird, kommt ans Tageslicht, dass sie andere Nationen verachten und ihnen die gebührende Anerkennung verweigern. Dagegen muss wahrer Patriotismus stark genug sein, um nicht nur die Leistungen der eigenen Landsleute, sondern auch ihre Schwächen und Torheiten zur Kenntnis zu nehmen. Für einige Nationen ist der Akt der Reue schmerzlicher als für andere. Aber keine Nation ist fehlerlos – selbst jene sind es nicht, die alles Recht haben, sich als Opfer zu betrachten –, und der Prozess des »Sich-Abfindens« ist lang.

Von diesem Problem ist auch die Geschichtsschreibung betroffen. Im Allgemeinen sind Historiker eher bereit, Beweise kriminellen Verhaltens zu akzeptieren, wenn die Kriminellen selbst oder deren Nachfolger das Verbrechen gestanden haben. In dieser Hinsicht waren die Deutschen bereiter als die Japaner oder die Russen, die in ihrem Namen begangenen Verbrechen einzugestehen und zu sühnen. Darin liegt auch die Ursache, dass die nationalsozialistische Vergangenheit inzwischen nur noch sehr wenige Verteidiger hat. Die stalinistische Vergangenheit ist problematischer – teils aufgrund fortgesetzter Verheimlichung, teils aufgrund der fortgesetzten russischen Haltung des Leugnens. Im Gegensatz zu den Deutschen zählten die Russen zu den Siegern, und viele von ihnen sind schnell gekränkt, wenn angedeutet wird, dass die sowjetische Vergangenheit alles andere als makellos sei. Ein Historiker, der es wagt, die Moskauer Archive zu benutzen, um das Ausmaß der Vergewaltigungen durch Rotarmisten zu dokumentieren, kann wegen seiner Unverfrorenheit noch immer vom russischen Botschafter gescholten werden.

Geschichte ist immer anfällig für politische Manipulation. Aber der Zweite Weltkrieg, der größtenteils die gegenwärtige Welt hervorbrachte, bietet besondere Verlockungen. Dass die beiden Supermächte, die 1945 entstanden, fünfzig Jahre lang ihre eigenen Vorstellungen vom Krieg verfolgten, war ein unverzichtbarer Teil ihrer Rivalität. In den neunziger Jahren tauchte dann, nachdem die USA als einzige Supermacht übrig geblieben waren, eine neue und stärker amerikazentrierte Sichtweise des Zweiten Weltkriegs auf. Stephen Ambrose wurde zum Historiker der Stunde, und *Der Soldat James Ryan* und *Schindlers Liste* wurden die Kriegsfilme des Jahrzehnts. Es kann kaum ein Zweifel daran bestehen, dass die Ambrose-Spielberg-Achse, die einen bestimmten historischen Standpunkt mit den Vorlieben und der kommerziellen Macht Hollywoods verband, in perfektem Einklang mit dem Aufstieg der »Neokonservativen« und der Proklamation eines »neuen amerikanischen Jahrhunderts« stand. Und es war auch kein Zufall, dass US-Präsident George W. Bush eine Büste von Winston Churchill auf seinem Schreibtisch stehen hatte und auf seinem Nachttisch ein Exemplar von Ambroses Werk *D-Day* lag. Dass der Pentagon-Chef bei der Planung der Invasion des Irak im Jahr 2003 seinen Präsidenten mit Winston Churchill und Saddam Hussein mit Hitler verglich, war nicht anders zu erwarten, obwohl Saddam und seine Baath-Partei in Wirklichkeit Stalin näherstanden. Es war alles Teil desselben Pakets. Eine sehr oberflächliche und amerikanozentrische Sicht der Geschichte war eine notwendige Ergänzung zu der herrschenden amerikanozentrischen Sicht des Weltgeschehens.

Dazu ist zu bemerken, dass die amerikanische Vormachtstellung angefochten werden wird und mit ihr die amerikanische Interpretation der Geschichte. Alle potenziellen Herausforderer haben ihre eigene Einstellung zum Zweiten Weltkrieg. Die Chinesen beispielsweise erinnern sich an die Kriegsjahre als eine Zeit ungeheuren Leids, das ihnen vom kaiserlichen Japan zugefügt wurde, und als ein notwendiges Vorspiel zum Sieg der chinesischen Revolution. In einer sinozentrischen Welt könnte man davon ausgehen, dass die Bedeutung Europas und des Leids der Europäer heruntergespielt würde; die Siege von Russen und Amerikanern würden an den Rand gedrängt; die japanischen Militaristen, nicht die Nazis, würden die Hauptkraft des »Bösen« darstellen; der wichtigste »Erinnerungsort« wäre vielleicht die Stadt Nanking, und das Leinwandepos Mitte des 21. Jahrhunderts (falls es dann noch Leinwände gibt) könnte irgendeinen unbekannten einfachen chinesischen Soldaten zeigen, der an irgendeinem Strand gerettet wird, an den sich bislang noch niemand erinnert.

Eine historische Erzählung wäre sehr eintönig, wenn sie die Sympathien ihres Verfassers nicht erkennen ließe. Aber sie darf sich erst auf die Ebene persönlicher Meinungen begeben, nachdem Fakten und Analyse sorgfältig unterschieden und präsentiert wurden. Wie alle Romanschriftsteller wissen, kann jede Erzählung aus einer Vielzahl von Blickwinkeln präsentiert werden. Erzähler schildern die Handlung von Positionen aus, die sie selbst gewählt haben. Historiker sind gut beraten, dieses Phänomen sorgfältig zu beachten, denn wenn es statt um Faktenprüfung darum geht, ihren Stoff zu erzählen, müssen auch sie ihren Blickpunkt wählen. Um alle Seiten eines komplexen und sich entwickelnden militärischen Konflikts zu verstehen, müssen sie sogar bereit sein, sich mit mehreren Blickwinkeln auseinanderzusetzen. Natürlich müssen sie beispielsweise die Handlungen von Nazis oder Sowjets nicht rechtfertigen, aber sie müssen sehr wohl begreifen, was in den Köpfen der beteiligten Akteure vorging. Und sie können es sich nicht erlauben, wählerisch zu sein bei dem, was sie zu erklären versuchen und was sie andernfalls vielleicht lieber den nicht näher bezeichneten Mächten der Finsternis zuschreiben würden. Die Umsetzung ist nicht einfach. In dem Moment, in dem Historiker Erklärungen für verabscheuungswürdige Ereignisse liefern, wird ihnen vorgeworfen, sie zu entschuldigen. Das ist sozusagen das natürliche Berufsrisiko.

Sprache und Terminologie bilden eine Sphäre, in der es vielen britischen und amerikanischen Geschichtsdarstellungen an Genauigkeit mangelt. Das Kind sollte beim Namen genannt werden, aber sehr oft ist das nicht der Fall. Zum Beispiel meint »Kriegsverbrecher« nicht alle Kriegsverbrecher. Und der Ausdruck »Konzentrationslager« bedeutet nicht schlechthin »Konzentrationslager«. Er bezieht sich nicht auf alle Konzentrationslager, sondern nur auf die vom Feind eingerichteten. Von anderen eingerichtete Konzentrationslager werden normalerweise anders bezeichnet. Ebenso meint »Kollaborateur« nicht alle Kollaborateure, das heißt alle, die Besatzungsmächten gegen ihre eigenen Leute halfen. In der Praxis gilt der Begriff nur für jene, die den Besatzungstruppen Nazi-Deutschlands halfen. Mit anderen Worten, die vorherrschende Sprache ist tendenziös, weil die zugrundeliegenden Denkprozesse tendenziös sind. Die westliche Besessenheit von Hitler führt zu vielen Verzerrungen. Ein Ausdruck wie »Hitlers Krieg« ist, wenn er als Synonym für den Zweiten Weltkrieg benutzt wird, eindeutig fragwürdig. Aber er wird sowohl von gedankenlosen Menschen im Westen als auch von Kommunisten verwendet, die alle Schuld auf einen einzigen Menschen abwälzen wollen. Und die wenigen schrulligen Bewunderer Hitlers, die Vergnügen daran finden, den »Führer« ins Rampenlicht zu stellen, benutzen ihn ebenfalls.[1]

Wenn die Feldzüge 1939–41 mit »Hitlers Kriegen« gleichgesetzt werden, sind die Auswirkungen unschwer zu erahnen. Der erste Feldzug des Krieges, im September 1939, wurde von Nazi-Deutschland und der UdSSR gemeinschaftlich gegen Polen geführt. Doch er wird allgemein als »deutscher Überfall auf Polen« bezeichnet. Die zweite Aggression des Krieges, im November 1939, wurde ausschließlich von der UdSSR gegen Finnland gestartet. Doch oft wird sie, soweit man sie nicht völlig ignoriert, mit Euphemismen wie »der sowjetische Streit mit Finnland« umschrieben oder als »Maßnahme zur Stärkung der Verteidigung Leningrads« abgestempelt. Erst der dritte Feldzug gegen Dänemark und Norwegen war ein eindeutiger Fall von deutscher Aggression. Der vierte Feldzug, gegen Frankreich – über Belgien und die Niederlande – war durch die Kriegserklärung der Westmächte gegen Deutschland veranlasst worden, und er wurde von Stalins Annexion der drei baltischen Staaten begleitet. All dies unter der Kategorie »Hitlers Krieg« oder »Hitlers Kriege« zu subsumieren stellt auf jeden Fall eine unzulässige Vereinfachung dar.

Beschreibungen des Kriegsergebnisses leiden auch unter anderen Ungenauigkeiten. Westliche Historiker sprechen fast durchweg vom »Sieg« und von der »Befreiung«. Anschließend erklären sie, wie die Früchte des Sieges durch den Beginn des Kalten Krieges verspielt oder begrenzt wurden. Es wäre vielleicht besser, wenn erst gar nicht in solch absoluter Form von »Sieg« gesprochen wird. Denn das Ergebnis lässt sich nur unter Bezug auf frühere Hoffnungen, Ziele und Erwartungen einschätzen, und genau hier müssen mehrere Einschränkungen ins Spiel gebracht werden. Ab 1943 hatte die alliierte Koalition als das eine Kriegsziel, auf das alle alliierten Mächte sich verständigen konnten, die bedingungslose Kapitulation Deutschlands verfolgt. Und was dieses Ziel betrifft, war sie auf jeden Fall erfolgreich. Doch im Laufe ihres Strebens wurden verschiedene andere alliierte Ziele und Verpflichtungen aufgegeben. Beispielsweise war man davon ausgegangen, dass die siegreichen Alliierten Freiheit und Demokratie in Europa wiedereinführen würden, zumindest innerhalb der Vorkriegsgrenzen. Was den ursprünglichen *casus belli* betraf, so wurde allgemein erwartet, dass die Unabhängigkeit Polens wiederhergestellt würde. Und unter besonderer Bezugnahme auf die US-Politik wurde erwartet, dass die Souveränität der baltischen Staaten respektiert würde. Um alle anderen ungeklärten Probleme zu lösen – derer es viele gab –, wurde verkündet, dass wie 1919 eine Nachkriegs-Friedenskonferenz einberufen würde. In der Praxis passierte nichts von alledem. Und es bestand nicht die geringste Aussicht, dass es passierte, denn der Krieg war ohne den klaren Sieg einer Partei oder eines akzeptierten Programms zu Ende gegangen. Um genau zu sein, der Krieg in Europa hatte nicht nur mit der Niederlage des Dritten Reiches, sondern auch mit einem militärischen Patt zwischen den gemeinsamen Siegern und mit einer erneut aufgezwungenen totalitären Tyrannei in der sowjetischen Hälfte Europas geendet. Privat war den politischen Führern dieses Ergebnis nur allzu klar. Aber es stimmte nicht mit ihren schönfärberischen öffentlichen Verlautbarungen überein. Historiker sollten freilich in der Lage sein, die Realität von der Rhetorik zu unterscheiden.

Im Gegensatz zum großen Krieg 1914–18 hat der Zweite Weltkrieg nie einen Konsens bewirkt, die bombastischen Behauptungen der Sieger anzuzweifeln. Folglich gedeihen weiter zahlreiche unhaltbare Mythen und Legenden. So hatten Politiker im Fall von 1914–18 von dem Krieg gesprochen, »der alle Kriege beendete«. Doch sehr bald schon und spätestens 1939 war eine solche Übertreibung nicht mehr zu untermauern, und die öffentliche Meinung in den meisten Ländern widmete sich dem düsteren Thema »Sinnlosigkeit«. Die Kriegsliteratur spielte ihre Rolle. Millionen waren nun aus keinem triftigen Grund gestorben. Alle Seiten trugen ihr Maß an Verantwortung. Als auf die russische Revolution unmittelbar der russische Bürgerkrieg und der Aufstieg des Faschismus folgten, konnten bis auf die Kurzsichtigsten alle sehen, dass die militärische Auseinandersetzung ebenso viele Probleme hervorgebracht wie gelöst hatte.

Doch man glaubte, der Zweite Weltkrieg sei anders. Zunächst einmal waren die anfänglichen Kriegsziele der Beteiligten ausgesprochen schwammig und gerieten bald aus dem Blick. Deutschland hatte ursprünglich nur einen begrenzten Krieg erwartet. Die Westmächte hatten nur die deutsche Expansion eindämmen wollen. Die Sowjetunion hatte gewollt, dass sowohl die Nazis als auch die »westlichen Kapitalisten« sich verausgaben. All diese Vorausberechnungen erwiesen sich als schwere Irrtümer. Folglich richteten sich die Kriegsziele aller Beteiligten mit dem fortschreitenden Konflikt auf andere Dinge. In Deutschland sahen die Nazis ihre historische Chance und beschlossen, alles auf eine Karte zu setzen, indem sie im Juni 1941 nach der totalen Vorherrschaft griffen. Vom Standpunkt der »Großen Allianz« aus kam ihr Projekt erst richtig in Fahrt, als man die bedingungslose Kapitulation des Dritten Reiches und seine vollständige Zerschlagung anstrebte. Der Feind erwies sich in der Tat als so widerwärtig, dass sich alle vorherigen Besorgnisse über die Richtigkeit des Krieges verflüchtigten. Nichts klingt wahrer als die Worte eines britischen Soldaten, der im April 1945 soeben mitgeholfen hatte, Bergen-Belsen zu befreien: »Genau dafür«, bemerkte er, »haben wir gekämpft.« Mit anderen Worten: Ungeachtet aller früheren Zweifel und Gewissensprüfungen war er zum Schluss von der Gerechtigkeit der Sache überzeugt.

Viele Briten und Amerikaner wurden auf die gleiche Weise überzeugt. Sie alle waren der Meinung, dass der Krieg ihnen aufgezwungen worden sei und dass sie widerwillig zu den Waffen gegriffen hätten. Da war nichts zu spüren von der wilden Begeisterung der Generation ihrer Väter. Doch als sie von der extremen Unmenschlichkeit ihres Feindes erfuhren und von den in Nürnberg ausgebreiteten Einzelheiten hörten, gingen ihnen die Einwände aus. Das »Böse« war besiegt worden. Das »Gute« hatte triumphiert. Folglich mussten Freiheit, Gerechtigkeit und Demokratie sich durchgesetzt haben.

Die sowjetischen Verantwortlichen konnten eine parallele Version der Ereignisse verbreiten, die ebenfalls wenig Raum für Zweifel ließ. Die Sowjetunion, keines Vergehens schuldig, sei von der faschistischen Bestie brutal angegriffen worden. Trotz der böswilligen Passivität der Westmächte habe die Rote Armee mit unübertroffenem Heldenmut gekämpft, um die Eindringlinge zurückzuschlagen und halb Europa zu befreien. Einmal mehr lautete die Botschaft, dass das »Böse«

besiegt worden sei. Das »Gute«, wie die sowjetische Propaganda es definierte, hatte gesiegt. Und Freiheit, Gerechtigkeit und Demokratie nach sowjetischer Art hatten sich durchgesetzt.

Es ist also unschwer zu erkennen, dass einflussreiche Mythen entstanden sind, die sich über alle zutreffenden Aufzeichnungen und Erinnerungen an die tatsächlichen Geschehnisse der Jahre 1939–45 hinwegsetzen. Die siegreichen Länder halten an diesen Mythen fest und wiederholen endlos die simplifizierten Geschichten, die gleichermaßen als Parabeln für »Recht« und »Unrecht« wie als Leitfäden für politisches Handeln dienen. Wenn Politiker den Aufstieg von Gegnern wie Oberst Gamal Abdel Nasser oder Saddam Hussein fürchten, prangern sie sie schnell als »neuen Hitler« an oder setzen sie mit »Faschisten« gleich. Wenn sie oder ihre Verbündeten einem Raketenangriff, groß oder klein, begegnen müssen, vergleichen sie ihn leicht mit den V 1 und V 2 der Nazis und rechtfertigen ihre eigenen, in keinem Verhältnis zu diesem Angriff stehenden Vergeltungsaktionen im Sinne der strategischen Bomberoffensive. Sie sehen im eigenen Besitz nuklearer Waffen keine Bedrohung, während sie die Bedrohung durch »illegale Waffen« im Besitz anderer anprangern. Denn sie haben sich selbst überzeugt, dass sie, die selbsternannte »internationale Gemeinschaft«, wie die Vereinten Nationen früherer Zeiten, mit reinem Herzen, einer gerechten Sache und einem dicken Knüppel den guten Kampf austragen.

Je mehr Zeit verstreicht, desto stärker scheinen unkritische Haltungen zuzunehmen, da spätere Generationen die Komplexitäten der Kriegszeit gänzlich aus dem Blick verlieren. Dennoch müssen Historiker bei der Beurteilung des Zweiten Weltkriegs in Europa zwei Kernprobleme besonders beachten, welche die vorherrschende Selbstzufriedenheit erschüttern. Eines der Probleme heißt Verhältnismäßigkeit. Das andere heißt Kriminalität. Ersteres wird von westlichen Kommentatoren selten untersucht. Letzteres wird von Sowjetapologeten bis heute tunlichst gemieden. Zusammen liefern sie den Schlüssel zu den tatsächlichen Geschehnissen.

Das Problem der Verhältnismäßigkeit ist leicht zu umreißen und weniger leicht zu lösen. In der Geschichtsschreibung geht es um das Erfordernis, den größten und maßgeblichsten Ereignissen den meisten Raum und das größte Gewicht einzuräumen oder umgekehrt Ereignissen von geringerer Bedeutung weniger Raum und weniger Gewicht beizumessen. Jedermann würde zustimmen, so wird unterstellt, dass ein Grundriss der Geschichte des Zweiten Weltkriegs, der den Großteil seiner Ausführungen Luxemburg widmete, ausgesprochen merkwürdig wäre. Und zwar nicht, weil Luxemburgs Geschichte während des Krieges uninteressant oder unbedeutend wäre, sondern weil Luxemburgs Schicksal, wie das des übrigen Europa, durch Schlachten, die woanders ausgetragen, und durch Entscheidungen, die woanders getroffen wurden, entschieden wurde.

Wie soll der Historiker dann beurteilen, worauf das Schwergewicht liegen sollte? Wenn das Ziel einfach darin bestünde, dem britischen oder dem amerikanischen Markt zu schmeicheln, wäre eine Möglichkeit, die britischen und amerikanischen Angelegenheiten zu betonen. Es ist die Art von Ansatz, der die Schlacht von Kursk mit fünf Zeilen abtut, während er fünfzig Seiten für die D-Day-Landungen aufwendet. Eine andere Möglichkeit wäre, mit der Aufstellung einer Checkliste der wichtigsten Schlachten, der maßgeblichen Feldzüge und der Schlüsselstrategien des Krieges anzufangen und anschließend Platz und Gewicht entsprechend zuzuweisen.

So wie die Dinge liegen, ist dieser Ansatz ziemlich selten. Denn in Wirklichkeit war die sowjetische Kriegsanstrengung so überwältigend, dass unparteiische künftige Historiker dem britischen und amerikanischen Beitrag zum europäischen Kriegsschauplatz wahrscheinlich kaum mehr als eine wertvolle Nebenrolle zubilligen werden. Das Verhältnis war *nicht* »fifty-fifty«, wie viele andeuten, wenn sie über den abschließenden Ansturm auf Nazi-Deutschland von Ost und West reden. Früher oder später werden die Menschen sich an die Tatsache gewöhnen müssen, dass die sowjetische Rolle enorm und die westliche Rolle ansehnlich, aber bescheiden war.

Westliche Kommentatoren, die sich mit der Tatsache des sowjetischen Übergewichts im Landkrieg abfinden, versuchen gelegentlich, dies auszugleichen, indem sie das westliche Übergewicht in der Luft und zur See betonen. Diese Argumentation hätte größeres Gewicht, wenn die Luftoffensive entscheidende Resultate erzielt hätte und wenn Deutschland Marineoperationen schutzloser ausgeliefert gewesen wäre. Unter den gegebenen Umständen behauptete sich das Dritte Reich erfolgreich gegen Bombardement und Blockade. Und es wurde erst durch den Angriff zu Lande zu Fall gebracht, zu dem die Rote Armee den wirkungsvollsten Beitrag leistete.

Andere Kommentatoren versuchen einzuwenden, dass der Erfolg der Roten Armee von westlicher Hilfe abhing und dass die Westalliierten besser als die UdSSR dafür gerüstet waren, das Reich ganz allein zu besiegen. Die Rote Armee hätte im Alleingang nicht gewinnen können, behaupten sie, wohingegen die westlichen Armeen dies, falls erforderlich, hätten schaffen können:

> *Es ist nicht … wahr zu behaupten … [ein Historiker protestiert], dass die Sowjetunion den Krieg gewann. Ohne ihre Verbündeten hätte die Sowjetunion sich der vollen Wucht der deutschen Luftmacht gegenübergesehen und wäre knapp an Munition und Waffen gewesen – 1943 entsprach die Lend-Lease-Versorgung für die UdSSR einem Fünftel der gesamten sowjetischen Produktion. Ohne westliche Hilfe hätte die Sowjetunion nicht durchhalten können. Im Gegensatz dazu hätten die Westalliierten den Krieg ohne*

die Sowjetunion gewinnen können. Der Preis dafür wäre schrecklich hoch gewesen, aber früher oder später hätten die Bombardierungen Deutschland zermürbt, und Amerika hätte irgendwann eine riesige Armee mobilisiert … Zur Not hätte Amerika die Sache vermutlich durch den Abwurf einer Atombombe auf Berlin geregelt.[2]

Ein solches Szenario ist zwangsläufig spekulativ. Aber es enthält so viele falsche Annahmen, dass es nicht überzeugt. – man weiß kaum, wo man anfangen soll. Die entscheidenden Jahre für die Sowjetunion begannen nicht 1943, als die Lend-Lease-Lieferungen begannen, sondern 1941–42, als westliche Hilfe noch kaum eine Rolle spielte. Zu diesem Zeitpunkt *war* die Rote Armee der vollen Wucht der deutschen Luftmacht ausgesetzt; und ihr gingen weder Waffen noch Munition aus, die notgedrungen hauptsächlich aus Eigenproduktion stammten – trotz aller Not hielt sie sehr wohl durch. Überdies war ein Großteil der frühen Lend-Lease-Hilfe unbrauchbar. Die britischen Panzer waren nicht das, was die Rote Armee brauchte, und die britischen Militärmäntel waren (wie die deutschen Militärmäntel) vollkommen ungeeignet für den russischen Winter. Die Russen hatten bereits auf eigene Rechnung die Oberhand gewonnen, bevor westliche Hilfe sie in nennenswertem Umfang zu erreichen begann.

Was die Vorstellung betrifft, dass die Westalliierten ohne die Sowjetunion hätten gewinnen können, so geht sie vollkommen an den Realitäten vorbei. Wäre die Rote Armee ausgeschaltet worden, hätten die Deutschen nicht tatenlos zugesehen, wie die USA ihre militärische Schlagkraft ausbauen und sich bereit machen würden, eine Atombombe auf sie zu werfen. Die deutschen Streitkräfte wären sofort in voller Stärke gegen Großbritannien in Marsch gesetzt worden; das Ergebnis der Schlacht um den Atlantik hätte rückgängig gemacht werden können; die Westalliierten hätten wahrscheinlich den

Stützpunkt für ihre Bomberoffensive eingebüßt. Die »riesige« amerikanische Armee, die nicht existierte, hätte keinen sicheren Landungsort gehabt; und ein amerikanisches Gegenstück zur *Enola Gay* hätte von nirgendwo starten können.

Das Hauptargument, warum der westliche Beitrag erheblich kleiner war als allgemein unterstellt, kreist um die zeitliche Planung und insbesondere um die Verspätung des amerikanischen Engagements. Im Sommer 1940 war die alliierte Sache an den Rand des Zusammenbruchs gebracht worden, und der Westen schöpfte erst wieder Hoffnung, als die USA voll engagiert waren. Doch es brauchte einige Zeit, die amerikanische Beteiligung zu organisieren. Sie begann erst im Januar 1942, und sie konnte nicht unverzüglich höchste Wirksamkeit entfalten. Deshalb näherten sich die Sowjets in den Monaten, als die Amerikaner noch ihre Lenden gürteten, bereits mit Riesenschritten einer Position nahezu totaler Vorherrschaft. Man muss nicht weiter blicken als bis in die zweite Juliwoche 1943. Zu diesem Zeitpunkt des Krieges wurden die allerersten US-Soldaten, die Kontinentaleuropa betraten, an einem fernen Strand auf Südsizilien abgesetzt. Gleichzeitig brach die Rote Armee an der Ostfront der Wehrmacht das Rückgrat, so dass die deutsche Kriegsmaschine ihre Offensivschlagkraft niemals wiedererlangen konnte.

Außerdem war der militärische Aufmarsch der Amerikaner zum Zeitpunkt des Kriegsendes in Europa alles andere als abgeschlossen. Es wird leicht vergessen, dass der Ausgangspunkt eine relativ kleine Armee war. Im Jahr 1939 war der Mannschaftsbestand der US-Armee kleiner als der Polens. Danach konnte niemand ernsthaft bezweifeln, dass die USA bei der militärischen Schlagkraft schnell aufholen würden. Industrie, Wissenschaft, Handel und Finanzen versahen die US-Regierung mit Ressourcen, mit denen kein anderer kämpfender Staat mithalten konnte. Aber der zeitliche Rahmen war entscheidend. Trotz eines gigantischen Fortschritts setzten die

USA sich nicht im Sturmschritt unangefochten an die Spitze. In den letzten Monaten der europäischen Kämpfe vor Mai 1945 besaßen die USA weder eine Atomwaffe noch die Überlegenheit an konventionellen Waffen. Noch waren sie nicht in die nukleare Liga aufgerückt, in der sie von Juli 1945 bis 1949 der einzige Akteur waren, und sie verfügten nur über knapp einhundert kampfbereite Divisionen, verglichen mit deutschen und sowjetischen Truppenstärken, die zwei- oder dreimal höher waren. Wie den Generälen Marshall und Eisenhower nur allzu bewusst war, hätten sie unmöglich eine ernsthafte Konfrontation mit der Roten Armee riskieren können. Und sie hätten in Europa unmöglich im Alleingang gewinnen können. Angesichts der Tatsache, dass der japanische Krieg nur schleppend voranging, brauchten sie sogar in Europa und im Fernen Osten dringend sowjetischen Beistand.

Menschen vergessen. Sie werden von späteren Entwicklungen beeinflusst. Sie neigen zu der Vorstellung, dass die USA von Anfang an allmächtig waren. Und man kann sie leicht glauben machen, dass das Versäumnis, Stalin früher oder energischer herauszufordern, auf rein persönliche oder politische Faktoren zurückzuführen sei. Das war aber nicht der Fall. Im Mai 1945 hatten die amerikanischen Streitkräfte noch keine Parität mit der UdSSR erreicht, und ihre Aktionen waren denn auch eingeschränkt. Wie die Dinge lagen, waren es die Sowjets und nicht die Amerikaner, die als stärkste Macht die Endphase des Krieges in Europa ausfochten. Es war die Rote Armee, die die vernichtenden Siege über Nazi-Deutschland errang, die in der Schlacht um Berlin gipfelten. Und es war nicht die liberale Demokratie, sondern der Sowjetkommunismus, der die bemerkenswertesten Fortschritte machte.

Einschätzungen der Kriminalität sind ebenso zentral für jede Darstellung des Zweiten Weltkriegs. Denn Kriminalität war ungewöhnlich weit verbreitet, auch wenn das ganze Ausmaß kriminellen Verhaltens erst lange danach offenbar wurde. Erst vor relativ kurzer Zeit wurden Historiker autorisiert, eine fundierte Bewertung des Gesamtbildes vorzunehmen. Erst seit dem Zusammenbruch der Sowjetunion ist die lange Liste der Mutmaßungen und Beurteilungen hinsichtlich der Verbrechen der Ära Stalin ausführlich durch Quellen belegt worden. Und erst seit ungefähr einem Jahrzehnt kann die sowjetische Vergangenheit richtig mit der besser bekannten NS-Vergangenheit verglichen werden: Winston Churchill beispielsweise, der in den späten vierziger Jahren schrieb, besaß einfach nicht die gesicherten Informationen, die später verfügbar wurden. »Die Geschichte wird freundlich zu mir sein«, sagte er, »denn ich beabsichtige, sie zu schreiben.«

Trotzdem liegt das Haupthindernis für eine unparteiische Darstellung der Kriminalität während des Krieges nicht ausschließlich in dem spärlichen Informationsfluss. Es hat auch eine psychologische Dimension. Es wird bis heute vergrößert durch die Abneigung westlicher Historiker, dem Ruf der alliierten Koalition zu schaden. Der psychologische Ausdruck für eine solche Abneigung ist »Verleugnung«. Und bewusst oder unbewusst leugnen viele Menschen im Westen weiterhin, dass die harten Fakten über die gewaltige sowjetische Kriminalität von ihnen verlangen, ihre Bewertung des Krieges zu modifizieren.

Die weitverbreitete Charakterisierung des Konflikts als »Guter Krieg« ist deshalb besonders fragwürdig. »Gut« scheint nicht ganz das richtige Adjektiv zu sein, wenn man das beispiellose Töten und Leiden Unschuldiger vor Augen hat, das allerorten stattfand. In gewissem Maße spiegelt die Bezeichnung sowohl die Idee eines »edlen Kreuzzugs« (wenngleich eines nur teilweise erfolgreichen) wie auch die theologische Vorstellung eines »gerechten Krieges« (der von einem verlangt, das Gerechte und das Ungerechte zu erkennen) wider. Und es hat den Anschein, als sei sie von einem seltsam engstirnigen angelsächsischen Blickwinkel inspiriert, der in den letzten Jahrzehnten gestärkt wurde und der in mancher Hinsicht nicht der historischen Realität entspricht. Tatsächlich dient sie als notwendige Ergänzung des ultimativen Bösen in Gestalt des Holocaust. Und doch zogen die Westalliierten, worauf oft hingewiesen wird, nicht in den Krieg, um die Juden zu retten. Als die ersten Berichte über die »Endlösung« durchsickerten, war die westliche Reaktion beinahe schon erbärmlich. Und in den Augen der Amerikaner spielte sich das Hauptgeschehen während eines Großteils des Krieges im Pazifik, nicht in Europa ab. Diese Haltung spiegelt sich auch in der Tatsache wider, dass die USA ihre japanisch-amerikanischen, nicht aber ihre deutsch-amerikanischen Bürger internierten. Und als 1944 endlich zuverlässige Nachrichten über den Holocaust eintrafen, waren selbst unter den amerikanischen Juden nur wenige bereit, sie zu glauben.[3]

Alles in allem muss man der Geschichte über die Kräfte der Demokratie, die »den guten Kampf ausfochten« und »den Krieg gewannen«, mit gehöriger Skepsis begegnen. Stalin traf vielleicht eher ins Schwarze. »England stellte die Zeit zur Verfügung«, sagte er, »Amerika sorgte für das Geld, und Russland lieferte das Blut«.[4]

England, besser das britische Empire, verbrachte einen Großteil des Krieges in einem Zustand der Rekonvaleszenz. Aber Churchills Trotz in den Jahren 1940–41 sicherte das Sprungbrett für die spätere alliierte Wiederauferstehung. Die USA traten zu spät in den Krieg ein, um in Europa die Führungsrolle zu übernehmen. Ihre Funktion als »Arsenal der Demokratie« war nicht weniger bedeutend als der Beitrag ihrer Streitkräfte. Die Sowjetunion wurde aufgefordert, unvergleichliche Opfer zu bringen, und sie verdient die größten Lorbeeren für den Sieg über Nazi-Deutschland. Aber trotzdem – und dies ist das zentrale Paradox – war Stalin, der Hauptsieger, selbst ein Massenmörder und ein blutrünstiger

Tyrann. Er hatte nichts gemein mit der normalen Vorstellung vom »Guten« oder vom »guten Krieg«.

Darüber hinaus ist vom rein soldatischen Standpunkt aus Vorsicht hinsichtlich der Vorstellung geboten, dass die freien Bürger demokratischer Staaten die besten Kämpfer stellen. In den Jahren 1939–45 bestritten die Streitkräfte der beiden totalitären Staaten den Löwenanteil der Kämpfe; und die Soldaten, die sich als die Besten herausstellten, gehörten zu den wie Sklaven angetriebenen Kohorten einer erbarmungslosen Diktatur. Als die Heere der Demokratie in Italien oder Westeuropa mit den Nazi-Legionen zusammenstießen, schnitten sie nicht besonders gut ab. Man könnte mit Recht behaupten, dass Technologie und Luftmacht und nicht erstklassige Soldaten es Briten und Amerikanern ermöglichten, sich auf Augenhöhe mit ihrem Gegner zu messen.

Ebenso ist es nicht möglich, den üblichen Vergleich zwischen dem unmenschlichen Grabenkrieg 1914–18 und dem relativ erträglichen Krieg 1939–45 aufrechtzuerhalten. Dieser Vergleich ist ein weiteres Beispiel dafür, wie Menschen aus dem Westen aus ihren eigenen begrenzten Erfahrungen allgemeine Schlüsse ziehen. Aufs Ganze gesehen, unterschieden sich die Realitäten ein wenig. An der Ostfront, wo der größte Teil der Kampfhandlungen stattfand, waren die existenziellen Bedingungen sowohl für Deutsche als auch für Sowjets erbarmungslos und unmenschlich. Die körperliche Mühsal wurde durch die drakonischen Maßnahmen, die beide Seiten gegen ihre eigenen Männer ergriffen, damit sie weiterkämpften, noch verschlimmert. In der westlichen Sphäre, wo das Flächenbombardement das wichtigste Mittel darstellte, um Deutschland anzugreifen, kam es in einem derartigen Ausmaß zu »Kollateralschäden«, das heißt zur Verbrennung und Verstümmelung unschuldiger Zivilisten, dass niemand behaupten kann, die westlichen Methoden der Kriegführung seien nicht hässlich gewesen.

Diesbezüglich muss ein Wort zu der faulen Ausrede vom »Kollateralschaden« gesagt werden. In allen offiziellen Erklärungen bedauerten Sprecher des britischen oder des amerikanischen Bomberkommandos stets die zivilen Verluste, während sie behaupteten, man habe militärische und industrielle Ziele treffen wollen. Diese Argumentation hält einer Prüfung jedoch nicht stand. Riesige Bomberflotten von tausend und mehr Flugzeugen waren ihrem ureigensten Wesen nach gar nicht in der Lage, ihre Ziele auf bestimmte Fabriken, Eisenbahnknotenpunkte oder Militäreinrichtungen zu beschränken. Sie wurden ausgeschickt, um ganze Städte auszulöschen, von denen im Voraus ganz genau bekannt war, dass die große Mehrheit ihrer Einwohner unschuldige Zivilisten waren. Die zivilen Todesfälle waren daher in keiner Weise zufällig oder kollateral. Sie waren eine der eingebauten und kalkulierten Folgen verfehlter Operationen, die dem Ruf ihrer Urheber bis heute schaden.

Zum Schluss stimmt es traurig, bestätigen zu müssen, dass die wissenschaftliche Erforschung und Einschätzung von Kriegsereignissen sich, häufigen gegenteiligen Beteuerungen zum Trotz, nicht im vollkommen luftleeren Raum bewegt. In vielen westlichen Ländern wird bis heute das Gesetz bemüht, um ein offizielles Geschichtsbild zu stützen. In Großbritannien beispielsweise gelten Kriegsverbrechen nicht als Kriegsverbrechen, wenn sie nicht von Deutschen oder von deutschen Bundesgenossen begangen wurden. In Frankreich muss nach dem Fabius-Gayssot-Gesetz von 1990 jeder, der den Holocaust leugnet oder bagatellisiert, mit schweren Strafen einschließlich Gefängnis rechnen. Ein halbes Dutzend anderer europäischer Länder, von Österreich bis Polen, sind diesem Beispiel gefolgt. In einer Zeit, als in Europa lautstark die Redefreiheit proklamiert wurde, als Muslime Proteste gegen beleidigende Karikaturen ihres Propheten inszenierten, wurde in Österreich ein Aufmerksamkeit heischender Historiker aus Großbritannien eingesperrt, weil er eine falsche Meinung äußerte.[5] Diese Atmosphäre ist nicht gesund. Historisches Wissen braucht keinen künstlichen Schutz. Der Holocaust ist eine unbestreitbare Tatsache. Doch die Wege zu einem umfassenderen Verständnis werden auf diese Weise versperrt. Die Wahrheit über die Vergangenheit kann nur durch den Konflikt von Einsicht und Absurdität durchgesetzt und gestärkt werden. Wenn Absurdität per Gesetz verboten wird, leidet auch die Einsicht.

Auf die Frage nach den Auswirkungen der Französischen Revolution antwortete der chinesische Außenminister Zhou Enlai in den fünfziger Jahren angeblich: »Man kann es noch nicht sagen.« Seine Worte werden allgemein als berühmtes, nicht ganz ernst gemeintes Bonmot verstanden. Doch man sollte ernsthaft über sie nachdenken. Die Zeitspanne zwischen Zhou Enlais Erziehung in Frankreich in den zwanziger Jahren des 20. Jahrhunderts und Robespierres Schreckensherrschaft im letzten Jahrzehnt des 18. Jahrhunderts beträgt genau 130 Jahre. Folglich hat die Welt, da der 65. Jahrestag des Kriegsausbruchs 1939 bereits verstrichen ist, mehr als die Hälfte derselben Zeitspanne gewartet, ohne eine grundlegende, einvernehmliche Vorstellung vom Zweiten Weltkrieg durchsetzen zu können. Alles scheint sich gegenwärtig in halsbrecherischem Tempo weiterzuentwickeln, während das Verständnis von Geschichte sich im Schneckentempo fortbewegt. Würde man deshalb gefragt, welches Stadium die Historiker auf ihrem Weg zu einem endgültigen Urteil erreicht haben, wäre man versucht, Churchills Worte nach der Schlacht von El Alamein zu wiederholen: »Wir sind noch nicht am Anfang, wir sind auch noch nicht am Ende«, sagte er, »aber wir sind am Anfang vom Ende.«[6]

Obwohl inzwischen das 21. Jahrhundert angebrochen ist, versuchen daher viele Menschen noch immer, sich mit den

Folgen des Zweiten Weltkriegs auseinanderzusetzen. Ein führender britischer Kardiologe mit einer dichterischen Ader drückte das Problem perfekt aus:

Mein Patient lag im Krankenhausbett,
unrasiert, nach Urin riechend
und von Läusen gebissen,
ohne festen Wohnsitz,
auf der Straße lebend
und arbeitslos,
ohne Familie oder Freunde.
In seinem slawischen Akzent
erklärte er:
»Ich kämpfte am Monte Cassino.«
Und meine jüngeren Ärzte in ihrer Unwissenheit
blieben ungerührt von dem Menschen
oder von der Geschichte.
Und ich wandte mich ihnen zu,
eine Hand auf der Schulter
meines Patienten,
um zu ihnen zu sprechen
über die Größe des Zweiten Polnischen Korps
und den unendlichen Wert
aller Menschen.[7]

Übersetzung von Thomas Bertram

Anmerkungen

Einleitung

1 Gerhard L. Weinberg: *Eine Welt in Waffen. Die globale Geschichte des Zweiten Weltkriegs.* Aus dem Amerik. übers., Stuttgart 1995.

2 Ian Dear u. a. (Hg.): *The Oxford Companion to the Second World War*, Oxford 1995; New York 1996.

3 A. W. Purdue: *The Second World War. European History in Perspective*, Basingstoke 1999, Einbandrückseite.

Kapitel 1: Interpretation

1 Alan Bullock: *Hitler. Eine Studie in Tyrannei.* Aus dem Engl. übers., Düsseldorf 1963; A. J. P. Taylor: *Die Ursprünge des Zweiten Weltkriegs.* Aus dem Engl. übers., Gütersloh 1962.

2 Antony Beevor: *Stalingrad.* Aus dem Engl. übers., München 1999; *Berlin 1945. Das Ende.* Aus dem Engl. übers., München 2002.

3 Janusz Zawodny: *Zum Beispiel Katyn. Klärung eines Kriegsverbrechens.* Aus dem Engl. übers., München 1971; Louis MacGibbon: *The Katyn Cover-up.* Vorwort von Airey Neave, London 1972; Owen O'Malley: *Katyn: Despatches of Sir Owen O'Malley*, Chicago 1973; A. Moszynski (Hg.): *Lista Katynska: jency obozów Kozielsk, Ostashkov, Starobielsk*, London 1977. Vor 1989 war die Katyn-Liste, welche die Namen aller vermissten Offiziere enthält, im gesamten sowjetischen Block strikt verboten.

4 Siehe P. M. H. Bell: *John Bull and the Bear: British Public Opinion, Foreign Policy and the Soviet Union, 1941–45*, London 1990; auch *Katyn: British Reaction to the Katyn Massacres, 1943–2003*, FCO History Notes, London 2003.

5 Vgl. diese Aufzählung bei Norman Davies: »The Allied Scheme of History«, in: Ders.: *Europe. A History*, Oxford 1996, S. 40.

6 Vgl. diese Aufzählung bei Norman Davies: »Selectivity in History ...«, in: *New York Review of Books*, April 1996, neu veröffentlicht in: *Europe East and West: Collected Essays*, London 2006, S. 240–48.

7 B. Slavinsky: *The Japanese-Soviet Neutrality Pack, 1941–45*, London 2004.

8 Nach H. C. Hillman: *The Comparative Strength of the Great Powers*, London 1939.

9 John Ellis: *The World War Two Databook*, London 1993, S. 227–28.

10 Ebda., Teil 5.

11 Diese Schlussfolgerung wird durch eine Berechnung der deutschen Kriegsanstrengung in »addierten Monaten« bestätigt. Von insgesamt 9032 Mannmonaten weist sie 7146 oder 79,1 Prozent der Ostfront, 637 Westeuropa, 393

Italien, 91 Nordafrika und 665 »sonstigen Schauplätzen« zu. Ellis, a.a.O., S. 229.

12 Ebda., S. 253–54, Tb. 51.

13 Zahlreiche Quellen, die fast durchweg Schätzungen darstellen. Für Todesfälle oder Verluste an der Ostfront sind keine genauen Zahlen verfügbar.

14 Im Jahr 1958 wurde in Polen ein preisgekrönter englischsprachiger Film (*Orzel*, Regie: Leonard Buczkowski, deutsche Fassung: *Unterseebot »Orzel«*) über den Ausbruch dieses Unterseebootes produziert. Siehe A. Suchcitz: *Poland's Contribution to the Allied Victory in the Second World War*, London 1995.

15 Daten zusammengestellt aus: http://www.naval-history.net/WW2Campaigns-AtlanticDev.htm

16 J. Rohwer: *Der Krieg zur See 1939–1945*, Gräfelfing vor München 1992; S. W. Roskill: *The War at Sea, 1939–45*, Imperial War Museum, London 1994.

17 Ellis, a.a.O., S. 231–44.

18 T. D. Biddle: *Rhetoric and Reality in Air Warfare: The Evolution of British and American Ideas about Strategic Bombing, 1914-45*, Princeton 2002.

19 D. Hölsken: *Die V-Waffen. Entstehung, Propaganda , Kriegseinsatz*, Stuttgart 1984.

20 Alan Milward: *Der Zweite Weltkrieg. Krieg, Wirtschaft und Gesellschaft 1939 bis 1945*. Aus dem Engl. übers., München 1977.

21 Mark Harrison (Hg.): *The Economics of World War II: Six Great Powers in International Comparison,* Cambridge 1998, S. 10.

22 Michael Lynch: *Nazi Germany*, London 2004, S. 81.

23 Ellis, a.a.O., S. 277–78, Tb. 87, 88 und 92.

24 Harrison, a.a.O., S. 10.

25 Ellis, a.a.O., S. 277–78, Tb. 87 und 92.

26 Ebda., S. 277–80, Tb. 87, 92 und 95.

27 Siehe George C. Herring: *Aid to Russia 1941–1946: Strategy, Diplomacy, the Origins of the Cold War,* New York 1973.

28 B. Gunston: *Rockets and Missiles*, London 1979.

29 Richard Rhodes: *Die Atombombe oder die Geschichte des 8. Schöpfungstages*. Aus dem Engl. übers., Berlin 1990; *Dark Sun, the Making of the Hydrogen Bomb*, London 1995.

30 Michael Smith: *Enigma entschlüsselt. Die »Codebreakers« von Bletchley Park*. Aus dem Engl. übers., München 2001; *Marian Rejewski, 1905–1980: Living with the Enigma Secret*, »Einleitung« von Z. Brzezinski, Bydgoszcz 2005.

31 S. Korbonski: *The Polish Underground State: A Guide to the Underground, 1939–45*, Boulder, Col., 1978.

32 F. W. D. Deakin: *The Embattled Mountain,* London 1971; Milovan Djilas: *Der Krieg der Partisanen. Memoiren 1941–1945*. Aus dem Serbokroat. übers., Wien, München, Zürich, Innsbruck 1978.

33 M. D. Brown: *Dealing with Deomocrats: The British Foreign Office and Czechoslovak Emigrés, 1939–45,* Frankfurt 2006.

34 Himmler 1944, zit. aus: Norman Davies: *Aufstand der Verlorenen. Der Kampf um Warschau 1944*. Aus dem Engl. übers., München 2004, S. 286–87.

35 Martin Gilbert: *The Holocaust, the Jewish Tragedy*, London 1987; Paul Johnson: *The Holocaust,* London 1996.

36 Siehe Orlando Figes: *Die Tragödie eines Volkes. Die Epoche der russischen Revolution 1891 bis 1924*. Aus dem Engl. übers., Berlin 1998.

37 Leszek Kolakowski: *Die Hauptströmungen des Marxismus. Entstehung, Entwicklung, Zerfall*. Aus dem Poln. übers., 3 Bde., München, Zürich 1977–79; Angus Walker: *Marx: His Theory and its Context*, London 1989.

38 Piotr Wandycz: *The Price of Freedom: A History of East Central Europe*, London 1992.

39 Sidney and Beatrice Webb: *Soviet Communism: A New Civilisation, London 1933; The Truth about Soviet Russia*, London 1944.

40 S. J. Taylor: *Stalin's Apologist: Walter Duranty, the* New York Times' *Man in Moscow*, Oxford 1990.

41 Robert Conquest: *Der große Terror. Sowjetunion 1934–1938*. Aus dem Engl. übers., München 1992; *The Great Terror: A Reassessment*, London 1992.

42 www.brainyquote.com.

43 Winston Churchill, ebda.

44 Ronald H. Spector: *Eagle against the Sun: The American War with Japan*, London 2001.

45 Georg Schild: *Bretton Woods and Dumbarton Oaks: American Post-War Planning in the Summer of 1944*, Basingstoke 1945.

46 Davies, *Aufstand der Verlorenen*, a.a.O., S. 683–696.

47 Lynn Davis: *The Cold War Begins*, Princeton 1974.

48 Stéphane Courtois: *Das Schwarzbuch des Kommunismus. Unterdrückung, Verbrechen und Terror*. Aus dem Franz. übers., München, Zürich1998.

49 Simon Heffer, in: *Country Life,* 2003.

50 Roy Hattersleys Rezension im *Observer* vom 20. Juli 2003 der englischen Ausgabe von: Simon Sebag Montefiore: *Stalin. Am Hof des roten Zaren*. Aus dem Engl. übers., Frankfurt am Main 2005.

51 Joram Sheftel: *Show Trial: The Conspiracy to Convict John Demjanjuk as »Ivan the Terrible«*, London 1995.

52 Robert Conquest: *Kolyma: The Arctic Death Camps*, Oxford 1979; Edward Buca: *Workuta*, London 1976.

53 Henry Probert: *Bomber Harris, his Life and Times*, London 2003.

54 Nicholas Tolstoy: *The Monster and the Massacres*, London 1986; *Victims of Yalta,* London 1977.

55 Alfred De Zayas: *The German Expellees: Victims in War and Peace*, Basingstoke 1993.

Kapitel 2: Kriegführung

1 Nicholas Bethell: *The War Hitler Won, September 1939*, London 1972.

2 Purdue, *The Second World War,* a.a.O., S 43.

3 Siehe Jan Tomasz Gross: *Und wehe, du hoffst ... Die Sowjetisierung Ostpolens*

nach dem Hitler-Stalin-Pakt, 1939–1941. Aus dem Amerik. übers., Freiburg im Breisgau, Basel, Wien 1988; Keith Sword (Hg.): *The Sowjet Takeover of the Polish Eastern Provinces, 1939–41*, Basingstoke 1991.

4 Tagebucheintrag von Joseph Goebbels für den 10. Oktober 1939, zit. aus: Davies, *Aufstand der Verlorenen*, a.a.O., S. 111; Ansprache Hitlers vor seinen Generälen auf dem Obersalzberg am 22. August 1939, zit. aus: Joachim C. Fest: *Hitler. Eine Biographie*, Frankfurt am Main, Berlin, Wien 1973, S. 813.

5 Purdue, a.a.O., S. 46.

6 Hugh Trevor-Roper (Hg.): *Hitler's War Directives, 1939–45*, London 1964, S. 93–98.

7 Anthony Upton: *Finland, 1939–40*, London 1974; C. V. Dyke: *The Soviet Invasion of Finland, 1939–40*, London 1997; W. R. Trotter: *The Winter War*, London 2002; A. F. Chew: *The White Death*, Michigan 1971; John Langdon-Davies: *Finland: The First Total War*, London 1940.

8 J. Adams: *The Doomed Expedition: the Campaign in Norway, 1940*, London 1989.

9 E. Turner: *The Phoney War*, London 1961.

10 A. J. P. Taylor: *The Second World War: An Illustrated History*, London 1975.

11 Alistair Horne: *To Lose a Battle, France, 1940*, London 1969; Basil Karslake: *The Last Act*, London 1979; L. Mysyrowicz: *Autopsie d'une defaite*, Lausanne 1973; J. Blatt (Hg.): *The French Defeat of 1940: Re-assessments*, Oxford 1998.

12 L. Fenby: *The Sinking of the »Lancastria«*, New York 2005. Siehe auch www.lancastria-association.org.

13 A. Marder: *From the Dardanelles to Oran*, Oxford 1974.

14 Siehe Brian Crozier: *Franco. Eine Biographie*. Aus dem Engl. übers., München, Esslingen 1968.

15 Georg von Rauch: *Geschichte der baltischen Staaten*, Stuttgart, Berlin, Köln, Mainz 1970; M. Ilmjärv: *Silent Submission*, Stockholm 2004; O. Mertelsman: *The Sovietisation of the Baltic States, 1940–56*, Tartu 2003.

16 »Mitte Juni besetzte die Sowjetunion nach einer Reihe von Ultimaten alle drei Staaten des Baltikums. Sie beendete damit die Unabhängigkeit dieser Völker und traf Vorkehrungen, die drei Staaten formell als Sozialistische Sowjetrepubliken der Sowjetunion einzuverleiben«, zit. aus: Weinberg: *Eine Welt in Waffen*, a.a.O., S. 154.

17 Zit. aus: John Ray: *An Illustrated History of the Second World War*, London 1999.

18 Len Deighton: *Luftschlacht über England*. Aus dem Engl. übers, München, 1985; R. Hough und D. Richards: *The Battle of Britain: A Jubilee History*, London 1990.

19 Adam Zamoyski: *The Forgotten Few: The Polish Airforce during the Second World War*, London 1995.

20 C. Fitzgibbon: *The Blitz*. Zeichnungen von Henry Moore, London 1970; Alfred Price: *Blitz über England. Die Luftangriffe auf die Britischen Inseln 1939 bis 1945*. Aus dem Engl. übers., Stuttgart 1978.

21 J. P. Lash: *Roosevelt and Churchill, 1939–41: The Partnership that Saved the West*, London 1976.

22 Stephen Fischer-Galatz: *Twentieth Century Romania*, Boulder, Col., 1970; Dennis Deletant: *Hitler's Forgotten Ally: Ion Antonescu and his Regime, 1940–44*, Basingstoke, 2006.

23 Trevor-Roper, a. a. O., S. 93–98.

24 David Murphy: *What Stalin Knew: The Enigma of Barbarossa*, Yale 2005.

25 Ebda., S. 25.

26 Ray, a. a. O., S. 135.

27 Stevan K. Pavlowitsch: *The Improbable Survivor: Yugoslavia 1918–88*, London 1988; C. M. Woodhouse: *The Struggle for Greece*, London 1979.

28 C. Macdonald: *The Lost Battle: Crete 1941*, London 1993.

29 Siehe Philip Guedalla: *The Middle East, 1940–42: A Study in Airpower*, London 1944; Y. Lapidot: »David Raz'iel«, in: www.JewishvirtualLibrary.org/souree/biography.

30 Weinberg, *Eine Welt in Waffen*, a. a. O., S. 18.

31 Taylor, a. a. O., S. 97.

32 Viktor Suworow (Pseudonym): *Der Eisbrecher: Hitler in Stalins Kalkül*. Aus dem Russ. übers., Stuttgart 1989; siehe auch Gabriel Gorodetsky: *Die große Täuschung. Hitler, Stalin und das Unternehmen »Barbarossa«*, Berlin 2001; David Glantz: *Barbarossa: Hitler's Invasion of Russia*, Stroud 2001; John Keegan: *Der Fall Barbarossa*. Aus dem Amerik. übers., München 1981; Alan Clark: *Barbarossa: The Russian-German Conflict, 1941–45*, London 2000; Ernst Topitsch: *Stalin's War: A Radical New Theory of the Origins of the Second World War*, London 1987; Boris V. Sokolow: »World War II revisited: Did Stalin intend to attack Hitler?«, in: *Journal of Slavic Military Studies*, 11 (1998) Nr. 2, S. 113–41.

33 Die Information bezüglich Stalins Befehl an die Rote Armee, an allen drei Fronten vorzurücken, wie er am 22. Juni um 13.00 Uhr erteilt wurde, stammt von Marschall Schukow, der 1965–66 interviewt wurde. Siehe William Spahr: *Zhukov: The Rise and Fall of a Great Captain*, New York 1995, S. 58–62.

34 C. Johnson: *An Instance of Treason*, Stanford 1990.

35 Ministry of Defence (Navy): *The U-Boat War in the Atlantic, 1939–45*, London 1989.

36 B. Villa: *Unauthorized Action: Mountbatten and the Dieppe Raid*, Oxford 1990.

37 C. Messenger: *»Bomber« Harris and the Strategic Bombing Offensive*, London 1984; J. Fyfe: *The Great Ingratitude*, Wigtown 1993; H. Probert: *Bomber Harris: His Life and Times*, London 2003.

38 P. Foster (Hg.): *Bell of Chichester*, Chichester 2004; G. Bell: *Christianity and the World Order*, London 1940.

39 Winston S. Churchill: *Der Zweite Weltkrieg*. Aus dem Engl. übers., Bern, München, Wien 21995, S. 720.

40 S. Bungay: *Alamein*, London 2003; N. Barr: *The Pendulum of War: The Three Battles of Alamein*, London 2005.

41 Beevor, *Stalingrad*, a. a. O., S. 198–210.

42 Hitler, zit. aus: Ebda., S. 426.

43 Ebda., passim (Abbildungen).

44 N. Gelb: *Desperate Venture: The Story of Operation Torch*, London 1992; C. Whiting: *Disaster at Kasserine*, Barnsley 2003.

45 Nik Cornish: *Kursk: History's Greatest Tank Battle*, Rochester 2002; D. Glantz: *The Battle of Kursk*, London 1999; Janusz Piekalkiewicz: *Unternehmen Zitadelle. Kursk und Orel. Die größte Panzerschlacht des Zweiten Weltkriegs,* Bergisch-Gladbach 1983; C. Zetterling und A. Franlsson: *Kursk 1943: A Statistical Analysis*, London 2003.

46 R. Lamb: *War in Italy, 1943–45: A Brutal Story*, London 1995.

47 H. Salisbury: *900 Tage: Die Belagerung von Leningrad*. Aus dem Amerik. übers., Frankfurt am Main 1970.

48 Davies, *Aufstand der Verlorenen*, a.a.O., S. 324 f., 365.

49 Das Dokument wurde erstmals 1997 in Moskau veröffentlicht.

50 Max Hastings: *Armageddon: The Battle for Germany 1944–45*, London 2004.

51 Davies, *Aufstand*, a.a.O., S. 237.

52 Krisztian Unguary: *The Siege of Budapest: 100 Days in World War II*, Yale 2005.

53 Davies, *Aufstand*, a.a.O., S. 349f.

54 Cornelius Ryan: *Die Brücke von Arnheim*. Aus dem Engl. übers., Frankfurt am Main 1975; R. J. Kershaw: *»It never snows in September ...«*, New York 1994; P. Harclerode: *Arnhem: A Tragedy of Errors*, London 1994.

55 C. Macdonald: *The Battle of the Bulge*, London 1984.

56 Norman Davies und Roger Moorhouse: *Die Blume Europas. Breslau, Wrocław, Vratislavia. Die Geschichte einer mitteleuropäischen Stadt*. Aus dem Engl. übers, München 2005.

57 Fred Taylor: *Dresden: Dienstag, 13. Februar 1945*. Aus dem Engl. übers., München 2008; David Irving: *Der Untergang Dresdens*. Aus dem Engl. übers., Reinbek bei Hamburg 1967 (zahlreiche Neuauflagen).

58 Beevor, *Berlin 1945*, a.a.O.

Kapitel 3: Politik

1 Ernst Nolte: *Der europäische Bürgerkrieg, 1917–1945. Nationalsozialismus und Bolschewismus*, Berlin 1987.

2 Norman Davies: *White Eagle, Red Star: The Polish-Soviet War, 1919–20*, London 1972; New York 1973.

3 Simon Sebag Montefiore: *Stalin. Am Hof des roten Zaren*. Aus dem Engl. übers., Frankfurt am Main 2005, S. 344.

4 Hugh Trevor-Roper (Hg.): *Hitler's War Directives, 1939–45*, London 1964, S. 37–40. Hitler-Zitat nach Fest, *Hitler*, a.a.O., S. 794.

5 Sebag Montefiore, *Stalin*, a.a.O., S. 343f.

6 Der Text dieser Rede wurde erst 1994 öffentlich bekannt. Siehe T. Buschujew:

»Proklinaya – proprobuite ponyat«, in: *Novy Mir* (Moskau), Nr. 12, 1994, S. 230–37.

7 Sebag Montefiore, *Stalin*, a.a.O., S. 351.

8 Alvin Cox: *Nomonhan: Japan against Russia*, 1939, Stanford 1985; John Colvin: *Nomonhan*, London 1999.

9 Sebag Montefiore, *Stalin*, a.a.O., S. 353f.; Zitate aus: Fest, Hitler, a.a.O., S. 810; zum zeitlichen Ablauf von Ribbentrops Moskau-Besuch siehe Manfred Vasold: *August 1939. Die letzten elf Tage vor Ausbruch des Zweiten Weltkriegs*, München o. J., passim.

10 R. J. Sonntag und J. S. Beddie (Hg.): *Nazi-Soviet Relations 1939–44: Documents*, Washington 1948, S. 78; Text des Geheimen Zusatzprotokolls zit. aus: Walther Hofer (Hg.): *Der Nationalsozialismus. Dokumente 1933–1945*, Frankfurt am Main 1957 (zahlreiche Neuauflagen), S. 230f.

11 Zit. nach Vasold, *August 1939*, a.a.O., S. 80.

12 A. P. Dobson: *US Wartime Aid to Britain*, New York 1986.

13 Hofer, *Nationalsozialismus*, a.a.O., S. 243f.

14 Purdue, *Second World War*, a.a.O., S. 65.

15 Murphy, *What Stalin Knew*, a.a.O., Kapitel 18 und 21, »The Renewal of the Purges« und »A Summer of Torture«.

16 Ebda., Kapitel 19, »Secret Letters«.

17 Ebda.

18 Sebag Montefiore, *Stalin*, a.a.O., S. 405.

19 Joseph Goebbels: *Tagebücher 1924–1945*, hg. von Ralf Georg Reuth, 5 Bde., München 1999, Bd. 4: *1940–1942*, S. 1609.

20 Sebag Montefiore, *Stalin*, a.a.O., S. 407.

21 Atlantik-Charta zit. aus Churchill, *Der Zweite Weltkrieg*, a.a.O., S. 547f.; T. A. Wilson: *The First Summit: Roosevelt and Churchill at Placentia Bay, 1941*, Lawrence, Ka., 1991; E. Borgwardt: *A New Deal for the World*, Cambridge, Mass., 2005.

22 Keith Sword: *Deportation and Exile: Poles in the Soviet Union, 193948*, Basingstoke 1994; Władysław Anders: *An Army in Exile: The Story of the Polish Second Corps*, London 1949.

23 Milward, *War, Economy and Society*, a.a.O., S. 25, zit. aus: Richard Vinen: *A History of Fragments*, London 2000.

24 See R. Dallek, *Franklin D. Roose!t and American Foreign Policy*, New York 1979.

25 Weinberg, *Eine Welt in Waffen*, a.a.O., S. 333.

26 Siehe Lucy S. Dawidowicz: *Der Krieg gegen die Juden, 1933–1945*. Aus dem Amerik. übers., München 1979, Anhang.

27 Daniel Jonah Goldhagen: *Hitlers willige Vollstrecker. Ganz gewöhnliche Deutsche und der Holocaust*. Aus dem Amerik. übers., Berlin 1996.

28 Zu den einzelnen Divisionen der Waffen-SS siehe Norman Davies: *Europe: A History*, Oxford 1996, Anhang III, S. 1326–27.

29 Bryan Mark Rigg: *Hitlers jüdische Soldaten*. Aus dem Amerik. übers., Paderborn, München, Wien, Zürich 2003, S. 260.

30 Siehe Andrew Rothstein: *History of the USSR*, Harmondsworth 1950.

31 Sebag Montefiore, *Stalin*, a.a.O., S. 419–27.

32 Es existieren viele Gerüchte, aber keine Beweise.

33 Conquest, *Der große Terror*, a.a.O.

34 Sowjetische Rüstungsproduktion, 1941–45, *Oxford Companion* ..., a.a.O., S. 1216, nach M. Harrison: *Soviet Planning in Peace and War*, Cambridge 1985, S. 118.

35 Der militärische Aufmarsch der Sowjetunion, 1942–43, ebda., S. 1217, nach Hartison, a.a.O., S. 264.

36 Siehe R. Lamb, *War in Italy*, a.a.O.

37 J. Garlinski: *Poland during the Second World War*, Basingstoke 1985.

38 Allen Paul: Katyn: *The Untold Story of Stalin's Polish Massacre*, New York 1991; Wladimir Abarinow: *The Murderers of Katyn*. Aus dem Russ. übers., New York 1993.

39 T. Jan und I. Gross (Hg.): *War Through Children's Eyes*, Stanford 1981.

40 G. Botjer: *A Short History of Nationalist China, 1919–49*, New York 1979.

41 Davies, *Aufstand,* a.a.O., S. 66, 175.

42 Ebda., S. 89–91.

43 Evan Luard: *A History of the United Nations*, 2 Bde., London 1982–89.

44 Siehe Jean Lacouture: *Charles de Gaulle,* Bd. 1: *The Rebel, to 1944*, London 1991.

45 Davies, *Aufstand*, a.a.O., »Zwischenbericht«, S. 676–96.

46 Siehe Indro Montanelli: *L'Italia della guerra civile, 1943–46*, Mailand 1983.

47 Siehe Churchill, *Der Zweite Weltkrieg*, a.a.O., S. 989.

48 Jan Karski: *The Great Powers and Poland, 1919–45*, Lanham, MD, 1985, Teil 2: *1939–45,* S. 545–556; Churchill-Zitat aus Davies, *Aufstand*, a.a.O, S. 496.

49 Z. C. Szkopiak (Hg.): *The Yalta Agreements: Documents Prior to During and After the Crimea Conference,* London 1986; K. Kersten, *Yalta W perspektywie polskiej*, London 1989.

50 Sebag Montefiore, *Stalin*, a.a.O., S. 550.

51 Karski, *The Great Powers*, a.a.O.

52 Harry Hopkins, zit. aus: Alan J. P. Taylor, *The Second World War*, a.a.O., S. 218.

53 F. C. Pogue: *George C. Marshall: Statesman, 1945–59*, New York 1987; Joseph McCarthy: *America's Retreat from Victory: The Story of George Catlett Marshall*, New York 1954.

54 Sebag Montefiore, *Stalin*, a.a.O., S. 557.

55 Nikolai Tolstoy: *Die Verratenen von Jalta: Englands Schuld vor der Geschichte*. Aus dem Engl. übers., München, Wien 1978; *The Minister and the Massacres*, London 1986.

56 Peter Calvocoressi: *The Oxford Companion to the Second World War*, a.a.O., S. 264.

57 Z. Stypulkowski: *Invitation to Moscow*, New York 1962.

58 Sebag Montefiore, *Stalin,* a.a.O., S. 571 und 575.

59 Ann und John Tusa: *The Nuremberg Trial*, London 1988.

60 Zit. aus: Davies, *Europe*, a.a.o., S. 1066.

61 Winston Churchill: »Die ›Eiserner-Vorhang-Rede‹«, 5. März 1946, zit. aus: Churchill, *Der Zweite Weltkrieg*, a.a.O., S. 1103, und Jürgen Weber (Hg.): *30 Jahre Bundesrepublik Deutschland*, Bd. II: *Entscheidungsjahr 1948*, München 1979, S. 34f.

62 John Gimbel: *The Origins of the Marshall Plan*, Stanford 1976; M. J. Hogan: *The Marshall Plan*, Cambridge 1987.

63 George Kennan: »The Sources of Soviet Conduct, by X«, zu finden bei: www.historyguide.org/ europe /kennan.htlm.

64 Ann und John Tusa: *The Berlin Blockade*, London 1988; *The Berlin Airlift*, Staplehurst 1998.

Kapitel 4: Soldaten

1 Bryan Mark Rigg: *Hitlers jüdische Soldaten*. Aus dem Amerik. übers, Paderborn, München, Wien, Zürich 2003.

2 Norman Davies: *Europe: A History*, Oxford 1996, S. 1017.

3 Catherine Andreyev: *Vlasov and the Russian Liberation Movement*, Cambridge 1987; George Fischer: *Soviet Opposition to Stalin*, Harvard 1970.

4 Siehe Geoffrey Hosking: *Russland: Nation und Imperium, 1552–1917*. Aus dem Engl. übers., Berlin 2000; *Homo sovieticus or homo sapiens?*, London 1987.

5 O. Subtelny: *Ukraine: A History*, Toronto 1988.

6 Ariel Sharon: »Rede zum Unabhängigkeitstag am 9. Mai 2005«, http://www.mfa.gov.il/MFA.

7 Ian Dear u.a. (Hg.): *The Oxford Companion to the Second World War*, a.a.O., »United Kingdom, Armed Forces«, S. 1144–53.

8 Ebda.

9 Heinz-Dietrich Loeuwe, in: *Oxford Companion*, a.a.O., S. 1235.

10 Ebda., S. 1232.

11 Ebda., S. 1235, nach M. Harrison: *Soviet Planning in Peace and War* a.a.O.

12 David Gardner: »The Last of the Hitlers«, in: *Sunday Times*, 18. Oktober 1998.

13 C. B. Clare: *Women at War*, London 1993.

14 Slapton Sands (Übung »Tiger«), 28. April 1944. C. MacDonald: »Slapton Sands: The Cover-up That Never Was«, in: *Army*, Nr. 6 (Juni 1988), S. 64–67.

15 Siehe W. J. K. Davies: *The German Army Handbook, 1939–45*, London1973.

16 Loeuwe, *Oxford Companion …* , a.a.O., S. 1234.

17 Das Wrack wurde am 12. Juli 2006 in einer Tiefe von 80 Metern 55 Kilometer vor dem polnischen Ostseehafen Władysławowo (Großendorf) in der Nähe der Ölplattform B 3 entdeckt. Vgl. http://de.wikipedia.org/wiki/Graf_Zeppelin_(Schiff).

18 Roger Moorhouse: *Killing Hitler. Die Attentäter, die Pläne und warum sie scheiterten*. Aus dem Engl. übers., Wiesbaden 2007, Kapitel 7.

19 Siehe »Generäle«, unten, S. 395 ff.

20 W. B. Huie: *The Execution of Private Slovik*, Yardley, PA, 1954; vgl. auch die Filme *The Victors* (dt. *Die Sieger*, 1962) und *The Execution of Private Slovik* (1974).

21 Desmond Young: *Rommel: The Desert Fox*, London 1989.

22 Omer Bartov: *Hitlers Wehrmacht. Soldaten, Fanatismus und die Brutalisierung des Krieges*. Aus dem Engl. übers., Reinbek bei Hamburg 1995; *The Eastern Front: German Troops and the Barbarization of Warfare*, London 2001.

23 Davies, *Aufstand*, a.a.O., S. 377.

24 Siehe *Oxford Companion*, a.a.O., S. 873.

25 Ebda., S. 1226.

26 Beevor, *Stalingrad*, a.a.O.; Sebag Montefiore, *Stalin*, a.a.O., passim.

27 Witold Sagajłło, in: Davies, Aufstand, a.a.O., S. 258–59.

28 Catherine Merridale: *Iwans Krieg. Die Rote Armee 1939–1945*. Aus dem Engl. übers., Frankfurt am Main 2006; Rezension der englischsprachigen Originalausgabe von Anne Applebaum: »The Real Patriotic War«, in: *New York Review of Books*, 6. April 2006.

29 Die Ausstellung hieß: *Vernichtungskrieg. Verbrechen der Wehrmacht 1941 bis 1944. Katalog zur Ausstellung Vernichtungskrieg – Verbrechen der Wehrmacht 1941 bis 1944*, hg. vom Hamburger Institut für Sozialforschung, Hamburg 1996.

30 Christian de la Maziere: *Le Rêveur Casque*, Paris 1972.

31 David Saul: *Mutiny at Salerno*, London 1995.

32 Zenon Andrzejewski: »Rozkaz: Zamknäc Most«, Pomocnik Historyczny, in: *Polityka* (Warschau), 22. Juli 2006.

33 Über das NKWD im Krieg siehe Beevor, *Stalingrad*, a.a.O., Merridale, *Iwans Krieg*, a.a.O.

34 Leonard Mosley: *Marshall. Organizer of Victory*, London 1982; Carlo D'Este: Eisenhower: *A Soldier's Life*, London 2003.

35 Carlo D'Este: *A Genius for War: A Life of General George S. Patton*, London 1995.

36 Heinz Guderian: *Erinnerungen eines Soldaten*, Heidelberg 1951; siehe auch J. Strawson: Hitler as a Military Commander, London 1971.

37 R. T. Paget: Manstein: *His Campaigns and his Trial*, London 1951; siehe auch Corelli Barnett (Hg.): Hitler's Generals, London 1989.

38 S. Mitcham: *Hitler's Field Marshals and their Battles*, London 1988; Walter Goerlitz: *Strategie der Defensive: Model*, Wiesbaden, München 1982.

39 Siehe auch: Konstantin K. Rokossowski: *Soldatenpflicht*. Aus dem Russ. übers., Berlin (Ost) 1971.

40 H. Salisbury (Hg.): *Marshal Zhukov's Greatest Battles*, London 1969; *The Memoirs of Marshal Zhukov*, London 1971; D. Glantz: *Zhukov's Greatest Defeat*, Lawrence, Ka, 1999.

41 Siehe Adam Zamoyski: *The Forgotten Few: The Polish Airforce in the Second World War*, London 1995.

42 Richard Overy: *Russlands Krieg, 1941 – 1945*. Aus dem Engl. übers., Reinbek bei Hamburg 2003; siehe auch: Vinen, *History in Fragments*, a.a.O.

43 I. Hogg, in: *Oxford Companion*, a.a.O., S. 57.

44 William Jackson, ebda., S. 337.

45 Charles MacDonald: *Die Fallschirmjäger*. Aus dem Amerik. übers., Rastatt 1984.

46 M. R. D. Foot: *SOE: An Outline History*, London 1990.

47 R. H. Smith: *OSS: The Secret History of America's First Central Intelligence Agency*, Berkeley 1972.

48 Michael Howard: *Strategic Deception in the Second World War*, London 1992; T. Harris: *Garbo: The Spy who Saved D-Day*, Kiew 2004.

49 Lauran Paine: *The Abwehr: German Military Intelligence in World War Two*, London 1984; R. Bassett: *Hitler's Spy Chief: The Wilhelm Canaris Mystery*, London 2005.

50 David Murphy: *What Stalin Knew*, New Haven 2005.

51 F. W. Deakin und G. R. Storry: *Richard Sorge: Die Geschichte eines großen Doppelspiels*. Aus dem Engl. übers., München 1965.

52 F. E. Noel-Baker: *The Spy Web: A Study of Communist Espionage*, London 1954; R. Seth: *Forty Years of Soviet Spying*, London 1965; Phillip Knightley: *Philby: the Life and Views of the K.G.B. Masterspy*, London 2003; *K. Philby. My Silent War*, London 1968.

53 M. Bridge und J. Pegg (Hg.): *Call to Arms: A History of Military Communications*, London 2001.

54 Beevor, *Stalingrad*, a.a.O., S. 206.

55 *Oxford Companion*, a.a.O., S. 1235.

56 Siehe *Oxford Companion*, »Medical Sciences«, a.a.O., S. 728–29, nach M. Harrison: *Soviet Planning, a.a.O.*

57 Antony Beevor, *Stalingrad*, passim.

58 R. Kapuśćinski, in: Davies, *Aufstand*, a.a.O., S. 447.

59 Patrick Dalzel-Job: *From Arctic Snow to Dust of Normandy*, Stroud 1991.

60 C. Whiting: *American Hero: The Life and Death of Audie Murphy*, York 2000.

61 Norman Davies und Roger Moorhouse: *Die Blume Europas. Breslau, Wroclaw, Vratislavia. Die Geschichte einer mitteleuropäischen Stadt*. Aus dem Engl. übers, München 2005.

62 H. Sakaida: *Heroes of the Soviet Union, 1941–45*, Moskau 2005.

63 Paul Brickhill: *Zum Fliegen geboren. Das heroische Leben des Douglas Bader.* Aus dem Engl. übers., Wiesbaden 1955; L. Lucas: *Flying Colours*, London 1981.

64 Hans-Ulrich Rudel*: Mein Kriegstagebuch. Aufzeichnungen eines Stukafliegers,* Wiesbaden 1983.

65 M. Dewjatajew: *Polyot k solntsu*, Moskau 1972.

66 Max Hastings: *Armageddon*, London 2004.

67 Nicht bestätigte Quelle.

68 J. D. Clarke: *Gallantry Medals and Decorations of the World*, Sparkford 1993.

69 H. Sakaida: *Heroes of the Soviet Union,* a.a.O.

70 M. D. R. Foot und J. M. Langley: *MI9*, Boston 1950.

71 A. Scotland: *The London Cage*, Maidstone 1973.

72 »Russia displays ›Hitler Skull Fragment‹«, BBC News, 26. April 2000. Die Ausstellung im Moskauer Staatsarchiv hieß »The Agony of the Third Reich«. H. Sakaida: *Heroes of the Soviet Union, a.a.O.*

73 Siehe Mitcham: *Hitler's Field Marshals and their Battles*, a.a.O.

74 C. Andrejew: *Vlasov and the Russian Liberation Movement*, Cambridge 1987.

75 C. Davis: *Von Kleist: From Hussar to Panzer General*, Houston 1979, S. 26.

76 Slavornir Rawicz: *Der lange Weg*, Frankfurt am Main 1956.

77 Paul Routledge: *Public Servant, Secret Agent: The Elusive Life and Violent Death of Airey Neave*, London 2003.

78 Lambs Holm, Italian Chapel, Orkney.

79 Kendal Burt: *The One That Got Away*, London 1956.

80 Sebag-Montefiore, *Stalin*, a.a.O.

81 Abraham Maslow: *Captured Soviet Generals: The Fate of Soviet Generals Captured by the Germans, 1941–45*, London 2001.

82 Vgl. www.generals.dk/generallvon_Seydlitz_Kurbach.

83 M. Leeds: *The Vonnegut Encyclopedia*, London 1995.

84 M. R. D. Foot: *Six Faces of Courage*, London 1978.

85 James Bacque: *Der geplante Tod. Deutsche Kriegsgefangene in amerikanischen und französischen Lagern 1945–1946*. Aus dem Engl. übers., Frankfurt am Main 1989, S. 77. Der entsprechende Befehl Eisenhowers besteht aus einem einzigen Satz und lautet: »Mit sofortiger Wirkung sind alle im US-Gewahrsam in der amerikanischen Besatzungszone in Deutschland befindlichen Angehörigen der deutschen Streitkräfte als entwaffnete feindliche Streitkräfte zu betrachten und nicht als Personen mit Kriegsgefangenenstatus« (ebda.).

86 J. M. Winter, in: *Oxford Companion*, a.a.O., S. 289.

87 Ebda.: J. M. Winter nennt unter »Demography of War« 10 Millionen militärische Tote auf sowjetischer Seite (S. 289), Earle Siemke spricht unter »German-Soviet War« von 13,6 Millionen (S. 434), und Hans-Dietrich Loeuwe gibt unter »USSR« 8,668 Millionen an (S. 1232).

88 Statistik zusammengestellt aus verschiedenen Einträgen im *Oxford Companion*, a.a.O.

89 Shepton Mallet Prison wurde auch genutzt, um einige der nationalen Schätze Großbritanniens zu lagern, darunter ein Exemplar des Domesday Book.

90 Siehe Sven Hassel: *Monte Cassino,* London 2003; D. Hapgood: *Monte Cassino: The Most Controversal Battle of World War II*, Cambridge, Mass., 2002.

91 P. Kann: *Leningrad: A Guide*, Moskau 1990.

92 Murphy, *What Stalin Knew*, a.a.O., S. 201–06, 210–17, 230–31.

93 P. Thompson und A. Delgado: *Maxwell: A Portrait of Power*, London 1988; M. Maloney und W. Hall: *Flash! Splash! Crash! All at Sea with Cap'n Bob*,

London 1996; G. Thomas: *The Assassination of Robert Maxwell: Israel's Superspy*, London 2002.

94 Spike Milligan: *Adolf Hitler: My Part In His Downfall*, London 1971.

Kapitel 5: Zivilisten

1 Roy Foster: *Modern Ireland, 1600–1972*, London 1988.

2 D. G. Kirby: *Finland in the Twentieth Century*, London 1979.

3 Madeleine Bunting: *The Model Occupation: The Channel Islands under German Rule, 1940-45*, London 2004; George Forty: *Channel Islands at War: A German Perspective*, Shepperton 1999.

4 D. McGray: Coventry at War, Stroud 1997.

5 Siehe Wolfgang Schreyer: *Eyes on the Sky, ca.* 1981.

6 A. N. Frankland: »Strategie Air Offensives«, in: *Oxford Companion*, a.a.O., S. 1066–76.

7 Weißrussland (Belarus) und die Ukraine, seit 1991 unabhängig, gehörten von 1939 bis 1945 zur UdSSR. Erst vor kurzem wurden für sie gesonderte Kriegsstatistiken herausgegeben.

8 H. Lottman: *The People's Anger: Justice and Revenge in post-Liberation* France, London 1986; H. R. Kedward und N. Wood (Hg.): *The Liberation of France: Image and Event*, Oxford 1995.

9 Harrison Evans Salisbury: *Die 900 Tage. Die Belagerung von Leningrad*. Aus dem Amerik. übers., Frankfurt am Main 1970.

10 Davies und Moorhouse, *Die Blume Europas,* a.a.O.

11 P. M. Hayes: *Quisling: The Career and Political Ideas of Vidkun Quisling*, Newton Abbot 1971; O. Hoidal: *Quisling: A Study in Treason*, Oxford 1989.

12 Robert Gildea: *Marianne in Chains*, London, 2003; lan Ousby: *Occupation: The Ordeal of France, 1940–44*, London 1999; P. Davies: *France and the Second World War*, London 2001.

13 C. Kozlowski: *Namiestnik Stalina,* Warschau 1993; T. Zenczykowski: *Polska lubelska*, Paris 1987.

14 W. Warmbrunn: *The Dutch under German Occupation, 1940–45*, Stanford 1963.

15 Martin Conway: *Collaboration in Belgium: Leon Degrelle and the Rexist Movement 1940–44*, Yale 1993.

16 T. Snyder: *Sketches from a Secret War*, Yale 2005; Erich Koch zit. aus: Andreas Kappeler: *Kleine Geschichte der Ukraine*, München 2000, S. 218.

17 J. T. Gross: *Polish Society under German Occupation: The Generalgouvernement 1939–44,* Princeton 1979; R. Lucas: *The Forgotten Holocaust: Poles under German Occupation*, Lexington, Ky, 1996.

18 Hannsjoachim W. Koch: *In the Name of the Volk: Political Justice in Hitler's Germany,* London 1989.

19 W. E. Butler: *Soviet Law*, London 1983.

20 Siehe N. Lewis: *Exercise Tiger*, New York 1990.

21 R. Wapinski: *Dzieje Gydni*, Danzig 1980.

22 Siehe Norman Davies: *God's Playground*, Oxford 1985, 2005, S. 448; M. Hope: *Polish Deportees in the Soviet Union*, London 1998.

23 E. Krepp: *Mass Deportations from the Soviet-occupied Baltic States*, Stockholm 1981; T. Sobierajski: *Red Snow*, London 1996; Olars Stepens: *The 14 June 1941. Deportations in Latvia*, Riga 2001.

24 Alfred M. de Zayas: *Die Anglo-Amerikaner und die Vertreibung der Deutschen. Vorgeschichte, Verlauf, Folgen*. Aus dem Engl. übers., München 1977.

25 Siehe Eugenia Huntingdon: *The Unsettled Account*, London 1986; Keith Sword: *Deportation and Exile*, Basingstoke 1994; D. Teczarowska: *Deportation into the Unknown*, Braunton 1985.

26 Wie am 1. Januar 2006 veröffentlichte Dokumente belegen, sprach sich Churchill schon 1942 im Kriegskabinett dafür aus, festgenommene Nazi-Führer im Schnellverfahren hinzurichten.

27 Eine Gedenktafel neben der Pfarrkirche erinnert an das Ereignis.

28 I. Komentetsky: *The Tragedy of Vinnytsia*, Toronto 1989.

29 Joe Haines: *Maxwell*, London 1988. Siehe »Revealed: Maxwell under Investigation for War Crimes«, in: *Independent*, 10. März 2006.

30 Ebda.

31 Eduard Stehlik: *Lidice. Geschichte eines tschechischen Dorfes*. Aus dem Tschech. übers., Prag 2004.

32 Y. Gutman: *The Jews of Warsaw, 1939–43: Ghetto, Underground Revolt*, Bloomington, Ind., 1982.

33 I. A. Mikuš: *Slovakia: a Political History*, Milwaukee 1963.

34 R. Mackness: *Oradour: Massacre and Aftermath*, London 1994.

35 Davies, *Aufstand*, S. 317ff.

36 Bernhard Fisch: *Nemmersdorf, Oktober 1944*, Berlin, 1997.

37 J. Olsen: *Silence on Monte Sole*, New York 2002.

38 L. Kosmodemanskaya: *The Story of Zoya and Shura*, Moskau 1953.

39 Phyllis Auty: *Tito. Staatsmann aus dem Widerstand*. Aus dem Engl. übers., München, Gütersloh, Wien 1972.

40 C. M. Woodhouse: *The Struggle for Greece, 1941–49*, London 1976.

41 S. Korbonski: *Warsaw in Chains*, London 1959; R. Staar: *Poland 1944–62: Sovietisation of a Captive People*, Baton Rouge 1962.

42 W. Seifler und Fritz Todt: *Baumeister des Dritten Reiches*, München 1986.

43 *Oxford Companion*, a.a.O., S. 384.

44 Ulrich Herbert, in: Ebda., Schaubild S. 384.

45 Ebda., S. 585.

46 G. Lilienthal: Der »Lebensborn e. V«, Stuttgart 1993; C. Henry und M. Hillel: *Lebensborn e. V. Im Namen der Rasse*. Aus dem Franz. übers., Wien, Hamburg 1975.

47 J. Wnuk: *Losy dzieci polskich w okresie okupacji hitlerowskiej*, Warschau 1980.

48 Joel Kotek und Pierre Rigoulet: *Das Jahrhundert der Lager. Gefangenschaft,*

Zwangsarbeit, Vernichtung, Berlin, München 2001; Zitat aus: Anne Applebaum: *Der Gulag*. Aus dem Engl. übers., Berlin 2003, S. 33.

49 Lenin zit. nach Applebaum, a. a. O., S. 47.

50 Ernst Nolte: *Der europäische Bürgerkrieg 1917–1945. Nationalsozialismus und Bolschewismus*, Frankfurt am Main, Berlin 1987.

51 Applebaum, a.a.O, S. 35.

52 Ebda., S. 34, 35.

53 Siehe Francisek Piper: *Auschwitz: Central Issues in the History of the Camp 1940–45*, Oświęcim, 2000; *Die Zahl der Opfer von Auschwitz. Aufgrund der Quellen und der Erträge der Forschung 1945 bis 1990*. Aus dem Poln. übers., Oświęcim 1993. Der offizielle Name des Lagers, das heute ein staatliches Museum ist, lautet: »Ehemaliges Nazi-deutsches Konzentrationslager Auschwitz-Birkenau«.

54 Zitate: Applebaum, a. a. O., S. 151.

55 N. Ochotin und A. Roginski (Hg.): *Sistiema ispravitielno-trudovych lageriei v SSSR, 1923–60, Spravochnik*, Moskau 1998, S. 57-59.

56 *Spravochnik*, Nr. 333, S. 411–12.

57 Ebda., S. 103–06.

58 Nach *Spravochnik*.

59 Siehe www.dumfries-and-galloway.co.uk/ people/haining.htm. Die Website erwähnt neun weitere Schotten, die in nationalsozialistischen Lagern umkamen.

60 *Oxford Companion*, a. a. O., S. 262.

61 Robert Conquest: Kolyma: *The Arctic Death Camps*, New York 1978; J. O. Pohl: *The Stalinist Penal System: A Statistical History*, Jefferson, NC, 1997.

62 Sebag-Montefiore in seiner Rezension von R. Overy: *The Dictators*.

63 D. Smith: *Lost Hero: Raoul Wallenberg's Quest*, London 2001.

64 Margarete Buber-Neumann: *Als Gefangene bei Stalin und Hitler*, Stuttgart 1958.

65 V. Krawtschenko: *Ich wählte die Freiheit. Das private und politische Leben eines Sowjetbeamten*. Aus dem Engl. übers., Zürich 1947.

66 Siehe Menahem Begin: *White Nights: the Story of a Prisoner in Russia*, Jerusalem 1977.

67 V. S. Kristoforow: *The Lubyanka in the Days of the Battle of Moscow*, Moskau 2002.

68 Ochotin und Roginski, *Sistiema ispravitielno-trudovych*, a. a. O., S. 555.

69 Joanna Bourke: *An Intimate History of Killing*, Oxford 1993.

70 Ebda.

71 Omer Bartov: *Hitler's Army*, Oxford 1992, S. 69.

72 Davies und Moorhouse, *Die Blume Europas*, a. a. O.

73 Lew Kopelew zit. aus: Beevor, *Berlin*, S. 41f.

74 Beevor, a. a. O., S. 41.

75 Ebda., S. 41, 125.

76 Ebda., S. 125.

77 Ebda., S. 178.

78 Ebda., S. 449.

79 Anonyma: *Eine Frau in Berlin. Tagebuchaufzeichnungen vom 20. April bis 22. Juni 1945*, München 2008. Rezension der amerikanischen Originalausgabe von Ursula Hegi, in: *Washington Post*, 4. September 2005; vgl. auch: »Row over naming of rape author«, in: *Observer*, 5. Oktober 2003.

80 Austin J. App: *Ravishing the Women of Conquered Europe*, New York 1946.

81 Siehe Norman M. Naimark: *Die Russen in Deutschland. Die sowjetische Besatzungszone 1945 bis 1949*. Aus dem Amerik. übers., Berlin 1997.

82 Gerüchte über unentdeckte Schätze wie das »Weißensee-Gold«, das angeblich von dem höheren SS- und Polizeiführer Odilo Globocnik versteckt wurde, halten sich hartnäckig. Vgl. www.istrianet.org/istria/history/ww2/ globocnikgold.htm

83 C. Caryl: »Mysteries of History: Not forever Amber, Treasure Hunters Seek a Golden Room«, in: *US News and World Report*, 24. Juli 2000.

84 »Trophäenarchiv«, Moskau (Staatliches Sonderarchiv).

85 A. Patalas: *Catalogue of Early Music Prints from the former Prussian Staatsbibliothek in Berlin*, Krakau 1999.

86 Davies und Moorhouse, *Die Blume Europas*, a. a. O.

87 Unbestätigte Quelle.

88 K. Rosen-Zawadzki: »Karta Buduszczej Jewropy«, in: *Studia z dziejów ZSRR i Środkowej Europy*, Wrocław 1972, S. VIII, 141–45.

89 E. Frankel: *The Soviet Germans, Past and Present*, London 1986.

90 Robert Conquest: *The Nation Killers: The Soviet Deportation of Nationalities*, London 1970.

91 Ebda.

92 Ebda.

93 L. Boban: »Jasenovac and the manipulations of history«, in: *East European Politics and Societies*, 5, 1990, S. 580–93.

94 M. Terles: *Ethnic Cleansing of Poles in Volhynia and Eastern Galicia*, Toronto 1993; R. Torzecki: *Polacy i Ukraińcy …*, Warschau 1993; W. Poliszczuk: *Gorzka prawda …*, Warschau 1995.

95 Edith Milton: *The Tiger in the Attic: Memories of the Kindertransport and of Growing up English*, Chicago 2005.

96 B. Johnson (Hg.): *The Evacuees*, London 1968.

97 Siehe Nicholas Stargardt: *Kinder in Hitlers Krieg*. Aus dem Engl. übers., München 2008.

98 Gitta Sereny: *Das deutsche Trauma. Eine heilende Wunde*. Aus dem Engl. übers., München 2002; Ursula Hoffman-Lange: *East Germany: What happened to the Silesians in 1945*, Lewes 2000.

99 Christopher Dobson, John Miller und Ronald Payne: *Die Versenkung der »Wilhelm Gustloff«*. Aus dem Engl. übers., Frankfurt am Main, Berlin 1995.

100 Juliet Gardiner: *Wartime Britain 1939–1945*, London 2005.

101 Beevor, *Berlin*, a. a. O.

102 Michael Lynch: *Wartime Germany*, London 2004, S. 79.

103 Beevor, *Berlin*, a. a. O., passim.

104 Mary Davis: »The Labour Movement and World War Two«, *TUC History Online*, www.unionhistory.info/timeline/1939-45.php

105 Zitat aus: www.armenien.de; siehe auch die Aufzeichnungen von Admiral Canaris, zit. in: L. P. Lochner: *What About Germany?*, New York 1942.

106 Herman Rosenthal: »Pale of Settlement«, www.JewishEncyclopedia.com.

107 P. Dempsey: *The Einsatzgruppen and the Destruction of European Jewry*, Measham 2003.

108 Y. Arad: *Belzec, Sobibor, Treblinka: The Operation Reinhard Death Camps*, Bloomington, Ind., 1987; W. Chrostowski: *Extermination Camp Treblinka*, London 2004.

109 *Enzyklopädie des Holocaust. Die Verfolgung und Ermordung der europäischen Juden*, hg. von Eberhard Jäckel, Peter Longerich und Julius H. Schoeps, München, Zürich 1995; *Enzyklopädie des Nationalsozialismus*, hg. von Wolfgang Benz, Hermann Graml und Hermann Weiß, Stuttgart 1997; Franciszek Piper: *Die Zahl der Opfer von Auschwitz. Aufgrund der Quellen und der Erträge der Forschung 1945 bis 1990*, Oświęcim 1993.

110 Siehe Martin Gilbert: *Auschwitz und die Alliierten*. Aus dem Engl. übers., München 1982; David S. Wyman: *Das unerwünschte Volk. Amerika und die Vernichtung der europäischen Juden*. Aus dem Amerik. übers., Frankfurt am Main 1989.

111 Siehe Lucy Dawidowicz: *Der Krieg gegen die Juden, 1933–1945*, München 1979.

112 Martin Gilbert: *Israel: a History*, London 1999.

113 Deborah E. Lipstadt: *Leugnen des Holocaust. Rechtsextremismus mit Methode*. Aus dem Engl. übers., Reinbek bei Hamburg 1996; siehe auch Richard Evans: *Telling Lies about Hitler … the David Irving Trial*, London 1999.

114 Norman Davies: »Neither Twenty Million, nor Russians, nor War Dead«, in: *Independent*, 29. Dezember 1987.

115 J. M. Winter, in: *Oxford Companion*, a.a.O, S. 290.

116 F. Rothenbacher: *The European Population, 1850–1945*, Basingstoke 2002.

117 Norman M. Naimark: *Die Russen in Deutschland. Die sowjetische Besatzungszone 1945 bis 1949*, Berlin 1997

118 Vgl. Marion Dönhoff: *Kindheit in Ostpreußen*, München 1998; *Ritt durch Masuren; aufgeschrieben 1941 für meinen Bruder Dietrich*, Leer 1992.

119 Roger Moorhouse: *Killing Hitler*, a. a. O.

120 Edward Norman Peterson: *Hjalmar Schacht. For and Against Hitler*, Boston 1954.

121 S. Hyman und S. Marriner: *Eccles. Private Entrepreneur and Public Servant*, Stanford 1976.

122 Y. Bauer: *The Holocaust in Historical Perspective*, London 1978; Victoria Barnett: *Bystanders. Conscience and Complicity during the Holocaust*, London 1999.

123 I. Shahak: »The Life of Death. An exchange«, in: *New York Review of Books*, Nr. 29, Januar 1987, S. 45–50.

124 Ryszard Kapuścinski: *Imperium. Sowjetische Streifzüge*. Aus dem Polnischen übers., Frankfurt am Main 1993.

125 Anne Frank: *Das Tagebuch*, Stuttgart 1983.

126 Antek Rozpylacz, siehe Norman Davies: *Aufstand der Verlorenen*, a.a.O., S. 288–89.

127 Nicholas Stargardt: *Kinder in Hitlers Krieg*, München 2008; R. Lukas: *Did the Children Cry?*, New York 1994.

128 Vgl.www.irenasendler.org; Irene Tomaszewski und Tecia Werbowski: *Zegota. The Rescue of Jews in Wartime Poland*, Montreal 1994.

129 Keith Sword: *Deportation and Exile. Poles in the Sowjet Union, 1939–48*, Basingstoke 1994.

130 J. Allen: *Pope Benedict XVI. A Biography*, London 2005.

131 P. Fussell: *The Boys' Crusade. The American Infantry in Northwestern Europe*, 1944–5, London 2003.

132 W. M. Temple: *Christianity and the Social Order*, London 1942; E. Robertson: *Unshakable Friend. George Bell and the German Churches*, London 1995; R. Hughes: *The Red Dean. The Life and Riddle of Dr. Hewlett Johnson*, Worthing 1987.

133 E. Robertson: *The Shame and the Sacrifice: The Life and Preaching of Dietrich Bonhoeffer*, London 1987.

134 Hansjakob Stehle: »Sheptytskyi and the German regime«, Shimon Redlich: »Sheptytskyi and the Jews«, in: R. Magosci (Hg.): *Morality and Reality. The Life and Times of Andrei Sheptytskyi*, Edmonton 1995, S. 125–62.

135 John Hooper: »Between good and evil«, in: *Guardian*, 6. Januar 2005.

136 Calel Perechodnik: *Bin ich ein Mörder? Das Testament eines jüdischen Ghetto-Polizisten*, Leipzig 1999.

137 Instytut Pamici Narodowej: »Przeglad Mediów, 30. 4. 2004. Vgl. www. Ipn.gov.pl/wp_przeglad_300404.html

138 Harry Pollitt: *How to win the war*, London 1939.

139 P. Robrieux: *Maurice Thorez*, Paris 1975; G. Sinega: *Togliatta I Stalin*, Mailand 1978.

140 Richard Crampton: *A Concise History of Bulgaria*, Cambridge 2005.

141 Milovan Djilas: *Wartime. With Tito and the Partisans*, London 1980; *Tito, the Story From Inside*, London 1981.

142 Edward Smithies: *Crime in Wartime*, London 1982; Donald Thomas: *An Underworld at War*, London 2003; Steve Jones: *When the Lights Went Out. Crime in Wartime London,* London 1995.

143 M. Secreste: *Kenneth Clark. A Biography*, London 1984.

144 F. J. Fransen: *The Supranational Politics of Jean Monnet*, Westport 2001; Paul-Henri Spaak: *Memoiren eines Europäers*, Hamburg 1969; Jan Pomian: *Joseph Retinger. Life of an Eminence Grise*, London 1975.

145 D. Watson: *Molotov: A Biography*, Basingstoke 2005.

146 Horst Köhler, geb. 1943. Biographische Information: Gerd Langguth: *Horst Köhler*, München 2007; vgl. auch www.imf.org/external.

147 »Lili Marleen«, siehe Norman Davies: *Europe*, a.a.O., S. 912–13.

148 G. Butcher: *Glenn Miller and His Orchestra*, London 1974.

149 Ruth Turkow-Kaminska: *Mink Coats and Barbed Wire*, Einleitung von Harrison Salisbury, London 1979.

150 George Mikes: *England für Anfänger oder »How to be an Alien«*, Zürich 1964.

151 Willy Brandt: *Draußen. Schriften während der Emigration,* München 1966; vgl. auch: Peter Merseburger: *Willy Brandt 1913–1992*, München 2002.

152 Nathalie Hartmann: *The Girl from Polesie*, London 2005, S. 84–100.

153 Denis Judd: *King George VI*, London 1982.

154 Rüdiger Jungbluth: *Die Quandts. Ihr leiser Aufstieg zur mächtigsten Wirtschaftsdynastie Deutschlands*, Frankfurt am Main 2002.

155 E. Nolte: *Der Faschismus in seiner Epoche,* München 1984.

156 John J. Stephan: *The Russian Fascists: Tragedy and Farce in Exile*, London 1982.

157 H. Letocq: *Pauline*, Paris 1997.

158 Franz J. Müller: *Die Weiße Rose. Der Widerstand von Studenten gegen Hitler München 1942–43,* München 2001.

159 Zofia Litewska: *A Memoir*, Oxford 1995.

160 L. Dobroszycki (Hg.): *Chronicle of the Lodz Ghetto*, Yale 1984.

161 Pieter Geyl: *Napoleon. For and Against*, London 1949.

162 Hugh R. Trevor-Roper: *Hitlers letzte Tage.* Aus dem Engl. übers., Frankfurt am Main 1965; *Hitler's Table Talk*, London 1973.

163 Fainsod Merle: *Wie Russland regiert wird. Aus dem Engl. übers. Erg. und auf den neuesten Stand gebracht v. Georg Brunner*, Berlin 1965.

164 Heather Pringle: *The Master Plan*, New York 2006.

165 Carole Fink: *Marc Bloch. A Life in History*, Cambridge 1989.

166 Paul Schmidt: *Statist auf politischer Bühne 1923–45. Erlebnisse des Chefdolmetschers im Auswärtigen Amt mit den Staatsmännern Europas*, Bonn 1949, neueste Aufl. München 2005, S. 463–64.

167 Valentin M. Bereschkow: *Ich war Stalins Dolmetscher. Hinter den Kulissen der politischen Weltbühne*, München 1991.

168 Charles Bohlen: *Witness to History*, London 1973.

169 E. Stevens: *Russia is no Riddle*, London 1945.

170 Pavel Sudoplatow: *Der Handlanger der Macht. Enthüllungen eines KGB-Generals*, Düsseldorf 1994.

171 Simon Sebag Montefiore: *Stalin,* a.a.O.

172 www.bbc.co.uk/worldservice/people/features/mycentury/wk44.shtml, Sendung am 1. November 1999.

173 Stanley Cloud und Lynne Olsen: *The Murrow Boys*, New York 1996.

174 A. Werth: *Russia at War, 1941–45*, New York 1965.

175 Wassili Grossman: *With the Red Army in Poland and Byelorussia*, London 1945; Antony Beevor (Hg.): *Ein Schriftsteller im Krieg. Wassili Grossman und die Rote Armee, 1941–1945*, München 2007.

176 Barry Broadfoot: *Six War Years, 1939–45*, Toronto 1974, zitiert aus: P. Fus-

sell (Hg.): *The Bloody Game. An anthology of Modern War*, London 1991, S. 448ff.

177 Rudolf Höß: *Kommandant in Auschwitz. Autobiographische Aufzeichnungen*, hg. von Martin Broszat, München 1989, S. 134.

178 Jozef Garlinksi: *The Survival of Love*, Oxford 1991.

179 *WW2 People's War: An Archive of Memories*, BBC, 2003–2006, »Marias Story«.

180 Christopher Hudson: »Sex, please – we're British«, in: *Sunday Times* Magazin, 11. Dezember 2005.

181 Sara Shirakawa: *The Devil's Music Master*, Oxford 1992.

182 George Broderick: *Die Fahne hoch! History and Development of the Horst-Wessel-Lied*, Ramsey, Isle of Man 1995.

183 Z. S. Brzozowski: *Wilno Litwa, 1910–45*, Paris 1987.

184 Stanislaw Mikołajczyk: *The Rape of Poland*, New York 1948.

185 Deutscher Text des Gedichts aus: *Russische Lyrik aus zwei Jahrhunderten*, herausgegeben und übersetzt von Eric Boerner; http://home.arcor.de/berick/illeguan/achmat4.htm

186 Elaine Feinstein: *Anna of all the Russias*, London 2005.

187 Kenneth Harris: *Attlee*, London 1995.

188 N. Bethell: *Gomulka, His Poland and His Communism*, London 1969.

189 Kazimierz Moczarski: *Gespräche mit dem Henker. Das Leben des SS-Gruppenführers und Generalleutnants der Polizei Jürgen Stroop; aufgezeichnet im Mokotów-Gefängnis zu Warschau*, Berlin 2008.

190 Leopold Trepper: *Die Wahrheit. Autobiographie* (*Le grand jeu*), übers. von Emmi Heimann, Wilhelm Thaler, Gerhard Vorkamp und Ursula von Wiese, München 1975, S. 289–293.

191 Stand 1. Januar 2008. »Anzahl der Gerechten nach Nationalitäten«, vgl. http://de.wikipedia.org/wiki/Gerechter_unter_den_Völkern.

192 Nach der Schilderung von Professor J. Zubrzycki.

193 Patricia Treece: *A Man For Others. Maximilian Kolbe, Saint of Auschwitz, in the Words of Those Who Knew Him*, Cambridge 1982.

194 H. Graef: *The Scholar and the Cross*, London 1955.

195 »108 Martyrs of World War Two«, vgl. www.catholic_forum.com/SAINTS/martyr08.htm.

196 O. Turij: *Church of the Martyrs*, Lemberg 2004.

197 Ray Spangenburg: *Wernher von Braun, Space Visionary and Rocket Engineer*, New York 1995; Michael Neumann: *Wernher von Braun: Visionär des Weltraums. Ingenieur des Krieges*. Aus dem Amerik. übers., Berlin 2009.

198 Dusko Popov: *Superspion. Doppelagent im Zweiten Weltkrieg*. Aus dem Engl. übers., Wien 1977.

199 »Walthère Dewé, a giant in Resistance«, vgl. www.freebelgians.net.

200 Trepper: *Die Wahrheit*, a.a.O.

201 Hugh R. Trevor-Roper: *The Philby Affair*, London 1968; Kim Philby: *Im Secret Service*. Erinnerungen eines sowjetischen Kundschafters, Berlin (Ost) 1983.

202 Nigel West: *Venona. The Greatest Secret of the Cold War*, London 1999.

203 Marjorie Garber und R. Walkowitz: *Secret Agents: The Rosenberg Case, McCarthyism, and Fifties America*, New York 1995.

204 Jozef Garlinski: *Deutschlands letzte Waffen im Zweiten Weltkrieg. Der Untergrundkrieg gegen die V1 und die V2*, Stuttgart 1981; »Nachruf«, in: *Daily Telegraph*, 1. Dezember 2005.

205 Norman Finkelstein: *Die Holocaust-Industrie. Wie das Leiden der Juden ausgebeutet wird.* Aus dem Engl. übers., München 2002.

206 Alan Bullock: *The Life and Times of Ernest Bevin*, 2 Bände, London 1960–85.

207 J. A. Cole: *Lord Haw-Haw*, London 1987; F. Selwyn: *Hitler's Englishmen*, London 1987.

208 David Faber: *Speaking for England*, London 2005; Rebecca West: *The Meaning of Treason*, London 1965.

209 Ian Kershaw: *Der Hitler-Mythos. Führerkult und Volksmeinung*, München 2002; *Hitler. Nemesis, 1936–45*, London 2000; Joachim Fest: *Hitler. Eine Biographie* (1973), München 2003.

210 D. Wolkoganow: *Stalin. Triumph and Tragedy*, London 1991; R. Service: *Stalin. A Biography*, London 2004.

211 Elizabeth Barker: *Churchill and Eden at War*, London 1978; J. Charmley: *Churchill: The End of Glory*, Dunton Green 1993; Andrew Roberts: *Churchill: Embattled Hero*, London 1996; Martin Gilbert: *Finest Hour. Churchill, 1939–41; In Search of Churchill. A Historian´s Journey*, London 1994.

212 Karolina Lanckoronska: *Memoirs*, London 2006.

Kapitel 6: Darstellungen

1 *London Can Take It* (1940), Regie Humphrey Jennings; *Desert Victory* (1943), Regie Roy Boulting, vgl. www.britmovie.co.uk/genres/documentary.

2 *Churchill's Island* (1941), Regie John Grierson, vgl. www.classicmovies.com/cm/film_detail.

3 *Moscow Strikes Back* (1942), Erzähler Edward G. Robinson, nach Material des Moskauer Zentralen Wochenschaudienstes, vgl. http://moviesZ.nytimes.com.

4 Norman Davies, *Europe*, a.a.O., S. 1026–27.

5 *Osvobozhdzenie* (1967–71, *Befreiung*), Regie Juri Oserow, fünf Teile, vgl. www.imdb.com.

6 *Cross of Iron* (*Steiner – Das Eiserne Kreuz*, 1977), Regie Sam Peckinpah, mit James Coburn, vgl. www.ihffilm.com.

7 A. Wajda: *Double Vision. My life in film*, London 1990; B. Michalek, *The Cinema of Andrzej Wajda*, London 1973.

8 *Der Untergang*, Regie Oliver Hirschbiegel, nach der Biographie von Joachim Fest. Ian Kershaw: »The Human Hitler«, in: *Guardian*, 17. September 2004.

9 Alex Kershaw: *Blood and Champagne. The Life and Times of Robert Capa*, London 2002.

10 Vgl. www.mdf.ru/english/search.

11 Tomasz Kizúy: *GULAG. Life and Death inside the Soviet Concentration Camps,* Richmond Hill 2004 (Fotoband).

12 M. E. Harris: »Carl Mydans. A life goes to war«, in: *Camera and Darkroom,* Bd. 16, Nr. 6 (1994); »George Rodger«, vgl. www.magnumphotos.com/photographers.htm.

13 S. Callahan: *Margaret Bourke-White: Photographer*, London 1998.

14 Antony Penrose (Hg.): *Lee Miller's War,* London 2005.

15 Lokajskis Fotos sind zugänglich auf der Website des Warschauer Museums Powstania. »Kolekcja $zdeç Eugeniusza Lokajskiego«, vgl. www.1944.pl/indeks; E. Kaminska und M. Kaminski: *The Warsaw Uprising in the Photographs of Sylvester «Kris« Braun,* Warschau, 2004.

16 S. Morozow: *Soviet photography. The New Photo Journalism*, London 1984.

17 A. und A. Nakhimovsky (Hg.): *Witness to History. The Photographs of Yevgeny Khaldei*, New York 1997.

18 Margot Eates (Hg.): *Paul Nash's Paintings. Drawings and Illustrations,* London 1948.

19 F. Topolski: *Russia in War*, London 1941, *Britain in Peace and War,* London 1942, *Three Continents,* London 1946, *Auschwitz* (von Ronald Duncan) Bideford 1978.

20 J. Darracott: *Second World* War *Posters,* London 1972.

21 Vgl.www.kilroywashere.org

22 David Low: *Low. The Twentieth Century's Greatest Cartoonist*, London 2002.

23 Peter Tory: *Giles at War*, London 1994.

24 D. Graham: *Keith Douglas. A biography*, Oxford 1974; Keith Douglas: *Complete Poems*, Oxford 1978.

25 Krzystof Kamil Baczynski: »Warsaw«, *Spiew z pozogi,* Warschau 1947.

26 P. Lewis: *George Orwell. The Road to 1984*, London 1981.

27 Craig Raine: *William Golding*, London 1988.

28 Nicholas Monsarrat: *Grausamer Atlantik*, Hamburg 1952. Zitat aus: Nicholas Monsarrat, *Grausamer Atlantik*, übersetzt von Arno Dohm, Hamburg 1952, S. 5.

29 Norman Lewis. »Nachruf«, in: *The Guardian,* 23. Juli 2003.

30 W. McBride (Hg.): *Sartre's French Contemporaries and Enduring Influences,* London 1987.

31 Julian Preece: *The Life and* Work *of Günter Grass*, Basingstoke 2001; Michael Jürgs: *Bürger Grass. Biographie eines deutschen Dichters*, München 2002: Günter Grass, *Im Krebsgang*, Göttingen 2002.

32 Marcel Reich-Ranicki: *Mein Leben*, München 2003.

33 A. Goldberg (Hg.): *Ilya Ehrenburg.* Writing, P*olitics and the Art of Survival,* London 1984.

34 A. Beevor, *Ein Schriftsteller im Krieg. Wassili Grossman und die Rote Armee,* a.a.O.

35 Jewgeni Jewtuschenko: *Poems – English and Russian,* hg. von G. Reavy, Lon-

don 1969; Übersetzung der Gedichtzeilen zu Babij Jar von Paul Celan, in: Paul Celan: *Gesammelte Werke*. Bd. 5. *Übertragungen II,* Frankfurt am Main 2000. S. 288ff.

36 Alexander Solschenizyn: *Der Archipel GULAG,* München 1986.

37 Vgl. http://russschneider.net.

38 *Vgl.* Kapitel 1, Anmerkung 3; Kapitel 3, Anmerkung 37.

39 HMSO: *The Trial of Major German War Criminals. Proceedings ...,* London 1946–51.

40 The National Archives: *Federal Records of World War II,* 2 Bände, Bd. 1: *Civilian Agencies,* Bd. 2: *Military Agencies,* Washington DC.

41 C. Jones: *E. H. Carr and International Relations: A Duty to lie,* Cambridge 1998; J. Haslam: *The Vices of Integrity; E. H. Carr, 1892–1982,* London 1999; M. Cox (Hg.): *E. H. Carr: A Critical Appraisal*, Basingstoke 2000.

42 Vgl. www.war-experience.org

43 Studs Terkel: *»The Good War«. An Oral History of World War Two,* London 1984.

44 Ada Petrowa und P. Watson: *The Death of Hitler: The Final Words from Russia's Secret Archives,* London 1995.

45 *Das Buch Hitler,* aus dem GARF-Archiv Moskau, 462a/5/30, Bergisch-Gladbach 2003.

46 Siehe Kapitel 5, Anmerkung 55.

47 Ronald Lewin: *Entschied Ultra den Krieg? Alliierte Funkaufklärung im 2. Weltkrieg*, Koblenz 1981; F. Hinsley: *British Intelligence in the Second World War,* London 1993; *Codebreakers. The inside Story of Bletchley Park*, Oxford 1993.

48 J. Naughton: *A brief History of the Future: The Origins of the Internet,* London 2000.

49 Pierre Nora: *Erinnerungsorte Frankreichs*, München 2005.

50 Laut Hilberg wurden in Auschwitz an die 300 000 Nichtjuden ermordet. Piper zufolge zählten zu den »nachweisbaren Todesfällen« mindestens 95 000 Juden, 64 000 Polen, 19 000 Roma und 12 000 sowjetische Kriegsgefangene. Die »nicht nachweisbaren« Opferzahlen, besonders bei jüdischen und so9wjetischen Kriegsgefangenen, lagen weit höher. Piper, op. cit. (polnische Ausgabe), S. 91–93.

51 Winston Churchill: *Der Zweite Weltkrieg*, München 1995.

52 Sowjetische Akademie der Wissenschaften: *Istoriya Vtoroi Mirovoi Voiny*, Moskau 1956.

53 Siehe Kapitel 4, Anmerkung 40.

54 Milovan Djilas: *Conversations with Stalin,* London 1962; *The New Class,* 1955. Diese beiden Werke mussten aus dem Gefängnis geschmuggelt werden, um in den Westen zu gelangen.

55 Alan Bullock: *Hitler. Eine Studie über Tyrannei*, Düsseldorf 1967.

56 Alan Bullock: *Hitler und Stalin. Parallele Leben*, Berlin 1991.

57 Richard Overy: *Die Diktatoren. Hitlers Deutschland, Stalins Russland*, München 2005.

58 Veröffentlicht von HMSO unter dem allgemeinen Titel: *History of the Second World War.*

59 Gerhard Ritter: *Das deutsche Problem. Grundfragen deutschen Staatslebens gestern und heute*, München 1962; *Das Problem des Militarismus in Deutschland*, Bonn 1954.

60 Fritz Fischer: *Krieg der Illusionen. Die deutsche Politik von 1911 bis 1914*, Düsseldorf 1969.

61 P. Rassinier: *The Holocaust Story and the Lies of Ulysses,* Costa Mesa, Ca., 1978; A. Baron: *Holocaust Denial. New Nazi Lie or New Inquisition?*, London 1994; D. Felderer: *Anne Frank's Diary: A Hoax,* Torrance, Ca., 1979; R. Eaglestone: *Postmodernism and Holocaust Denial,* Cambridge 2001; R. A. Kahn: *Holocaust Denial and the Law*, Basingstoke 2004.

62 *Deutsche Ausgaben:* John Erickson: *Die Straße nach Stalingrad; Die Straße nach Berlin;* John Erickson: *Main Front: Soviet Leaders Look Back on World War II,* London 1987.

63 Stephen E. Ambrose: *Eisenhower. Soldier and President,* London 1984; *Pegasus Bridge,* London 1985; *Eisenhower and Berlin. The Decision to Halt at the Elbe*, New York 1967; *D-Day. The Climactic Battle of World War II*, New York 1994; *Citizen Soldiers*, New York 1998.

64 Gordon Martel, (Hg.): *The Origins of the Second World War Reconsidered: A. J. P. Taylor and the Historians,* London 1999.

65 Ernst Nolte: *Der europäische Bürgerkrieg, 1917–1945. Nationalsozialismus und Bolschewismus,* Berlin 1987.

66 Hannah Arendt: *Eichmann in Jerusalem. Ein Bericht von der Banalität des Bösen*, München 1964; Robert Fine: *Political Investigations. Hegel, Marx, Arendt,* London 2001.

67 *Forever in the Shadow of Hitler? Original Documents of the Historikerstreit,* Atlantic Highlands, NH, 1993.

68 Tony Judt: Rezension von *The Black Book of Communism,* in: *New York Times,* 22. Dezember 1997.

69 Comite International d'histoire de la Deuxieme Guerre Mondiale; Institut d'histoire du temps present (Paris); vgl. www.ihtp.cnrs.fr/cih2gm.html

70 »Who and what is Memorial«, www.memo.ru/eng/about/whowe.html

71 P. Fussell: *Wartime and Behavior,* New York 1989; *The Boys' Crusade, a.a.O.*

72 A. J. P. Taylor: *The Second World War*; John Ray, *The Second World War. A Narrative History,* London 1999; R. A. C. Parker: *The Second World War: A Short History*, Oxford 2001.

73 Gerhard Weinberg: *Eine Welt in Waffen. Die globale Geschichte des Zweiten Weltkriegs*, Stuttgart 1995.

74 P. Calvocoressi et al.: *Total War. Causes and Courses of the Second World War,* London 1972, 2. Auflage 1989; 3. Auflage: *The Penguin History of the Second World War,* London 2002.

75 The Imperial War Museum, London 1996, vgl. www.iwm.org.uk

76 The National World War II Museum, New Orleans, vgl. www.ddaymuseum.org

77 World War Two Experience Centre, Leeds, vgl. www.war-experience.org

78 Vgl. www.verzetsmuseum.org/home.html

79 Museum des Warschauer Aufstands, vgl. www.1944.pl

80 *Maj & Mrs Holts Battlefield Guide to the D-Day Landing Beaches*, Sandwich 2005.

81 A. A. Gill: »The British say it with war memorials«, in: *Sunday Times,* 13. November 2005.

82 Vgl. www.glasssteelandstone.com/DE/BerlinSovietMemorial.html

83 Vgl.www.belarusguide.com/travel1/khatyn.html

84 Regionales Touristenbüro von Kursk, vgl. www.kursk.ru

Kapitel 7: Uneindeutige Schlüsse

1 David Irving: *Hitlers Krieg. Die Siege 1939–1942.* Aus dem Engl. übers., München 1985.

2 Richard Vinen: »The Second World War in Europe«, in: *A History in Fragments*, London 2000, S. 236.

3 Geoffrey Best: *War and Law Since 1945*, Oxford 1994.

4 Geoffrey Wheatcroft: »How Good was the Good War?«, in: *Boston Globe*, 8. Mai 2005.

5 »Britischer Historiker David Irving in Wien der Leugnung des Holocaust an den europäischen Juden für schuldig gesprochen und zu drei Jahren Gefängnis verurteilt«, *BBC News*, 20. Februar 2006.

6 Winston Churchill, Rede im Mansion House, 10. November 1942.

7 John Martin: »The Second Polish Corps«, in: *The Origins of Loneliness. Poems and Short Stories in Five Moods*, London 2004, S. 64.

Register

A

B

C

D

E

F

G

H

K

L

M

N

O

P

S

T

U

V

W

X

Y

Z

Bildnachweis

Erster Bildteil:

S. 1 o. und u.: akg-images, S. 2 o.: Mainichi Newspapers, Tokyo, u.: akg-images, S. 3 o.: Ullstein Bild, u.: Imperial War Museum, S. 4: akg-images (4), S. 5 o. inks und rechts: akg-images, u. links: Ullstein Bild, u. rechts: public domain, S. 6: akg-images (2), S. 7: akg-images (2), S. 8: akg-images (2), S. 9: akg-images (2), S. 10 o.: akg-images, u.: Ullstein Bild, S. 11: akg-images (2), S. 12 o.: Ullstein Bild, u.: National Archives, London, S. 13: Ullstein Bild (2), S. 14 o.: Ullstein/SV-Bilderdienst, u.: akg-images, S. 15 o.: akg-images, u.: akg-images/De Agostini Pict. Li, S. 16 o.: Imperial War Museum, u. links: Ullstein Bild, u. rechts: Imperial War Museum

Zweiter Bildteil:

S. 1: akg-images (2), S. 2 o.: Karta Institute, Warschau, u.: akg-images, S. 3 o.: Ullstein/SV-Bilderdienst, u.: akg-images, S. 4 o.: Ullstein/Nowosti, u.: Ullstein/Imagno, S. 5. akg-images (2), S. 6: akg-images (2), S. 7: akg-images (2), S. 8 o.: Ullstein/SV-Bilderdienst, u.: Granger Collection, New York, S. 9 o.: Getty Images/Time Life Pictures, u.: National Archives, London, S. 10 u.: Ullstein Bild, S. 11 o.: Ullstein/Leone, u.: Audio-visual archive, Warschau, S.12 o.: Ullstein Bild, S. 13 Ullstein/Voller Ernst (2), S. 14 o.: akg-images, u.: Ullstein Bild, S. 15 o.: Polish Underground Study Trust, u.: akg-images, S. 16 o.: Ullstein Bild/KPA Hackenberg, u.: Ullstein/Purschke

Landkarten und Grafiken:

Martin Lubikowski